Karl Heinz Jahnke/Michael Buddrus
Deutsche Jugend 1933-1945

Karl Heinz Jahnke, Jahrgang 1934, ist Professor für deutsche Geschichte der neuesten Zeit an der Wilhelm-Pieck-Universität Rostock, Sektion Geschichte. Zahlreiche Publikationen zum antifaschistischen Widerstand, zur Geschichte der Arbeiterjugendbewegung und Religionsgeschichte.
Michael Buddrus, Jahrgang 1957, ist Aspirant an der Wilhelm-Pieck-Universität Rostock, Sektion Geschichte. Dissertation zur Geschichte der Hitler-Jugend 1922-1939.

Karl Heinz Jahnke/Michael Buddrus

Deutsche Jugend 1933-1945

Eine Dokumentation

VSA-Verlag, Hamburg 1989

© VSA-Verlag 1989, Stresemannstr. 384a, 2000 Hamburg 50
Alle Rechte vorbehalten
Satz: satzbau GmbH, Hamburg
Druck und Buchbindearbeiten: Evert-Druck, Neumünster
ISBN 3-87975-499-3

Inhalt

Vorwort

Das Buch erscheint als Beitrag zum 50. Jahrestag des Ausbruchs des zweiten Weltkriegs am 1. September 1939.

In den 80er Jahren wurde in Publizistik und Wissenschaft der Entwicklung der deutschen Jugend in der Zeit von 1933 bis 1945 größere Aufmerksamkeit gewidmet. Zu dieser Thematik sind eine Reihe neuer Veröffentlichungen erschienen, die sowohl dem wachsenden wissenschaftlichen Interesse nach einer gründlichen Erforschung der Rolle der jungen Generation in der Zeit des Hitlerregimes als auch dem Wunsch Jugendlicher nach mehr Wissen über diese Periode deutscher Geschichte Rechnung tragen.

Besondere Resonanz erfuhr die 1985 erfolgte Quellenpublikation von Mathias von Hellfeld und Arno Klönne »Betrogene Generation. Jugend in Deutschland unter dem Faschismus«.

Durch diesen Band und andere Veröffentlichungen angeregt, entstand die vorliegende Arbeit. Impulse dafür gingen weiter von einem anläßlich des 40. Jahrestages der Befreiung vom Hitlerfaschismus am 11. und 12. April 1985 an der Wilhelm-Pieck-Universität in Rostock veranstalteten wissenschaftlichen Kolloquium zum Thema »Zum Stand der Erforschung und Darstellung des Anteils der deutschen Jugend am antifaschistischen Widerstand 1933 bis 1945 in der DDR und in der BRD« aus.

Gestützt auf langjährige Forschungen in der DDR zum Anteil junger Menschen am antifaschistischen Widerstand und in den letzten Jahren neu begonnenen Untersuchungen zur Rolle der Jugend im Dritten Reich werden neue, bisher nicht publizierte bzw. schwer zugängliche Quellen vorgestellt. Dabei handelt es sich zu einem großen Teil um unveröffentlichte Unterlagen verschiedener Institutionen des faschistischen Staates, der NSDAP und der HJ, die sich in zentralen Archiven der DDR und der BRD befinden. Weiterhin wurden Artikel aus Zeitungen und anderen Druckschriften, die vor 1945 erschienen sind, aufgenommen. Unterlagen zur Situation der Kinder und des Schulwesens in Nazideutschland fanden keine Beachtung.

Hinsichtlich des antifaschistischen Widerstandes wurden Quellen der Gestapo und der Nazijustiz sowie in der Auseinandersetzung mit der nationalsozialistischen Gewaltherrschaft in Deutschland und im Exil entstandene Dokumente berücksichtigt. Zur Vervollständigung des Bildes sind einige wenige Aufzeichnungen von Zeitzeugen aus der Zeit vor Ende des Krieges enthalten.

Ein Ziel der Veröffentlichung ist es, stärker das gesamte System der Beeinflussung der Jugend im Nationalsozialismus und seinen Einsatz bei der Vorbereitung und Durchführung des zweiten Weltkrieges zu erfassen. Gleichzeitig sollen die Verantwortlichen für die Irreführung und den Mißbrauch großer Teile der jungen Generation als Bestandteil der faschistischen Politik des Völkermordes und der Massenvernichtung genannt werden.

Den Untersuchungen und demzufolge auch der Auswahl der Dokumente ist ein Jugendalter von 14 bis 25 Jahren zugrunde gelegt worden.

Bei den Dokumenten zum antifaschistischen Widerstand fand der Einsatz gegen das Hitlerregime in Deutschland und in den Ländern des Exils Beachtung. Die Fortsetzung des Kampfes in Konzentrationslagern, Zuchthäusern und Gefängnissen ist darin eingeschlossen. Zum antifaschistischen Widerstand werden die bewußte Tat, das Handeln von Parteien, Organisationen, Gruppen und einzelnen Personen zum Sturz des Hitlerregimes bzw. zur Durchkreuzung und Behinderung seiner Politik als Ganzes oder in bestimmten Teilen gerechnet.

Da gerade im Jugendbereich die Grenzen zwischen Widerstand, Opposition und Nichtbefolgung von Anweisungen der Naziführer fließend waren, ist es geboten, die einzelnen Taten, Aktionen und Verhaltensweisen exakt zu erfassen, zu vergleichen und differenziert zu werten.

Beachtung fanden weiter Aussagen in den Konzeptionen verschiedener Kräfte des Widerstands über die Rolle und den Platz der jungen Generation im Nachkriegsdeutschland.

Die Anordnung der Dokumente erfolgte nach dem chronologischen Prinzip in vier Komplexen.

Wo das genaue Datum der Entstehung der Quellen nicht zu ermitteln war, wurde der Zeitpunkt der ersten Veröffentlichung aufgeführt.

Dem Zentralen Staatsarchiv der DDR in Potsdam, dem Zentralen Parteiarchiv und der Bibliothek des Instituts für Marxismus-Leninismus beim ZK der SED in Berlin, der Deutschen Staatsbibliothek in Berlin, dem Museum für Deutsche Geschichte in Berlin, dem Bundesarchiv in Koblenz, dem Hauptstaatsarchiv in Düsseldorf, dem Dokumentationsarchiv des deutschen Widerstands in Frankfurt/Main, dem Archiv bei der Gedenkstätte Ernst Thälmann in Hamburg, dem Archiv der deutschen Jugendbewegung auf Burg Ludwigstein und dem Archiv der Arbeiterjugendbewegung in Oer-Erkenschwick danken wir für die erwiesene Unterstützung.

Weiterhin danken wir herzlich für ihre Hilfe Bernd Börger, Dr. Barbara Bromberger, Dr. Heinrich Eppe, Dr. Gerlinde Grahn, Heidi Jahnke, Dr. Ingo Koch, Dr. Ursel Krause-Schmitt, Reinhard Müller, Dr. Bernd Rusinek, Dr. Karsten Schröder und Christoph Speier.

Rostock, im April 1989

Abkürzungsverzeichnis

Abt.	Abteilung
a.D.	außer Dienst
Adj.	Adjutant
AD-Lager	Arbeitsdienstlager
AEG	Allgemeine Elektrizitäts-Gesellschaft
A-Fall	Ausnahme-Fall
Agit.Prop.	Agitation und Propaganda
AHS	Adolf-Hitler-Schule
ANBl.	Amtliches Nachrichtenblatt
ASV	Arbeiterschwimmverein
Batl./Btl.	Bataillon
BBC	British Broadcasting Corporation
Bd.	Band
BDM/BdM	Bund Deutscher Mädel
BGB	Bürgerliches Gesetzbuch
Bibl	Bibliothek
BJ	Bündische Jugend
BzG	Beiträge zur Geschichte der Arbeiterbewegung
Co.	Kompagnon
ČSR	Tschechoslowakische Republik
D.	doctor theologiae
DAF	Deutsche Arbeitsfront
DGTO	Deutscher Guttempler Orden
Div.	Division
DJ	Deutsches Jungvolk
DJK	Deutsche Jugendkraft
dj 1.11	Deutsche Jungenschaft vom 1.11.(1929)
DRL	Deutscher Reichsbund für Leibesübungen
EK	Eisernes Kreuz
EMAU	Ernst-Moritz-Arndt-Universität Greifswald
e.V.	eingetragener Verein
FAD	Freiwilliger Arbeitsdienst
FDJ	Freie Deutsche Jugend
FGJ	Freie Gewerkschaftsjugend
FHJ	Flieger-HJ
Fhr.	Führer
Flak	Fliegerabwehrkanone
GBA	Generalbevollmächtigter für den Arbeitseinsatz
GDB	Großdeutscher Bund
Geff.	Gefolgschaftsführer
Gestapa	Geheimes Staatspolizeiamt
Gestapo	Geheime Staatspolizei

GIL	Gioventù Italiana del Littorio (italienische faschistische Jugendorganisation)
G-Reihe	Gesellschafts- und sprachwissenschaftliche Reihe
Gren.Rgt.	Grenadier-Regiment
Hapag	Hamburg-Amerika-Linie
Hg./Hrsg.	Herausgeber/herausgegeben
HJ	Hitlerjugend
HV	Hochverrat
HZ	Historische Zeitschrift
IBV	Internationale Bibelforschervereinigung
I.D.	Infanterie-Division
IG Farben	Interessengemeinschaft Farben (IG Farben-Konzern)
IGW	Internationaler Gewerkschaftsbund
IML	Institut für Marxismus-Leninismus beim ZK der SED
I.R.	Infanterie-Regiment
JFdDtR	Jugendführer des Deutschen Reichs
JM	Jungmädelbund
KJVD	Kommunistischer Jugendverband Deutschlands
KK-Gewehr	Kleinkaliber-Gewehr
KLV	Kinderlandverschickung
K.P.	Kittelbach-Piraten
Kp.	Kompanie
KPD	Kommunistische Partei Deutschlands
KZ	Konzentrationslager
Leg.-Rat	Legationsrat
Lic.	Lizentiat
LWH	Luftwaffenhelfer
MG	Maschinengewehr
Min.-Dir.	Ministerialdirektor
Mob.-Fall	Mobilmachungsfall
mot.	motorisiert
MPi	Maschinenpistole
Napola	Nationalpolitische Erziehungsanstalt
ND	Neudeutschland
NKFD	Nationalkomitee »Freies Deutschland«
NPEA	Nationalpolitische Erziehungsanstalt
NS/ns	Nationalsozialismus/nationalsozialistisch
NSBO	Nationalsozialistische Betriebszellenorganisation
NSDAP	Nationalsozialistische Deutsche Arbeiterpartei
NSDStB	Nationalsozialistischer Deutscher Studentenbund
NSFK	Nationalsozialistisches Fliegerkorps
NSFO	Nationalsozialistischer Führungsoffizier
NSKK	Nationalsozialistisches Kraftfahrerkorps
NSKOV	Nationalsozialistische Kriegsopferversorgung
NSLB	Nationalsozialistischer Lehrerbund

NSV	Nationalsozialistische Volkswohlfahrt
Ob.d.L.	Oberbefehlshaber der Luftwaffe
Ob.d.M.	Oberbefehlshaber der Kriegsmarine
Obf.	Oberbannführer
Offz.	Offizier
Ogf.	Obergebietsführer
OGU	Ogromnaja goworjaschtschaja ustanowka (russ., transportable Lautsprecheranlage)
OKH	Oberkommando des Heeres
OKW	Oberkommando der Wehrmacht
OLG	Oberlandesgericht
Pg.	Parteigenosse
Pi.Btl.	Pionierbataillon
PO	Politische Organisation
Pol.	Polizei
Polit.-Kom.	Politischer Kommissar
Pol.VO	Polizeiverordnung
PX	Pax Christi
Pz.Div.	Panzerdivision
RAD	Reichsarbeitsdienst
R.d.L.	Reichminister der Luftfahrt
Reg.-Präs.	Regierungspräsident
Regt.-Kdr.	Regimentskommandeur
REM	Reichserziehungsministerium
RFS	Reichsführerschule
RFSSuChdDtPol	Reichsführer SS und Chef der Deutschen Polizei
RGBl.	Reichsgesetzblatt
Rgt.	Regiment
RJF	Reichsjugendführer/Reichsjugendführung
RJWG	Reichsjugendwohlfahrtsgesetz
RK	Reichskanzlei
RKPA	Reichskriminalpolizeiamt
RLB	Reichsluftschutzbund
RM/RMk	Reichsmark
RMdI	Reichsministerium des Innern
RSHA	Reichssicherheitshauptamt
RStGB	Reichsstrafgesetzbuch
SA	Sturm-Abteilung
SAJ	Sozialistische Arbeiterjugend
SD	Sicherheitsdienst der SS
SJVD	Sozialistischer Jugendverband Deutschlands
Sopade	Exil-SPD
SPD	Sozialdemokratische Partei Deutschlands
SRD	Streifendienst der Hitlerjugend
SS	Schutz-Staffel
SS-FHA	SS-Führungshauptamt
SS-TV	SS-Totenkopfverbände
SS-VT	SS-Verfügungstruppen

StGB	Strafgesetzbuch
SU	Sowjetunion
Ufa	Universum-Film AG
Uffz.	Unteroffizier
UdSSR/USSR	Union der Sozialistischen Sowjetrepubliken
uk.	unabkömmlich
VDA	Verein für das Deutschtum im Ausland
VfZ	Vierteljahreshefte für Zeitgeschichte
v.H.	von Hundert
VO	Verordnung
VOBl.	Verordnungsblatt
VSK	Verein für Sport und Körperpflege
WE-Lager	Wehrertüchtigungslager
WHW	Winterhilfswerk
WPU	Wilhelm-Pieck-Universität Rostock
WZ	Wissenschaftliche Zeitschrift
ZDA/ZdA	Zentralverband der Angestellten
ZfG	Zeitschrift für Geschichtswissenschaft
ZK	Zentralkomitee
ZPA	Zentrales Parteiarchiv

Einleitung

Mit der am 30. Januar 1933 erfolgten Berufung des Führers der NSDAP, Adolf Hitler, zum Reichskanzler entstand in Deutschland eine grundlegend neue Lage. Der Kurs einflußreicher Kreise des Finanzkapitals auf die Errichtung einer offenen faschistischen Diktatur führte zur endgültigen Zerstörung der Weimarer Republik und zum Aufbau der nationalsozialistischen Gewaltherrschaft. Für das deutsche Volk, aber auch für die Zukunft der Menschheit entstand eine außerordentlich ernste Gefahr.

Demokratische Kräfte, vor allem aus den Reihen der Arbeiterbewegung, hatten versucht, den Faschisten den Weg zur Macht zu versperren. Durch die Spaltung der Arbeiterbewegung war dies nicht gelungen. Die KPD reagierte auf die Bildung der neuen Regierung mit dem Vorschlag an die SPD und die Gewerkschaften, gemeinsam zum Generalstreik aufzurufen und auf diesem Weg die Aufrichtung des Naziregimes unmöglich zu machen.

Die KPD organisierte antifaschistische Kundgebungen und Demonstrationen, an denen sich auch Zehntausende junger Menschen, vor allem aus den Reihen der Arbeiterjugendorganisationen beteiligten. Kennzeichnend für die Situation in den ersten Monaten des Hitlerregimes war, daß der Kommunistische Jugendverband sowie andere, unter dem Einfluß der KPD stehende Zusammenschlüsse Jugendlicher, wie der Verband Freisozialistischer Studenten, die Jugendgruppen der Kampfgemeinschaft für Rote Sporteinheit und der Verband der Roten Jungpioniere, den Kampf gegen die Diktatur aufnahmen. Der von der SAP geführte Sozialistische Jugendverband und bedeutende Teile der sozialdemokratischen Jugendorganisationen, besonders aus den Reihen der Sozialistischen Arbeiterjugend, der Gewerkschaftsjugend und der Naturfreunde taten dies ebenfalls. Wiederholt kam es zu gemeinsamen Aktionen. Unter dem Eindruck des brutalen Terrors wuchs der Wille zur Einheit.

Allein im Februar und März 1933 wurden 16 junge Antifaschisten ermordet[1]. Im gesamten Jahr 1933 verloren, wie bisher ermittelt werden konnte, 59 junge Hitlergegner zwischen 16 und 25 Jahren ihr Leben; 29 von ihnen gehörten kommunistischen, neun sozialdemokratischen Organisationen an, die anderen 21 waren parteipolitisch nicht gebunden.

Das neue Regime hatte für die gesamte junge Generation einschneidende Folgen. In wenigen Monaten wurde die demokratische Jugendbewegung der Weimarer Republik weitgehend zerschlagen. Nach dem Reichstagsbrand am 27. Februar 1933 und den Reichstagswahlen am 5. März 1933 konnte die kommunistische Jugendbewegung ihre Tätigkeit nicht mehr legal fortsetzen. Im März begannen in einzelnen Ländern Verbote gegen sozialdemokratische Jugendverbände (Dok. 4). Am 5. April 1933 besetzte eine HJ-Einheit in Berlin den Reichsausschuß der deutschen Jugendverbände[2]. Der Führer der Hitlerjugend[3], Baldur von Schirach[4], erklärte im Auftrag der Regierung die bisherige Leitung für abgesetzt und übernahm selbst diese Aufgabe. Ebenfalls besetzt wurde am 10. April die Geschäftsstelle des Reichsverbandes der deutschen Jugendherbergen, die der Reichsjugendführung mit allen angeschlossenen Herbergen und Heimen unterstellt wurde.

Am 24. April erfolgte der Ausschluß aller jüdischen und marxistischen Verbände aus dem Reichsausschuß. Diese Maßnahme betraf die sozialdemokratischen Verbände einschließlich der Naturfreundejugend, die Jugend-Gruppen des Arbeiter-Samariterbundes und den Deutschen republikanischen Pfadfinderbund. Durch Schirach wurde zur besseren Kontrolle der jüdischen Organisationen die Bildung eines Reichausschusses der jüdischen Jugendverbände vollzogen (Dok. 23).

Am 17. Juni 1933 ernannte Adolf Hitler den Reichsjugendführer der NSDAP, Baldur von Schirach, zum Jugendführer des Deutschen Reiches (Dok. 8). Sämtliche Verbände der männlichen und weiblichen Jugend in Deutschland wurden ihm unterstellt und somit die gesamte Jugendarbeit der Kontrolle und Reglementierung durch die NSDAP und die HJ unterworfen. Das Hauptbestreben ging dahin, alle noch bestehenden Jugendorganisationen zu zerschlagen und die gesamte deutsche Jugend in der Hitlerjugend zu erfasen, um sie total den Interessen und Zielen der faschistischen Diktatur dienstbar machen zu können (Dok. 29). Für die Verwirklichung ihrer innen- und außenpolitischen Ziele war die Gewinnung und Unterordnung der jungen Generation unerläßlich. Von Beginn an offenbarte sich der untrennbare Zusammenhang zwischen der Jugendarbeit des Hitlerregimes und der Kriegsvorbereitung. Bereits im Februar 1933 hatte Reichsinnenminister Frick unmißverständlich geäußert: »Die Ertüchtigung der deutschen Jugend, die von wehrhaftem Geist erfüllt sein muß, ist unser erstes Ziel. Mit pazifistischen ... Phrasen werden wir unsere Stellung in der Welt nicht wieder erobern«[5].

In Übereinstimmung damit erklärte Schirach in seiner ersten programmatischen Rede als Jugendführer des Deutschen Reiches, er wolle nun »die gesamte deutsche Jugend in einen einheitlichen Plan der Wehrhaftigmachung einbeziehen« (Dok. 13).

Zu den Maßnahmen Schirachs zählte am 17. Juni die Auflösung des Reichsausschusses der deutschen Jugendverbände, verbunden mit der Pflicht für alle Jugendorganisationen, sich neu anzumelden (Dok. 11). Vereine, die dieser Forderung nicht nachkamen, wurden als aufgelöst angesehen. Am gleichen Tage wurde der Großdeutsche Bund, ein seit März 1933 bestehender Zusammenschluß bündischer Jugendvereinigungen, der insgesamt 70.000 Mitglieder erfaßte, verboten. Seine Bildung war erfolgt, um ein stärker konservativ geprägtes Gegengewicht zur HJ aufzubauen. Das Verbot erfolgte trotz verschiedener Versuche seines Führers, Vizeadmiral Adolf von Trotha, seine Ergebenheit gegenüber den neuen Machthabern zu betonen (Dok. 12). Trotha stellte sich nach zwei erfolglosen Interventionen beim Reichspräsidenten bald auf das neue Kräfteverhältnis ein und empfahl am 28. Juni den Mitgliedern des Großdeutschen Bundes, in die Hitlerjugend überzutreten. Am 21. Juni wurde auch der Scharnhorst-Bund, die Jugendvereinigung des Stahlhelms, in die HJ eingegliedert. Auch andere Führer bürgerlicher Jugendverbände forderten ihre Mitglieder auf, sich im Zeichen der »Einigung der deutschen Jugend« der HJ anzuschließen (Dok. 6/22).

Durch diese Maßnahmen war bereits nach einem halben Jahr der Mehrheit der Jugend, nämlich der gesamten Arbeiterjugendbewegung und Teilen der bürgerlichen Jugendbewegung, das demokratische Recht des Zusammenschlusses und der Meinungsfreiheit genommen worden (Dok. 9/10/14/16/29).

Nur eine Minderheit der von den Verboten betroffenen jungen Menschen leistete gegen diese antidemokratische Entwicklung Widerstand (Dok. 113/114/115). Der KJVD führte von Beginn an einen entschlossenen Kampf gegen die jugendfeindliche Politik des Hitlerregimes, ebenso der SJVD sowie eine Reihe junger Sozialdemokraten, vor allem aus der SAJ und der Gewerkschaftsjugend. Im Mittelpunkt standen dabei die Auseinandersetzungen mit den Zielen der Nazidiktatur und die Verteidigung der sozialen und politischen Interessen der Jugend. Aktionen in Arbeitsdienstlagern führten teilweise zu deren Auflösung. Die Formen des Widerstandes waren oft noch wenig den veränderten Bedingungen angepaßt.

Weit kleiner war die Zahl der Funktionäre und Mitglieder aus der bürgerlichen Jugendbewegung, die sich der verhängnisvollen Entwicklung entgegenzustellen suchten. Einzelne kleine Gruppen vor allem der bündischen Jugend waren von Beginn an bemüht, sich der Eingliederung in die Hitlerjugend zu widersetzen und das freie Jugendleben fortzusetzen[6]. Ziemlich groß war die Zahl derjenigen aus dem bürgerlichen Lager, die sich freiwillig der Jugendarbeit in den Reihen der Hitlerjugend zur Verfügung stellten und ihre Anhänger aufforderten, ihrem Beispiel zu folgen.

In der zweiten Hälfte des Jahres 1933 wurde die Eingliederung und Unterordnung der gesamten Jugendbewegung in die Hitlerjugend forciert. Unter maßgeblicher Mitwirkung von führenden Persönlichkeiten der evangelischen Kirche, wie des Reichsbischofs Ludwig Müller, erfolgte die Einordnung der evangelischen Jugendverbände in die HJ (Dok. 25/26). Ebenfalls im Dezember vereinbarten Schirach und Ley die Eingliederung der DAF-Jugend in die faschistischen Jugendorganisation[7] (Dok. 24).

Auf der Grundlage des zwischen der Naziregierung und dem Heiligen Stuhl am 20. Juli 1933 abgeschlossenen Konkordats konnte die katholische Jugendbewegung ihre Tätigkeit noch mehrere Jahre legal fortsetzen (Dok. 19). Daneben bestanden Anfang 1934 noch eine Reihe bürgerlicher Sportvereine, die der Reichssportführung unterstellt waren. Auch auf dem Lande gab es einzelne Vereinigungen der Landjugend, die dem Reichsbauernführer unterstanden. Besondere Beachtung verdienen die Vereinigungen jüdischer Jugendlicher, die großen Einschränkungen und einer starken Kontrolle unterworfen waren[8]. Hierzu zählen der Bund Deutsch-Jüdischer Jugend und die zionistische Organisation Hashomer Hazair (Dok. 17/37/46).

Ende 1933 gehörten der Hitlerjugend bereits rund 2,3 Millionen Mädchen und Jungen im Alter von 10 bis 18 Jahren an (Dok. 27), Anfang 1933 waren es erst 107.956 Mitglieder. Bis zum Dezember 1934 erfolgte ein weiterer Anstieg auf 3,5 Millionen Angehörige der faschistischen

Entwicklung der Zahl der HJ-Mitglieder im Verhältnis zur Zahl der männlichen und weiblichen Jugendlichen 1932 - 1939

Jahr	1. Jugendliche 10 - 14 Jahre gesamt	davon in DJ und JM	in %	2. Jugendliche 14 - 18 Jahre gesamt	davon in HJ u. BDM	in %	3. Jugendliche 10 - 18 Jahre gesamt	davon in DJ. HJ. JM. BDM	in %
Ende 1932	4.134.000	33.347	0,8	3.450.000	74.609	2.2	7.584.000	107.956	1.4
Ende 1933	4.629.000	1.480.003	32.0	2.900.000	812.038	28.0	7.529.000	2.292.041	30.4
Ende 1934	4.749.000	2.319.621	48.8	2.933.000	1.257.944	42.9	7.682.000	3.577.565	46.6
Ende 1935	4.620.000	2.544.343	55.0	3.552.000	1.398.960	39.4	8.172.000	3.943.303	48.2
Ende 1936	4.488.000	3.395.740	75.7	4.168.000	2.041.861	49.0	8.656.000	5.437.601	62.8
Ende 1937	4.394.000	3.607.073	82.1	4.666.000	2.272.882	48.7	9.060.000	5.879.955	64.9
Ende 1938	4.320.000	3.919.657	90.7	4.789.000	3.111.569	65.0	9.109.000	7.031.226	77.2
Anf. 1939	4.275.000	4.061.013	95.0	4.595.000	3.226.457	70.2	8.870.000	7.728.259	87.1

Nach der fast vollständigen Aufnahme des Jahrgangs 1929 in das DJ und in den JM sowie der übernahme des ältesten Jahrgangs (1925) von DJ und JM in die HJ und den BDM am 20.4.1939 ergab sich für die gesamte HJ eine Mitgliederzahl von ca. 8.700.000 98.1

Jugendbewegung; das waren über 46 Prozent aller in Deutschland lebenden Jugendlichen zwischen 10 und 18 Jahren[9].

Ab Juli 1933 hatte sich folgender Aufbau der Hitlerjugend herausgebildet, der weitgehend bis 1945 erhalten blieb. Die männliche Jugend zwischen 14 und 18 Jahren war in der Hitlerjugend (HJ) organisiert. Die 10- bis 14jährigen Jungen wurden im Deutschen Jungvolk (DJ) erfaßt. Parallel dazu erfolgte die Zusammenfassung der weiblichen Jugend von 14 bis 18 Jahren im Bund Deutscher Mädel (BDM) und der 10- bis 14jährigen im Jungmädelbund (JM). Im ganzen Reich war die Hitlerjugend einheitlich und straff organisiert, die Jungen in 21 Gebieten und die Mädchen in 21 Obergauen. Die nachfolgenden Gliederungen waren der Bann bzw. der Jungbann und bei der weiblichen Jugend der Untergau und der Mädelring[10].

Eine große Rolle spielte, wie im faschistischen System insgesamt, die Durchsetzung des Führerprinzips. Ende 1933 gab es 220.000 HJ-Führer, ein Jahr später bereits 367.000. Ihre Schulung und Ausbildung wurde in den Reichsführer- bzw. Gebietsführerschulen straff organisiert[11].

Der Alltag eines Mitglieds der HJ (Dok. 2) war weitgehend durch den wöchentlichen, nach zentralen Vorgaben gestalteten Heimabend[12] (in der Regel am Mittwoch) und den Dienst am Sonnabend sowie durch die Teilnahme an Aufmärschen und Kundgebungen der NSDAP geprägt. Alle männlichen und weiblichen Angehörigen der Hitlerjugend trugen ab Mitte 1934 eine einheitliche Uniform (Dok. 58/66/68).

Für die Schuljugend (Dok. 28) und für die in der Berufsausbildung stehenden Jugendlichen trafen der Reichsminister für Wissenschaft, Erziehung und Volksbildung und der Reichsjugendführer am 7. Juni 1934 eine Vereinbarung, die für alle HJ-Mitglieder den Sonnabend als schul- und berufsausbildungsfreien Tag im Interesse »der Erziehungsarbeit der Reichsjugendführung« einräumte[13] (Dok. 34).

Von Beginn der faschistischen Herrschaft an war unverkennbar, daß die gesamte junge Generation für deren innen- und außenpolitische Ziele gewonnen und mißbraucht werden sollte. Um dies zu erreichen, wurde ein ganzes System von Maßnahmen eingeleitet. Die Reichsleitung der NSDAP koordinierte die Jugendpolitik des Regimes.

Die Gesamtverantwortung für die Jugendarbeit gegenüber der NSDAP und dem Staat hatte Adolf Hitler dem Reichsjugendführer übertragen. Die Reichsjugendführung mit ihren 14 Ämtern, 18 Spezialreferaten und zahlreichen Unterabteilungen mit über tausend Mitarbeitern bildete ab 1936 eine zentrale Reichsbehörde, die Adolf Hitler direkt unterstellt war. Somit vereinigte sich in der Person des Reichsjugendführers und der ihm untergeordneten Einrichtungen und Organisationen wesentliche Macht, vor allem hinsichtlich der Erziehung und Ausrichtung der deutschen Jugend weit über die Tätigkeit der HJ hinaus.

Neben der Hitlerjugend, als der wichtigsten Kraft zur Durchsetzung der jugendpolitischen Ziele, kamen dem Reichsministerium für Wissenschaft, Erziehung und Volksbildung, den Führungen von SA und SS, der Reichsgruppe Industrie und einer Reihe anderer Institutionen spezifische Aufgaben zu. Die NSDAP selbst entwickelte in ihren Reihen vielfältige Initiativen zur Gewinnung und Bindung der jungen Generation an das Regime (Dok. 15). Die direkte Aufgabe der HJ, Kader für die NSDAP zu entwickeln, wird besonders offenkundig in einer Vereinbarung vom 1. Juni 1934 zwischen dem Leiter der Politischen Organisation der NSDAP und dem Reichsjugendführer. Sie bestimmte, daß jeder leitende Funktionär der Partei einen Hitlerjungen, der über 17 Jahre alt sein mußte, als Adjutanten und persönlichen Mitarbeiter für ein Jahr erhielt, um ihn als »Führer-Nachwuchs« auszubilden (Dok. 33/48).

Das vorrangige Interesse galt der nahtlosen und totalen Beeinflussung der Jugendlichen. Während es bei den Jüngsten um ein entsprechendes Zusammenspiel von faschistischer Jugendorganisation, Schule und Elternhaus ging, gewann vom 14. Lebensjahr ab beim Eintritt in die Lehre und in das Berufsleben das Zusammenwirken mit der DAF und der Reichsgruppe Industrie an Bedeutung. Nach Vollendung des 18. Lebensjahres wurde die Erziehung der jungen Menschen in den Reihen der NSDAP und der SA sowie im Arbeitsdienst, ab 1935 in den Reihen der Wehrmacht fortgesetzt.

Umfangreich waren die Aktivitäten auf politisch-ideologischem Gebiet zur Beeinflussung der Jugendlichen im Sinne der faschistischen Ideologie und Politik, entsprechend dem erklärten Ziel: »Die HJ will sowohl die Gesamtheit der Jugend, wie auch den gesamten Lebensbereich des jungen Deutschen erfassen«[14].

Eine große Rolle spielte das Auftreten Adolf Hitlers und anderer Naziführer vor der Jugend. Den jungen Menschen wurde ein führender Platz in der »nationalsozialistischen Revolution« zugewiesen (Dok. 1). Im Zeichen der »Einigung der deutschen Jugend« sollte die ganze junge Generation einheitlich und geschlossen dem Führer folgen und den großen Umbruch im Deutschland des »nationalen Sozialismus« vollenden. Bewußt wurde an die Opfer- und Hingabebereitschaft junger Menschen für das deutsche Volk appelliert und die Notwendigkeit zur Entsagung, Unterordnung und strikter Pflichterfüllung propagiert. Gezielt wurden dabei

Organisationsstruktur der Reichsjugendführung der NSDAP, Juli 1939

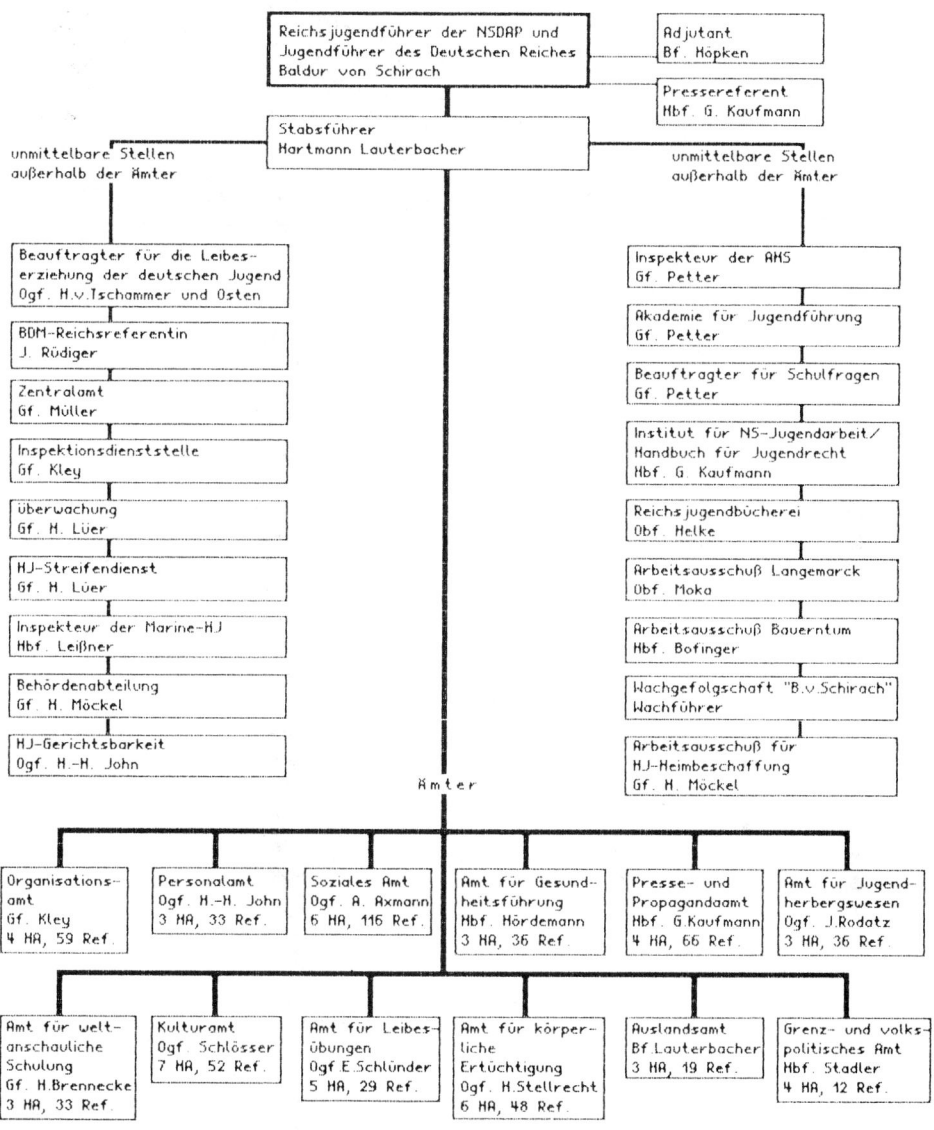

Reichsjugendführer der NSDAP und Jugendführer des Deutschen Reiches
Baldur von Schirach

Adjutant
Bf. Höpken

Pressereferent
Hbf. G. Kaufmann

Stabsführer
Hartmann Lauterbacher

unmittelbare Stellen außerhalb der Ämter

unmittelbare Stellen außerhalb der Ämter

Beauftragter für die Leibeserziehung der deutschen Jugend
Ogf. H.v.Tschammer und Osten

BDM-Reichsreferentin
J. Rüdiger

Zentralamt
Gf. Müller

Inspektionsdienststelle
Gf. Kley

Überwachung
Gf. H. Lüer

HJ-Streifendienst
Gf. H. Lüer

Inspekteur der Marine-HJ
Hbf. Leißner

Behördenabteilung
Gf. H. Möckel

HJ-Gerichtsbarkeit
Ogf. H.-H. John

Inspekteur der AHS
Gf. Petter

Akademie für Jugendführung
Gf. Petter

Beauftragter für Schulfragen
Gf. Petter

Institut für NS-Jugendarbeit/Handbuch für Jugendrecht
Hbf. G. Kaufmann

Reichsjugendbücherei
Obf. Helke

Arbeitsausschuß Langemarck
Obf. Moka

Arbeitsausschuß Bauerntum
Hbf. Bofinger

Wachgefolgschaft "B.v.Schirach"
Wachführer

Arbeitsausschuß für HJ-Heimbeschaffung
Gf. H. Möckel

Ämter

Organisationsamt
Gf. Kley
4 HA, 59 Ref.

Personalamt
Ogf. H.-H. John
3 HA, 33 Ref.

Soziales Amt
Ogf. A. Axmann
6 HA, 116 Ref.

Amt für Gesundheitsführung
Hbf. Hördemann
3 HA, 36 Ref.

Presse- und Propagandaamt
Hbf. G.Kaufmann
4 HA, 66 Ref.

Amt für Jugendherbergswesen
Ogf. J.Rodatz
3 HA, 36 Ref.

Amt für weltanschauliche Schulung
Gf. H.Brennecke
3 HA, 33 Ref.

Kulturamt
Ogf. Schlösser
7 HA, 52 Ref.

Amt für Leibesübungen
Ogf. E.Schlünder
5 HA, 29 Ref.

Amt für körperliche Ertüchtigung
Ogf. H.Stellrecht
6 HA, 48 Ref.

Auslandsamt
Bf.Lauterbacher
3 HA, 19 Ref.

Grenz- und volkspolitisches Amt
Hbf. Stadler
4 HA, 12 Ref.

Abkürzungen:
Bf.   Bannführer
Obf.   Oberbannführer
Hbf.   Hauptbannführer
Gf.   Gebietsführer
Ogf.   Obergebietsführer
HA   Hauptabteilungen
Ref.   Referate/Unterabteilungen

Begriffe wie Heimat, Vaterland, Gerechtigkeit, Kameradschaft und Uneigennützigkeit im Kampf gegen das Alte und die Reaktion verwandt und im nationalsozialistischen Sinne umgedeutet. Gleichzeitig begann die Erziehung zur Wehrhaftigkeit alle Bereiche der Jugendarbeit zu durchdringen.

Seit dem Reichsparteitag der NSDAP 1933 in Nürnberg nahmen die Aufmärsche der HJ und die Reden Adolf Hitlers vor der Jugend in der Jugendpolitik eine Schlüsselstellung ein[15] (Dok. 18). Der Glaube an den Führer und der entsprechende Kult, der um seine Person betrieben wurde, spielten hinsichtlich der Bindung Jugendlicher an das Dritte Reich eine vorrangige Rolle. In der einheitlichen Schulung und Ausrichtung der HJ nahmen die Rassenlehre, die politische Auslandskunde und die deutsche Geschichte einen zentralen Platz ein. Systematisch wurden die jungen Menschen im rassistischen, nationalistischen und geopolitischen Sinne beeinflußt. Dominierende Elemente in der Bildungs- und Erziehungsarbeit wurden ein blindwütiger Antisemitismus, Chauvinismus und Antikommunismus[16].

Die NSDAP und die Reichsjugendführung verstanden es geschickt, von den starken Forderungen an die junge Generation abzulenken und versuchten, unter Beachtung des unterschiedlichen Alters, der verschiedenen Geschlechter und der sozialen, kulturellen und sportlichen Interessen der jungen Menschen ein abwechslungsreiches Jugendleben zu organisieren. Bewußt wurde an Formen der Arbeit aus den Jugendverbänden der Weimarer Republik angeknüpft. Der Drang zu selbständiger Tätigkeit, zur Bewährung, im Wettstreit unter Gleichaltrigen Leistungen zu erbringen und sich auszuzeichnen, wurde ebenso zielbewußt ausgenutzt wie der Hang Jugendlicher zu Abenteuer und Romantik.

Umfangreiche Möglichkeiten der Betätigung auf kulturellem, sportlichem und technischem Gebiet wurden erschlossen. Eine Vielzahl von HJ-Spielscharen, Chören, Bläser- und Fanfarengruppen sowie technischen Arbeitsgemeinschaften entstanden. Schrittweise wurde auch begonnen, den gesamten Sportbetrieb durch die HJ zu organisieren. Am deutlichsten kam dies bei den Reichssportfesten zum Ausdruck[17]. Erstmalig wurde eine derartige Veranstaltung 1933 durchgeführt, bei der 1,5 Millionen Jugendliche an den verschiedensten Wettkämpfen teilnahmen, 1935 waren es bereits 3,4 Millionen. Zur einheitlichen Ausrichtung und möglichst totalen Beeinflussung der jungen Generation trugen Presse, Rundfunk und Film bei. Auf ihre Tätigkeit nahm die Reichsjugendführung zunehmend Einfluß. Gleiches galt für die Jugendliteratur und die Arbeit der öffentlichen Bibliotheken[18].

Das Naziregime suchte die werktätige Jugend auch dadurch an sich zu binden, indem es deren schwierige soziale Lage ausnutzte. Der Rückgang der Arbeitslosigkeit wurde z.B. als Resultat nationalsozialistischer Politik gefeiert. Wie aber sah die Wirklichkeit aus? Unter den 6 Millionen Arbeitslosen zu Beginn des Jahres 1933 waren 1,3 Millionen Jugendliche im Alter von 14 bis 25 Jahre ohne Beschäftigung[19]. Die Abnahme der Zahl der Erwerbslosen resultierte vor allem aus der zunehmenden Verschickung Jugendlicher zum Arbeitsdienst und zur Landhilfe. Im Juli 1933 waren 262.992 männliche Jugendliche im Arbeitsdienst und rund 140.000 junge Mädchen in der Landhilfe tätig (Dok. 5). Angehörige der SA, der SS und der HJ hatten hier bereits in den ersten Monaten des Jahres 1933 führende Positionen eingenommen. Der Einsatz von Hunderttausenden jungen Menschen im Arbeitsdienst und im Landdienst diente nicht nur der Reduzierung der Arbeitslosenzahl und der Gewinnung billiger Arbeitskräfte, sondern schuf auch günstige Bedingungen für eine größere ideologische Beeinflussung und militaristische Erziehung dieser Jugendlichen.

1934 wurde der sogenannte Göring-Plan wirksam, der vorsah, jugendliche Arbeiter und Angestellte unter 25 Jahren in Abstimmung mit den zuständigen Arbeitsämtern zu entlassen oder gar nicht erst einzustellen, wenn sie vorher nicht mindestens ein Jahr im Arbeits- bzw. im Landdienst tätig waren. Die freiwerdenden Arbeitsplätze sollten an ältere »Volksgenossen« und Familienväter abgetreten werden. Bis Juni 1935 wurden 67.000 in Großbetrieben beschäftigte Jugendliche allein auf diese Weise in den Arbeitsdienst verpflichtet. Die verstärkten Rekrutierungen zur Reichswehr trugen ebenfalls zur Senkung der Arbeitslosenzahlen bei.

Auch ökonomischer Zwang wurde ausgeübt, um junge Menschen in die HJ zu drängen. Bereits im Februar 1934 war zwischen der Reichsjugendführung und der Reichsanstalt für Arbeitsvermittlung und Arbeitslosenversicherung vereinbart worden, daß alle Landhelfer bis zu 18 Jahren in die HJ eingegliedert werden sollten. Ein anderes Abkommen vom Juli 1934 sah vor, Lehrstellen vorrangig an solche Jugendlichen zu vermitteln, die Mitglieder der HJ waren[20].

Regionale Dienststellen der HJ sandten an Eltern Aufnahmeanträge für deren Kinder. Die Eltern mußten unter Angabe ihrer Arbeitsstelle begründen, wenn sie ihre Kinder nicht in die faschistische Jugendorganisation schicken wollten[21]. Im August 1935 ermahnte der Stellvertreter des Führers, Rudolf Heß, die Beamten, auf deren Kinder einzuwirken, in die HJ einzutreten (Dok. 49).

Im Dezember 1933 trafen die Reichsjugendführung und die DAF eine Vereinbarung über den Reichsberufswettkampf der deutschen Jugend, der vom 9. bis 30. April 1934 zum ersten Mal stattfand. Besondere Unterstützung gaben die Reichsminister für Wirtschaft und Arbeit sowie die Reichsgruppe Industrie (Dok. 31/54). Am 9. April erfolgte die Eröffnung durch Schirach in der zum Krupp-Konzern gehörenden Zeche »Friedrich-Ernestine« in Essen. Als Leiter der Reichsgruppe Industrie sprach Gustav Krupp. Die Sieger des Reichsberufswettkampfes empfing Hitler am 1. Mai (Dok. 32). Insgesamt nahmen rund eine halbe Million Lehrlinge und junge Arbeiter daran teil, 1935 bereits 750.000. Das Ziel war, möglichst alle jungen Werktätigen einzubeziehen und sie zu hohen Arbeitsleistungen anzuspornen. Damit verknüpft waren sportliche und weltanschauliche Prüfungen. Für die Großindustrie war dieser generalstabsmäßig geführte Leistungswettbewerb ein willkommenes Mittel, um vor allem für die Rüstungsindustrie einen qualifizierten Facharbeiternachwuchs zu erhalten und die jungen Arbeiter stärker an die Konzerne zu binden. Eine Hauptverantwortung für den Reichsberufswettkampf trug das Soziale Amt der Reichsjugendführung, an dessen Spitze Artur Axmann stand. DAF und HJ strebten auch an, über zusätzliche Berufsschulung und -ausbildung die jungen Werktätigen fester an das neue Regime zu binden.

In den ersten beiden Jahren faschistischer Gewaltherrschaft gelang es durch diese und weitere Maßnahmen, große Teile der Jugend in den nationalsozialistischen Verbänden, insbesondere in der Hitlerjugend zu erfassen und im Sinne der Ziele der Nazidiktatur zu erziehen (Dok. 35). Stark angewachsen war die Zahl junger Menschen, die den Worten der Naziführer Vertrauen schenkten und bestrebt waren, durch hohen Einsatz das Dritte Reich zu stärken.

Eine Minderheit der Jugend leistete Widerstand gegen diese Entwicklung (Dok. 121). Die Mehrzahl der Mitglieder des Kommunistischen Jugendverbands sowie eine größere Zahl junger Sozialdemokraten versuchten der Politik des Hitlerregimes entgegenzutreten. Aus der Illegalität heraus setzten sie sich für die Verteidigung elementarer Interessen der Lehrlinge und jungen Arbeiter ein. Vor allem ging es ihnen um den Abbau der Jugendarbeitslosigkeit, die Verteidigung der Arbeitsplätze und die Sicherung einer qualifizierten Berufsausbildung. Eine große Rolle spielte der Widerstand gegen Ausbeutung und militärischen Drill in den Arbeitsdienstlagern und beim Landdienst (Dok. 125/134). Mitte 1933 befanden sich rund 4.000 Mitglieder des KJVD im Arbeitsdienst. Zusammen mit Mitgliedern der SAJ und des SJVD organisierten sie einheitliche Aktionen, die 1933/34 zur Auflösung einer Reihe von Lagern führten. Im Herbst 1934 traten der Einsatz gegen die Durchführung der von Reichswirtschaftsminister Hjalmar Schacht erlassenen »Verordnung über die Verteilung der Arbeitskräfte«[22], für die Verteidigung der Arbeitsplätze in den Betrieben in den Vordergrund. Populär war die Losung »Fort mit Landhilfe und Arbeitsdienst! Arbeit zu menschenwürdigen Löhnen!« (Dok. 128).

Mitglieder der Arbeiterjugendverbände versuchten, in noch legalen bürgerlichen Sportvereinen und in Kulturgruppen tätig zu sein. Versucht wurde, jungen Menschen die Augen zu öffnen über die wahren Ziele des Nationalsozialismus, die im Gegensatz zu ihren Lebensinteressen standen. Die jungen Antifaschisten verwiesen auf den Zusammenhang von faschistischer Gewaltherrschaft und wachsender Kriegsgefahr. Der Einsatz für die Erhaltung des Friedens wurde zu einem bestimmenden Merkmal ihrer Tätigkeit. Im Zusammenhang mit dem im September 1933 in Paris tagenden Weltkongreß der Jugend gegen Faschismus und Krieg gelang es, erste Fäden zu der entstehenden internationalen antifaschistischen Jugend- und Studentenbewegung zu knüpfen (Dok. 118). Zwischen den aktiv Widerstand leistenden Mitgliedern der Arbeiterjugendverbände konnten die durch die tiefe Spaltung der Arbeiterbewegung entstandenen Schranken und bestehendes Mißtrauen schrittweise abgebaut werden. Die Zahl derjenigen, die gemeinsam handelten, stieg an. Beispielhaft war das Zusammengehen von jungen Sozialdemokraten und Kommunisten sowie anderen demokratischen Kräften der Jugendbewegung im Saargebiet (Dok. 124/133).

Mehr trat jetzt das Gemeinsame in den Vordergrund (Dok. 126/127/132/135). Fördernd wirkte, daß in der KPD und im KJVD Erscheinungen des Sektierertums weiter zurückgedrängt und Orientierungen für den antifaschistischen Widerstand erarbeitet wurden, die besser den neu entstandenen Bedingungen Rechnung trugen. Weitere Impulse gingen von dem Prager Manifest des Exilvorstandes der SPD aus, das Anfang 1934 unter dem Titel »Kampf und Ziel des revolutionären Sozialismus« bekannt wurde. Beispiele erfolgreichen Kampfes gegen den Vormarsch des internationalen Faschismus unter anderem in Frankreich und Spanien verfehlten ebenfalls nicht ihre Wirkung.

Neue Kontakte entstanden zu Teilen der katholischen Jugendbewegung, vor allem zu Mitgliedern des Katholischen Jungmännerverbandes und der Sturmscharen (Dok. 131). Dabei wirkte fördernd, daß sich die Gegensätze zwischen den noch legal tätigen katholischen Jugendorganisationen und verschiedenen Institutionen des faschistischen Staates, insbesondere der Hitlerjugend, mehr und mehr zugespitzt hatten. 1934 kam es wiederholt zu direkten Konfrontationen bis hin zu tätlichen Auseinandersetzungen zwischen Angehörigen katholischer Verbände und der HJ und die Eingriffe des Staates in die katholische Jugendbewegung nahmen zu (Dok. 30/117/119/122). Unzufriedenheit und wachsender Protest bei Teilen der katholischen Jugend waren die Folge.

Als Reaktion auf die Zerstörung bisheriger Formen bündischen Jugendlebens und deren Einschränkung durch Zwang und Drill begannen einzelne Gruppen aus der bürgerlichen Jugendbewegung, sich der Jugendarbeit in der HJ zu entziehen und frühere Formen der Begegnung Jugendlicher fortzusetzen. Hierzu gehörten Angehörige der d.j.1.11 und des Jungnationalen Bundes (Dok. 3/51/55/56/63).

Dem Bestreben junger Antifaschisten, den neuen Machthabern das Feld nicht kampflos zu überlassen, wirkte ein bisher nicht gekanntes und vorausgesehenes System der Verfolgung, des Terrors und der Gewalt entgegen. In den ersten drei Jahren faschistischer Herrschaft wurden Tausende Jungkommunisten und mehrere hundert junge Sozialdemokraten verhaftet. Zahlreiche Terrorprozesse fanden zwischen 1934 und 1937 statt (Dok. 116/120/123/130/142/151). Groß war die Zahl der jungen Antifaschisten aus der Arbeiterbewegung, die für Jahre der Freiheit beraubt wurden. Eine Reihe von ihnen kam bis 1945 überhaupt nicht mehr frei; viele versuchten in Gefängnissen, Zuchthäusern und Konzentrationslagern den Widerstand fortzusetzen.

Andere mußten auf Grund der Verfolgungen Deutschland verlassen und ins Exil gehen. Sie bildeten oft den Kern der Gruppen junger deutscher Antifaschisten, die vom Ausland her am Kampf gegen den Faschismus teilnahmen. Zunächst sammelten sie sich auf der Basis der Arbeiterjugendverbände, des KJVD, der SAJ und des SJVD. Erste Zentren entstanden in der Tschechoslowakei und in Frankreich.

Der Terror des Hitlerregimes führte zu einer erheblichen Schwächung der Kräfte des politischen Widerstandes in den Reihen der Jugend; zahlreiche Organisationen und Gruppen wurden zerschlagen, und es gelang trotz entsprechender Bemühungen nicht, sie wieder aufzubauen. 150 Namen von jungen Antifaschisten sind bisher bekannt, die von 1933 bis 1935 wegen ihres Widerstandes von den Faschisten ermordet wurden[23].

1935 entstand für den Jugendwiderstand eine veränderte Lage. Der Einfluß des Hitlerregimes unter der Jugend war weiter angewachsen. Verbesserungen auf sozialem Gebiet verfehlten ihre Wirkung auf die jungen Menschen nicht. Der Gedanke der »Einheit der Jugend« im Interesse von »Volk und Vaterland« sowie das Argument, daß Deutschland in der Welt endlich wieder etwas darstellen solle, beeinflußten ihre Haltung. Die Schwierigkeiten, junge Menschen für den Widerstand zu gewinnen, nahmen zu.

Unter diesen Bedingungen begannen sich 1935/36 neue Kräfte zu formieren. Sie kamen zum einen aus der Arbeiterjugendbewegung und den katholischen Jugendverbänden, aber auch aus Kreisen der jungen Generation, die bisher nicht direkt an den Auseinandersetzungen mit dem Hitlerfaschismus teilgenommen hatten. Im Jugendwiderstand begann der Kampf gegen den Übergang des Naziregimes zur offenen Aufrüstung und direkten Kriegsvorbereitung eine zentrale Rolle einzunehmen (Dok. 144).

Auf dem Weg in den Krieg

Unmittelbar war die männliche Jugend von der Einführung der allgemeinen Wehrpflicht betroffen (Dok. 43). Die militärische Ausbildung, die zunächst auf ein Jahr und ab 1936 auf zwei Jahre festgesetzt wurde, sollte in der Regel im 20. Lebensjahr beginnen. Vorher erfolgte, entsprechend dem am 26. Juni 1935 beschlossenen Gesetz über den Reichsarbeitsdienst, ein mindestens 6 Monate umfassender Einsatz im Arbeitsdienst. So wurden die persönlichen Freiheiten junger Menschen weiter eingeschränkt und große Teile von ihnen direkt in die Kriegsvorbereitungen einbezogen.

Für die Tätigkeit der HJ ergaben sich ebenfalls einschneidende Veränderungen. Die Einführung der allgemeinen Wehrpflicht wurde vom Reichsjugendführer lebhaft begrüßt und die Hitlerwehrmacht als »eine allgemeine große nationale Erziehungsstätte zum Führertum und Sozialismus« bewertet (Dok. 38). Reichswehrminister General Werner von Blomberg bezeichnete den Dienst in der Wehrmacht als »letzte und höchste Stufe in dem allgemeinen Erziehungsgang des jungen Deutschen vom Elternhaus über die Schule, die HJ und den Arbeitsdienst« (Dok. 39/52).

Um die Jugend umfassend auf Wehrdienst und Krieg vorzubereiten, begann sich ein weitverzweigtes Netz von Verbindungen zwischen Wehrmacht und HJ herauszubilden. Eine besondere Rolle spielten dabei die Verbindungsoffiziere zur HJ aus den einzelnen Truppenteilen (Dok. 71). Die HJ erhielt Unterstützung bei der jetzt in der gesamten Organisation einsetzenden Schießausbildung (Dok. 70)[24], bei der wehrsportlichen Ausbildung der HJ-Führer sowie in der Tätigkeit von Arbeitsgemeinschaften und HJ-Sondereinheiten, die der vormilitärischen Ausbildung dienten (Dok. 87). 1938 gehörten der Marine-HJ, der Motor-HJ, der Flieger-HJ, der Nachrichten-HJ, den HJ-Reitereinheiten und den Modellflugarbeitsgemeinschaften des DJ insgesamt 368.600 Jugendliche an.

Verstärkt traten hohe Militärs vor den Führern der HJ und zahlreiche Offiziere auch in den unteren Einheiten der Jugendorganisation auf, um vor allem unter Nutzung der Geschichte des ersten Weltkrieges den Geist der Kriegsbereitschaft und des »Soldatischen« in der Jugend zu verbreiten (Dok. 76). Im Bereich der »wehrgeistigen Erziehung« war der Einfluß der Abteilung Wehrmachtpropaganda des OKW, der Propagandakompanien der drei Teilstreitkräfte und der Deutschen Gesellschaft für Wehrpolitik und Wehrwissenschaft unverkennbar. In der weltanschaulichen Schulung der HJ kamen in großer Zahl ehemalige Kriegsteilnehmer zum Einsatz (Dok. 84/101).

Ab 1936 war im Rahmen der Kriegvorbereitung und des weiteren Ausbaus der Terrorherrschaft eine engere Bindung der HJ an die SS zu verzeichnen. Eine gewisse Zäsur setzte hierbei das Auftreten des Reichsführers SS Heinrich Himmler vor rund tausend Teilnehmern des ersten Reichsführerlagers der HJ am 22. Mai 1936 auf dem Brocken. Der Stabsführer der Reichsjugendführung, Hartmann Lauterbacher, versicherte Himmler, daß die HJ die gesamte deutsche Jugend »in den Grundsätzen der Treue, Disziplin und Pflichterfüllung erziehe, die die Lebensgesetze der SS und Partei« seien (Dok. 62).

Im März und April 1937 kam es auf der Grundlage einer Vereinbarung des Reichsführers SS und des Reichsjugendführers zur Vertiefung der Zusammenarbeit von SS und HJ. Über das anzustrebende Ziel hieß es: »Aufgabe in diesen Monaten ist es, die Arbeit der SS gründlich kennenzulernen, eine dauernde kameradschaftliche Verbindung zwischen den Führern wie auch zwischen den Einheiten der beiden Gliederungen herzustellen« (Dok. 72). In den folgenden Monaten wuchs der Einfluß der SS auf die Schulungsarbeit in der HJ deutlich an. Hierbei spielte das Rasse- und Siedlungshauptamt der SS eine vorrangige Rolle (Dok. 74). Die Werbungen für die SS aus den Reihen der HJ wurden forciert.

NSDAP, HJ und DAF unternahmen zahlreiche Schritte zur Einbeziehung der arbeitenden Jugend in die offene Aufrüstung (Dok. 89). Dabei spielte der Reichsberufswettkampf eine Schlüsselrolle: 1936 beteiligten sich an ihm über eine Million Lehrlinge und junge Erwerbstätige, 1938 bereits über 2 Millionen.

Die Reichsanstalt für Arbeitsvermittlung und Arbeitslosenversicherung übernahm neben der Arbeits- auch die Lehrstellenvermittlung und die Berufsberatung (Dok. 59). Durch die Einführung des Arbeitsbuches und der Arbeitspflicht wurde die Freizügigkeit der jungen Berufstätigen weiter eingeschränkt und im Interesse der Rüstungsindustrie der Einsatz und die Verteilung der Arbeitskräfte gelenkt[25].

Billige Arbeitskräfte für die Großindustrie und den Großbrundbesitz sowie für kriegswichtige Bauten stellten der Reichsarbeitsdienst (Dok. 168) und der Landdienst der HJ. 1938 wurde für weibliche Jugendliche von 18 bis 25 Jahren eine einjährige Tätigkeit in der Landwirtschaft bzw. im Haushalt zur Pflicht (Dok. 85). Darüber hinaus erfolgten vor allem in der Landwirtschaft immer wieder Einsätze der lernenden und studierenden Jugend. 1935/36 wurden die Maßnahmen forciert, die dazu dienten, die gesamte Jugend in der HJ zu erfassen (Dok. 41). Ende 1935 vereinigte die HJ 3,9 Millionen Mädchen und Jungen im Alter von 10 - 18 Jahren. Besonders hoch war der Grad der Organisiertheit der Schuljugend von 10 - 14 Jahren. Aus dieser Altersgruppe kamen etwas über 2,5 Millionen Angehörige der HJ. Das Jahr 1936 wurde von Schirach unter das Motto »Jahr des Deutschen Jungvolks« gestellt. Ziel war es, den gesamten Jahrgang 1926 im DJ und JM zu erfassen (Dok. 57).

Deutlich wuchs der Druck auf die gesamte Jugend, sich der HJ anzuschließen. Am 1. Dezember 1936 wurde von Adolf Hitler das »Gesetz über die Hitlerjugend« erlassen, in dem es hieß: »Die gesamte deutsche Jugend ist außer in Elternhaus und Schule in der Hitlerjugend körperlich, geistig und sittlich im Geiste des Nationalsozialismus zum Dienst am Volk und zur Volksgemeinschaft zu erziehen« (Dok. 69.) Das Gesetz über die Hitlerjugend ist eines der wenigen Gesetze, für das sich Hitler die entsprechenden Ausführungsbestimmungen selbst vorbehielt. Es untermauerte den Anspruch der HJ auf die Führung der gesamten deutschen Jugend und sanktionierte alle Maßnahmen, die die Reichsjugendführung zur Durchsetzung ihres Alleinherrschaftsanspruches und der Monopolstellung der HJ unternommen hatte. Die Reichsjugendführung avancierte zur Obersten Reichsbehörde und war Hitler direkt untergeordnet (Dok. 88). Infolge von groß angelegten Werbeaktionen und des zunehmenden Zwangs auf alle Jugendlichen vergrößerte sich die Zahl der Mitglieder der HJ bis Ende 1936 auf 5,4 Millionen. In einem Jahr waren also 1,5 Millionen Jugendliche neu aufgenommen worden. Den größten Anteil daran hatte die Schuljugend, die 10- bis 14jährigen, während bei den 14- bis 18jährigen ein Anwachsen von etwa einer halben Million zu verzeichnen war.

Ein Ergebnis dieser Entwicklung war die weitere Vervollkommnung der systematischen Einbindung und Beherrschung der Jugend. Neben den schon dargestellten engen Bindungen der HJ an Wehrmacht und SS unternahm die NSDAP vieles, um die Beziehungen zur Jugend auszubauen. Hierbei besaß der Stellvertreter des Führers, Rudolf Heß, - im Parteiapparat direkt für die Jugendarbeit verantwortlich - eine zentrale Stellung. Die Hauptmaßnahmen betrafen das einheitliche Vorgehen im Prozeß der Kriegsvorbereitungen und die Sicherung des Nachwuchses der NSDAP aus den Reihen der Hitlerjugend (Dok. 50). Ab 1937 erfolgte die Überführung der Angehörigen der HJ, die das 18. Lebensjahr vollendet hatten, in die NSDAP symbolisch auf dem Reichsparteitag in Nürnberg, im gesamten Land anschließend am letzten Sonntag im September (Dok. 81).

Auf Initiative der NSDAP kam es zur engeren Verzahnung der Tätigkeit der HJ mit dem Nationalsozialistischen Deutschen Studentenbund (NSDStB) sowie mit der DAF und der Nationalsozialistischen Frauenschaft (Dok. 44/100). Der vollständigen Ausrichtung der Jugend diente der Ausbau des Wirkens der HJ unter der Landjugend (Dok. 61/75). Die sportliche Betätigung, die eng mit dem Wehrsport verknüpft wurde, ging jetzt weitgehend in die Verantwortung der HJ über (Dok. 67). Zentrale Reichssportwettkämpfe spielten bei der körperlichen und weltanschaulichen Ertüchtigung der jungen Generation eine wachsende Rolle (Dok. 77), sie erfaßten zwischen 1937 und 1939 etwa sechs bis sieben Millionen Jungen und Mädchen[26].

Alle Bestrebungen junger Menschen, sich der totalen Erfassung und Eingliederung in das nationalsozialistische System zu widersetzen, wurden mit wachsendem Terror und mit Gewalt beantwortet. Dabei spielte der HJ-Streifendienst, der seit April 1935 bestand, eine besondere Rolle (Dok. 45). Pfingsten 1935 war er das erste Mal gegen »wild« wandernde Jugendgruppen eingesetzt worden (Dok. 42). Im Rahmen der Verfolgung oppositioneller Kreise der Jugend prägten sich seit 1935 feste Verbindungen zwischen der Reichsjugendführung und dem Reichsjustizministerium sowie der Gestapo aus (Dok. 40). Die HJ hatte sich bis 1937 durch die Schaffung einer eigenen HJ-Gerichtsbarkeit mit einer abgestuften Strafenskala die Möglichkeit der Kontrolle und Bestrafung ihrer Mitglieder geschaffen.

Für die innere Entwicklung der HJ ergaben sich in diesen Jahren eine Reihe von Veränderungen. Der enorme Anstieg der Mitgliederzahlen stellte neue Anforderungen an die Leitung und Gestaltung der Jugendarbeit (Dok. 73/104). Anfang 1939 gehörten der HJ 7,7 Millionen Mädchen und Jungen an. Um den veränderten Anforderungen Rechnung zu tragen, wurde die Durchsetzung des Führerprinzips in der Organisation verstärkt und der Zusammensetzung und ideologischen Ausrichtung der HJ-Führerschaft besondere Aufmerksamkeit gewidmet (Dok. 53/64/65/91/105). Die Statistiken weisen für 1938 720.000 HJ-Führer aus, von denen 13.550 bezahlte Funktionäre waren (Dok. 98). Auf etwa 400 Mitglieder kam ein besoldeter, auf 10 Mitglieder ein unbesoldeter HJ-Führer. Die NSDAP vergrößerte ihre Einflußnahme auf die weltanschauliche und wehrerzieherische Ausbildung der HJ. 1937 entstand das Führerschulungswerk der HJ (Dok. 82), und 1938 begann die Akademie für Jugendführung der HJ in Braunschweig ihre Tätigkeit[28] (Dok. 86).

Die Politik des Hitlerregimes gegenüber der Jugend verfehlte ihren Zweck nicht. Die soziale Demagogie und eine maßlose chauvinistische Hetze gegen die Nachbarvölker, insbesondere gegen die UdSSR, hinterließen im Denken und Handeln der Jugend deutliche Spuren (Dok. 80/97/99). Die Mehrheit der jungen Generation erkannte die volksfeindlichen Ziele der Machthaber nicht (Dok. 102). Im Gegenteil, sie nahm an, daß deren Politik ihren Interessen entsprach[29]. Maßgebliche Kräfte aus dem kommunistischen und sozialdemokratischen Widerstand reagierten auf die Gefahr, die aus den offenen Kriegsvorbereitungen für die Zukunft der jungen Generation erwuchs. Deutlich spiegelte sich dies in Ergebnissen der Brüsseler und Berner Konferenzen der KPD und in anderen von Kommunisten erarbeiteten Dokumenten des Kampfes gegen die drohende Kriegsgefahr wider[30] (Dok. 139/140/173). In Veröffentlichungen des Exilvorstands der SPD[31] (Dok. 129/138) sowie der Auslandsleitung der SAP offenbarte sich die Sorge um die Zukunft Deutschlands ebenfalls.

In verschiedenen Publikationen wird die Feststellung getroffen, daß der organisierte Arbeiterjugendwiderstand aus dem kommunistischen und sozialdemokratischen Lager Ende 1934 / Anfang 1935 ausgeblutet und beendet gewesen sei. In der Tat waren die Verluste und Opfer sehr groß (Dok. 142). Auf Grund der Konzentration starker Kräfte der Gestapo und anderer Repressivorgane auf den Arbeiterjugendwiderstand konnten viele bisher bestehende Verbindungen und Organisationen nicht wieder aufgebaut werden. Tausende junge Antifaschisten befanden sich in Haft. Daher kam es ab 1935 zahlenmäßig zu einem Rückgang der am Widerstand beteiligten jungen Menschen, auch Inhalt und Formen des Kampfes erfuhren wesentliche Veränderungen. Vielfältige Tatsachen belegen jedoch, daß der Widerstand aus den Kreisen der Arbeiterjugend fortgesetzt wurde (Dok. 136/137/141/150/172). Dies geschah zum einen im engen Kontakt mit den Organisationen der Erwachsenen auf der Basis der Arbeitsparteien, zum anderen in selbständigen Jugendgruppen. Von großer Bedeutung für sie war, daß die KPD, die trotz des scharfen Terrors gegen ihre Mitglieder und Funktionäre als organisatorisch und politisch geschlossene Partei erhalten blieb, der Entwicklung der Jugend und der Einbeziehung ihrer Vertreter in die Auseinandersetzungen mit dem Faschismus stets entsprechende Aufmerksamkeit widmete. Zahlreiche im antifaschistischen Kampf entstandene Zeugnisse belegen den hohen Einsatz der Kommunisten für die Lebensinteressen der deutschen Jugend (Dok. 143/144/166/170/174/175/178/179). Gleichermaßen fühlten sich Sozialdemokraten und andere Hitlergegner aus der Intelligenz, den Kirchen und dem Bürgertum für die junge Generation, die von den Nazis so sehr irregeführt wurde, verantwortlich, und suchten sie im humanistischen Sinne zu beeinflussen (Dok. 153/158/159/162/163/164).

Fördernd auf den Widerstand in Deutschland wirkte, daß sich im Ausland feste Stützpunkte der antifaschistischen deutschen Jugend herausgebildet hatten, die eine vielfältige internationale Solidarität und Hilfe erfuhren. Dies galt besonders für die Auslandsleitungen der Arbeiterjugendorganisationen SAJ, KJVD und SJVD. Die SAJ und der KJVD waren Mitglieder der Sozialistischen bzw. der Kommunistischen Jugendinternationale, in deren Tätigkeit die Lage in Deutschland einen wichtigen Platz einnahm[32]. Vertreter der katholischen und bündischen Jugendbewegung wie Theodor Hespers, Hans Ebeling und Karl Otto Paetel sammelten ihrerseits Kräfte in den Niederlanden bzw. in Frankreich und versuchten, oppositionelle Kreise in Deutschland zu unterstützen[33]. An den Weltjugendkongressen für den Frieden 1936 in Genf und 1938 in der Nähe von New York beteiligten sich Abgesandte der antifaschistischen deutschen Jugend (Dok. 169).

Von mobilisierender Kraft war, daß mehrere hundert junge deutsche Antifaschisten, vor allem aus kommunistischen und sozialdemokratischen Kreisen, gemeinsam an der Seite des spanischen Volkes in den Internationalen Brigaden in Spanien kämpften[34]. Von dem spanischen Beispiel gingen Impulse für das Ringen der deutschen Emigration um die Einigung der antifaschistischen Kräfte der deutschen Jugend aus. An den Solidaritätsaktionen für Spanien waren führende sozialistische und kommunistische Jugendfunktionäre wie Artur Becker und Walter Hähnel vom KJVD, Erich Schmidt von der SAJ und Willy Brandt von dem SJVD maßgeblich beteiligt (Dok. 154/165). Im Herbst 1937 entstanden Ansätze für die Bildung einer einheitlichen freien Jugendbewegung. Im Organ der Freien Deutschen Jugend in Paris fand Ende 1937 eine aufschlußreiche Diskussion über Ziele und Möglichkeiten antifaschistischer Jugendarbeit statt (Dok. 155/156/157/161). Außer in Frankreich entstanden in Belgien, den Niederlanden, der Tschechoslowakei, in Schweden und Großbritannien Zusammenschlüsse junger deutscher Hitlergegner, die ihren Gruppen größtenteils den Namen Freie Deutsche Jugend gaben. Sie hatten Anteil an der Verbreitung der Wahrheit über die Politik des Dritten Reiches und der Organisierung von Hilfsaktionen für den deutschen Widerstand. In ihren Reihen leisteten Angehörige aus Arbeiterjugendverbänden, aber in zunehmendem Maße auch junge jüdische Bürger, die ebenfalls aus Deutschland flüchten mußten und einen neuen Halt suchten, Widerstand. Ansätze für die Einheit aller antifaschistischen Kräfte der deutschen Jugend bildeten sich heraus, und so mancher wertvolle Gedanke für die Gestaltung der Jugendarbeit nach der Zerschlagung des Faschismus wurde geboren (Dok. 145/167).

Rückschläge entstanden vor allem 1938/39, deren Ursachen in der internationalen Lage und innerhalb der deutschen Emigration zu suchen sind. Dazu zählen die Niederlagen der spanischen Republik und der französichen Volksfrontregierung. Groß waren die negativen Wirkungen des Stalinismus in der UdSSR. Die Deformationen des Sozialismus, vor allem die zahlreichen Prozesse und Repressalien gegen Unschuldige, unter ihnen eine Reihe deutscher Antifaschisten, schwächten die Kräfte des Widerstands. Antisowjetismus und Antikommunismus, die zeitweise zurückgedrängt waren, belebten sich wieder und erschwerten das Ringen um eine einheitliche Front der deutschen Hitlergegner maßgeblich.

In Deutschland selbst rekrutierte sich der Jugendwiderstand zwischen 1936 und 1939 im wesentlichen aus Resten der Arbeiterjugendorganisationen. Verstärkt traten ehemalige Angehörige proletarischer Kinderorganisationen wie der Roten Falken und der Roten Pioniere hervor. Weiterhin gehörten Mitglieder katholischer Jugendvereine und früherer bündischer Jugendgruppen dazu. Besonders in Berlin bestanden in allen Jahren Zusammenschlüsse junger Arbeiter, in denen Angehörige des KJVD und junge Sozialdemokraten eine entscheidende Rolle spielten. In den Vordergrund des Wirkens traten die Aufdeckung der Kriegsvorbereitung Hitlerdeutschlands und die Verteidigung des Friedens. Immer besser wurden in der HJ und in der DAF legale Möglichkeiten genutzt, um sich für die Verbesserung der Arbeitsbedingungen und der Berufsausbildung einzusetzen. Vereinzelt gelang es Hitlergegnern, Funktionen in der HJ und in der DAF, unter anderem als Jugendsprecher, zu besetzen. Versucht wurde, sich dem wachsenden Drill in der HJ zu entziehen (Dok. 147). Eine wichtige Rolle spielte in illegalen Organisationen des KJVD in Berlin der Einsatz für vom Naziterror besonders betroffene junge Juden und deren Einbeziehung in den Widerstand.

Mit Besorgnis wurden von den Antifaschisten die wachsenden Auseinandersetzungen zwischen den noch legalen katholischen Jugendverbänden und dem Naziregime verfolgt. NSDAP und HJ war es ein Dorn im Auge, daß die mehr als eine Million Mitglieder der katholischen Jugendorganisationen noch nicht der HJ angehörten. Deshalb wurde der Kreis immer enger gezogen. Verbote von Veranstaltungen und Zeitschriften, die Schließung von katholischen Jugendheimen stehen dafür[35] (Dok. 47/78). Anfang 1936 wurden über 60 katholische Jugendführer, unter ihnen acht Kapläne, verhaftet. Vom 7. bis 28. April 1937 fand vor dem Volksgerichtshof ein Prozeß gegen leitende Funktionäre des Katholischen Jungmännerverbandes und der Sturmscharen statt. Vor dem Gericht legten die katholischen Antifaschisten und als Zeugen vorgeladene Funktionäre des KJVD, die alle bereits zu hohen Zuchthausstrafen verurteilt worden waren, ein leidenschaftliches Bekenntnis zur Einheit aller antifaschistischen Kräfte der jungen Generation ab. Der Hauptangeklagte, der Gaukaplan der katholischen Sturmscharen in Düsseldorf, Joseph Rossaint, erhielt elf Jahre Zuchthaus. In Deutschland erregte das Terrorurteil Zorn und Empörung. In der illegalen antifaschistischen Jugendpresse und im Ausland erschienen zahlreiche Veröffentlichungen, die das tapfere Auftreten Rossaints und der anderen Antifaschisten bekanntmachten (Dok. 152). Die anwachsende Unzufriedenheit, die Opposition unter Teilen der katholischen Jugend, veranlaßte das Hitlerregime, bis 1939 alle katholischen Verbände und somit die letzten legalen demokratischen Jugendverbände in Deutschland zu verbieten[36]. Zu keiner Zeit gelang es den Nazis jedoch, der Opposition in katholischen Jugendkreisen voll Herr zu werden. Aber nur ein kleiner Kreis, vor allem katholische Geistliche, die sich für die Zukunft der Jugend verantwortlich fühlten, fand den Weg zum aktiven Widerstand.

Ab 1937 war im Jugendbereich eine neue Erscheinung zu beobachten. In losen Gruppen sammelten sich Jugendliche, die vor allem in Opposition zu dem wachsenden Dienst und Drill in der HJ standen (Dok. 160/177). Die Mehrzahl der Jungen und Mädchen, die 1933 zwischen 10 und 13 Jahre alt gewesen war, besaß nur noch geringe Beziehungen zur Jugendbewegung der Weimarer Republik. Ein großer Teil von ihnen hatte den Formationen der HJ angehört und war aus Unzufriedenheit mit dem ständigen Dienst und dem undemokratischen Leben wieder ausgetreten oder einfach den Zusammenkünften der HJ ferngeblieben. Als Ausdruck der Opposition trugen eine Reihe von ihnen bündische Jugendkleidung und organisierten freie Wanderungen[37]. In einem Schreiben des Chefs der Sicherheitspolizei vom 28. Februar 1938 an alle SD-Oberabschnitte hieß es über diese Entwicklung: »In der letzten Zeit ist festgestellt worden, daß vorwiegend in den größeren Städten des Reiches Jugendgruppen in Erscheinung treten, die in ausgesprochenem Gegensatz zur Staatsjugend stehen und diese in schärfster Form bekämpfen ... Die Anhänger dieser Jugendgruppen setzen sich vorwiegend aus ehemaligen 'bündischen', auch aus marxistisch oder kommunistisch eingestellten Personen zusammen. Daneben befinden sich unter ihnen Jugendliche, die aus der HJ infolge Interessenlosigkeit oder gegnerischer Einstellung ausgeschieden oder ausgeschlossen worden sind«[38].

Solche Jugendgruppen sind unter anderem aus Berlin, Bonn, Chemnitz, Dortmund, Düsseldorf, Frankfurt/M., Freiburg, Göttingen, Hamburg, Köln, Leipzig, Oberhausen, Wuppertal und Zwickau bekannt. Stärkste Verbreitung erfuhren sie offensichtlich in Leipzig, wo sich in den verschiedenen Meuten mehrere hundert Jugendliche sammelten[39] (Dok. 285). Vom Oktober 1938 bis Herbst 1939 verhaftete die Gestapo in Leipzig zahlreiche Jugendliche, und es fanden mehrere Prozesse statt, in denen eine Reihe junger Menschen zu Gefängnis und zum Teil auch ältere Jugendliche zu Zuchthausstrafen verurteilt wurden. Die große Masse der Betroffenen kam aus Arbeiterfamilien. Nur vereinzelt hatten Jugendliche aus diesen Kreisen vor 1933 bündischen Jugendgruppen angehört. Stärker war der Anteil von ehemaligen Mitgliedern kommunistischer und sozialdemokratischer Jugendorganisationen.

Das Bestehen derartiger loser Gruppen Jugendlicher, die in Opposition zur HJ standen, gehörte in den folgenden Jahren zum Bild des Jugendlebens in Deutschland. Durch ihr Wirken wurde das Bestreben des Naziregimes zur totalen Erfassung der jungen Generation eingeschränkt.

Mitte 1938 begannen die unmittelbaren Vorbereitungen für den Einsatz der Jugend in dem bevorstehenden Krieg. Deutlichster Ausdruck dessen war der Befehl des Chefs des Amtes für körperliche Ertüchtigung der Reichsjugendführung über die Wehrertüchtigung der HJ im Kriegsfall vom 28. September 1938 (Dok. 96). Die Wehrerziehung der vor der Einberufung zur Wehrmacht stehenden Jahrgänge wurde voll der HJ übertragen. Alle männlichen Jugendlichen sollten eine entsprechende dreimonatige Ausbildung, vorrangig im Schieß- und Geländedienst erhalten. Weiterhin waren bestimmte Aufgaben im Luftschutz und bei der Feuerwehr nach Kriegsausbruch vorgesehen. Entsprechende Festlegungen, auch den BDM betreffend, wurden im April 1939 getroffen (Dok. 108).

Die Beziehungen zwischen HJ und Wehrmacht und insbesondere zur SS wurden beträchtlich ausgebaut. Im August 1938 trafen der Reichsführer SS und der Reichsjugendführer Festlegungen, die die Übernahme von HJ-Führern in die SS und die Umgestaltung des HJ-Streifendienstes in eine Nachwuchsorganisation der SS betrafen (Dok. 94). Gleichzeitig wurde die Übernahme von HJ-Angehörigen, die das 18. Lebensjahr vollendet hatten, in die Allgemeine SS forciert (Dok. 93). Besonders eng sollte das Zusammenwirken zwischen dem Landdienst der HJ und der SS gestaltet werden, um aus dem Kreis dieser jungen Menschen möglichst viele zu gewinnen, die in den zu okkupierenden Ländern die faschistische Agrarpolitik als »Wehrbauern« durchsetzen helfen sollten (Dok. 103).

Verstärkt wurden jetzt auch die Anstrengungen zur Erfassung aller Jugendlichen in der HJ. Dem dienten z.B. im September 1938 von der HJ veranstaltete Gesamtappelle für die männlichen Jugendlichen von 10 bis 18 Jahren, egal, ob sie Mitglied der HJ waren oder nicht (Dok. 95).

Um die Isolierung der HJ im Rahmen der internationalen Jugendbewegung zu durchbrechen und die Kontakte, die sich stark auf faschistische Jugendorganisationen in Japan und Italien beschränkten, zu erweitern, intensivierte die Reichsjugendführung 1938 ihre außenpolitischen Aktivitäten. Zur Verbreitung des Bildes einer angeblich friedfertigen Jugendarbeit in Deutschland, zur Unterstützung der Friedensdemagogie des Naziregimes unternahm die HJ allein 1938 452 Auslandsfahrten in alle europäischen Länder (mit Ausnahme der Sowjetunion) sowie nach Ägypten, Irak, Iran, Japan, nach Kanada und in die USA und empfing Jugendgruppen aus den meisten dieser Länder in Deutschland. Schon vor 1933 versuchte die HJ, über die Organisierung sogenannter volksdeutscher Jugendgruppen in den benachbarten Ländern, Keimzellen faschistischer Jugendorganisationen zu schaffen (Dok. 36). Außerdem wurde über die der Auslandsorganisation der NSDAP angegliederten Landesführungen der HJ damit begonnen, in anderen Ländern lebende deutsche Jugendliche in der HJ zu erfassen; 1935 waren es bereits mehr als 19.000. Nach der Besetzung und Okkupation Österreichs und von Teilen der Tschechoslowakei durch deutsche Truppen begann die HJ sofort mit der Erfassung dort lebender Jugendlicher bzw. gliederte bereits vorhandene faschistische Jugendverbände in ihre Organisation ein.

Am 30. April 1938 wurde ein Jugendschutzgesetz verkündet, das u.a. einheitliche Richtlinien zur Beschäftigung Jugendlicher, über die Arbeitszeit, den Urlaub, die Lehrlingsausbildung und den Jugendarbeitsschutz enthielt. Das von der Reichsjugendführung lange vorher propagandistisch angekündigte Gesetz wurde während des mehrjährigen Entstehungsprozesses vor allem von Vertretern der Reichsgruppe Industrie so verwässert und mit Ausnahmeregelungen überfrachtet, daß es nahezu wirkungslos blieb, als es am 1. Januar 1939 in Kraft trat. Bereits nach acht Monaten, mit Kriegsbeginn, wurde es durch Sonderregelungen für den Einsatz Jugendlicher in der kriegswichtigen Industrie weitgehend ausgesetzt.

Der Erlaß der zweiten Durchführungsverordnung zum »Gesetz über die Hitlerjugend« vom März 1939 verpflichtete alle Jugendlichen vom 10. bis zum 18. Lebensjahr, in den Formationen der HJ Dienst zu leisten (Dok. 107).

Rund zwei Drittel aller männlichen HJ-Angehörigen zwischen 14 und 18 Jahren wurden regelmäßig im Schießdienst erfaßt (Dok. 110). 1939 erhielten ganze Jahrgänge der Jungen eine Schießausbildung. Erstmalig fand im DJ ein Schießwettkampf mit dem Luftgewehr statt.

Die Wehrmacht übernahm die Unterweisung von 60.000 HJ-Führern im Geländedienst (Dok. 106). Bis zum August 1939 befanden sich 360.000 Jungen des DJ und der HJ in der Geländeausbildung. Der Stellvertreter des Führers, Rudolf Heß, erließ im April 1939 Durchführungsbestimmungen für die militärische Ausbildung der männlichen Jugend. Sie sollte von 16 Jahren ab verstärkt betrieben und in der HJ erfolgen. Als Ergebnis stand am Ende die Ablegung des SA-Wehrabzeichens. Nach dem Ausscheiden aus der HJ sollte die Ausbildung durch die SA bzw. durch das NSKK oder durch die SS bzw. durch das NSFK fortgesetzt werden.

In einem Erlaß vom August 1939 traf Rudolf Heß weitere Festlegungen über den Einsatz der HJ im Krieg (Dok. 112). Am 31. August wurde befohlen, nach dem Beispiel des HJ-Streifendienstes einen BDM-Streifendienst zu bilden (Dok. 111).

1938 und in den ersten Monaten des Jahres 1939 wuchs unter jungen Antifaschisten die Sorge über die immer stärker betriebenen Kriegsvorbereitungen Hitlerdeutschlands. Als deutlicher Beweis dafür wurden die Annexionen Österreichs und der Tschechoslowakei gewertet. Vor allem illegale Jugendgruppen, die in Kontakt mit der KPD standen, verbreiteten mehrere Flugblätter und Zeitungen, in denen auf die große Kriegsgefahr verwiesen und dazu aufgefordert wurde, Anstrengungen zur Erhaltung des Friedens zu erhöhen (Dok. 171/174/175/176).

In Berlin hatte sich im Frühjahr 1939 in den Stadtbezirken Neukölln, Kreuzberg, Tempelhof und Treptow eine antifaschistische Jugendgruppe von etwa 60 Mitgliedern des KJVD, der SAJ und einzelnen Angehörigen katholischer Verbände sowie bisher nicht organisierten Jugendlichen gebildet. Die entscheidende Initiative ging von den Jungkommunisten Heinz Kapelle und Erich Ziegler sowie von dem Mitglied der SAJ Hans Großmann aus. Um auf die verstärkten Kriegsvorbereitungen aufmerksam zu machen und zum Widerstand aufzufordern, schrieben und verbreiteten sie zwei Flugblätter, in der Nacht vom 8. zum 9. Juli 1939 das Flugblatt »Deutschlands und Italiens Jugend will Frieden mit allen Völkern der Welt« und in der Nacht vom 28. zum 29. Juli das Flugblatt »Was soll aus Deutschland werden?«[40]. In der letzten Schrift hieß es: »Höchste und heiligste nationale Aufgabe jedes Deutschen, ob jung oder alt, ob in der HJ oder dem BDM, SA und so weiter oder nicht organisiert, ob Katholik oder Protestant, Arbeiter oder Mittelständler ist es, sich für den Frieden einzusetzen ... Hitler muß verschwinden, wenn unser Volk, unsere Jugend leben will ... wenn Deutschland nicht untergehen soll«[41]. Es fällt auf, daß in Flugblättern und Zeitungen aus dem Kreis antifaschistischer Jugendlicher der Situation in der HJ größere Aufmerksamkeit gewidmet und darauf orientiert wurde, in ihren Reihen gegen den Mißbrauch der Jugend in dem angestrebten Krieg zu wirken. Damit wurde dem Aspekt Rechnung getragen, daß trotz wachsender Erscheinungen des Widerstands gegen den ständigen Dienst und Drill insgesamt die »Erfolge« Hitlerdeutschlands auf große Teile der Jugend ihre Wirkung nicht verfehlten. Propagandalosungen wie »Selbstbestimmungsrecht aller Deutschen«, »Lebensraum für alle Deutschen«, »Großdeutschland« oder das von Goebbels geprägte Schlagwort »Deutschland, das Land der Habenichtse unter den Völkern« führten mit dazu, daß der größte Teil der jungen Generation den faschistischen Führern vertraute und an die »Friedensliebe« Deutschlands glaubte. Immer mehr setzte sich die Meinung durch, »Deutschland wird von seinen äußeren Feinden bedroht, wenn wir angegriffen werden, verteidigen wir uns«. Antifaschisten, vor allem aus der Arbeiterbewegung, versuchten, dem entgegenzutreten, konnten aber auf Grund ihres geringen Einflusses kein entscheidendes Gegengewicht zu dieser Politik bilden.

In den ersten Jahren des Krieges

Mit dem Überfall Hitlerdeutschlands auf Polen am 1. September 1939 begann der zweite Weltkrieg, der auch für die deutsche Jugend einschneidende Folgen hatte. Langfristig vorbereitete Maßnahmen für den Kriegsfall traten in Kraft (Dok. 180/181/184/185/186).

In den Reihen der Wehrmacht waren zahlreiche junge Menschen an den Überfällen auf andere Völker beteiligt. Bereits am Krieg gegen Polen nahmen 18.000 HJ-Führer teil, die sofort einberufen worden waren bzw. sich freiwillig gemeldet hatten. Die HJ wurde im Land durch die NSDAP und staatliche Institutionen in vielfältiger Weise zu Kriegshilfsdiensten verpflichtet. Die faschistische Jugendorganisation baute in enger Zusammenarbeit mit der Wehrmacht vor allem die vormilitärische Ausbildung der Jahrgänge 1921 bis 1923 aus (Dok. 190). Bei der vormilitärischen Erziehung und Ausbildung der Jugendlichen, die das 18. Lebensjahr vollendet hatten und nicht mehr durch die HJ erfaßt wurden, erhielt die SA weitreichende Aufgaben. Bei der Schießausbildung wurde die Zusammenarbeit mit dem NS-Reichskriegerbund intensiviert (Dok. 191).

Die NSDAP war unter Beachtung der veränderten Rolle der Jugend im Krieg bestrebt, ihren Einfluß unter den jungen Menschen auszubauen (Dok. 192). Anfang 1940 erfolgte unter Leitung des Beauftragten Hitlers für die Überwachung der gesamten geistigen und weltanschaulichen Schulung und Erziehung der NSDAP, Alfred Rosenberg, eine großangelegte »weltanschauliche Betreuungs-Aktion der schulpflichtigen und werktätigen Jugend« (Dok. 196). Die Verantwortung für die Durchführung wurde den Gauleitern der NSDAP übertragen. Dies war ein entscheidender Schritt, um die Maßnahmen der NSDAP, der DAF, der Reichsjugendführung, des NS-Lehrerbundes, des Reichserziehungsministeriums und des Reichsministeriums für Volksaufklärung und Propaganda hinsichtlich der systematischen politisch-ideologischen Beeinflussung der ganzen Jugend zu koordinieren und einheitlich zu gestalten. Als vorrangiges Ziel wurde dabei angesehen, »in der Jugend das Bewußtsein für Größe und Härte des Lebenskampfes unseres Volkes zu erhalten und zu stärken, zugleich ihren Einsatz für diesen Kampf zu fordern«.

Bereits am 25. September 1939 war zwischen dem Oberkommando der Wehrmacht und der Reichsjugendführung ein Abkommen über den Einsatz von Teilnehmern des Krieges gegen Polen vor der Jugend mit dem Ziel abgeschlossen worden, »die Wehrbereitschaft der in die Wehrmacht aus unserer Jugendbewegung nachrückenden Jahrgänge zu vertiefen und sie mit einer kämpferischen Entschlossenheit zu beseelen« (Dok. 187).

Zur besseren Lenkung des Einsatzes im Krieg und einer wirksameren politischen Beeinflussung der jungen Generation fand eine Reorganisation der Reichsjugendführung statt. An der Spitze standen die dem Reichsjugendführer direkt unterstellten drei Befehlsstellen Einsatz, Ausbildung und Politische Ausrichtung. Weiterhin wirkten neben dem koordinierenden Zentralamt die Ämter für Sozialarbeit, Gesundheitsführung, Überwachung, Verwaltung und Heimbeschaffung. Die Reichsjugendführung faßte erstmalig 1940 alle Aufgaben der HJ in einem Kriegsdienstplan zusammen (Dok. 195). Diese betrafen sowohl die weltanschauliche und politische Schulung, die kulturelle Tätigkeit, die Leibeserziehung als auch die Ausbildung der HJ-Führer sowie die Durchführung von Appellen, Sondereinsätzen und des Sommerdienstes[42].

Deutlich wird, wie stark die Belastungen der jungen Menschen jetzt zugenommen hatten. Der erste und dritte Sonntag im Monat wurde für den Pflichtdienst besonders auf den Gebieten der Schieß- und Geländeausbildung durch die HJ beansprucht. Der Mittwochabend war weiterhin für die wöchentlichen Heimabende reserviert. Daneben erfolgte der Einsatz bei Sammelaktionen im Winterhilfswerk[43]. Die 13- und 14jährigen Jungen und Mädchen erhielten eine Ausbildung im Luftschutz, und die 16- und 17jährigen Mädchen im Gesundheitsdienst (Dok. 207). Weiterhin fanden für alle HJ-Angehörigen regelmäßig Appelle und »Versammlungen der Jugend« statt.

Im August 1940 erfolgte ein Wechsel an der Spitze der Reichsjugendführung. An die Stelle Baldur von Schirachs trat Artur Axmann. Schirach waren von Hitler die Funktionen eines Gauleiters und Reichsstatthalters von Wien übertragen worden. Gleichzeitig blieb er als Reichsleiter der NSDAP Beauftragter für die Erziehung der Hitlerjugend. Axmann gehörte seit 1933 der Reichsjugendführung als Leiter des Sozialen Amtes an und war außerdem 1934 zum Führer des HJ-Gebietes Berlin berufen worden. Zu seinen ersten Maßnahmen zählte die Ausarbeitung eines Achtjahresplanes für die weltanschauliche Schulung und vormilitärische Ausbildung in der HJ. Sein besonderes Interesse galt dem Ausbau der Bindungen der HJ an die SS (Dok. 200). Jetzt wurden die Werbungen unter der Jugend für den Eintritt in die SS vorangetrieben und das Vorgehen gegen oppositionelle Kreise unter der Jugend noch mehr mit der SS abgestimmt (Dok. 182/183/188/198/204/210).

Anfang 1941 erfuhr die Wehrertüchtigung der gesamten Jugend in Zusammenarbeit mit der Wehrmacht und der SS eine wesentliche Ausdehnung (Dok. 194/201/202/212). Die Wehrmacht übernahm in zentralen Lehrgängen die Unterweisung von HJ-Führern im Schießdienst und in der Geländekunde. Gleichzeitig stellte sie Ausbilder für den Wochenenddienst in den HJ-Bannen, der meist in militärischen Objekten stattfand. Die Kontakte zwischen den HJ-Führern und den Verbindungsoffizieren der Wehrmacht erlebten eine deutliche Vertiefung (Dok. 203/205/208/213). Ab Juni 1941 übernahm die HJ auch spezielle Aufgaben bei der Gewinnung des Offiziersnachwuchses (Dok. 209).

Die »leichten Siege« der Wehrmacht in der ersten Periode des Krieges von 1939 bis 1941, die »gefeiert« wurden, trugen dazu bei, daß große Teile des Volkes den Krieg guthießen. Viele sahen in den Ergebnissen der ersten Kriegsjahre eine Bestätigung der faschistischen Lehre vom »Herrenmenschentum«. Der Einfluß der chauvinistischen Propaganda nahm besonders unter der Jugend zu.

Schwierigkeiten bereitete der Reichsjugendführung der durch den Fronteinsatz von HJ-Führern eingetretene Mangel an Funktionären. Hinzu kam der weitere Anstieg der Mitgliederzahlen in der HJ auf mehr als 9 Millionen Mädchen und Jungen Ende 1940. Unruhe rief bei der NSDAP hervor, daß es in einer Reihe von Großstädten nicht wie gewünscht gelungen war, die letzten beiden Jahrgänge, vor allem die in der Industrie und im Handwerk tätigen 16-18jährigen Jugendlichen fest in der HJ zu verankern. Berichte über von der HJ unabhängige Zusammenschlüsse Jugendlicher in sogenannten Jugendcliquen häuften sich.

Im Krieg verschärften sich der Terror und die Verfolgung aller Andersdenkenden. Im Jugendbereich führte dies zur weiteren Einschränkung der persönlichen Freiheit junger Menschen (Dok. 211/287). Deutlichster Beweis dafür ist die »Polizeiverordnung zum Schutz der Jugend« vom 9. März 1940 (Dok. 197). Sie bot umfassende Möglichkeiten, gegen alle oppositionellen Kräfte unter den Jugendlichen vorzugehen. In engem Kontakt mit dem am 27. September 1939 gebildeten Reichssicherheitshauptamt und dem Reichsjustizministerium erfolgte eine Ausdehnung der Aufgaben und der Rechte des HJ-Streifendienstes (Dok. 217). Im Oktober 1940 wurde der Jugendarrest eingeführt. An die Stelle der Disziplinarordnung der HJ trat eine Dienststraordnung.

Die im November 1939 geäußerte Absicht, zur Aufrechterhaltung von Ordnung und Disziplin unter der Jugend den HJ-Streifendienst auf 150.000 Mann auszudehnen, ging nicht auf (Dok. 193). In einer Beratung zwischen Himmler und Axmann vom November 1940 wurde davon gesprochen, daß der HJ-Streifendienst 50.000 Angehörige umfaßte und eine Ausdehnung auf 80.000 vorgesehen war (Dok. 200).

In den ersten Kriegsjahren hatten sich die Bedingungen für den antifaschistischen Widerstand junger Menschen weiter verschlechtert. Gerade deshalb ist es umso bemerkenswerter, daß mehrere antifaschistische Jugendgruppen vor allem in Berlin hervortraten. Am 8. und 9. September 1939 mischte sich in die ersten »Siegesmeldungen« in Berlin die Stimme des Widerstandes, die zur Umkehr, zur Beendigung des Krieges und zum Frieden mahnte. Junge Antifaschisten aus der Gruppe um Heinz Kapelle, Erich Ziegler und Hans Großmann verbreiteten in großer Zahl das Flugblatt »Ich rufe die Jugend der Welt«, in dem es unmißverständlich hieß: »Ich rufe die Jugend der Welt!

Es ist noch gar nicht so lange her, daß diese sechs Worte aus dem Olympia-Stadion verklungen sind. Junge Berliner und junge Berlinerinnen, gedenkt ihr noch des ehrlichen und sportlichen Wettkampfes mit jungen Engländern, Franzosen, Polen und vielen anderen? Wieviel hat sich nun mit einem Male an diesem friedlichen Streben geändert? Diese, unsere jungen, lachenden Sportfreunde, Arbeiter, Angestellte und Lehrlinge sollen plötzlich allesamt unsere verhaßten Feinde sein? Wir wollen jetzt, anstatt mit Speer, Fußball, Diskus und so weiter diesen jungen Menschen mit den grausamsten und fürchterlichsten Mordmaschinen gegenübertreten? Alle jene, die uns gar nichts getan haben, sollen wir grundlos ermorden? Jawohl, grundlos! Es gibt nichts in dieser Welt, was dieses neue wahnwitzige Verbrechen irgendwie rechtfertigen könnte.

Denkt daran, sie alle haben Väter, Brüder, Mütter und Schwestern, genauso wie ihr. Sie alle verdammen ein solches Völkermorden bis in die tiefsten Tiefen ihres Herzens, genau wie ihr« (Dok. 282).

Als die Hitlerregierung nach der Niederlage Polens Mitte Oktober 1939 neue Kriegszielforderungen stellte, antwortete dieselbe Gruppe mit dem Flugblatt »Kolonien - die neue Kriegsparole Hitlers«. Die jungen Berliner schrieben: »Kaum ist der Geschützdonner in Polen verklungen, da stellt der 'falsche Führer' durch seine letzte Rede die deutsche Jugend und das deutsche Volk von neuem vor die Schrecken und Grausamkeiten des nächsten Krieges. Entweder Kolonien - oder Krieg! Das ist es also, was das Dritte Reich seiner Jugend zu bieten vermag. Krieg - Elend - Not - erhöhte Steuern: das sind die Meilensteine des Nationalsozialismus.

Mit der Parole 'Großdeutschland' macht man ein Völkerzuchthaus und die Wehrmacht soll bereit sein für neue imperialistische Eroberungen im Interesse der deutschen Rüstungskapitalisten. Das kann und darf nicht geschehen!

Das Deutsche Volk und die Deutsche Jugend müssen sich einig werden in ihrem Willen und Kampf gegen die deutschen Kriegstreiber und -hetzer; denn der Feind steht im eigenen Land«[44]. Dieses Handeln entsprang einem hohen Verantwortungsbewußtsein gegenüber dem eigenen Volk und den Nachbarvölkern. Der zu diesem Zeitpunkt 25 Jahre alte Buchdrucker Heinz Kapelle wurde wegen dieser mutigen Tat zum Tode verurteilt und am 1. Juli 1941 in Berlin-Plötzensee ermordet. Seine engsten Freunde, ebenfalls junge Berliner Kommunisten und Sozialdemokraten, erhielten hohe Zuchthausstrafen.

Kurze Zeit nach der Festnahme dieser Kriegsgegner erschienen neue Flugblätter und Flugzettel in Berlin (Dok. 283). An Schaukästen, Litfaßsäulen, Plakataushängen der NSDAP und in Telefonzellen wurden kleine Klebezettel mit folgenden Texten angebracht: »Hitlers Sieg - ewiger Krieg! Volkes Sieg - beendet den Krieg!«, »Jeder Sieg bringt neuen Krieg; Hitler triumphiert, doch's Volk krepiert!«, »Für Freiheit und Frieden! Krieg dem Kriege!«, »Wenn Hitler auch siegt, das Volk neue Lasten trägt!«. Diese Initiative ging wesentlich von einer Gruppe junger Arbeiter und Angestellten, ehemaligen Schülern der Rütlischule in Berlin-Neukölln aus. In ihrem Zentrum stand der 19jährige Bäckergeselle und ehemalige Rote Jungpionier Hanno Günther. Er und seine Freunde begannen ab Juni 1940 die periodische Flugschrift »Das Freie Wort« herauszugeben. Bis zum Juni 1941 erschienen sechs Folgen mit jeweils 200 bis 300 Exemplaren (Dok. 286/290). Die Gestapo kam dieser Jugendgruppe im Juli 1941 auf die Spur. Neben Hanno Günther wurden noch vier weitere Jugendliche ermordet.

Ebenfalls in Berlin setzte die aus 70 bis 80, vorwiegend jüdischen Jugendlichen bestehende Gruppe um das in der KPD organisierte Ehepaar Herbert und Marianne Baum ihre Tätigkeit fort[45]. Neben der Solidarität für zahlreiche von Terrormaßnahmen der Nazis stark betroffene Juden wurde kein Einsatz gescheut, um die Wahrheit über die Kriegsziele des Hitlerregimes und die Verbrechen gegenüber der Bevölkerung in den überfallenen Ländern bekanntzumachen. Die Antifaschisten sahen ihre Hauptaufgabe darin, die zum Teil verzweifelten jungen

Menschen aufzurichten, sie zu der Erkenntnis zu führen, daß der Faschismus und der Terror gegen die jüdische Bevölkerung durch den gemeinsamen Kampf zum Sturz des Regimes beendet werden könne. Neben kulturellen Abenden organisierten Herbert Baum und seine Freunde auch Schulungen und halfen den Jugendlichen, Probleme und Ereignisse zu verstehen, mit denen sie täglich konfrontiert wurden. Schritt für Schritt gewannen sie die Mehrheit dieser jungen Menschen für den aktiven antifaschistischen Widerstand. Als 1940 die Zwangsarbeit für Juden eingeführt wurde, organisierten Mitglieder der Baum-Gruppe besonders beim Siemens-Konzern und bei Telefunken den Kampf für die Verbesserung der Lebenslage und der Arbeitsbedingungen der jüdischen Arbeiter.

Diese drei Jugendgruppen, die in Kontakt mit der illegalen Bezirksorganisation der KPD in Berlin standen, dokumentierten deutlich die Fortsetzung des antifaschistischen Widerstandes aus den Reihen der Jugend auch unter den Bedingungen des Krieges. In Leipzig, wo die Tätigkeit verschiedener »Meuten«, in denen sich Jugendliche zusammengeschlossen hatten, Ausdruck wachsender Opposition vor allem in Kreisen der Arbeiterjugend war, gelang es Hitlergegnern aus den Reihen der Arbeiterjugendverbände, vor allem ehemaligen Mitgliedern des KJVD und der SJVD, in der Naziorganisation »Kraft durch Freude« einen größeren Kreis Jugendlicher in Wandergruppen zu sammeln und sie über die Kriegsziele des Regimes aufzuklären.

Auch aus anderen Orten ist bekannt, daß einzelne junge Antifaschisten vor allem in Organisationen der Erwachsenen mitwirkten. Viele bereits in den Jahren zuvor abgeurteilte Gegner des Regimes aus den Reihen der Arbeiterjugendbewegung wurden nicht freigelassen (Dok. 289), ganze Familien verfolgt und vielfältigen Repressalien ausgesetzt.

In der ersten Periode des Krieges war es für die jungen deutschen Hitlergegner in den Ländern des Exils besonders schwer. Ihre Wirkungsmöglichkeiten waren sehr stark eingeschränkt. Trotzdem versuchten sie, ihren Kampf fortzusetzen. Die umfangreichsten Aktivitäten entwickelten die Gruppen der Freien Deutschen Jugend in Großbritannien[46], denen sich auch der Führer der d.j.1.11, Eberhard Koebel (Tusk), angeschlossen hatte. Anfang Januar 1940 forderte er die früheren Angehörigen der bündischen Jugendbewegung auf, in der einheitlichen antifaschistischen deutschen Jugendbewegung in Gestalt der Gruppen der Freien Deutschen Jugend in Großbritannien mitzuarbeiten bzw. ihr Wirken zu unterstützen (Dok. 284). In Frankreich und Belgien nahmen Mitglieder der Gruppen der Freien Deutschen Jugend am Kampf gegen die Besetzung dieser Länder durch das faschistische Deutschland teil.

Die Lasten des Krieges nehmen nach dem Überfall auf die Sowjetunion zu

Am 22. Juni 1941 begannen deutsche Truppen den Krieg gegen die UdSSR. In wenigen Monaten sollte eines der größten Hindernisse auf dem Wege zur Verwirklichung der Weltherrschaftspläne des deutschen Faschismus beseitigt werden. Hitler plante, am 7. November 1941 die »Siegesparade« auf dem Roten Platz in Moskau abzunehmen.

Obwohl die faschistischen Truppen unter Ausnutzung des Überraschungsmoments und der zeitweiligen Überlegenheit auf militärischem und ökonomischem Gebiet sowie von Fehlentscheidungen der Sowjetregierung unter der Führung Stalins zunächst weit in die Sowjetunion eindringen konnten, wurden bereits in den ersten Wochen die strategischen Pläne der Angreifer zunichte gemacht. In der Schlacht um Moskau vom September bis Dezember 1941 erlitt die Hitlerwehrmacht ihre erste große Niederlage im zweiten Weltkrieg; der Nimbus ihrer Unbesiegbarkeit war dahin. Aus dem tapferen Kampf der Roten Armee und des ganzen Sowjetvolkes gegen die faschistischen Aggressoren gewannen viele der in der ganzen Welt gegen den Faschismus Kämpfenden Ermunterung und Kraft. Durch den im Dezember 1941 erfolgten Eintritt Japans und der USA in den Krieg wurden immer größere Teile der Erde in den Völkermord verwickelt. Die Herausbildung der Antihitlerkoalition trug wesentlich dazu bei, das internationale Kräfteverhältnis zuungunsten des faschistischen Mächteblocks zu verschieben.

Die Belastungen durch den Krieg nahmen jetzt für das deutsche Volk selbst beträchtlich zu. Die Zeit der »leichten Siege« war vorbei. Eine Folge war, daß die direkte Einbeziehung der Jugend in den Krieg und die Forderungen an ihre Leistungsbereitschaft anstiegen. Die im Oktober 1941 erfolgte Gründung der Reichsarbeitsgemeinschaft für Jugendbetreuung sollte zu einer weiteren Zentralisation der Kräfte führen, die auf die Jugend einwirkten (Dok. 214). Die NSDAP strebte vor allem über die Partei-Kanzlei mit Martin Bormann als Reichsleiter an der Spitze an, den Einfluß auf die Jugend auszudehnen (Dok. 216).

1942 entstanden die ersten Wehrertüchtigungslager der HJ. Hier erfolgte unter Leitung der HJ von Ausbildern der Wehrmacht und der SS in dreiwöchigen Lehrgängen die Vorbereitung vor allem der 17jährigen Jungen auf den Militärdienst (Dok. 225). Den Machthabern kam es darauf an, bereits vor der Einberufung in die verschiedenen Truppenteile eine hohe Stufe der Militarisierung der Jugendlichen zu erreichen. Im November 1942 gab es 120 Wehrertüchtigungslager, in denen die Wehrmacht und 42, in denen die SS die Ausbildung durchführten. 1942 wurden hier über eine halbe Million Jugendliche erfaßt. Im Mai 1943 existierten in Deutschland und teils auch in den okkupierten Gebieten 194 Wehrertüchtigungslager und sechs Reichsausbildungslager der HJ, die in mehrwöchigen Lehrgängen mehr als 41.000 Jungen gleichzeitig unmittelbar auf den Kriegseinsatz vorbereiten konnten (Dok. 218/226/227/230/234/240). 1943 fanden in zahlreichen Wehrertüchtigungslagern und beim Arbeitsdienst Großwerbeaktionen für die Waffen-SS statt (Dok. 219/238/242). Die Schüler der Jahrgänge 1926 und 1927 wurden Anfang 1943 zum Kriegshilfsdienst bei der Luftwaffe, insbesondere bei der Flak beordert (Dok. 236/244).

Entsprechend einer Anordnung des Generalbevollmächtigten für den Arbeitseinsatz, Fritz Sauckel, vom 20. April 1942 begann bereits im Mai 1942 der Kriegseinsatz der Jugend in der Landwirtschaft. Aus den Großstädten fuhren die Schüler der 5. und 6. Klassen und die Schülerinnen der 7. Klassen zwischen Mai und November zu einem mehrwöchigen Einsatz in die Zentren landwirtschaftlicher Produktion, um für ein Taschengeld bei Bestell-, Pflege- und Erntearbeiten tätig zu sein (Dok. 222). Allein in Berlin wurden bis Mitte Mai 1942 17.000 Mädchen erfaßt (Dok. 224).

Darüber hinaus konnte in den Agrargebieten die Beschäftigung von Schülern ab 10 Jahren entsprechend der Notwendigkeit durch die Ortsbauernführer angeordnet werden. Hunderttausende Jungen und Mädchen waren davon betroffen.

Umfangreiche Aufgaben übernahm die HJ im Rahmen der »Kinderlandverschickung«. Aus bombengefährdeten Städten wurden Hunderttausende Kinder in verhältnismäßig ungefährdete Gebiete evakuiert. Die Hauptverantwortung ihrer Betreuung trug die HJ[47]. Hohe Belastungen entstanden für die faschistische Jugendorganisation und ihre Mitglieder auch durch die ständige Einbeziehung in viele örtliche Kriegshilfsdienste, die Teilnahme an kulturellen und politischen Massenaktionen sowie durch die Einbeziehung in Sammlungen von Altmaterialien und für das Winterhilfswerk (Dok 231).

Mit der Ausdehnung des Krieges auf Osteuropa begann der »Osteinsatz der Jugend«. Vor allem nach Polen und in die UdSSR wurden eine Reihe von HJ-Führern als Mitarbeiter der General- und Gebietskommissare sowie in der Verwaltung verpflichtet. Andere erhielten den Auftrag, die Tätigkeit der HJ unter der »volksdeutschen« Jugend zu organisieren. Allein 1942 waren in Polen 18.000 Angehörige des BDM eingesetzt. Diese in 142 Lagern kaserniert untergebrachten BDM-Führerinnen waren direkt oder indirekt an den Vertreibungs- und Umsiedlungsaktionen beteiligt, die oft mit der physischen Vernichtung der Polen endeten. In mehr als 300 Schulen und 4.800 Kindergärten wurden von ihnen z.B. die Kinder derjenigen deutschen bzw. umgesiedelten »volksdeutschen« Bauern betreut, die die Höfe der vertriebenen polnischen Familien übernahmen[48].

Der Zusammenfassung der Kräfte der Jugend unter Führung der HJ in den von Deutschland okkupierten Ländern und im faschistischen Mächteblock diente die am 14. September 1942 in Wien unter maßgeblichem Einfluß Baldur von Schirachs erfolgte Bildung eines Europäischen Jugendverbandes (Dok. 232). Die junge Generation der Staaten Europas, die im Bündnis mit dem faschistischen Deutschland handelten, sollte verstärkt für die Fortsetzung des Krieges mobilisiert und motiviert werden[49]. Eine Folge der hohen Belastungen der HJ und der Vielfalt ihrer Aufgaben war es, daß es schwieriger wurde, dem großen Erwartungsdruck zu entsprechen. Hinzu kam ein immer akuter werdender Mangel an Führungskräften. Der ständige Abzug von HJ-Führern für Aufgaben in der Wehrmacht, der SS und der NSDAP war immer schwieriger auszugleichen. Sorgen bereitete auch die unzureichende Versorgung mit Kleidung und Schuhen vor allem bei den Arbeitseinsätzen sowie die immer mehr eingeschränkte gesundheitliche Betreuung der jungen Menschen (Dok. 221/223).

Die Lasten des Krieges verstärkten Erscheinungen der Opposition und des sich Zurückziehens von den vielfältigen Pflichten und Aufgaben. Hinzu kam, ähnlich wie im ersten Weltkrieg, daß unter den Jugendlichen Tendenzen der Demoralisierung und Verwahrlosung zunahmen. Die Naziführer suchten dieser Entwicklung mit zunehmender Gewalt und Härte zu begegnen. Konzentrationslager für männliche und weibliche Jugendliche im Alter von 12 bis 18 Jahren entstanden ab April 1940 in Moringen und ab Juni 1942 in Uckermark in der Nähe des großen Frauen-KZ Ravensbrück[50] (Dok. 241/256).

Die Aufgaben des HJ-Streifendienstes erfuhren eine beträchtliche Ausdehnung. Mit besonderer Brutalität wurde gegen Jugendliche aus den Reihen der zahlreichen nach Deutschland verschleppten Zwangsarbeiter vorgegangen (Dok. 235/237).

Zu weiteren Veränderungen in der Lage der Jugend kam es nach der Niederlage der faschistischen Truppen bei Stalingrad, als Goebbels den »totalen Krieg« verkündete. Die HJ gab für 1943 die Jahreslosung »Kriegseinsatz der deutschen Jugend« heraus (Dok. 239). Im Mai 1943 fand auf Initiative des Reichsinnenministers und des Reichsjugendführers eine weitere Konzentration der Kräfte statt, die auf die Jugend einwirkten (Dok. 243). Verschiedene Maßnahmen zielten darauf, den Beitrag der jungen Generation zur Fortsetzung des Krieges zu erhöhen[51]. Dieser Absicht diente u.a. der am 26. Juli 1943 veranstaltete Reichsappell der gesamten werktätigen Jugend (Dok. 245). Auf der zentralen Kundgebung sprach der Leiter der DAF und Reichsorganisationsleiter der NSDAP, Robert Ley. Anläßlich des Reichsberufswettkampfes richtete Adolf Hitler im Oktober 1943 einen Aufruf an die deutsche Jugend und forderte sie auf, sich am Beispiel des Einsatzes der Soldaten an der Front zu orientieren und höchste Leistungen im Beruf zu erbringen (Dok. 247).

Am 4. und 5. September 1943 wurde erstmalig im ganzen Land der Tag der Wehrertüchtigung der HJ durchgeführt. Aus diesem Anlaß wandte sich Adolf Hitler an den Reichsjugendführer und äußerte über die Wehrertüchtigung, »soldatisches Denken und Handeln auf nationalsozialistischer Grundlage sind das Ziel der Erziehung« (Dok. 246).

Bei all diesen mit großem propagandistischem Aufwand organisierten Massenveranstaltungen, die von der NSDAP entscheidend getragen wurden, bestand die Absicht, die gesamte männliche und weibliche Jugend zu erfassen. Der Reichsminister für Volksaufklärung und Propaganda, Joseph Goebbels, gewann stärkeren Einfluß auf die ideologische Ausrichtung der Jugend. Der Film spielte dabei eine zunehmende Rolle (Dok. 248).[52]

Die im Krieg weiter verstärkte ideologische Manipulation bewirkte bei zahlreichen Jugendlichen tiefgreifende geistige Deformationen (Dok. 199/206/215/228/233).

Der immer stärkere Wandel des zweiten Weltkrieges in einen antifaschistischen Befreiungskrieg der Völker führte auch zu einem Aufschwung des antifaschistischen Widerstandes in Deutschland. Im Mittelpunkt standen Kräfte der Arbeiterbewegung, hauptsächlich aus den Reihen der KPD und der SPD. Kennzeichnend war jetzt eine größere Einheit aller gegen das Hitlerregime auftretenden sozialen und politischen Kräfte. In auf Initiative der KPD entstandenen Widerstandsorganisationen in Berlin, Breslau, Dortmund, Hamburg, Jena, Köln, Leipzig, Magdeburg, Mannheim, Stettin und anderen Orten wirkten einzelne junge Menschen mit. Größer war ihre Zahl in Berlin und Leipzig. In der »Roten Kapelle« war eine Reihe junger Menschen vertreten[53]. Nach den Massenverhaftungen und mehreren Prozessen hieß es in dem abschließenden Bericht des Reichskriegsgerichtes über die beteiligten Antifaschisten: »Diese Personen waren z.T. früher Mitglieder der alten KPD, zum anderen Teil neigten sie eigenen sozialistischen Gedankengängen zu. Ihre Einstellung gegenüber dem nationalsozialistischen Staat war negativ; einige von ihnen waren noch immer fanatische Anhänger des Kommunismus. Sie führten ihre Diskussionen, wobei marxistische und leninistische Literatur besprochen wurde, zunächst in kleinen Zirkeln, in die sie vorwiegend jugendliche Menschen der verschiedensten Gesellschaftsschichten hineinzuziehen verstanden«[54].

Neben den größeren Widerstandsorganisationen wirkten einzelne antifaschistische Jugendgruppen. Dies gilt auch für die Fortsetzung der Tätigkeit des Kreises um Herbert und Marianne Baum (Dok. 292). Eine wachsende Rolle spielte jetzt die Sabotage in den Rüstungsbetrieben. Als das Naziregime im Mai 1942 in Berlin die antisowjetische Ausstellung »Das Sowjet-Paradies« zeigte, versuchten Angehörige der Gruppe durch mehrere Brandsätze die Ausstellung zu zerstören. Unter der Bevölkerung rief diese Tat Aufsehen hervor. Der Gestapo gelang es, den Tätern auf die Spur zu kommen und fast alle Angehörigen der Gruppe zu verhaften. In den nächsten Wochen und Monaten wurden 35 junge Antifaschisten ermordet (Dok. 300).

Die illegale Organisation der KPD in Leipzig unterhielt Kontakt zu 80 bis 100 jungen Menschen, die sich vor allem Wander- und Sportgruppen der Vereinigung »Kraft durch Freude« angeschlossen hatten.

Unabhängig von den Kräften der organisierten Widerstandsbewegung schufen Jugendliche aus Arbeiter- bzw. Angestelltenfamilien 1941 in Hamburg und München kleine antifaschistische Gruppen. Dies war in Hamburg der 16jährige Verwaltungslehrling Helmuth Hübener[55] und in München der 17jährige Schaltmechanikerlehrling Walter Klingenbeck[56]. Vor allem durch die Verteilung selbstgeschriebener Flugblätter versuchten sie, die Wahrheit über den Krieg zu verbreiten und zum Widerstand gegen das Hitlerregime aufzurufen (Dok. 293). Starke Motive für ihr Verhalten erwuchsen aus ihrem christlichen Glauben. Hübener gehörte der Glaubensgemeischaft »Kirche Jesu Christi der Heiligen der letzten Tage« an, und Klingenbeck war Mitglied der katholischen Jungschar »St. Georg«. Bei der Hinrichtung am 27. Oktober 1942 in Berlin-Plötzensee zählte Helmuth Hübener 17 und Walter Klingenbeck, der am 5. August 1943 in München-Stadelheim ermordet wurde, 19 Jahre (Dok. 296).

Nicht nur unter Angehörigen der Arbeiterjugend, sondern auch unter Studenten wuchsen unter dem Eindruck des Krieges und der verbrecherischen Politik Hitlerdeutschlands gegenüber den überfallenen Völkern sowie der wachsenden Gewalt gegen die eigene Bevölkerung Unbehagen und Unzufriedenheit. Aber auch hier fanden nur wenige den Weg zum aktiven Widerstand. Sichtbarster Ausdruck dafür ist die vom Sommer 1942 bis Februar 1943 an der Münchener Universität wirkende Widerstandsgruppe um die Medizinstudenten Hans Scholl und Alexander Schmorell[57], die im Juni/Juli 1942 die vier Flugblätter der »Weißen Rose« und im Januar und Februar 1943 als Reaktion auf die Ereignisse bei Stalingrad zwei weitere Flugblätter verbreitete (Dok. 294/302). In zwei Prozessen wurden die fünf Studenten Hans und Sophie Scholl, Alexander Schmorell, Willi Graf und Christoph Probst sowie ihr Lehrer Professor Kurt Huber zum Tode verurteilt (Dok. 303). Elf weitere Angeklagte erhielten Zuchthaus- und Gefängnisstrafen. Die mutige Tat der Münchener Studenten gehört zu den Aktionen deutschen Widerstandes, die schon während des Krieges im Ausland bekannt wurden (Dok. 304/311). Von ihr gingen wesentliche Impulse für die Fortsetzung und Ausdehnung des Widerstandes im Inland sowie Exil aus. Die lange Zeit verbreitete Auffassung, daß diese Tat allein für den Jugendwiderstand dieser Zeit steht, daß es keine anderen vergleichbaren Beispiele gab, trifft nicht zu. Das Wirken anderer Gruppen, wie der um Heinz Kapelle, Hanno Günther, Herbert Baum, Helmuth Hübener und Walter Klingenbeck, ist trotz ihrer unterschiedlichen Wirkung und auch inhaltlichen Klarheit einzuordnen in die Bestrebungen junger Deutscher, das Hitlerregime aktiv zu bekämpfen, um die Fortsetzung des barbarischen Krieges zu beenden.

Erwähnung finden muß auch das Verhalten einzelner junger Antifaschisten, die oft allein auf sich gestellt handelten. Wiederholt kam es zur Zusammenarbeit mit ausländischen Zwangsarbeitern und Kriegsgefangenen, die 1942/43 in großer Zahl in der deutschen Rüstungsindustrie und in der Landwirtschaft eingesetzt wurden (Dok. 308/318). Dazu zählen auch gemeinsame

Aktionen deutscher und ausländischer Antifaschisten in Konzentrationslagern und Zuchthäusern, wie u.a. in Auschwitz, Brandenburg, Buchenwald, Dachau, Luckau, Mauthausen, Neuengamme, Ravensbrück und Sachsenhausen.

Besonders seit 1942 nahmen Erscheinungen von Opposition und Zersetzung in der HJ zu (Dok. 220/229/297/301/307). Gruppen Jugendlicher, hauptsächlich in Großstädten, mieden den Dienst in den faschistischen Organisationen. Wiederholt setzten sie sich gegen den HJ-Streifendienst zur Wehr. Als Reaktion auf zunehmende Beanspruchung und wachsende Pflichten in der HJ ging man an den Wochenenden auf Fahrt und sang verbotene Lieder. Weil ein Teil dieser Jugendlichen ein Edelweiß-Abzeichen trug, entstand die Bezeichnung »Edelweißpiraten«. In die Literatur fand auch die von der Gestapo geprägte Bezeichnung »Gruppen der bündischen Jugend« Eingang. Die Nazijustiz versuchte derartige Erscheinungen auf die Ebene krimineller Tätigkeit zu stellen (Dok. 249).

Der Prozeß des Umdenkens, der Desillusionierung eines Teils der Jugend wurde durch die weitere Zuspitzung des Widerspruchs zwischen den Lebensinteressen der jungen Generation und der Politik des Hitlerregimes als Folge des »totalen Krieges«, der 1943 einsetzenden tiefen militärischen und politischen Krise des gesamten faschistischen Systems gefördert.

Deutsche Antifaschisten im Ausland verstärkten ab Mitte 1941 ihre Aktivitäten. Dies ist 1942/43 besonders abzulesen an der Tätigkeit der Gruppen der Freien Deutschen Jugend in Großbritannien (Dok. 305/306). Gleiches gilt für deutsche Jugendgruppen u.a. in Mexiko, Schweden und in der Schweiz.

Zu einem Schwerpunkt antifaschistischer Tätigkeit wurde ab Sommer 1941 die sowjetisch-deutsche Front. Einzelne Soldaten gingen auf die Seite der Roten Armee über, andere erklärten sich in der Kriegsgefangenschaft bereit, mitzuhelfen, den Krieg durch die Niederlage Hitlerdeutschlands zu beenden. Im Oktober 1942 wandten sich 250 ehemalige HJ-Mitglieder aus der sowjetischen Kriegsgefangenschaft an die deutsche Jugend (Dok. 298).

Von hervorragender Bedeutung für den Jugendwiderstand war, daß einflußreiche Persönlichkeiten die Interessen der Jugend vertraten und das Hitlerregime anklagten. 1942 schrieb der Vorsitzende der KPD, Wilhelm Pieck: »Es ist ein grauenhaftes Massenmorden, das die Hitlerclique am deutschen Volk begeht. Eine ganze Generation deutscher Jugend wird vernichtet. Welches unsägliche Leid und wieviel Trauer hat die Hitlerclique über das deutsche Volk gebracht! Millionen deutscher Ehefrauen wurden zu Witwen, Millionen Kinder zu Waisen«[58].

Der Schriftsteller Thomas Mann nahm die Bildung des faschistischen Europäischen Jugendverbands im September 1942 in Wien zum Anlaß, um über den Londoner Rundfunk die Jugend- und Kulturfeindlichkeit der Nazidiktatur anzuprangern (Dok. 299).

Eskalation des Mißbrauchs der Jugend

1944 und in den ersten Monaten des Jahres 1945 erreichte der Mißbrauch der Jugend seinen Höhepunkt. Normale Lebens- und Entwicklungsbedingungen bestanden für die heranwachsende Generation in Deutschland nicht mehr. Die sich immer mehr verschlechternde Lebenslage, die wachsende Zerstörung der Städte, der zunehmende Mangel an Lebensmitteln und Kleidung sowie die immer stärker in Auflösung befindliche schulische und berufliche Ausbildung lasteten schwer auf den jungen Menschen (Dok. 250/252). Gleichzeitig nahmen die Anforderungen aus der Weiterführung des Krieges immer mehr zu (Dok. 251/263/264).

Zu den Hunderttausenden, die im letzten Kriegsjahr zum Bau von Verteidigungsanlagen an den Grenzen Deutschlands herangezogen wurden, gehörten neben Frauen und älteren Männern rund 400.000 Jugendliche. Die Naziführer scheuten nicht davor zurück, Jungen im Alter von 16 und später sogar 15 Jahren in die Wehrmacht und in die Waffen-SS zu zwingen. Das Alter für die Wehrpflicht junger Männer wurde immer weiter gesenkt. 1940 erhielten die 19jährigen die Gestellungsbefehle, 1941/42 erging die Aufforderung erstmalig an die 18jährigen und 1943/44 an die 17jährigen. Anfang Februar 1945 erfolgte die Einberufung von 265.000 Jungen des Jahrgangs 1928 (Dok. 260/267). Am 5. März 1945 begann die Dienstverpflichtung des Jahrgangs 1929 zur Wehrmacht. Vorher war im Herbst 1944 eine breit angelegte propagandistische Aktion organisiert worden, die den Jungen des Jahrgangs 1928 nachdrücklich nahelegte, sich freiwillig zum Kriegsdienst zu melden. Angeblich sollen dies 70 % aller Jungen getan haben. Ihre Tat wurde groß gefeiert. Adolf Hitler sprach von einem leuchtenden »Beispiel kämpferischer Gesinnung und fanatischer Einsatz- und Opferbereitschaft« (Dok. 265).

Im engsten Kontakt mit Wehrmachts- und Waffen-SS-Einheiten erfolgte in Wehrertüchtigungslagern die Vorbereitung der betreffenden Jugendlichen auf den Einsatz an der Front (Dok. 255). Neu war, daß direkte Kontakte zwischen der HJ und Feldtruppenteilen geknüpft wurden (Dok. 257).

Verstärkt wurde jetzt auch die weibliche Jugend in den Krieg einbezogen, unter anderem als SS- und Wehrmachtshelferinnen (Dok. 253/258). Bis zum 15. Januar 1945 sollten 150.000 Frauen vor allem zwischen 18 und 21 Jahren für diese Aufgabe verpflichtet werden.

Die Bildung des Volkssturms am 25. September 1944 sah die Dienstverpflichtung aller bisher nicht zum Kriegsdienst einberufenen Männer von 16 bis 60 Jahren vor. Die Naziführer bezeichneten diese Maßnahme als »Volksaufgebot vom Knaben bis zum Greis«[59]. Der Rest der Jungen, die nicht frontdiensttauglich waren, sollte im Volkssturm Verwendung finden (Dok. 269).

Im August 1944 war bereits mit dem Aufbau von »HJ-Selbstschutzeinheiten aus Jugendlichen vom 16. Lebensjahr ab zur Bekämpfung von Terrorakten und Banden« begonnen worden (Dok. 259). Vorrangig auf Initiative der SS bildeten fanatisierte Jugendliche im Februar/März 1945 Werwolf-Gruppen, die hinter den Reihen der Armeen der Antihitlerkoalition operieren sollten (Dok. 280).

Auch in der Rüstungsindustrie erhöhten sich die Anforderungen nach der Verkündung des »totalen Kriegseinsatzes« durch die Hitlerregierung am 25. Juli 1944. Eine Folge war die Einführung der 60-Stunden-Woche. In mehreren Unternehmen erfolgte sogar eine Steigerung der Arbeitszeit auf 72 Stunden. Der Reichsminister für Rüstung und Kriegsproduktion, Albert Speer, trat selbst vor der werktätigen Jugend auf, um sie zu hohen Leistungen in der Rüstungsindustrie anzuspornen. Bereits im März 1944 war ein Aufruf Speers zusammen mit dem Reichsjugendführer erfolgt, der den Technischen Wettbewerb der HJ unter dem Motto »Technik hilft siegen« einleitete (Dok. 254).

In den letzten Monaten der Naziherrschaft steigerte sich der ideologische Druck auf die Jugend weiter (Dok. 270). Funktionäre der NSDAP, hohe Militärs und Wehrwirtschaftsführer traten vor der Jugend auf, um sie zum Durchhalten und zu Höchstleistungen zu mobilisieren. Anläßlich des 5. Jahrestages des Kriegsbeginns sprach der Chef des Generalstabes des Heeres, Generaloberst Heinz Guderian, auf einem soldatischen Appell zu neu einberufenen Hitlerjungen (Dok. 261). Aus gleichem Anlaß erschien ein Artikel des Reichsjugendführers Axmann im Völkischen Beobachter unter dem Titel »Nazis bis auf die Knochen« (Dok. 262). Immer wieder wurde die Jugend auf eine bedingungslose Gefolgschaft gegenüber dem Führer eingeschworen (Dok. 268/273/274). Axmann knüpfte an die Worte Hitlers an: »Es hängt von euch ab, ob ihr das Ende sein wollt und die Letzten eines nichtachtungswürdigen und bei der Nachwelt verachteten Geschlechts, oder ob ihr der Anfang sein wollt einer neuen, über alle eure Vorstellungen herrlichen Zeit«.

Am 1. Januar 1945 wandte sich der Reichsjugendführer über den Rundfunk an die Jugend und verpflichtete sie im Zeichen der Jahresparole »Fronthilfe und Kriegseinsatz der Hitlerjugend« zu beispielhaften Taten (Dok. 271). Zu einem Zeitpunkt, als Deutschland selbst immer mehr Kriegsschauplatz wurde, nahmen der Fanatismus und die Vergiftung der deutschen Jugend weiter zu. Groß gefeiert wurden in der Presse und im Rundfunk die »Heldentaten« von Hitlerjungen an der Front (Dok. 272/279).

Am 19. März empfing Adolf Hitler in der Reichskanzlei den Reichsjugendführer Axmann und 20 Hitlerjungen im Alter von 12 bis 17 Jahren, die sich bereits alle im »Nahkampf bewährt« hatten, zur Auszeichnung (Dok. 275). Hitler bezeichnete die deutsche Jugend als »treuesten Helfer der Soldaten und des Volkssturms«. Er sprach von dem Krieg als einem Ringen um Sein oder Nichtsein des deutschen Volkes. Eine Woche später erklärte Axmann auf einer Reichskundgebung in Berlin am »Tag der Verpflichtung der Hitlerjugend«, »die Jugend Adolf Hitlers muß das Zentrum unseres militärischen Widerstands sein. Leidenschaftlich bekennt die Jugend: Wir kapitulieren nie« (Dok. 277).

Noch in den letzten Kriegsmonaten wurden Hunderttausende 16- und 17jährige Jungen schlecht ausgebildet und unzureichend bewaffnet zur Fortsetzung des Krieges eingesetzt (Dok. 276/278). Viele von ihnen verloren ihr Leben oder wurden zu Krüppeln. Gewissenlose Naziführer, SS- und Wehrmachtsoffiziere führten darüberhinaus Zehntausende Hitlerjungen unter 16 Jahren in den Kampf. Die jahrelange systematische faschistische Erziehung der Jugend verfehlte ihre Wirkung nicht. Am 26. April 1945 zeichnete Adolf Hitler für diese »Verdienste« Reichsjugendführer Axmann mit dem Goldenen Kreuz des Deutschen Ordens aus (Dok. 281).

Bei den erbitterten Kämpfen in den Straßen Berlins leisteten fanatisierte Hitlerjungen bis zuletzt Widerstand. Zu den Truppen, die den »Führerbunker« unter dem Reichstagsgebäude und andere zentrale Regierungsstellen verteidigten, gehörten auch Angehörige der 12. SS-Division »Hitlerjugend« und junge Marinekadetten, die auf Befehl von Admiral Dönitz nach Berlin eingeflogen worden waren.

In den Reihen der neuformierten 12. Armee unter dem Kommando des Generals der Panzertruppen Walther Wenck fielen am 29. und 30. April 1945 bei der Schlacht um Berlin zahlreiche der 150.000 Soldaten, die in der Mehrzahl 17 und 18 Jahre alt waren.

Von der am 12. und 13. Juli 1943 durch deutsche Antifaschisten in der UdSSR erfolgten Gründung des Nationalkomitees »Freies Deutschland« gingen wesentliche Impulse für den gesamten deutschen Widerstand aus. Ein stärkeres Zusammenwirken der verschiedenen Kräfte und eine größere Breite konnte erreicht werden (Dok. 309). Für die Jugend war bedeutsam, daß ihre schwere Lage auf der Gründungsversammlung Beachtung fand. Als Sprecher der Antifaschisten aus den Reihen der jungen Soldaten analysierte Heinz Keßler treffend die Situation der jungen Generation und brachte die Entschlossenheit zum Ausdruck, dazu beizutragen, daß der Krieg bald mit der Niederlage Hitlerdeutschlands endet (Dok. 310). In das Nationalkomitee »Freies Deutschland« wurden mehrere junge Deutsche aus verschiedenen politischen, sozialen und weltanschaulichen Lagern gewählt.

Im Zeichen der Bewegung »Freies Deutschland« wirkten Hunderte junge Hitlergegner aufklärend an der Front und in Kriegsgefangenenlagern. Die Haupttätigkeit wurde auf dem Gebiet der antifaschistischen Aufklärung und Propaganda unter den Angehörigen der Hitlerwehrmacht geleistet (Dok. 311/312/316). Gleichzeitig prangerten Persönlichkeiten des Nationalkomitees den Mißbrauch der deutschen Jugend in der Endphase des Krieges an (Dok. 315/325). Im Oktober 1944 z.B. entstand das vom NKFD verbreitete Flugblatt »Deutschlands Selbstvernichtung - Die 16jährigen kv«, in dem es hieß: »Damit beginnt der letzte Aufzug des blutigen Terrorspiels deutscher Selbstvernichtung. Die 16jährigen - die Kinder, die abends nicht auf die Straße dürfen - dürfen jetzt für Hitlers Galgenfrist sterben!

Die letzten Überreste der bereits zum größten Teil von Hitler hingeopferten deutschen Jugend müssen jetzt noch rein in die Knochenmühle, müssen verbluten in den letzten, bereits im voraus verlorenen Schlachten des verlorenen Hitlerkrieges ... Nur Hitlers Sturz kann Euch und Eure Jugend retten! Verweigert dem Völkermörder Hitler Eure Hilfe - verlaßt das todgeweihte Heer. Es ist nicht nur Eure Rettung - sondern nunmehr auch Eure Pflicht!«[60].

Bei der Aufklärungsarbeit an der sowjetisch-deutschen Front verloren mehrere junge Menschen ihr Leben (Dok. 323/328).

In Australien, Großbritannien, Frankreich, Mexiko, Schweden und der Schweiz nahmen junge Deutsche an der Seite der Antihitlerkoalition ebenfalls am Kampf teil. 1943/44 gehörten z.B. den Gruppen der Freien Deutschen Jugend, die in 23 Städten Großbritanniens bestanden, ungefähr 600 Mitglieder an. Durch entsprechende Leistungen in der britischen Industrie und durch die Verbreitung der Wahrheit über die Lage in Deutschland suchten die Angehörigen der Freien Deutschen Jugend ihren Beitrag zum Sieg über die Naziherrschaft zu leisten (Dok. 317). Nach schwierigen Auseinandersetzungen gelang es auch Mitgliedern der Freien Deutschen Jugend, als Soldaten in die britischen Streitkräfte aufgenommen zu werden. So kämpften im letzten Kriegsjahr junge Deutsche in den britischen und sowjetischen Armeen sowie als Angehörige von Partisaneneinheiten in Belgien, Frankreich, Griechenland, Italien, den Niederlanden, Polen, der Tschechoslowakei und der UdSSR.

In Deutschland selbst war es in den letzten zwei Jahren des Krieges noch schwerer geworden, Widerstand zu leisten. Die sich immer mehr ausdehnende, fast völlige Erfassung und Einbeziehung der Jugend in den Krieg machte die Existenz von antifaschistischen Jugendgruppen fast unmöglich. Dies gilt auch für die Gruppen der Edelweißpiraten, die ihren Höhepunkt 1942 und 1943 erreichten. Dies dokumentiert auch eine Analyse aus dem Reichsjustizministerium von Anfang 1944 (Dok. 313). Sie bildete die Grundlage für die vom Reichsführer SS und Chef der Deutschen Polizei im Oktober 1944 in einem geschlossenen Dokument zusammengefaßten Maßnahmen zur »Bekämpfung jugendlicher Cliquen« (Dok. 266). Fast ein Jahr war in der Abstimmung zwischen den führenden Institutionen der NSDAP und des Nazistaates erforderlich, um die Maßnahmen in Kraft zu setzen. Der Befehl erfolgte zu einem Zeitpunkt, als bereits auf Grund der veränderten Kriegslage die Existenz spontaner Jugendgruppen stark zurückgegangen war. Als Beleg für eine andere Bewertung werden wiederholt die Ereignisse am 10. November 1944 in Köln genannt, als sechs Jungen im Alter von 16 bis 18 Jahren öffentlich hingerichtet wurden. Die meisten von ihnen und auch andere Angeklagte hatten 1942 zu dem Kreis der Kölner Edelweißpiraten gehört. 1944 waren diese Jugendlichen entweder zur Wehrmacht oder zu Schanzarbeiten am Westwall eingezogen worden. Im Herbst 1944 hatten sie sich weiteren Einsätzen und Dienstverpflichtungen entzogen und lebten jetzt größtenteils illegal in Köln. Hier schlossen sie sich sehr differenziert zusammengesetzten Kreisen von Erwachsenen an. Einige der Jugendlichen beteiligten sich an Aktionen, die die Durchführung der Politik des »totalen Krieges« in Köln behinderten.

Unzureichend ist bisher untersucht, inwieweit auch in anderen Orten junge Menschen, die aus der Wehrmacht desertiert waren bzw. andere Aufforderungen zum Kriegseinsatz boykottierten, illegal lebten und Widerstand leisteten. Bekannt ist weiter, daß zu den Soldaten, die in den letzten Monaten und Wochen des Krieges die Fortsetzung des Kampfes ablehnten und deshalb standrechtlich ermordet wurden, ein größerer Kreis junger Menschen gehörte.

Studenten an den Universitäten in München und Hamburg wurden verfolgt, weil sie versucht hatten, das Werk der Widerstandsgruppe »Weiße Rose« fortzusetzen (Dok. 322/329).

Unter dem Einfluß von Organisationen der KPD, u.a. in Berlin und Leipzig, wurden in dieser Zeit vor allem Jugendliche aus Arbeiterfamilien in kleineren Gruppen zusammengefaßt, um sie auf die Aufgaben beim demokratischen Neuaufbau nach der Zerschlagung des Faschismus vorzubereiten. Einzelne von ihnen waren auch in den letzten Wochen und Tagen des Krieges an Aktionen zur Verhütung weiterer Menschenopfer und Zerstörungen beteiligt.

Sowohl die kommunistische Widerstandsbewegung als auch die Kreise um Carl Goerdeler, die für die Ereignisse um den 20. Juli 1944 die Verantwortung trugen, erarbeiteten 1944 Vorschläge für die Gestaltung der Jugendarbeit nach der Zerschlagung des Hitlerregimes (Dok. 288/319/326/327). Tagebuchaufzeichnungen von jungen Antifaschisten und Opfern des Naziterrors geben Aufschlüsse über ihr Denken und Handeln (Dok. 320/330).

Aus der Zeit zwischen dem 29. Januar und dem 6. Mai 1945 sind bisher 36 Namen von Jugendlichen im Alter zwischen 17 und 25 Jahren bekannt, die wegen ihrer Teilnahme am Widerstand noch ermordet wurden[61].

Groß war die Zahl derjenigen, die durch mehrjährige Haft in Konzentrationslagern, Zuchthäusern und Gefängnissen Schäden für das ganze Leben davontrugen.

Wir haben versucht, Grundlinien, Haupttendenzen und Schwerpunkte der Entwicklung von 1933 - 1945 zu skizzieren. Deutlich wurden die Wechselbeziehungen zwischen dem faschistischen System als Ganzem und seiner Jugendpolitik. Hinsichtlich einer weitergehenden Erforschung der Beziehungen von NSDAP, Staat, Wehrmacht, SS, DAF und anderer Naziorganisationen und -institutionen zur Reichsjugendführung und der HJ bleiben nach wie vor viele Fragen offen, die gründlicher untersucht werden müssen. Dabei sollten auch Interessengegensätze und Kontroversen, die in einzelnen Quellen anklingen, Beachtung finden.

Die zum antifaschistischen Widerstand aufgenommenen Dokumente erhärten die Erkenntnis, daß es in der gesamten Zeit von 1933 bis 1945 in Hitlerdeutschland eine kleine Zahl junger Menschen gab, die dem Hitlerregime entgegentrat. Diese Gegner des Faschismus kamen aus allen Teilen des Volkes. Die Mehrzahl von ihnen stammte aus der Arbeiterklasse, war von der Arbeiterbewegung beeinflußt bzw. in Arbeiterfamilien im demokratischen Geist erzogen worden. Zu ihnen zählten weiter ehemalige Mitglieder bürgerlicher Jugendverbände und selbst Jugendliche, die zunächst den Nazis begeistert gefolgt waren und erst später die unüberbrückbare Kluft zwischen der Praxis nationalsozialistischer Politik und Machtausübung und ihren eigenen Lebensvorstellungen und Idealen erkannten.

Die in den letzten Jahren durch die Erschließung neuer bzw. vorher unzureichend beachteter Quellen deutlich gewordene Tatsache, daß Erscheinungen der Opposition vor allem gegenüber der HJ unter Jugendlichen größer waren als bisher angenommen, findet Bestätigung. Trotzdem kann auf Grund der bisherigen Kenntnisse nicht davon gesprochen werden, daß in den letzten Kriegsjahren passiver und aktiver Widerstand gegen die HJ in großem Ausmaße in der Jugend zu verzeichnen war.

Eine Fortsetzung und weitere Vertiefung der Untersuchungen sowohl zur Entwicklung der Jugend in Hitlerdeutschland als auch zur Teilnahme junger Menschen am Kampf gegen die nationalsozialistische Gewaltherrschaft ist notwendig. Dabei müßte eine gründliche Auswertung aller zugänglichen Quellen erfolgen. Die Lösung dieser Forschungsaufgaben könnte ein Beitrag dazu sein, mit dem Blick auf das zu Ende gehende Jahrhundert, die Rolle der jungen Generation in den Auseinandersetzungen zwischen Krieg und Frieden, zwischen Reaktion und Fortschritt umfassender kennenzulernen.

Und es könnte auch dazu beitragen, Schlüsse für die Gegenwart zu ziehen. Das verstärkte Auftreten »rechtsextremer« und neofaschistischer Gruppen und ihr Versuch, insbesondere unter arbeitslosen Jugendlichen Anhänger zu gewinnen, zeigen, daß das Thema aktuellste Bezüge hat. Ein wirkungsvoller Einsatz gegen diese Tendenzen und Kräfte wird durch das Wissen über die sozialen und geschichtlichen Zusammenhänge gefördert.

Anmerkungen

1. Vgl. Jahnke, Karl Heinz: Jugend im Widerstand 1933 - 1945, Frankfurt/M. 1985, S. 209 ff.
2. Dem 1919 gegründeten Reichsausschuß der deutschen Jugendverbände gehörten Ende 1932 117 Jugendverbände an.
3. Aus der ersten faschistischen Jugendorganisation, dem im Mai 1922 gebildeten »Jugendbund der NSDAP«, ging nach dessen Zerfall Anfang 1924 die »Großdeutsche Jugendbewegung« hervor, die zum Sammelbecken kleiner völkisch-nationalistischer Jugendverbände wurde. Die »Großdeutsche Jugendbewegung« wurde im Juli 1926 in Weimar als Jugendorganisation der NSDAP anerkannt und in »Hitler-Jugend. Bund deutscher Arbeiterjugend (HJ)« umbenannt. Die HJ wurde der SA unterstellt, faktisch deren Jugendabteilung, und beteiligte sich vorwiegend an Aufmärschen, Kundgebungen und Demonstrationen sowie an der Wahlpropaganda für die NSDAP. Eine eigenständige Jugendarbeit entstand bis 1933 nur in Ansätzen. Es gelang der HJ weder in der bürgerlichen, noch in der Arbeiterjugendbewegung größeren Einfluß zu gewinnen. Um ihre Ausstrahlung auf die Jugendlichen zu erweitern und um das Spektrum nationalsozialistischer Jugendarbeit zu verbreitern, initiierte die Parteiführung die Bildung einer Reihe von weiteren Jugendverbänden, u.a. NS-Studentenbund, NS-Pfadfindergruppen, NS-Schülerbund, NS-Berufsschulzellenorganisation, NS-Jugend-Betriebs-Zellen, HJ-Schwesternschaften und BDM sowie Deutsches Jungvolk, die um 1933 in der HJ zusammengefaßt wurden.
4. Baldur von Schirach, geb. am 9.5.1907, gest. 8.8.1974; seit dem 20.7.1928 Führer des NS-Studentenbundes, am 30.10.1931 zum Reichsjugendführer der NSDAP ernannt, seit dem 17.6.1933 außerdem Jugendführer des Deutschen Reiches, am 2.8.1940 als Gauleiter und Reichsstatthalter in Wien eingesetzt und gleichzeitig als Reichsleiter der NSDAP Beauftragter für die Inspektion der gesamten HJ; am 1.10.1946 im Nürnberger Kriegsverbrecherprozeß zu 20 Jahren Gefängnis verurteilt, 1966 aus Spandau entlassen.
5. Völkischer Beobachter, 21.2.1933.
6. Zu den Auseinandersetzungen von Gruppen der bündischen Jugend und der HJ vgl. Hellfeld, Matthias von: Bündische Jugend und Hitlerjugend. Zur Geschichte von Anpassung und Widerstand 1930 - 1939, Köln 1987.
7. Nach dem Verbot der Gewerkschaften am 2.5.1933 wurden deren Jugendverbände und die anderer Arbeiterorganisationen am 24.6.zunächst in die DAF eingegliedert, wo sie nach einer Anordnung Leys vom 18.9.1933 zur DAF-Jugend zusammengefaßt wurden.
8. Zur Lage jüdischer Jugendlicher vgl. die Dokumente bei Hellfeld, Matthias von/Klönne, Arno: Die betrogene Generation. Jugend in Deutschland unter dem Faschismus. Quellen und Dokumente, Köln 1985, S. 170 ff.
9. Vgl. dazu Buddrus, Michael: Zur Geschichte der Hitler-Jugend (1922-1939), Phil. Diss. Rostock 1989, Bd. II, Anlage 36A-C.
10. Der vertikale Aufbau der HJ wurde im Oktober 1934 endgültig festgelegt und nur noch nach Bedarf ergänzt und erweitert. Hinzu kamen die der Reichsjugendführung direkt unterstellten Reichsbanne für behinderte Jugendliche - Die Banne B (Blinde), G (Gehörgeschädigte) und K (Körperbehinderte), sowie die HJ-Banne für See- und Binnenschiffahrt. 1937 existierten 26 HJ-Gebiete mit 455 Bannen und 460 Jungbannen (BDM und JM analog).
11. Ab Juli 1936 eröffnete die Reichsjugendführung zwei Reichsführerschulen der HJ in Potsdam und Remagen, drei reichsführerinnenschulen des BDM in Potsdam, Godesberg und Boyden, je eine Reichsverwaltungsführerschule für HJ und BDM in Niedernhausen bzw. Traunstein, eine Ostlandführerschule in Marienburg, zwei Reichsseesportschulen in Prieros und Seemoos, eine Motorsportschule in Arnstadt; hinzu kamen 31 Gebietsführerschulen der HJ und 38 Obergauführerinnenschulen des BDM sowie für nahezu jeden HJ-Bann (BDM analog) eine Bannführerschule. War das Jahr 1933 weitgehend durch die Erfassung und Eingliederung der anderen Jugendverbände gekennzeichnet, so stand das »Jahr der Schulung« 1934 unter dem Akzent der inneren Gleichschaltung und Ausrichtung besonders der Führerschaft. Wurden 1933 ca. 7.000 HJ-Führer durch die Schulungsarbeit der Hitlerjugend erfaßt, so waren es 1934 schon 21.000 und 1935 etwa 24.000. Vor den Ereignissen am 30. Juni 1934 hatte die SA großen Einfluß auf die ideologische und vormilitärische Ausbildung der HJ. Im Jahre 1933 wurden 25.000 HJ-Führer in den dem Chef des Ausbildungswesens der SA unterstehenden Lagern ausgebildet. Nach 1933 wurden die ersten der späteren 44 Nationalpolitischen Erziehungsanstalten gebildet, die formal dem Reichserziehungsministerium, später jedoch faktisch der SS unterstanden, und als »Eliteschulen« vorrangig den Führernachwuchs für das faschistische Regime ausbilden sollten.
12. Bereits seit Herbst 1933 wurden die ersten einheitlichen Schulungsmaterialien der Reichsjugendführung zur Durchführung der HJ-Heimabende herausgegeben, in denen, alters- und geschlechtsspezifisch aufbereitet, die wichtigsten Bestandteile der faschistischen Ideologie vermittelt wurden.
13. Zum einen wegen organisatorischer Probleme bei der Durchsetzung des Staatsjugendtages im Schulwesen, vor allem aber wegen der hartnäckigen Weigerung der Industrie, berufstätige Jugendliche bzw. Lehrlinge am Sonnabend von der Arbeit freizustellen, wurde der Staatsjugendtag am 4.12.1936 wieder abgeschafft.

14. Dietze, Hans-Helmut: Die Rechtsgestalt der Hitler-Jugend. Eine verfassungsrechtliche Studie. Berlin 1939, S. 88.
15. Bis zum Kriegsausbruch wandte sich Hitler mindestens zweimal jährlich mit Ansprachen direkt an die Hitlerjugend, am 1. Mai in Berlin und im September auf den Reichsparteitagen in Nürnberg.
16. Zu den Themen des vorrangig auf den Heimabenden zu absolvierenden einheitlichen Jahrgangs-Schulungsplanes vgl. Klönne, Arno: Jugend im Dritten Reich. Die Hitler-Jugend und ihre Gegner. Dokumente und Analysen, Köln 1984, S. 61 ff. und Benze, Rudolf: Erziehung im großdeutschen Reich. Eine Überschau über ihre Ziele, Wege und Einrichtungen, Frankfurt/M. 1939, S. 72.
17. Von 1933 bis 1936 fanden diese Wettkämpfe, denen eine Vielzahl von Bann- und Gebietsausscheidungswettkämpfen vorausgingen, unter dem Namen Deutsches Jugendfest und ab 1937 als Reichssportwettkampf der Hitlerjugend statt.
18. In Zusammenarbeit mit dem NS-Lehrerbund und dem Reichsministerium für Volksaufklärung und Propaganda gab die Reichsjugendführung halbjährlich Listen mit empfehlenswerter bzw. ungeeigneter Literatur heraus, nach denen sich Buchhandel und Bibliotheken zu richten hatten. Die Reichsjugendführung hatte das Monopol bei der Produktion bzw. der Zensur der gesamten Jugendpresse, die ca. 25 HJ- und mehr als 120 Kinder- und Jugendzeitschriften und -zeitungen umfaßte. Durch die von ihr veranstalteten Jugendfilmstunden übte die Reichsjugendführung einen nicht unwesentlichen Einfluß auf die Spielfilmproduktion und den Filmverleih aus und stellte schließlich selbst Filme und HJ-Monatsschauen her. Der Rundfunk wurde von der Reichsjugendführung seit 1933 in die HJ-Arbeit einbezogen. Neben dem wöchentlichen Gemeinschaftsempfang der »Stunde der jungen Nation« gab es etwa 650 Sendungen im Jahr speziell für die HJ.
19. Zur Arbeitslosigkeit Jugendlicher vgl. besonders Petrick, Fritz: Eine Untersuchung zur Beseitigung der Arbeitslosigkeit unter der deutschen Jugend in den Jahren 1933 - 1935, in: Jahrbuch für Wirtschaftsgeschichte, Teil I, Berlin 1967.
20. Zur Lage der werktätigen deutschen Jugend vgl. besonders Petrick, Fritz: Zur sozialen Lage der Arbeiterjugend in Deutschland 1935 - 1939, Berlin 1974.
21. Zu diesen »Werbe«-Methoden vgl. Klönne, Arno: Gegen den Strom. Bericht über den Jugendwiderstand im Dritten Reich, Hannover/Frankfurt/M. 1957, S. 45 f.
22. Vgl. Petrick, Fritz: Zur sozialen Lage der Arbeiterjugend in Deutschland, a.a.O., S. 13 f.
23. Vgl. Jahnke, Karl Heinz: Jugend im Widerstand 1933 - 1945, Frankfurt/M. 1985, S. 209 f.
24. Besonders die Wehrmacht, der NS-Reichskriegerbund »Kyffhäuser« und die beiden 1937 geschaffenen HJ-Schießschulen betrieben die Ausbildung der HJ-Schießwarte. Ab 1937 machten jährlich 1,5 Millionen männliche HJ-Mitglieder regelmäßig Schießdienst.
25. Ab März 1938 wurden alle Schulentlassenen den Arbeitsämtern gemeldet, die die Genehmigung über die Besetzung von Lehr- und Anlernstellen erteilen mußten. In den Richtlinien der Reichsjugendführung für die Berufsaufklärung Jugendlicher wurde festgeschrieben, daß die HJ die in der Hitlerjugend erfaßten Jugendlichen im Sinne der nationalsozialistischen Arbeitseinsatzpolitik zu beeinflussen und Modeberufswünschen entgegenzuwirken habe. Die HJ hatte die in ihren Einheiten erfaßten Jugendlichen zu beurteilen und diese Einschätzungen den Berufsberatungsstellen der Arbeitsämter zur Verfügung zu stellen.
26. Der HJ standen ab 1935/36 861 Großsportanlagen, 27.911 ständige und 13.488 behelfsmäßige Turn- und Sportplätze mit einem Gesamtumfang von 31.985 ha zur Verfügung. Hinzu kamen 10.567 Turnhallen, 5.474 Schwimmhallen und -bäder, 23.149 Schießsportanlagen sowie 752 Segelflugplätze und 1.166 Wintersportanlagen. Außerdem konnte die HJ ab März 1938 verstärkt Sporteinrichtungen der Wehrmacht nutzen (Dok. 87).
27. Dazu gehörten auch ca. 440.000 Mädchen im Alter von 18 bis 21 Jahren, die im BDM-Werk Glaube und Schönheit erfaßt waren, das im Januar 1938 gegründet worden war (Dok. 92).
    Nach der Aufnahme des Jahrgangs 1929 stieg die Mitgliederzahl der HJ Ende April 1939 auf 8,7 Millionen an; das waren 98 % des gesamten deutschen Jugend im Alter von 10 bis 18 Jahren (8,87 Millionen).
28. Im Rahmen des Führerschulungswerkes, in dem im ersten Jahr 12.000 HJ-Führer geschult wurden, standen 11 Reichsführer- und 75 Gebietsführerschulen zur Verfügung; hinzu kamen für jeden Bann mindestens eine Bannführerschule. Außerdem bestimmte Hitler im Januar 1937 die Errichtung von Adolf-Hitler-Schulen, die organisatorisch als Einheiten der HJ der Reichsjugendführung und inhaltlich dem Reichsjugendführer und dem Reichsorganisationsleiter der NSDAP unterstanden. Gemeinsam mit den Nationalpolitischen Erziehungsanstalten sollten sie den Nachwuchs für die Führungspositionen des Staates und der NSDAP heranbilden.
29. Einen wirksamen Beitrag zur Kriegserziehung der deutschen Jugend leisteten auch die Volksschulen, die mittleren und höheren Schulen. Ab Mitte der dreißiger Jahre gelang es der HJ, ihren Einfluß auf das faschistische Schulwesen weiter zu verstärken. Zur Stellung und Funktion des faschistischen Schulwesens vgl. Eilers, Rolf: Die nationalsozialistische Schulpolitik. Eine Studie zur Funktion der Erziehung im totalitären Staat, Köln 1963; Flessau, Kurt-Ingo: Schule der Diktatur. Lehrpläne und Schulbücher des Nationalsozialismus, München 1977; Heinemann, Manfred (Hg.): Erziehung und Schulung im Dritten Reich. Teil I: Kindergarten, Schule, Jugend, Berufserziehung, Stuttgart 1980; Heil Hitler, Herr Lehrer. Volksschule 1933 - 1945, herausgegeben von der Arbeitsgruppe Pädagogisches Museum, Hamburg 1983; Hochmuth, Ursel/Lorent, Hans-Peter de: Hamburg. Schule unterm Hakenkreuz,

Hamburg 1985; Kater, Michael H.: Hitlerjugend und Schule im Dritten Reich, in: HZ. 229/1979; Nyssen, Elke: Schule im Nationalsozialismus, Heidelberg 1979.
Zur Dualität von Hitlerjugend und Schule bei der faschistischen Jugenderziehung besonders im Kriege vgl. Langer, Hermann: Zielsetzung, Struktur, Inhalt und Methoden der Meinungsmanipulierung der Jugend - insbesondere in Schule und Hitlerjugend - durch den faschistischen deutschen Imperialismus vom September 1939 bis zum Juli 1943, Phil. Diss., Rostock 1973.

30. Vgl. dazu Die Brüsseler Konferenz der KPD (3.-15. Oktober 1935), Berlin 1975; Die Berner Konferenz der KPD (30. Januar - 1. Februar 1939), Berlin 1974; Partei und Jugend. Dokumente marxistisch-leninistischer Jugendpolitik, Berlin 1986.

31. Der Exilvorstand der SPD gab als Analyse der Lage der verschiedensten Lebensbereiche in Deutschland von 1934 bis 1940 die »Deutschland-Berichte« heraus, die sich auf Informationen von im Lande wirkenden Sozialdemokraten stützten. Vgl. dazu Deutschland-Berichte der Sopade. Deutschland-Berichte der Sozialdemokratischen Partei Deutschlands (Sopade) 1934 - 1940, Nachdruck in 7 Bänden, Salzhausen/Frankfurt/M. 1982.

32. Zur Geschichte der Sozialistischen Jugendinternationale vgl. Eppe, Heinrich: Die Kraft der Solidarität. 80 Jahre Sozialistische Jugendinternationale, Bonn 1987.

33. Von Hans Ebeling und Theodor Hespers in den Niederlanden herausgegebene antifaschistische Jugendzeitschriften gelangten auf illegalem Wege auch nach Deutschland. Vgl. Ebeling, Hans/Hespers, Dieter (Hg.): Jugend contra Nationalsozialismus. »Rundbriefe« und »Sonderinformationen deutscher Jugend, Frechen 1968; dies.: Kameradschaft. Schriften junger Deutscher (Nachdruck), Mönchengladbach 1983.

34. Vgl. Jahnke, Karl Heinz: Jungkommunisten im Widerstandskampf gegen den Hitlerfaschismus, Berlin 1977, S. 207 ff.; Illustrierte Geschichte. Deutsche Arbeiterjugendbewegung 1904 - 1945, von einem Autorenkollektiv unter Leitung von Karl Heinz Jahnke, Berlin 1987, S. 232 ff.

35. Zu den Verfolgungen und Repressionen, denen katholische Jugendliche ausgesetzt waren, vgl. besonders Katholische Jugend in der NS-Zeit unter besonderer Berücksichtigung des Katholischen Jungmännerverbandes. Daten und Dokumente, zusammengestellt von Heinrich Roth, Düsseldorf 1959, S. 13 ff. und 94 ff.

36. Nach der Auflösung mehrerer Diözesanverbände ab Juli 1937 kam es am 6.2.1939 zu dem Verbot der letzten großen katholischen Jugendorganisation, des Katholischen Jungmännerverbandes Deutschlands und seiner Gliederungen durch die Gestapo. Vgl. ebenda, S. 39 ff. und 144 ff.

37. Vgl. Hellfeld, Matthias von: Edelweißpiraten in Köln. Die Jugendrebellion gegen das Dritte Reich. Das Beispiel Köln-Ehrenfeld, Köln 1981; Klönne, Arno: Jugend im Dritten Reich. Die Hitler-Jugend und ihre Gegner. Dokumente und Analysen, Düsseldorf 1982, Muth, Heinrich: Jugendopposition im Dritten Reich, in: VfZ, 3/1983; Peukert, Detlev: Die Edelweißpiraten. Protestbewegung jugendlicher Arbeiter im Dritten Reich. Eine Dokumentation, Köln 1980.

38. IML/ZPA, Berlin, 33/40 a.

39. Vgl. zu den Leipziger Meuten Gruchmann, Lothar: Jugendopposition und Justiz im Dritten Reich. Die Probleme bei der Verfolgung der »Leipziger Meuten« durch die Gerichte, in: Miscellanea. Festschrift für Helmut Krausnick, herausgegeben von W. Benz, Stuttgart 1980.

40. Zur Widerstandsgruppe um Heinz Kapelle vgl. Jahnke, Karl Heinz/Wehner, Günter: Berliner Jungkommunisten im Kampf gegen Faschismus und Krieg, Berlin 1986.

41. IML/ZPA, Berlin, NJ 1708.

42. Daneben dominierten bis Anfang 1941 folgende Einsatzbereiche: Kurierdienste bei den Gau- und Kreisleitungen der NSDAP, Meldedienste für den Reichsluftschutzbund, für Krankenhäuser und Wehrmachtsdienststellen, Einsätze im Groß- und Kleinhandel bei der Verteilung von Lebensmittelkarten und Nahrungsmitteln, Bahnhofsdienst, Arbeitskommandos für den Ausbau von Luftschutzräumen und andere öffentliche Arbeiten, Verladedienste bei Wehrmachtstransporten, Unterstützung von Hilfsbedürftigen und Flüchtlingsbetreuung in Zusammenarbeit mit der NSV, Verdunklungsaktionen, Sammlungen und Einsätze als Hilfspolizei.

43. Bei ihrer Sammlungstätigkeit für das Winterhilfswerk erreichte die HJ u.a. folgende Ergebnisse: 1938/39 = 6,2 Millionen RM, 1940/41 = 14,3 Millionen RM und 1942/43 = 33,4 Millionen RM.

44. IML/ZPA, Berlin, NJ 1708.

45. Zur Widerstandsgruppe um Herbert Baum vgl. Pikarski, Margot: Jugend im Berliner Widerstand. Herbert Baum und Kampfgefährten, Berlin 1978.

46. Vgl. Schröder, Karsten: Zur Geschichte der Freien Deutschen Jugend in Großbritannien (1939-1946), Phil. Diss. Rostock 1987.

47. Im Rahmen der Kinderlandverschickung, die von Hitler angeordnet, von Schirach beaufsichtigt und von der HJ gemeinsam mit der NSV und dem NS-Lehrerbund durchgeführt wurde, waren von Herbst 1940 bis Februar 1943 ca. 400.000 10- bis 14jährige Jungen und Mädchen und bis Ende 1944 etwa 800.000 Kinder in KLV-Heimen untergebracht, wo sie von den Eltern getrennt über mehrere Monate der ausschließlichen Beeinflussung durch die mitevakuierten Lehrer, besonders aber durch die HJ ausgesetzt waren.

48. Vgl dazu Hitler-Jugend im Kriege, 1942 ff.; Maschmann, Melitta: Fazit. Kein Rechtfertigungsversuch, Stuttgart 1963; dazu und generell zur Lage der weiblichen Jugend im Faschismus Klaus, Martin: Mäd-

chen in der Hitlerjugend. Die Erziehung zur deutschen Frau, Köln 1980; ders.: Mädchen im Dritten Reich. Der Bund Deutscher Mädel (BDM), Köln 1983.

49. Nach der Bildung des Europäischen Jugendverbandes unterstanden ca. 10 Millionen Jugendliche in mehreren Ländern der Befehlsgewalt der Reichsjugendführung. Die vertikale Gliederung der HJ war 1943 auf 42 HJ-Gebiete und 6 Befehlsstellen im Ausland ausgedehnt worden.

50. Zu den Jugendkonzentrationslagern vgl. die Dokumente bei Hellfeld, Matthias von/Klönne, Arno: Die betrogene Generation, a.a.O., S. 309 ff.; vgl. auch Guse, Martin/Kohrs, Andreas: Die »Bewahrung« Jugendlicher im NS-Staat — Ausgrenzung und Internierung am Beispiel der Jugendkonzentrationslager Moringen und Uckermark, Dipl., Hildesheim, 1985.

51. Die Einbeziehung der Jugend in die faschistische Kriegspolitik eskalierte weiter. Ab 1943 dominierten in Deutschland folgende Einsatzbereiche: Kurier- und Wachdienste sowie Verteilung von Propagandamaterialien bei den Dienststellen der NSDAP; von den Dienststellen des Staates und der Gemeinden organisierte Einsätze beim Luftschutz und der Feuerwehr, bei der Technischen Nothilfe, Post und Eisenbahn, bei der Polizei und bei Behörden; Kurier- und Botendienste sowie Verladearbeiten und Telefondienste bei der Wehrmacht; Einsätze in Rüstungsbetrieben, bei öffentlichen Arbeiten, im Handel und in anderen Betrieben zur Disziplinierung und Leistungssteigerung der Jugendlichen; Sammlungen von Altmaterial, Büchern, Brennholz und Heilpflanzen; Landeinsatz und Erntehilfe; hauswirtschaftliche und soziale Hilfsdienste; Einsatz im Gesundheitswesen; kulturelle Einsätze sowie Arbeiten in KLV-Lagern.

52. Von den insgesamt 1.039 von 1933 bis 1945 in Deutschland hergestellten und uraufgeführten Filmen wurden 1943 103 Filme durch das Reichspropagandaministerium speziell für die HJ empfohlen, Zentrales Staatsarchiv Potsdam, Film Nr. 10849.

53. Zur Tätigkeit von Jugendlichen in der Widerstandsgruppe »Rote Kapelle« vgl. Jahnke, Karl Heinz: Jungkommunisten im Widerstandskampf gegen den Hitlerfaschismus, a.a.O., S. 348 ff. und Illustrierte Geschichte. Deutsche Arbeiterjugendbewegung 1904 - 1945, a.a.O., Berlin 1987, S. 259 ff.

54. Zitiert nach: Lehmann, Klaus: Widerstandsgruppe Schulze-Boysen/Harnack, Berlin 1948, S. 4.

55. Zum Leben Helmuth Hübeners vgl. Ahrens, Franz: Helmuth Hübener - Freiheitskämpfer der Jugend, Hamburg 1948; Sander, Ulrich: Helmuth Hübener, Berlin 1985; Jahnke, Karl Heinz: Jugend im Widerstand, a.a.O., S. 63 ff.

56. Vgl. ebenda, S. 127 ff.

57. Zur Widerstandsgruppe »Weiße Rose« vgl. u.a. Drobisch, Klaus: Wir schweigen nicht! Eine Dokumentation über den antifaschistischen Kampf Münchener Studenten, Berlin 1977; Jahnke, Karl Heinz: Weiße Rose contra Hakenkreuz, Frankfurt/M. 1969; Petry, Christian: Studenten aufs Schafott. Die weiße Rose und ihr Scheitern, München 1968; Scholl, Inge: Die Weiße Rose, Frankfurt/M. 1982; Verhoeven, Michael/Krebs, Michael: Die weiße Rose, Frankfurt/M. 1982; Vielhaber, Klaus/Hanisch, Hubert/Knoop-Graf, Anneliese: Gewalt und Gewissen. Willi Graf und »Die Weiße Rose«, Freiburg i.Br., 1964.

58. Pieck, Wilhelm: Der Hitlerfaschismus und das deutsche Volk, Moskau 1942, S. 16.

59. Vgl. Mammach, Klaus: Der Volkssturm. Bestandteil des totalen Kriegseinsatzes der deutschen Bevölkerung 1944/45, Berlin 1981.

60. Zitiert nach: Falkenberg, Rudolf: Die Bedeutung der Bewegung »Freies Deutschland« für die Gewinnung junger Deutscher zum Kampf für eine schnelle Beendigung des faschistischen Raubkrieges sowie für die Schaffung von Voraussetzungen zur Teilnahme der deutschen Jugend am demokratischen Neuaufbau Deutschlands (Juli 1943 bis Mai 1945), Phil. Diss., Greifswald 1969, S. 197.

61. Vgl. Jahnke, Karl Heinz: Jugend im Widerstand 1933 - 1945, a.a.O., S. 209 ff.

Dokumentenverzeichnis

I. Jugend im Faschismus 1933 — 1939

24. Abkommen zwischen dem Führer der Deutschen Arbeitsfront Robert Ley und dem Reichsjugendführer über die Eingliederung der Jugend der DAF in die HJ, 8.12.1933
25. Abkommen zwischen dem Reichsjugendführer und Reichsbischof Ludwig Müller über die Eingliederung der evangelischen Jugendverbände in die HJ, 19.12.1933
26. Telegrafische Vollzugsmeldung der Eingliederung der evangelischen Jugendverbände in die HJ an Hitler durch Reichsbischof Ludwig Müller und den Reichsjugendführer, 20.12.1933
27. Dankschreiben Adolf Hitlers an den Reichsjugendführer für den Aufbau der faschistischen Jugendbewegung, 31.12.1933
28. Anweisung des Reichsinnenministeriums an Lehrer und Schüler zur Erweisung des Hitler-Grußes in und außerhalb der Schule, Februar 1934
29. Anweisung des Reichsinnenministeriums, Jugendpflegemittel nur noch der HJ zu gewähren, 3.3.1934
30. Beschwerde des Bischofs von Berlin Nikolaus Bares bei Adolf Hitler wegen eines Überfalls der HJ auf Angehörige der katholischen Sturmschar, 26.3.1934
31. Aus dem Aufruf von Reichsbankpräsident Hjalmar Schacht und Reichsarbeitsminister Franz Seldte an die deutsche Wirtschaft aus Anlaß des Reichsberufswettkampfes der deutschen Jugend, 6.4.1934
32. Bereitschaftserklärung Adolf Hitlers, am 1. Mai die Sieger des Reichsberufswettkampfes zu empfangen, 27.4.1934
33. Vereinbarung zwischen dem Stabsleiter der PO der NSDAP Robert Ley und dem Reichsjugendführer: Hitlerjungen als Adjutanten für jeden Hoheitsträger der NSDAP — ein Beitrag zur Sicherung des Führernachwuchses, 1.6.1934
34. Abkommen zwischen dem Reichsminister für Wissenschaft, Erziehung und Volksbildung Bernhard Rust und dem Reichsjugendführer zur Einführung des Staatsjugendtages, 7.6.1934
35. Aus den Lageberichten der Regierungspräsidenten von Schleswig, Münster, Sigmaringen, Aachen und Koblenz zur Situation in der Hitlerjugend, Juli 1934
36. Aus dem Schreiben des Reichsaußenministers Konstantin Freiherr von Neurath an den Stellvertreter des Führers Rudolf Heß über die Auslandsaktivitäten der Reichsjugendführung, 31.7.1934
37. Der Berliner Polizeipräsident v. Levetzow verbietet jüdischen Jugendverbänden öffentliches Auftreten, 22.9.1934
38. Der Reichsjugendführer begrüßt die allgemeine Wehrpflicht, 1.4.1935
39. Reichswehrminister Werner v. Blomberg über die Erziehung der Jugend in der Wehrmacht, 16.4.1935
40. Anordnung des Personalamtes der Reichsjugendführung zur Zusammenarbeit von HJ und Kriminalpolizei, April 1935
41. Aus den Richtlinien für die Großwerbeaktion der HJ-Gebietsführung Sachsen, April 1935
42. Aus dem Streifendienstbefehl Nr. 1 des Personalamtes der Reichsjugendführung zum einheitlichen Einsatz Pfingsten 1935, 16.5.1935
43. Aus dem Wehrgesetz, 21.5.1935
44. Abkommen zwischen der HJ und dem Nationalsozialistischen Deutschen Studentenbund über die Jugendarbeit an den Hoch- und Fachschulen, 21.5.1935
45. Aus der Streifendienstanordnung Nr. 1 des Personalamtes der Reichsjugendführung, 6.6.1935
46. Anweisung des Reichsinnenministeriums zur weiteren Einschränkung der Tätigkeit der jüdischen Jugendverbände, 10.7.1935
47. Anordnung des Reichsführers SS Heinrich Himmler zur Einschränkung der Tätigkeit der konfessionellen Jugendverbände, 23.7.1935

front Robert Ley über die Zusammenarbeit von HJ und DAF, 19.11.1938

II. Jugend im Widerstand 1933 - 1939

nen an die Jugend ihrer Länder zur Unterstützung des spanischen Volkes im Kampf gegen den Faschismus, April 1937

155. Aufruf des ZK des KJVD zum gemeinsamen Kampf aller jugendlichen Antifaschisten in einer freien deutschen Jugendbewegung, Oktober 1937

156. Artikel des Mitglieds des ZK des KJVD Kurt Siegmund über den einheitlichen Kampf der deutschen Jugend gegen den Faschismus, Oktober 1937

157. Artikel des ehemaligen Vorsitzenden der SAJ in Berlin Erich Schmidt über die antifaschistische Arbeit unter der deutschen Jugend, Oktober 1937

158. Bündische Jugend und Nationalsozialismus: Neue Positionsbestimmung der bündischen Opposition im Exil, Oktober 1937

159. Brief der Pariser SAJ-Gruppe an Erich Ollenhauer, 5.12.1937

160. Aus einem Bericht der Gestapo Düsseldorf über oppositionelle Jugendgruppen, 10.12.1937

161. Artikel Willy Brandts über den gemeinsamen antifaschistischen Kampf der deutschen Jugend, Dezember 1937

162. Aufruf von Funktionären deutscher Jugendverbände im Exil zum 5. Jahrestag der Errichtung des Hitlerregimes, Januar 1938

163. Aus einem Bericht der Zeitschrift »Kameradschaft« zum Verhältnis der bündischen und konfessionellen Jugend zur Wehrmacht, Januar 1938

164. Brief junger Berliner Antifaschisten an den Präsidenten der Allgemeinen Frontkämpfer-Union Frankreichs Henry Pichot, 4.4.1938

165. Gemeinsamer Brief führender Funktionäre der SAJ, des KJVD und des SJVD an den Generalsekretär des Vereinigten Sozialistischen Jugendverbandes Spaniens, April 1938

166. Aus einem Flugblatt der Freien Deutschen Jugend Paris zur sozialen Lage der Bergarbeiterjugend, Frühjahr 1938

167. Grußschreiben des ZK des KJVD an die Gründungskonferenz der Freien Deutschen Jugend in Prag, 22.5.1938

168. Aus der Einschätzung des Reichsarbeitsdienstes in den Deutschland-Berichten der Sopade, Mai 1938

169. Aus einem Artikel des Mitglieds des ZK des KJVD Erich Jungmann in Vorbereitung des II. Weltjugendkongresses für Frieden, Freiheit und Fortschritt in Poughkeepsie bei New York, 15. - 23.8.1938

170. Aus den Richtlinien des ZK der KPD und des ZK des KJVD für die Aufklärungsarbeit unter der werktätigen Jugend Deutschlands, insbesondere in den Reihen der Hitlerjugend, September 1938

171. Aus den Störtebecker-Briefen, Oktober 1938

172. Aus einem Lagebericht der Gestapo in Bremen über Aktivitäten ehemaliger SAJ-Mitglieder, November 1938

173. Aus der Resolution der Berner Konferenz der KPD, 30.1. - 1.2.1939

174. Aus einem Artikel des Mitglieds des ZK des KJVD Kurt Siegmund über die Organisierung der Opposition in der HJ, Frühjahr 1939

175. Aus einem Artikel des Vorsitzenden des KJVD Walter Hähnel gegen die Kriegsvorbereitungen Deutschlands, Frühjahr 1939

176. Aus den Störtebecker-Briefen, Juni 1939

177. Artikel von oppositionellen Berliner HJ-Mitgliedern aus der illegalen antifaschistischen Zeitung »Berliner Jugend«, Juni 1939

178. Flugblatt des ZK des KJVD gegen die Zwangsverschickung deutscher Studenten zur Landarbeit, Frühsommer 1939

179. Aus dem Aufruf des ZK der KPD und des ZK des KJVD an die deutschen Eltern und Erzieher, 27.8.1939

III. Jugend im zweiten Weltkrieg 1939 - 1945

IV. Jugend im Widerstand 1939 - 1945

282. Flugblatt der antifaschistischen Jugendgruppe um Heinz Kapelle und Erich Ziegler in Berlin, 8.9.1939
283. Flugblatt der antifaschistischen Jugendgruppe um Hanno Günther aus Berlin, Ende 1939
284. Aufruf von Eberhard Koebel (Tusk) zum Eintritt in die Freie Deutsche Jugend in Großbritannien, 9.1.1940
285. Aus einem Bericht des Reichsjustizministeriums über die Leipziger Meuten, Frühjahr 1940
286. Flugschrift der antifaschistischen Jugendgruppe um Hanno Günther aus Berlin »Das freie Wort«, 1. Folge, Juni 1940
287. Aus der Anklageschrift des Sondergerichts Magdeburg gegen den Jungkommunisten Horst Schrader, 7.8.1940
288. Konzeption von Carl Goerdeler zur Gestaltung der Jugendpolitik in Deutschland nach dem Sturz Hitlers, Anfang 1941
289. Aus dem Schriftwechsel zwischen der Gestapo Magdeburg und dem Reichssicherheitshauptamt über die Einweisung des Jungkommunisten Otto Janckow in ein Konzentrationslager, Februar/März 1941
290. Flugschrift der antifaschistischen Jugendgruppe um Hanno Günther aus Berlin »Das Freie Wort«, 6. Folge, Juni 1941
291. Aus einer Ansprache des Mitglieds des ZK des KJVD Hans Mahle auf einer antifaschistischen Jugendkundgebung in Moskau, 28.9.1941
292. Aus einer Flugschrift, die von der antifaschistischen Jugendgruppe um Herbert Baum verbreitet wurde, 1.11.1941
293. Flugblatt von Helmuth Hübener aus Hamburg, Januar 1942
294. Zweites Flugblatt der Münchener studentischen Widerstandsgruppe »Weiße Rose«, Juni 1942
295. Bericht der Gestapo in Düsseldorf über Aktivitäten der katholischen Pfarrjugend, 22.9.1942
296. Aus dem Urteil des Volksgerichtshofes gegen Walter Klingenbeck und andere Mitglieder der katholischen Jugendbewegung aus München, 24.9.1942
297. Bericht der Gestapo in Wuppertal über das Auftreten von Gruppen der Edelweißpiraten, 21.10.1942
298. Aufruf von 250 HJ-Mitgliedern aus sowjetischer Kriegsgefangenschaft, 22.10.1942
299. Rundfunkansprache von Thomas Mann über BBC London anläßlich der Gründung des Europäischen Jugendverbandes, 24.10.1942
300. Aus dem Urteil des Volksgerichtshofes gegen Mitglieder der antifaschistischen Jugendgruppe um Herbert Baum, 10.12.1942
301. Anweisung der Gestapo in Köln zur Verfolgung oppositioneller Jugendgruppen, 27.1.1943
302. Das letzte Flugblatt der Münchener Studenten um Hans Scholl und Alexander Schmorell, Februar 1943
303. Aus dem Todesurteil des Volksgerichtshofes gegen Hans und Sophie Scholl sowie Christoph Probst, 22.2.1943
304. Aus den Tagebuchaufzeichnungen von Ruth Andreas-Friedrich aus Berlin, 9.3. - 27.3.1943
305. Erklärung der 3. Landeskonferenz der Freien Deutschen Jugend in Großbritannien, 11.4.1943
306. Brief des Antifaschistischen Komitees der Sowjetjugend an die Freie Deutsche Jugend in Großbritannien, April 1943
307. Bericht der Gestapo über eine Gruppe der Edelweißpiraten in Rheydt, 27.5.1943
308. Flugblatt des Jungkommunisten Hans Grüning aus Dortmund, Mai 1943

DOKUMENTE
I. Jugend im Faschismus 1933-1939

1. Aus der Rede des Berliner Gauleiters der NSDAP Joseph Goebbels vor Mitgliedern der Berliner Hitlerjugend, Anfang Februar 1933

Meine lieben jungen Kameraden! Eine besondere Freude ist es für mich, nach der Machtübernahme durch den Nationalsozialismus zuerst zur Jugend zu sprechen, für die wir ja die Verantwortung übernommen haben...

Jugend ist idealistisch. Daher wird sie sich nie mit einem Jammerdasein abfinden, sondern mindestens versuchen, die Grundlagen zu einer Änderung zu schaffen...

Die Alten hatten vom Leben nichts mehr zu erwarten. Daher wandten wir uns an die Jungen, die aus den Schützengräben kamen und die — noch Jüngeren. Denn diese verstanden uns! Als fast alle in Ichsucht verfallen waren, schrieb diese Jugend unsere Losung auf ihr Panier...

Noch vor einer Woche gehörten diese Fahnen hier von uns einer verlästerten Partei, und heute sind es die Fahnen der Regierung. Und der Mann, der ihr Schöpfer und erster Träger war, ist heute der erste Beamte des Reiches...

Nicht um persönlicher Vorteile willen haben wir gekämpft, sondern dafür, daß wir der Jugend ein neues Reich in die Hand legen können! Wenn wir einig sind, kann niemand uns schlagen...

Wir wollen die Jugend lehren, wieder stolz auf ihr deutsches Blut, ihre deutsche Heimat zu sein. — Der Trauerflor an den Fahnen ist eine ernste Mahnung, diese Fahnen nie aus dem Auge zu verlieren. Die Brücken hinter uns sind abgebrochen. Es gibt kein Zurück! Stolz auf die Vergangenheit aber »Über Gräber vorwärts«, den Blick in die Zukunft gerichtet, wollen wir das Gelöbnis der Treue zum Führer und zur Heimat erneuern!

Der Angriff, 4.2.1933.

2. Aus dem Dienstbuch der HJ-Schar I/1 in München, 1.3. — 14.5.1933

Mittwoch, den 1./III.1933
Heimabend im Gasthaus »Blüte« nichts besonderes.

Freitag, den 3./III.
Fackelzug der gesamten HJ, SA und SS anläßlich der Rede des Führers in der Ausstellungshalle. 1/2 21 h Antreten und Meldung an den Standortführer. Antrittsstärke der gesamten HJ (mit Oberland) 1/750. 23 h Abmarsch von der Theresienwiese durch die Landwehr- Sonnenstr. zum Stachus über den Lenbachpl. an den Luitpoldlichtspielen vorbei zum Braunen Haus, wo der Führer den Vormarsch abnahm, dann Marsch bis Josefplatz. Da Auflösung 1/2 2 h.

Mittwoch, den 8./III. 1933
Generalappell der gesamten HJ in der R.F.S. Dauer 20 - 21 1/2h. Leitung: Standortführer Ernster. Meldung der gesamten HJ dem Gebietsführer. Ansprache des Gebietsführer Klein an die Hitler-Jugend. Dann abschreiten der Front durch den Vertreter der R.J.F. Pg. Axmann. Ansprache desselben, Absingen des H-Wessel-Liedes und Ausmarsch der Fahnen. Der Gebietsführer schließt um 21[30] den Generalappell der münchener Hitler-Jugend mit einem 3fachen Heil auf unseren Führer A. Hitler und das deutsche Vaterland. Dann ließen die Scharführer ihre Formationen wegtreten.

Donnerstag, den 9./III. 1933
Um 1/2 7h steht die ganze Schar 1/I. in Bereitschaft im Gasthaus »Blüte« und erwartet weitere Befehle vom Gebietsführer. Es schwirren Gerüchte herum, daß wir in Bayern den Ausnahmezustand hätten, die um 18h bestätigt werden. Um 18[30] bekommen wir den Befehl 19[30] uns an der Feldherrnhalle bei Unterbannf. Zaulzer zu melden. Die Schar marschiert um 19[00]h von der »Blüte« durch die Barrer-Schelling-Ludwigstr. zur Feldherrnhalle. Antrittsstärke 1/28.

Um 20h werden die Formationen vor der Feldherrnhalle aufgestellt, die Fahnen werden in der Feldherrnhalle links und rechts des Monuments bereitgestellt. Um 21h erscheinen der Stabschef Röhm, General v. Epp, Gauleiter Wagner und die Führer der Bewegung. Unter den Klängen des »Deutschlandliedes« steigen an den Fahnenstangen die Schwarz-weiß-rote und die Hackenkreuzfahne hoch. Dann spricht Gen. v. Epp und Gauleiter Wagner, mit dem H. Wessel Lied schloß die erste Feier an der Stelle, an der am 9./Nov. 1923 deutsche Kämpfer unter dem Feuer der Reaktion zusammenbrachen. Die HJ marschiert zur v.d. Tannstr. wo weg getreten wurde.

Samstag, 11./III.
Ab 17h Bereitschaft im Gau M-O. unter meinem Kommando, Antrittsstärke 1/20, um 23^{15} Abmarsch zum S.A.J.-Heim am Dom - Petro Pl. Dort Ansprache Kleins. Von da mit Günther zum S.A.J.-Heim in der Horwarthstr. Zuerst säubern, ein verheerender Saustall. Die ganze Nacht über Wache, dann Bereitschaft bis Sonntag 12h.

Sonntag 12./III.
Nichts los.

Mittwoch, den 15./III.
Appell im neuen Heim (ehem. S.A.J.-Heim) in der Horwarthstr. 45. Antrittst: 1/85. Es spricht der von der Reichsführerschule abkommandierte Redner Sturmbannführer 2/4 Schulz Berlin, und noch 2 andere SA-Führer, der eine aus Hamburg, der andere aus Schlesien, über das Thema »Kampf der SA und HJ in Preußen«. Dauer des Heimabends 20 - 22 1/2h. Geschlossener Abmarsch der Schar 1/I bis zur Kurfürstenstr., dann wegtreten.
...
Dienstag, den 21./III. 33.
10^{15} Antreten Hohenzollernpl., dann Marsch unter meinem Kommando ... nach Oberwiesenfeld. Meldung beim Unterbannführer Zaulzer: HJ-München-Nord 1/19 angetreten. Wir werden zum Absperrungsdienst kommandiert. Bevölkerung ist sehr zahlreich vertreten um die große Truppenparade zu sehen. Um 3/4 12 beginnt der Anmarsch der Landespolizei, Reichswehr, SA, SS und HJ und des Stahlhelms, dann erscheinen Innenmin. Wagner, Stabschef Röhm Gen. v. Leeb und der Stab der VII. Div. Nach der Aufstellung spricht Gen. v. Leeb zur Reichswehr. Um 12^{45} wird unter 21 Schuß Salutschießen der Artillerie das Deutschlandlied gesungen. Dann nimmt der Befehlshaber VII. die Parade ab, und die Truppen rücken in ihre Standorte ab.
...
Freitag, den 31./III. 33
Bei der Führerbesprechung der HJ waren alle münchener HJ-Führer anwesend. Unterbannführer Ernsters eröffnete um 22^{00} die Führersitzung, und regelte einige organisatorische Angelegenheiten. Nachdem Unterbannführer Ernsters alles wissenswerte bekanntgegeben hat, spricht der Gebietsführer Klein, weist auf die Aufgaben der Hitler-Jugend die in Zukunft kommen hin, und erklärt, daß die HJ die einzige Staatlich anerkannte Jugendorganisation ist. Mit einem 3fachen Heil auf unseren Führer A. Hitler schließt um 23^{15} Unterbannführer Ernsters die Führerbesprechung.

Samstag 1./4.1933
Bekomme um 1/2 1 den Befehl um 1h am Starnberger Bahnhof zu sein, um als Abordnung der münchener HJ an der Bismarck-Feier ... teilzunehmen...

Mittwoch 4./4. 33
Generalappell im Heim. Antrittst. 1/30. Um 1/2 22 erscheint der Gebietsführer Klein begleitet von Adj. Ernsters, Bannf. Schneader und Obf. Remoll. Der Gebietsführer schreitet die

Front ab, frägt jeden Führer wieviel Mann er hat, und spricht dann zu uns. Pg. Klein erläutert die Aufgaben der HJ die ihr bevorstehen, ermahnt uns, unsere Pflicht voll und ganz zu erfüllen, und verabschiedet sich mit einem 3fachen Heil auf unseren Führer. Am Heimweg wird es jedem Hitler-Jungen durch den Kopf gegangen sein, was in Zukunft kommen mag, aber das Eine war auch jedem von uns klar: Unter solchen Führern wie unser Klein einer ist, da hohlt man den Teufel aus der Hölle, und haut damit die Marxisten zum Saal hinaus. Mag in Zukunft kommen was will, die Gef. I kämpft mit ihrem Gebietsführer E. Klein, und wer nicht mitmachen will, den hauen wir zum Teufel.

...

Freitag 5./5. 33
... Königsplatz ... Ansprache des Gebietsführers Klein. Dann Verbrennung der marxistischen Schriften.

...

An der Stelle, an der am 9. November 1923 deutsche Kämpfer unter dem Feuer einer marxistisch durchseuchten Polizei und Reichswehr zusammenbrachen, übergibt der Gebietsführer seiner Jugend den Wimpel »Kampfjugend« des Jahres 1923, denselben Wimpel, dessen Fahnenträger an der Feldherrnhalle für Deutschland fiel ... Im strammen Paradeschritt wie Preußens-Garde an ihrem König, so marschieren wir an dem Gebietsführer vorbei.

...

Zentrales Staatsarchiv Potsdam, Hitlerjugend/Reichsjugendführung, Nr. 27, Bl. 1 ff.

3. Schreiben des Reichsjugendführers Baldur von Schirach an die Amtsleiter der NSDAP mit der Aufforderung, bündische Jugendorganisationen zu verfolgen, 8.3.1933[1]

Nationalsozialistische Deutsche Arbeiterpartei
Reichsleitung
Der Reichsjugendführer   München, 8. März 1933.
Abt. V (Presse, Propaganda, Schulung)

An die Amtsleiter der N.S.D.A.P.

In letzter Zeit mehren sich die Versuche solcher Gruppen, die jahrelang den Kampf der Hitler-Jugend verhöhnten, durch persönliche Fühlungnahme mit einzelnen Parteiführern ihren »Bünden« Rückhalt zu geben. Unter Berufung auf dieses oder jenes anerkennende Wort stellen sich dann diese bündischen Führer den Hitler-Jugendführern entgegen und bezeichnen sich als nationalsozialistisch usw. Zur Aufklärung möchte ich bemerken, daß ich in allen Bünden (mit Ausnahme der in der H.J. zusammengeschlossenen) Feinde des Nationalsozialismus sehe. Es spielt dabei keine Rolle ob der eine oder andere Parteigenosse in solchen Bünden tätig ist. Adolf Hitler sagte mir einmal: »Wer nicht bereit ist, meinen Namen zu tragen (als Hitlerjunge), der wird auch nicht als Freund des Nationalsozialismus anerkannt.«
Eine liberale Einstellung einzelner Führer der Partei gegenüber den samt und sonders größenwahnsinnigen Bünden und Grüppchen der Jugendbewegung, die sich dünkelhaft als »Auslese« bezeichnen, ist verhängnisvoll für den Kampf der Hitler-Jugend, die den Sprüchen der bürgerlichen Bünde eine Tatsache entgegenzustellen hat: ihren Einbruch in die marxistische Jungarbeiterschaft. (Von den 300 000 Mitgliedern der H.J. sind rund 180 000 Jungarbeiter!!)
Neuerdings versuchen auch ehemalige Offiziere, die sich »Jugendführer« nennen mit vollen

Segeln in den Hafen des Staates zu kommen und begründen einen Anspruch auf Mitarbeit an der kommenden staatlichen Jugenderziehung mit einem »Auslesebund« von 150 Mitgliedern. Meiner Auffassung nach wollen alle diese Herren weniger der Jugend dienen als sich selbst. Wer auf anderen Gebieten versagte, glaubt in der Jugend ein Tätigkeitsfeld zu finden, wo er auch ohne Kenntnisse vorwärtskommen kann.

Es ist bezeichnend, daß erst seit 1932 diese seltsamen »Jugendführer« die Parteileitung von ihrem Wert zu überzeugen versuchen. In den schlimmsten Kampfjahren haben wir sie nie gesehen.

Ich bitte daher bei Unterredungen folgende Punkte im Auge zu behalten:

1.) Der Nationalsozialist anerkennt nur die Hitler-Jugend als junge kämpfende Gemeinschaft des Nationalsozialismus.

2.) Parteigenossen, die Jugendführer anderer Bünde sind, haben ihre Parteimitgliedschaft fast immer deshalb erworben, um sich und ihre Gefolgschaft nationalsozialistisch nennen zu können.

3.) Jede Äußerung wird entstellt weitergegeben.

4.) Die Bünde sind Feinde des Nationalsozialismus (s. die Zeitschrift der Bünde: Die Kommenden, das schlimmste Hetzblatt gegen Hitler.)

5.) Auszunehmen ist der »Bund der Artamanen«, ein nationalsozialistischer Siedlerbund, mit dem Sitz in Severin-Domsühl in Mecklenburg. Nicht auszunehmen sind die »Geusen«, die ich nach wie vor als Otto Strasser-Gruppe bezeichnen muß.

Heil Hitler!
Der Reichsjugendführer:
gez: Schirach.

Zentrales Staatsarchiv Potsdam, Film Nr. 18793.

---

1 In den Dokumentenüberschriften werden Baldur von Schirach und Artur Axmann nur bei der ersten Nennung namentlich erwähnt; aus Platzgründen wird ebenfalls nur ihre Funktion als Reichsjugendführer der NSDAP und nicht die des Jugendführers des Deutschen Reiches aufgeführt. Analoges gilt für die Institution der Reichsjugendführung.
Umfangreiche Kopfbögen, Aktenzeichen und Verteilerschlüssel wurden in der Regel auf das unbedingt Notwendige reduziert, ohne diese Kürzungen jeweils anzuzeigen.

4. Entziehung der Anerkennung als Jugendpflege treibender Verein für die SAJ in München durch die bayerische Regierung, 14.3.1933

Stadtrat der Landeshauptstadt München
Wohlfarts- und Jugendamt
Herrn Karl Eisleitner   27. März 1933
Schreiner
München
Corneliusstr. 24/Iv.

Betr.: Sozialistische Arbeiterjugend München.

Im Vollzug des Erlasses des Staatskommissars für das Staatsministerium des Innern vom 14. März 1933 hat die Regierung von Oberbayern der sozialistischen Arbeiterjugend und deren Nebenorganisationen mit sofortiger Wirksamkeit die Anerkennung als Jugendpflege treibender Verein entzogen. Das Stadtjugendamt München erhielt Weisung, die hinausgegebenen Führerausweise einzuziehen. In Ihren Händen befindet sich der Ausweis Nr. 1764. Wir ersuchen Sie hiermit, den Ausweis sofort nach Empfang vorliegenden Schreibens, längstens aber binnen 3 Tagen beim Stadtjugendamt München, Sparkassenstr. 2/IV, Zimmer 112, abzugeben oder mittels (eingeschriebenen) Briefes einzusenden. Ein der Rückgabe allenfalls entgegenstehendes Hindernis wollen Sie uns bekanntgeben. Wir legen nahe, unser Ersuchen als Auftrag zu betrachten, der unbedingt erfüllt werden muß. Etwaiges Widerstreben könnte für Sie die unangenehmsten Folgen haben.

Bürgermeister:
I.V. Hilble

Archiv der Arbeiterjugendbewegung, Oer-Erkenschwick.

5. Aktennotiz über eine Kabinettssitzung unter Vorsitz Adolf Hitlers zu Fragen der Arbeitsdienstpflicht und der Jugendertüchtigung, 4.4.1933

Reichskanzlei.
Vermerk über die Chefbesprechung unter dem Vorsitz des Herrn Reichskanzlers am 4. April 1933 vormittags 11 Uhr

Beratungsgegenstand:
Fragen der Arbeitsdienstpflicht und der Jugendertüchtigung

Anwesend die Herren:
der Reichskanzler
der Vizekanzler von Papen
die Reichsminister Dr. Hugenberg, Seldte, Dr. Frick, Graf Schwerin von Krosigk, von Blomberg

Ferner:
die Staatssekretäre Dr. Lammers und Funk, Oberst von Reichenau, der persönliche Referent des Vizekanzlers von Wedemeyer, die Ministerialräte Wienstein, Dr. Willuhn und Dr. Killy.

Vor Beginn der Besprechung machte der nur vorübergehend anwesende Reichsminister Dr. Goebbels die Mitteilung, daß eine Fortsetzung des Boykotts gegen die jüdischen Geschäfte nicht erforderlich erscheine und daß er eine geeignete Pressenotiz veranlassen werde. Der Reichsarbeitminister erläuterte alsdann anhand des anliegenden Planes den in Aussicht genommenen Aufbau des Reichsministeriums für Arbeit und Jugend. Im Anschluß daran wurde der ... Gesamtetat für den Arbeitsdienst durchgesprochen.
...
Der Reichskanzler pflichtete der auch vom Reichswehrminister geäußerten Auffassung bei, daß der Anfang des Arbeitsdienstes so einfach wie nur möglich gestaltet werden müsse; daß ihm auch der Kopfbetrag von 2 RM für den Arbeitsdienstpflichtigen zu hoch erscheine. Erfahrungsgemäß seien erste Voranschläge meist übersetzt. Der Betrag von 375 Millionen für 300 000 Dienstpflichtige sei außerordentlich hoch. Die Einrichtung müsse mit den allersparsamsten Mitteln getroffen werden. Einmal, damit eine möglichst große Zahl von jungen Volksgenossen in den Arbeitsdienst einbezogen werden könnte. Dann sei aber auch zu bedenken, daß es darauf ankomme, nichts aufzubauen, was nicht auf die Dauer gehalten werden könne. Da der Arbeitsdienst keine vorübergehende Einrichtung sei, müßten die Mittel dazu fortlaufend in dem Haushalt eingesetzt werden, also auch so bemessen sein, daß das möglich sei. Der jetzige Voranschlag müsse ganz erheblich gesenkt werden. Die Einfachheit, mit der der Arbeitsdienst eingerichtet werde, dürfe bewußt die deutsche Not zum Ausdruck bringen. Das gelte auch für die Unterbringung der zum Arbeitsdienst ausgehobenen Volksgenossen. Nach seiner Auffassung müsse sich der Anfang mit 200 Millionen Reichsmark machen lassen.
...

Nach Auffassung des Reichswirtschaftsministers sollte die Arbeitsdienstpflicht zunächst durch Rahmengesetz geregelt werden, von dem zu Beginn in beschränktem und späterhin in steigendem Umfang Gebrauch gemacht werden könne. Bei der Auswahl der Arbeitsdienstpflicht bitte er möglichst darauf Rücksicht zu nehmen, daß keine Störungen in der Wirtschaft hervorgerufen würden, indem tunlichst keine im Arbeitsprozeß befindlichen Personen herausgenommen würden. Das sei möglich, da zunächst ohnehin nur eine beschränkte Anzahl einberufen werde, wobei vorwiegend oder ausschließlich auf die außerhalb des Arbeitsprozesses Stehenden zurückgegriffen werden könne.

Der Reichskanzler betonte demgegenüber, daß man die Arbeitsdienstpflicht nicht zunächst unter wirtschaftlichen Gesichtspunkten betrachten solle. Er sehe darin vor allem ein Instrument, daß zur bewußten Erziehung zur Volksgemeinschaft hervorragend geeignet sei. Der umstrittene Begriff der Arbeit müsse dadurch wieder zu Ehren kommen, daß ohne Rücksicht auf Herkunft und Rang die deutschen Menschen, Hand- und Geistesarbeiter durch gemeinsamen Dienst zu gegenseitigem Verstehen gelangten. Die Schwierigkeiten dieses Dienstes müsse jeder junge Deutsche durchmachen; alle müßten das gleiche Schicksal auf sich nehmen. Insofern sei diese Schule von hervorragender ethischer Bedeutung und ihre erzieherische Wirkung werde letzten Endes wieder der Wirtschaft zugute kommen. Es sei nach seiner Auffassung nur zu begrüßen, wenn die jungen Jahrgänge aus der Wirtschaft herausgenommen würden und damit die Möglichkeit gegeben werde, ältere dort unterzubringen. Es müsse Ehrenpflicht jedes jungen Deutschen sein, diesen Dienst auf sich zu nehmen. Aus diesem Schmelztiegel werde die deutsche Gesellschaft hervorgehen...

Zentrales Staatsarchiv Potsdam, Reichskanzlei, Nr. 51268, Bl. 1 ff.

6. Beschluß der Fuldaer Bischofskonferenz über die Arbeit der katholischen Jugendverbände und ihr Verhältnis zum Staat, 31.5.1933

Der Episkopat begrüßt den Willen, die Jugend der Nation innerlich zu einigen, sie zu echtem deutschen Volkstum zu erziehen, sie für den opferbereiten Dienst am Staat vorzubereiten. Die Kirche wird an dieser nationalen Aufgabe mit dem Einsatz ihrer besonderen Kräfte mitarbeiten.

Eine Staatsauffassung, nach der die gesamte Jugend ausschließlich vom Staat erfaßt und erzogen werden soll, innerhalb und außerhalb der Schule, in interkonfessionaler Gemeinschaft und eigener weltanschaulicher Prägung, lehnt die Kirche als mit der kirchlichen Lehre unvereinbar ab.

Die Kirche verlangt vielmehr als Glaubensgemeinschaft, um ihrer Sendung willen, volles Gemeinschaftrecht für die kirchliche Jugendorganisation und das Erziehungsrecht im Sinne körperlicher, geistiger und beruflicher Ertüchtigung ihrer Mitglieder. Weil die jetzige Staatsleitung für die Jugendgemeinschaften der Kirche, in Erkenntnis ihrer besonderen Aufgabe und Bedeutung für den Staat, die Freiheit der Organisation und der Erfüllung ihrer Aufgaben zugesagt hat, darf erwartet werden, daß in Konsequenz der formellen Anerkennung der katholischen Jugendorganisationen als nationale Jugendverbände die Lebensmöglichkeit und Freiheit der Betätigung denselben voll erhalten bleibt und staatlicherseits auch eine indirekte Störung und Zerstörung durch unverantwortliche Stellen verhindert werden wird.

Untragbar für das Bewußtsein der katholischen Jugend wie für das Rechtsbewußtsein der deutschen Jugend überhaupt wäre ein Zustand der Rechtsunsicherheit und der Benachteiligung von Mitgliedern kirchlicher Jugendorganisationen in der Schule und im Arbeitsleben, namentlich auch in den staatlichen Formen des Jugenddienstes, Arbeitsdienst und Wehrdienst. Untragbar für die Ehre der katholischen Jugendorganisation wäre es, neben bevorrechteten Jugendorganisationen als deutsche Jugend minderen Rechts und zweiter Klasse angesehen und behandelt zu werden, auch in den Fragen der Abzeichen, der Aufmärsche und des öffentlichen Lebens.

Untragbar erscheint vor allem auch jeder direkte oder indirekte Gewissenszwang, anderen weltanschaulichen Organisationen beizutreten oder zu parteimäßigen Bekenntnissen und Formen gezwungen zu werden, namenlich in der Gemeinschaft der Schule und der Arbeit. Es muß im besonderen in Konsequenz der gegebenen Anerkennung der katholischen Organisationen erwartet werden:

1. daß das mobile und immobile Eigentum der kirchlichen Jugendorganisationen durch den allgemeinen staatlichen Schutz gewahrt bleibt. Die frühere ordnungsgemäße Gewährung von Beihilfen aus öffentlichen Mitteln bei Erstellung von Jugendheimen und Sportplätzen unserer Vereine kann nicht zum Anlaß genommen werden, das Eigentumsrecht und Hausrecht unserer Vereine aufzuheben oder zu beschränken.
2. Für die Volksschulen wie für die Berufs- und Höheren Schulen muß die Freiheit gleichen Rechts der kirchlichen Jugendorganisationen gewährleistet werden. Eine einseitige amtliche Werbung in der Schule für e i n e Jugendorganisation oder gar ausschließliche Einführung e i n e r Jugendorganisation in der Schule muß abgelehnt werden.

Die Kirche sieht in allen jungen Katholiken ihre Kinder und dient in ihrer Seelsorge und in ihrer Fürsorge allen mit der gleichen Liebe. Weil aber die kirchliche Jugendorganisation für die Gemeinschaft der Kirche von lebenswichtiger Bedeutung ist, darum hält die Kirche unverrückbar an ihrem Gemeinschaftsrecht und Erziehungsrecht für katholische Jugend fest und sieht in der kirchlichen Jugendorganisation ein Herzstück ihrer Gemeinschaft.

Im besonderen müssen folgende Punkte für die kirchliche Jugendorganisation auch fortan Geltung haben:

1. Katholische Jugend, Führerschaft und Gefolgschaft wird in Erkenntnis ihrer kirchlichen wie ihrer nationalen Aufgabe alle Kraft einsetzen, um das Jugendwerk der Kirche in der gegenwärtigen Zeit hochzuhalten, um darin vor allem die religiösen Kräfte zu wecken, die notwendig sind zum Aufbau eines lebendigen Christentums und echten Volkstums.
2. Katholische Jugend wird der bewährten Leitung der Verbände und ihrer vom Episkopat bestellten Führer Gefolgschaft leisten.
3. Damit das Jugendwerk der Kirche selbständig und ungeschwächt fortgeführt werden kann, wird von jedem Verein und jedem Mitglied freudige Opferbereitschaft erwartet. Die Vereine werden aufgefordert, strengste Ordnung ihrer Geschäfte durchzuführen und die finanziellen Verpflichtungen gegenüber den Verbänden zu erfüllen.
4. Die katholischen Jugendverbände werden bereitwillig sich einstellen in die Gesamtheit der deutschen Jugend und die nationale Aufgabe nach bestem Können erfüllen. Der Jugend unserer kirchlichen Verbände wird mit Nachdruck die Aufgabe gestellt, in Schule und auf dem Werkplatz, in Nachbarschaft und öffentlichem Leben echte Brudergesinnung gegen alle deutschen Brüder und Schwestern zu zeigen, in gegenseitiger Achtung und Hilfsbereitschaft zu dienen und so mitzubauen an echter deutscher Volksgemeinschaft.

Kölnische Volkszeitung, 28.6.1933.

7. Aufruf der Darmstädter Studentenschaft zur Bücherverbrennung, 16.6.1933

»Wider den undeutschen Geist«
Die große nationale Revolution ist nach außen hin vollzogen. Es ist jetzt Pflicht jedes einzelnen, dafür zu sorgen, daß der Inhalt dieser Revolution sich auch in unserem Geistesleben widerspiegelt.
Die Schund- und Schmutzliteratur, die verantwortungslose Elemente in unsere Bibliotheken hineingetragen haben, muß daher, wo es bis jetzt noch nicht geschehen ist, umgehend verschwinden. Es ist Ehrenpflicht jedes Deutschen, in seiner Bücherei nur wirkliche Geisteswerte deutschen Kulturgutes zu haben.

Als äußeres Zeichen unseres Willens, alles Undeutsche auszurotten, veranstaltet die Darmstädter Studentenschaft am Mittwoch, den 21. Juni 1933, um 24 Uhr, im Anschluß an ihre traditionelle Sonnenwendfeier auf dem Mercksplatz eine große Kundgebung
»W i d e r   d e n   u n d e u t s c h e n   G e i s t«,
in deren Rahmen eine feierliche Verbrennung der untenstehenden Bücher vorgenommen wird. Es ergeht daher an alle Volksgenossen die Aufforderung: Reinigt Eure Büchereien nach untenstehender Liste, teilt uns bis spätestens 19. Juni 1933 mit, wann und wo wir das Ergebnis Eurer Auslese abholen können und beteiligt Euch an der Kundgebung wider den undeutschen Geist.

Die Studentenschaft der Technischen Hochschule Darmstadt.
Walter Madee,
Führer der Darmstädter Studentenschaft.
Ulrich Thiersch,
Leiter des Hauptamtes für Aufklärung und Werbung.

Liste der zu verbrennenden Bücher
Anthologie jüngster Lyrik; Anthologie jüngster Prosa; Asch, Nathan; Asch, Schalmon; Babel: Budjonnys Reiterarmee; Beer-Hofmann, Richard; Birkenfeld, Günther; Bobinskaja: Karbunauri; Bogdanow: Das erste Mädel; Bley, Fritz; Brecht, Bert; Breitbach: Rot gegen Rot; Brod, Max: alles außer: Thycho Brahe, Zauberreich, Stefan Rott; Carr, Robert: Wildblühende Jugend; Döblin, Alfred: alles außer: Wallenstein, Die drei Sprünge, Giganten; Dreißig neue Erzähler des neuen Rußlands; Dreißig neue deutsche Erzähler; Ebermayer: Die Nacht in Warschau; Ehrenburg, Ilja: alles außer: Crachus Barboeuf; Ehrenstein, Albert; Essig, Hermann; Felden: Eines Menschen Weg; Feuchtwanger, Lion: alles; Frey: Pflasterkästen; Geist, Rudolf; Gladkow, Fjodor; Gläser, Ernst; Goll, Iwan; Graf, Oskar Maria: alles außer: Wunderbare Menschen, Kalendergeschichten; Grünberg, Karl; Hasek, Jaroslaw; Hasenclever, Walter; Hermann, Georg: Kubinke, Schnee, Die Nacht des Dr. Herzfeld; Hirsch: Vorbestraft; Hofbauer: Der Marsch ins Chaos; Hoffmann: Frontsoldaten; Holitscher, Arthur: außer: Unruhiges Wien; Holopp, Albert; Jakob, Heinrich Eduard: alles; Johannesen: Vier von der Infanterie; Ilff: 12 Stühle; Iber, Vera; Kästner, Erich: alles außer: Emil; Kallinikow, Josef; Katajew; Kaus, Gina; Kerr, Alfred; Keun, Irmgard: Das kunstseidene Mädchen; Kesten; Kläber, Kurt; Koeppen: Heeresbericht; Kollontay, Alexandra; Kurtzig: Dorfjuden; Kusmin; Lhatzko; Lampel, Peter: nur: Verratene Jungen; Leitner: Hotel Amerika; Leonow: Aufbau; Lernet-Holenia; Lewinsohn: Das Erbe im Blut; Libedinski, Jurij; Lidin, Wladimir; Linck: Kameraden im Schicksal; Ludwig, Emil; Mann, Klaus; Meyer-Eckard: nur: Das Vergehen des Paul Wendelein; Michael, F.: Die gut empfohlene Frau; Neumann, Robert: Die Macht; Newerow; Ognjew; Olbracht, Iwan; Ottwald, Ernst; Panserow; Pantelejew; Pinthus, Kurt; Plivier: Des Kaisers Kuli; Regler; Remarque, Erich Maria; Renn, Ludwig: nur: Nachkrieg; Rubiner, Ludwig; Rümann; Sanzara, Rahel; Schirokauer, Alfred; Schlump; Schröder, Karl; Sejsullina: alles außer: Der Ausreißer; Seghers, Anna; Sochaezewer, Hans; Sostschenko, Michael; Seraphimowitsch: Der eiserne Strom; Szologub, Fjodor; Suttner, B. v.: Die Waffen nieder; Tekunaga; Toller, Ernst; Tucholsky, Kurt: Mit 5 PS, Mona Lisa; Türk; Ulitz: Ararat, Worbs, Testament; Vanek, Karl; Wedding: Ede und Unku; Wegner, Armin T.; Weiskopf; Woehrle: Querschläger; Ewers, Hans Heinz: alles außer: Reiter in deutscher Nacht, Horst Wessel.

Oberhessische Tageszeitung, 16.6.1933.

8. Ernennung des Reichsjugendführers der NSDAP zum Jugendführer des Deutschen Reiches, 17.6.1933

Der Reichskanzler hat mit sofortiger Wirkung verfügt: Es wird eine Dienststelle des Reiches errichtet, die die amtliche Bezeichnung »Jugendführer des Deutschen Reiches« trägt. Zum Jugendführer des Deutschen Reiches wird der Reichsjugendführer der NSDAP Baldur von Schirach ernannt.

Der Jugendführer des Deutschen Reiches steht an der Spitze aller Verbände der männlichen und weiblichen Jugend, auch der Jugendorganisationen von Erwachsenenverbänden. Gründungen von Jugendorganisationen bedürfen seiner Genehmigung. Die von ihm eingesetzten Dienststellen übernehmen die Obliegenheiten der staatlichen und gemeindlichen Ausschüsse, die ihre Aufgaben unter unmittelbarer Mitwirkung der Jugendorganisationen vollziehen.

Wolff's Telegraphisches Büro, 17.6.1933.

9. Bericht über die Rede des Reichsjugendführers vor der HJ in Pommern über die Verfolgung von nichtnationalsozialistischen Jugendverbänden, 18.6.1933

In Kolberg fand der 1. Gebietsaufmarsch der Pommerschen Hitler-Jugend statt. Am Sonntag vormittag marschierten auf den Rennwiesen 28 000 deutsche Jungen und Mädel auf. Reichsjugendführer Baldur von Schirach erntete stürmischen Beifall, als er die Beauftragung zum Jugendführer des Deutschen Reiches durch Adolf Hitler mitteilte und versicherte, daß er diese Stellung als Hitler-Jugendamt betrachte. Er begründete seine erste Maßnahme, die Auflösung des von Trothaschen Bundes damit, daß das Primat der Jugendarbeit in Deutschland in erster Linie der kämpferischen Hitler-Jugend zukomme, die bereit sei, für die unsterbliche Idee des Nationalsozialismus selbst das Leben herzugeben. Er fühle sich verpflichtet, solche Jugendorganisationen anzugreifen, die in ihrer Haltung und Eigenart nicht dem Wollen der nationalsozialistischen Volksbewegung entsprächen.

Der Deutsche, 20.6.1933.

10. Gauleiter und Reichsstatthalter Friedrich Hildebrandt über das Verbot der Jugendbünde in Mecklenburg-Lübeck, 18.6.1933

Bei dem großen Aufmarsch der Hitler-Jugend und des Jungvolks von Mecklenburg-Lübeck vor dem Schweriner Schloß hielt Reichsstatthalter Hildebrandt eine Ansprache, in der er darauf hinwies, daß die Hitler-Jugend mit ihrem ganzen Leben nur dem Volk und Vaterland zu dienen habe. Unter tosendem Beifall teilte der Reichsstatthalter dann mit, daß in der kommenden Woche in Mecklenburg und Lübeck sämtliche Jugendbünde aufgelöst und verboten würden. Auch die sogenannten christlichen Jugendorganisationen hätten nicht das Recht, an jungen deutschen Menschen staatspolitische und sozialpolitische Erziehungsmethoden zu versuchen. Die körperliche Ertüchtigung unserer Jugend und ihre Erziehung zur Volksgemeinschaft, erklärte der Statthalter, werden wir allein in die Hand nehmen. Darum werden alle Heime und Besitzungen der gesamten Jugendverbände Mecklenburgs und Lübecks der Hitler-Jugend zur Verfügung gestellt.

Frankfurter Zeitung, 19.6.1933.

11. Die ersten Verordnungen des Reichsjugendführers nach seiner Ernennung zum Jugendführer des Deutschen Reiches, 22.6.1933

Anordnung 1:

1. Als Jugendführer des Deutschen Reiches berufe ich den Deutschen Jugendführerrat, der mir beratend zu Seite steht. In den Jugendführerrat wird aufgenommen je ein Vertreter
a) der evangelischen Jugend,
b) der katholischen Jugend,
c) der Wehrverbandsjugend,
d) der bündischen Jugend,
e) der Sportjugend,
f) der berufsständischen Jugend.
Zum Vertreter der evangelischen Gruppe berufe ich Herrn Lic. D. Stange, Kassel, zum Vertreter der katholischen Gruppe Herrn Generalpräses Albrod, Essen, zum Vertreter der Wehrverbandsjugend Herrn General a.D. Vogt, Berlin, zum Vertreter der Sportjugend Herrn Dr. Neuendorff, Berlin, zum Vertreter der berufsständischen Jugend Herrn Heinz Otto, Berlin.
2. An den Beratungen des erweiterten Deutschen Jugendführerrates nehmen teil die Vertreter der interessierten Ministerien, und zwar
für das Reichsministerium des Innern Herr Dr. Usadel,
für das Reichsarbeitsministerium Herr Ministerialrat Dr. Wende,
für das Reichsministerium für Volksaufklärung und Propaganda
ein noch zu benennender Vertreter,
für das Reichsministerium des Auswärtigen Vortr. Leg.-Rat Herr
Traugott Böhme,
für das Reichswehrministerium Herr Dr. Walter Kayser,
für die Kultusministerien der Länder Herr Dr. Stuckart.
3. Für die die Verbände betreffenden Fragen wird beim Jugendführer des Deutschen Reiches eine Abteilung »Verbände« geschaffen. Zum Leiter der Abteilung Verbände ernenne ich Herrn Karl Nabersberg.
4. Für die Länder sowie für die preußischen Provinzen ernenne ich Beauftragte, die meine Vertretung für ihren Amtsbereich übernehmen. Die Beauftragten ihrerseits ersuche ich, mit ihrer Vertretung die bisherigen Vorsitzenden der Landesausschüsse der deutschen Jugendverbände zu beauftragen, damit der ungestörte Fortgang der Arbeit gewährleistet wird. Für die preußischen Regierungsbezirke, die bayerischen Kreise, die sächsischen Amtshauptmannschaften sowie für die entsprechenden Verwaltungsbezirke der übrigen Länder werden Bezirksbeauftragte ernannt.
Für die Stadt- bzw. Landkreise in Preußen sowie für die entsprechenden Verwaltungskörper in den übrigen Ländern sind auf Vorschlag der Bezirksbeauftragten durch die Landesbeauftragten Orts- bzw. Kreisbeauftragte zu ernennen.
5. Über die Aufgaben der Beauftragten sowie über die Übernahme der bisher von den Bezirksausschüssen, den Ortsausschüssen sowie den Landesausschüssen usw. vollzogenen Funktionen ergehen in Kürze weitere Anweisungen.

Anordnung 2:

1. Der Großdeutsche Bund mit seinen Unter- und Teilorganisationen ist mit Wirkung vom 17. Juni 1933 aufgelöst. Das Eigentum des Großdeutschen Bundes sowie der angeschlossenen Unter- und Teilorganisationen ist sicherzustellen. Mit dem Großdeutschen Bunde sind demnach aufgelöst:
    1. Freischar junger Nation,
    2. Deutsche Freischar,
    3. Deutscher Pfadfinderbund,
    4. Die Geusen,

    5. Ringgemeinschaft deutscher Pfadfinder,

    6. Ring deutscher Pfadfindergaue,

    7. Deutsches Pfadfinderkorps,

    8. Freischar evangelischer Pfadfinder.

2. Der Reichsausschuß der deutschen Jugendverbände wird mit sofortiger Wirkung aufgelöst. Die bisherigen Aufgaben des Reichsausschusses werden in die erweiterten Aufgaben der Jugendführung des Deutschen Reiches übernommen.

3. Sämtliche Jugendorganisationen Deutschlands sind dem Jugendführer des Deutschen Reiches (Berlin NW 40, Alsenstraße 10, Abteilung Verbände) zu melden. Jugendorganisationen, die diese Meldung bis zum 15. Juli 1933 nicht oder nur unvollständig vollzogen haben, gelten als aufgelöst. Es wird ausdrücklich darauf hingewiesen, daß unter »Jugendorganisationen« auch solche Organisationen zu verstehen sind, die besondere Teilzusammenfassungen der Organisationen Erwachsener bedeuten. Die Meldungen sind von der obersten Führung der einzelnen Jugendorganisationen für die gesamte Organisation zu vollziehen. Soweit die Jugendgruppen von Erwachsenenorganisationen über eine eigene zentrale Jugendführung nicht verfügen, ist die Führung der Erwachsenenorganisation zur Meldung verpflichtet. Die Meldung muß enthalten:

    1. den Namen des Vereins (unter genauer Angabe, welche Rechtsform der Verein besitzt),

    2. den Vorstand des Vereins (genaue Angaben der Namen, Wohnung, sowie gegebenenfalls der Fernsprechnummer),

    3. Angabe, wer für den Verein zeichnungsberechtigt ist,

    4. die Geschäftsstelle des Vereins (Telefon),

    5. Bank- und Postscheckkonten des Vereins unter Angabe, wer hier zeichnungsberechtigt ist,

    6. genaue Mitgliederzahlen des Vereins unter Angabe, wann die Mitgliederzahlen ermittelt wurden,

    7. die Satzungen des Vereins,

    8. Angaben über den organisatorischen Aufbau des Vereins, soweit diese nicht in der Satzung enthalten sind,

    9. Angabe der Vorsitzenden der Gaue, Landschaften, Landesführer oder dgl.

4. Die Aufgaben des Jugendführers des Deutschen Reiches müssen teilweise mit Hilfe der Beiträge der angeschlossenen Organisationen durchgeführt werden. Eine Festsetzung der Beiträge erfolgt in kürzester Zeit.

Anordnung 3:
Das Tragen von Schulterriemen wird hiermit den Angehörigen der deutschen Jugendorganisationen, mit Ausnahme der Hitlerjugend, verboten. Das Verbot tritt mit dem Tag der Veröffentlichung in Kraft.

Anordnung 4:
Das von mir in meiner Eigenschaft als Führer der Hitlerjugend mit dem VDA geschlossene Abkommen bleibt in Kraft. Die Arbeit der Jugendgruppen des VDA ist seitens der Hitlerjugend nach wie vor zu fördern.

...

Anordnung 6 (vom 12. Juli 1933):
1. ...
2. Auf Wunsch des Schirmherren der kolonialen Organisationen, Sr. Exz. Generalleutnant Ritter Franz von Epp, werden die noch bestehenden kolonialen Jugendorganisationen aufgelöst und in die Hitlerjugend überführt. Auf besonderen Wunsch Sr. Exzellenz ist hierbei so zu verfahren, daß in solchen Orten, wo koloniale Jugendgruppen mit mehr als 30 Mitgliedern be-

stehen, diese Gruppen als geschlossene Kolonialscharen in die Hitlerjugend übernommen werden. Die Kolonialscharen werden im übrigen genauso behandelt wie die sonstigen Scharen der Hitler-Jugend. Sie haben lediglich das Recht, zum HJ-Dienstanzug das Kreuz des Südens auf dem linken Unterarm zu tragen. Hierdurch wird zum Ausdruck gebracht, daß die Kolonialscharen im besonderen Maße als die Wahrer und Verfechter kolonialen Gedankenguts zu betrachten sind. In meinen Stab tritt der Bannführer von Oertzen als Referent für koloniale Jugendarbeit zur Abteilung »Ausland«. Über die besondere Tätigkeit der Kolonialscharen ergehen von dort Anweisungen.

3. Anfang August findet in Ungarn das Weltpfadfindertreffen statt, an dem sich die deutschen Pfadfinder sowie deutsche Jugendgruppen überhaupt nicht beteiligen.

Es ist damit zu rechnen, daß ausländische Teilnehmer des Weltpfadfindertreffens anläßlich ihrer Reise nach Ungarn Deutschland besuchen. Diese ausländischen Teilnehmer tragen teilweise Pfadfindertracht. Die Länder- und Provinzialbeauftragten mache ich dafür verantwortlich, daß den durchreisenden Ausländern seitens der deutschen Jugend Gastfreundschaft und Achtung entgegengebracht wird.

Der Jugendführer des Deutschen Reiches
Baldur von Schirach

Das Junge Deutschland, Heft 7, Juli 1933.

12. Zustimmung Adolf Hitlers zur Auflösung des Großdeutschen Bundes und aller anderen Jugendverbände, die die Durchsetzung des Alleinherrschaftsanspruches der HJ behindern, 23.6.1933

Berlin, den 23. Juni 1933

1) V e r m e r k.

Vizeadmiral von T r o t h a hat sich nunmehr beschwerdeführend an den Herrn Reichspräsidenten gewandt, weil er

1) die Eingriffe in die Arbeit des Großdeutschen Bundes für rechtswidrig ansieht,
2) weil er die Auflösung des Großdeutschen Bundes von seinem Standpunkt aus für eine verfehlte Maßnahme ansieht und
3) weil die Durchführung der Auflösungsanordnung des Reichsjugendführers in der Form unangemessen und nicht immer sehr würdig erfolgt sei.

Dazu ist zu bemerken:

zu 1): daß der Reichsjugendführer noch durch eine gesetzliche Anordnung ermächtigt werden muß, Maßnahmen zu treffen, wie er sie bereits getroffen hat. Hierüber ist mit Herrn Ministerialdirektor Dr. Buttmann im Reichsministerium des Innern fernmündlich gesprochen worden.

zu 2): Die Auflösung des Großdeutschen Bundes wird als notwendig angesehen werden müssen, und zwar im Rahmen der Zusammenfassung der Jugend zwecks einheitlicher Erziehung.

zu 3): Es mögen bei der Auflösung des Großdeutschen Bundes Mißgriffe vorgekommen sein, wie aber bereits in den letzten Monaten zwischen Hitlerjugend und Großdeutschem Bund täglich Reibereien stattgefunden haben. Eine ehrverletzende Kränkung des Admirals von Trotha ist offenbar weder beabsichtigt gewesen, noch kann sie darin erblickt werden, daß der Großdeutsche Bund aufgelöst wird.

2) Beim Herrn Reichskanzler hat am Freitag, den 23. Juni um 11[30] Uhr ein Empfang des Jugendführers Baldur von Schirach im Beisein von Regierungsrat Dr. Hoffmann stattgefunden. Der Herr Reichskanzler billigte in dieser Besprechung die Auflösung des Großdeutschen Bundes sowie aller sonstigen Jugendbünde, soweit deren Auflösung zwecks Zusammenfassung in der Hitlerjugend erforderlich ist.

Um jeden Anschein einer dem Admiral von Trotha zugefügten Kränkung zu vermeiden, soll Herr von Schirach an dem im Kriege verdienten und auch in der Nachkriegszeit durchaus national zuverlässigen Admiral von Trotha einen versöhnend gehaltenen Brief richten. Auch der Herr Reichskanzler behält sich vor, deswegen noch an Herrn Admiral von Trotha zu schreiben.

Wegen der gesetzlichen Sanktionierung der dem Reichsjugendführer bisher im Erlaßwege erteilten Vollmachten soll Herr von Schirach mit dem Reichsminister des Innern unmittelbar Fühlung nehmen.

3) Herr S t a a t s s e k r e t ä r gehorsamst vorgelegt.

Eine Antwort an Herrn von Trotha sowie an den Deutschen Reichspfadfinderbund empfehle ich erst dann zu geben, wenn der Brief des Herrn von Schirach an Herrn von Trotha vorliegt, der auch der Presse übergeben werden soll.

Vorlage des Referenten.   (Unterschrift)

Zentrales Staatsarchiv Potsdam, Reichskanzlei, Nr. 19442, Bl. 72 f.

13. Aus der Rede des Reichsjugendführers über seine Aufgaben als Jugendführer des Deutschen Reiches, 24.6.1933

Meine Kameraden von der Hitlerjugend! Deutsche Jugend!

Wir feiern hier heute das Fest der Sommersonnenwende. Wir stehen hier vereint und gemeinsam an dem lodernden Holzstoß, um den unbeugsamen Geist und Willen dieser deutschen Jugend zum Ausdruck zu bringen, ... die heute die Führung der Jugend im ganzen Deutschen Reich an sich gerissen hat. Die heutige Feier, meine Kameraden, ist symbolisch für die ganze Jugend Deutschlands, denn auch diese Jugend in ihrer Gesamtheit ist in einer Wende und Umwandlung begriffen ...

Es ist immer so, daß eine Staatsführung nur stark ist, sofern sie die Jugend hinter sich hat. Das ist das Geheimnis des nationalsozialistischen Erfolges ...

Es ist selbstverständlich, daß im Rahmen dieses neuen Staates auch die Jugend ihren staatlichen Ausdruck finden mußte. So entstand auf Befehl des Führers dieses neue Amt, das zu bekleiden ich die Ehre habe, dieses neue Amt, das den Anteil ausdrücken soll, den die Jugend an der nationalsozialistischen Revolution gehabt hat.

...

Meine Kameraden von der Hitlerjugend! Ich möchte an den Eingang meiner Arbeit das Bekenntnis zur Hitlerjugend stellen, ohne das die deutsche Jugend niemals geeint werden könnte, und ich möchte auch in dieser Stunde, da ich zum ersten Male über meine Aufgabe und über unseren gemeinsamen Weg sprechen will, sagen, daß ich als Führer dieser Jugend und als Jugendführer des Deutschen Reiches auch nicht einen Zentimeter von jener revolutionären und sozialistischen Haltung abweichen will, die das Kennzeichen unserer jungen Front in den Stürmen und Kämpfen der vergangenen Jahre war und die das Kennzeichen auch bleiben soll für die Hitlerjugend. Die junge Arbeiterschaft und die junge Bauernschaft haben sich in der Hitlerjugend zusammengeschlossen, die dem Deutschland der Zukunft den Weg bereitet, und weil dem so ist, meine Kameraden, weil wir als erste und einzige Jugendbewegung Deutschlands den Einbruch in die marxistische Arbeiterschaft vollzogen und den Sieg durch unser edelstes, tapferstes und treuestes Menschenmaterial gewannen, das sich opferte und hingab unserer weißgestreiften Fahne, darum soll unser Kampf und unsere Haltung in der Zukunft immer nur ein Kampf um die Seele dieser deutschen Arbeiterschaft sein. Darum wollen wir uns auch immer in der Zukunft zu dieser Arbeiterschaft bekennen als den treuesten Söhnen des deutschen Volkes. Meine Kameraden! Die Hitlerjugend hat sich das Recht zur Führung der gesamten deutschen Jugend nicht dadurch erworben, daß sie hinter dem Ofen gesessen hat, sondern sie hat dieses Recht im Kampfe auf der Straße sich erkämpft. Wir haben in einem harten und unerbittlichen Ringen die marxistische Jugend zu Boden geschlagen, und ich gelobe euch, meine Kameraden, daß ich mit derselben Unerbittlichkeit, mit der ich euren Kampf gegen die marxistische Jugend geführt habe, auch bereit bin, den Kampf gegen die Reaktion zu führen ...

Ich weiß, daß ich im Sinne der nationalsozialistischen Jugend gehandelt habe, als ich vor einigen Tagen den Großdeutschen Bund verboten habe. Ich tat das, weil ich der Ansicht bin, daß sogenannte nationale Bünde, die nicht bereit sind, aus ihrer allgemeinen nationalen Einzelstellung die Konsequenzen zu ziehen, keine Daseinsberechtigung haben. Ich stehe weiter auf dem Standpunkt, daß für einen nationalen Jugendbund nicht viel dazu gehört, ein allgemeines nationalsozialistisches Bekenntnis abzulegen. Ich sage aber weiter, daß mir ein solches allgemeines Bekenntnis nicht genügen kann, ich verlange, daß aus dieser allgemeinen Einstellung eine Verpflichtung wird und daß sich die Menschen und Jugendführer, die sich nationalsozialistisch nennen, auch bedingungslos der Führung der Hitlerjugend unterordnen ...

Ich möchte bei dieser Gelegenheit ein kurzes Wort über die konfessionellen Jugendverbände Deutschlands sprechen. Und da habe ich zu sagen: Ich werde meine Haltung gegenüber diesen Verbänden abhängig machen von dem Verhalten dieser Verbände selbst. Jeder Jugendbund und jeder Verband in Deutschland, der nicht übergreift in die Befugnisse, die ausschließlich Befugnisse der Hitlerjugend sein müssen, kann auch unter unserer Führung weiterbestehen. Aber wir setzen uns gegen solche Organisationen und Verbände zur Wehr, die Aufgabengebiete zu erfassen suchen, die ausschließlich der Hitlerjugend gehören, und ich würde mich nicht scheuen, alle die Jugendorganisationen aufzulösen und zu verbieten, die sich in irgendeiner Form dem revolutionären Wollen der deutschen Jugend entgegenzustellen wagen. Es ist für uns eine selbstverständliche Forderung, daß die wehrsportliche Führung der deutschen Jugend ausschließlich in den Händen der Hitlerjugend liegt, die die Wehrhaftigkeit und das Bekenntnis zur Tapferkeit als einzige Jugendorganisation Deutschlands jahrelang gefordert hat. Ich möchte deswegen auch die gesamte deutsche Jugend in einen einheitlichen Plan der Wehrhaftigmachung einbeziehen. Es soll der junge Mensch aller Verbände nach diesem einheitlichen Plan geschult und erzogen werden. Ich will auch die deutsche Jugend der Fachschulen in dieses große gemeinsame Erziehungswerk eingliedern. Es ist noch nicht bekanntgegeben worden, daß der Führer mir außer den gesamten Jugendverbänden auch die Studentenschaften der deutschen Hoch- und Fachschulen unterstellt hat ... In diesem Sinne wollen wir auch die deutsche Studentenschaft in das große gemeinsame Werk der Jugend eingliedern, wollen die revolutionäre, sozialistische Jugend an den deutschen Hochschulen einsetzen zum Besten der gesamten Jugend, zum Besten auch jener deutschen Arbeiterschaft, die jahrelang im Studententum einen Feind sehen mußte und die nun erkennen soll, daß dort auch eine neue Generation heranwächst, die keinen anderen Begriff kennt als den des Volksgenossen der großen, alles umfassenden Gemeinschaft.

...

Und noch ein anderes, Kameraden: Zwei Millionen deutscher Volksgenossen sind auf den Schlachtfeldern des großen Krieges für euch gefallen, zwei Millionen Toter fordern von euch, daß ihr das nicht untergehen laßt, was sie in der bittersten Stunde ihres Lebens ersehnten und erfühlten. Darum laßt uns die Träger der Tradition der Front sein! Wenn ihr die Träger des jungen deutschen Sozialismus seid, dann denkt daran, daß dieser Sozialismus in den Schlachten des Weltkrieges geboren wurde, und bereitet euch dann auf eure große Aufgabe vor!

...

Eine Jugend zur Wehrhaftigkeit erziehen heißt nicht, einen neuen Krieg vorbereiten, nein, wir wollen diese Wehrhaftigkeit nur, damit wir im Frieden leben können. Hitlerjugend, Jugend unseres deutschen Volkes! Ich möchte in dieser Stunde angesichts eurer langen Reihen und im Gedenken an die Millionen der Hitlerjugend, die heute in Deutschland marschiert, in eurem Namen und im Namen der gesamten deutschen Jugend ein Gelöbnis ablegen zu jener opfernden und entsagenden Haltung, die immer das Kennzeichen der besten Jugend unseres Volkes war. Meine Kameraden! Als Jugendführer des Deutschen Reiches schwöre ich in eurem Namen und im Namen der gesamten deutschen Jugend, was wir arbeiten und was wir tun, das tun wir nicht des Geldsackes und des Profites wegen; wer der deutschen Jugend angehört, gelobt durch mich in dieser Stunde, sein ganzes Leben in den Dienst der Idee zu stellen, die wir die nationalsozialistische nennen. Für euch und in eurem Namen schwöre ich: Was wir tun, das tun wir nicht für den einzelnen, das tun wir für die Nation, nichts für uns, alles für Deutschland, — Deutschland, Deutschland über alles.

Das Junge Deutschland, Heft 7, Juli 1933.

14. Beschwerde des Reichsverbandes zur Erziehung deutscher Jugend e.V. beim Reichsinnenministerium über seine Auflösung durch Polizei und SA, 24.6.1933

Reichsverband zur Erziehung deutscher Jugend, e.V.
(früher Verein Marinejugend Vaterland, e.V.)

An das   Berlin-Schöneberg, den 24. Juni 1933
Reichsministerium des Innern
Berlin NW 40
Königsplatz

Am 21.6. abends wurde durch Polizei und SA in Rendsburg unsere dortige Gruppe — Marinejugend Vaterland V.M.V. Rendsburg — aufgelöst, Schülerliste und Kassenbuch beschlagnahmt.

Im Hinblick darauf, daß wir mit den der Auflösung verfallenden Bünden nichts zu tun haben, unsere äußerst nachdrückliche Jugendarbeit seit Jahren anerkannt ist und vom Herrn Reichsinnenminister Dr. Frick auch geldlich stark gefördert wird, nehmen wir an, daß hier ein Übergriff nachgeordneter Stellen vorliegt, und bitten um Untersuchung des Vorfalls und weitere Veranlassung.

Regierung Schleswig, Oberpräsidium Kiel und Preuss. Innenministerium haben gleichlautende Schreiben erhalten.

Mit vorzüglicher Hochachtung
Albrecht

Zentrales Staatsarchiv Potsdam, RMdI, Nr. 25673/26, Bl. 68.

15. Aufforderung des Stabsleiters der Obersten Leitung der PO der NSDAP Robert Ley an die Gauleiter, an Veranstaltungen der HJ teilzunehmen, 6.7.1933

Nationalsozialistische Deutsche Arbeiterpartei
Reichsleitung

Die Oberste Leitung der P.O.   München, den 6. Juli 1933
Der Stabsleiter

. . .

2.) Mit Anordnung Nr. 19 vom 26. April 1933 bat ich die Parteidienststellen, insbesondere die Gauleiter, an Aufmärschen der Hitler-Jugend als Gast teilzunehmen bezw. Vertreter zu entsenden. Trotzdem ist dies in vielen Fällen nicht geschehen. Ich bitte daher nochmals entsprechend der Bedeutung die der Hitler-Jugend für die Zukunft unserer Partei und damit unseres Staates zukommt, bei künftigen Tagungen der Hitler-Jugend als Gäste teilzunehmen und im Falle der Verhinderung Vertreter zu entsenden.

Zentrales Staatsarchiv Potsdam, Film Nr. 18793.

16. Eingrenzung der Wirkungsmöglichkeiten noch bestehender Jugendverbände durch die HJ-Führung in Danzig, 4.8.1933

Parteiamtliche Bekanntgabe

. . .

Betrifft die Arbeitsgebiete der Jugendverbände.
1. Die konfessionellen Jugendverbände haben sich ausschließlich auf ihre religiösen, kirchlichen und caritativen Aufgaben zu beschränken.
2. Die Jugend der Turn- und Sportverbände darf lediglich Leibesübungen treiben.
3. Die berufsständische Jugend darf sich nur mit Berufsausbildung, Berufsfortbildung und Berufsvertretung beschäftigen.
4. Die Arbeit der Reste der sogenannten Wehrverbands- und bündischen Jugend hat sich in Wanderungen und Heimabenden zu erschöpfen.
5. Wehrsport zu treiben ist allen anderen Jugendverbänden außer der Hitler-Jugend verboten.
6. Der Hitler-Jugend als der Führung der gesamten deutschen Jugend ist die politische, kulturelle, weltanschauliche und wehrsportliche Gestaltung der Jugend vorbehalten.

Brandt, Unterbannführer
A. Möller, Gebietsführer

Danziger Vorposten, 4.8.1933.

17. Der Plauener Oberbürgermeister Wörner verbietet jüdischen Schülern die Benutzung des städtischen Schwimmbades, 30.8.1933 / 20.4.1934

An das Schulamt   Plauen, den 30. August 1933

Alle Schüler der Oberprima haben an der vor der eigentlichen Reifeprüfung stattfindenden Turnreifeprüfung teilzunehmen. Zu dieser Turnreifeprüfung gehört eine Schwimmleistung. Die unterzeichnete Direktion fragt hiermit an, ob jüdische Schüler, die sich der Turnreifeprüfung zu unterziehen haben, das städtische Schwimmbad zu diesem Zwecke betreten dürfen oder nicht.

Die Direktion des Realgymnasiums
Dr. Zwicker

(Darauf erging folgendes Erwiderungsschreiben)

Auszugsweise Abschrift
Anwesend: Herr Oberbürgermeister Wörner
und 15 Ratsmitglieder

Plauen, 20. April 1934
11. Sitzung des Gesamtrates

13.
Nach kurzer Aussprache wird die Zulassung jüdischer Schüler im städtischen König-Albert-Bad abgelehnt.

Wörner
Rödel
Dr. Facilides

vorgelesen, genehmigt, unterschrieben
gez. Enzmann, B.-Dir.

Stadtarchiv Plauen, III. VII. I., 52, Bl. 29 ff.

18. Rede Adolf Hitlers vor Angehörigen der HJ auf dem Reichsparteitag der NSDAP, September 1933

Meine deutsche Jugend!
Es ist ein gewaltiger Unterschied zwischen dem, was vierzehn Jahre hinter uns war, und dem, was heute ist. Ein neues Deutschland ist erstanden, und wir müssen die Erkenntnis der Verschiedenheit der Grundlagen des Deutschen Reiches in der Vergangenheit und von heute in uns aufnehmen, um diesen Wandel zu begreifen.
Ihr seid heute hier eine kleine Abordnung unserer gewaltigen Organisation, ein Bruchteil nur dieser Millionenorganisation unserer neuen deutschen Jugend. Aber ihr seid in diesem Augenblick die Repräsentanten dieser deutschen Jugend. Wenn ihr von hier wieder zurückzieht, dann müßt ihr die Erkenntnis mit hinausnehmen, die uns diese Stunde gibt. So, wie wir versammelt sind, junge Kameraden, so muß das ganze deutsche Volk versammelt sein und zusammengehören. So war es leider nicht immer. Getrennt in Berufen, Ständen und Klassen, hat der Deutsche den Deutschen bisher nicht gekannt. Einer wollte den andern nicht verstehen, jeder dachte nur an sich, höchstens noch an seine Klasse. Wir sind die Zeugen der Folgen dieser Verwirrung des Denkens gewesen. Wir haben eine Erkenntnis daraus zu schöpfen: Ein Wille muß uns beherrschen, eine Einheit müssen wir bilden, eine Disziplin muß uns zusammenschmieden, ein Gehorsam, eine Unterordnung muß uns alle erfüllen, denn über uns steht die Nation. Wenn wir diese Erkenntnis in uns aufnehmen und zu einem heiligen Befehl werden lassen, dann wird das, was wir hier in dieser Gemeinschaft sehen, sich ausweiten und unser ganzes Volk zusammenschließen zu einem einzigen Willen und damit auch einer Kraft.
Ihr seid das kommende Deutschland. Ihr müßt lernen, was wir einst von ihm erhoffen. Ihr seid noch jung, ihr habt noch nicht die trennenden Einflüsse des Lebens kennengelernt, ihr könnt euch noch so unter- und miteinander verbinden, daß euch das spätere Leben niemals mehr zu trennen vermag. Ihr müßt in eure jungen Herzen nicht den Eigendünkel, Überheblichkeit, Klassenauffassung, Unterschiede von reich und arm hineinlassen, ihr müßt vielmehr in eurer Jugend bewahren, was ihr besitzt, das große Gefühl der Kameradschaft und der Zusammengehörigkeit.
Wenn ihr das nicht preisgeben werdet, wird keine Welt es euch zu nehmen vermögen, und ihr werdet einmal sein ein Volk, genau so festgefügt, wie ihr es jetzt seid als deutsche Jugend, als unsere ganze Hoffnung, als unseres Volkes Zuversicht und unser Glaube. Ihr müßt die Tugenden heute üben, die die Völker brauchen, wenn sie groß werden wollen.
Ihr müßt frei sein, ihr müßt mutig sein, ihr müßt tapfer sein und ihr müßt untereinander eine große, herrliche Kameradschaft bilden.
Dann werden alle die Opfer der Vergangenheit, die für das Leben unseres Volkes gebracht werden mußten und gebracht worden sind, nicht umsonst hingegeben worden sein; sondern dann

wird aus all den Opfern am Ende doch eine glückliche Entwicklung des Lebens unseres Volkes kommen.

Ihr meine Jungen, ihr seid die lebenden Garanten Deutschlands, ihr seid das lebende Deutschland der Zukunft, nicht eine leere Idee, kein blasses Schemen, sondern ihr seid Blut von unserem Blute, Fleisch von unserem Fleische, Geist von unserem Geist, ihr seid unseres Volkes Weiterleben!

So bitte ich euch denn: Wenn ihr von hier wieder hinausgeht, hinaus in eure Gruppen, in eure Städte, in die Marktflecken und in die Dörfer, dann nehmt mit hinaus dieses heilige Bekenntnis, das unser deutsches Volk heute wieder erfüllt und dessen jüngste Zeugen ihr seid!

Bringt hinaus diesen gläubigen Schwur, daß niemals mehr in alle Zukunft das deutsche Volk sich selbst zerreißen wird, niemals mehr sich auflösen wird, daß es wirklich ein Volk von Brüdern sei, das durch keine Not und keine Gefahr mehr getrennt werden kann! Es lebe unser Deutschland und seine in euch liegende Zukunft!

Deutschland Heil! Heil! Heil!

Dürkop, Klaus (Hg.): Der Führer spricht zur deutschen Jugend. Fünf Reden, Wittenberg 1935, S. 9ff.

19. Stellungnahme katholischer Jugendverbände zum Abschluß des Konkordats, September 1933

Ein Wort nach dem Konkordat!

Der Staatsakt vom 20. Juli 1933, die Unterzeichnung des Reichskonkordates, ist ein Ereignis von historischer Bedeutung. Ein Vertragsabschluß zwischen Staat und Kirche zur Regelung der gegenseitigen Aufgaben und Beziehungen ist an sich nichts Besonderes und Außergewöhnliches. Daß dieser Vertrag aber von der Reichsregierung in dem geschichtlichen Zeitpunkt einer grundlegenden Neugestaltung des Deutschen Reiches, mitten in einer Zeit höchster nationaler und internationaler Spannungen, und gegen alle Hemmungen liberaler und ungeistiger Kräfte abgeschlossen wurde, — das gibt ihm eine ganz große Bedeutung. Und gerade wir katholischen Jungmänner haben ein ganz großes und lebendiges Interesse an diesem Ereignis.

Wir sind junge Deutsche

und glühen für unser Volk und Vaterland. Wir wissen: ob Kirche und Staat in Recht und Freiheit zusammenarbeiten, ob die Religion die rechte Stellung im Leben des Volkes hat und ihre Kräfte zum Segen des Volkes entfalten kann, davon hängt Heil und Unheil ab für unser deutsches Vaterland und damit für unsere deutsche Zukunft. Darum freuen wir uns über den Abschluß des Konkordats, das den Friedensschluß zwischen Staat und Kirche bedeutet, das erneut ein Bekenntnis zu den letzten Kräften des Lebens, zum letzten Sinn des Lebens und damit zu Gott ist.

Und wir sind junge Katholiken,

suchen das Reich Gottes und kämpfen dafür, um uns und in uns. Wir wissen: von der religiösen Freiheit, von der Freiheit der Kirche hängt viel und alles ab für die innere geistige Entwicklung des einzelnen und seiner Lebenserfüllung. Und von der freien Entfaltung der religiösen Kräfte in Verbindung mit dem deutschen Wesen hängt viel ab für die Ausbreitung des Gottesreichs auf Erden. Darum freuen wir uns wiederum über den Abschluß des Konkordates, in dem der Kirche die Freiheit zur Erfüllung ihrer Mission gegeben ist, und in dem der Staat sich zum Garanten dieser religiösen Freiheit erklärt hat.

Viele Deutsche werden diese tiefe und große Bedeutung des Konkordates nicht verstehen. Wir jungen Christen erkennen sie und danken denen, die es geschaffen haben, den Führern in Staat und Kirche.

Wir freuen uns als Jugend der Kirche wie als junge Deutsche auch des
§ 31 des Konkordats,

der das Lebensrecht und die Freiheit der Betätigung der katholischen Gemeinschaften, der Verbände katholischer Jugend ausspricht und schützt.

Wer das nur so sehen möchte, daß wir uns freuen, als katholische Verbände weiter bestehen zu dürfen, in lieb gewordenen Formen und Bünden weiterleben zu dürfen, nur für uns und nach unserer Weise, oder gar im Gegensatz zu den anderen, — der versteht uns nicht.

Wir freuen uns vielmehr, daß die Kirche in dem Abschluß des § 31 uns als »Jugend der Kirche« anerkannt und mit dem ganzen Einsatz ihrer Autorität geschützt hat.

Und wir freuen uns, daß der Staat für uns junge Katholiken das Recht der Gemeinschaft anerkannt hat (im Gegensatz zu einem ins Unchristliche überspannten Begriff von Totalität und Unitarismus), und daß der Staat in der Anerkennung dieser Gemeinschaft die Möglichkeit gegeben hat der Erfüllung unserer religiösen Aufgabe ins Volk hinein (im Gegensatz zu einem durchaus unchristlichen entleerten Moralbegriff von Religion).

Wir jungen Katholiken wollten und wollen nichts für uns. Wir wollen in unseren Verbänden kein Ghetto eines für sich und in sich begrenzten und ummauerten Bezirks. Wir wollen Glied sein im Volk, lebendig und wirksam für das Ganze. Wir waren und sind darum bereit zu einer Einordnung ins Ganze deutscher Jugend; einer Einordnung, die uns einerseits die Möglichkeit der Erfüllung unserer eigenen, besonderen Aufgabe beläßt, andererseits uns gleichberechtigt und gleich verpflichtet neben die anderen Gemeinschaften deutscher Jugend im deutschen Staate stellt.

Auch gleich verpflichtet!

Jawohl, liebe Freunde, darüber müssen wir uns klar sein, daß der Abschluß des Konkordats auch Pflichten auflegt. Indem die Kirche den neuen Staat anerkannt und durch einen feierlichen Vertrag sich mit ihm verbunden hat zum gemeinsamen Wirken im Volke der Deutschen, hat sie auch uns als Jugend der Kirche verpflichtet für den neuen Staat. Und nicht nur in dem Sinn, daß wir als Katholiken selbstverständlich um des Gewissens willen dem Staate geben, was des Staates ist, seine rechtmäßige Obrigkeit anerkennen, seine Autorität und seine Gesetze achten und befolgen; sondern in dem weiteren Sinne,

daß wir den deutschen Staat nationalsozialistischer Prägung seine Idee, seine Führung, seine Formen anerkennen und ihm uns mit ganzer Bereitschaft und ganzer Treue zur Verfügung stellen.

Das muß uns klar sein: Kein Staat verwirklicht in sich das Ideal des Gottesstaates, wie auch kein Mensch das Ideal des Gotteskindes ganz in sich verwirklicht. Dies Ideal war nicht der deutsche Staat der Vorkriegszeit, erst recht nicht der der Nachkriegszeit; das ist nicht der faschistische Staat Italiens und das ist auch nicht der nationalsozialistische Staat des heutigen Deutschlands. Aber das kann und muß gesagt werden: Der neue deutsche Staat trägt etwas von der Idee des Gottesstaates in sich, in der Anerkennung des Christentums als Fundament des Staates. Es wird darauf ankommen, ob seine Führung diese Idee aus tiefem Ahnen des Lebendigen und aus klarer staatsmännischer Erkenntnis immer mehr herausarbeitet und zur Durchführung und Vollendung bringt. Der Kanzler hat mehrmals in feierlicher Stunde dazu sein Wort gegeben; und es muß anerkannt werden trotz allem; die Reichsregierung hat, wo es darauf ankam, das Wort gehalten, hat es gehalten vor allem im Abschluß des Konkordats. Ja, es hat es gehalten vor allem im Abschluß des Konkordats. Ja, es muß noch mehr gesagt werden: Der Reichsregierung ist es gelungen, in kurzer Zeit und in einem unerhörten Krafterweis grundlegende Probleme des neuen Staates der Lösung näher zu führen, was nichts anderes bedeutet als Erfüllung eines göttlichen Willens. Die Reichsregierung geht in der Erfüllung, man kann sagen, naturgesetzlicher Forderungen für die Nation, für deren Leben und deren Wirtschaft Schritt für Schritt planmäßig voran. Forderung des Naturgesetzes aber ist primär der Wille Gottes. Wenn wir andersseits Kräfte am Werke sehen, die nicht in dieser Richtung arbeiten, die von unten her da und dort, wissentlich oder unwissentlich, solche geistige Fundamentierung des neuen Reichs untergraben und hemmen — das kann unser Gesamturteil nicht ändern, desto stärker nur werden wir jungen Katholiken uns mitten hineinstellen in den Staat und ihm unter der neuen Führung dienen.

Es ist wahr: Viel Schweres liegt hinter uns, was wir als Katholiken und vor allem als katholische Verbände zu ertragen hatten an Unrecht und Unehre. Denen, die gelitten haben, treu und opfermutig, Führerschaft und Mannschaft, sagen wir Dank und unverbrüchliche Treue. — Vieles an Unrecht und Unehre liegt auch heute noch auf uns. Einzelne Formationen und führende Menschen können noch immer nicht davon los, uns als Gegner und als Schädlinge zu sehen und zu bekämpfen. — Und die Dinge liegen so, daß wir vieles noch zu ertragen haben werden. Es wird noch ein langes Ringen sein bis unser Wille erkannt und anerkannt ist, bis die jungen Deutschen wieder zueinander gefunden haben.

Das kann und darf uns aber nicht hindern, das Ganze zu sehen und dem Ganzen zu dienen. Wir dürfen uns dadurch den Blick nicht trüben und den Willen nicht zermürben lassen.

Wir dürfen unter keinen Umständen uns in einen Gegensatz drängen und dauernd darin halten lassen, nicht äußerlich und nicht innerlich. Wir müssen hinein in das junge Volk, und wir müssen die Herzen erobern, als einzelne und als Gemeinschaft.

Noch ist ein weiter Weg vor uns. Noch müssen erst — das soll im September geschehen — die Ausführungsbestimmungen über das Konkordat vereinbart werden, namentlich auch über den § 31. Noch müssen die Formen und Bedingungen der Einordnung und des Zusammenarbeitens gefunden werden. Und ist hierin ein Abschluß in Freiheit, Recht und Ehre gefunden, dann müssen die Dinge im Lande bis zum letzten Bezirk erst durchgeführt werden. Dann müssen die »Herzen« sich einigen; das bedeutet nämlich »Kon-kor-dat«, etwas in den Herzen verankertes.

Wir wollen von unserer Seite, dazu verpflichten wir alle unsere Jungmannschaft und ihre Führer, aus tiefstem religiösem Willen und stärkstem deutschen Willen das beste dazu tun und geben.

Haltet inzwischen eure Reihen! Folgt den Befehlen! Tut eure Pflicht! Bringt die Opfer! Stärkt die Brüder!

Wenn die Dinge dann im Herbst weiter gediehen und zum Abschluß gekommen sind, dann werden wir uns wieder an euch wenden. Heute aber sollt ihr alle mit dem Dank an die Führer in Kirche und Staat, die das Werk der Einigung soweit gefördert, in voller Klarheit und Bereitschaft einstimmen in das alte Wort mit dem neuen Sinn:

»Für Christi Reich im neuen Deutschland!«

Treu-Heil! Euer Generalpräses.

Die Wacht, September 1933.

20. Einrichtung einer Erbkrankensichtungsstelle für jugendliche Geistesschwache, Geisteskranke und Epileptiker durch das sächsische Innenministerium, 26.10.1933

Ministerium des Innern 26. Oktober 1933

Zur Vorbereitung der Entscheidung darüber, ob eine Erbkrankheit im Sinne des Reichsgesetzes zur Verhütung erbkranken Nachwuchses vom 14. Juli 1933 ... vorliegt, wird in der Landes-Heil- und Pflegeanstalt Arnsdorf mit dem 1. November 1933 eine Erbkrankensichtungsstelle für jugendliche Geistesschwache, Geisteskranke und Epileptiker des Landes Sachsen eingerichtet ...

Die Einweisung in die Sichtungsstelle ist nicht an bestimmte Altersgrenzen gebunden. Es wird aber davon ausgegangen, daß Kranke, die das 21. Lebensjahr vollendet haben, für die Sichtungsstelle kaum mehr in Betracht kommen.

Alle in Frage kommenden Behörden und Dienststellen, insbesondere beamtete Ärzte ..., überhaupt alle Verwaltungs-, Gerichts-, Polizei- und Schulbehörden sowie die Bezirksfürsorgeverbände und deren Organe werden auf die Errichtung der Sichtungsstelle hingewiesen. Das Ministerium des Innern, im Einvernehmen mit dem Arbeits- und Wohlfahrtsministerium, dem Ministerium der Justiz und dem Ministerium für Volksbildung erwartet, daß geeignete Kranke der Sichtungsstelle zugeführt werden.

Stadtarchiv Plauen, III. IV. I D, 87, Bl. 55.

21. Klage des Reichsinnenministers Wilhelm Frick beim Reichsjugendführer über zu starke Beanspruchung der Jugendlichen durch die HJ bei Kundgebungen, 30.10.1933

Der Reichsminister des Innern   Berlin NW. 40, den 30. Oktober 1933

An den Reichsjugendführer
Herrn Baldur v. Schirach
in Berlin

In zahlreichen mir zugegangenen Mitteilungen wird die Besorgnis ausgesprochen, daß die Hitler-Jugend, namentlich das Jungvolk, durch zu starke Inanspruchnahme, insbesondere bei Kundgebungen durch zu weite An- und Abmarschwege überanstrengt, der notwendigen Nachtruhe beraubt und dadurch an der Gesundheit geschädigt wird. Das gilt vor allem für die Vorbereitung der Wahl am 12. November durch Hitler-Jugend und Jungvolk.
Ich bitte Sie daher dafür Sorge zu tragen, daß das Jungvolk möglichst nicht nach Einbruch der Dunkelheit oder gar noch in den späten Abendstunden zum Dienst herangezogen wird. Auch der Dienst der Hitler-Jugend soll sich höchstens einmal in der Woche auf den Abend ausdehnen und dann nur solange, daß sie sich im allgemeinen spätestens um 22 Uhr zu Hause befindet.
Die Länderregierungen haben von diesem Erlaß Kenntnis erhalten.

(gez.) Frick

Stadtarchiv Plauen, III. IV. ID., 87, Bl. 70.

22. Aufruf des Reichsführers im Evangelischen Jugendwerk Deutschlands Erich Stange zur Mitarbeit der evangelischen Jugendverbände im nationalsozialistischen Staat, 12.11.1933

Einsatzbereit in der Stunde der Nation!

Der Reichsführer im Evangelischen Jugendwerk Deutschlands hat soeben folgende Kundgebung erlassen:

An das Evangelische Jugendwerk Deutschlands!

Der Führer hat sein Volk zur Entscheidung aufgerufen. Die Frage nach der Ehre und Nation und damit nach ihrem Bestand gestellt.

Das Evangelische Jugendwerk Deutschlands steht in dieser Stunde restlos dem Führer zur Verfügung.

Wie schwer haben wir uns in den vergangenen Jahren in das Getriebe der Parteien und in das Durcheinander einer demokratischen Wahl hineingefunden — wie eindeutig ist dagegen heute die Stellung unseres Volkes, wenn der Führer des Reiches ruft!

Vorbei ist die Stunde von Ergebenheitstelegrammen und Huldigungen; gekommen ist für unser Vaterland und damit auch für uns der Einsatz für Führer und Volk bis zum Äußersten. Daß aber die Entscheidung des 12. November unmittelbar zusammenfällt mit der Stunde, wo wir in Erinnerung an den Mann, der Deutschland vor 450 Jahren geschenkt wurde, vor Deutschlands jungem Geschlecht die Botschaft von der Rechtfertigung des Sünders — das Wort vom aufrechten Menschen vor Gott — neu bezeugen dürfen, das nehmen wir wie eine Fügung aus den gewaltigen Händen Gottes.

Ich ordne hiermit an, daß der Werbetag dieses Jahres im gesamten Gebiete des Evangelischen Jungmännerwerkes an das Ende der Jugendmissionswoche, also auf den 19. November verlegt wird: Die Stimme des jungen Deutschland, das um seine Ehre rang, gebe nun Gott die Ehre! — »Er aber muß herrschen!«

D. Erich Stange

Zitiert nach: Jürgensen, Johannes: Die bittere Lektion: Evangelische Jugend 1933, Stuttgart 1984, S. 162 f.

23. Verstärkte Kontrolle und Reglementierung der jüdischen Jugendarbeit — die »Anerkennung« des Reichsausschusses der jüdischen Jugendverbände durch die Reichsjugendführung, November 1933

Der Reichsausschuß der jüdischen Jugendverbände teilt mit, daß der Jugendführer des Deutschen Reiches unter dem 2. November an den Reichsausschuß der jüdischen Jugendverbände ein Schreiben gerichtet hat, nach dem er von nun ab lediglich den Reichsausschuß der jüdischen Jugendverbände als alleinige verantwortliche Zentralorganisation der jüdischen Jugend betrachtet. Für alle in Frage kommenden Verhandlungen ist künftighin nur der Reichsausschuß der jüdischen Jugendverbände zuständig.

Mit der hierdurch ausgesprochenen Anerkennung des Reichsausschusses der jüdischen Jugendverbände »als alleiniger verantwortlicher Zentralorganisation der jüdischen Jugend« sei die Arbeit der jüdischen Jugendverbände im Rahmen der geltenden Bestimmungen gewährleistet. Die jüdischen Jugendbünde können sich daher jetzt mit ganzer Kraft der ihnen gestellten großen Aufgabe der Erziehung der jüdischen Jugend zuwenden und sich ganz der Arbeit widmen, die der jungen, jüdischen Generation in Deutschland durch die Forderungen der Gegenwart aufgegeben sei. Getragen von der ihm auferlegten Verantwortung für die gesamte jüdische Jugend, werde für den Reichsausschuß der jüdischen Jugendverbände weiterhin der Grundsatz der Arbeit bleiben, die berechtigte Eigenart der Bünde zu achten, vor allem aber alle lebendigen Kräfte der jungen jüdischen Generation wirksam zusammenzufassen.

Frankfurter Zeitung, 16.11.1933.

24. Abkommen zwischen dem Führer der Deutschen Arbeitsfront Robert Ley und dem Reichsjugendführer über die Eingliederung der Jugend der DAF in die HJ, 8.12.1933

Die Hitler-Jugend ist die einzige Jugendbewegung Deutschlands.

Sie umfaßt auch die Jugend der Deutschen Arbeitsfront.

Das Jugendamt der Deutschen Arbeitsfront und das Jugendamt der N.S. Gemeinschaft »Kraft und Freude« ist eine einheitliche Dienststelle. Zum Leiter dieses Jugendamtes wird der Pg.

Franz Langer, Referent für Berufsschulung und Ausbildung in der Reichsjugendführung, ernannt.

Dem Jugendamt obliegt die Betreuung der bisherigen Verbandsjugend, die ihm mit sofortiger Wirksamkeit unterstellt wird.

Die Arbeitsfront stellt durch das Jugendamt die Mittel, Lehrkräfte und Einrichtungen für die zusätzliche Berufsschulung und Berufsausbildung zur Verfügung.

Die Hitler-Jugend führt ihre Mitglieder der zusätzlichen Berufsschulung und der Berufsausbildung zu.

Die Überwachung dieser Arbeit liegt in den Händen des Sozialen Amtes der Hitler-Jugend.

Das Jugendamt hält in der Frage der zusätzlichen Berufsschulung die Verbindung mit den Verbänden aufrecht. Es ist den Dienststellen der Hitler-Jugend untersagt, von sich aus in die Einrichtungen und Dienststellen der Verbandsjugend einzugreifen. Sie haben die Anweisungen des Sozialen Amtes in der Reichsjugendführung abzuwarten.

gez. Baldur von Schirach
Jugendführer des Deutschen Reiches

gez. Dr. Robert Ley
Führer der Deutschen Arbeits-
front und Stabsleiter
der P.O. der N.S.D.A.P.

Völkischer Beobachter, 11.12.1933.

25. Abkommen zwischen dem Reichsjugendführer und Reichsbischof Ludwig Müller über die Eingliederug der evangelischen Jugendverbände in die HJ, 19.12.1933

Abkommen über die Eingliederung der evangelischen Jugend in die Hitler-Jugend

1.) Das evangelische Jugendwerk erkennt die einheitliche staatspolitische Erziehung der deutschen Jugend durch den nationalsozialistischen Staat und die Hitler-Jugend als Träger der Staatsidee an.
Die Jugendlichen des Evangelischen Jugendwerkes unter 18 Jahren werden in die Hitler-Jugend und ihre Untergliederungen eingegliedert.
Wer nicht Mitglied der Hitler-Jugend wird, kann fürderhin innerhalb dieser Altersstufen nicht Mitglied des Evangelischen Jugendwerkes sein.

2.) Geländesportliche (einschließlich turnerische und sportliche) und staatspolitische Erziehung wird bis 18. Lebensjahre nur in der Hitler-Jugend getätigt.

3.) Die gesamten Mitglieder des Evangelischen Jugendwerkes tragen entsprechend ihrer Zugehörigkeit zur Hitler-Jugend den Dienstanzug der Hitler-Jugend.

4.) An 2 Nachmittagen in der Woche und an 2 Sonntagen im Monat bleibt dem Evangelischen Jugendwerk die volle Freiheit seiner Betätigung in erzieherischer und kirchlicher Hinsicht mit Ausnahme der in Ziffer 2 genannten Betätigung. An diesen Tagen werden, wenn nötig, die Mitglieder jeweils von der anderen Organisation beurlaubt.
Für die Mitglieder des Evangelischen Jugendwerkes wird der Dienst in der Hitler-Jugend ebenfalls auf 2 Wochentage und 2 Sonntage im Monat beschränkt.

Außerdem wird für die evangelische Lebensgestaltung und evangelische Jugenderziehung durch volksmissionarische Kurse und Lager den Mitgliedern des Evangelischen Jugendwerks vom Dienst in der Hitler-Jugend ein entsprechender Urlaub erteilt.

Berlin, den 20. November 1933.[1]

Der Jugendführer des
Deutschen Reiches

Baldur von Schirach

Der Reichsführer im
Evangelischen Jugendwerk
Deutschlands
Ludwig Müller

Hier zitiert nach: Riedel, Heinrich: Kampf um die Jugend, Evangelische Jugendarbeit 1933-1945, München 1976, S. 315.

1 Bei der Unterzeichnung des Abkommens am 19.12.1933 wurde offensichtlich der schon für den 20. November vorbereitete Vertrag benutzt.

26. Telegrafische Vollzugsmeldung der Eingliederung der evangelischen Jugendverbände in die HJ an Hitler durch Reichsbischof Ludwig Müller und den Reichsjugendführer, 20.12.1933

Telegramm

Deutsche Reichspost
an den herrn reichskanzler
berlin

ich habe soeben durch vereinbarung mit dem von ihnen bevollmaechtigten reichsjugendfuehrer die eingliederung des evangelischen jugendwerkes in die hitlerjugend vollzogen. die dem evangelischen jugendwerk anvertraute besondere aufgabe ist damit fuer das grosse ziel einer einheitlichen erziehung der gesamten deutschen jugend eingesetzt. gott segne diese stunde fuer unser volk und unsere kirche. gott lasse sein heiliges wort maechtig werden in der nationalsozialistischen erziehung des kommenden geschlechtes.

der reichsbischof der deutschen evangelischen kirche
ludwig mueller

Telegramm

Deutsche Reichspost
reichskanzler adolf hitler
berlin

melde im rahmen des mir gewordenen auftrags, die einigung der deutschen jugend zu vollziehen, die eingliederung der evangelischen jugend in die hitlerjugend

schirach
jugendfuehrer des deutschen reiches

Zentrales Staatsarchiv Potsdam, Reichskanzlei, Nr. 19443, Bl. 99 ff.

27. Dankschreiben Adolf Hitlers an den Reichsjugendführer für den Aufbau der faschistischen Jugendbewegung, 31.12.1933

Mein lieber v. Schirach!

Was immer wir vom erwachsenen Deutschland erwarten, kann auf die Dauer nur in Erfüllung gehen, wenn schon die Jugend in diesem Sinne erzogen wird. Es ist daher die weltanschauliche Erfassung der Jugend die einzige Gewähr für die Verwirklichung unserer weltanschaulichen Aufgaben überhaupt. Sie, mein lieber Parteigenosse Schirach, erhielten einst von mir den

Auftrag, die Führung und Reorganisation unserer studentischen und Jugendbewegung in Ihre Hand zu nehmen. Der ungeheure Ausbau der n.s. Jugendbewegung ist Ihr Werk und wird für immer mit Ihrem Namen verbunden bleiben.

Zum Abschluß des Jahres der n.s. Revolution muß ich Ihnen daher, mein lieber Pg. Schirach, aus ganzem Herzen für die außerordentlichen Verdienste danken, die Sie sich um die n.s. Jugendbewegung und damit um die Zukunft des deutschen Volkes erworben haben.

In herzlicher Freundschaft und dankbarer Würdigung

Ihr Adolf Hitler

Zentrales Staatsarchiv Potsdam, Film Nr. 15979.

28. Anweisung des Reichsinnenministeriums an Lehrer und Schüler zur Erweisung des Hitler-Grußes in und außerhalb der Schule, Februar 1934

Der Reichsminister des Innern hat angeordnet:
Lehrer und Schüler erweisen einander innerhalb und außerhalb der Schule den deutschen Gruß (Hitlergruß).
Der Lehrer tritt zu Beginn jeder Unterrichtsstunde vor die stehende Klasse, grüßt als erster durch Erheben des rechten Armes und die Worte »Heil Hitler«; die Klasse erwidert den Gruß durch Erheben des rechten Armes und die Worte »Heil Hitler«.

Der Lehrer beendet die Schulstunde, nachdem sich die Schüler erhoben haben, durch Erheben des rechten Armes und die Worte »Heil Hitler«; die Schüler antworten in gleicher Weise.

Sonst grüßen die Schüler die Mitglieder des Lehrkörpers im Schulbereich nur durch Erheben des rechten Armes in angemessener Haltung. Wo bisher der katholische Religionsunterricht mit dem Wechselspruch »Gelobt sei Jesus Christus« »In Ewigkeit Amen« begonnen und beendet wurde, ist der deutsche Gruß zu Beginn der Stunde v o r , am Ende der Stunde n a c h dem Wechselspruch zu erweisen.
Den nichtarischen Schülern ist es freigestellt, ob sie den deutschen Gruß erweisen oder nicht.
Zu Beginn der Schule und nach allen Ferien hat eine Flaggenehrung vor der gesamten Schülerschaft durch Hissen bzw. Niederholen der Reichsfahnen unter dem Singen einer Strophe des Deutschland- und des Horst-Wessel-Liedes stattzufinden.
Nach dieser Anordnung haben die Schulen zu verfahren.

Sächsisches Verordnungsblatt Nr. 2, 8.2.1934 / Stadtarchiv Plauen, III. IV. ID., 87, Bl. 82.

29. Anweisung des Reichsinnenministeriums, Jugendpflegemittel nur noch der HJ zu gewähren, 3.3.1934

Reichsminister des Innern

Berlin NW 40, den 3. März 1934

An den
Herrn Reichsminister der Finanzen
Betr.: Überlassung von Reichsgebäuden
und Geräten für Jugendpflegezwecke.

Nachdem die gesamten Jugendorganisationen im Reiche unter einheitliche Führung gestellt worden sind, bitte ich die in meinem Rundschreiben vom 30. Juli 1923 — III 6374 — vorgesehenen Vergünstigungen vom 1. April 1934 ab nur noch den Organisationen der Hitler-Jugend einschließlich der V.D.A.-Jugend und den dem Reichssportführer unmittelbar unterstellten Sportvereinen einzuräumen.

Im Auftrag
Dr. Buttmann

Zentrales Staatsarchiv Potsdam, Reichskanzlei, Nr. 19442, Bl. 195.

30. Beschwerde des Bischofs von Berlin Nikolaus Bares bei Adolf Hitler wegen eines Überfalls der HJ auf Angehörige der katholischen Sturmschar, 26.3.1934

Telegramm   Deutsche Reichspost
herrn reichskanzler adolf hitler
berlin
cirka 1800 katholische jugendliche des bistums berlin unter 14 jahren von hitlerjugend in henningsdorf angegriffen
mehr als 100 banner auch staatliche hoheitszeichen entrissen und entehrt
erhebe schaerfsten einspruch und erwarte sofortige rueckgabe des eigentums und entsprechende genugtuung
genauer bericht folgt

doktor nikolaus bares
bischof von berlin

Bundesarchiv Koblenz, R 43 II, Nr. 524, Bl. 2.

31. Aus dem Aufruf von Reichsbankpräsident Hjalmar Schacht und Reichsarbeitsminister Franz Seldte an die deutsche Wirtschaft aus Anlaß des Reichsberufswettkampfes der deutschen Jugend, 6.4.1934

Der von der Deutschen Arbeitsfront und der Reichsjugendführung in der Zeit vom 9. bis 15. April 1934 veranstaltete Reichsberufswettkampf der deutschen Jugend verdient, mit allen Kräften unterstützt zu werden. Von der beruflichen Ertüchtigung des Nachwuchses hängt im wesentlichen der Erfolg unseres Kampfes um den Wiederaufbau der deutschen Wirtschaft ab. Gerade durch diesen Berufswettkampf wird die deutsche Jugend mit besonderem Nachdruck auf die Bedeutung guter fachlicher Ausbildung hingewiesen. Daraus werden der deutschen Wirtschaft unmittelbar und mittelbar ideelle und materielle Vorteile erwachsen. Deshalb erscheint es nicht unbillig, wenn auch die deutsche Wirtschaft zu ihrem Teil an der erfolgreichen Durchführung des Reichsberufswettkampfes mithilft. Es wird erwartet, daß den Teilnehmern des Berufswettkampfes die hierzu notwendige Freizeit gewährt wird. Soweit dadurch Lohnausfälle eintreten sollten, ist Gelegenheit zu bieten, daß die ausgefallene Arbeitsleistung zu einer anderen Zeit nachgeholt werden kann.

Zitiert nach: Jahncke, Kurt / Jaenicke, Ernst (Hg.): Das Archiv. Nachschlagewerk für Politik, Wirtschaft, Kultur. April 1934, Berlin 1934, S. 23.

32. Bereitschaftserklärung Adolf Hitlers, am 1. Mai die Sieger des Reichsberufswettkampfes zu empfangen, 27.4.1934

D.pers.Ref.d.Rk.   Berlin, den 27. April 1934

An den
Herrn Reichsjugendführer
Berlin NW 40
Kronprinzenufer 10

Auf das gefällige Schreiben vom 23. April — Pr.Prop.Ei.Pf. — beehre ich mich ergebenst zu erwidern, daß der Herr Reichskanzler bereit ist, die aus den Reichs-Berufswettkämpfen hervorgegangenen 15 Sieger am 1. Mai zu empfangen. Ich darf Sie ergebenst bitten, sich wegen des Zeitpunktes des Empfangs mit mir fernmündlich ins Benehmen zu setzen.

Heil Hitler!

gez. Dr.Meerwald
Oberregierungsrat.

Zentrales Staatsarchiv Potsdam, Reichskanzlei, Nr. 19443, Bl. 207.

33. Vereinbarung zwischen dem Stabsleiter der PO der NSDAP Robert Ley und dem Reichsjugendführer: Hitlerjungen als Adjutanten für jeden Hoheitsträger der NSDAP — ein Beitrag zur Sicherung des Führernachwuchses, 1.6.1934[1]

Nationalsozialistische Deutsche Arbeiterpartei
Reichsleitung
V e r e i n b a r u n g
(Nicht zur Veröffentlichung bestimmt !)

Um der Partei einen wertvollen und geschulten Führer-Nachwuchs zu sichern, wird zwischen dem Stabsleiter der P.O. und dem Reichsjugendführer folgendes vereinbart:
Jedem Hoheitsträger vom Ortsgruppen- bis zum Gauleiter und jedem Stabswalter vom Kreisamtswalter bis zum Amtsleiter der Obersten Leitung der P.O. wird ein Hitlerjunge (über 17 Jahre) als persönlicher Mitarbeiter auf 1 Jahr lang beigegeben. Die Auswahl der für diese Aufgabe vorgesehenen Hitlerjungen geschieht durch den zuständigen Personalamtsleiter im Einvernehmen mit dem zuständigen H.J.—Führer. Die Hitlerjungen brauchen nicht unbedingt Mitglied der Partei zu sein. Die so ausgewählten Hitlerjungen tragen weiterhin ihre H.J.-Uniform.
Nach 1 - 1 1/2 Jahr Dienst in der P.O. besuchen die H.J.-Jungen die Gau-Führerschule und werden dann der zuständigen Ortsgruppe als Blockwart überwiesen und nach Eignung und Möglichkeit weiterbefördert.
Der politische Leiter hat über die Fähigkeiten und Arbeiten des ihm zugeteilten Hitlerjungen nach Abschluß der »Lehrzeit« ein ausführliches Zeugnis dem zuständigen Personalamt einzureichen.
Die zum Dienst in der P.O. abgestellten Hitlerjungen werden in den Personalämtern der P.O. karteimäßig geführt.
Der politische Leiter, dem auf diese Weise der Nachwuchs der politischen Leitung anvertraut wird, hat sich der großen Verantwortung bewußt zu sein und sein Verhalten entsprechend einzustellen.

Die den politischen Leitern zugeteilten Hitlerjungen sind nach Möglichkeit zu allen Arbeiten, Besprechungen usw. heranzuziehen, damit sie tatsächlich mit den Aufgaben eines politischen Leiters vertraut werden; sie sind vom Dienst der H.J. befreit.

Die Gau-Personalamtsleiter erstatten bis zum 1. Sept. 1934 Vollzugsmeldung an das Personalamt der Obersten Leitung der P.O.

München, den 1. Juni 1934

Der Stabsleiter der P.O.   Der Reichsjugendführer
gez. Dr.Robert Ley   gez. Baldur v.Schirach

Zentrales Staatsarchiv Potsdam, Film Nr. 18793.

1 Vgl. dazu die Ausführungsbestimmungen zur Tätigkeit der HJ-Adjutanten in Dokument 48.

34. Abkommen zwischen dem Reichsminister für Wissenschaft, Erziehung und Volksbildung Bernhard Rust und dem Reichsjugendführer zur Einführung des Staatsjugendtages, 7.6.1934

Für die Erziehung der Schuljugend im nationalsozialistischen Staate sind Schule, Reichsjugendführung (H.J-Bewegung) und Elternhaus nebeneinander berufen.

Ein fruchtbares Zusammenwirken zu gewährleisten, sind der Reichsminister für Wissenschaft, Erziehung und Volksbildung und der Jugendführer des Deutschen Reiches über folgende, in der Zukunft zu verwirklichende Maßnahmen einig:

1. Der Sonntag der Jugend gehört grundsätzlich dem Elternhaus und der Familie, Veranstaltungen der Schule und der Reichsjugendführung (H.J-Bewegung) sind daher grundsätzlich auf die Werktage zu verlegen.

2. Für die Erziehungsarbeit der Reichsjugendführung (H.J-Bewegung) wird den ihr unterstellten Schülern der Sonnabend als schulfreier Tag eingeräumt (Staatsjugendtag). Daneben steht der Reichsjugendführung (H.J-Bewegung) der Mittwochabend als Heimabend zur Verfügung, der von der Reichsjugendführung zentral gestaltet wird. Für die der Reichsjugendführung (H.J-Bewegung) unterstehenden Schüler fallen die bisherigen Sportnachmittage weg.

3. Für die übrigen Schüler findet am Sonnabend Unterricht wie üblich statt. Der aufgabenfreie Sportnachmittag für diese Schüler wird auf den Sonnabendnachmittag verlegt.

4. Im übrigen stehen die Werktage uneingeschränkt der Arbeit der Schule zur Verfügung.

5. Für die beruflich tätige, der Reichsjugendführung (H.J-Bewegung) unterstehende Jugend wird bis zum vollendeten 18. Lebensjahre die gleiche Regelung angestrebt.

Berlin, den 7. Juni 1934   gez. Baldur v. Schirach
                                                  gez. Dr. Stuckart

Zitiert nach: Mushardt-Tietjen, A.: Staatsjugendtag. Idee und Gestaltung, Leipzig 1934, S. 8.

35. Aus den Lageberichten der Regierungspräsidenten von Schleswig, Münster, Sigmaringen, Aachen und Koblenz zur Situation in der Hitlerjugend, Juli 1934

Regierungspräsident Schleswig.

...

Hitlerjugend.

In der Nacht vom 29. zum 30. Juli 1934 ist das Lager des Landesjugendpfarramts Kiel auf der Insel Nordstrand von Insassen des gleichfalls auf der Insel befindlichen Hitlerjugendlagers Hessen und einiger Nordstrander Hitlerjungens überfallen worden. Der Angriff erfolgte planmäßig. Mit den Fahrtenmessern wurden sämtliche Befestigungsschnüre der Zelte der Kieler durchschnitten und die Zelte umgeworfen. Bei der sich darauf entwickelnden Schlägerei wurden verschiedene Hessenjungs verletzt. Die Namen der Beteiligten sind festgestellt worden. Zwei Scheintodpistolen wurden sichergestellt. Die Angelegenheit wurde der Staatsanwaltschaft zur weiteren Verfolgung übergeben. Der Vorfall hat auf der Insel Nordstrand unter den Einwohnern Empörung hervorgerufen, zumal die Hessische Hitlerjugend sich auch sonst auf der Insel durch verschiedene Streiche unbeliebt gemacht hatte.

Im Landjahrheim Stellingen, das mit 60 Jungen belegt ist, hat sich der Helfer und Scharführer der Hitlerjugend B. an über 20 Jungen vergangen. Als der Heimleiter von dem Verbrechen § 174, 176 StGB. erfuhr, veranlaßte er die sofortige Verhaftung des B. B. hat darauf in seiner Zelle im Gerichtsgefängnis in Pinneberg durch Erhängen Selbstmord verübt.

Aus diesem Anlaß erscheint es mir erforderlich, daß bei der Auswahl der Hitlerjugend-Führer noch mehr als bisher ein äußerst strenger Maßstab angelegt wird, damit solche Vorkommnisse in Zukunft unter allen Umständen unterbleiben.

Der Regierungspräsident Münster i. W.

Unbedingt notwendig ist es, daß die Führung der Hitlerjugend mehr als bisher in bodenständige, einwandfreie Hände gelegt wird. Als untragbar wird es mit Recht empfunden, daß ein als homosexuell verdächtiger Lehrer im Kreise Ahaus nach wie vor mit der Führung des Jungvolks betraut ist. Diese Angelegenheit wird augenblicklich hier nachgeprüft; das Erforderliche wird gegebenenfalls dann veranlaßt werden.

In den Kreisen der Erzieher ist noch immer Grund zur Besorgnis über die Art der Führung der Jugendverbände (Hitlerjugend und Jungvolk) gegeben. Mit Unzufriedenheit, teils mit innerem Widerstreben, werden die Kinder zum Dienst des Jungvolks geschickt, dies ist wohl in erster Linie darauf zurückzuführen, daß die jugendlichen Führer nicht in richtiger Weise zu führen wissen, so wurde an einem Abend das Jungvolk für 19 Uhr zum Dienst bestellt, es erfolgte sodann ein Ausmarsch von etwa 5 km außerhalb der Ortschaft. Die Rückkehr erfolgte erst gegen 23 Uhr. Da dem Jungvolk Kinder im Alter von noch nicht 10 — 14 Jahren angehören, ging dieserhalb eine ziemliche Aufregung durch die Reihen der Eltern, die teils mit großer Entrüstung die Rückkehr ihrer Kinder erwarteten oder sie selbst heimholten. Hier müßte m.E. Wandel geschaffen werden.

...

Regierungspräsident Sigmaringen.

...

Recht unerfreulich hat sich das Auftreten einzelner HJ-Führer in der Öffentlichkeit ausgewirkt, die z.T. ganz offen mit dem Gedanken einer zweiten Welle, einer zweiten Revolution spielten. Dies kam auch im Verhalten der HJ bei einem Bannaufmarsch am 1. Juli d.J. in Sigmaringen zum Ausdruck, an dem ca. 1000 Hitlerjungen auch aus den benachbarten württembergischen Landesteilen teilnahmen, und dem ich mit anderen Behördenvertretern sowie der Kreisleiter und Ortsgruppenleiter der NSDAP beiwohnten. Es ist aufgefallen, daß viele Hitlerjungen bei dieser Gelegenheit sich sehr respektlos gegen Beamte der Polizei und Gendarmerie benahmen (Grußverweigerung). Bei der Zurechtweisung bedienten sie sich vielfach der trivialsten Ausdrücke. Es wäre sehr zu wünschen, daß im Interesse der Hitlerjugend solche Entgleisungen künftig vermieden werden ... Bei Wiedergabe der von mir gehaltenen Ansprache an die Hitlerjugend sind wesentliche Punkte anscheinend absichtlich unerwähnt geblieben. So hatte ich im Hinblick auf wiederholte Äußerungen über die 2. Revolution und unter Bezugnahme auf die Ereignisse des vorhergehenden Tages nachdrücklich hervorgehoben, daß solches Gerede nach den Erklärungen des Herrn Preuß. Ministerpräsidenten endgültig zu verstummen habe. Davon erwähnte der Bericht der HJ nichts.

Regierungspräsident Aachen.
Ein besonderer Stein des Anstoßes ist nicht nur bei der katholischen Geistlichkeit und den katholischen Jugendorganisationen, sondern auch bei weitesten Kreisen der katholischen Bevölkerung überhaupt das folgende, häufig von HJ und Jungvolk gesungene Lied. Es ist zum mindesten im hiesigen Bezirk nicht geeignet, den noch außerhalb der Bewegung stehenden katholischen Volksteil für den nationalsozialistischen Gedanken zu gewinnen und für die HJ zu begeistern. Die Angehörigen der katholischen Jugendorganisationen schließlich schließt es nur enger zusammen. Die Geistlichen veranlaßt es zu scharfer Abwehr von der Kanzel. Insbesondere halte ich es für falsch, wenn der Vorsitzende des NS-Lehrerbundes in Düren dieses Lied von seiner Klasse singen läßt, was noch näher aufgeklärt werden wird.

> »Haut sie, haut sie, haut sie auf die Schnauze,
> Haut sie, haut sie, haut sie vor den Ballon.
> Wir sind alle Stahl und Eisen,
> Wir sind alle prima Material.
> Haut sie mit vergnügtem Sinn
> Immer in die Schnauze rin.
>
> Nieder, nieder, nieder mit der Sturmschar!
> Nieder, nieder, nieder mit der N.D.!
> Wir sind alle Stahl und Eisen,
> Wir sind alle prima Material.
> Haut sie mit vergnügtem Sinn
> Immer in die Schnauze rin!«

...

Der Regierungspräsident Koblenz.
HJ und BDM.
In der HJ werden trotz des guten Willens der Führer, die sich aber infolge ihrer Jugend nicht durchsetzen können, noch immer wieder Übergriffe festgestellt. Insbesondere kann sie sich nur schwer daran gewöhnen, daß ihr gegenüber den konfessionellen Verbänden keinerlei politische Befugnisse zustehen. So wurde in Neuwied ein von der katholischen Jugend daselbst aufgehängtes Werbeplakat, in welchem die katholische Jugend aufgefordert wurde, sich nicht unter Druck setzen zu lassen und der katholischen Jugendsache treu zu bleiben, von Angehörigen der HJ eigenmächtig entfernt. Der zuständige Oberbannführer der HJ hat die Angelegenheit durch mündliche Rücksprache mit dem katholischen Pfarrer gütlich beigelegt. Vereinzelt kommt es noch immer vor, daß von Angehörigen der HJ Zeitungen, die an Mitglieder der katholischen Jugendverbände verteilt werden sollen, ohne vorherige Fühlungnahme mit der Polizei eigenmächtig beschlagnahmt werden. Im allgemeinen kann jedoch gesagt werden, daß sich die Haltung und die Disziplin der HJ in der letzten Zeit bedeutend gebessert hat. Die Vorgänge des 30. Juni haben Führerschaft wie Gefolgschaft der HJ in dem ersten Augenblick stark erschüttert. Vielen Jugendlichen merkt man es an, daß sie es heute noch nicht verstehen können, daß die Männer, die ihnen bisher immer als Ideal der Treue und des Mannestums vorgeschwebt haben, den Führer verraten konnten.

Der Werbefeldzug der HJ hatte trotz starker Gegenpropaganda der katholischen Geistlichkeit recht befriedigende Erfolge zu verzeichnen. Wenn der von der HJ erstrebte Erfolg an manchen Orten nicht voll erreicht wurde, so lag das, wie ich bereits in meinem letzten Lagebericht näher ausführte, vor allem an der teilweise überaus ungeschickten Propaganda der HJ.

Auch die von der HJ herausgegebene und vertriebene Wochenschrift »Die Fanfare« erregt wegen oft darin enthaltener Hetzartikel gegen eigene Volksgenossen bei einem großen Teil der Bevölkerung immer wieder Ärgernis. Es dürfte angebracht sein, die Schriftleitung der genannten Zeitschrift darauf hinzuweisen, daß die Art und Weise des Kampfes, wie er von der »Fanfare« geführt wird, der Sache der HJ mehr abträglich als fördernd ist.

Akten der Parteikanzlei der NSDAP. Rekonstruktion eines verlorengegangenen Bestandes, hrsg. vom Institut für Zeitgeschichte, München/Wien 1982, MF 85, Bl. 101 21255/26 ff.

36. Aus dem Schreiben des Reichsaußenministers Konstantin Freiherr von Neurath an den Stellvertreter des Führers Rudolf Heß über die Auslandsaktivitäten der Reichsjugendführung, 31.7.1934

Auswärtiges Amt   Berlin, den 31. Juli 1934
Nr. VI S 5004.
An
den Herrn Reichsminister Heß
Stellvertreter des Führers der N.S.D.A.P.

Hierdurch beehre ich mich, Ihre Aufmerksamkeit für eine Angelegenheit zu erbitten, die eine Gefährdung von Angehörigen des deutschen Volkstums in den Grenzlanden nach sich ziehen könnte. Die Auslandsabteilung der Reichsjugendführung unterhält nach dem hier vorliegenden Haushaltsplan für das laufende Rechnungsjahr in 13 reichsdeutschen Städten (und außerdem in Danzig) besondere »Dienststellen« zur »Beobachtung« der Vorgänge in den deutschen Minderheitengebieten jenseits der Reichsgrenze. Jeder Dienststelle ist ein bestimmtes Auslandsgebiet zur Beobachtung zugewiesen. So soll von Königsberg aus das Baltikum »beobachtet« werden, von Beuthen aus Oberschlesien, von Danzig aus Korridor und Posen, von Dresden aus die Tschechoslowakei, von Berlin aus Südtirol, von Düsseldorf aus Eupen-Malmedy und Luxemburg, von Neckarbischofsheim aus Elsaß-Lothringen usw. Als Betriebszuschüsse sind für diese Dienststellen im Haushaltsplan rund 46.000.- RM vorgesehen; ferner sind monatlich 800.- RM »für Dienstfahrten außerhalb der Reichsgrenze« eingesetzt. Praktisch vollzieht sich die Beobachtungstätigkeit dieser Dienststellen anscheinend so, daß reichsdeutsche Jugendliche und Studenten über die Grenze geschickt werden mit dem Auftrag, mit Angehörigen der deutschen Minderheiten in direkte Fühlung zu treten ... Solche unerfahrenen jugendlichen »Beobachter«, die von der Reichsjugendführung ins Ausland entsandt werden, treiben nicht nur mit ihrer eigenen Sicherheit ein leichtfertiges Spiel, sondern setzen auch die Angehörigen der deutschen Minderheiten, mit denen sie verkehren oder von denen sie beherbergt werden, der Gefahr schwerster Konflikte mit den Behörden ihres Landes aus.

Darüber hinaus können solche Unternehmungen, deren möglicher Nutzen in keinem vernünftigen Verhältnis zu den damit verbundenen Gefahren steht, sehr leicht zu höchst unerwünschten außenpolitischen Verwicklungen und Rückschlägen führen. Auf die zahlreichen unerfreulichen Vorkommnisse, die sich bei ähnlichen Anlässen letzthin namentlich in der Tschechoslowakei ereignet haben, darf ich hier Bezug nehmen.

Sogar die Ungarische Regierung ist in letzter Zeit mehrfach hier vorstellig geworden, weil reichsdeutsche Jugendliche und Studenten durch ihre Betätigung in Ungarn Anstoß erregt hatten; dabei wurde geltend gemacht, daß die Betätigung dieser jungen Reichsdeutschen unvereinbar sei mit den Erklärungen und Zusicherungen, die der Herr Reichskanzler dem Ministerpräsidenten Gömbös s. Zt. abgegeben habe. Wenn demnach schon solche in aller Offenheit durchgeführten Wanderfahrten deutscher Jugendlicher nachteilige Rückwirkungen von Seiten einer uns befreundeten Regierung ausgelöst haben, so läßt sich leicht ermessen, welcher schwere außenpolitische Schaden durch das etwaige Bekanntwerden des von der Reichsjugendführung organisierten geheimen »Beobachtungs«-Dienstes angerichtet werden könnte.

Bei dieser Sachlage würde das Auswärtige Amt es mit großem Dank erkennen, wenn im Einvernehmen mit dem Reichswehrministerium und den übrigen in Frage kommenden Ministerien Maßnahmen getroffen werden könnten, damit derartige Unternehmungen der Reichsjugendführung, welche geeignet sind, Angehörige der deutschen Volksgruppen im Ausland zu gefährden und die außenpolitischen Beziehungen zu stören, unterbunden werden.

Ich wäre dankbar für gefällige Stellungnahme und darf ergebenst um Beteiligung meines Ressorts bei der weiteren Behandlung der Angelegenheit bitten.

Abschriften gehen an die Reichskanzlei, an das Reichswehrministerium, an das Reichsministerium für Wissenschaft, Erziehung und Volksbildung und an das Reichsministerium des Innern.

gez. Freiherr von Neurath.

Akten der Parteikanzlei der NSDAP. Rekonstruktion eines verlorengegangenen Bestandes, hrsg. vom Institut für Zeitgeschichte, München/Wien 1982, MF 95, Bl. 101 25170 ff.

37. Der Berliner Polizeipräsident v. Levetzow verbietet jüdischen Jugendverbänden öffentliches Auftreten, 22.9.1934

Der Berliner Polizeipräsident von Levetzow als Leiter der Staatspolizeistelle für den Landespolizeibezirk Berlin hat eine Anordnung erlassen, die sich mit der Tätigkeit der jüdischen Jugendverbände befaßt. Danach ist den Angehörigen dieser Verbände für die Zukunft folgendes verboten:

1. Das öffentliche Tragen einheitlicher Kleidung, Uniform, Kluft usw. Hierzu gehört auch das Anlegen einer Bundestracht oder zu einer solchen gehörenden Kleidungsstücke und Abzeichen unter Zivilkleidern sowie das Tragen jeder sonstigen, auch nur teilweise einheitlichen Kleidung, die als Ersatz für die bisherige Bundestracht anzusehen ist.

2. Gemeinsame Auf- und Ausmärsche, wehrsportliche und Geländeübungen, insbesondere solche in feldmarschmäßiger Ausrüstung, sowie jegliches geschlossene Marschieren.
   Sportliche Übungen, Spaziergänge, Ausflüge und Wanderungen in kleinerem Rahmen werden von diesem Verbot nicht umfaßt, soweit hierbei jeder demonstrativer Charakter fehlt.

3. Das öffentliche Zeigen oder Mitführen von Fahnen, Bannern, Wimpeln sowie Feldzeichen aller Art.

4. Das Zusammenleben in Wohngemeinschaften und jegliches gemeinsame Übernachten, insbesondere in Privaträumen und Zelten.

5. Die Herstellung und Verbreitung von Presseerzeugnissen aller Art, insbesondere von Flugblättern und Filmen.
   Die Nichtbefolgung dieser Anordnung kann die Verhängung der Schutzhaft nach sich ziehen. Unerlaubt getragene Kleidungsstücke und Abzeichen, unerlaubt geführte Fahnen, Banner, Wimpel und andere Feldzeichen sowie unerlaubt hergestellte oder zur Verbreitung gelangende Presseerzeugnisse, insbesondere Flugblätter, ebenso Filme, können beschlagnahmt werden.

Der Deutsche, 23.9.1934.

38. Der Reichsjugendführer begrüßt die allgemeine Wehrpflicht, 1.4.1935

Dankbaren Herzens begrüßt die in der Hitlerjugend geeinte deutsche Jugend die Einführung der allgemeinen Wehrpflicht als Voraussetzung für die Erhaltung des Friedens in Europa. Darüber hinaus sieht die deutsche Jugend im Heer eine allgemeine große nationale Erziehungsstätte zu Führertum und Sozialismus.

Der Entschluß der Reichsregierung bedeutet für das junge Deutschland den Schlußstrich unter die wehrlose und damit ehrlose Weimarer Epoche. Die Hitlerjugend wird im Rahmen des neuen gewaltigen Erziehungswerkes unseres Führers so wie bisher ihre Pflicht erfüllen.

Baldur von Schirach.
Reichsjugendführer.

Wille und Macht. Führerorgan der nationalsozialistischen Jugend, Heft 7, 1.4.1935.

39. Reichswehrminister Werner v. Blomberg über die Erziehung der Jugend in der Wehrmacht, 16.4.1935

Der Reichswehrminister   Berlin, den 16. April 1935.
Nr. 600. 35. g. J IVa.

Geheim!
Erziehung in der Wehrmacht.

Mit der Einführung der allgemeinen Wehrpflicht wird die Wehrmacht wieder zur großen Erziehungsschule der Nation. Mehrfach hat Adolf Hitler die Wichtigkeit dieser Aufgabe betont. Er hat am 1. Mai 1934 der Armee die Aufgabe zugewiesen, neben den anderen Organisationen des Staates und der Bewegung »ein nationaler und gesellschaftlicher Schmelztiegel für die Erziehung eines neuen deutschen Menschen« zu sein. In seinem Buch »Mein Kampf« ist die volkserzieherische Bedeutung der Wehrmacht oft hervorgehoben ... bezeichnet der Führer die Ableistung der Wehrpflicht als Voraussetzung für die Verleihung des Staatsbürgerrechtes. Der Dienst in der Wehrmacht ist also die letzte und höchste Stufe in dem allgemeinen Erziehungsgang des jungen Deutschen vom Elternhaus über die Schule, die HJ und den Arbeitsdienst ... Diese Zielsetzung stellt an alle Führer und Unterführer der Wehrmacht ebenso dankbare wie verantwortungsvolle und schwere Anforderungen. Dabei müssen wir uns des grundlegenden Unterschiedes bewußt sein, daß heute eine andere Jugend in die Wehrmacht kommt als es im Zwischenreich von Weimar und auch im Kaiserreich der Fall war. Es kommt im Durchschnitt eine junge Mannschaft in die Wehrmacht, voll des besten Willens, aufnahme- und einsatzbereit, begeistert, aber auch eine politisch vielfach durchgebildete, ehrfühlende, sehr wache und zur Kritik befähigte Jugend. Sie bringt eigene Maßstäbe für Menschen und Dinge mit, die manchem Führer oder Unterführer fremd sein mögen, die aber durch ungeprüfte Ablehnung nicht aus der Welt geschaffen werden. Diese Jugend hat vielfach die wichtige Frage der Beziehungen zwischen Führer und Gefolgschaft praktisch kennen gelernt und macht sich eigene Gedanken darüber. Die deutsche Jugend bringt im allgemeinen der Wehrmacht unbegrenztes Vertrauen entgegen, sie erblickt in ihr eine vorbildliche Schule und erwartet von dieser die letzte Reife der Erziehung im Dienste der neuen Volksgemeinschaft. Sie erwartet Härte aber auch Menschlichkeit, Drill aber auch Erziehung, Befehle und Kommandos, denen blindlings zu folgen ist, aber auch ein offenes Ohr, Rat und lebendige Kameradschaft ...
Dieses Vertrauen der Jugend soll in der Wehrmacht nicht enttäuscht werden. Es muß das stolze Ziel jedes Führers und Unterführers sein, täglich daran mitzuarbeiten, daß die Dienstzeit in der Wehrmacht unserer Jugend die Überzeugung und das Gefühl für das Leben gibt, in der här-

testen, gerechtesten, saubersten, aber auch in der kameradschaftlichsten und fürsorglichsten Schule gedient zu haben ...

Lebendige Kameradschaftspflege, unermüdliche Fürsorge der Führer aller Dienstgrade für die ihnen anvertraute Jugend müssen oberste Gesichtspunkte für die Erziehungsarbeit in der Wehrmacht sein. Dann — und nur dann — kann sie auch ihre kriegerischen Aufgaben erfüllen, wenn die Stunde es verlangt.

...

v. Blomberg.

Zentrales Staatsarchiv Potsdam, Film Nr. 1844.

40. Anordnung des Personalamtes der Reichsjugendführung zur Zusammenarbeit von HJ und Kriminalpolizei, April 1935

Eine der wichtigsten Aufgaben der Führer der Deutschen Jugend ist es, dem Herumstrolchen von Jugendlichen zu steuern und sittliche Verführungen von der Hitler-Jugend fernzuhalten. In Zusammenarbeit mit den einzelnen Landeskriminalpolizeiämtern und besonders dem Landeskriminalpolizeiamt Berlin wurde erreicht, daß alle Vermißtenmeldungen, die Angehörige der nationalsozialistischen Jugendverbände betreffen, an das Personalamt der Reichsjugendführung gemeldet werden. Ebenso werden Untersuchungen wegen sittlicher Vergehen ebenfalls auf einem besonderen Formblatt an die Reichsjugendführung gemeldet.

Durch diese Zusammenarbeit werden in der Zentralkartei der Reichsjugendführung alle kriminellen Elemente erfaßt, die für nationalsozialistische Jugendorganisationen nicht tragbar sind, und es wird von hier die Vereinigung durch die einzelnen Formationen überwacht.

Zur Unterstützung dieser Arbeit durch die einzelnen Dienststellen der Banne und Gebiete gebe ich hiermit folgende Anordnungen:

1. Bei Vorliegen des begründeten Verdachts einer sittlichen Verfehlung gegen einen Angehörigen oder Führer der Hitler-Jugend, ist dieser von der eigenen Dienststelle nur kurz nachzuprüfen, dann aber zur endgültigen Untersuchung sofort an das zuständige Dezernat der Kriminalpolizei weiterzugeben.

Diese Dezernate verfügen über die nötige Sachkenntnis und ausreichende Erfahrung, so daß eine schnelle und einwandfreie Klärung zu erwarten ist. Durch persönliche Fühlungnahme mit den Leitern der Polizeidienststellen ist zu erreichen, daß solche Untersuchungen ohne Schädigung des Ansehens des Einzelnen oder der Organisation vorgenommen werden.

2. Wird einer Dienststelle der Hitler-Jugend oder des Bundes Deutscher Mädel bekannt, daß sich ein Angehöriger der unterstellten Gliederungen ohne Wissen der Eltern und der Dienststelle auf Wanderung begeben hat, ist an die nächste Polizeibehörde eine Vermißtenanzeige unter Benachrichtigung des Personalamtes der Reichsjugendführung aufzugeben.

3. Um zu verhindern, daß Polizeidienststellen mit belanglosen und unbegründeten Anzeigen oder rein internen Angelegenheiten belastet werden, wird hiermit allen untergeordneten Dienststellen der Hitler-Jugend, des Deutschen Jungvolkes und des Bundes Deutscher Mädel verboten, sich mit Dienststellen der Polizei in Verbindung zu setzen. Diese Aufgabe obliegt nur den Personalstellen der Banne (Jungbanne, BDM-Untergaue) und den Personalabteilungen der Gebiete (BDM-Obergaue) bzw. der Polizeiverbindungsstelle im Personalamt der Reichsjugendführung. Die Dienststellen des Deutschen Jungvolkes und des Bundes Deutscher Mädel sind gehalten, zur Vereinfachung des Dienstbetriebes Polizeiangelegenheiten nach Möglichkeit durch die Dienststellen der Hitler-Jugend erledigen zu lassen.

Nachdem sich sämtliche Polizeipräsidien und Landeskriminalämter der obengenannten Regelung angeschlossen haben, treten diese Anordnungen ab sofort für sämtliche Gebiete in Kraft. Sind irgendwelche Exekutivmaßnahmen erforderlich, so sind diese an den Orten, an welchen Feldjägerbereitschaften bestehen, durch diese ausführen zu lassen.

Ein Verzeichnis der im jeweiligen Gebiet vorhandenen Dienststellen der Kriminalpolizei geht allen Gebieten gesondert zu.

F. d. R.

Polizeiverbindungsstelle	Der Leiter
im Personalamt der RJF.	des Personalamtes
gez. Lüer	gez. John
Gebietsführer.	Obergebietsführer.

Verordnungsblatt der Reichsjugendführung der NSDAP, 25.4.1935, S. 5 f.

41. Aus den Richtlinien für die Großwerbeaktion der HJ-Gebietsführung Sachsen, April 1935

Gebiet 16 Sachsen   Obergau 16 Sachsen
Abteilung S
(Schulung, Kultur)

Werbung der Hitlerjugend

...
Diese Werbung wird in sich vereinigen:
1. Werbung für die HJ
2. Freizeitwerbung für die Großfahrten und Lager
3. Sportbetätigung des BDM

Der Verlauf wird wie folgt festgelegt:
Freitag, den 26. April 1935:
Sämtliche Schulen Sachsens sind vom Ministerium angewiesen, eine Unterrichtsstunde für die Werbung für die HJ zu verwenden. Es findet im Schulfunk am 26. April 1935 vormittags 10.15 bis 10.50 Uhr eine HJ-Sendung statt, die von allen Schulen abgehört werden soll ...

Sonnabend, den 27. April 1935
Betriebsappelle.
Für diesen Tag sind für alle großen Betriebe unter Mitwirkung der Standorte von HJ., DJ. und BDM. Morganappelle anzusetzen. Es ist dafür zu sorgen, daß diese in ihrer Gestaltung zwar kurz, aber eindrucksvoll sind. Vor allem ist Wert darauf zu legen, daß diese Einheiten restlos antreten ...

Werbezeltlager und Sternmarsch.
In der Umgebung der großen Standorte führen HJ. und DJ. Zeltlager durch. Es ist dafür zu sorgen, daß sämtliche Schulen diese Zeltlager besichtigen. Sie müssen deshalb möglichst zentral liegen, um von allen umliegenden Orten, die eine Schule besitzen, leicht erreicht werden können ...

Sonntag, den 28. April 1935
Das Wecken hat durch Spielmanns-, Musik- und Fanfarenzüge zu erfolgen.
Kundgebungen auf öffentlichen Plätzen.
Daran schließen sich wiederum Propagandamärsche sämtlicher verfügbarer Einheiten an, die gegen 11 Uhr in Großkundgebungen auf den öffentlichen Plätzen ausklingen. Bei dieser Gelegenheit sollen die örtlichen Führer und Leiter der Parteigliederungen, vor allem der PO., Ar-

beitsfront, des NSLB. und der Innungen sprechen. Eine kurze Umrahmung durch HJ.- und DJ.-Einheiten ist in jedem Falle vorzunehmen.

...

Heil Hitler!

Der Leiter der Abt. S	Der Leiter des Stabes des
(Schulung u. Kultur)	Gebietes 16/Sa.
Hans Frey	Möckel
Gefolgschaftsführer.	Bannführer.

Viele Tausend Jungen und Mädels stehen noch abseits

Stadtarchiv Plauen, Sondersammlung, Nr. 86, Bl. 18 ff.

42. Aus dem Streifendienstbefehl Nr. 1 des Personalamtes der Reichsjugendführung zum einheitlichen Einsatz Pfingsten 1935, 16.5.1935

Streifendienstbefehl Nr. 1

Einheitlicher Einsatz Pfingsten 1935.

A. Zweck des Einsatzes

Im Verordnungsblatt III/15 hat der Stabsführer zu dem Herumstrolchen und wilden Wandern an Sonn- und Feiertagen Stellung genommen. Pfingsten soll durch den Streifendienst im gesamten Reich einmal genau festgestellt werden, wer an solchen Tagen überhaupt wandert und welche Gruppen sich diszipliniert oder undiszipliniert verhalten.

Dieser Einsatz wird von der Reichsjugendführung zentral eingesetzt und geleitet und soll eine Generalübersicht und genaue Unterlagen für spätere Bestimmungen verschaffen.

Außer dieser Hauptaufgabe ist es die erstmalige Probe für den Gesamteinsatz des Streifendienstes. Es werden daher alle verantwortlichen aktiven und Streifendienstführer angewiesen, diesem Einsatz besondere Aufmerksamkeit zu widmen.

B. Art des Einsatzes

1. Es wird nur Streifendienst eingesetzt. Dort, wo noch nicht genügend Mitglieder des Streifendienstes vorhanden sind, werden besonders taugliche Hitlerjungen für die Dauer des Sonderdienstes abkommandiert ...

2. In jedem Bannbereich werden an jeder großen Verkehrsstraße, die von Wanderern und Wandertrupps benutzt wird, Kontrollen eingesetzt, die örtlich festgelegt sind. Außer diesen feststationierten Kontrollen werden mehrere Streifen eingesetzt, die im Bannbereich gelegene Wander- und Ausflugsorte und Jugendherbergen kontrollieren.

   Der Streifendienstführer des Bannes legt die Zahl der Orte der Straßenkontrollen sowie die Wege der einzelnen Streifen genau fest.

   Die Stärke der einzelnen Kontrollen und Streifen beträgt mindestens 5, höchstens 8 Mann einschließlich Führung. Für jede Kontrolle und Streife ist dreifache Ablösung festzulegen, so daß also die Gesamtstärke für eine Kontrolle oder Streife 15 bis 24 Mann beträgt ...

3. Für die Dauer des Einsatzes sind für den Streifendienstführer des Gebietes und für die Streifendienstführer der einzelnen Banne Befehlsstellen, die mit Telefon versehen sein müssen, festzulegen. Diese Befehlsstellen müssen dauernd, entweder vom Streifendienstführer oder dessen Stellvertreter besetzt sein. Es ist weiter für eine Verbindung zwischen Befehlsstelle des Bannstreifendienstes und den einzelnen Kontrollen oder Streifen im Bannbereich Sorge zu tragen. Zwischen den feststationierten Straßenkontrollen und der Bannbefehlsstelle kann das nächste erreichbare Telefon benutzt werden ...

4. Die genauen Einsatztermine werden in einem späteren Befehl bekanntgegeben. Sie dehnen sich wahrscheinlich auf den Tag vor und nach Pfingsten aus und dauern voraussichtlich von morgens früh bis abends spät.

C. Ausübung der Kontrollen:
Bei den Kontrollen und Streifen sind bei Feststellungen zwei Hauptgruppen zu unterscheiden:
1. Angehörige nationalsozialistischer Jugendverbände.
Mitglieder dieser Organisationen, gleichgültig, ob sie dem betreffenden Gebiet angehören oder nicht, sind verpflichtet, den HJ-Streifen Personalien anzugeben, Ausweise vorzuzeigen, genaue Auskunft zu geben und eventuellen Anordnungen Folge zu leisten. Hierunter fallen auch die Gruppen, die nur durch Abzeichen oder durch Halbuniform oder Teilstücke der Uniform als Angehörige von nationalsozialistischen Jugendverbänden kenntlich sind.
2. Nichtnationalsozialistische Jugendgruppen.
Hierbei muß grundsätzlich festgestellt werden, daß der Streifendienst der Hitler-Jugend kein Recht hat, gegen diese Gruppen einzuschreiten, auch nicht berechtigt ist, die Gruppen anzuhalten, nach Personalien zu befragen oder ihnen Anweisungen zu geben. Bei höflichem, bestimmtem Auftreten muß es aber jedem Führer einer Kontrolle oder Streife möglich sein, festzustellen, welcher Jugendorganisation die betreffende Wandergruppe angehört und unter wessen Führung die Fahrt unternommen wurde. Ebenso wird es möglich sein, Fahrt, Ziel, Teilnehmerzahl und durchschnittliches Alter der Teilnehmer festzustellen.
Über jede Feststellung ist eine kurze Meldung zu machen, die enthalten muß Personalien des Führers, Formation, Zahl der Teilnehmer, Durchschnittsalter der Teilnehmer, Herkunft der Gruppe, Ausgangsort und Ziel der Wanderung, allgemeiner Eindruck über Disziplin. Bei nichtnationalsozialistischen Wandergruppen ist zu vermerken, ob Angehörige von nationalsozialistischen Formationen unter fremder Führung Wanderungen mitmachen ...

E. Vorbereitungen:
...
2. ... Bei dieser Gelegenheit weise ich darauf hin, daß es das erstemal ist, daß der Streifendienst einheitlich im Reich eingesetzt wird, und daß die Hitler-Jugend es sich auf keinen Fall leisten kann, daß einzelne Versager den gesamten Streifendienst illusorisch machen. Wenn es uns gelingt, einmal einen Streifendiensteinsatz durchzuführen, ohne daß die geringsten Zwischenfälle zu verzeichnen sind, werden auch die zuständigen Behörden der Polizei und des Staates die Autorität des Streifendienstes anerkennen. Bei diesem Einsatz kommt es lediglich darauf an, einmal festzustellen, gegen welche Vorkommnisse eventuell später einmal eingeschritten werden kann und muß. Bei diesem erstmaligen Versuch muß aber jedes Einschreiten unterbleiben. Es soll auch diesmal nicht vom Streifendienst selbst festgestellt werden, welche Wanderung erlaubt oder nicht erlaubt ist und welche Organisation als legal oder illegal anzusehen ist.
3. Die Gebietsführung und Streifendienstführer nehmen sofort die Fühlung mit den Polizeizentralen (Polizeipräsidien und Kommandostellen der Landgendarmerie) auf, damit die Polizei über diesen Einsatz unterrichtet ist und bei Zwischenfällen zugunsten der Staatsjugend eingreift. Auch dort, wo fremde Gruppen nicht gewillt sind, sich dem Streifendienst gegenüber zu erkennen zu geben, ist mit diesen Kommandostellen vorher auszumachen, daß dann die Polizei zur Feststellung herangezogen wird. Auf jeden Fall ist von vornherein darauf hinzuwirken, daß HJ-Streifendienst und Polizei Hand in Hand arbeiten ...

Personalamt der Reichsjugendführung	Zur Kenntnis genommen:
Referent für Streifendienst	Der Leiter des Personalamtes
gez. Lüer	gez. John
Gebietsführer.	Obergebietsführer.

Verordnungsblatt der Reichsjugendführung der NSDAP, III/18, 16.5.1935, S. 4 ff.

43. Aus dem Wehrgesetz, 21.5.1935

Abschnitt I
Allgemeines
§ 1

1) Wehrdienst ist Ehrendienst am Deutschen Volke.
2) Jeder deutsche Mann ist wehrpflichtig.
3) Im Kriege ist über die Wehrpflicht hinaus jeder deutsche Mann und jede deutsche Frau zur Dienstleistung für das Vaterland verpflichtet.

§ 2

Die Wehrmacht ist der Waffenträger und die soldatische Erziehungsschule des Deutschen Volkes. Sie besteht aus

dem Heer,
der Kriegsmarine,
der Luftwaffe.

§ 3

1) Oberster Befehlshaber der Wehrmacht ist der Führer und Reichskanzler.
2) Unter ihm übt der Reichskriegsminister als Oberbefehlshaber der Wehrmacht Befehlsgewalt über die Wehrmacht aus.

Abschnitt II
Die Wehrpflicht
Dauer der Wehrpflicht
§ 4

Die Wehrpflicht dauert vom vollendeten 18. Lebensjahr bis zu dem auf die Vollendung des 45. Lebensjahres folgenden 31. März.

Pflichten im Kriege
§ 5

1) Alle Wehrpflichtigen haben sich im Falle einer Mobilmachung zur Verfügung der Wehrmacht zu halten. Der Reichskriegsminister entscheidet über ihre Verwendung.
2) Die Belange der Wehrmacht gehen im Kriege allen anderen vor.

Erweiterung der Wehrpflicht
§ 6

Im Kriege und bei besonderen Notständen ist der Reichskriegsminister ermächtigt, den Kreis der für die Erfüllung der Wehrpflicht in Betracht kommenden deutschen Männer zu erweitern.

...

Aktive Dienstpflicht
§ 8

1) Der Führer und Reichskanzler setzt die Dauer der aktiven Dienstpflicht für die Wehrpflichtigen fest.
2) Die Wehrpflichtigen werden in der Regel in dem Kalenderjahr, in dem sie das 20. Lebensjahr vollenden, zur Erfüllung der aktiven Dienstpflicht einberufen. Freiwilliger Eintritt in die Wehrmacht ist schon früher möglich.

3) Die Erfüllung der Arbeitsdienstpflicht ist eine Voraussetzung für den aktiven Wehrdienst. Ausnahmen werden durch Sonderbestimmungen geregelt.

...

Berlin, den 21. Mai 1935.

Der Führer und Reichskanzler
Adolf Hitler

Der Reichswehrminister
von Blomberg

Der Reichsminister des Innern
Frick

Reichsgesetzblatt, Teil I, 1935, S. 608 ff.

44. Abkommen zwischen der HJ und dem Nationalsozialistischen Deutschen Studentenbund über die Jugendarbeit an den Hoch- und Fachschulen, 21.5.1935

Die Schaffung einer neuen Deutschen Hoch- und Fachschule fordert die enge Zusammenarbeit zwischen der Hitler-Jugend, der weltanschaulichen Erziehungsgemeinschaft der deutschen Jugend und dem Nationalsozialistischen Deutschen Studentenbund als verantwortlichen Träger der studentischen Erziehung.

In der Erkenntnis dieser gemeinsamen Verantwortung für die Zukunft beschließen die obengenannten Gliederungen der Nationalsozialistischen Deutschen Arbeiterpartei:

1. Die an der Hoch- oder Fachschule studierenden Angehörigen der Hitler-Jugend sind Mitglieder des Nationalsozialistischen Deutschen Studentenbundes. Als Mitglieder des NSDStB. haben sie an seinen Veranstaltungen teilzunehmen.
2. Die Hitler-Jugend legt den zukünftigen NSDStB.-Mitgliedern nahe, in die Häuser des Studentenbundes, die der Ausdruck politisch-studentischer Lebensgemeinschaft sind, einzutreten.
3. Die an der Hoch- bzw. Fachschule studierenden Mitglieder der HJ. (DJ., BDM.) bilden eine HJ.-Gemeinschaft innerhalb des NSDStB. Diese Arbeitsgemeinschaft untersteht in bezug auf die Arbeit des NSDStB. dem zuständigen Hoch- bzw. Fachschulgruppenführer.
4. Über den Einsatz der Arbeitsgemeinschaft außerhalb des Tätigkeitsbereiches des NSDStB. bestimmt der Gebietsführer bzw. der von ihm beauftragte HJ.-Führer.
5. Bei öffentlichen Veranstaltungen des NSDStB. nimmt die HJ.—Arbeitsgemeinschaft unter Führung ihres ranghöchsten HJ.—Führers als Bestandteil der Hoch- bzw. Fachschulgruppe teil, wobei der Hoch- bzw. Fachschulgruppenführer den Befehl über die gesamte Formation übernimmt.
6. Die Bildung von sogenannten Hochschulgruppen der Hitler-Jugend wird untersagt.

Dieses Abkommen gilt sinngemäß auch für den BDM. und tritt mit dem Tage seiner Veröffentlichung in Kraft.

Berlin, den 21. Mai 1935.

gez. Derichsweiler   gez. Baldur von Schirach
Reichsamtsleiter des NSDStB.   Reichsjugendführer der NSDAP.

Verordnungsblatt der Reichsjugendführung der NSDAP, 23.5.1935, S. 2.

45. Aus der Streifendienstanordnung Nr. 1 des Personalamtes der Reichsjugendführung, 6.6.1935

...

A. Allgemeines:

Nachdem die Aufstellung des Streifendienstes gemeinsam mit den Organisationsabteilungen laut Verordnungsblatt III/14 vom 11. April 1935 durchgeführt ist, beginnt nun die Ausbildung und Tätigkeit der einzelnen Streifen.

Auch bei dieser Gelegenheit wiederhole ich noch einmal, daß es nicht darauf ankommt, eine zahlenmäßig starke Truppe des Streifendienstes aufzustellen, sondern daß es nur auf die Qualität und Zuverlässigkeit der einzelnen Streifendienstangehörigen ankommt. Es ist also die Auswahl sehr sorgfältig vorzunehmen und zunächst auf die Vollaufstellung zugunsten der absoluten Zuverlässigkeit zu verzichten ...

B. Aufgaben des Streifendienstes:

Die großen Aufgaben des Streifendienstes sind, ohne damit vollständig zu sein, zunächst folgende:

1. Überwachung der Angehörigen von nationalsozialistischen Jugendverbänden außerhalb des Dienstes, die durch Tragen der Uniform oder durch Abzeichen als Angehörige von nationalsozialistischen Jugendverbänden kenntlich sind. Der Streifendienst hat darüber zu wachen, daß das Auftreten aller Angehörigen von nationalsozialistischen Jugendverbänden der Würde und der Ehre der NSDAP entspricht.

2. Der Streifendienst hat als Organ der aktiven Führer darüber zu wachen, daß alle die von der Reichsjugendführung und ihren nachgeordneten Dienststellen herausgegebenen Anordnungen von den einzelnen Gliederungen beachtet werden.

Ich führe im einzelnen folgende auf:

a) Ordnungsmäßigkeit der Dienstanzüge,
b) Besitzen von vorschriftsmäßigen Ausweisen der Reichsjugendführung oder der Gebiete,
c) Anordnungen über Zapfenstreich,
d) Anordnungen über Dienstschluß,
e) Anordnungen des Fahrtenamtes,
f) Anordnungen über Lager,
g) Bestimmungen des Forstschutzes,
h) Bestimmungen über Verhalten geschlossener Kolonnen (Schlußlichter usw.).

3. Einziehen von Ausweisen oder Uniformstücken von ausgeschiedenen Mitgliedern.

4. Nach besonderen Anweisungen Beobachtungen und Feststellungen über andere Jugendverbände.

Es ist nicht Aufgabe des Streifendienstes, nach eigenem Ermessen bei Antreffen von Unzulässigkeiten Befehle zu geben oder Anordnungen zu treffen, sondern es ist Zweck des Streifendienstes, alle Wahrnehmungen durch vorschriftsmäßige Meldungen den aktiven Führern zur Kenntnis und zur weiteren Veranlassung zu übermitteln. In dringenden Fällen, wo es das Ansehen der NSDAP erfordert, ist der Streifenführer befugt, durch sofortige Anordnungen einzugreifen.

Der Streifendienst hat keinen polizeilichen Charakter, auch nicht den einer Hilfspolizei. Sind bei Ausübung des Streifendienstes irgendwelche polizeilichen Maßnahmen erforderlich, so sind diese durch die nächste zuständige Polizeibehörde ausführen zu lassen.

C. Ausbildung:

Da es zunächst darauf ankommt, daß bei Ausübung des Streifendienstes keine Zwischenfälle auftreten, so ist zuerst dafür Sorge zu tragen, daß die Streifenführer in den einzelnen Bannen ausgebildet werden. Da die Aufgaben des Streifendienstes restlos nur dann erfüllt werden können, wenn mit der Polizeibehörde Hand in Hand gearbeitet wird, so ist die Ausbildung der Bannstreifenführer von der Polizei vornehmen zu lassen ... sind folgende Ausbildungspunkte zu berücksichtigen:

1. Allgemeine soldatische und polizeisportliche Ausbildung ...
2. Waffenausbildung an der Pistole 08. Hierbei weise ich darauf hin, daß das sichtbare Tragen von Waffen durch Streifendienstangehörige verboten ist und das übrige Waffentragen selbstverständlich vom Besitz eines Waffenscheines abhängig ist.
3. Polizeiliche Ausbildung über Verhalten dem Publikum gegenüber, einschlägige Bestimmungen des StGB., Polizeiverordnungen usw.
4. Einrichten von Wachen, Abfassen von Meldungen und dergleichen.
5. Eingehende Schulung über alle Anordnungen der Reichsjugendführung und der Gebiete durch die zuständigen Abteilungsleiter.

...

E. Dienst:

...

Das Tragen von Uniformgegenständen, Halstüchern, Koppelschlössern, Abzeichen usw. ist strengstens verboten, wenn sich der Träger als Angehöriger von nationalsozialistischen Jugendverbänden ausweisen kann. Sind die Uniform oder einzelne Abzeichen unvorschriftsmäßig, so ist hier auch lediglich eine Meldung aufzunehmen. Kann sich der Träger eines Uniformteils nicht als HJ-Angehöriger ausweisen und besteht der begründete Verdacht, daß der Betreffende nicht Angehöriger der Hitler-Jugend oder einer anderen nationalsozialistischen Formation ist, wird die Einziehung des betreffenden Uniformstücks durch die Polizei veranlaßt. Weigert sich ein solcher Uniformträger, freiwillig zur nächsten Polizeiwache zu folgen, ist gegebenenfalls eine zwangsweise Zuführung des Betreffenden statthaft. Der Betreffende gilt in diesem Falle als »auf frischer Tat ertappt«.

...

Verordnungsblatt der Reichsjugendführung der NSDAP, 6.6.1935, S. 3 ff.

46. Anweisung des Reichsinnenministeriums zur weiteren Einschränkung der Tätigkeit der jüdischen Jugendverbände, 10.7.1935

Der Reichs- und Preußische   Berlin W8, den 10. Juli 1935
Minister für Wissenschaft,
Erziehung und Volksbildung

An
die Herren Oberpräsidenten
die Herren Regierungspräsidenten und
die Länderregierungen.

Zwecks einheitlicher Behandlung der jüdischen Jugendverbände ersuche ich in folgender Weise zu verfahren:

1.) Die Errichtung von jüdischen Jugendherbergen ist zu gestatten, wenn diese nicht in unmittelbarer Nähe geschlossener Ortschaften oder von einzelnen Wohnungen liegen, so daß deren Bewohner durch die Nähe der jüdischen Jugendherberge sich nicht beruflich benachteiligt oder sonst unangenehm berührt fühlen können. Fernerhin ist dabei zu berücksichtigen, daß die Lage der jüdischen Jugendherbergen eine einwandfreie Beobachtung durch die zuständigen Polizeistellen gestatten muß.

2.) Zeltlager für jüdische Jugendliche sind nicht zu gestatten. Auf jüdischen Privatgrundstücken sind sie nach vorausgehender Anmeldung erlaubt, sofern die Lage der Grundstücke den Bedingungen im Abschnitt 1.) entspricht.

3.)Wanderungen jüdischer Jugendlicher sind nicht zu erlauben, wenn die Zahl der Wandernden eine Gruppe von 20 Teilnehmern überschreitet. Gleichtracht und geschlossene Ordnung sind zu verbieten.

In Vertretung
gez. Kunisch

Stadtarchiv Plauen, III. IV. ID., 87, Bl. 176.

47. Anordnungen des Reichsführers SS Heinrich Himmler zur Einschränkung der Tätigkeit der konfessionellen Jugendverbände, 23.7.1935

§ 1.

Allen konfessionellen Jugendverbänden, auch den für den Einzelfall gebildeten, ist jede Betätigung, die nicht rein kirchlich-religiöser Art ist, insbesondere eine solche politischer, sportlicher und volkssportlicher Art untersagt.

§ 2

Für die konfessionellen Jugendverbände und ihre männlichen und weiblichen Angehörigen, einschließlich der sogenannten Pfarrjugend, gelten folgende Bestimmungen:

Es ist verboten:

1. Das Tragen von Uniformen (Bundestracht, Kluft usw.), uniformähnlicher Kleidung und Uniformstücken, die auf diese Zugehörigkeit zu einem konfessionellen Jugendverband schließen lassen.
Hierunter fällt auch das Tragen von Uniformen oder zur Uniform gehöriger Teilstücke und Verdeckung durch Zivilkleidungsstücke (z.B. Mäntel), sowie jede sonstige einheitliche Kleidung, die als Ersatz für die bisherige Uniform anzusehen ist.

2. Das Tragen von Abzeichen, welche die Zugehörigkeit zu einem konfessionellen Jugendverband kenntlich machen (PX-, DJK-Abzeichen usw.).

3. Das geschlossene Aufmarschieren, Wandern und Zelten in der Öffentlichkeit, ferner die Unterhaltung eigener Musik- und Spielmannszüge.

4. Das öffentliche Mitführen oder Zeigen von Bannern, Fahnen, Wimpeln, ausgenommen bei Teilnahme an althergebrachten Prozessionen, Wallfahrten, Primiz- und anderen Kirchenfeiern sowie Begräbnissen.

5. Jegliche Ausübung und Anleitung zu Sport und Wehrsport aller Art.

§ 3.

Wer dieser Verordnung zuwiderhandelt oder wer zu einer solchen Zuwiderhandlung auffordert oder anreizt, wird gemäß §§ 33, 35, 56 des Polizeiverwaltungsgesetzes mit Zwangsgeld oder Zwangshaft bestraft. Unerlaubt getragene Uniformstücke oder Abzeichen, unerlaubt mitgeführte Banner, Fahnen oder Wimpel sind einzuziehen.

Berliner Börsen-Zeitung, 26.7.1935.

48. Aus den Ausführungsbestimmungen zur Tätigkeit der HJ-Adjutanten bei den Hoheitsträgern der NSDAP, 28.7.1935

Da über die Tätigkeit der HJ-Adjutanten bisher noch überall Unklarheiten bestehen, wurde im Gebiet Berlin der Versuch gemacht, eine Klärung herbeizuführen. Ich gebe nachstehend die gesamten Vereinbarungen, die zwischen der Gauleitung und der Gebietsführung getroffen wurden, bekannt und bitte die Führer der Gebiete und die Führer der Banne, dazu Stellung zu nehmen:

Die Tätigkeit des HJ-Adjutanten ist ein politisches Ehrenamt. Der HJ-Adjutant hat durch Disziplin, treue Pflichterfüllung, Genauigkeit und Verschwiegenheit das große Vertrauen, daß die Bewegung auf ihn setzt, zu rechtfertigen.

Der Hoheitsträger hat die Pflicht, für die sorgfältigste Ausbildung des ihm persönlich zugeteilten HJ-Adjutanten zu sorgen und sich davon zu überzeugen. Weiterhin hat er die Aufgabe, durch Kameradschaftlichkeit und persönlichen Einsatz ihm näher zu kommen, um so die Liebe zu seiner freiwilligen, ehrenamtlichen Tätigkeit zu festigen.

...

II. Politische Ausbildung.

Der HJ-Adjutant ist mit allen Arbeiten seines Hoheitsträgers vertraut zu machen. Er kann an sämtlichen Besprechungen teilnehmen. Alle Abteilungen seiner Dienststelle hat er nacheinander zu durchlaufen, neben der täglichen Adjutantentätigkeit bei seinem Hoheitsträger, so daß er innerhalb eines Jahres mit allen zu erledigenden Arbeiten seiner Dienststelle vertraut ist. Es ist besonders auf die politische, weniger auf die bürotechnische Ausbildung Wert zu legen. Keinesfalls darf der HJ-Adjutant zu bedeutungslosen oder nichtigen Arbeiten, wie Essenholen, Botengänge usw. herangezogen werden.

a) Zweimonatliche Tätigkeit im Organisationsamt,
b)   dgl.   Personalamt
c)   dgl.   Presse u. Propaganda,
d)   dgl.   bei der Kassenführung,
e)   dgl.   als Blockleiter,
f)   dgl.   als Zellenleiter.

Über den Erfolg der Ausbildung hat der jeweilig ausbildende Politische Leiter einen schriftlichen Bericht niederzulegen.

Die Ausbildung in den einzelnen Ämtern kann je nach Auffassungsgabe und Verarbeitungsmöglichkeit des einzelnen HJ-Adjutanten verkürzt oder verlängert werden, jedoch muß die Ausbildung als kommissarischer Politischer Leiter (siehe e und f) mindestens zwei Monate dauern.

...

IV. Verbindungsarbeit.

Der HJ-Adjutant ist der Verbindungsmann zwischen der örtlichen HJ, BDM und DJ-Einheit und seinem Hoheitsträger. Alle Anliegen dieser Einheiten müssen durch seine Hände gehen. Seine besondere Aufgabe ist es, das Verhältnis kameradschaftlich zu gestalten und dafür zu sorgen, daß gegenseitige Achtung vor der von jedem geleisteten Arbeit besteht.

Er soll darauf achten, daß möglichst jeden Monat einmal die HJ-Führer und Führerinnen mit ihrem zuständigen Hoheitsträger zur Aussprache zusammenkommen. Die Zusammenarbeit kann sehr vielseitig gestaltet werden, z.B.

Gemeinsame Veranstaltungen,
Gegenseitiger Besuch der Heim- und Schulungsabende,
Gegenseitige Hilfe bei Aktionen aller Art, wie Heimbeschaffung, Sammlungen, Propagandafeldzüge für die NS-Presse usw.

Sollte dieser Zusammenarbeit von irgeneiner Seite Widerstand geleistet werden, so ist das schnellstens an den Verbindungsmann des Gebietes zu melden. Die Führer und Führerinnen der HJ-Gliederungen sind durch das Gebiet bzw. Obergau angewiesen, die Zusammenarbeit mit der P.O. zu pflegen.

...

VIII. Dienstzeit
Die Dienstzeit soll bei ehrenamtlicher Nebentätigkeit nicht drei Stunden überschreiten. Wie weit jeder einzelne eingesetzt werden kann, ohne gesundheitlichen Schaden zu erleiden, unterliegt der Beurteilung des Hoheitsträgers. Außerdem ist darauf zu achten, daß dem HJ-Adjutanten mindestens ein Sonnabend/Sonntag im Monat zur freien Verfügung steht.

...

XII. Überführung in die P.O.
Nach einer erfolgreichen einjährigen Tätigkeit kann der HJ-Adjutant zur Überführung in die P.O. gemeldet werden, sofern er die vorgeschriebene Ausbildung genossen hat. Ferner wird zur Bedingung gemacht:
a) Erreichung des 18. Lebensjahres,
b) Ein Dienstzeugnis des Kreis- bzw. Ortsgruppenleiters, das seine erfolgreiche Tätigkeit, ordnungsgemäße Haltung, treue Pflichterfüllung und Verwendungsfähigkeit als Politischer Leiter bezeugt.
Die Übernahme erfolgt einmal jährlich, sie wird von Fall zu Fall bekanntgegeben.

Informationsdienst. Herausgegeben von der Stabsführung der Reichsjugendführung, Juli 1935.

49. Anweisung des Stellvertreters des Führers Rudolf Heß an die Beamten, ihre Kinder in die HJ zu schicken, 24.8.1935

Der Stellvertreter des Führers
Nr. 183/35.

Der Führer hat der Partei die Aufgabe gestellt, alle deutschen Menschen zu nationalsozialistischem Denken und Handeln im Dienst am deutschen Volke zu erziehen. Im Rahmen dieser Aufgabe ist die Hitler-Jugend, die als Gliederung der Partei den Namen des Führers trägt, nach seinem Willen allein berufen, die deutschen Jungen und Mädchen nationalsozialistisch in Haltung und Lebensauffassung zu führen und sie auf ihre einstige Aufgabe als Träger des Reiches körperlich und geistig vorzubereiten.
Es ist deshalb selbstverständlich, daß alle, die es mit ihrem Bekenntnis zum Führer und seiner Bewegung ehrlich meinen, aus Verantwortungsbewußtsein gegenüber der deutschen Zukunft ihren Kindern den Weg zur Hitlerjugend freigeben und so das Werk des Führers unterstützen.

Diese Bereitwilligkeit, die ich bei Parteigenossen und Angehörigen der Gliederungen voraussetze, glaube ich insbesondere bei denjenigen erwarten zu dürfen, die als beamtete und vereidigte Diener des nationalsozialistischen Staates es als ihre erste und höchste Pflicht betrachten müssen, ihre Kraft und ihr Leben für den Bestand und die Erhaltung des Reiches einzusetzen. Wer dem Führer dienen will, für den darf es nichts geben, was seiner Pflicht gegenüber Volk und Führer entgegensteht. Durch Halbheit und laue Kompromisse wurde das Reich nicht gerettet.

Ich wende mich in diesem Zusammenhang ganz eindeutig gegen die von manchen Stellen vertretene Auffassung, daß es überflüssig sei, der Hitler-Jugend beizutreten, da z.B. die Zugehörigkeit zu einem staatlich anerkannten rein religiösen Jugendbund die zur Hitler-Jugend ersetze.

Diese Ansicht ist ebenso irrig, als wenn jemand behaupten würde, er sei in der Kirche gewesen und habe damit seine Pflicht gegenüber Volk und Reich genügend erfüllt. Das irdische Schicksal des Volkes hat nicht eine religiöse Gemeinschaft, sondern haben einzig und allein der Führer und seine Mitarbeiter vor Gott zu verantworten. Ebenso kann die private Zugehörigkeit zu einem kirchlichen Jugendbund, der nicht dem Wohle des ganzen Volkes sondern dem Seelenheil der Einzelnen dient, deutsche Eltern und ihre Kinder nicht von ihrer Pflicht und Aufgabe gegenüber Volk und Führer befreien. Derjenige, der auf irgendwelche Einflüsterungen hin seinen Kindern die von ihnen begehrte Zugehörigkeit zur Hitler-Jugend versagt, handelt verantwortungslos und ist als Gegner des nationalsozialistischen Staates und seines Führers zu betrachten. Er mag heuchlerisch noch so oft das Gegenteil behaupten, der Nationalsozialist wertet den Einzelnen nach seinen Taten und nicht nach seinen Worten.

Niemand anders als der Führer hat das Deutsche Volk und damit auch die in Deutschland tätigen religiösen Gemeinschaften vor Kommunismus und Atheismus bewahren können. Wer das Werk des Führers bejaht, muß auch die Arbeit und die Notwendigkeit seiner Jugend bejahen. Nur wenn alle deutschen Jungen und Mädchen von der Hitler-Jugend an durch die nationalsozialistische Lebensschule gehen, wird das Deutsche Volk einer gesicherten Zukunft entgegensehen.

München, den 24.8.1935.

gez. R. Heß

Zentrales Staatsarchiv Potsdam, Film Nr. 14652.

50. Aus der Anordnung des Stellvertreters des Führers Rudolf Heß zur Sicherung des Nachwuchses der NSDAP aus der HJ, 8.10.1935

Nationalsozialistische Deutsche Arbeiterpartei

Der Stellvertreter des Führers

München, den 8.10.35
Braunes Haus

Anordnung
Nr. 193/35

Die Aufgaben, deren Lösung die lebende Generation nicht zu Ende führen kann, müssen von kommenden Generationen gelöst oder zumindest der Lösung nähergebracht werden.

Die gewaltigen Aufgaben, die der Nationalsozialismus sich im Dienst am Deutschen Volk gestellt hat, setzen das Vorhandensein einer sich stetig aus der deutschen Jugend ergänzenden Kämpferschar deutscher Männer voraus, die in ihrer Pflichtauffassung, ihrem Kampfeswillen und ihrer Opferbereitschaft der Kämpfer des großen Krieges und der nationalsozialistischen Revolution würdig sind.

Von größter Wichtigkeit ist daher die richtige Lösung der Nachwuchsfrage für die Partei als dem politischen Willensträger der Nation.

Die Hitler-Jugend, die diesen Nachwuchs umfaßt, bedarf daher künftig mehr als bisher der sorgfältigen Betreuung und Förderung durch alle Hoheitsträger der Partei.

Besonders brennend ist bei der Hitler-Jugend, die seit der Machtübernahme einen gewaltigen Umfang angenommen hat, die Führerfrage. An sich schon schwierig, hat sie nunmehr eine besondere Erschwerung durch die Einführung der Arbeitsdienst- und Wehrpflicht, durch die der Hitler-Jugend laufend auf gewisse Zeit viele Unterführer entzogen werden, erfahren.

Da ich es auf keinen Fall für wünschenswert halte, wenn gerade aus der Hitler-Jugend viele Zurückstellungsanträge gestellt werden, vielmehr der Ansicht bin, daß die Führerschaft der Hitler-Jugend durch Erfüllung der Arbeitsdienst- und Wehrpflicht nur im inneren Wert steigen kann, ordne ich hiermit folgendes an:

1.) Zurückstellungsanträge von H.J.-Unterführern für die Erfüllung der Arbeitsdienst- und Wehrpflicht dürfen zumindest aus Gründen, die mit der Arbeit in der H.J. zusammenhängen, nur in Ausnahmefällen gestellt werden.

2.) Die Gebietsführer der H.J. haben sich umgehend mit den zuständigen Gauleitern in Verbindung zu setzen und bei ihnen die zeitweise Gestellung von für die Jugendarbeit geeigneten Kräften aus der Partei und ihren Gliederungen, der Zahl und der Zeit nach kreisweise geordnet, jeweils rechtzeitig zu beantragen.

3.) Die Gauleiter haben die entsprechende Anzahl der von der H.J. jeweils auf Zeit angeforderten Führer nach Rücksprache mit den Führern der Gliederungen durch die Kreisleiter im Einvernehmen mit den für die einzelnen Kreise zuständigen Führern der Gliederungen aussuchen und sich melden zu lassen.

. . .

8.) Neben der mit dieser Anordnung erstrebten Sicherstellung der H.J.-Arbeit ersuche ich alle Hoheitsträger der Partei künftig im Interesse der Heranziehung eines guten Nachwuchses für die Partei um noch stärkere Beachtung der H.J.-Arbeit. Sie haben das Recht, jederzeit auch uneingeladen an Veranstaltungen und Dienstabenden der H.J. teilzunehmen und, wenn sie es für erforderlich halten, zur Jugend zu sprechen. Allen Hoheitsträgern vom Kreisleiter an aufwärts steht im übrigen das Vetorecht bei allen Führerernennungen in der H.J. zu. Soweit der Reichsjugendführer sich die Stellenbesetzungen selbst vorbehalten hat, sind etwaige Einsprüche seitens der Gauleiter an mich zu richten.
Ich erinnere in diesem Zusammenhang daran, daß die Hitler-Jugend ebenso wie alle anderen Gliederungen in ihrem äußeren Auftreten an die politischen Weisungen der Hoheitsträger gebunden ist. Damit ist aber ein direktes Eingriffsrecht in den inneren Dienstbetrieb nicht gegeben.

9.) Ich erwarte von allen Hoheitsträgern, daß sie in richtiger Würdigung der Bedeutung der Jugendarbeit von sich aus alles tun, was zur Förderung dieser Arbeit im Sinne des Führers überhaupt nur getan werden kann.

München, den 8. Oktober 1935   gez. R. Heß

Zentrales Staatsarchiv Potsdam, Film Nr. 14652.

51. Das Geheime Staatspolizeiamt über die Verfolgung der bündischen Jugend, Oktober 1935

Geheimes Staatspolizeiamt
II 1 C

G e h e i m !   (Oktober 1935)
Opposition, Reaktion.

...

III. Bündische Bewegung.
Die Beobachtung der Tätigkeit führender Kreise der früheren »Bündischen Jugend« gab Veranlassung, die Staatspolizeistellen und Politischen Polizeien der Länder auf das Wesen und die

Ziele, sowie auf die erhöhte Tätigkeit der Bündischen Jugendgruppen aufmerksam zu machen. Im gesamten Reichsgebiet wurden umfangreiche Ermittlungen eingeleitet, aus denen sich ergab, daß die zersetzende Tätigkeit bündischer Kreise in letzter Zeit stark zugenommen hat. In einzelnen Fällen wurden bei dem Oberreichsanwalt Verfahren gegen ehem. Angehörige der »Bündischen Jugend« eingeleitet.

Dabei zeigte sich immer wieder, daß seinerzeit versäumt worden ist, alle Bündischen Jugendorganisationen zu verbieten. Der direkte Beweis einer hochverräterischen Betätigung läßt sich in der Mehrzahl der Fälle nur sehr schwer erbringen. Das Mittel der Schutzhaft, das in einzelnen Fällen zur Anwendung gebracht worden ist, hat sich als unzureichend erwiesen, da sie nur kurze Zeit aufrechterhalten werden konnte. Wie groß die Zahl der bisher im Bündischen Sinne in Erscheinung getretenen Personen ist, geht daraus hervor, daß sich bei der hiesigen Zentralkartei z. Zt. etwa 3 000 Karteikarten befinden. Bei den karteimäßig erfaßten Personen handelt es sich aber in der Hauptsache um solche, die sich hervorragend organisatorisch im Sinne der B.J. betätigt haben.

Im Verlaufe der Ermittlungen gegen einzelne Bündische konnte der Beweis erbracht werden, daß in diesen Kreisen die Homosexualität weit verbreitet ist. Weiterhin wurde festgestellt, daß nach einheitlichen organisatorischen Richtlinien, die anscheinend von dem z. Zt. in England befindlichen Eberhard K ö b e l genannt T u s k herausgegeben werden, ein Neuaufbau der »Bündischen Jugend — d.j. 1.11.« erfolgt. Als Endziel schwebt den Bündischen die Gründung des »Jungenstaates« vor, der frei von jeder gesetzlichen Ordnung geschaffen werden soll. Ein Verbot der d.j.1.11. und aller ähnlichen Bünde wird in kürzester Zeit erfolgen, damit dadurch eine Handhabe zum Einschreiten gegen die Betätigung einzelner früherer bündischer Gruppen gegeben ist.

Zentrales Staatsarchiv Potsdam, RMdI, Nr. 27079/26, Bl. 455, 470 f.

52. Das Reichskriegministerium über Erfahrungen bei der Musterung 1935, 9.11.1935

Der Reichskriegsminister   Berlin, den 9. November 1935

Betr.: Erfahrungen bei der Musterung 1935

An
das Reichsministerium für Wissenschaft, Erziehung und Volksbildung
das Reichsministerium für Volksaufklärung und Propaganda
den Herrn Reichsjugendführer

In den Erfahrungsberichten über die Musterung 1935 betonen mehrere Wehrersatzdienststellen eine außerordentliche Unkenntnis der Dienstpflichtigen (Jahrgang 1914, 1915) über den Weltkrieg.
Diese Unkenntnis erstreckt sich sogar vielfach auch auf die Beteiligung der nächsten Verwandten am Weltkriege. Viele wissen nicht einmal, bei welchem Truppenteil und auf welchem Kriegsschauplatz ihr Vater gefochten hat, ob er verwundet wurde, wann und wo er gefallen ist. Seit dem Abgang dieser Jahrgänge von der Schule ist hierin ein grundlegender Wandel angebahnt. Das Reichskriegsministerium möchte trotzdem auf die geschilderten Tatsachen hinweisen und anregen, die jetzt allgemein zunehmende Besinnung auf Stammbaum und Familie auch auf dieses Gebiet zu lenken und bei der Jugend den Stolz auf die Teilnahme des Vaters und der nächsten Verwandten am Weltkrieg zu erwecken und zu kräftigen.

I.A.
(Unterschrift)

Stadtarchiv Plauen, III. IV. IE., 77, Bl. 29.

53. Überblick über die Führerschulung der HJ, 1935

Als die Hitler-Jugend nach der Machtergreifung den Anspruch durchsetzte, allein den jungen Deutschen politisch und körperlich zu erziehen, wuchs sie in sprunghafter Entwicklung zu einer Millionenorganisation an. War sie vorher eine Gliederung der um die politische Macht kämpfenden Partei gewesen, so wollte sie nun, da das Ziel der Machtergreifung erreicht war, die ganze Jugend einigen, im Geist der nationalsozialistischen Weltanschauung aufwachsen lassen und auf diese Weise zur Sicherung des nationalsozialistischen Staates beitragen. Diese neue Aufgabe, die das Schwergewicht vom politischen Tageskampf auf die kämpferische Erziehung für die Zukunft verlegte, stellte Fragen organisatorischer Art — mußte doch eine Verwaltung zur Erfassung und Führung der Millionen geschaffen werden —, aber noch größere Anforderungen an die Führer und Führerinnen, welche die geplante Erziehungsarbeit in die Hand nehmen sollten. Legt man die Zahl von 6 Millionen Mitgliedern zugrunde, die Jungvolk, HJ und BDM nach einer Statistik am 30. November 1934 hatten, ... so ergibt sich allein ein Bedarf von 400 000 Führern und Führerinnen für die kleinsten Einheiten, für die Kameradschaften der HJ und die Jungenschaften des DJ, die Mädelschaften des BDM und die Jungmädelschaften der Jungmädel. Dazu kommen noch Zehntausende, die notwendig sind, um die größeren Einheiten zu führen und die Stäbe zu besetzen. So viele Führer werden nicht geschenkt, sondern müssen in jahrelanger Arbeit erzogen werden.

Unter diesen Voraussetzungen versteht man, welchen Wert die Reichsjugendführung auf die Schulungsarbeit und auf den Ausbau der Führerschulen legen mußte. Man faßte die Unterführer zu Kurzlehrgängen in Jugendherbergen und Zeltlagern während des Wochenendes zusammen, richtete Sonderlehrgänge, für Fest- und Feierspielberater und alle möglichen anderen Referenten ein. Vor allem aber erhielten jedes Gebiet der HJ und jeder Obergau des BDM eigene Führerschulen, wo Führeranwärter und aktive Führer zu mehrwöchigen Lehrgängen zusammengezogen wurden. Die besten Teilnehmer dieser Lehrgänge wurden in die Reichsführerschule der HJ nach Potsdam oder nach Kalmuth bei Remagen, bzw. in die Reichsführerinnenschulen des BDM nach Potsdam, Godesberg oder Boyden berufen. Diese Ausbildung der höheren Führer soll demnächst durch den Besuch der in Braunschweig zu schaffenden Akademie der Jugendführung und mit einer Prüfung vor einer Kommission der Reichsjugendführung abgeschlossen werden. In seiner Rede über die Erziehungsarbeit der Hitler-Jugend hat der Reichsjugendführer am 1. November in Oldenburg erklärt: »Von einem Zeitpunkt an, den ich noch bestimmen werde, wird nur zum Bannführer ernannt werden, wer zwei Jahre mit Auszeichnung Dienst in der HJ getan hat, dann im Arbeitsdienst und in der Wehrmacht seinen Dienst geleistet, und schließlich einen einjährigen Kursus bei der Akademie der Jugendführung mit einer Prüfung abgeschlossen hat. Nach Erlangung des hiermit verbundenen Diploms der Jugendführung hat der künftige Führer zur Ausbildung ein halbes Jahr Auslandsdienst durchzumachen. Der künftige Führer wird also mit Einschluß von Arbeitsdienst und Wehrpflicht eine fünfjährige Ausbildung erfahren, so daß das Führerkorps zukünftig eine Zusammensetzung haben wird, der das Volk das wertvollste was es besitzt, seine Jugend anvertrauen kann.«

Sind über die Akademie der Jugendführung nur diese programmatischen Äußerungen von Schirachs bekannt, so liegen über Methoden und Ergebnisse der bisherigen Führerschulung praktische Erfahrungen und genaue Zahlen vor. Den Hauptwert legte man auf weltanschauliche Schulung, die auf der Kenntnis germanischer und deutscher Geschichte beruht, auf die körperliche Ertüchtigung und die Vermittlung allerlei anderer Fertigkeiten für den praktischen Dienst in den Einheiten. Dazu kommen noch Geländesport und Kleinkaliberschießen für die männlichen Lehrgangteilnehmer. Über die zeitliche Aufteilung des Ausbildungsplans nach den einzelnen Fächern mögen Zahlen Auskunft geben, die dem oben bereits zitierten Buch des Reichsjugendführers entnommen sind. Danach verteilen sich die 143 Unterrichtsstunden eines dreiwöchigen Lehrgangs einer HJ-Schule auf Geländesport mit 51 Stunden, auf Kleinkaliberschießen mit 10 Stunden, auf Leibesübungen mit 27 Stunden, auf Singen mit 21

und auf weltanschauliche Schulung mit 38 Stunden. Der zahlenmäßige Umfang der Führerschulung geht daraus hervor, daß von Januar bis Dezember 1934 17275 HJ-Führer, 4370 Jungvolkführer und 30 000 BDM-Führerinnen Lehrgänge durchlaufen haben. 1750 HJ- und Jungvolkführer erhielten Sonder- und 20 000 eine Geländesportausbildung. Diese Jungen und Mädchen sind in die Heimat zurückgekehrt und haben dort nach den erhaltenen Richtlinien die körperliche Ertüchtigung und weltanschauliche Schulung der Formationen betrieben. Die Sportfeste der HJ und des BDM im ganzen Reich haben der Öffentlichkeit Gelegenheit gegeben, diese Arbeit kennenzulernen. Ein Anreiz zur Steigerung des sportlichen Könnens war die Aussicht, das Leistungsabzeichen, das für die HJ den verschiedenen Altersstufen entsprechend bestimmte Übungen verlangt, zu erringen. Für das Jungvolk ist ein besonderes Leistungsabzeichen vor einigen Wochen geschaffen worden. Die körperliche Ertüchtigung vollzog sich am sogenannten Staatsjugendtag, auf Fahrten und in Lagern sowie in besonderen Lehrgängen.
Die weltanschauliche Schulung der Formationen geht auf den Heimabenden vor sich. Die Reichssendeleitung hat in Verbindung mit der Reichsjugendführung die Stunde der jungen Nation, eine regelmäßige Rundfunkstunde geschaffen, die von der Hitler-Jugend in den Heimen abgehört wird. Eine Woche vorher erhalten die Formationen zu dieser Sendung, die nur anregen soll, eine Schulungsmappe. Diese Schulungsmappe enthält Unterlagen für die weitere Ausgestaltung des Themas, Vorlesetexte, Lieder, Bilder und Holzschnitte, die zu der Sendung passen. Diese Schulungsmethode wurde von Obergebietsführer Stellrecht geschaffen; inhaltlich beschäftigt sie sich meist mit Themen deutscher Geschichte, die in Hörspielen dramatisiert werden.
Die »Stunden der jungen Nation« sind ein unentbehrliches Hilfsmittel für alle Einheiten, die nicht in der Lage sind, einen Schulungsplan aus eigenen Kräften zu gestalten. In dieser Feststellung sind Vorzüge und Nachteile dieser Schulungsmethode ausgesprochen. Sie hilft, wo es notwendig ist, über einen toten Punkt hinweg, kann aber auch dazu beitragen, daß über andern Geschäften die eigne Gestaltung des Heimabends vernachlässigt wird. Die Verantwortung dafür liegt jedoch allein bei den Führern und Führerinnen der unteren Einheiten. Je weiter ihre Ausbildung fortschreitet, desto mehr werden sie selbst zum Eigenleben ihrer Kameradschaften usw. beitragen. Die Tatsache, daß es in vielen Formationen dieses Eigenleben bereits gibt, ist der beste Beweis dagegen, daß die Stunde der jungen Nation nicht zwangsläufig zur Uniformierung der Heimabende hinzuführen braucht.

Kölnische Zeitung, 25.11.1935.

54. Der Leiter des sozialen Amtes der Reichsjugendführung Artur Axmann spricht vor rheinischen Industriellen über die Bedeutung des Reichsberufswettkampfes für die deutsche Wirtschaft und die HJ, 31.1.1936

Am Freitag hatten sich in den Städten Düsseldorf und Essen die führenden Männer der rheinischen Industriellen sowie zahlreiche Vertreter von Partei und Staat versammelt, um von Obergebietsführer Axmann, dem Leiter des Reichsberufswettkampfes der deutschen Jugend 1936, grundsätzliche Ausführungen über die ideelle sowie über die wirtschafts- und sozialpolitische Bedeutung dieses Leistungswettstreites entgegenzunehmen.
Ausgehend von der Bedeutung des diesjährigen Wettkampfes der erstmalig Studenten und Jungarbeiter zu gemeinsamem beruflichen Wettstreit vereinige und so mithelfe, die Kluft einer vergangenen Zeit zu überwinden, kündigte der Redner sodann im Laufe seiner Rede an, daß in diesem Jahre zum ersten Male eine Auswertung der einzelnen Ergebnisse erfolgen werde. Dabei entstehe für die Wirtschaft die große Erleichterung, daß sie auf Grund der Ergebnisse einen klaren Überblick über den Nachwuchs in den einzelnen Facharbeitergruppen erhalte. Weiter sei für die kommenden Jahre die Erstellung graphischer Übersichtskurven vorgesehen, die demselben Zweck dienen sollen. Ferner betonte der Obergebietsführer den Willen der Ju-

gend, die Harmonie zwischen ihrem Willen zur Leistung und ihrem beruflichen Können herzustellen. Die dadurch erreichte Leistungssteigerung ziehe jedoch für den Jungarbeiter das moralische Recht auf eine Erhöhung der Freizeit nach sich.

Abschließend unterstrich Axmann die grundsätzliche Auffassung, daß die Erfüllung der Pflichten der Rechte vorangehen müsse. Jedoch gebe andererseits die gut erfüllte Pflicht ein Anrecht auf wohlerworbene Rechte.

Völkischer Beobachter, 1.2.1936.

55. Erneutes Verbot von Gruppen der bündischen Jugend durch die Gestapo in Köln, 13.2.1936

Preußische Geheime Staatspolizei   Köln, den 13. Febr. 1936
Staatspolizeistelle
für den Regierungsbezirk Köln
Abt. III 511/36

Betrifft: Bündische Jugend.
Vorgang: Ohne.

Entsprechend Erlaß des Reichs- und Preußischen Ministers des Innern vom 4.2.36 — III P.3701/24 — sind alle Gruppen und Vereine der Bündischen Jugend (Großdeutscher Jugendbund, Deutscher Pfadfinderbund, Deutschmeister Jungenschaft, Deutsche Jungenschaft vom 1.11. Trucht, Deutsche Freischar, Stromkreis, Nerother Wandervogelbund, Verein zur Erhaltung der Rheinischen Jugendburg, Das Graue Korps usw.) aufzulösen, soweit sie sich nicht selbst aufgelöst haben.

Für die Zukunft ist jede Einwirkung auf Jugendliche zum Zwecke der Fortsetzung bündischer Gruppen und Vereine gemäß §§ 1, 4 der Verordnung des Reichspräsidenten zum Schutze von Volk und Staat vom 28.2.33 (RGBl. I, S. 83) verboten.

Über die Behandlung des bündischen Schrifttums folgt noch besondere Weisung. Ich ersuche um beschleunigte Durchführung und Bericht bis zum 1.3.36.
Fehlanzeige ist erforderlich.

gez. Dr. Isselhorst

An
den Herrn Polizeipräsidenten — nachrichtl. — in Köln
den Herrn Oberbürgermeister in Bonn
die Herren Landräte des Bezirks
die Abt.: II Insp., II, IV, V u. VI im Hause.

Hauptstaatsarchiv Düsseldorf, RW 18 - 7, Bl. 57.

56. Erneutes Verbot der bündischen Jugend durch die Hamburger Gestapo, 17.2.1936

Verfügung.

Auf Grund der §§ 1 und 4 der Verordnung des Reichspräsindenten zum Schutz von Volk und Staat vom 28. Februar 1933 werden alle — auch die getarnt fortgeführten — Gruppen und Vereine der Bündischen Jugend wie
           Großdeutscher Jugendbund,

Deutscher Pfadfinderbund,
Deutschmeister Jungenschaft,
Deutsche Jungenschaft vom 1.11.,
Deutsche Jungentrucht,
Deutsche Freischar,
Fahrende Gesellen/Turnergilde DHV,
Stromkreis,
Nerother Wandervogelbund,
Verein zur Erhaltung der Rheinischen Jugendburg,
Das Graue Corps,
Jugendgruppe Blau-Silber,
Nordwestdeutsche Autonome Jungenschaft,
Wanderbund Sturmvogel,
Deutscher Späherbund,
Freischar Junger Nation und,
Hansische Späherschaft usw.

aufgelöst und für die Zukunft jeder Zusammenhalt und jeder Einfluß auf Jugendliche zum Zwecke der Fortführung der Bündischen Gruppen und Vereine unter Androhung einer Gefängnisstrafe nicht unter einem Monat oder einer Geldstrafe von RM 150,- bis RM 15.000,- verboten.

Da Empfangsberechtigte nicht zu ermitteln sind, ist die Veröffentlichung vorstehender Anordnung als öffentliche Zustellung zu betrachten.

Hamburg, den 17. Februar 1936.

GEHEIME STAATSPOLIZEI
gez. Streckenbach

Archiv der deutschen Jugendbewegung, Burg Ludwigstein.

57. Aus den Durchführungsbestimmungen des Organisationsamtes der Reichsjugendführung zur Aufnahme des Jahrganges 1926 in die HJ, März 1936

Der Reichsjugendführer Baldur von Schirach hat das Jahr 1936/37 zum »Jahr des Deutschen Jungvolks« erklärt. Jeder deutsche Junge und jedes Mädchen, die bisher der Hitler-Jugend und ihren Unterorganisationen noch nicht angehört haben, sollen von ihr erfaßt werden, um so die Schule der Gemeinschaft zu durchlaufen, die wahre Nationalsozialisten aus ihnen bildet. Das Organisationsamt der Reichsjugendführung hat nunmehr die Ausführungsbestimmungen bekanntgegeben, nach denen die Arbeit der HJ. den Nachwuchs der Zehn- bis Vierzehnjährigen in den Einheiten des Deutschen Jungvolkes und der Jungmädel erfassen soll.
Es werden zur Probe im Laufe des Jahres 1936 alle Jungen und Mädel des Jahrganges 1926 aufgenommen, soweit sie den Grundbedingungen für eine Aufnahme in die HJ. und deren Untergliederungen entsprechen (arisch, reichsdeutsch, erbgesund usw.). Die Aufnahme der Zehnjährigen erfolgt in der Zeit vom 20. März bis 20. April 1936. Bei den früheren Jahrgängen (1925 bis 1922) können Aufnahmen zur Probe vorgenommen werden. Der Jahrgang 1925 kann dabei in der Zeit vom 20. März bis 20. April 1936 aufgenommen werden ... Nach erfolgter Anmeldung und Ausfüllung des Probeaufnahmescheines werden die Jungen bzw. Mädel der für ihre Wohnung zuständigen Einheit zugeteilt, um sich einer Probedienstzeit im Deutschen Jungvolk (DJ.) bzw. bei den Jungmädeln (JM.) zu unterziehen. Die Probedienstzeit dauert, je nach der Tüchtigkeit des DJ.-Anwärters bzw. der JM.-Anwärterin, für DJ. mindestens zwei, höchstens sechs Monate, für Mädchen drei Monate. Bei der Zuteilung zu einer Einheit wird auf eine altersmäßig möglichst ausgeglichene Zusammensetzung dieser Einheit gesehen. Es soll da-

mit der Grundstein zu einem jahrgangsweisen Aufbau des Deutschen Jungvolks gelegt werden. Vom Tag des Probedienstantritts an beginnt der Dienst der neueintretenden Jungen und Mädel, deren geistige und körperliche Regsamkeit während der Probedienstzeit besonders überprüft wird. Während der Probedienstzeit hat der bzw. die Neueintretende jeden Dienst mitzumachen, wobei nur Krankheit als Entschuldigung gelten kann.

Der Probedienst
Diese Probedienstzeit setzt sich aus wöchentlich einem Heimnachmittag, monatlich in der Regel zwei Fahrten, sowie aus monatlich zwei Appellen der DJ.-Anwärter, bzw. sechswöchentlich einem Appell der JM.-Anwärterinnen zusammen. Die HJ.-Versicherung gilt bereits während der Probedienstzeit.
Während der Probedienstzeit werden die DJ.—Anwärter und Jungmädelanwärterinnen ärztlich auf ihre Eignung untersucht. Die endgültige Aufnahme kann nur erfolgen, wenn das Tauglichkeitszeugnis des zuständigen Arztes vorliegt.
Nach bestandener Pimpfenprobe dürfen in das DJ. nur die Jungen aufgenommen werden, die im Gesundheitspaß den Vermerk »tauglich« oder »bedingt tauglich« haben. Bei der ärztlichen Untersuchung können Jungen und Mädel des Jahrganges 1926 aus gesundheitlichen Gründen (körperliche Schwäche usw.) auf ein Jahr vom Eintritt in das DJ. zurückgestellt werden.
Aufnahmegebühren und Beiträge werden bei Beginn und während der Probedienstzeit nicht erhoben. Erst von dem Zeitpunkt der Aufnahme gelten uneingeschränkt die vom Verwaltungsamt der Reichsjugendführung festgesetzten Bestimmungen, einschließlich der Bestimmungen über Erleichterung der Beitragszahlung. Die geldliche Frage wird bei der Probeaufnahme bzw. Aufnahme in das DJ. und JM. unter keinen Umständen als Hindernisgrund auftreten.
Während der Probedienstzeit ist der Pimpf und das Jung-Mädel berechtigt, den Dienstanzug des DJ. bzw. die Bundestracht der JM. zu tragen, wobei der Pimpf jedoch keine HJ.-Abzeichen und Schulterstreifen trägt, bis er hierzu auf Grund der abgelegten Pimpfenprobe berechtigt ist. Bedürftige werden mit Hilfe der nationalsozialistischen Volkswohlfahrt eingekleidet.
Nach Ableistung der Probedienstzeit werden die DJ.-Anwärter und JM.-Anwärterinnen feierlich in die DJ. bzw. JM. aufgenommen. Die in das Deutsche Jungvolk und die Jungmädelschaft aufgenommenen Jungen und Mädel bilden jahrgangsweise Einheiten, so daß z.B. zukünftig alle zehn- und elfjährigen eines Ortes oder Stadtteils zusammengefaßt werden. Unmittelbar nach der Aufnahme beginnt der regelmäßige Dienst der Pimpfe und Jungmädel und damit ihr Weg durch die Schule der Nation.

Der Freiheitskampf, 7.3.1936.

58. Anordnungen des Amtes für weltanschauliche Schulung der Reichsjugendführung für die Durchführung von HJ-Heimabenden, April 1936

Kameraden!

Inhalt und Form sind in unserer Arbeit eine Einheit.
Der gleiche Dienstanzug, den wir im ganzen Reich tragen, gibt dem gleichen Ziel, das wir erkämpfen, Ausdruck. Die Marschkolonne mit straffer Haltung jedes einzelnen, mit Gleichschritt und tadelloser Ausrichtung kündet von unserer inneren Disziplin und Kameradschaft. Wo inneres Wollen und äußere Form nicht zusammenstimmen, da entsteht ein Mißklang.
Das gilt auch für den Heimabenddienst. Auch hier soll die äußere Form in Einklang stehen mit dem inneren Wollen, sie soll dieses ausdrücken, unterstützen und fördern.
Der in der nachstehenden Anordnung festgelegte Rahmen für die Heimabende ist vebindlich für sämtliche Einheiten der Hitler-Jugend und des Deutschen Jungvolkes. Er wurde geschaf-

fen, um eure Arbeit erleichtern zu helfen. Seine Hauptaufgabe ist, durch Betonung des Beginns und des Endes des Heimabends, diesen von allem übrigen Geschehen vorher und nachher abzuheben und dadurch das Erlebnis dieser Gemeinschaftsstunde zu verstärken. Ferner soll er jedem Kameraden ins Bewußtsein rufen, daß jeder Heimabend, gleich, ob ernsten oder heiteren Inhalts, Dienst an der Bewegung ist.

Die folgenden Hinweise sind nicht verbindlich, ihr sollt euch ihrer aber bedienen, wo die Voraussetzungen dazu gegeben sind.

Anordnung zur Durchführung des Heimabenddienstes

1. Der Heimabendleiter bereitet den Heimabend sorgfältig vor.
2. Leiter des Heimabends ist der Führer der den Heimabend gestaltenden Einheit oder ein von ihm beauftragter Unterführer bzw. Jugendgenosse.
3. Der für den Heimraum verantwortliche Führer bestimmt monatlich einen Jugendgenossen, der das Heim vor Beginn jedes Heimabends säubert, aufräumt, lüftet bzw. heizt.
4. Der Heimabend beginnt pünktlich zur angesetzten Stunde.
5. Der Heimabenddienst wird im Dienstanzug versehen. Entschuldigungen gelten nur bei verspätetem Berufsschluß oder Nichtvorhandensein eines Dienstanzuges.
6. Wer verspätet eintritt, grüßt kurz, ohne zu stören und entschuldigt sich nach Beendigung des Heimabends.
7. Der Führer der Einheit betritt als letzter, d.h. pünktlich zur angesetzten Zeit den Heimraum. Der dienstälteste Unterführer oder Jugendgenosse gibt das Kommando »Achtung!« (alle erheben sich von den Plätzen) und meldet: »Schar X zum Heimabend angetreten«. Der Führer der Einheit dankt. Die Plätze werden wieder eingenommen.
8. Notwendige Befehlserteilungen, Beitragsregelungen usw. werden sofort nach der Meldung vorgenommen und dürfen nicht mehr als 15 Minuten in Anspruch nehmen.
9. Der Führer der Einheit gibt das Zeichen zum Beginn des Heimabends.
10. Der Heimabend beginnt in jedem Fall mit einem Lied.
11. Im Heimabend werden nur Lieder gesungen, die alle kennen. (Zum Üben von Liedern werden Singeabende angesetzt.)
12. Der Heimabend schließt mit einem Lied und dem Sieg-Heil auf den Führer. Nach Beendigung des Liedes sagt der Führer der Einheit: »Wir grüßen den Führer. Adolf Hitler Sieg-Heil! Sieg-Heil! Sieg-Heil!«

Hinweise zur Durchführung des Heimabends

1. Die Heimabendgemeinschaft umfaßt höchstens eine Schar bzw. einen Jungzug, keine größere Einheit.
2. Der Heimraum wird, wenn es die Witterungsverhältnisse zulassen, kurz vor Beginn des Dienstes gemeinsam betreten, ebenso unmittelbar nach Beendigung des Heimabends gemeinsam verlassen. Zu weiteren Zusammenkünften kann das Heim dann neu betreten werden.
3. Wir verzichten auf Tische, die nur zu lässiger Haltung verleiten. Wir ordnen die Stühle oder Schemel im 3/4-Kreis. Im offenen Viertel sitzt der Leiter des Heimabends.
4. Der Blick der Teilnehmer fällt über den Heimabendleiter auf das Bild des Führers.
5. Der Leiter des Heimabends ist bemüht, viele Jugendgenossen zur Gestaltung mit heranzuziehen, soweit hierdurch nicht das Gelingen des Abends gefährdet wird.
6. Der Heimabendleiter leitet den Heimabend straff und bestimmt. Mit Nervosität und Schimpfen erreicht er jedoch nichts. Der Grund für Unaufmerksamkeit ist meistens in mangelhafter Durchführung des Abends zu suchen.
   Wenn der Führer der Einheit den Heimabend nicht selbst leitet, so beschränkt er seine Eingriffe auf das notwendige Maß.
7. Wir sind bestrebt, mit unseren eigenen Worten zu schulen.
   Wir lesen nur vor, wenn die Ausführungen vom Führer oder Reichsjugendführer stam-

men, wenn der vorliegende Text dichterisch gestaltet ist, oder wenn die eigene Wiedergabe die Wirkung einer vorliegenden Schrift nicht annähernd erreicht. Wir pflegen bewußt die uns angeborene Erzählergabe.

Die Kameradschaft. Blätter für Heimabendgestaltung der Hitler-Jugend, Folge 7, 15.4.1936, S. 1 f.

59. Aus den Richtlinien der Reichsanstalt für Arbeitsvermittlung und Arbeitslosenversicherung über die Betreuung von Jugendlichen ohne Lehr- und Arbeitsstelle, 13.5.1936

Der Präsident
der
Reichsanstalt für Arbeitsvermittlung
und Arbeitslosenversicherung

Berlin-Charlottenburg 2
den 13. Mai 1936

An
die Herren Präsidenten
der Landesarbeitsämter

Betrifft: Maßnahmen für die männlichen Jugendlichen des Schulentlassungsjahrganges 1936, denen eine Lehre oder Ausbildungsstätte nicht vermittelt werden konnte

I.

In verschiedenen Gebieten des Reiches ist es nicht möglich gewesen, die schulentlassenen Jugendlichen in vollem Umfang in Lehr- und Ausbildungsstätten unterzubringen.[1] Diese Jugendlichen befinden sich in einer Notlage und sittlich-charakterlichen Gefahr, die wirksame Gegenmaßnahmen erfordert. Sie sollen daher auf Grund freiwilliger Meldungen Gelegenheit zu ernsthafter handwerklicher Arbeit und sinnvoller geistiger und körperlicher Betätigung erhalten. Im Einvernehmen mit den obersten Reichsbehörden und Parteigliederungen, die ihre und ihrer Dienststellen tätige Mitarbeit und Unterstützung zugesagt haben, bestimme ich auf Grund des § 140 Absatz 2 AVAVG folgendes:

II.

Richtlinien für die Betreuung der nicht in Lehr-, Ausbildungs- und Arbeitsstellen untergebrachten männlichen Jugendlichen der Schulentlassungsjahrgänge 1935 und 1936.

1. **Art der Maßnahme:**
   Die männlichen Jugendlichen sollen möglichst ganztägig zu sinnvoller Beschäftigung zusammengefaßt werden. Diese Beschäftigung, die den beruflichen Gesichtskreis erweitern, Hinweise für die Berufsführung der Jugendlichen vermitteln und durch eine **allgemeine** handwerkliche und technische Schulung für eine künftige Berufstätigkeit vorbereiten soll, hat täglich 4-6 Stunden zu betragen. Ferner sind 2-4 Stunden für sportliche Betätigung und weltanschauliche Schulung anzusetzen. Die Jugendlichen sollen auch durch ein gemeinsames Mittagessen zusammengehalten werden. Die Ausgestaltung muß sich im einzelnen nach den örtlichen Gegebenheiten richten.

2. **Geltungsbereich:**
   Diese besonderen Maßnahmen kommen zunächst nur für bestimmte Notgebiete in Frage, bei denen die Zahl der nichtuntergebrachten Jugendlichen unverhältnismäßig hoch ist. Ich bitte, mir die Notgebiete, in denen Sie diese Maßnahmen für nötig halten, zu benennen.

3. **Personenkreis:**
   Zugelassen sind alle männlichen Jugendlichen, denen eine Lehr- und Ausbildungs- oder

Arbeitsstelle nicht vermittelt werden konnte, bis zum Alter von 16 Jahren, sofern sie bei dem für sie zuständigen Arbeitsamt gemeldet sind. Dabei sind auch die **Landjahrrückkehrer** zu berücksichtigen. Die Zahl der auf die einzelnen Landesarbeitsamtsbezirke fallenden Jugendlichen wird von mir kontingentmäßig festgesetzt werden. Der einzelne Lehrgang soll höchstens 50 Jugendliche umfassen.

4. Für die **Dauer** des einzelnen Lehrgangs sind zunächst 13 Wochen vorgesehen, falls es finanziell möglich ist, werde ich eine Ausdehnung auf 26 Wochen ermöglichen.

5. Die Durchführung kann je nach Lage der örtlichen Verhältnisse verschieden gestaltet sein. Die Maßnahmen sind möglichst an bestehende Schulungseinrichtungen der Arbeitsämter, der Gemeinden, der Deutschen Arbeitsfront, Berufsschulen usw. anzulehnen. Soweit andere Stellen (Berufsschule, Wirtschaft) nicht herangezogen werden können, müssen die Räume und das Material vom Arbeitsamt gestellt werden. Die Lehrkräfte stellen die Berufsschulen und die Deutsche Arbeitsfront. Soweit diese nicht ausreichen, sind geeignete, erfahrene Lehrkräfte aus den Kreisen der erwerbslosen Facharbeiter und technischen Angestellten vom Arbeitsamt zu verpflichten. Die weltanschauliche Betreuung und sportliche Ertüchtigung wird von der HJ durchgeführt. Für die Kosten der Verpflegung sind die Wohlfahrtsämter, die NSV und die Heeresdienststellen zu gewinnen.

. . .

7. **Für die Finanzierung** muß nachdrücklichst versucht werden, Mittel von den Gemeinden, der NSV, der Deutschen Arbeitesfront usw. zur Verfügung gestellt zu bekommen. Im übrigen gewährt die Reichsanstalt für jeden jugendlichen Teilnehmer und jeden Wochentag eine Beihilfe von 15 bis höchstens 20 Pf. Hieraus sind die anderweitig nicht aufgebrachten Aufwendungen für Räume, Material, Lehrkräfte, Versicherungsbeiträge zu bestreiten.

8. **Träger** der einzelnen Maßnahme soll grundsätzlich das Arbeitsamt im Zusammenwirken mit der Berufsschule, dem Wohlfahrtsamt, der Deutschen Arbeitsfront, der HJ, NSV usw. sein.

. . .

gez. Dr. Syrup

Akten der Parteikanzlei der NSDAP. Rekonstruktion eines verlorengegangenen Bestandes, hrsg. vom Institut für Zeitgeschichte, München/ Wien 1982, MF 243, Bl. 117 05313 ff.

1) Allein in den Bezirken der Landesarbeitsämter Schlesien, Brandenburg, Westfalen, Rheinland, Hessen, Sachsen und Bayern fehlten im Februar 1936 rd. 140 000 Lehrstellen für männliche und 108 000 für weibliche Jugendliche.

60. Bericht zur Lage der Fürsorgeerziehung Jugendlicher, 18.5.1936

Die Fürsorgeerziehung Minderjähriger steht seit dem Jahre 1933 im Zeichen eines grundlegenden Neuaufbaus. Nach einem Bericht des Statistischen Reichsamts im neuen Vierteljahresheft zur Statistik des Deutschen Reichs über den Stand der Fürsorgeerziehung in Preußen haben sich gegenüber den früheren Jahren die Voraussetzungen für eine erfolgreiche Durchführung der Fürsorgeerziehung wesentlich gebessert.
Die Gründe hierfür liegen in der gewandelten Rechtsprechung der Vormundschaftsgerichte und den nationalsozialistischen Grundsätzen, die erzieherisch aussichtsreichen Fälle zu fördern. Die Zahl der vorbeugenden Überweisungen von Kleinkindern und Schulpflichtigen ist erheblich gestiegen, so daß die erstrebte Verjüngung des Zöglingsbestandes schon deutlich in Erscheinung tritt. Insgesamt standen in Preußen Anfang 1935 rund 34 000 Minderjährige, und zwar 18 500 Knaben und 15 500 Mädchen, in Fürsorgeerziehung. Trotz der Erhöhung des Zöglingsbestandes um fast 2000 Köpfe sind die Gesamtkosten der Fürsorgeerziehung etwas ge-

sunken; sie beliefen sich im Rechnungsjahr 1934 auf knapp 20 Millionen RM. Ein Zögling kostet im Durchschnitt 606 RM. gegen 634 RM. im Vorjahr.

In dem Bericht sind zum ersten Male auch Zahlen angegeben über die Auswirkung des Gesetzes zur Verhütung erbkranken Nachwuchses; diese sind im allgemeinen niedriger, als vielfach angenommen wurde. Bei 4,8 vH. des Zöglingsbestandes hatten die Erbgesundheitsgerichte bisher die Unfruchtbarmachung beschlossen, bei 3,3 vH. war über den Antrag noch nicht rechtskräftig entschieden und bei weiteren 5,3 vH., die als erbkrank verdächtig schienen, war die zur Stellung eines Antrages erforderliche ärztliche Untersuchung noch nicht abgeschlossen. Der Hundertsatz des jährlichen Zuganges an erbkranken Zöglingen wird voraussichtlich niedriger liegen.

Völkischer Beobachter, 19.5.1936.

61. Anweisung zum Verbot von Vereinen der Landjugend durch die Gestapo in Köln, 22.5.1936

Preußische Geheime Staatspolizei   Köln, den 22.5.1936.
Staatspolizeistelle
für den Regierungsbezirk Köln
II 3 Nr. 1642/36

Betrifft: Auflösung der ländlichen Jugendvereine.

Nach einer Mitteilung des Verwaltungsamtes des Reichsbauernführers sind durch Verfügung vom 23. Januar 1934 alle Jugendorganisationen auf dem Lande aufgelöst worden.

Der sächsische Staatsminister des Innern hat mit Verordnung vom 7. Oktober 1935, veröffentlicht im sächsischen Verwaltungsblatt, Teil I, vom 8. Oktober 1935, die sogenannten ländlichen Jugendvereine polizeilich aufgelöst und verboten. Grund für die Auflösung waren wiederholte Eingaben des Landesbeauftragten des Jugendführers des Deutschen Reiches für das Land Sachsen und des Reichsnährstandes, Landesbauernschaft Sachsen. Beide wiesen in zahlreichen Schreiben darauf hin, daß die im Lande bestehenden rund 380 sogenannten Jugendvereine ihnen die Aufbauarbeit außerordentlich erschwerten und ein Sammelbecken von Mißvergnügten bildeten, die, anstatt in der HJ und im Reichsnährstand mitzuarbeiten, sich diesen Verpflichtungen durch Eintritt in derartige Geselligkeitsvereine entzögen.

Um abschließend prüfen zu können, ob ein solches Verbot auch für Preußen und die übrigen Länder zu erlassen ist, bitte ich um Bericht darüber:

1.) ob und welche ländlichen Jugendvereine dort noch bestehen,

2.) ob ein Verbot für notwendig erachtet wird.

Termin 10. Juni 1936. Fehlanzeige erforderlich.

Zusatz für die Herren Landräte:

Abdrucke für die Ortspolizeibehörden sind beigefügt.

gez. Dr. Isselhorst

An
den Herrn Oberbürgermeister in Bonn,
den Herrn Polizeipräsidenten — nachrichtl. — in Köln,
die Herren Landräte des Bezirks.

Hauptstaatsarchiv Düsseldorf, RW 18 - 7, Bl. 129.

62. Der Reichsführer SS Heinrich Himmler spricht vor HJ-Führern des ersten Reichsführerlagers der HJ über die Aufgaben der SS, 22.5.1936

SS und HJ marschieren im Gleichklang der weltanschaulichen Marschrichtung
Reichsführer SS Himmler vor der HJ-Führerschaft auf dem Brocken

Am Freitag unternahmen die Bannführer und Jungbannführer um 6.30 Uhr früh einen Aufstieg auf den Brocken. Zwei Sonderzüge führten von Braunschweig aus die 1000 HJ.-Führer aus dem ganzen Reichsgebiet nach Harzburg und nach Ilsenburg. Von Harzburg und Ilsenburg aus traten sie den Aufstieg in zwei Gruppen an. Nach zweistündigem Marsch traf der größte Teil der Führer auf der Spitze des Brockens ein. Die Obergebiete West und Mitte waren von Ilsenburg über das Molkenhaus und Scharfenstein gewandert, während die Führer der Obergebiete Ost, Nord und Süd von Ilsenburg den Weg über den Ilsenstein durch die Schneelöcher nahmen. Stabsführer Hartmann Lauterbacher stieg von Ilsenburg mit den HJ.-Führern auf den Brocken auf. Über dem Brockenkopf lag den ganzen Tag dichter Nebel.

Um 3.30 Uhr traf der Reichsführer SS. auf dem Brocken ein, nachdem er am Vormittage die Reichsführerschule der SS. in Braunschweig besichtigt hatte. Stabsführer Lauterbacher empfing den Reichsführer und meldete die angetretenen Formationen des Reichsführerlagers 1 der Hitlerjugend, worauf Pg. Himmler die Front abschritt. Infolge des ungünstigen Wetters hielt der Reichsführer seinen Vortrag im großen Saal des Brockenhauses.

Der Reichsführer ging in seiner großangelegten Rede auf die Organisation, das Wesen und den Aufbau der SS. ein und stellte mit aller Deutlichkeit die Aufgaben des SS.-Mannes und des SS.-Führers heraus. Der Reichsführer SS. Himmler ging vor allem auf die wechselseitigen Beziehungen zwischen körperlicher und geistiger Ausrichtung ein und betonte die Notwendigkeit, daß jeder SS.-Mann das SA.-Sportabzeichen und das Deutsche Sportabzeichen erwerben müsse. Die sportlichen Prüfungen, die sich wiederholen sollen, seien zwar eine harte Probe für die Leistungen des Körpers und des Charakters, aber diese körperlichen Leistungen erziehen zu Energie und zu festem Willen, auf die der einzelne SS.-Mann und die Organisation nicht verzichten können. Die körperlichen Anforderungen sollen aber nicht nur ausschließlich an die jungen SS.-Männer, sondern auch an die älteren Mitglieder der SS., selbstverständlich abgestuft nach biologischen Möglichkeiten, gestellt werden; denn das deutsche Volk müsse dahin kommen, nicht nur eine harte Jugend, sondern auch ein hartes Alter zu besitzen.

Der Reichsführer wandte sich am Schluß seiner Rede an die HJ.-Führer mit den Worten: »SS. und HJ. fühlen sich von Natur aus besonders verbunden und marschieren im Gleichklang der weltanschaulichen Marschrichtung«. Pg. Himmler lud nach Schluß der Rede die derzeit in Braunschweig im Führerlager versammelten HJ.-Führer zum Besuch der Reichsführerschule der SS. in Braunschweig ein.

Stabsführer Lauterbacher dankte im Namen der gesamten HJ.-Führerschaft dem Reichsführer für seine mit Begeisterung stürmisch aufgenommene Rede und erklärte, daß die HJ. die gesamte deutsche Jugend in den Grundsätze der Treue, Disziplin und Pflichterfüllung erziehe, die die Lebensgesetze der SS. und der Partei seien.

Völkischer Beobachter, 23.5.1936.

63. Aktionen der Gestapo in Köln gegen das Fortbestehen bündischer Jugendorganisationen, 28.5.1936

Preußische Geheime Staatspolizei   Köln, den 28. Mai 1936.
Staatspolizeistelle
für den Regierungsbezirk Köln
II 3 Nr. 1753/36

Betrifft: Fahrtenbetrieb der bündischen Jugend trotz des gegen sie ergangenen Verbotes.

Wie festgestellt worden ist, haben Angehörige der bündischen Jugend trotz des Verbotes vom 8.2.1936 zu Ostern 1936 eine Aktion durchgeführt, die den Zweck hatte, das getarnte Fortbestehen der bündischen Jugend zu kennzeichnen. Insbesondere sollen sich bei diesen Treffen die Kittelbach-Piraten beteiligt haben, die durch ihre abenteuerliche Aufmachung auffielen. Die einzelnen Ermittlungen zeigten ein Bild der rohesten sittlichen Verkommenheit. Es ist Brauch bei den Kittelbach-Piraten, daß bei den Nachtfahrten beide Geschlechter zusammen schlafen.

Nach hier eingelaufenen Meldungen beabsichtigen weiteste Kreise der bündischen Jugend zu Pfingsten ähnliche Treffen zu veranstalten. Hauptsächlich soll in Holland, Belgien und Luxemburg gelagert werden. Die dichten Wälder und das dünnbesiedelte Land bieten ihnen den besten Schutz. Die Grenzübertritte erfolgen meist mit älteren oder gefälschten Grenzausweisen.

Im Inland wurden u.a. folgende Haupttreffpunkte festgestellt:

1.) in der Gegend von Burg a.d. Wupper bis Altenberg. Dieses Wandergebiet ist schon traditionell geworden und es ist in der Umgebung Brauch, daß die Bürger und Bauern den Jungen und Mädchen in den Scheunen ein billiges Quartier gewähren. Andere werden in den Wäldern zelten.

2.) in der Gegend von Gummersbach bis Marienheide, wo sich hauptsächlich die verbotenen Nerother und Pfadfinder treffen wollen.

Ich ersuche, an den beiden Pfingsttagen Ermittlungen darüber zu veranlassen, ob und inwieweit bündische Jugend trotz des ergangenen Verbots noch fortbesteht und insbesondere Fahrtenbetrieb ausübt. Die zu treffenden Maßnahmen werden derart sein müssen, daß insbesondere die Gendarmerie, der die üblichen Zusammenkunfts- und Übernachtungsorte der bündischen Jugendgruppen bekannt sind, diesen Orten und wandernden Gruppen, die keiner nationalsozialistischen Gliederung angehören, ihre besondere Aufmerksamkeit zuwendet und die Personalien der Mitglieder solcher Wandergruppen, insbesondere wenn diese an den Lager- und Übernachtungsorten angetroffen werden, feststellt. In vielen Fällen wird der örtliche SD, mit dem vorher Verbindung aufzunehmen ist, ergänzende, für die Durchführung der vorgenannten Maßnahmen wesentliche Angaben machen können. Weitere Maßnahmen als die Personalienfeststellung erscheinen an den Pfingsttagen selbst nicht angebracht, sofern sie sich nicht aus anderen Gesichtspunkten, wie anstößige Kleidung, anstößiges Auftreten oder sonstwie ergeben. In erster Linie wird es darauf ankommen, festzustellen, ob diejenigen, die zusammen angetroffen wurden, jetzt noch irgendwie bündisch-organisatorisch zusammengeschlossen sind oder früher einer bündischen Jugendgruppe angehört haben, trotz formaler Auflösung also tatsächlich heute doch noch Gemeinschaft pflegen und Fahrten unternehmen.

Das Ergebnis der Feststellungen ist mir bis zum 5.6.1936 genau zu berichten.

Fehlanzeige ist erforderlich.

Zusatz für die Herren Landräte:

Überdrucke für die Ortspolizeibehörden sind beigefügt.

In Vertretung:
gez. Pitz.

An
den Herrn Polizeipräsidenten - nachrichtl. - in Köln,
den Herrn Oberbürgermeister in Bonn,
die Herren Landräte des Bezirks.

Hauptstaatsarchiv Düsseldorf, RW 18 - 7, Bl. 140 f.

64. Verfügung des Reichsjugendführers zum Nachweis der arischen Abstammung für die HJ-Führerschaft, 12.6.1936

Hiermit ordne ich an, daß jeder Führer der HJ (einschl. DJ) bzw. jede Führerin des BDM (einschl. JM) den Nachweis der arischen Abstammung zu erbringen hat.
Durchführungsbestimmungen ergehen vom Personalamt der Reichsjugendführung.

gez. Baldur von Schirach

Verordnungsblatt der Reichsjugendführung der NSDAP, IV/13, 12.6.1936, S. 151.

65. Aus den Durchführungsbestimmungen des Personalamtes der Reichsjugendführung zum Arier-Nachweis für die HJ-Führerschaft, 17.7.1936

I.
Deutschstämmig (arisch) ist derjenige, der frei von fremdem Bluteinschlag ist. Fremdstämmig sind Juden und Zigeuner, ferner die Angehörigen farbiger Völker.
Angehörige von Völkern, die seit geschichtlichen Zeiten in Europa leben (z.B. Engländer, Schweden, Franzosen, Polen, Italiener usw.) gelten als artverwandt, sofern sie frei von fremdem bzw. jüdischem Bluteinschlag sind.
Fremdstämmig sind alle Personen, deren Vorfahren einen farbigen, insbesondere jüdischen, Bluteinschlag aufweisen. Es genügt also, wenn ein Elternteil oder überhaupt ein Teil der Vorfahren, sofern sie nach dem 1. Januar 1800 geboren wurden, fremdstämmig war. In solche Fällen sind alle in direkter Linie abstammenden Nachkommen fremdstämmig (d.h. nichtarisch).

II.
Personen, die bis zum angegebenen Zeitpunkt nicht frei von jüdischem oder farbigem Bluteinschlag sind, können der Hitler-Jugend nicht angehören und sind auszuschließen ...

III.
Der Nachweis der Abstammung ist bis zu den Vorfahren zu erbringen, die am 1. Januar 1800 gelebt haben, d.h. im allgemeinen bis zu den Ururgroßeltern. Das Personalamt der Reichsjugendführung behält sich jedoch in Zweifelsfällen vor, weitere Nachforschungen anzustellen.

IV.
Zum Nachweis der deutschen Abstammung wird jedem Führer — der vom Personalamt der Reichsjugendführung bereits bestätigt ist bzw. bestätigt werden soll — von der Reichsjugendführung kostenlos eine Ahnentafel zur Ausfüllung zugestellt, die auf dem Dienstwege an das Personalamt der Reichsjugendführung zurückgegeben wird ...
In der Geburts- und Heiratsurkunde eines Vorfahren sind meist genügend Angaben vorhanden, die die Beschaffung der Urkunden seiner Eltern ermöglichen ... Treten bei der Beschaffung Schwierigkeiten auf, so hat sich der Betreffende Rat und Auskunft bei seiner vorgesetzten Dienststelle bzw. bei der zuständigen Partei-Dienststelle zu holen. Auf Wunsch geben auch die Standesämter Rat und Auskunft. Gelangt trotz aller Hilfsmittel der einzelne nicht zum Ziel, dann wird die Reichsjugendführung versuchen, auf dem Wege über die Reichsstelle für Sippenforschung die fehlenden Angaben zu beschaffen.
Haben Vorfahren im Auslande gelebt, so sind die Urkunden über die zuständige Deutsche Gesandtschaft bzw. über das Konsulat des betreffenden Landes anzufordern.
Um die zahlreichen Urkunden zu einem geordneten Abstammungsnachweis zusammenzufassen, um insbesondere die Beifügung aller einzelnen Urkunden bei der Führung des Nachweises zu ersparen und die Urkunden vor Verschleiß und möglichem Verlust zu bewahren, wurde

der Ahnenpaß geschaffen. Dieser Ahnenpaß enthält den Vordruck für eine Ahnentafel und
Vordrucke für die Geburts- (Tauf-) und Heirats- (Trau-) urkunden sämtlicher Ahnen bis zu
den sechzehn Ururgroßeltern ...
So stellt dann der ausgefüllte Ahnenpaß in handlicher Taschengröße und fester Heftform, ohne gefaltete Blätter, Einlagen oder dergleichen, einen vollkommenen, auch überall in Partei
und Staat verwendbaren Abstammungsnachweis dar. Die Gebühren für die Beglaubigung im
Ahnenpaß auf Grund einer vorgelegten Urkunde sind mit 0,10 RM für jede Eintragung, jedoch nicht mehr als 1,- RM bei jeder Vorlage, festgesetzt, so daß also die Beglaubigung des vollständig ausgefüllten Ahnenpasses für 1,- RM möglich ist. Im Falle des Unvermögens können,
wie bei der Ausstellung der einzelnen Urkunden, auch diese Gebühren erlassen werden.
...
z. K. g.
Der Reichskassenverwalter der Hitler-Jugend
gez. Berger

Der Leiter des Personalamtes
gez. John
Obergebietsführer

Verordnungsblatt der Reichsjugendführung der NSDAP, IV/16, 17.7.1936, S. 191 ff.

66. Aus der Verfügung des Reichsjugendführers über den Dienst im Deutschen Jungvolk, 10.7.1936

Verschiedene Klagen über Art und Dauer des Jungvolkdienstes weisen darauf hin, daß meine
Anordnungen über die Vermeidung von Überanstrengungen und die Dienstanweisungen des
Amtes für körperliche Schulung für den Jungvolkdienst von einzelnen Führern nicht beachtet
worden sind.
Das höchste Gut, das die Führer der Hitler-Jugend und des Deutschen Jungvolks zu wahren
haben, ist die Gesundheit der ihnen anvertrauten Jungen. Der Führer will keine weichlichen
Muttersöhnchen, sondern eine kraftvolle und sportlich durchtrainierte Jugend. Diese Erzie-
hung zu Kraft, Ausdauer und Härte darf aber nicht dazu führen, daß HJ- und DJ-Führer von
einem Jungen Leistungen verlangen, die dem Alter der Jungen nicht entsprechen, über deren
Kraft gehen und gesundheitliche Schäden zur Folge haben.
Im Jahr des Deutschen Jungvolks sind alle im Alter von 10 bis 14 Jahren stehenden Jungen zur
Parteijugend gekommen. Die Eltern, die damit dem Deutschen Jungvolk ihr kostbarstes Gut
anvertraut haben, müssen die Gewähr haben, daß die Gesundheit und Leistungsfähigkeit ihrer
Jungen im Jungvolkdienst nicht beschädigt oder herabgesetzt, sondern planmäßig gefördert
wird. Das Vertrauen der Elternschaft zur Führerschaft der HJ und des DJ ist die Grundlage un-
serer Erziehungsarbeit. Ich erwarte und verlange von jedem HJ- und DJ-Führer, daß er dieses
Vertrauen rechtfertigt ...

Verordnungsblatt der Reichsjugendführung der NSDAP, 10.7.1936, S. 1.

67. Aus dem gemeinsamen Aufruf und dem Vertrag des Reichsjugendführers mit dem Reichssportführer Hans von Tschammer und Osten zur Leibeserziehung der deutschen Jugend, 28.7.1936

Unmittelbar vor den Olympischen Spielen und im Angesicht der Jugend der ganzen Welt richten wir diesen gemeinsamen Aufruf an die Jugend Deutschlands:
Im Jahr des Deutschen Jungvolks hat die Jugendbewegung Adolf Hitlers durch die fast restlose

Erfassung der im Jungvolkalter stehenden Jugend einen gewaltigen Aufschwung genommen. Im gleichen Jahr ist der Zusammenschluß der deutschen Turn- und Sportverbände zum Deutschen Reichsbund für Leibesübungen vollzogen worden.

Damit haben wir gemeinsam die Voraussetzung für einen großzügigen und planvollen Aufbau der Leibeserziehung der deutschen Jugend im Sinne des nationalsozialistischen Volksstaates geschaffen.

Die deutsche Jugendbewegung und die deutsche Sportbewegung haben am Tage des Beginns der Olympischen Spiele durch die Abgrenzung ihrer Aufgabengebiete und durch die Festlegung ihrer gemeinsamen Arbeit an der deutschen Jugend, ihre innere Einigung vollzogen.

Unser Bekenntnis zur gemeinsamen Arbeit gewährleistet die Einheitlichkeit der Leibeserziehung der deutschen Jugend und bedeutet einen weiteren Schritt zu unserem Ziel, die Leibesübungen zu einer Lebensgewohnheit des deutschen Volkes zu machen.

Vertrag zwischen dem Jugendführer des Deutschen Reiches und dem Reichssportführer

Die gesamte Erziehung der Deutschen Jugend außerhalb der Schule ist Angelegenheit des Jugendführers des Deutschen Reiches.

Bei der Durchführung der körperlichen Ertüchtigung der Jugend wird der Reichssportführer maßgeblich gehört und beteiligt. Zur Regelung der Fragen der körperlichen Schulung der Jugend treffen der Jugendführer des Deutschen Reiches und der Reichssportführer folgende Vereinbarung:

A. Deutsches Jungvolk.

1. Der Reichsjugendführer und der Reichssportführer stimmen in der Auffassung überein, daß die gesamte körperliche, charakterliche und weltanschauliche Erziehung aller Jugendlichen bis zu 14 Jahren ausschließlich im Deutschen Jungvolk erfolgt.

2. Aus diesem Grunde führen die Vereine des DRL keine eigenen Jugendabteilungen für Jugendliche im Alter bis zu 14 Jahren. Der Reichssportführer veranlaßt, daß alle noch in der Organisation des Deutschen Reichsbundes für Leibesübungen stehenden Jugendlichen in das Deutsche Jungvolk eintreten.

3. Um den Nachwuchs für den Deutschen Reichsbund für Leibesübungen nicht zu gefährden und um dem gesunden Leistungsstreben der Jugendlichen Rechnung zu tragen, führt das Deutsche Jungvolk neben seinem allgemeinen Ausbildungsdienst in einem zusätzlich freiwilligen Übungsbetrieb diejenigen Sportarten durch, die vom Jugendlichen seiner Veranlagung und seiner Neigung entsprechend selbst gewählt werden können ...

4. Der DRL stellt für den Übungsbetrieb der Hitler-Jugend, soweit möglich, seine Übungsplätze, Übungsgeräte und für die Mitarbeit im Jungvolk geeignete Übungsleiter zur Verfügung.

B. Hitler-Jugend.

1. Zur Förderung der sportlichen Leistungen und zur Sicherung des Nachwuchses des Deutschen Reichsbundes für Leibesübungen ist die Betätigung aller sportlich veranlagten Jugendlichen im Alter von 14 bis 18 Jahren in den Vereinen des DRL erwünscht. Der DRL verpflichtet sich, seine Jugendlichen im Rahmen des vom Jugendführer des Deutschen Reiches gegebenen Erziehungsprogramms zu erziehen.

...

4. Der Jugendführer des Deutschen Reiches erkennt den hohen Wert einer Leibeserziehung durch den DRL an und fördert die Beteiligung der in der HJ erfaßten Jugendlichen an den Wettkämpfen und Wettspielen des Deutschen Reichsbundes für Leibesübungen.

Berlin, den 28. Juli 1936

Der Reichssportführer
gez. von Tschammer und Osten

Der Jugendführer des
Deutschen Reiches
gez. Baldur von Schirach

Verordnungsblatt der Reichsjugendführung der NSDAP, Sonderdruck, 31.7. 1936, S. 1 ff.

68. Aus der Verfügung der Reichsreferentin des BDM Trude Bürkner über den Dienst im Jungmädelbund, 4.9.1936

Der Jungmädeldienst ist Pflicht und fordert von jedem Jungmädel seine unbedingte Einhaltung. Nur Krankheits- oder besondere Ausnahmefälle, die der Führerin vorher mitgeteilt werden müssen, befreien das Jungmädel von seinem Dienst.
Bei vorher nicht gemeldeten Fernbleiben zum Dienst ist nachträglich eine schriftliche Begründung der Eltern notwendig.
Für die ordnungsgemäße Durchführung des Jungmädeldienstes ist die JM-Führerin voll verantwortlich. Die unbedingte Einhaltung der Bestimmungen über Zeit und Ort des Heimnachmittags und der Fahrt wird von jeder JM-Führerin gefordert.
Führerinnen, die diesen Anordnungen zuwiderhandeln, werden zur Verantwortung gezogen.
...

Verordnungsblatt der Reichsjugendführung der NSDAP, IV/21, 4.9.1936, S. 239.

69. Gesetz über die Hitlerjugend, 1.12.1936

Von der Jugend hängt die Zukunft des Deutschen Volkes ab. Die gesamte deutsche Jugend muß deshalb auf ihre künftigen Pflichten vorbereitet werden.
Die Reichsregierung hat daher das folgende Gesetz beschlossen, das hiermit verkündet wird:

§ 1

Die gesamte deutsche Jugend innerhalb des Reichsgebietes ist in der Hitlerjugend zusammengefaßt.

§ 2

Die gesamte deutsche Jugend ist außer in Elternhaus und Schule in der Hitlerjugend körperlich, geistig und sittlich im Geiste des Nationalsozialismus zum Dienst am Volk und zur Volksgemeinschaft zu erziehen.

§ 3

Die Aufgabe der Erziehung der gesamten deutschen Jugend in der Hitlerjugend wird dem Reichsjugendführer der NSDAP übertragen. Er ist damit »Jugendführer des Deutschen Reichs«. Er hat die Stellung einer Obersten Reichsbehörde mit dem Sitz in Berlin und ist dem Führer und Reichskanzler unmittelbar unterstellt.

§ 4

Die zur Durchführung und Ergänzung dieses Gesetzes erforderlichen Rechtsverordnungen und allgemeinen Verwaltungsvorschriften erläßt der Führer und Reichskanzler.

Berlin, den 1. Dezember 1936.
Der Führer und Reichskanzler
Adolf Hitler
Der Staatssekretär und Chef der Reichskanzlei
Dr. Lammers

Reichsgesetzblatt, Teil I, 1936, S. 993.

70. Der Chef des Amtes für körperliche Ertüchtigung der Reichsjugendführung Helmut Stellrecht über die Schießausbildung der HJ, 1936

Das Schießen
Alles bisher Erlernte dient, militärisch gesehen, zu gar nichts anderem, als um in bester Form an den Feind heran und zur Wirkung zu kommen: Der »Marsch« soll dem Soldaten mit einer

noch möglichst großen Kraftreserve heranbringen, das Zurechtfinden im Gelände soll ihn auf den richtigen Weg nach vorn führen, die Sinne sollen geschärft sein, um den Feind zu erkennen, das Gelände soll beurteilt und genutzt werden, um ohne Verluste den letzten Boden und den besten Einsatz zu gewinnen. Die Tarnung soll besonders noch gegen Entdecktwerden schützen. Die Leibesübungen sollen kraftvoll und schnell machen, um bei stärkster Anstrengung noch nicht außer Atem, noch ruhig zu sein. Aber all dies mühsam Erlernte ist umsonst, wenn der Mann, der so in bester Form an den Feind kommt, vorbeischießt. Letzten Endes hängt alle Entscheidung an dem gutgezielten, erfolgreichen Schuß, der den Gegner erledigt.

Jede Ausbildung gipfelt deshalb in der Schießausbildung. Man kann kaum einen zu großen Wert darauf legen. Nein, alles, was dafür überhaupt geschehen kann, ist höchstens gerade gut genug, aber wird niemals zu viel sein.

Schießen muß der Soldat können und Schießen ist Übungssache. Darum kann die Übung nicht früh genug beginnen. Schießen müssen unsere Jungen lernen. Die Büchse muß ihnen so selbstverständlich in der Hand liegen wie der Federhalter. Merkwürdiges Volk, das viele Stunden täglich und Jahre der Schulung auf Recht- und Schönschreiben verwendet, aber nicht eine Stunde aufs Schießen. Es verdiente, daß man es in die Schreibersknechtschaft führte. Bilden will man die Menschen, als ob Schießen nicht auch Bildung, als ob die Wehrerziehung nicht eigentliche Bildung wäre. »Wissen ist Macht« schreibt man über die Schultüren, als ob Macht sich in etwas mehr verkörpern könnte als in der Waffe... Aber wir, das Kulturvolk in der bedrohten Mittellage Europas, wir befassen unsere Jugend mit allem Möglichen und Unmöglichen und denken nicht daran, sie schießen lernen zu lassen, um sie für den Kampf zu erziehen, um überhaupt im Kampfe der Völker bestehen zu können.

Sicher, das deutsche Heer hatte das erkannt. Seine Schießausbildung war auf der Höhe, setzte aber eine zweijährige Dienstzeit voraus, und sie wäre auf noch größerer Höhe gewesen, wenn sie dabei hätte Voraussetzungen machen können. Schießen ist Übungssache. Der Geübte schießt gut, schießt mit größerer Übung immer besser. Kimme und Korn sticht sich wie selbstverständlich auf das Ziel ein, und der Schuß sitzt darin, als wäre er hineingesaugt worden. Üben ist die Hauptsache. Üben in systematischer Schule mit einer bestimmten Schußzahl im Monat, das gibt Schützen, deren Büchsen alles fassen, was in ihre Reichweite kommt. Dem deutschen Jungen zwischen 10 und 15 Jahren gehört schon die Büchse in die Hand... Das Luftgewehrschießen ist billig. Sechs Schuß kosten nur etwa einen Pfennig. Da kann so viel geschossen werden, daß die verlagte Übung entsteht. Die jetzt entwickelten Modelle halten allen Anforderungen stand, die wirklich guten Ausführungen kommen aber immerhin auf 30 RM.

Möglichst viele Jungen sollten eine eigene Büchse haben. Der Junge schießt damit auf alle möglichen selbstgebauten Ziele: Stehende oder bewegliche Pappfiguren, die, wenn sie getroffen sind, umklappen usw. Für die 15- bis 19jährigen ist die gegebene Waffe die Kleinkaliberbüchse... Die Kostenfrage spielt beim Kleinkaliber gegenüber dem Luftgewehr leider eine wesentliche Rolle. Der Schuß kommt immerhin auf 1,4 bis 1,8 Reichspfennig zu stehen. Erreicht sollte werden, daß jeder Junge von 16 Jahren ab 10 Schuß im Monat abgibt. Das wären 14 bis 18 Reichspfennig im Monat. Dazu noch geringe Mehrkosten für Scheiben und Kleinigkeiten. Ein normaler deutscher Jahrgang hat 500 000 Jungen. Bei 10 Schuß im Monat kostet ihr Schießen im Jahr etwa 1 Million RM, bei vier Jahrgängen rund 4 Millionen RM.

Man sieht, es sind keine überwältigenden Kosten, die durch eine allgemeine Schießausbildung der deutschen Jugend entstehen. Man kann sie noch dadurch erniedrigen, daß man den Jungen selbst einen kleinen Teil der Kosten zahlen läßt, so daß ihn die 10 Schuß im Monat vielleicht 5 Reichspfennig kosten. Er hat dann noch mehr Interesse daran, als wenn es ihn nichts kostet. Und er findet schon jemand, der ihm den Fünfer jeden Monat gibt. Wenn's nicht der eigene

Vater ist, so wird mancher alte Soldat oder Parteigenosse für einen Jungen Pate stehen, und wenn sich keine Hilfe bietet, dann bleibt immer noch die Hilfe der Gemeinde. Denn die gesamten Kosten im Höchstfalle von 20 Reichspfennig können nicht ohne weiteres den weniger bemittelten Volksgenossen aufgeladen werden. Es blieben also noch an laufenden Kosten für die allgemeine Schießausbildung der Jugend rund 3 Millionen RM jährlich zu decken. Für die Schießausbildung jedes deutschen Jungen würde der deutsche Staat insgesamt 6 RM ausgeben. Das wäre dann das am besten investierte Kapital, das der deutsche Staat besitzt.

Die Anschaffung der Büchse müßte dadurch erleichtert werden, daß eine Beihilfe gegeben wird... Deutschland hat für Kleinkaliber etwa 75 000 Schießbahnen. In der Stunde können auf jeder Bahn 50 Schuß abgegeben werden... Wo noch keine Schießbahnen vorhanden sind, muß eben die Gemeinde einspringen. Eine Schießbahn ist für jedes Dorf für die Zukunft ebenso selbstverständlich wie ein Schulhaus, ein Rathaus oder eine Kirche. Sie kostet aber wesentlich weniger... Stolz und sicher soll der Junge schon seine Büchse führen und mit ihr, bis er Soldat wird, eine geradezu unerhörte Überlegenheit gewinnen. Wird das erreicht, dann sieht über Kimme und Korn jede deutsche Zukunft beruhigend aus. Aber wir können und müssen beginnen, sie heute schon vorzubereiten.

Stellrecht, Helmut: Die Wehrerziehung der deutschen Jugend, Berlin 1936, S. 101 ff.

71. Aus dem Entwurf der Vereinbarung zur Zusammenarbeit zwischen der 34. Division, Standort Koblenz, und der HJ-Gebietsführung Westmark, 25.1.1937

Der Standortälteste
(34. Division)   Koblenz, den 25.1.37
Abt. Ib Az. 1 p
Betr.: Zusammenarbeit mit der H.J.

I.   Die H.J. ist mit der körperlichen Ertüchtigung und der geistigen Schulung der gesamten deutschen Jugend beauftragt.
Wenn sie diese Aufgabe erfüllt, leistet sie an der ihr anvertrauten Jugend wertvolle Vorarbeit für den Waffendienst und erleichtert der Wehrmacht die Aufgabe, die Jugend zu Soldaten zu machen.
Die Zusammenarbeit mit der H.J. ist daher für uns von allergrößter Bedeutung. Sie muß sich in erster Linie darauf erstrecken, der H.J. eine richtige Anschauung von militärischen Dingen zu geben und ihr ein Bild von unseren Aufgaben und unserer Arbeit zu vermitteln. Dazu gehört auch, daß wir den H.J.-Führern zeigen, welche Anforderungen heute an einen Soldaten in körperlicher und geistiger Beziehung gestellt werden und was wir dementsprechend von einem angehenden Soldaten, der durch die Schule der H.J. gegangen ist, erwarten. Schädliche Soldatenspielerei muß durch vernünftige Aufklärung verhindert werden.
Bei richtiger Durchführung der Zusammenarbeit kann die Wehrmacht auf diese Weise die H.J. in ihrer Erziehungsarbeit und in der Ertüchtigung der Jugend wesentlich unterstützen. (Hierbei wird auf den Aufsatz »Wehrerziehung der deutsche Jugend« im Juniheft 1936 der militärwissenschaftlichen Rundschau hingewiesen).

II. Durchführung der Zusammenarbeit.

Mit der dauernden Verbindung zur H.J. wird von mir ein H.J.-Verbindungsoffizier beauftragt. Er hat enge Fühlung mit der hiesigen H.J.-Führung zu halten und mir fortlaufend über die Entwicklung der Zusammenarbeit mit der H.J. zu melden. Er regelt im

Einvernehmen mit der H.J.-Führung jeweils die Zuteilung der H.J.-Einheiten auf die Truppenteile. Außerdem bestimmt jeder Truppenteil für sich einen H.J.-Verbindungsoffizier, der ständig mit dem H.J.-Verbindungsoffizier des Standortes Verbindung zu halten hat.

Im Einvernehmen mit der hiesigen Gebietsführung der H.J. ist für den Standort Koblenz folgendes vorgesehen:

1.) Besichtigung von Kasernen und sonstigen militärischen Einrichtungen.
2.) Heranziehung von H.J.-Gruppen zum tägl. Dienst innerhalb der Kaserne (Exerzieren, Kleinkaliberschießen usw.), um den Hitler-Jungen Einblick in die Einzelausbildung des Soldaten zu geben.
3.) Teilnahme als Zuschauer an der Geländeausbildung der Truppenteile.
   Besonders geeignet z.B.
   Gefechtsübungen der Infanterie und Artillerie, Belehrungs- und Gefechtsschießen aller Waffen, Brückenbau der Pioniere,
   Geländefahren der mot. Truppen,
   Einsatz und Tätigkeit der Nachr.-Verbände usw.
4.) Kurze Vorträge aller Art auf H.J.-Heimabenden und in der **Gebietsführerschule Koblenz**.
   Dabei besteht ein besonderen Bedürfnis nach Vorträgen, die den Jungen das Weltkriegserlebnis nahe bringen.
5.) Heranziehung der H.J. zu militärischen Feiern und sportlichen Veranstaltungen.

Bemerkungen: . . .

Zu 4. ... Soweit nicht Kriegsteilnehmer aus ihrem Erleben vortragen können, sind jüngere Offiziere — an Stelle einer Winterarbeit — mit der Ausarbeitung von kurzen Vorträgen zu beauftragen. Geeignet sind in erster Linie Einzelschilderungen z.B.
   aus der Schlacht von Tannenberg
   (Kampf des Jägerbtls. bei Orlau und Lahna)
   aus den Kämpfen bei Ypern,
   aus dem Kampf um Verdun,
   aus der Tankschlacht von Cambrai,
   aus dem rumänischen Feldzug,
   aus dem Durchbruch von Brzeziny,
   aus dem Gebirgskrieg an der italienischen Front,
   aus dem Kolonialkrieg u.a.m.

Zu 5. Geschieht durch die Truppenteile unmittelbar, soweit es sich nicht um Standortveranstaltungen handelt.

Im Entwurf
gez. L ü d k e.

Zentrales Staatsarchiv Potsdam, Film Nr. 10900.

72. Anordnung des Stabsführers der Reichsjugendführung Hartmann Lauterbacher über die Intensivierung der Zusammenarbeit mit der SS, Februar 1937

Die Hitler-Jugend, als Organisation der deutschen Jugend und als Grundlage und Nachwuchs für Bewegung, Volk und Staat, hat es sich zur besonderen Aufgabe gemacht, ihre Arbeit in Gemeinsamkeit, selbstverständlicher Übereinstimmung und gegenseitiger Unterstützung mit den anderen Gliederungen der Partei durchzuführen.

In besonderem Maße muß diese Zusammenarbeit und Bindung mit der SS wahrgenommen werden. Der Reichsjugendführer hat daher in Übereinstimmung mit dem Reichsführer SS angeordnet, daß die Monate März/April 1937 im besonderen dieser Zusammenarbeit gewidmet sein sollen.

Aufgabe in diesen Monaten ist es, die Arbeit der SS gründlich kennenzulernen, eine dauernde kameradschaftliche Verbindung zwischen den Führern wie auch zwischen den Einheiten der beiden Gliederungen herzustellen. Die Einheitsführer der HJ, im besonderen die Führer der Banne haben sich um die Lösung dieser Aufgaben zu bemühen und im Einvernehmen mit den Führern der SS geeignete Maßnahmen zu treffen. Hierbei ist auf gemeinsame Schulungsstunden sowohl der Führerschaft wie auch der Einheiten, auf gemeinsame Veranstaltungen, insbesondere kultureller Art, auf gemeinsame Lehrgänge und Lager, zu denen wenigstens Führer und Mannschaften der SS eingeladen werden, hinzuweisen. Die SS-Einheiten werden bereit sein, ihren Dienst der Hitler-Jugend zu zeigen, wie die Hitler-Jugend ihrerseits der SS neue Lieder und Musik aus dem Schaffen der jungen Generation vorsingen kann. Das Rasse- und Siedlungs-Hauptamt der SS und das Kulturamt der Reichsjugendführung im Benehmen mit den zuständigen Stellen, werden besondere Maßnahmen im Rahmen dieser Monate treffen, die sich auf Rundfunksendungen, Austausch und gemeinsame Herausgabe von Material, Liederblättern und dergleichen beziehen.

Daß über diese Monate die engste kameradschaftliche Zusammenarbeit und Verbindung besonders dieser beiden Parteigliederungen fortwirken muß, ist für die Hitler-Jugend eine Selbstverständlichkeit.

Verordnungsblatt der Reichsjugendführung der NSDAP, V/4, 27.2.1937, S. 41.

73. Aus dem Haushaltsplan der Reichsjugendführung, 9.3.1937

Der Jugendführer   Berlin, NW 40, den 9. März 1937
des Deutschen Reiches

Übersicht
zum Haushaltsplan der Hitler-Jugend für das Rechnungsjahr 1937.

Allgemeines:

Gegenüber dem Stand von ungefähr 3.500.000 Mitgliedern zu Anfang des Jahres 1936 ist die Gesamtanzahl aller Angehörigen der Hitler-Jugend mit Ende 1936 auf ungefähr 6.000.000 angewachsen. Nach Aufnahme des Jahrganges 1927 wird mit April dieses Jahres eine weitere Steigerung auf rund 7.000.000 eintreten. Das entspricht gegenüber dem Stand vom Jahresanfang 1936, demnach auch gegenüber den Voraussetzungen, auf welchen der Voranschlag für das vorausgegangene Rechnungsjahr aufgebaut war, zunächst einer Steigerung von 100%.

Viel größer aber ist die absolute Steigerung des Arbeitsumfanges, nicht nur infolge der Ausgestaltung und Erweiterung der einzelnen Sachgebiete, sondern insbesondere durch den Umstand, daß für die Hitler-Jugend eine Reihe von großen Aufgabengebieten neu hinzugekommen ist.

Im Voranschlag für das Rechnungsjahr 1937 findet die finanzielle Seite dieser Steigerung nur zum Teil und nur in beschränktem Ausmaß ihren Ausdruck. Das Erfordernis wäre bei einer dem tatsächlichen Arbeitsumfang und den tatsächlichen Bedürfnissen entsprechenden Finanzierung ein wesentlich höheres.

Wenn hier darauf hingewiesen wird, daß a l l e   a n d e r e n   G l i e d e r u n g e n   d e r   P a r t e i finanziell besser ausgestattet sind als die Hitler-Jugend, so soll durch diesen Vergleich nicht etwa gesagt sein, daß die anderen Gliederungen zu hoch dotiert wären sondern nur, daß die finanzielle Ausstattung der Hitler-Jugend bisher ihren tatsächlichen Verhältnissen und Erfordernissen nicht angepaßt war und auch die in diesem Voranschlag ausgewiesenen Erfordernisziffern noch immer in keinem Verhältnis stehen zu den Mitteln, die notwendig wären, um allen Aufgaben der Hitler-Jugend gerecht werden zu können.

Die SA. mit einem Mitgliederstand von etwa ist mit einem Jahreshaushaltbetrag von ausgestattet.

1.000.000
RM 42.000.000.--

Das gleiche Verhältnis auf die Hitler-Jugend mit einem Mitgliederstand von übertragen würde einen Haushaltbetrag von ergeben.

7.000.000
RM 294.000.000.--

Mit dem Hinweis, in dem einen Falle handle es sich um erwachsene Männer in dem anderen um Jugend, kann dieses Mißverhältnis nicht begründet werden. Die Bedeutung der Jugend Deutschlands steht jener der anderen Parteigliederungen in staats-, volks- und wehrpolitischer Hinsicht gewiß nicht nach, und letzten Endes kommen die Sorgfalt, die Arbeitsleistung und die finanziellen Mittel, welche aufgewendet werden, um die deutsche Jugend weltanschaulich und körperlich nach den Grundsätzen des nationalsozialistischen Deutschlands zu erziehen, nicht nur dem Reich und seinem Volk im allgemeinen sondern gerade und nicht zuletzt auch den Gliederungen der Partei und der Wehrmacht zugute, deren Nachwuchs eben diese Jugend darstellt.

Aber nicht nur die finanziellen Mittel für sachliche Aufwendungen im Aufgabengebiet der Hitler-Jugend unterschreiten die unterste Grenze der anderen Gliederungen, auch das Aufwandgebiet der Besoldung nimmt bei der Hitler-Jugend hinsichtlich Höhe der Besoldungssätze unter allen Gliederungen den tiefsten Stand ein.

...

Im übrigen hat sich das derzeit erfreulicherweise noch vorhandene Gleichgewicht bei der Hitler-Jugend bisher nur dadurch erreichen lassen, daß

1) an die einzelnen Mitglieder und vor allem auch an die Führer und an hauptamtlich besoldete Mitarbeiter Anforderungen gestellt wurden, die weiterhin ohne Schädigung der Gesamtinteressen der Hitler-Jugend nicht mehr vertreten werden können, und daß

2) ganz wesentliche Beträge in Form von Spenden und Zuschüssen seitens öffentlich rechtlicher Vertretungskörper (Gemeinden, Kreise, Länder usw.) bisher der Hitler-Jugend zugute gekommen sind.

In den Voranschlag nicht einbezogen wurden sämtliche Erfordernisse, die für die Beschaffung von Grundstücken und Gebäuden im Laufe des Wirtschaftsjahres 1937 in Betracht kommen. ...

Abschnitt I Einnahmen:

Beitragseingänge (errechnet aufgrund der Ergebnisse des Rechnungsjahres 1936) ...

RM 11.132.585,16

Abschnitt II Ausgaben:

	Anzahl der Stellen	Erfordernis 1937	Gesamterfordernis 1937
1.) **Besoldungen:**			
a) Reichsjugendführungund			
deren Ämter...................	975		2.860.320.—
b) Einheiten			
Gebiete...........................	3.880	11.594.520.—	
Obergaue.......................	1.540	3.962.820.—	15.557.340.—
Banne.............................	3.344	9.781.200.—	
Jungbanne......................	1.728	4.795.200.—	
Untergaue......................	2.919	7.130.700.—	
JM-Untergaue................	1.251	2.752.200.—	24.459.300.—
Unterbanne (ca. 40%	883	1.854.300.—	
der Stellen besoldet)			
Mädelringe (ca. 40%			
der Stellen besoldet)	768	1.382.400.—	3.236.700.—
	17.288		RM. 46.113.660.—

Zuzüglich 8% Arbeitgeber-Anteile an den
sozialen Ausgaben.. RM. 3.689.092,80

Gesamterfordernis Besoldungen: Übertrag: RM 49.802.752,80

(Anmerkung: Es entfallen also auf ungefähr 7 Millionen Mitglieder der Hitler-Jugend insgesamt 17.288 besoldete Stellen, das ist auf je ungefähr 400 Mitglieder 1 besoldete Stelle, also 0,25%).

Übertrag: RM 49.802.752,80

2.) **Sächliche Ausgaben:**
a) Reichsjugendführung und deren Ämter:
Laufende Ausgaben

Aufwendungen für Häuser......................	RM. 254.000.—	
Aufwendungen für den Dienst-		
Betrieb der RJF..	RM. 476.500.—	
Auto-Unterhaltung................................	RM. 198.200.—	
Reisekosten..	RM. 172.200.—	
Tagungen u. Veranstaltungen......................	RM. 1.632.000.—	
Schulungsmaterial (einheitliche Ausgabe,		
einmal monatlich für 7 Millionen		
Mitglieder, Einzelpreis RM. 0,04)................	RM. 3.360.000.—	6.092.900.—
Einmalige sächliche Aufwendungen:		
Organisationsamt..	RM. 61.500.—	
Personalamt..	RM. 77.770.—	
Amt für Gesundheitsführung,		
Jugendschutz und Jugendrecht.....................	RM. 94.940.—	
Grenz- und Auslandsamt...........................	RM. 72.840.—	
Ämter des Beauftragten für		
Leibeserziehung......................................	RM. 75.500.—	
Presse- und Propagandaamt......................	RM. 50.000.—	
Amt für weltanschauliche Schulung.............	RM. 16.300.—	
Amt für Jugendfahrten und		
Jugendwandern.....................................	RM. 59.800.—	
Reichsreferentin BDM.	RM. 21.100.—	529.750.—

b) **Sächliche Aufwendun-**
gen der Einheiten:

Gebiete und Obergaue............................	RM. 5.250.960.—	
Banne und Jungbanne..........................	RM. 7.022.400.—	
Untergaue u. JM-Untergaue.........................	RM. 5.004.000.—	
Gefolgschaften, Fähnlein, Mädelgruppen, JM-Gruppen........................	RM. 4.560.000.—	
Kameradschaften, Jungen- schaften, Mädel- und JM- schaften..	RM. 9.930.000.—	31.767.360.—

RM. 88.192.762,80

3.) **Schulen**	**Anzahl**	**Stellen**
Reichsführerschulen..............................	7	
Reichssportschulen...............................	5	
Reichsverwaltungs- führerschulen................................	2	
Gebietsführerschulen.............................	54	
Obergauschulen.................................	56	
Gebiets- und Obergau- sportschulen................................	17	
Gebietsverwaltungs- führerschulen................................	8	
	149	1.789

Hierzu Erfordernis:

Besoldungen..................................	RM. 4.559.253,60	
Sächliche Ausgaben...............................	RM. 8.266.836.—	RM. 12.826.089,60

RM.101.018.852,40

Gegenüberstellung der Einnahmen u. Ausgaben.

Abschnitt I Einnahmen:............................	RM. 11.132.585,16
Abschnitt II Ausgaben:............................	RM.101.018.852,40

Daher Gesamterfordernis für
das Rechnungsjahr 1937.............................. | RM. 89.886.267,24

Zentrales Staatsarchiv Potsdam, Reichskanzlei, Nr. 19441, Bl. 2 ff.

74. Abkommen über die Zusammenarbeit zwischen dem Rasse- und Siedlungshauptamt der SS und dem Amt für weltanschauliche Schulung der Reichsjugendführung, 25.3.1937

Das Rasse- und Siedlungshauptamt SS und das Amt für weltanschauliche Schulung in der Reichsjugendführung kommen überein, auf dem Gebiet der weltanschaulichen Schulung weitestgehend zusammenzuarbeiten innerhalb der Grenzen, die durch die Eigenart der Organisation und der dadurch bedingten Schulungsinhalte und -formen gezogen werden. Insbesondere wird das Rasse- und Siedlungshauptamt der SS die Einheiten der SS anweisen, der Hitler-Jugend Schulungsmaterial und technische Hilfsmittel (Bildbandgeräte, Bildbänder usw.) zur Verfügung zu stellen, soweit sich dies mit den dienstlichen Belangen der SS vereinbaren läßt.

Der Stabsführer des Rasse- und Siedlungs-Hauptamtes SS
I.V.: gez. Cassel, Standartenführer.

Der Chef des Amtes für weltanschauliche Schulung in der Reichsjugendführung
gez. Brennecke. Gebietsführer.

Verordnungsblatt der Reichsjugendführung der NSDAP, V/9, 16.4.1937, S. 127.

75. Abkommen des Reichsjugendführers mit dem Reichsbauernführer und Reichsminister für Ernährung und Landwirtschaft Richard Walther Darrè über die Eingliederung der Landjugend in die HJ, 20.4.1937

Durch das Gesetz über die Hitler-Jugend vom 1. Dezember 1936 ist der Hitler-Jugend die körperliche, geistige und sittliche Erziehung der gesamten deutschen Jugend übertragen worden. Verantwortlich für die berufliche und agrarpolitische Erziehung der Landjugend ist der Reichsbauernführer.

Um zu einer einheitlichen Arbeit zu kommen, wird zwischen dem Jugendführer des Deutschen Reiches und dem Reichsbauernführer und dem Reichsminister für Ernährung und Landwirtschaft folgende Anordnung über die Landjugend getroffen:

1. Alle grundsätzlichen Maßnahmen zur Betreuung der Landjugend erfolgen im Einvernehmen mit dem Jugendführer des Deutschen Reiches. Die Verständigung darüber erfolgt unmittelbar zwischen Reichsbauernführer und Reichsjugendführer.
2. Die Erziehung der Jugend, insbesondere der Landjugend, für die Aufgaben des Bauerntums ist gemeinsame Pflicht von Hitler-Jugend und Reichsnährstand. Mit der Wahrnehmung dieser gemeinsamen Aufgabe ist allein die Abteilung »Landjugend« in der Reichshauptabteilung I des Reichsnährstandes betraut. Die Landjugendarbeit wendet sich nicht nur an die Hitler-Jugend auf dem Lande, sondern an die gesamte deutsche Landjugend.
3. Die Abteilung »Landjugend« ist an allen die Jugend berührenden Fragen des Reichsnährstandes zu beteiligen. Dies gilt insbesondere für den Arbeitseinsatz Jugendlicher in der Landwirtschaft, für das Jugendarbeitsrecht in der Landwirtschaft, für die Berufserziehung und für die Auslese eines geeigneten Führernachwuchses.
4. Die besonderen Arbeitsgebiete der Abteilung »Landjugend« sind:

   a) die agrarpolitische Schulung der Landjugend,
   b) die Förderung der körperlichen Ertüchtigung der Landjugend,
   c) der innerdeutsche Landjugendaustausch,
   d) die Durchführung des zwischenvölkischen Landjugendaustausches,
   e) Berufsförderung der Landjugend und zusätzliche Berufsschulung,
   f) der Reichsberufswettkampf der Gruppe »Nährstand«,
   g) die Feier- und Freizeitgestaltung,
   h) Werbung der Jugend für besondere Aufgaben des Bauerntums.

5. Der Leiter der Abteilung »Landjugend« im Verwaltungsamt des Reichsbauernführers und in den Landesbauernschaften wird im Einvernehmen mit dem Reichsjugendführer vom Reichsbauernführer berufen und abberufen.
6. Der Jugendwart der Kreisbauernschaft wird im Einvernehmen mit dem Gebietsführer durch den Landesbauernführer berufen und abberufen.

7. Zur Wahrnehmung der gemeinsamen Aufgaben ist der Leiter der Abteilung »Landjugend« im Verwaltungsamt des Reichsbauernführers und in den Landesbauernschaften gleichzeitig »Hauptreferent für Bauerntum« in dem für seinen Dienstsitz zuständigen Gebiet. In dieser Eigenschaft ist er dem Reichsjugendführer bzw. dem Gebietsführer unmittelbar unterstellt.

8. Der Jugendwart der Kreisbauernschaft wird als Bauerntumsreferent dem für den Sitz der Kreisbauernschaft zuständigen Bannführer der Hitler-Jugend unmittelbar zugeteilt.

9. Für die Betreuung der weiblichen Landjugend gelten die getroffenen Bestimmungen sinngemäß.

10. Alle entgegenstehenden Anordnungen werden aufgehoben.

11. Das Abkommen tritt mit Wirkung vom 20. April 1937 in Kraft.

Verordnungsblatt der Obersten Reichsbehörde Jugendführer des Deutschen Reichs und der Reichsjugendführung der NSDAP, V/13, 4.6.1937, S. 189 f.

76. Bericht über die Reden von Generalmajor v. Vietinghoff-Scheel und Kapitän zur See Backenköhler im zweiten Reichsjugendführerlager der HJ in Weimar, 24.5.1937

Der Montag nachmittag im Reichsführerlager der Hitler-Jugend war zwei Vorträgen von Vertretern der Wehrmacht vorbehalten.

Reichsjugendführer Baldur von Schirach hieß die Redner mit herzlichen Worten willkommen.

Generalmajor von Vietinghoff-Scheel hob in seinen Ausführungen vor allem die Zusammenarbeit zwischen Wehrmacht und Hitler-Jugend hervor, die beide den soldatischen Geist der Kameradschaft pflegen.

Die Wehrmacht freue sich darauf, daß in wenigen Jahren alle jungen Soldaten durch die Schule der Hitler-Jugend gegangen seien und hier ihre erste Prägung bekommen hätten. In der Armee erhalte der deutsche Mann den Abschluß seiner Jugenderziehung, so daß er fähig sei, mit der Waffe die Friedensarbeit des nationalsozialistischen Deutschlands gegen jeden Angriff von außen zu verteidigen. Die politische Erziehungsarbeit dagegen sei Aufgabe der Partei, und die Wehrmacht verlange von jedem Offizier und Unteroffizier, daß sie sich die nationalsozialistische Weltanschauung völlig zu eigen machen und an dem politischen Leben von Partei und Volk regen Anteil nehmen, daß sie aber auch ihren Soldaten dieses innere Miterleben vermitteln und ihnen den Nationalsozialismus vorleben.

Der Kommandant des Kreuzers »Köln« Kapitän zur See Backenköhler, berichtete in anschaulicher Weise über den im vorigen Jahr von den deutschen Kriegsschiffen durchgeführten Abtransport der deutschen Volksgenossen aus Spanien, die dadurch aus den von bolschewistischem Verbrechergesindel beherrschten Gegenden gerettet wurden. Er schilderte ferner die Maßnahmen der deutschen Kriegsschiffe zum Schutz der deutschen Handelsschiffahrt vor den bolschewistischen Piratenschiffen in den spanischen Gewässern.

Mit größter Aufmerksamkeit verfolgten die HJ—Führer die beiden Vorträge und aus ihrem wiedereinsetzendem Beifall sprach die stolze Freude darüber, daß Deutschland durch das Befreiungswerk des Führers nun wieder eine starke Waffe gegen jeden frechen Übergriff von außen besitzt.

Berliner Börsen-Zeitung, 25.5.1937.

77. Aufruf Adolf Hitlers zum Reichssportwettkampf der Hitlerjugend, 27.5.1937

Es ist mein Wille, daß die gesamte deutsche Jugend sich einmal im Jahr einer großen sportlichen Leistungsprüfung unterzieht und mit dieser vor der ganzen Nation Zeugnis ablegt von der Kraft und Unbesiegbarkeit des Volkstums.

Ich rufe daher jeden deutschen Jungen und jedes deutsche Mädel zu Teilnahme am diesjährigen Reichssportwettkampf der Hitlerjugend auf, den ich damit zu einem ständigen, sich jährlich wiederholenden Fest der deutschen Jugend erkläre.

Die Durchführung dieses alljährlichen Reichssportwettkampfes der Hitlerjugend übertrage ich dem Jugendführer des Deutschen Reiches.

gez. A d o l f   H i t l e r .

Völkischer Beobachter, 28.5.1937.

78. Anordnungen des Reichsjugendführers zum Verbot der Doppelmitgliedschaft in HJ und konfessionellen Jugendverbänden, 18.6.1937

In Zusammenfassung aller bisher über Doppelmitgliedschaft von Hitler-Jugend und konfessionellen Jugendverbänden erlassenen Anordnungen verfüge ich folgendes:

Katholische Jugend:
Eine Doppelmitgliedschaft in der Hitler-Jugend (Deutsches Jungvolk, Bund Deutscher Mädel, Jungmädel im Bund Deutscher Mädel) und Organisationen der katholischen Jugendverbände ist grundsätzlich verboten.

Eine Ausnahme von diesem Verbot kann örtlich nur bei den katholischen Jugendorganisationen zugelassen werden, die von Zeiten vor der Machtübernahme her nur die kirchlich-religiöse Betreuung der Jugend als Aufgabe hatten. (Kongregationen und ähnliche Verbände.) Ein Verbot der Doppelmitgliedschaft tritt aber auch bei diesen Vereinigungen ein, wenn sie ihr eigenes früheres Aufgabengebiet in der Gegenwart erweitert haben und eine solche Betätigung in ihrer Jugendbetreuung ausüben, die der Polizeiverordnung über die Betätigung der konfessionellen Jugendverbände entgegensteht.

Die Feststellung, ob eine katholische Jugendorganisation unter das Verbot der Doppelmitgliedschaft fällt oder nicht, ist von der Gebietsführung (Obergauführung) zu treffen. Für die Feststellung ist ein Gutachten von der zuständigen Staatspolizeistelle einzuholen.

Evangelische Jugend:
Angehörigen der Hitler-Jugend (Deutsches Jungvolk, Bund Deutscher Mädel, Jungmädel im Bund Deutscher Mädel) ist die Zugehörigkeit zu Organisationen der einzelnen Landeskirchen (Evangelisches Jugendwerk) gestattet. Die Genehmigung der Doppelmitgliedschaft zu evangelischen Jugendorganisationen kann bei den Einzelgliederungen der evangelischen Jugend zurückgezogen werden, bei denen festgestellt wird, daß sie in organisatorischer, finanzieller oder führungsmäßiger Abhängigkeit von evangelischen Jugend-Verbänden, wie Evangelisches Jungmännerwerk E.V. oder Christlicher Verein Junger Männer u.a., stehen.

Die Feststellung, ob eine evangelische Jugendorganisation unter diese Ausnahmestellung fällt, ist von der Gebietsführung (Obergauführung) zu treffen. Für diese Feststellung ist ein Gutachten der zuständigen Staatspolizeistelle einzuholen.

Ich behalte mir vor, bei Erscheinen von Ausführungsbestimmungen zum Gesetz über die Hitler-Jugend vom 1. Dezember 1936 diese Bestimmungen abzuändern.

Verordnungsblatt der Obersten Reichsbehörde Jugendführer des Deutschen Reiches und der Reichsjugendführung der NSDAP, V/14, 18.6.1937, S. 219 f.

79. Anordnung des Geheimen Staatspolizeiamtes, Bibelforschern das Fürsorgerecht für ihre Kinder zu entziehen, 21.6.1937

Geheime Staatspolizei   Berlin, den 21. Juni 1937
Geheimes Staatspolizeiamt
II B 2 - 875/37-S.

An
alle Staatspolizeileitstellen
und Staatspolizeistellen
- nachrichtlich den Herren Ober- und Regierungspräsidenten in Preußen

Betr.: Internationale Bibelforschervereinigung
Vorg.: Ohne

Um die Verbreitung der Lehre der IBV unter der Jugend zu verhindern, ist es erforderlich, die Kinder der bereits in Erscheinung getretenen Bibelforscher dem Einfluß ihrer Eltern zu entziehen.

Zu diesem Zweck ersuche ich, bei den zuständigen Amtsgerichten darauf hinzuwirken, daß denjenigen Anhängern der IBV, die durch ihre illegale Betätigung und ihr Bekenntnis zur Lehre der IBV das geistige Wohl ihrer Kinder gefährden, das Personenfürsorgerecht gemäß § 1666 BGB entzogen wird.

Das Amtsgericht in Zwickau hat bereits durch Beschluß vom 4.5.1937 in einem Falle dem Vater das Personenfürsorgerecht für seinen Sohn gemäß § 1666 BGB mit der Begründung entzogen, daß er das Wohl seines Kindes durch die Erziehung im Sinne der Bibelforscher gefährde. Für den Sohn selbst, der bereits unter dem Einfluß dieser Lehre stand, wurde durch Beschluß vom 13.3.1937 gemäß § 67, Absatz 1, Ziffer II RJWG Fürsorgeerziehung angeordnet ...

Im Auftrage:
gez.: M ü l l e r.

Stadtarchiv Plauen, III. V. IV., 4, Bl. 261.

80. Aus dem Lagerbefehl II/37 des weltanschaulichen Schulungslagers des HJ-Gebietes Mittelrhein, 8.7.1937

Hitler-Jugend
Gebiet Mittelrhein
W.S. Lagerbefehl II/37

Anweisungen zum Lagerschulungsplan

Köln, den 8. Juli 1937
Der Leiter der Abteiung für
weltanschuliche Schulung
Wirths
Unterbannführer.

I. Technische Durchführung.

1) Verantwortlich für die gesamte weltanschauliche Schulungsarbeit ist neben dem Lagerführer der zuständige WS-Stellenleiter des Bannes bzw. Jungbannes. Der WS-Stellenleiter gehört zur Stamm-Mannschaft des Lagers.

2) Die eigentliche Schulungsarbeit erfolgt bei der Hitler-Jugend lagergefolgschaftsweise durch den jeweiligen Lagergefolgschaftsführer, und beim Deutschen Jungvolk lagerzugweise durch den jeweiligen Lagerzugführer. Der WS-Stellenleiter hat diese Schulungen zu verfolgen und sich nach Bedarf in die Arbeit der Lagergefolgschafts- und -zugführer einzuschalten.

3) Die Schulungszeit liegt am frühen Vormittag und beträgt 35 bis 45 Minuten. Die Schulung der Lagergefolgschaften und -züge erfolgt jeweils am 1., 2., 3., 5., 6., 7., 9., 10. und 11. Tag der Lagerperiode. Außerdem faßt der WS-Stellenleiter am Abend des 3., 7. und 11. Tages vor der gesamten Lagermannschaft die zuletzt behandelten Themen zusammen.

4) Allabendlich in der Zeit von 17,30 bis 18,30 Uhr liegt der »Politische Tagesdienst«, das heißt, die laufenden Tagesereignisse, die aus der Presse entnommen werden, sind vorzutragen und unter der Leitung des WS-Stellenleiters zu besprechen.

5) Wenigstens dreimal während der Lagerperiode sammeln sich die gesamten im Lager anwesenden Führer bis einschließlich Schar- bzw. Jungzugführer unter der Leitung des Lagerführers zur Führerschulung. Es sind nachstehende Themen zu behandeln:
   1)Junge und Mädel
   2)Alkohol und Nikotin
   3)Freizeit und Erholung
   Die Abteilungsleiter und beauftragten Referenten des Gebietes werden sich nach Möglichkeit in die Führerschulungen einschalten ...

6) Die Flaggenhissung erfolgt jeweils zu Beginn der Lagerperiode. Während der zwölf Lagertage weht die Fahne ununterbrochen über dem Lager. Am 13. Tag erfolgt die Einholung. Die Tageslosung wird unter dem Symbol — der Fahne — in kurzer feierlicher Form bekanntgegeben.

...

8) Der in jede Lagerperiode fallende Sonntag ist dergestalt zu berücksichtigen, daß an diesem Tag die Schulung fortfällt, statt dessen wird unter der gemeinsamen Leitung des WS- und K—Stellenleiters eine Morgenfeier, die unter dem Leitsatz »Freude — Zucht — Glaube« steht, durchgeführt ... Nachstehend geben wir den für alle zwölf Lagertage fertiggestellten Schulungsplan für die Hitler-Jugend als auch für das Deutsche Jungvolk bekannt. Diese Pläne in ihrem Aufbau sind für sämtliche Zeltlager des Gebietes Mittelrhein bindend.

Lagerschulungsplan für die Hitler-Jugend
  1. Tag: Losung »Weltkrieg«
  2. Tag: Losung »Schlageter«
  3. Tag: Losung »Horst Wessel«
  4. Tag: Losung »Gesunder Körper - gesunder Geist«
  5. Tag: Losung »Gegen den Weltfeind!«
  6. Tag: Losung »Brandstifter Jude«
  7. Tag: Losung »Kampf um die Scholle«
  8. Tag: Losung »Deutscher Rhein«
  9. Tag: Losung »Helden des Alltags«
10. Tag: Losung »Der Führer«

11. Tag: (Sonntag) Losung »Freude — Zucht — Glaube«
12. Tag: Losung »Langemarck«
...

Zentrales Staatsarchiv Potsdam, Film Nr. 10900.

81. Anordnung des Stellvertreters des Führers Rudolf Heß über die Aufnahme von Angehörigen der HJ und des BDM in die NSDAP, 11.8.1937

Nationalsozialistische Deutsche Arbeiterpartei
Der Stellvertreter des Führers   München, den 11. August 1937
                                                              Braunes Haus

A n o r d n u n g Nr. 99/37.

Betrifft: Aufnahme von Angehörigen der Hitlerjugend und des Bundes Deutscher Mädel in
            die NSDAP.

Die Partei ist die Zusammenfassung der besten Nationalsozialisten. Deshalb hat sie es in Zukunft als eine ihrer wichtigsten Aufgaben zu betrachten, die besten Deutschen der Bewegung zuzuführen und aus ihnen das Politische Führerkorps des deutschen Volkes zu bilden.
Nur wer in der Hitlerjugend bewiesen hat, daß er tapfer, mutig und treu ist, daß er opfern kann und gewillt ist, sein Ich der Gemeinschaft unterzuordnen, nur wer seine höchste und heiligst Pflicht im unermüdlichen Dienst für das Volk sieht, wer nicht verzagt und müde wird und mit hartem Willen den Stürmen der Zeit entgegentritt, ist würdig, in die Partei eingereiht zu werden.

Ich verfüge deshalb, daß in Zukunft der Nachwuchs für die Partei durch die Hitlerjugend gestellt wird. Ausnahmen in besonders gelagerten Fällen bedürfen der Zustimmung des zuständigen Gauleiters. Die Aufnahme der Jungen und Mädel, die das 18. Lebensjahr vollendet, 4 Jahre ununterbrochen der Hitlerjugend angehört haben und freiwillig der Partei beitreten wollen, sowie die Überführung der 18-jährigen Hitlerjungen in die Gliederung erfolgt alljährlich symbolisch auf der Hitlerjugendkundgebung des Reichsparteitages.

Die örtlichen Aufnahmen in die Partei und die formationsmäßige Überführung der 18-jährigen Hitlerjungen in die Gliederungen finden in feierlicher Form am letzten Sonntag im September durch die zuständigen Kreisleiter, Bannführer und Standartenführer statt.

Grundsätzlich ist jeder Junge in die Gliederung zu überführen, für die er sich freiwillig entschieden hat. Ein Zwang darf nicht ausgeübt werden. In Zweifelsfällen entscheidet der Kreisleiter. Den Jungen und Mädel, die mit 18 Jahren den Anforderungen der Partei noch nicht genügen, ist die Möglichkeit gegeben, sich durch besondere Leistungen den Eintritt zu einem späteren Zeitpunkt zu erdienen.
Der Jahrgang, der 1936 hätte überführt werden müssen, wird auf dem diesjährigen Parteitag mit übernommen.

Die Bestimmung, wonach die BdM.-Mädel erst mit dem 21. Lebensjahr grundsätzlich in die Frauenschaft überführt werden, wird durch diese Anordnung nicht berührt.

Über die Festsetzung des Stichtages für das vollendete 18. Lebensjahr und über die sonstige technische Handhabung des Aufnahmeverfahrens, für welche die auf Grund der Anordnung

134

24/37 vom 9.2.1937 erlassenen Richtlinien gelten, erläßt der Reichsschatzmeister im Einvernehmen mit mir die Durchführungsbestimmungen.

gez. R. H e s s.

Zentrales Staatsarchiv Potsdam, Film Nr. 14652.

82. Der Chef des Amtes für weltanschauliche Schulung der Reichsjugendführung Friedrich Brennecke über das Führerschulungswerk der HJ, 6.10.1937

Der Sommer ist die Zeit der Sportfeste und Führerwettkämpfe, der Lager und Großfahrten. Mit dem Beginn des Winters setzt wieder in vollem Umfang die weltanschauliche Schulung ein.

All die vielgestaltigen Erlebnisse aus der Sommerarbeit werden hier gedeutet und geordnet zu jener umfassenden Schau, die wir nationalsozialistische Weltanschauung nennen. Die Disziplin und Gemeinschaft in unseren Lagern, aber auch jene Großsteingräber, Burgen und Städte, Parteibauten, Autobahnen und Arbeitersiedlungen, denen wir auf unseren Großfahrten begegnen, erhalten in dieser Schulungsarbeit ihre Deutung und damit erst ihren letzten erzieherischen Wert.
Eine solche Schulungsarbeit kann aber an der Führerschaft ebenso wie an Hitlerjungen und Pimpfen nur geleistet werden von Kräften, die sich die nötigen Wissensgrundlagen hierzu erarbeitet haben. Die bisherige pflichtmäßige Führerschulung durch schriftliche Schulungsmaterialien, Wochenendlehrgänge und Führerschulen gibt in dieser Beziehung nur die allernotwendigsten Grundlagen. Daher soll in Zukunft eine Einrichtung mit in den Dienst dieser Aufgabe gestellt werden, die auf der Grundlage freiwilliger Beteiligung hier eine gründliche Arbeit leisten wird: D a s F ü h r e r s c h u l u n g s w e r k d e r HJ.
Dieses Führerschulungswerk stellt sich dar in freiwilligen Arbeitsgemeinschaften der HJ- und Jungvolkführer und der BDM- und JM-Führerinnen in den Großstandorten des Reiches.
Seine A u f g a b e ist die Einführung der Führerschaft in die Forschungsergebnisse jener Zweige der deutschen Wissenschaft, welche unerläßlich zum Verständnis der Lebensgesetzlichkeiten unseres Volkes sind (Vorgeschichte, Geschichte, Rassenlehre), ferner die Darstellung jener Lebensbezirke, in denen unser Volk heute am meisten um seinen Bestand und die Erhaltung seiner Eigenart kämpft (deutsche Wirtschaft und Vierjahresplan, Parteiprogramm und seine Erfüllung).
Das Z i e l des Führerschulungswerkes ist die Schaffung einer möglichst großen Zahl von Führern und Führerinnen, welche die weltanschauliche Schulungsarbeit tragen helfen und ihr als Schulungsleiter zur Verfügung stehen.
Die R i c h t l i n i e n für seine Arbeit sind folgende: In allen ausgesprochenen Großstädten, mindestens aber in einem Standort jedes Gebietes sind Arbeitsgemeinschaften des Führerschulungswerkes ins Leben zu rufen.
Die Arbeit des Führerschulungswerkes erstreckt sich auf die Monate Oktober bis einschließlich Mai. Es untersteht jeweils dem Standortführer der HJ. Dieser eröffnet und beendet die Halbjahresarbeit des Führerschulungswerkes durch einen Appell aller Teilnehmer.
Er beschafft die Räumlichkeiten, in denen die Arbeitsgemeinschaften zusammenkommen und erläßt die Aufforderung zur Teilnahme an den Arbeitsgemeinschaften.
Es können folgende Arbeitsgemeinschaften gebildet werden:

a) Deutsche Geschichte,
b) Deutsche Vorgeschichte,
c) Rassenkunde, Erbkunde und Rassenpolitik,

d) Volk, Bewegung, Staat in der Aufbauarbeit des Dritten Reiches,
e) Das Parteiprogramm und seine Erfüllung,
f) Die Geschichte der NSDAP und ihrer Gliederungen,
g) Die Aufgaben der deutschen Volkswirtschaft, insbesondere der beiden Vierjahrespläne,
h) Politische Auslandskunde,
i) Heimatkunde.

Als Leiter der Arbeitsgemeinschaften sind Parteigenossen und Hitlerjugendführer heranzuziehen, die auf Grund ihrer Vorbildung oder ihrer derzeitigen Dienststellung zum Vortrag über die genannten Arbeitsgebiete berufen sind, besonders die in der Hitlerjugend tätigen oder ihr nahestehenden Kräfte aus dem Bereich der deutschen Wissenschaft.

Völkischer Beobachter, 6.10.1937.

83. Verfügung des Reichsjugendführers zur Zusammenarbeit der HJ mit dem Reichsministerium für Volksaufklärung und Propaganda, 22.10.1937

Das Presse- und Propaganda-Amt der Reichsjugendführung ist in allen Angelegenheiten der Presse- und Propaganda-Arbeit für eine geregelte Zusammenarbeit der Hitler-Jugend mit allen Abteilungen und Unterabteilungen des Reichsministeriums für Volksaufklärung und Propaganda zuständig und verantwortlich. Um Verzögerungen in der Zusammenarbeit — soweit es sich hierbei um Presse- und Propaganda-Angelegenheiten handelt — zwischen Hitler-Jugend und Reichsministerium für Volksaufklärung und Propaganda zu verhindern, verfüge ich daher, daß im Verkehr mit allen Abteilungen und Unterabteilungen des Reichsministeriums für Volksaufklärung und Propaganda für alle Dienststellen der Hitler-Jugend ab sofort der Dienstweg über das Presse- und Propaganda-Amt der Reichsjugendführung zu gehen hat.
Die Tätigkeit meines persönlichen Pressereferenten wird durch diese Verfügung nicht berührt.

Amtliches Nachrichtenblatt des Jugendführers des Deutschen Reichs und der Reichsjugendführung der NSDAP, V/24, 22.10.1937, S. 365 f.

84. Gemeinsamer Aufruf des Reichsjugendführers und des Reichsschatzmeisters der NSDAP Franz Xaver Schwarz zur Stiftung einer Langemarck-Spende der deutschen Jugend, 6.11.1937

Jugend Adolf Hitlers

Das Opfer, das die Toten des großen Krieges und des nationalsozialistischen Freiheitskampfes für das Deutsche Volk gebracht haben, verpflichtet niemand stärker als unsere Jugend. Sie fühlt sich als Trägerin des friedlichen Vermächtnisses unserer Toten und gehorcht ihrem Appell, indem sie die in der Zeit des Kampfes erhärteten Gesetze der Kameradschaft, Treue und Opferbereitschaft auf ihre Gemeinschaft anwendet. Wir wollen, daß der Dankbarkeit der Jugend gegenüber den Kämpfern für das Reich bleibender Ausdruck gegeben wird in Sinnbildern und Zeichen, die auch in kommenden Jahrzehnten und Jahrhunderten das heranwachsende Deutschland an die Männer mahnen, denen es sein Dasein verdankt. Wir rufen daher die Jugend auf, aus eigener Kraft die Voraussetzungen für eine Heldenehrung in diesem Sinne zu schaffen. In Zukunft soll jedes Mitglied der Hitler-Jugend (DJ, JM, BDM) zusätzlich zu seinem Beitrag für die Hitler-Jugend e i n e n   P f e n n i g   i m   M o n a t   f ü r   d i e   E h r u n g   u n s e r e r   H e l d e n   b e i s t e u e r n.
Jugend Adolf Hitlers! Du opferst einen Pfennig im Monat, aber du stiftest damit eine gewaltige

Geldsumme, die uns in die Lage versetzen wird, in den Heimen und auf den Plätzen unserer Jugend eine würdige, dem Stil der HJ. entsprechende Gedenkstätte für die Gefallenen und Märtyrer des Reichs zu schaffen und darüber hinaus jenen edlen Friedhof zu pflegen, der die Gebeine der Kämpfer von Langemarck beherbergt, die als Jungarbeiter und Studenten für Deutschland starben. Möge ihr Beispiel durch das heute verkündete Werk die Jugend unserer Nation immer wieder begeistern und befähigen, mit der Haltung der Toten von Langemarck ihre nationalsozialistische Pflicht zu tun.

Der Reichsjugendführer der NSDAP. Der Reichsschatzmeister der NSDAP.
gez. Baldur von Schirach, gez. Schwarz,
Reichsleiter. Reichsleiter.

Reichs-Jugend-Pressedienst, 6.11.1937.

85. Anordnung von Ministerpräsident Hermann Göring über den verstärkten Einsatz von weiblichen Arbeitskräften in der Land- und Hauswirtschaft, 15.2.1938

Um den Mangel an weiblichen Arbeitskräften in der Land- und Hauswirtschaft zu mindern, bestimme ich folgendes:

1. Ledige weibliche Arbeitskräfte unter 25 Jahren dürfen von privaten und öffentlichen Betrieben und Verwaltungen als Arbeiterinnen oder Angestellte nur eingestellt werden, wenn sie eine mindestens einjährige Tätigkeit in der Land- oder Hauswirtschaft durch das Arbeitsbuch nachweisen. Vom Lande stammende Arbeitssuchende müssen die Tätigkeit auf dem Lande abgeleistet haben.
   Der Nachweis ist nicht erforderlich bei Einstellung in der Land- und Hauswirtschaft.
2. Den Kreis der Personen, die Wirtschaftszweige und Berufe, die diesen Einstellungsbeschränkungen unterliegen, bestimmt der Präsident der Reichsanstalt für Arbeitsvermittlung und Arbeitslosenversicherung. Er kann weitere Bestimmungen treffen, die diese Anordnung durchführen und ergänzen.
3. Diese Anordnung tritt am 1. März 1938 in Kraft

Berlin, den 15. Februar 1938

Der Beauftragte f.d. Vierjahresplan
Ministerpräsident Göring.

Zentrales Staatsarchiv Potsdam, Film Nr. 10899.

86. Verfügung des Reichsjugendführers über die Ausbildungsordnung für das HJ-Führerkorps an der Akademie für Jugendführung der HJ in Braunschweig, 18.2.1938

Die großen Aufgaben, die der Führer seiner Jugend gestellt hat, erfordern ein Führerkorps, das nach Charakter und Leistung höchsten Anforderungen genügt.
Der Heranbildung dieses Führerkorps dient die Akademie für Jugendführung in Braunschweig.
An diese Akademie kann jeder Hitler-Junge berufen werden. Voraussetzung hierfür ist:
1. Nachweis der deutschblütigen Abstammung.

2. Einwandfreier gesundheitlicher und erbgesundheitlicher Untersuchungsbefund.
3. Einwandfreie nationalsozialistische Haltung, körperliche und geistige Leistungsfähigkeit.
4. Abgeschlossene Berufsausbildung oder Abitur.

Der Anwärter nimmt an einem Vorauslese-Lehrgang teil. Nach Abschluß dieses Lehrganges wird entschieden, ob er den gestellten Anforderungen genügt.

Nach erfolgreicher Ableistung der Arbeitsdienst- und Wehrdienstpflicht wird vom Führer-Anwärter die Erfüllung folgender Aufgaben verlangt:

1. Viermonatliche Tätigkeit als Mitarbeiter in einer Gebietsführung.
2. Achtwöchentlicher Lehrgang in der Reichsjugendführerschule in Potsdam.
3. Einjährige Ausbildung auf der Akademie für Jugendführung.
4. Dreiwöchentliche Ausbildung in der Industrie des Inlandes und sechsmonatliche Ausbildung im Ausland.
5. Abschlußprüfung.

Mit der Einberufung zur Akademie ist der Anwärter auf eine Mindestzeit von 12 Jahren für den Dienst in der Hitler-Jugend verpflichtet. Nach Bestehen der Abschlußprüfung erhält der Führer-Anwärter das Jugendführer-Patent des Jugendführers des Deutschen Reichs unter gleichzeitiger Ernennung zum Bannführer und Berufung in das Führerkorps der Hitler-Jugend.

Noch während seiner Ausbildungszeit auf der Akademie hat er sich entschieden, ob er in Partei oder Staat nach seiner Dienstzeit in der Hitler-Jugend weiterarbeiten will. Er wird dementsprechend während seines Einsatzes als HJ-Führer einmal im Jahre einer Dienststelle der Bewegung oder deren Gliederungen für die Zeit von 3 bis 4 Wochen zugeteilt. Sein endgültiger Einsatz jedoch wird von mit entschieden.

Amtliches Nachrichtenblatt des Jugendführers des Deutschen Reichs und der Reichsjugendführung der NSDAP, VI/4, 18.2.1938, S. 61 f.

87. Verfügung des Oberkommandos der Wehrmacht über die Benutzung von Sportplätzen und Schwimmbädern der Wehrmacht durch die HJ, 18.3.1938

Oberkommando der Wehrmacht   den 18. März 1938
Nr. 1847/38 J I d.

Betr.: Benutzung von Sportplätzen und Schwimmbädern der Wehrmacht durch die HJ

An
das Oberkommando des Heeres,
das Oberkommando der Kriegsmarine,
den Reichsminister der Luftfahrt
und Oberbefehlshaber der Luftwaffe.

Sportplätze und Schwimmbäder der Wehrmacht dürfen der HJ zu ihrer Ausbildung unter den in WM.Verw. V II Anlage 3 a Ziff. 3 genannten Bedingungen zur Verfügung gestellt werden in Zeiten, in denen sie von der Truppe nicht benutzt werden, und wenn es der Dienst, die örtlichen Verhältnisse und Truppenbelange zulassen.

Der Chef des Oberkommandos der Wehrmacht.
I. A.: gez. Kieseritzky.

Zitiert nach: Amtliches Nachrichtenblatt des Jugendführers des Deutschen Reichs und der Reichsjugendführung der NSDAP, VI/8, 8.4.1938, S. 133 f.

88. Raumbedarf der Reichsjugendführung, 21.3.1938

Raumprogramm
der Dienststelle der Reichsjugendführung Berlin (24000 qm)

I. Allgemeine Räume:
1. Eingangs- und Ehrenhalle (Fahnenhalle)
2. Wache mit Büro und Nebenräumen
3. Warteräume
4. Allgemeines Besprechungszimmer
5. Großer Fest- und Feiersaal
6. Kleiner Nebensaal
7. Empfangsräume
8. Großer Speisesaal
9. Kleine Speiseräume
10. Kantine, Erfrischungsraum
11. Teeraum
12. Leseraum
13. Bibliothek
14. Garagen
15. Posträume
16. Schreibzimmer

II. Der Jugendführer des Deutschen Reichs:
1. Arbeitszimmer
2. Empfangs- und Besprechungszimmer
3. Warteraum
4. Sitzungssaal

III. Der Stabsführer:
1. Arbeitszimmer
2. Empfangs- und Besprechungszimmer
3. Warteraum

IV. Adjutantur und Kanzlei:
Büros mit allen Nebenräumen

V. Die Reichsreferentin des BDM:
1. Arbeitszimmer
2. Empfangs- und Besprechungszimmer
3. Warteraum

VI. Arbeitsräume der Amtschefs:
1. Organisationsamt
2. Grenz- und Auslandsamt
3. Reichsverband für Deutsche Jugendherbergen
4. Arbeitsausschuß für HJ.-Heimbeschaffung
5. Personalamt
6. Soziales Amt
7. Amt für Gesundheitsführung
8. Presse- und Propagandaamt
9. Amt für weltanschauliche Schulung
10. Verwaltungsamt

11. Amt für Leibesübungen
12. Amt für körperliche Ertüchtigung
13. Kulturamt

VII. Die zu II - VI gehörigen ca. 900 Büro- und Nebenräume.

Zentrales Staatsarchiv Potsdam, GBI, Nr. 2267, Bl. 26 f.

89. Anordnung des Amtes für körperliche Ertüchtigung der Reichsjugendführung zur Erfassung von Lehrlingen und Jungarbeitern der Industrie in der Flieger-HJ, 25.3.1938

Es gibt Industriewerke, die die fliegerische Ertüchtigung ihrer Lehrlinge und Jungarbeiter tatkräftig unterstützen und fördern wollen. Sie sind bereit, Segelflugzeugbauwerkstätten, Werkzeuge, Werkstoffe und Mittel bereitzustellen. Diese Ausbildungsmöglichkeiten müssen der Flieger-HJ nutzbar gemacht werden.
Fliegerisch interessierte Lehrlinge und Jungarbeiter dieser Industriewerke sind daher in der Flieger-HJ zu erfassen. Die Anordnungen für die Erfassung der Lehrlinge und Jungarbeiter der Luftfahrtindustrie gelten dafür sinngemäß. (Vereinbarung zwischen dem Reichsluftfahrtministerium und der RJF.)

Zitiert nach: Vorschriftenhandbuch der Hitler-Jugend, Band III, Berlin 1942, S. 1354.

90. Bericht über die Tätigkeit der HJ in Andernach, 7.4.1938

den 7.4.1938

Ich hatte vor, Ihnen eine eingehende Darstellung über die Verhältnisse in der Andernacher Hitler-Jugend zu geben. Allgemein kann ich nur große Unzufriedenheit der Eltern darüber feststellen, daß die Pimpfe beispielsweise oft wöchentlich 4 — 5 mal zum Dienst zitiert werden, infolgedessen nicht zu ihrer Schulaufgabe und zu ihren häuslichen Obliegenheiten kommen. Irgendwelche HJ-Führer befehlen ihren Jungens einfach willkürlich das Antreten und sind auch sonst in der Menschenführung alles andere als zuverlässig. Darüber hinaus besteht in der Hitlerjugend vielfach eine Dienstunlust, die sich besonders beim BDM bemerkbar macht, weil es zunächst an der planmäßigen weltanschaulichen Schulung und darüber hinaus auch, wie oben angedeutet, an den Führern fehlt, die Verständnis und Fähigkeiten zur Jugendführung haben. Es bleibt zu erwarten, daß die Jugendbeauftragten der Lehrerschaft hier reinigend und aufklärend, d.h. also ausgleichend und verbessernd wirken können. Jedenfalls haben einige Vorkommnisse in der Hitlerjugend der Stadt Andernach, die Ihnen ja auch bekannt sind, nicht dazu beigetragen, das Ansehen der Hitlerjugend und ihrer Führer gerade bei den nationalsozialistisch schwer zugänglichen Menschen in Andernach und Umgebung zu festigen oder gar zu heben.

Ich hoffe, daß ich nach dem Wahlkampf, in dem ich bis zum Zerreißen angespannt bin, Gelegenheit zur eingehenden Darstellung einiger wirtschafts- und sozialpolitischer Probleme, die Andernach und darüber hinaus den Kreis Mayen berühren, habe.

Heil Hitler!
(Unterschrift)

Zentrales Staatsarchiv Potsdam, Film Nr. 10899.

91. Aus der Rede von Reichswirtschaftsminister Walther Funk im dritten Reichsführerlager der HJ in Weimar über die Verdrängung der Juden aus der deutschen Wirtschaft, 31.5.1938

. . .

Nun will ich Ihnen einige Probleme aus dem deutschen Wirtschaftsleben vorführen, die Sie als die Führer der deutschen Jugend besonders interessieren müssen. Ich möchte einmal anfangen mit unseren lieben Freunden, den Juden. Dieses Problem hat für das deutsche Wirtschaftsleben selbstverständlich eine ganz gewaltige Bedeutung, und es ist ein Problem, das bisher zur Zufriedenheit nicht gelöst werden konnte. Man hat die verschiedenen Möglichkeiten erwogen, wie man dem Problem der Juden in der Wirtschaft beizukommen vermöge. Besonders aktuell ist diese Gefahr geworden, als wir jetzt mit Österreich auch Wien und damit auch weitere 350 000 Juden erbten, die in der Wirtschaft Wiens außerordentlich stark verankert waren, ja, die in vielen Dingen dort eine geradezu überragende Rolle spielten.

Man hat, wie Sie ja wissen, einesteils die folgende Lösung vorgeschlagen. Man hat gesagt: Wir bringen an den jüdischen Geschäften Schilder an, dann weiß jeder, daß es sich um ein jüdisches Geschäft handelt. Man kann das sogar in hebräischer Schrift tun, dann ist es besonders deutlich, was natürlich ganz lustig wäre; dann geht niemand mehr in das Geschäft hinein, und dann haben wir das Problem gelöst. Nein, meine lieben Freunde, so einfach ist das Problem nicht zu lösen. Und ich habe mir lange den Kopf darüber zerbrochen, wie man auf vernünftige Weise diesem schwierigen Problem beikommen kann.

Ich bin dabei nun auf folgenden Gedanken gekommen: wir müssen nicht die einzelnen jüdischen Geschäfte bezeichnen oder kennzeichnen oder die Juden aus diesen Geschäften herausbringen, also diese Geschäfte arisieren, wie man das so schön bezeichnet. Sondern ich bin der Meinung, daß wir eine radikalere Lösung finden müssen, und die Juden überhaupt aus der Wirtschaft herausbringen.

Das hört sich nun sehr schön an, ist aber nicht so leicht. Denn es stecken natürlich heute noch Milliardenwerte in der Wirtschaft, die den Juden gehören. Ich mußte also irgendeinen Weg finden, um diese Werte in deutschen, also arischen Besitz überzuführen, und mußte gleichzeitig eine Möglichkeit schaffen, damit der Jude, der diese Werte nun nicht mehr besitzt, nicht verhungert. Denn wir können ja nicht Hunderttausende von Juden als Proletarier herumlaufen lassen, die dann vom Staat ernährt werden müssen.

Da ist mir nun ein Gedanke gekommen, der von allen denjenigen, mit denen ich bisher darüber gesprochen habe, als besonders glücklich bezeichnet worden ist. Ich will nämlich die Juden aus der Wirtschaft heraus in die Rente bringen. Wir Deutschen sollen kein Rentnervolk sein. Der Deutsche soll arbeiten. Ein Rentnerdasein ziemt sich nicht für einen deutschen schaffenden Mann. Aber der Jude kann bei uns ruhig den Rentner spielen. Das heißt, der Jude bekommt für das, was er besitzt, für seine Geschäfte, für seine Beteiligungen usw., eine Eintragung in das Reichsschuldbuch, die ihm, sagen wir, mit 3 Prozent verzinst wird. Das Geschäft des Juden geht also in deutschen Besitz über, und zwar ohne Ausnahme alle jüdischen Geschäfte, mit Ausnahme vielleicht von solchen Geschäften, die nur an Juden verkaufen sollen. In diesen Geschäften kann man dann vielleicht auch hebräische Schilder anbringen, die die Juden dann besser lesen können. Jedenfalls: die Juden haben dann in der deutschen Wirtschaft nichts mehr zu suchen. Die Juden bekommen diese Forderung an das Reich, und sie wird ihnen verzinst. Sie führen nun so lange ein Rentnerdasein, so lange wir nicht die Möglichkeit haben, sie ganz aus Deutschland herauszubringen. Diese Möglichkeit — das ist das zweite nun, was wir machen können und machen müssen — ist zur Zeit nur mit geringem Umfange gegeben. Aber wir wollen den Juden sogar, wenn sie einen zusätzlichen Export für uns schaffen, die dazu notwendigen Devisen zur Verfügung stellen. Denn wir haben alles Interesse daran — das ist eines unserer wichtigsten volkspolitischen Probleme und es ist natürlich auch für die Partei und den Staat von ungeheurer Bedeutung — die Juden aus Deutschland völlig herauszukriegen. Wir haben in Wien jetzt einen Versuch gemacht, der gelungen ist, indem wir Amerika einen Teil der Wiener Juden zur Verfügung gestellt haben. Es ist der erste Schub von 400 völlig verarmten Juden letzthin nach Paraguay gebracht worden, und demnächst wird ein weiterer Schub an die Reihe kommen.

Das Schlimme für uns sind natürlich die Juden, die gar nichts haben, die ganz armen Juden, die wir sonst unterstützen müßten.

Ich bin der Überzeugung, daß bei der Lösung, die ich vorgeschlagen habe, zunächst einmal in absehbarer Zeit — sagen wir, in ein bis zwei Jahren — der anstößige und für uns unerträgliche Zustand beseitigt wird, daß ein Mensch in ein Geschäft geht, und daß ihm hinterher gesagt wird: Wie kommst du dazu, in diesem Geschäft zu kaufen, das ist doch ein jüdisches Geschäft. Ja, wer kann es riechen, daß es ein jüdisches Geschäft ist? Wenn Sie aber Plakate anbringen, dann gehen diese Geschäfte — und es gibt ja jüdische Geschäfte, die außerordentlich wertvoll sind — pleite, und daran haben wir kein Interesse. Wir müssen die Juden aus der Wirtschaft herausbringen und müssen die Geschäfte von Deutschen weiterführen lassen.

Der Deutsche, der das Geschäft übernimmt, muß dem Staate gegenüber eine Reihe von Jahren, für 10 bis 15 Jahre, die Schuld, die der Staat dem Juden gegenüber eingegangen ist, verzinsen und tilgen. Und, meine Freunde, der Staat macht bei dieser Sache noch ein sehr gutes Geschäft ...

Drittes Reichsführerlager der Hitlerjugend in Weimar 1938, Berlin 1938, S. 35 ff.

92. Zu Aufgaben und Zielen des BDM-Werks Glaube und Schönheit, 1.7.1938

Das Mädel im BDM wird zur »Trägerin nationalsozialistischer Weltanschauung« erzogen. Die nationalsozialistische Weltanschauung ist die Grundlage der sich über eine elfjährige Dienstzeit im Jungmädelbund, im Bund Deutscher Mädel und im BDM-Werk »Glaube und Schönheit« erstreckenden Erziehung.

Das BDM-Werk »Glaube und Schönheit«, das die Jahrgänge der 17- bis 21jährigen umfaßt, hat insonderheit die Aufgabe, das Mädel in die in Beruf und Familie liegenden Lebensaufgaben einzuführen.

Wurden die jüngeren Jahrgänge »zur Gemeinschaft« erzogen, so ist das weitere Erziehungsziel im BDM-Werk die Entwicklung des Mädels zur »gemeinschaftsgebundenen Persönlichkeit«. Am Ende einer vierjährigen Arbeit im BDM-Werk »Glaube und Schönheit« soll das Mädel

1. körperlich so durchgebildet sein, daß es die Verpflichtung erkennt, auch weiterhin Leibesübungen zu treiben,
2. um die Notwendigkeit eines gesunden Menschen für ein starkes Volk wissen und bereit sein, diese Erkenntnis in seinem Leben durch Körperpflege und gesunde Lebensweise zu verwirklichen,
3. aus der Beschäftigung mit den kulturellen Aufgaben zu einer stilvollen, persönlichen Lebensgestaltung kommen (die auch zu einer geschmacklichen Ausrichtung in bezug auf die Kleidung, das Heim usw. führt),
4. gemäß seiner Eignung, Begabung und seines besonderen Interesses in den einzelnen Arbeitsgemeinschaften persönlich bereichert und geformt sein.

Arbeitsrichtlinien der Hitler-Jugend. Richtlinien für das BDM-Werk Glaube und Schönheit vom 1.7.1938, Berlin 1938, S. 9.

93. Durchführungsbestimmungen des Organisationsamtes der Reichsjugendführung für die Überführung von HJ-Angehörigen in die Allgemeine SS, 23.8.1938

Reichsjugendführung
- Organisationsamt -   Berlin, am 23. August 1938.

Richtlinien

Betr.: Überführung von HJ-Angehörigen in die Allgemeine SS.

Die Überführung der HJ-Angehörigen, die das 18. Lebensjahr vollendet haben, in die Allgemeine SS erfolgt nur einmal im Jahre. Sie findet zusammen mit der Überführung von HJ-Angehörigen in die Partei und die anderen Gliederungen symbolisch auf dem Reichsparteitag statt.

Die örtliche Übernahme in die Allgemeine SS erfolgt am letzten Sonntag im September in Form einer gemeinsamen Feier aller Gliederungen unter Leitung des Hoheitsträgers der Partei (Kreisleiter). Diese Überführung findet nach Anweisung des Kreisleiters jährlich in einem anderen größeren Orte des politischen Kreises statt.

Die der SS vom Führer gestellten Aufgaben zwingen diese mehr als jede andere Gliederung zu einer scharfen Auslese des Nachwuchses. Eine schematische Überführung der 18Jährigen ohne vorherige Eignungsprüfung ist daher nicht möglich. Vielmehr muß zur Vermeidung von Härten und Nachteilen, die eine solche zwangsläufig mit sich bringen würde, in Zusammenarbeit der zuständigen HJ- und SS-Dienststellen bereits unter den 16- und 17-Jährigen eine stille und unauffällige Auslese getroffen werden. Diese liegt unbedingt im Interesse der HJ-Angehörigen und dient auch zur Erleichterung der späteren, anschließend vorgesehenen SS-Annahme-Untersuchung.

Es wird daher folgendes bestimmt:
Der Überführung von HJ-Angehörigen zu jedem Reichsparteitag hat nach stattgefundener Vorauslese die SS-Annahme-Untersuchung vorauszugehen.
Die SS-Annahme-Untersuchungen haben am 1. November des Vorjahres zu beginnen und sind bis spätestens 1. März zum Abschluß zu bringen. Diese werden durch die SS im Einvernehmen mit den HJ-Dienststellen durchgeführt, wobei die SS-Ärzte und die Rassereferenten der SS maßgebend mit angehört werden.
Die Banne der HJ sind dafür verantwortlich, daß die Standarten der Allgemeinen SS vor Beginn der Annahme-Untersuchung im Besitze der den Merkblättern angehefteten Fragebogen sind. Desweiteren sind die Banne anzuhalten, die Durchführung der Annahme-Untersuchungen sowie die Erstellung der für die Aufnahme in die SS erforderlichen Papiere eingehendst zu fördern, damit diese den SS-Einheiten spätestens am 1. März vollzählig vorliegen. Hierzu gehört auch die Ausfertigung von Überweisungsscheinen, die auf den Reichsparteitag vorzudatieren sind. Die Abgabe dieser Papiere, insbesondere des Überweisungsscheines, berechtigen die Einheiten jedoch nicht, die betreffenden HJ-Angehörigen vor der Überführung am Reichsparteitag zum Dienst in der SS heranzuziehen.

Die formationsmäßige Überführung findet zusammen mit der Aufnahme der 18-jährigen Hitlerjungen in die Partei in Form einer gemeinsamen Feier aller Gliederungen unter Leitung des Hoheitsträgers (Kreisleiters) jeweils an einem größeren Orte statt.

Zwischen der Reichsjugendführung und der Reichsführung SS wird eine besondere Vereinbarung getroffen, die für den Nachwuchs der SS besonders den HJ-Streifendienst berücksichtigt.

Reichsjugendführung
- Organisationsamt -
gez. K l e y
Gebietsführer

Zentrales Staatsarchiv Potsdam, Film Nr. 14652.

94. Anordnungen des Reichsführers SS Heinrich Himmler und des Reichsjugendführers über die Übernahme von HJ-Führern in die SS und die Umwandlung des HJ-Streifendienstes in eine Nachwuchsorganisation der SS, 26.8.1938

In dem gemeinsamen Bestreben, die bestehenden Verbindungen zwischen den Schutzstaffeln und der Hitler-Jugend noch weiter zu stärken und zu vertiefen, erlassen der Reichsführer SS und der Reichsjugendführer der NSDAP die nachstehenden Anordnungen für ihre Gliederungen:

1. Anordnung des Reichsführers SS über die Übernahme von HJ-Führern in die Schutzstaffeln.
2. Anordnung des Reichsjugendführers der NSDAP über die Umgliederung des Streifendienstes als Nachwuchsorganisation für die Schutzstaffeln.

Beide Anordnungen, die hiermit beiden Gliederungen zur Kenntnis gegeben werden, treten mit sofortiger Wirkung in Kraft.

Berlin, den 26. August 1938.
gez. H. Himmler.   gez. von Schirach.

Der Reichsführer SS

Anordnung über die Übernahme von HJ-Führern in die Schutzstaffel.

1. Ich erkläre mich grundsätzlich bereit, Führer der HJ bzw. des Deutschen Jungvolks nach Ablauf ihrer für die Reichsjugendführung eingegangenen Dienstverpflichtung evtl. auch früher in das Führerkorps der Schutzstaffel (Allgemeine SS und SD) zu übernehmen.

2. Voraussetzungen der Übernahme sind:
   a) Geeignetheit, entsprechend den allgemeinen Aufnahmevorschriften der Schutzstaffel.
   b) Nachweis der Erfüllung der Dienstpflicht bei SS-VT oder Wehrmacht.
   c) Ehrenvolles Ausscheiden aus der HJ oder DJ.

3. Die Festlegung des Dienstgrades bei der Übernahme erfolgt in beiderseitigem Einvernehmen unter Berücksichtigung der Leistungen, des Lebensalters und des seither innegehabten Dienstgrades.
   Es wird sich hierbei folgende Norm ergeben:
   a) Die Übernahme von HJ-Führern der Führerschaft (vom Gefolgschaftsführer bis zum Oberstammführer) kann mit dem Dienstgrad Oberscharführer bis Hauptsturmführer durchgeführt werden.
   b) HJ-Führer, die dem Führerkorps angehören, im Alter von 30 bis 35 stehen, werden mit der Führung eines Sturmbannes bzw. mit einer Referentenstelle in einem Stabe beauftragt. Ist der Beweis erbracht, daß der HJ-Führer diese Stellung erfüllt, wird er zur Beförderung, seiner Dienststellung entsprechend, vorgeschlagen. Z.B. der Bannführer von 33 Jahren, der mit der Führung eines Sturmbannes beauftragt war, zum Sturmbannführer, der Bannführer von 36 Jahren, der mit der Führung einer Standarte beauftragt war, zum Obersturmbannführer.

4. Die Übernahme von Unterführern kommt im allgemeinen nicht in Frage. In Ausnahmefällen unterliegt die Festsetzung des Dienstgrades den betreffenden Dienststellen der HJ und SS.

Berlin, den 26. August 1938.   gez. Himmler.

Der Reichsjugendführer

Anordnung über die Umgliederung des Streifendienstes als Nachwuchsorganisation für die Schutzstaffeln.

A. Aufbau des Streifendienstes.
1. Da der Streifendienst in der Hitler-Jugend ähnliche Aufgaben durchzuführen hat, wie die SS für die gesamte Bewegung, wird er als Sonderformation zur Sicherstellung des Nachwuchses für die Allgemeine SS aufgebaut, doch soll auch möglichst der Nachwuchs für die SS-VT, SS-TV und Junkerschulen aus diesen Formationen genommen werden.
2. Der Streifendienst wird ab sofort in jedem Bann als Sonderformation aufgestellt. Er steht dort unter Führung des Bannstreifenführers, der als Stellenleiter des Bannes dem Bannführer unmittelbar unterstellt ist. Sachbearbeiter für den Streifendienst bleibt nach wie vor in den Stäben der Gebiete der Gebietsstreifendienstführer.
3. Der Streifendienst ist so aufzubauen, daß er bis zum 1. April 1940 in jedem Bann die volle Stärke einer Gefolgschaft erreicht. Bei Landbannen ist die Streifendienstgefolgschaft auf mehrere Standorte zu verteilen. Die genaue Verteilung wird in Ausführungsbestimmungen durch die Organisationsabteilungen der Gebiete bestimmt. Der Eintritt in den Streifendienst ist möglich nach der Vollendung des 15. Lebensjahres.
4. a) Die Auswahl der Streifendienstangehörigen geschieht nach den Grundsätzen für die rassische Auswahl der Schutzstaffel. Die zuständigen Stellen der Schutzstaffel, in erster Linie Einheitsführer, Rassereferenten und SS-Ärzte, werden zu der Aufnahmeuntersuchung zugezogen.
b) Bis zum 1. April 1940 soll bei den Gefolgschaften eine Durchschnittsstärke von 150 Mann erreicht sein. Die endgültigen Stärkeziffern werden noch durch Ausführungsbestimmungen für jeden Bann besonders festgelegt.

B. Zusammenarbeit mit der Schutzstaffel.
1. Der Streifendienst stellt eine HJ-Einheit wie alle anderen dar. Alle Rechte in bezug auf Führung, Ausbildung und Disziplinargewalt liegen ausschließlich bei den HJ-Dienststellen.
2. Für jeden Bann wird vom Reichsführer SS eine SS-Dienststelle bestimmt, mit welcher der Streifendienst zusammenarbeitet. Ebenso erfolgt eine Bestimmung der für jedes HJ-Gebiet zuständigen höheren SS-Befehlsstelle.
3. In jedem Bann führt der Streifendienst die für die Hitler-Jugend geforderten Mitgliedergrundlisten und Karteien in zweifacher Ausfertigung. Die zweite Ausfertigung wird der SS-Dienststelle zur Verfügung gestellt. In den Mitgliederlisten des Streifendienstes werden auch die altersmäßig in Frage kommenden HJ-Angehörigen geführt, die als Unterführer in den übrigen HJ-Einheiten tätig sind und den Wunsch haben, einmal später in die Schutzstaffel einzutreten.
4. Die Streifendiensteinheit eines Bannes hat mit der vom Reichsführer SS bestimmten SS-Dienststelle auf das engste und kameradschaftlichste zusammenzuarbeiten. Diese Zusammenarbeit erstreckt sich insbesondere auf folgende Punkte:
a) Im Rahmen der Ausbildung der Streifendienstgefolgschaften ist der Schutzstaffel genügend Zeit und Gelegenheit zu geben, über ihre Aufgaben und Ziele zu sprechen.
b) Von der Schutzstaffel werden auf Anforderung Sportlehrer und Lehrmittel zur Verfügung gestellt.
c) Für die Zeit des Aufbaues des Streifendienstes können von der Schutzstaffel Unterführer angefordert werden, die aber während der Tätigkeit im Streifendienst als HJ-Führer übernommen werden.
d) Sowohl Streifendienst wie Schutzstaffel werden bei den jeweiligen Veranstaltungen gegenseitig eingeladen.
5. Um von vornherein ein enges Einvernehmen zwischen der Reichsjugendführung und der

Reichsführung SS zu gewährleisten, wird ab 1. Oktober 1938 von der Reichsjugendführung ein Verbindungsführer ins SS-Hauptamt abgestellt. Die Abstellung weiterer Führer zu den SS-Oberabschnitten unterliegt einer späteren Vereinbarung.

6. Nach durchgeführtem Aufbau nimmt die Schutzstaffel ihren Ersatz in erster Linie aus diesen Streifendienstgefolgschaften. Eine Aufnahme von Jugendlichen deutschen Blutes, die nicht Mitglieder der Hitler-Jugend sind, ist dann nur noch nach Mitteilung und Anhören des zuständigen Bannführers möglich.

C. Weitere Ausführungsbestimmungen werden vom Organisationsamt und vom Personalamt — Überwachung — in gegenseitigem Einvernehmen erlassen.

Berlin, den 26. August 1938   gez. von Schirach.

Zitiert nach: Amtliches Nachrichtenblatt des Jugendführers des Deutschen Reichs und der Reichsjugendführung der NSDAP, VI/19, 7.10.1938, S. 341 ff.

95. Anweisung des sächsischen Innenministeriums zur Unterstützung des ersten Gesamtappells der HJ-Gebietsführung für alle männlichen Jugendlichen durch die Gemeinden, 6.9.1938

Der Sächsische Minister des Innern   Dresden N 6, am 6. September 1938

Eilt!

An die Herren Kreishauptleute

Die Gebietsführung Sachsen der HJ führt im Einverständnis mit dem Reichsstatthalter am Sonntag, den 25. September 1938, vormittags 8 Uhr, in sämtlichen sächsischen Gemeinden den ersten Gesamtappell aller männlichen Jugendlichen im Alter von 10 bis 18 Jahren durch, gleichgültig, ob sie der HJ angehören oder nicht.
Damit insbesondere die der HJ noch nicht angehörenden Jugendlichen ausnahmslos erfaßt werden können, muß dafür gesorgt werden, daß der Appell in weitesten Kreisen bekannt wird. Die Mitwirkung der Gemeinden ist dazu nötig. Sie haben durch ihre amtlichen Anschlagstafeln und etwaige weitere ihnen zur Verfügung stehende Veröffentlichungsmöglichkeiten, insbesondere Unterrichtung der örtlichen Presse, auf den Appell hinzuweisen und die Jugendlichen zur Teilnahme aufzufordern.

Für den Minister
gez.: Kunz

Stadtarchiv Plauen, Sondersammlung, Nr. 86, Bl. 61.

96. Befehl des Chefs des Amtes für körperliche Ertüchtigung der Reichsjugendführung Helmut Stellrecht über die Wehrertüchtigung der 17- und 18-Jährigen im Kriegsfall, 28.9.1938

Nur für den Dienstgebrauch!   Berlin, den 28. September 1938
B e f e h l   1
für die Wehrerziehung der 17- und 18-Jährigen
im Kriegsfall

Im Kriegsfall übernimmt die Hitler-Jugend als besonders wichtige Aufgabe die Wehrerziehung der vor der Einberufung zur Wehrmacht stehenden gesamten Jahrgänge, und zwar in der Art, daß immer die Ausbildung des ältesten Jahrganges forciert wird. Die Ausbildung wird auf 3 Monate zusammengedrängt. Diese 3-monatige Ausbildung macht der älteste Jahrgang und der nächstälteste Jahrgang zusammen durch, während die übrigen Jahrgänge einen mehr aufgelockerten Dienst in der bisherigen Weise durchführen. Die Ausbildung wird in derselben Weise wiederholt, wenn die Jahrgänge inzwischen nicht zu den Fahnen gerufen sind.

Die Luftschutzausbildung muß auf breitester Basis mit größtem Nachdruck weitergeführt werden.

Es ist mit der Polizei sofort Verbindung aufzunehmen, um Jungen als Ersatz für die zur Wehrmacht einberufenen Feuerwehrleute zu stellen. Dieser Ersatz muß raschmöglichst ausgebildet werden.

Der Dienst der Flieger-HJ wird, soweit Material zur Verfügung steht, in der bisherigen Weise weitergeführt.

Der Dienst der Motor-HJ wird bei der Bedeutung der Kraftfahrausbildung, soweit dies Material und Betriebsstoff erlauben, forciert.

Der Dienst in der Marine-HJ und Nachrichten-HJ wird in der bisherigen Weise weitergeführt. Soweit eine Reitausbildung möglich ist, ist diese bei ihrer Wichtigkeit durchzuführen.

Die beiden ältesten Jahrgänge werden aber ohne Rücksicht darauf, ob sie der allgemeinen HJ, Flieger-HJ, Marine-HJ usw. angehören, in der 3-monatigen Kurzausbildung ausgebildet. Diese ist wichtiger als der Sonderdienst. Es muß angenommen werden, daß die älteren Jahrgänge diesen Dienst einigermaßen beherrschen. Es ist jetzt wichtiger sie im Schieß- sowie im Geländedienst und auch körperlich auf den bestmöglichsten Stand zu bringen.

Die Prüfungen für das Leistungsabzeichen werden während des Krieges nicht durchgeführt.

Der Befehl zur Erfassung auch der nicht der Hitler-Jugend angehörenden Jugendlichen der ältesten Jahrgänge erfolgt durch den Jugendführer des Deutschen Reichs. Er wird in der Art gehalten sein, daß sich alle Angehörigen dieser Jahrgänge auf ihrer zuständigen Polizei-Dienststelle zu melden haben.

Die Betreffenden erhalten dort den Bescheid, wo und wann sie zum Ausbildungsdienst anzutreten haben.

Sie werden listenmäßig bei den Polizei-Dienststellen festgestellt, die Listen werden den betreffenden Einheitsführern zur Verfügung gestellt. Sie prüfen damit die angetreten Jugendlichen ...

Der Chef des Amtes für körperl. Ertüchtigung
in der Reichsjugendführung
gez. S t e l l r e c h t
Obergebietsführer.

Zentrales Staatsarchiv Potsdam, Film Nr. 10899.

97. Vereinbarung der Reichsjugendführung mit dem Rassenpolitischen Amt der NSDAP über die rassenpolitische Schulung der HJ, 7.10.1938

1. Das Amt für weltanschauliche Schulung der RJF entsendet einen hauptamtlichen Vertreter in die Reichsleitung des Rassenpolitischen Amtes der NSDAP. Dieser hat die Aufgabe, die rassenpolitische Schulung der HJ (einschließlich des BDM) mit den Bestrebungen des Rassenpolitischen Amtes in Einklang zu bringen, ferner für eine gute Zusammenarbeit zwischen den nachgeordneten Dienststellen der beiden Ämter zu sorgen.

Mit dieser Aufgabe wird ein Hauptreferent des Amtes WS betraut. Er erhält im Rassenpolitischen Amt die Dienststellung eines Referenten für rassenpolitische HJ-Arbeit. Ihm wird vom Amt für weltanschauliche Schulung eine Mitarbeiterin für die Mädelschulung zur Seite gegeben.

2. Die gesamte rassenpolitische Schulungsarbeit in der HJ (einschl. des BDM) wird nach laufender Unterrichtung des Rassenpolitischen Amtes (Reichsleitung) ausschließlich vom Amt für weltanschauliche Schulung und seinen nachgeordneten Dienststellen durchgeführt. Die Art der Durchführung, sowie der Einsatz bestimmter Redner auf diesem Gebiet bedürfen der Zustimmung des Leiters des rassenpolitischen Amtes.

3. Die Gauamtsleiter des Rassenpolitischen Amtes haben das Recht der Inspektion und Berichterstattung an ihre Reichsleitung, jedoch kein Eingriffsrecht in die Arbeit der Hitler-Jugend.

Amtliches Nachrichtenblatt des Jugendführers des Deutschen Reiches und der Reichsjugendführung der NSDAP, VI/19, 7.10.1938, S. 351.

98. Aus der Aufstellung über hauptamtliche Angestellte der NSDAP, ihrer Gliederungen und angeschlossenen Verbände, Oktober 1938

...

II. Gliederungen

	männl.	weibl.	
1. SA			rd. 5.300
2. SS			
a) Reichsführung	518		
b) Oberabschnitte	2.318		
c) Sondereinheiten	249		
d) R.u.S.-Hauptamt	309		
e) SD-Hauptamt	3.187		6.581
3. HJ	männl.	weibl.	
a) Reichsjugendf.	642 (HJ)	420 (BdM)	
b) Gebiete	3.685 (HJ)	1.299 (BdM)	
c) Banne etc.	3.581 (HJ)	2.987 (BdM)	
d) Schulen	468 (HJ)	468 (BdM)	
	8.376	5.174	= 13.550

...

Zentrales Staatsarchiv Potsdam, Film Nr. 14587.

99. Aus den Akten des Obersten Parteigerichts der NSDAP: Bayerische HJ-Führer erpressen in der Reichskristallnacht jüdische Bürger und vertreiben sie aus ihren Wohnungen, 9./10.11.1938

Obergebietsführer Emil Klein, Führer des HJ-Gebietes Hochland, unterrichtete am 9.11.1938 die zu einer Tagung in München weilenden bayerischen HJ—Führer über die Rede, die Propagandaminister Goebbels am Abend desselben Tages anläßlich einer Zusammenkunft der NSDAP-Parteiprominez gehalten hat.
Aufgestachelt durch diese Ansprache, mit der Goebbels die im gesamten Reichsgebiet stattfindenden Judenpogrome initiierte bzw. weiter anheizte, wobei er sich demagogisch auf den Tod des einem Attentat erlegenen deutschen Gesandten in Paris, v. Rath, bezog, teilte Klein die HJ-Führer in verschiedene Kommandos ein und befahl ihnen, nach erfolgter Abstimmung mit dem bayerischen Innenministerium und

Gauleiter Wagner, in dieser Nacht etwas zu unternehmen, um die »Juden zu schädigen« und sie für den Tod des faschistischen Diplomaten »büßen« zu lassen.

Im Verlauf dieser »Sühneaktion« wurden mindestens 12 jüdische Bürger bzw. Familien auf vielfältige Weise drangsaliert.

Man erpreßte von Paul Bernheimer, Emil Krämer, Fritz Kohn, Max Uhlfelder, Max Löwenthal und der Frau eines Rabbiners insgesamt 126.383,62 Reichsmark, raubte die Turnhalle eines jüdischen Sportvereins aus, trieb mehrere jüdische Familien zur Auswanderung, nötigte die Familie Kahn, der HJ ihr Haus zu »schenken«.

In dem sich anschließenden »Verfahren« des HJ-Obergerichts und des Obersten Parteigerichts der NSDAP wurden alle beteiligten 16 HJ-Führer freigesprochen (drei wurden nicht einmal »angeklagt«), da sie, »nicht eigennützig«, sondern »offensichtlich aus anständigen Beweggründen gehandelt« haben, wie man ihnen bescheinigte.

(aus den Vernehmungsprotokollen von Obergebietsführer Emil Klein, Oberbannführer Thomas Stöckl, Oberstammführer Georg Josef Waldmann, Stammführer Hans Lux, Bannführer Roland Panzer, Oberbannführer Richard Bauschmid und Gefolgschaftsführer Alois Baur)

Neben dem Besuch der Feierlichkeiten am 9. November habe ich mit meinen Abteilungsleitern und Bannführern eine Führertagung in München durchgeführt, an der sich am Abend des 9. November ein Theaterbesuch angeschlossen hat. Ich selbst befand mich im großen Rathaussaal bei der Einladung des Führers. Dort erfuhr ich im Laufe des Abends aus einer kurzen Rede Dr. Goebbels, daß in verschiedenen Gegenden Deutschlands die Synagogen brennen und jüdische Schaufenster zertrümmert werden. Dr. Goebbels bemerkte auch, daß gegen diese Aktion von Seiten des Führers vorerst nicht eingeschritten werde. Aus dem Munde des Gauleiters Wagner, in dessen nächster Nähe ich saß, hörte ich, daß der Gauleiter große Aktionen gegen die Juden vorhabe, daß es aber nicht sein Wille war, daß Schaufenster zertrümmert werden.

Ich habe mich daraufhin in das Theater begeben, in dem sich meine Führer befanden, und ich habe diesen in der Pause die Situation mitgeteilt und ihnen befohlen, nach dem Theater im Hotel Excelsior zusammen zu bleiben, da verschiedene Dinge gegen die Juden zu erwarten seien und womöglich nachts noch Männer gebraucht werden. Ich selbst begab mich anschließend in das Innenministerium. Hier stellte ich fest, daß die Ausschreitungen gegen die Juden weiter geduldet wurden.

Ich kam dann kurz nach Mitternacht in das Hotel Excelsior, wo meine Führer zusammen waren und erfuhr, daß einer von diesen, ich glaube Waldmann, bei dem Juden Bernheimer war und dort einen Sühnebetrag kassiert hat, dessen Höhe er mir mitteilte. Ich glaube, es waren RM 5000,--. Ich war über die Höhe dieser Summe empört und sagte Waldmann, wenn ihr schon Sühnegelder einnehmt, dann sind 5000,- RM vom Juden Berheimer viel zu wenig, der kann 10 mal soviel bezahlen. Inzwischen waren auch einige andere Führer eingetroffen, die Sühnegelder brachten. Ich erkundigte mich nach der Art der Einhebung dieser Gelder, und da ich feststellte, daß gegen keinen Juden Zwang oder Gewalt angewendet wurde, habe ich diese Einhebung von Sühnegeldern geduldet. Es war mir klar, daß in dieser Nacht der Jude irgendwie zu schädigen ist, und habe diese Aktion als eine von oben stillschweigend geduldete Aktion angesehen. Für mich war dies eine Aktion der Partei, ich ließ mir deshalb auch die Vorgänge berichten und habe diese unmittelbar in der gleichen Nacht wenige Stunden später dem stellv. Gauleiter Pg. Nippold berichtet. Die eingehobenen Schecks habe ich, da ich mit diesen nichts zu tun haben wollte, meinem Stabsleiter zur Verwahrung übergeben. Auf die Frage, ob man die Schecks einlösen solle, erwiderte ich, daß dagegen wohl keine Bedenken bestünden, worauf mein Stabsleiter morgens zur Bank fuhr ...

In der Nacht ... begab ich mich in Begleitung meines Stabsleiters zu Stadtrat Semmelmann. Bei Semmelmann erkundigte ich mich nach jüdischem Grundbesitz und erhielt dort die Anschrift eines Dr. Kahn, Nördliche Auffahrts-Allee 22. Ich begab mich dorthin und stellte Kahn, der mir auf Läuten aufmachte, die Vorgänge der Nacht dar. Ich bedeutete ihm, daß Gefahr für sein Leben bestände, da das Volk auf den Straßen gegen jüdische Geschäfte vorginge, und ich riet ihm, sein Haus schnell zu verlassen und möglichst aus Deutschland auszuwandern ... Kahn teilte mir mit, daß er binnen 2 Stunden abreisen könnte, ob das genügt. Kahn war hierbei sehr aufgeregt. Ich verließ sodann das Haus und kehrte nach etwa 3 Stunden wieder. Seit dieser Zeit ist das Haus durch eine Streifendienstwache besetzt. In der gleichen Nacht habe ich noch mehrere Male Villen aufgesucht und ebenfalls mit den Eigentümern im gleichen Sinne gesprochen ...

...

Einige Tage darauf erschien ein Direktor einer Versicherung als Beauftragter, dem ich unseren Wunsch auf schenkweise Übereignung übermittelte. Hierbei stellte ich in Aussicht, daß wir uns dafür verwenden würden, daß Kahn nicht nochmals verhaftet würde. Gleichfalls würden wir seine Auswanderung erleichtern ... Nach Rücksprache mit Pg. Dösch von der Vermögensverwertungs-G.m.b.H. wurde sodann das Haus ohne Mobiliar auf diese in notarieller Urkunde übereignet und der HJ. ein 30jähriges Wohnrecht eingeräumt ...

...

Gegen 2 Uhr früh begab ich mich gemeinsam mit Geff. Fister und Stammführer Lux im Dienstwagen zum Juden Bernheimer, Kurfürstenstr. 30. Die Anschrift hatte ich aus dem Telefonbuch ersehen. Wir alle drei hatten Uniform an, um auch nach außen hin den Eindruck zu erwecken, daß es sich um keine Privataktion handelt. Wir klingelten unten, dann wurde uns die Haustür geöffnet und wir in die Wohnung eingelassen. Wir erklärten dem Bernheimer, daß vom Rath verstorben sei, er sei auch Jude und könne jetzt durch eine Sühnespende seine Loyalität und Abscheu über die Tat zum Ausdruck bringen. Die Gelder würden verwendet, um die Juden besonders schmerzlich zu treffen, für Aufklärung und Schulung ... Ich diktierte den Wortlaut einer Erklärung, in der er die Tat von Paris verurteilte. Weiter hieß es dann: Als Sühnegeld zahle ich einen Betrag von RM .... Bernheimer sollte dann den von ihm gespendeten Betrag einsetzen, dessen Höhe ich freiließ ... Während des Gespräches äußerte ich noch, daß wir so höfliche Menschen seien, es hätten auch andere kommen können ... Ich hatte den Eindruck, daß die Juden glaubten, wenn sie uns nichts geben würden, würden andere auf unsere Weisung erscheinen ... Unser Betragen war sehr höflich. Wir deuteten nur dunkel die Folgen an. Auf die Frage, was wohl für Folgen kommen könnten, wenn er nicht zahlt, lüfteten wir nicht den Nebel, den wir allein durch unser Auftreten verbreitet hatten ...

...

Nach einer Weile sagte der Obergebietsführer, daß er jetzt losführe, um in Neuhausen Häuser für die HJ zu »organisieren«. Ich meldete mich zur Teilnahme. Es wollten auch sehr viele andere mitfahren ... Zuerst fuhren wir zu einer Villa Hirschfelder. Klein teilte diesem mit, daß Rath gestorben sei und die Juden binnen 48 Stunden Deutschland zu verlassen hätten. Es ist nicht gesagt worden, daß ein Gesetz mit diesem Inhalt in Aussicht stände. Die Juden klagten, daß sie keinen Paß und kein Geld in den Händen hätten, um sofort auszuwandern. Klein meinte, daß sie sich darum selber kümmern müßten. Als die Frau einen Schwindelanfall markierte, taten uns die alten Leute leid und wir fuhren weiter ... Bei einem weiteren Hause ... spielte sich der gleiche Vorgang ab. Meines Wissens war der Besitzer ein Rechtsanwalt, der uns sogar in das Zimmer holen wollte. Wir teilten ebenfalls den Pariser Mord und die Ausweisung mit, worauf der Jude sehr arrogant wurde, man kann auch sagen, er wurde frech. Er fragte, wie wir dazu kämen, ihn in Zusammenhang mit dem Mord zu bringen ...

...

Mit Scherer und Hartmann begab ich mich im Auftrage von Obergebietsführer Klein zu Dr. Krämer, der sich ihm gegenüber frech benommen hatte. Wir sollten ihn veranlassen, sein

Haus zu verlassen, ein Stück mit uns nehmen und ihn dann wieder barfuß nach Hause gehen lassen ... Es wurde da mitgeteilt, daß wahrscheinlich die ganze Aktion erfolglos gewesen ist und Obergebietsführer Klein meinte noch, es wäre besser gewesen, ihr hättet dafür den Juden in den Wald gefahren ...

...

In einem Telefonhäuschen suchten wir Anschriften aus dem Buch und rissen die Seite Kohn und Levi raus ... Wir fuhren zu Sanitätsrat Kohn, Schwanthalerstr. 99, der uns einen Blanko-scheck ausstellte ... Wir fragten nach seinem Vermögen. Er antwortete: »Etwa 100.000,-- RM.« Wir meinten, daß dann RM 10.000,-- nicht zuviel seien ...

...

Dann äußerte Waldmann noch, daß eine Freinacht gegenüber den Juden angebrochen sei. Vielleicht sagte er auch in diesem Augenblick, daß der Obergebietsführer die Aktion genehmigt habe. Jedenfalls wurden meine Bedenken zerstreut. Lux wollte Geld für seine Lichtapparate, Waldmann für seine Bannschule organisieren. Für mich lag es daher nahe, auch was für die Sozialabteilung abzubekommen ...

...

Ich stellte fest, daß diese Aktionen sich in den ersten Stunden der Nacht vom 9. auf 10. November abspielten. Ich habe sie geduldet, weil die Gesamtaktionen von der Partei stillschweigend geduldet wurden und weil ich wußte, daß die Einhebungen der Gelder nur Zwecken der Partei bzw. der HJ dienen sollten und keine eigennützige Absicht dahinter stand ...

(aus den Anweisungen des Obersten Parteigerichts der NSDAP)

Nationalsozialistische Deutsche Arbeiterpartei
Oberstes Parteigericht
Der Chef des Zentralamts.   München 33 den 13. Dezember 1938

G E H E I M !

Rundschreiben an die Vorsitzenden der Gaugerichte
1. ...
Grundlage der parteigerichtlichen Verfahren, die die Vorgänge um den 9. November 1938 betreffen, ist folgende, vom Stellvertreter des Führers erlassene Anordnung:

»Berlin, den 7. Dezember 1938.

G e h e i m !

Rundschreiben Nr. 195/38
(Nicht zur Veröffentlichung!)

Die Untersuchung der Vorgänge, die um den 9. November 1938 gegen Juden gerichtet waren und die zu Beschwerden über Parteigenossen und über Angehörige der Gliederungen und angeschlossenen Verbände geführt haben, liegt in den Händen der Gestapo und Parteigerichtsbarkeit, die deshalb in diesen Fällen für alle vorgenannten Personen zuständig ist. Die Untersuchung durch die Parteigerichtsbarkeit erfolgt in einem besonderen Verfahren, für das die formellen Verfahrensvorschriften außer Kraft gesetzt werden.

Gez.: R. Heß«

Das Gaugericht wird seine Erhebungen in erster Linie auf die einwandfreie Feststellung des Beweggrundes des Täters abzustellen haben. Die Durchführung eines parteigerichtlichen Verfahrens wird sich deshalb eventuell erübrigen oder die Einstellung des Verfahrens geboten sein, wenn der Täter offensichtlich aus anständigen Beweggründen gehandelt hat ... Das Ziel der durchzuführenden parteigerichtlichen Verfahren ist, den Volksgenossen, der in nationalsozialistischer Einsatzbereitschaft übers Ziel hinausgeschossen ist, zu schützen ...

2. ...
In jedem Falle wird zu prüfen sein, ob das Verfahren grundsätzlich (beispielsweise wegen Geringfügigkeit) oder mit Rücksicht auf die Amnestie des Führers einzustellen ist ...

Heil Hitler!
gez.: Schneider

(aus dem Urteil des Obersten Parteigerichts der NSDAP)

Nationalsozialistische Deutsche Arbeiterpartei
Oberstes Parteigericht
München 33 den 10. Februar 1939.

G e h e i m

B e s c h l u ß
in Sachen des

1. HJ-Obergebietsführers Emil Klein, München, Dachauerstr. 9,
2. HJ-Oberbannführers Thomas Stöckl, München, Dachauerstr. 9,
3. HJ-Bannführers Roland Panzer, München, Donnersbergerstr. 20,
4. HJ-Oberstammführers Gg. Jos. Waldmann, Aichach, Steuberstr. 100,
5. HJ-Stammführers Hans Lux, München, Dachauerstr. 9,
6. HJ-Gefolgschaftsführers Alois Baur, München, Dachauerstr. 9,
7. HJ-Stammführers Karl Friedr. Scherer, München, Dachauerstr. 9,
8. HJ-Bannführers Heinrich Schaad, Augsburg, Alpenstr. 14/II,
9. HJ-Oberbannführers Richard Bauschmid, München 55, Boelckestr. 2,
10. HJ-Bannführers Alwin Ulrich, München 59, Niobestr. 2,
11. HJ-Gefolgschaftsführers Hanns Joachim Starzewski, München, Gewürzmühlstr. 19,
12. HJ-Bannführers Schwarz, Memmingen,
13. HJ-Bannführers Hartmann, Luditz/Sudetenland, Friedhofstr.

hat der Sondersenat des Obersten Parteigerichts der NSDAP. am 23. Januar 1939 unter Mitwirkung

des Kammervorsitzenden	Pg. Knop	als Vorsitzenden
des Richters	Pg. Runge	als Beisitzer
des Richters	Pg. Teiwes	als Beisitzer
des Gauleiters	Pg. Forster	als Schöffe
des Obergebietsführers	Pg. John	als Schöffe

für Recht erkannt:

Das Verfahren wird eingestellt.

G r ü n d e :

...

In erster Linie verantwortlich für die Gesamtaktion ist der Angeschuldigte Klein. Er hat auch in der Hauptverhandlung vor dem Obersten Parteigericht die alleinige Verantwortung auf sich genommen.

Er beruft sich zu seiner Verteidigung darauf, daß der von ihm eingeschlagene Weg im Rahmen der von Partei und Staat gebilligten Aktion gelegen habe. Da jeder Angriff gegen Leib und Leben der Juden verboten gewesen sei, da er andererseits auch aus dem Munde des Gauleiters gehört habe, daß er das Einschlagen von Fenstern mißbillige, habe er keine andere Möglichkeit gesehen, etwas gegen das Judentum zu unternehmen. Zudem habe er — Klein — im Frühjahr 1933 ähnliche Aktionen gegen marxistische Führer und Verbände unternommen, die zwar auch objektiv gesetzwidrig, aber in der Zeit des Umbruches notwendig gewesen seien.

Die Einlassung des Angeschuldigten Klein ist insoweit begründet, als über den Umfang und die Einzelheiten der gegen die Juden zu ergreifenden Abwehraktion zweifellos Unklarheiten bestanden haben. Diese Unklarheiten lassen das Verhalten des Angeschuldigten verständlich erscheinen ... Wenn auch hervorgehoben werden muß, daß die von den Angeschuldigten angewandte Methode, Gelder von den Juden hereinzuholen, falsch und eines Nationalsozialisten unwürdig war, so war doch mangels Vorliegens jeglicher Schuld von einer Bestrafung der Beteiligten, insbesondere des verantwortlichen Führers, Pg. Klein, abzusehen, denn sie haben nicht eigennützig gehandelt und waren zweifellos der, wenn auch unrichtigen Überzeugung, dadurch im Interesse der Partei zu handeln ...

Da es sich lediglich um falsche und zu mißbilligende Methoden gehandelt hat, den Handlungen aber unanständige Beweggründe nicht zugrunde liegen, war das Verfahren gegen sämtliche Angeschuldigte einzustellen.

Der Vorsitzende
gez. Knop

Beisitzer	Beisitzer	Schöffe	Schöffe
gez. Runge	gez. Teiwes	gez. Forster	gez. John

Ausgefertigt: München, den 3. April 1939
Der Leiter der Geschäftsstelle der
I. Kammer
Maier

Zentrales Staatsarchiv Potsdam, Hitlerjugend/Reichsjugendführung, Nr. 26, Bl. 10 ff.

100. Aus der Vereinbarung des Reichsjugendführers mit dem Leiter der Deutschen Arbeitsfront Robert Ley über die Zusammenarbeit von HJ und DAF, 19.11.1938

Durch das Gesetz über die Hitler-Jugend vom 1. Dezember 1936 ist die gesamte deutsche Jugend in der Hitler-Jugend körperlich, geistig und sittlich im Geiste des Nationalsozialismus zum Dienst am Volk und zur Volksgemeinschaft zu erziehen. Sie ist damit alleiniger Träger der deutschen Jugenderziehung außer Elternhaus und Schule.

Der Deutschen Arbeitsfront ist durch die Verordnung des Führers vom 24. Oktober 1934 die Schaffung der wirklichen Volks- und Leistungsgemeinschaft übertragen worden. Sie erfüllt diese Aufgabe im Arbeits- und Wirtschaftsleben in erster Linie durch die Schaffung der Betriebsgemeinschaft.

Der Reichsorganisationsleiter der NSDAP und Leiter der Deutschen Arbeitsfront, Dr. Robert Ley, und der Reichsjugendführer der NSDAP und Jugendführer des Deutschen Reichs, Baldur von Schirach, stellen in Abgrenzung dieser Aufgaben hinsichtlich der Zuständigkeiten ihrer Organisationen und Dienststellen folgendes fest:

Die Deutsche Arbeitsfront erkennt den totalen Erziehungsanspruch der Hitler-Jugend an der deutschen Jugend außer Elternhaus und Schule an.

Der Jugendführer des Deutschen Reichs erkennt andererseits den Grundsatz der Deutschen Arbeitsfront an: Der Betrieb ist eine Ganzheit.

Das Soziale Amt der Hitler-Jugend ist sowohl im Rahmen der Reichsjugendführung als auch der Obersten Reichsbehörde des Jugendführers des Deutschen Reichs die allein bevollmächtigte und zuständige Stelle für alle sozialen Jugendfragen.

Im Rahmen der Deutschen Arbeitsfront obliegt allein dem Jugendamt der DAF die Steuerung der Durchführung der gesamten berufs- und sozialpolitischen Aufgaben an der werktätigen Jugend.

Um das dauernde Einvernehmen zwischen der Hitler-Jugend und der Deutschen Arbeitsfront, sowie die Einheit in allen Jugendfragen zu gewährleisten, ist der Leiter des Jugendamtes der DAF in Personalunion der Referent für Berufsfragen beim Reichsjugendführer und Jugendführer des Deutschen Reichs und gehört mit seinen Mitarbeitern und den Jugendwaltern der Fachämter der Deutschen Arbeitsfront zum Stabe des Sozialen Amtes. Durch den Chef dieses Amtes erhält der Leiter des Jugendamtes der DAF die Richtlinien, Wünsche und Anregungen des Reichsjugendführers und Jugendführers des Deutschen Reichs.

Entsprechendes gilt für die Zusammenarbeit der Gebiete der Hitler-Jugend und Gaue der Deutschen Arbeitsfront, bzw. Banne der Hitler-Jugend und Kreise der Deutschen Arbeitsfront.

...

Alle in der DAF tätigen Jugendwalter und Jugendreferentinnen sind Führer der Hitler-Jugend und tragen die Uniform und Rangabzeichen der Hitler-Jugend. Ihnen kann von der Partei nach den gegebenen Richtlinien außerdem der entsprechende Rang eines Politischen Leiters verliehen werden. In Erfüllung ihrer Durchführungsaufgaben hinsichtlich der Jugenderziehung tragen sie die Uniform der Hitler-Jugend.

Durch diese Feststellung werden alle bisherigen gemeinsamen Anordnungen über die Jugendarbeit der Deutschen Arbeitsfront außer Kraft gesetzt.

gez. Dr. R. Ley   gez. Baldur von Schirach

Zitiert nach: Amtliches Nachrichtenblatt des Jugendführers des Deutschen Reichs und der Reichsjugendführung der NSDAP, VI/23, 19.11.1938, S. 407 ff.

101. Anordnung der Reichsjugendführung zum Einsatz von ehemaligen Kriegsteilnehmern bei der weltanschaulichen Schulung der HJ, 2.12.1938

Frontkämpfer-Einsatz

Um der Jugend das Fronterlebnis zu vermitteln, werden zu Anfang des nächsten Jahres Frontkämpfer im Rahmen einer Aktion »Frontkämpfer erzählen« in der Arbeit der HJ eingesetzt.

Die Aktion, die zu einer ständigen Einrichtung in der HJ—Arbeit werden soll, wird vom Arbeitsausschuß Langemarck in Zusammenarbeit mit den zuständigen Ämtern zentral durchgeführt.

Aus diesem Grund werden in nächster Zeit in den einzelnen Gebieten vom Arbeitsausschuß Langemarck unter Mitarbeit der Frontsoldaten-Verbände Kurse durchgeführt, in denen für diese Arbeit geeignet erscheinende Frontkämpfer ausgewählt und für die Arbeit vorbereitet und geschult werden. Um die Einheitlichkeit dieser Aktion zu gewährleisten, ist von Einzelmaßnahmen seitens der Gebietsführungen abzusehen. Die Gebiete, in deren Bereich solche Auswahlkurse stattfinden, werden rechtzeitig davon unterrichtet und zur Mitarbeit herangezogen.

Der Leiter des Arbeitsausschusses Langemarck
gez. Moka
Oberbannführer

Amtliches Nachrichtenblatt des Jugendführers des Deutschen Reichs und der Reichsjugendführung der NSDAP, VI/25, 2.12.1938, S. 435.

102. Aus der Rede Adolf Hitlers in Reichenberg über die faschistische Erziehung der deutschen Jugend, 2.12.1938

...

Diese Jugend, die lernt ja nichts anderes, als deutsch denken, deutsch handeln, und wenn diese Knaben mit zehn Jahren in unsere Organisation hineinkommen und dort oft zum ersten Male überhaupt eine frische Luft bekommen und fühlen, dann kommen sie vier Jahre später vom Jungvolk in die Hitlerjugend, und dort behalten wir sie wieder vier Jahre, und dann geben wir sie erst recht nicht zurück in die Hände unserer alten Klassen- und Standeserzeuger, sondern dann nehmen wir sie sofort in die Partei, in die Arbeitsfront, in die SA oder in die SS, in das NSKK und so weiter. Und wenn sie dort zwei Jahre oder anderthalb Jahre sind und noch nicht ganze Nationalsozialisten geworden sein sollten, dann kommen sie in den Arbeitsdienst und werden dort wieder sechs und sieben Monate geschliffen, alles mit einem Symbol, dem deutschen Spaten. Und was dann nach sechs oder sieben Monaten noch an Klassenbewußtsein oder Standesdünkel da oder da noch vorhanden sein sollte, das übernimmt dann die Wehrmacht zur weiteren Behandlung auf zwei Jahre, und wenn sie nach zwei, drei oder vier Jahren zurückkehren, dann nehmen wir sie, damit sie auf keinen Fall rückfällig werden, sofort wieder in die SA, SS und so weiter, und sie werden nicht mehr frei ihr ganzes Leben! Und wenn mir einer sagt, ja, da werden aber doch immer noch welche überbleiben: Der Nationalsozialismus steht nicht am Ende seiner Tage, sondern erst am Anfang.

...

Staatliches Rundfunkkomitee der DDR, Berlin, Abt. Tonband/Wort, Wortbandarchiv NM 28.

103. Abkommen zwischen dem Reichsführer SS Heinrich Himmler und dem Reichsjugendführer über die Zusammenarbeit von SS und dem Landdienst der HJ, 17.12.1938

Der Reichsführer SS
Der Reichsjugendführer   Berlin, den 17.12.1938

Z w e i t s c h r i f t !

Betr.: Schutzstaffel und Landdienst der Hitler-Jugend.

Um den gemeinsamen Bemühungen der SS und der HJ, der Landflucht zu steuern, neues Bauerntum zu bilden, den besten Teil unseres Volkes wieder in ein enges Verhältnis zur Heimaterde zu bringen, durch straffe Zusammenarbeit einen vollen Erfolg zu sichern, wird im Anschluß an das Abkommen vom 26.8.1938 folgende Vereinbarung getroffen:

1. Der Landdienst der HJ ist nach Erziehungsarbeit und Zielsetzung ganz besonders als Nachwuchsorganisation für die Schutzstaffel (Allgemeine SS und ihre unter den Waffen stehenden Teile: SS-Verfügungstruppen und SS-Totenkopfstandarten) geeignet.

2. In den Landdienst der HJ werden Jungen, die den besonderen Anforderungen der SS nach körperlicher Beschaffenheit und charakterlicher Haltung entsprechen, bevorzugt aufgenommen.

3. Dem Landdienst sollen vor allem die Jungen zugeführt werden, die den festen Willen haben, Bauer auf eigener Scholle (Wehrbauer) zu werden. Dieser Wehrbauerngedanke wird im Landdienst der HJ und SS besonders gepflegt.

4. Die in den bewaffneten Teilen der Schutzstaffel dienenden Landdienstangehörigen werden nach Ableistung ihrer Dienstzeit durch den Reichsführer SS, in Zusammenarbeit mit den hierfür in Frage kommenden Dienststellen des Reichsbauernführers, auf Neubauernstellen angesetzt.

Der Einsatz findet laufend, nach Maßgabe der Bereitstellung dieser Stellen, statt. Er erfolgt vorzugsweise in solchen Gegenden, in denen das Deutschtum besonders vorgebildete Bauern verlangt.

5. Alle Landdienst-Angehörigen, die den allgemeinen Aufnahmebestimmungen der SS genügen, werden nach Ausscheiden aus dem Landdienst in die Allgemeine SS übernommen.

6. Die Ausführungsbestimmungen erläßt der Chef des Sozialen Amtes als federführendes Amt der Reichsjugendführung in Zusammenarbeit mit dem Chef des SS-Hauptamtes als federführendes Amt der SS und dem Chef des Rasse- und Siedlungs-Hauptamtes-SS für die Neubauern- und Siedlungsfragen.

H. Himmler   Schirach

Zentrales Staatsarchiv Potsdam, Film Nr. 14652.

104. Finanzielle Belastung der Eltern beim Kauf der HJ-Ausrüstung für ihre Kinder, Dezember 1938

... Die Kinder sind verpflichtet, innerhalb 8 Wochen nach ihrem Eintritt in das Jungvolk bis zur Pimpfenprobe die nachstehenden Kleidungs- und Ausrüstungsstücke zu besitzen:

Jungvolk-Schuhe	RMk. 13,—
Jungvolk-Strümpfe	1,80
Jungvolk-Hose	5,60
Jungvolk-Koppel	2,50
Jungvolk-Schulterriemen	1,50
Jungvolk-Fahrtenmesser	4,—
Jungvolk-Halstuch und Knoten	1,50
Jungvolk-Dienstabzeichen (alle)	2,—

Jungvolk-Mütze	4,50
Jungvolk-Tornister	22,—
Jungvolk-Zeltbahn	17,—
Jungvolk-Feldflasche	2,50
Jungvolk-Brotbeutel	2,50
	RMk. 80,40

Für den Winter kommen dann noch hinzu:

Jungvolk-Hose	15,—
Jungvolk-Jacke	10,—
Jungvolk-Sportschuhe	27,—
Jungvolk-Dress	4,—
zusammen also:	RMk. 136,40

In einer Arbeiterfamilie, die wöchentlich höchstens 30,- RMk für ihren gesamten Lebensunterhalt zur Verfügung hat, wovon bei einer 4- bis 5-köpfigen Familie bei sehr bescheidenen Lebensverhältnissen mindestens ca. 25,- RM für den Haushalt gebraucht werden, sind solche Anschaffungen einfach unerschwinglich, erst recht in einer Familie, die noch weniger Einkommen hat.

Deutschland-Berichte der Sopade. Deutschland-Berichte der Sozialdemokratischen Partei Deutschlands (Sopade) 1934 - 1940, Bd. 5, Salzhausen/Frankfurt/M. 1982, S. 1404.

105. Aus den Ausführungsbestimmungen des Personalamtes zur Verordnung des Reichsjugendführers über die Verlobungs- und Heiratsgenehmigungen für HJ-Führer, 18.1.1939

Unter Bezugnahme auf die Verfügung des Reichsjugendführers vom 25.11.1938 (Amtliches Nachrichtenblatt VI/24) werden folgende Ausführungsbestimmungen über Verlobungs- und Heiratsgenehmigung bekanntgegeben:
Die Genehmigung zur Verlobung oder Heirat haben alle HJ-Führer, ganz gleich, welchen Dienstrang sie innehaben, einzuholen.

HJ-Führer, die sich verloben wollen oder die ohne vorherige Verlobung zu heiraten beabsichtigen, haben entsprechende Zeit vor ihrer Verlobung bzw. Heirat einen Antrag, der von den Personalabteilungen der Gebiete anzufordern ist, an das Personalamt Hauptabteilung I (Führung) einzureichen. Auf diesen Antrag hin erhält der Antragsteller die zur Erteilung der Heiratsgenehmigung erforderlichen Unterlagen. Diese Unterlagen sind so rechtzeitig einzusenden, daß sie mindestens drei Monate vor dem vorgesehenen Termin beim Personalamt liegen.
HJ-Führer, die bereits verlobt und nicht im Besitz einer Verlobungsgenehmigung sind, haben vor ihrer Heirat um Genehmigung nachzusuchen.
HJ-Führer, die im Besitz einer Verlobungsgenehmigung sind, haben den Termin der Heirat einen Monat vorher dem Personalamt bekanntzugeben.

Vom Personalamt erhält der Antragsteller folgende Formblätter direkt zugesandt:

1. Fragebogen für Verlobungs- und Heiratsgenehmigung
Derselbe ist in allen Teilen wahrheitsgetreu auszufüllen und mit den angegebenen Lichtbildern zu versehen.

2. Fragebogen für den Nachweis der deutschblütigen Abstammung
Der Nachweis ist bis zu den Vorfahren zu erbringen, die am 1.1.1800 gelebt haben; im allgemeinen bis zu den Ururgroßeltern.

Bleiben trotz größter Bemühungen die Nachforschungen ohne Ergebnis, so ist der mit den Standes- bzw. Kirchenämtern geführte Schriftwechsel dem Fragebogen beizulegen. Der Fragebogen ist dann nach bestem Wissen und Gewissen auszufüllen und mit einem diesbezüglichen Vermerk zu versehen. Die Beglaubigung des Fragebogens erfolgt durch die Personalabteilung an Hand der Urkunden.

...

3. Sippenfragebogen und Untersuchgsbogen für die Untersuchung auf Erbgesundheit
Der Sippenfragebogen ist genauestens, vollständig und gut leserlich auszufüllen. Er ist auszustellen für die Familie der Eltern des HJ-Führers bzw. der Braut.
Die Untersuchung nach dem Untersuchungsbogen soll möglichst durch den Hausarzt, sofern er zur Tätigkeit in den Ämtern für Volksgesundheit zugelassen ist (auch HJ-Arzt / BDM-Ärztin) (§ 2 Abs. 2 der Verordnung zur Durchführung des Ehegesundheitsgesetzes), vorgenommen werden; sie kann auch bei dem für den HJ-Führer oder seiner Braut zuständigen Gesundheitsamt erfolgen. Der Sippenfragebogen ist dem Arzt auszuhändigen. Nach der Untersuchung muß der Arzt den Untersuchungsbogen in doppelter Ausfertigung und den Sippenfragebogen dem für den Wohnsitz des HJ-Führers (Braut) zuständigen Gesundheitsamt zusenden.
Das Gesundheitsamt trifft nähere Feststellungen über die erbgesundheitliche Beschaffenheit der Verlobten und ihrer Sippen.
Etwaige Rückfragen des Gesundheitsamtes hat der HJ-Führer (Braut) möglichst umgehend zu beantworten; auch hat er sich auf besondere Anforderung nochmals im Gesundheitsamt vorzustellen.
Die Mitwirkung des Gesundheitsamtes bei der Heiratsgenehmigung der HJ-Führer gilt als Ehetauglichkeitsuntersuchung im Rahmen des Ehegesundheitsgesetzes. Für die Erteilung oder Versagung des Ehetauglichkeitszeugnisses erhebt das Gesundheitsamt von jedem Verlobten die Gebühr von 5 RM.
...
Das Gesundheitsamt stellt auf Grund der Untersuchungen die im Gesetz zum Schutz der Erbgesundheit des Deutschen Volkes (Ehegesundheitsgesetz) vom 18.10.1935 — RGBl. I S. 1246 — und in der 1. Durchführungsverordnung zu diesem Gesetz vorgesehenen Zeugnisse aus. In den Fällen, in denen ein gesetzliches Ehehindernis vorliegt, wird dem HJ-Führer bzw. seiner Braut die Bescheinigung über die Versagung des Ehetauglichkeitszeugnisses vom Gesundheitsamt sofort ausgehändigt werden. Falls Bedenken gegen die Heirat seitens des Gesundheitsamtes nicht bestehen, wird das Ehetauglichkeitszeugnis an die RJF übersandt.

4. Merkblatt
Aus ihm sind alle näheren Anweisungen zu ersehen.
Außerdem sind für die Braut zwei Bürgen zu benennen, die deren Familie ganz genau und möglichst lange kennen. Die Bürgen sollen nach Möglichkeit Parteigenossen und dürfen nicht mit dem Antragsteller oder der zukünftigen Braut blutsverwandt sein.
Die Fragebogen für die Verlobungs- und Heiratsgenehmigung und die Fragebogen für den Nachweis der deutschblütigen Abstammung (Ahnentafel) sind an die Personalabteilung des Gebietes einzusenden.
. . .
HJ-Führer, die sich ohne oder trotz verweigerter Genehmigung des Reichsjugendführers verloben oder verheiraten, werden aus der Hitler-Jugend ausgeschieden. ... Der Befehl zum Ein-

holen der Genehmigung zur Verlobung und Heirat dient dazu, rassisch bestes und wertvollstes Erbgut unseres Volkes für spätere Geschlechter zu erhalten und zu vermehren. Aus dieser Erkenntnis heraus fügt sich jeder HJ-Führer willig dem Befehl des Reichsjugendführers und ist sich der großen persönlichen Verantwortung gegenüber Staat und Volk bewußt.

Zitiert nach: Vorschriftenhandbuch der Hitler-Jugend, Band II, Berlin 1942, S. 789 ff.

106. Aus dem Abkommen zwischen dem Oberkommando der Wehrmacht und der Reichsjugendführung über die Wehrerziehung der HJ, 20.1.1939

1. Allgemeines

Neben den weltanschaulichen, kulturellen, sportlichen und sozialen Aufgaben der deutschen Jugend ist in Hinsicht auf die mit der Wehrpflicht zusammenhängenden Anforderungen frühzeitig eine wehrhafte körperliche Ausbildung notwendig.

Während es ausschließlich Sache der Hitler-Jugend ist, die Durchbildung ihrer Einheiten in dieser Richtung auszuführen, ist es im Sinne einer einheitlichen und einer den Erfordernissen der Wehrmacht entsprechenden Ausbildungsform zweckmäßig, die Führerschaft der Hitler-Jugend durch besondere Lehrgänge für ihre verantwortliche Tätigkeit als Ausbilder und Erzieher auf allen Gebieten der Wehrertüchtigung zu unterstützen.

2. Aufgaben

Diese Lehrgänge haben die Aufgabe, die Führer aller Grade bei den Bannen (bis einschließlich Stamm- und Jungstammführer) zu unterweisen
a) über die Zusammensetzung und Aufgaben der drei Wehrmachtteile und die besondere Bedeutung der Infanterie,
b) in der Ausbildung im Schießdienst,
c) in der Ausbildung im Geländedienst,
d) in der Ausbildung im Nachrichtendienst
unter Zugrundelegung der RJF ... im Rahmen der Wehrerziehung der deutschen Jugend.

3. Zusammensetzung

a) Ausbilder von der Wehrmacht:
   Die HJ-Verbindungsoffiziere bzw. deren Stellvertreter, Unteroffiziere und Gefreite (möglichst frühere HJ-Führer).
b) Von der Hitler-Jugend:
   Schieß- und Geländesportwarte. Teilnehmer bis zu 60, für 10 Teilnehmer ein Ausbilder.

4.

Leiter des Lehrganges für alle HJ-Teilnehmer ist ein HJ-Führer. Für die rein vormilitärische Ausbildung, die der jeweilige Verbindungsoffizier bzw. dessen Stellvertreter leitet, treten alle Teilnehmer unter den Befehl der militärischen Ausbilder ...

5. Ort

HJ-Schulen, -Heime, Jugendherbergen oder Kasernen und Gebäude der Wehrmacht, in Ausnahmefällen Zeltlager in Anlehnung an Kasernen ...

8. Unterbringung, Verpflegung und Unkostenbeitrag

Sofern die Lehrgänge in Kasernen oder in Anlehnung an Kasernen der Wehrmacht oder auf Truppenübungsplätzen stattfinden, sind für Unterbringung und Verpflegung von dem Lehrgangsteilnehmer 0,25 RM zu bezahlen.

Alle anderen entstehenden Kosten werden aus vom Oberkommando der Wehrmacht zu Verfügung gestellten Mitteln bestritten ...

10.

Zum Zwecke einer möglichst engen Verbindung zwischen Hitler-Jugend und Wehrmacht werden die einzelnen Banne auf die in ihrem Bereich liegenden Truppenteile (Bataillone, Abteilungen usw.) hingewiesen. Diese Truppenteile sorgen im Rahmen des möglichen für die materielle und personelle Betreuung nicht nur bei den Lehrgängen, sondern für alle den gemeinsamen Zielen dienenden Angelegenheiten ...

Zitiert nach: Vorschriftenhandbuch der Hitler-Jugend, Band III, Berlin 1942, S. 1347 ff.

107. Aus der zweiten Durchführungsverordnung zum Gesetz über die Hitlerjugend (Jugenddienstverordnung), 25.3.1939

Auf Grund des § 4 des Gesetzes über die Hitler-Jugend vom 1.12.1936 (RGBl. I S. 993) bestimme ich:

§ 1. Dauer der Dienstpflicht

(1) Der Dienst in der Hitler-Jugend ist Ehrendienst am deutschen Volke.

(2) Alle Jugendlichen vom 10. bis zum vollendeten 18. Lebensjahr sind verpflichtet, in der Hitler-Jugend Dienst zu tun, und zwar:
1. die Jungen im Alter von 10 bis 14 Jahren im »Deutschen Jungvolk« (DJ),
2. die Jungen im Alter von 14 bis 18 Jahren in der »Hitler-Jugend« (HJ),
3. die Mädchen im Alter von 10 bis 14 Jahren im »Jungmädelbund« (JM),
4. die Mädchen im Alter von 14 bis 18 Jahren im »Bund Deutscher Mädel« (BDM).

(3) Schüler und Schülerinnen der Grundschule, die das 10. Lebensjahr bereits vollendet haben, werden bis zum Verlassen der Grundschulklassen vom Dienst in der Hitler-Jugend zurückgestellt.

(4) Schüler und Schülerinnen der Volksschule, die das 14. Lebensjahr bereits vollendet haben, bleiben bis zu ihrer Schulentlassung Angehörige des Deutschen Jungvolks oder des Jungmädelbundes.

§ 2. Erziehungsgewalt

Alle Jungen und Mädchen der Hitler-Jugend unterstehen einer öffentlich-rechtlichen Erziehungsgewalt nach Maßgabe der Bestimmungen, die der Führer und Reichskanzler erläßt.

§ 3. Unwürdigkeit

(1) Der Zugehörigkeit der Hitler-Jugend unwürdig und damit von der Gemeinschaft der Hitler-Jugend ausgeschlossen sind Jugendliche, die
1. ehrenrührige Handlungen begehen,
2. wegen ehrenrühriger Handlungen vor Inkrafttreten dieser Verordnung aus der Hitler-Jugend ausgeschlossen worden sind,
3. durch ihr sittliches Verhalten in der Hitler-Jugend oder in der Allgemeinheit Anstoß erregen und dadurch die Hitler-Jugend schädigen.

(2) Von der Zugehörigkeit zur Hitler-Jugend sind ferner Jugendliche ausgeschlossen, solange sie behördlich verwahrt werden.

160

(3) Der JFdDtR. kann Ausnahmen zulassen.

§ 4. Untauglichkeit

(1) Jugendliche, die nach dem Gutachten einer HJ-Gesundheitsstelle oder eines von der Hitler-Jugend beauftragten Arztes für den Dienst in der Hitler-Jugend untauglich oder bedingt tauglich befunden worden sind, müssen entsprechend dem ärztlichen Gutachten ganz oder teilweise von dem Dienst in der Hitler-Jugend befreit werden.

(2) Die Zusammenarbeit mit den Gesundheitsämtern und die Durchführung sonstiger gesundheitlicher Maßnahmen regelt der JFdDtR. im Einvernehmen mit dem Stellvertreter des Führers und dem Reichsminister des Innern.

§ 5. Zurückstellung und Befreiung

(1) Auf Antrag des gesetzlichen Vertreters oder des zuständigen HJ-Führers können Jugendliche jeweils bis zur Dauer eines Jahres vom Dienst in der Hitler-Jugend befreit oder zurückgestellt werden, wenn sie
1. in ihrer körperlichen Entwicklung erheblich zurückgeblieben sind oder
2. nach dem Urteil des Schulleiters ohne die Befreiung die Anforderungen der Schule nicht erfüllen können.

(2) In Einzelfällen kann auch dann einem Antrag auf Zurückstellung oder Befreiung vom Dienst in der Hitler-Jugend stattgegeben werden, wenn die Voraussetzungen des Abs. 1 nicht gegeben sind, aber andere dringende Gründe vorliegen, die das einstweilige oder dauernde Fernbleiben eines Jugendlichen vom Dienst in der Hitler-Jugend rechtfertigen.

(3) Die weiteren Anordnungen erläßt der JFdDtR.

§ 6. Deutsche Staatsangehörige nichtdeutschen Volkstums

(1) Jugendliche deutscher Staatsangehörigkeit, bei denen beide Elternteile oder der Vater nach ihrem Volkstumsbekenntnis zur dänischen oder polnischen Volksgruppe gehören, sind auf Antrag derjenigen, denen die Sorge für ihre Person zusteht, von der Zugehörigkeit zur Hitler-Jugend zu befreien; steht das Recht und die Pflicht für die Person des Jugendlichen zu sorgen, mehreren zu, und stellt nicht jeder von ihnen den Antrag, so kann der Jugendliche befreit werden. Uneheliche Jugendliche können auf Antrag derjenigen, denen die Sorge für ihre Person zusteht, von der Zugehörigkeit zur Hitler-Jugend befreit werden, wenn die Mutter nach ihrem Volkstumsbekenntnis zur dänischen oder polnischen Volksgruppe gehört; sie sind zu befreien, wenn der Vormund dem Antrag zustimmt.
...

§ 7. Blutmäßige Anforderungen

Juden (§ 5 der Ersten Verordnung zum Reichsbürgergesetz vom 14.11.1935, RGBl. I S. 1333) sind von der Zugehörigkeit zur Hitler-Jugend ausgeschlossen.

§ 8. Deutsche Staatsangehörige mit Wohnsitz im Ausland

Jugendliche deutscher Staatsangehörigkeit, die ihren Wohnsitz im Ausland haben und sich nur vorübergehend im Deutschen Reich aufhalten, sind zum Dienst in der Hitler-Jugend nicht verpflichtet.

§ 9. Anmeldung und Aufnahme

(1) Alle Jugendlichen sind bis zum 15. März des Kalenderjahres, in dem sie das 10. Lebensjahr vollenden, bei dem zuständigen HJ-Führer zur Aufnahme in die Hitler-Jugend anzumelden. Treten bei einem Jugendlichen die Voraussetzungen für die Aufnahme in die Hitler-Jugend nach diesem Zeitpunkt ein (z.B. Entlassung aus der behördlichen Verwahrung, Erwerb der Reichsangehörigkeit, dauernde Niederlassung im Deutschen Reich), so ist der Jugendliche innerhalb eines Monats nach Eintritt der genannten Voraussetzungen anzumelden.

(2) Zu der Anmeldung ist der gesetzliche Vertreter des Jugendlichen verpflichtet.

(3) Die Aufnahme in die Hitler-Jugend erfolgt am 20. April eines jeden Jahres.

(4) Der JFdDtR. erläßt die näheren Anordnungen über die Anmeldung und Aufnahme in die Hitler-Jugend.

§ 10. Entlassung

(1) Aus der Hitler-Jugend werden entlassen:
   1. Jugendliche nach Ablauf der im § 1 festgesetzten Zeit und Mädchen, die in den Ehestand treten,
   2. Jugendliche, bei denen festgestellt wird, daß sie nach den Bestimmungen dieser Verordnung von der Zugehörigkeit zur Gemeinschaft der Hitler-Jugend ausgeschlossen sind,
   3. Jugendliche, gegen die nach der Disziplinarordnung der Hitler-Jugend auf Ausscheiden erkannt wird.

(2) Auf Ziffer 2 und 3 findet § 3 Abs. 3 entsprechende Anwendung.

(3) Führer und Führerinnen bleiben nach Ablauf der im § 1 festgesetzten Zeit Angehörige der Hitler-Jugend. Ihre Entlassung erfolgt durch besondere Anordnung. Auf ihren Antrag sind sie zu entlassen.

§ 11. Ruhen der Zugehörigkeit zur Hitler-Jugend

(1) Für die Dauer des aktiven Wehrdienstes ruht die Zugehörigkeit zur Hitler-Jugend.

(2) Angehörige des Reichsarbeitsdienstes dürfen sich im Dienst der Hitler-Jugend nicht betätigen.

§ 12. Strafbestimmungen

(1) Ein gesetzlicher Vertreter wird mit Geldstrafe bis zu 150 Reichsmark oder mit Haft bestraft, wenn er den Bestimmungen des § 9 dieser Verordnung vorsätzlich zuwiderhandelt.

(2) Mit Gefängnis und Geldstrafe oder mit einer dieser Strafen wird bestraft, wer böswillig einen Jugendlichen vom Dienst in der Hitler-Jugend abhält oder abzuhalten versucht.

(3) Die Strafverfolgung tritt nur auf Antrag des JFdDtR. ein. Der Antrag kann zurückgenommen werden.

(4) Jugendliche können durch die zuständige Ortspolizeibehörde angehalten werden, den Pflichten nachzukommen, die ihnen auf Grund dieser Verordnung und den zu ihr ergangenen Ausführungsbestimmungen auferlegt worden sind.

§ 13. Schlußvorschriften

Für die Jugendlichen der Jahrgänge 1921 bis 1929, die bisher der Hitler-Jugend noch nicht angehören, bestimmt der JFdDtR. den Zeitpunkt der Anmeldung und Einberufung zur Hitler-Jugend.

Reichsgesetzblatt, Teil I, 1939, S. 709 ff.

108. Befehl der BDM-Reichsreferentin Jutta Rüdiger für den Kriegseinsatz des BDM, 26.4.1939

Der Reichsjugendführer   Berlin, den 26. April 1939
Die BDM-Reichsreferentin

Rundschreiben M 1 /39 g

Verteiler: Führerinnen der Obergaue

Nach Rücksprache der Obergauführerin Erna Pranz mit dem Beauftragten für Mob-Fragen Obergebietsführer Stellrecht gebe ich bekannt:
Bei Eintritt eines Kriegsfalles
1. tragen die Führerinnen der Obergaue die volle Verantwortung für den restlosen Einsatz des BDM auf allen Sondergebieten, wobei immer zu bedenken ist, daß diese Sonderaufgaben erst dann gelöst werden können, wenn der Formationsbetrieb, die Grundlage unserer Arbeit, intakt gehalten wird,

2. sind die Sonderaufgaben (wie auch schon die Vorbereitungsarbeiten für den Mob-Fall) nach Möglichkeit den Stabsleiterinnen zu übergeben, die gleichzeitig dem Beauftragten der Partei für den Kriegsfall gemeldet werden müssen.

3. Die Arbeit im BDM-Werk »Glaube und Schönheit« ist zunächst weiterzuführen.

4. Alle kolonial- und auslandsdeutschen Jugendlichen, die sich zur Zeit im Reich befinden, sind zusammenzufassen.

5. Die Haushaltungsschulen haben die Anordnungen über ihre Weiterverwendung abzuwarten.

6. Die Verbindungen sind mit der NSV.-Gauamtsleitung aufrechtzuerhalten und zu vereinbaren, wie die notwendige Betreuung der Kindergärten und der Einsatz der Jungmädelführerinnen des BDM auf diesem Arbeitssektor zu erfolgen hat.

7. Die weitgehendste Erfassung aller Jugendlichen im Heimabendbetrieb ist vorzubereiten, um hier auch die politischen Einflußmöglichkeiten weitgehendst zu verstärken.

8. Die Obergauführerinnen haben sich zwecks Reklamation der Gruppenführerinnen für den BDM-Dienst mit den Arbeitsämtern in Verbindung zu setzen, d.h. die BDM-Gruppenführerinnen sollen unbedingt in den allgemeinen Arbeitsprozeß eingeschaltet bleiben, aber nach Möglichkeit eventuell Erleichterung im Beruf bekommen, um den notwendigen Dienstbetrieb unbedingt aufrechterhalten zu können. Auch Versetzungen an einen anderen Arbeitsplatz sind nach Möglichkeit zu vermeiden.

9. Die Einsetzung von stellvertretenden BDM-Gruppenführerinnen ist schnellstens vorzunehmen, um bei Abruf der BDM-Gruppenführerinnen den Dienstbetrieb aufrecherhalten zu können.

10. Betr. der Erfassung der Jugendlichen in den Betrieben erfolgen gesonderte Anordnungen.

Heil Hitler !
Jutta Rüdiger
BDM-Reichsreferentin

Zentrales Staatsarchiv Potsdam, Film Nr. 10895.

109. Schreiben des Reichsjugendführers an den Stabsleiter des Stellvertreters des Führers Martin Bormann über die Mitwirkung der HJ an der Lehrerausbildung zur Behebung des Volksschullehrermangels, 28.6.1939

Der Jugendführer   Berlin W 35, 28. Juni 1939.
des Deutschen Reichs

An den
Stabsleiter des Stellvertreters des Führers
Reichsleiter Martin B o r m a n n
Berlin W 8

Betrifft: Volksschullehrermangel.

Lieber Martin !
Dein Schreiben vom 4. Mai 1939 mit dem beigefügten Schriftwechsel, den Du mit dem Reichserziehungsminister R u s t über die Frage des Volksschullehrermangels geführt hast, habe ich mit großem Interesse zur Kenntnis genommen.

Ich bin gleich Dir der Auffassung, daß es sich bei der Einrichtung der neuen Aufbaulehrgänge wiederum um eine für das Erziehungsministerium charakteristische halbe Lösung handelt, wo gerade auf dem Gebiete der Lehrerausbildung grundsätzliche Entscheidungen so dringend erforderlich wären.

Ebenso stimme ich Deiner Ansicht zu, daß die Lehrerausbildung in der Ostmark manche wertvolle Anregung für eine neue reichseinheitliche Ausbildung enthält. Bei dieser Gelegenheit möchte ich erwähnen, daß sich der Reichserziehungsminister an der Durchführung der Lehrerausbildung in der Ostmark noch ein anderes Beispiel nehmen könnte, nämlich in bezug auf die Zusammenarbeit der staatlichen Stellen mit der Hitler-Jugend. Der für diese Aufgaben verantwortliche Sachbearbeiter im Wiener Ministerium, Pg. Dr. K r ü g e r , steht mit meinen Mitarbeitern in regem Gedankenaustausch. So wurde z.B. ein Erlaß, der die Auslese für die

Lehrerbildungsanstalten betraf, der Reichsjugendführung vorher zur Stellungnahme übergeben. Es wurden von der Reichsjugendführung noch einige Anregungen hinzugefügt, die von Pg. Dr. Krüger in den Erlaß mit aufgenommen wurden.

Die Folge dieser Zusammenarbeit, soweit sich das jetzt schon feststellen läßt, ist in dreierlei Hinsicht erfreulich:

1. Die Auslese für die Lehrerbildungsanstalten wird von Hitler-Jugend und Schule gemeinsam gemacht.
2. Es werden durch die Hitler-Jugend nur solche Jungen vorgeschlagen, die sich in der Hitler-Jugend bereits bewährt haben; damit ist die beste Gewähr für einen wertvollen Lehrernachwuchs gegeben.
3. Dadurch, daß die Hitler-Jugend an der Verantwortung für die Lehrerausbildung beteiligt wurde, erhält diese Berufsausbildung ein ganz anderes Interesse in der Jugend, das in einem erheblichen Zustrom zum Ausdruck kommt. So steht z.B. in der Steiermark ein weit größeres Kontingent geeigneter Jungen für die Lehrerausbildung zur Verfügung, als in Wirklichkeit benötigt wird.

Heil Hitler!
Dein
Schirach

Akten der Parteikanzlei der NSDAP. Rekonstruktion eines verlorengegangene Bestandes, hrsg. vom Institut für Zeitgeschichte, München/Wien 1982, MF 319, Bl. 307 04959 f.

110. Der Chef des Amtes für körperliche Ertüchtigung der Reichsjugendführung Helmut Stellrecht über den Stand der vormilitärischen Ausbildung der HJ, 11.8.1939

Im Schießdienst der HJ, so erklärte Stellrecht, sind im letzten Jahre insgesamt 60 Millionen Kleinkaliberpatronen verschossen worden. In diesem Jahr sind wir soweit, daß monatlich 7 Millionen Patronen verschossen werden. Rund eine Million von den 1,5 Millionen der älteren Jahrgänge sind im Schießdienst erfaßt. Jeder Junge gibt im Monat sieben Schuß ab, erreicht werden sollen zehn Schuß. Diese Ausbildung hat in den drei Jahren ihres Bestehens schon tatsächlich einen gewissen Abschluß erreicht. Im nächsten Frühjahr soll mit der Ausbildung eines ganzen Jahrgangs begonnen werden; es sollen dann sämtliche 550 000 Jungen eines Jahrgangs im Schießdienst erfaßt werden, gleichgültig, ob sie schon jetzt in der HJ sind oder nicht. Bis jetzt sind 48 000 Schießauszeichnungen verliehen worden. Monatlich werden etwa 4 000 solcher Auszeichnungen verliehen; die Zahl steigert sich von Monat zu Monat um einige hundert und wird in nicht allzu langer Zeit im Monat 10 000 erreichen. Zur Erlangung dieser Auszeichnungen sind jeweils 85 Schuß erforderlich.

Weiter ist eine Auszeichnung für besonders schwierige Scharfschützenleistungen geschaffen worden, von der innerhalb Jahresfrist 4 000 verliehen werden konnten.

Die Leistung der Reichssiegermannschaft beim Reichswettkampf der gesamten HJ im Jahre 1937 betrug 10,37 Ringe von 12 möglichen, im Jahre 1938 bereits 10,64, 1939 aber 11,17, was eine außerordentliche Leistungssteigerung bedeutet. — Die 1000 besten Schützen bei diesem Reichswettkampf hatten im Jahre 1937 einen Ringdurchschnitt von 9,2 1938: 9,64 und 1939: 9,74.

In diesem Jahre ist zum ersten Male das Jungvolk in einen Schießwettkampf mit dem Luftgewehr eingespannt worden. Die Ergebnisse haben die Erwartungen übertroffen! Das beste Fähnlein hat von 1200 möglichen Ringen 1142 geschossen; die Mannschaft auf dem 100. Platz hatte immer noch 991 Ringe. — Unsere 13- und 14-jährigen Jungen mit ihrem scharfen Auge und ihrer ruhigen Hand haben also ganz phantastische Schießergebnisse erzielt.

Über den Geländedienst, den die HJ zurzeit zusammen mit der Wehrmacht vorwärtstreibt, sagte Stellrecht: In den verschiedenen Schulen werden augenblicklich im Jahre 30 000 Führer im Geländedienst ausgebildet. Es wird dort der Grundschein und der Lehrschein verliehen. Ungefähr die gleiche Anzahl HJ-Führer wird durch die Wehrmachtslehrgänge ausgebildet, so daß also insgesamt 60 000 HJ-Führer ihre Ausbildung im Geländedienst erfahren. Diese 60 000 Ausgebildeten brauchen den Grund- und Lehrschein als Voraussetzung für die Beförderung zum HJ-Führer. In diesem Jahre sind in den Lagern 218 000 Hitlerjungen und 242 000 Pimpfe im Geländedienst ausgebildet worden.

Über die Sondereinheiten teilte Stellrecht kurz folgendes mit: In der Motor-HJ ist am 1. April d.J. bereits die Zahl von 100 000 Jungen überschritten worden. Die Ausbildung in der Flieger-HJ ist zurzeit in den Lagern noch im Gange. Im Jahre 1938 sind 125 000 Starts mit Gleit- und Segelflugzeugen vorgenommen worden; diese Zahl wird im laufenden Jahre weit übertroffen werden. — In der Marine-HJ sind 60 000 Jungen erfaßt, von denen zurzeit 1 600 Jungen auf den Reichsseesportschulen ihre Führerausbildung durchmachen. Im Herbst d.J. entsteht die dritte Reichsseesportschule als schwimmende Schule und zwar auf einem Schoner bei Rügen. Dort besteht dann endlich die Möglichkeit, eine hochseemäßige Schulung vorzunehmen.

Zentrales Staatsarchiv Potsdam, DAWI /Ztg., Nr. 1393, Bl. 4 f.

111. Befehl der BDM-Reichsreferentin Jutta Rüdiger über die Bildung eines BDM-Streifendienstes, 31.8.1939

Der Reichsjugendführer
Die BDM-Reichsreferentin

Berlin, am 31.8.1939

Geheim.

Rundschreiben Nr. 23/39 G

Ähnlich dem HJ-Streifendienst ist sofort innerhalb des BDM eine Sonderformation aufzustellen mit der Bezeichnung BDM-Einsatzdienst.

I. Diesem BDM-Streifendienst werden folgende Aufgaben zugewiesen werden:
1. Innerdisziplinäre Überwachung des BDM.
2. Im A-Fall oder auf besondere Anordnung Einsatz durch Dienststellen der Deutschen Polizei oder des Sicherheitsdienstes.
Für beide Aufgaben erfolgen noch nähere Angaben.

II. Der BDM-Einsatzdienst ist in Orten mit über 3 000 Einwohnern innerhalb eines Standortes zusammenzufassen. Die Stärke ist so zu bemessen, daß in einem Untergau ca. 50 — 100 Mädel für den Einsatzdienst ausgesucht werden.
Es sind nur Mädel und Unterführerinnen mit einem Mindestalter von 17 Jahren auszusuchen. Weiter ist erforderlich, daß diese Mädel auf jeden Fall politisch einwandfrei sind und sich in ihrer Gesamthaltung für einen Einsatz im Rahmen der Polizei eignen. Mit der Führung des BDM-Einsatzdienstes muß eine Ringführerin — mindestens aber eine der besten Gruppenführerinnen — beauftragt werden, die direkt der Untergauführerin unterstellt ist. Der Einsatzdienst eines Standortes ist entsprechend zu unterteilen und mit Unterführerinnen zu versehen.

III. Der BDM-Einsatzdienst darf z.Zt. im Rahmen der Untergaue eingesetzt werden, jedoch nur so, daß er jederzeit für besondere Zwecke einsatzbereit ist. Im A-Fall oder auf besondere Anordnung darf der BDM-Einsatzdienst für keine anderen Zwecke eingesetzt werden als nur auf Anordnung von Dienststellen, die dem Reichsführer SS und Chef der Deutschen Polizei unterstehen. Weitere Anordnungen hierzu erfolgen ebenfalls.

IV. Es ist umgehend nach hier zu melden, wieviel Mädel aufgestellt werden können. Bei diesen Meldungen ist nach Standorten und Gruppen zu unterteilen. In Gruppe I sind die Mädel aufzuführen, die ganztägig eingesetzt werden können (berufslose Mädel).
In Gruppe II sind Schülerinnen aufzuführen, oder sonstige BDM-Angehörige, die 1/2 — tägig eingesetzt werden können. In Gruppe III werden die Mädel aufgeführt, die zusätzlich zu ihrem Beruf abends noch in anderer freier Zeit eingesetzt werden können.
Es ist natürlich anzustreben, daß in diesem Einsatzdienst möglichst viele Mädel kommen, die ganztägig eingesetzt werden können.
Diese Meldung ist nach beiliegendem Schema ohne jeden weiteren Zusatz möglichst umgehend zu machen. Die Meldung muß als vertraulich und Dienstsache nach hier gesandt werden.

Heil Hitler !
gez. Jutta R ü d i g e r
BDM-Reichsreferentin

Zentrales Staatsarchiv Potsdam, Film Nr. 10895.

112. Aus der Anordnung des Stellvertreters des Führers Rudolf Heß über den Einsatz von HJ-Angehörigen im Krieg, August 1939

Der Stellvertreter
des Führers
Abt. M

Geheim

Anordnung für den Einsatz von HJ-Angehörigen im Kriege

1. Stellung des Hoheitsträgers
Der Hoheitsträger (Gauleiter, Kreisleiter, Ortsgruppenleiter) ist für die politische Führung und Betreuung der Bevölkerung seines Hoheitsgebietes verantwortlich. Zur Durchführung dieser Aufgabe ist er berechtigt, den im Kriegsdienst der NSDAP stehenden nachgeordneten Politischen Leitern, Führern und Angehörigen der Gliederungen sowie Hilfskräften seines Hoheitsgebietes Anordnungen, Weisungen und Aufträge zu erteilen. Diese sind verpflichtet, den Anordnungen und Weisungen Folge zu leisten sowie die Aufträge zu erfüllen. Die Nichtbefolgung wird nach den Kriegsgesetzen bestraft, sofern nicht die Anwendung besonderer Schutzmaßnahmen notwendig wird.

2. Durchführung des einheitlichen Einsatzes der Partei
Die der Partei im Kriege zufallenden Aufgaben machen den einheitlichen Einsatz und die straffe Zusammenfassung aller der Partei zur Verfügung stehenden Kräfte und Sachmittel notwendig. Die Führung dieses Gesamteinsatzes kann nur von einer Stelle aus verantwortlich geleitet werden. Diese verantwortliche Stelle führt im Gau der M-Beauftragte der Gauleitung als Sachbearbeiter des Gauleiters, im Kreis der Kreisleiter und in der Ortsgruppe der Ortsgruppenleiter der NSDAP.

3. Aufgaben und Einsatz der HJ im Kriege
Die von der Reichsjugendführung aufgestellten Verbindungsführer (zu den Gau-, Kreis- und Ortsgruppenleitern) haben ihre Tätigkeit sofort aufzunehmen.

Die HJ stellt ihre Angehörigen den Hoheitsträgern zur Verfügung, soweit diese nicht bereits für andere Kriegszwecke des Staates oder der Wehrmacht erfaßt und verpflichtet sind.

Die HJ bleibt auch während des Krieges für die Organisation, Ausrichtung, Ausbildung, Disziplin und Führung ihrer Angehörigen verantwortlich.

Der Einsatz von HJ-Angehörigen soll möglichst in geschlossenen HJ-Einheiten unter ihrem zuständigen HJ-Führer erfolgen.

Die von den Hoheitsträgern eingesetzten HJ-Angehörigen haben den Anordnungen der mit der Durchführung der Aufgaben beauftragten Dienststelle zu folgen.

...

5. Die Erfassung der HJ-Angehörigen

Zur praktischen Durchführung der vorgenannten Grundsätze gelten für die Erfassung von HJ-Angehörigen nachstehende Richtlinien:

Der HJ-Einheitsführer der Ortsgruppe meldet am 3. Mob.-Tag dem Ortsgruppenleiter gefolgschaftsweise die Zahl derjenigen HJ-Angehörigen, die neben ihrer Berufstätigkeit zu Kriegsaufgaben herangezogen werden können. Kräfte, die für andere Kriegsaufgaben (z.B. Hilfspolizeidienst usw.) bereits verpflichtet sind und sich dafür zur Verfügung halten müssen, sind nicht mit aufzuführen. Die Ortsgruppenleiter geben die Meldung umgehend dem Kreisleiter weiter.

6. Die Anforderung der Kräfte

Der Ortsgruppenleiter fordert im Bedarfsfall die benötigten HJ-Angehörigen unmittelbar bei dem HJ-Vebindungsführer des Kreises an. Greift eine Maßnahme über den Rahmen des Kreises hinaus, so fordert der M-Beauftragte die benötigten HJ-Angehörigen bei dem Verbindungsführer des Gebietes zur Gauleitung an.

7. Jungvolk

Das Jungvolk ist für den Einsatz soweit heranzuziehen, als die HJ den Anforderungen nicht genügen kann.

Zentrales Staatsarchiv Potsdam, Film Nr. 10899.

Zeltlager der Hitlerjugend

HJ-Führer vor dem Braunen Haus in München anläßlich ihrer Aufnahme in die NSDAP, 9.11.1934

BdM-Sportfest in Berlin-Neukölln, 1935

Angehörige der HJ auf dem Reichsparteitag der NSDAP, Nürnberg 1935

Adolf Hiltler, Rudolf Heß und Baldur von Schirach auf dem HJ-Appell des Reichsparteitages der NSDAP, Nürnberg 1935

Angehörige der HJ auf dem Berghof

Motor-HJ

Mitglieder der illegalen antifaschistischen Jugendgruppe um Herbert Baum auf einer Wanderung, Mai 1935

DOKUMENTE
II. Jugend im Widerstand 1933-1939

113. Offener Brief des Sozialistischen Jugendverbandes Bremen an die Mitglieder der SAJ, 11.2.1933

Offener Brief an alle Mitglieder der SAJ!

Liebe SAJ-Genossen!

In der festen Überzeugung, daß Ihr ehrlich mit allen proletarischen Jugend-Organisationen zur Verwirklichung der Einheitsfront kommen wollt, demonstrierten wir mit Euch gemeinsam, am Sonnabend 4. Febr. im Zuge der »Eisernen Front«:

Für die Einheit aller Werktätigen!

Wir dokumentierten dadurch unser aufrichtiges Wollen zur Verwirklichung der Einheitsfront. Aber mehr noch: Wir haben uns sofort praktisch an die Verwirklichung der Einheit aller Werktätigen gemacht. An die FGJ, SAJ, Jungbanner, Sportler-Jugend und KJV hatten wir ein Schreiben gerichtet, in dem es heißt:

»Wir laden Euch ein zu einer vorbereitenden Besprechung zur Schaffung einer »Jungarbeiter-Einheitsfront« am 7. Febr. 1933, um 18 Uhr, im SJV-Heim, Wartburgstr. 31-33, zwei Vertreter Eurer Organisation zu entsenden.

Macht den ersten praktischen Schritt zur Durchführung Eurer Losungen:

> **»Für die Einheit aller Werktätigen!«**
> **»Gegen Hitler-Kabinett!«**
> **»Gegen Arbeitsdienst-Pflicht!«**
> **»Gegen imperialistischen Krieg!«**
> **»Für ein sozialistisches Deutschland!«**

Daraufhin kam morgens am 7. Februar, mit der Post ein Schreiben Eurer Organisation folgenden Inhalts:

> »Werte Genossen!
> Als Beantwortung Eures Schreibens vom 4.Febr.d.J. teilen wir Euch mit, daß wir Eurer Einladung nicht folgen.
> So sehr wir die Einheit der Arbeiterklasse für notwendig halten und so sehr wir sie herbeisehnen, können wir an der von Euch gewünschten Aussprache nur teilnehmen, wenn folgende Bedingung erfüllt ist:
> »Jede Beschimpfung und Beschmutzung und Verleumdung der SAJ, der SPD, der Freien Gewerkschaften und der Führer der genannten Organisationen, durch die KPD oder SAP, sei es durch die Presse, Flugblätter oder persönlich, sind einzustellen.«
> Unsere Parteiführer Wels und Breitscheid haben diese unsere Forderungen als Vorbedingung der proletarischen Einheitsfront vorausgesetzt und schon bei den letzten Wahlen gefordert.
> Man kann also von Parteistandpunkt sprechen. Wir, die SAJ, haben uns dieser selbstverständlichen Forderung angeschlossen. Ist dieses erreicht, dann haben wir einen sehr großen Schritt zur Einheitsfront gemacht.
> Im übrigen sehen wir einen praktischen Weg zur Einheitsfront auch noch darin, daß Ihr Eure Organisation auflöst und zur großen SPD kommt.«

Auf dieses Schreiben haben wir heute mittag sofort wie folgt geantwortet:

> Werte Genossen!
> Wir sehen, daß Ihr bereit seid, unter den Bedingungen, die Ihr gestellt habt, an der heutigen Besprechung teilzunehmen. Die Bedingungen sind für uns eine Selbstver-

ständlichkeit. Wir haben uns immer bemüht, den politischen Kampf sachlich zu führen. Wir sind der Ansicht, daß trotz politischer Differenzen wir uns unter bestimmten Forderungen einigen können, wie:

»Kampf dem Faschismus«
»Gegen Hitler-Kabinett« usw.

Wie dieses am wirkungsvollsten durchgeführt werden soll, dazu soll die heutige Besprechung dienen. Wir sind weiter der Auffassung, daß die proletarischen Jugend-Organisationen der erwachsenen Arbeiterschaft in der Frage der Herstellung der Einheitsfront mit gutem Beispiel vorangehen soll.
In diesem Sinne erwarten wir, daß Ihr alle kleinlichen Bedenken zurückstellt und zur heutigen Sitzung erscheint.

Genossen der SAJ!
Auf dieses Schreiben wurde uns n i c h t geantwortet. K e i n Vertreter Eurer Organisation ist zur Vorbesprechung zur Schaffung der »Jugend-Einheitsfront« erschienen!
Muß es erst soweit kommen — wie schon in vielen Orten Deutschlands — daß die Einheitsfront ihren Anfang nimmt am Grabe gemeuchelter Klassengenossen? Wir ersuchen Euch: Fordert von Eurer Leitung sofortiges Arbeiten in der Richtung der Einheitsfront. Duldet kein Ausweichen! Diese ernste Stunde erfordert schnellstes Handeln! Wir haben jetzt Eure Leitung aufgefordert, von sich aus einen Termin zu nennen zu einer Besprechung mit unserer Organisation und gebeten, uns einen Termin bis Freitag, 10.2.33, zu nennen. Wir sind jederzeit bereit, alle Kraft einzusetzen zur Verwirklichung **»der Einheit aller Werktätigen.«**

Seid Ihr wie wir!

Kampfbereit!
Sozialistischer
Jugendverband
Bremen

Robert Meyer, Alb. Nörmann

Archiv der Gedenkstätte Ernst Thälmann, Hamburg.

114. Aus einem Brief der Bezirksleitung Berlin des KJVD an die SAJ, Februar 1933

... In dieser Situation glauben wir, daß ungeachtet der vorhandenen prinzipiellen Gegensätze der gemeinsame Kampf der sozialdemokratischen und kommunistischen Jungarbeiter notwendig und möglich ist.

Nicht nur, wie in der letzten Zeit in einigen Stadtteilen, sondern überall müssen sich alle jungen Antifaschisten zum gemeinsamen Kampf zusammenfinden. Ihr veranstaltet am Dienstag Eure Groß-Berliner Mitgliederversammlung. Da wir die Einheitsfront ehrlich wollen, da unserer Auffassung nach keine Minute Zeit zu verlieren ist, werden wir zu Eurer Mitgliederversammlung eine Delegation von sechs Jungkommunisten entsenden, die mit Euch am besten im Rahmen, sonst aber vor oder nach der Tagesordnung, über folgende Vorschläge kameradschaftlich diskutieren und beraten will.

Durchführung gemeinsamer Mitgliederversammlungen aller Gruppen, nötigenfalls auch gemeinsamer Funktionärversammlungen im Werbebezirks- oder Gruppenmaßstab zur Festlegung gemeinsamer Maßnahmen, zur:

a) Bildung von Jugendstaffeln des antifaschistischen Massenselbstschutzes, zur Erfassung der Organisationsmitglieder und der Jungarbeiter in den Jugendstaffeln.

b) Organisierung des Patrouillendienstes in den von Faschisten bedrohten Arbeiterstraßen.

c) Entsendung von gemeinsamen Delegationen zu den Betriebsräten und Betriebsbelegschaften mit dem Appell an die Betriebsarbeiter, gegen die Terrormaßnahmen der Regierung und der Nazis die verschiedensten Protestaktionen durchzuführen.

d) Durchführung gemeinsamer, öffentlicher, antifaschistischer Jungarbeiterversammlungen gegen die faschistische Diktaturregierung, Militarisierung und Arbeitsdienstpflicht, für den gemeinsamen antifaschistischen Kampf aller Jungarbeiter.

e) Zum Kampf gegen die Einführung der offenen Arbeitsdienstpflicht durch Wahl von Jugendvertrauensleuten in den bestehenden Lagern des FAD, durch Kampforganisierung in diesen Lagern für tarifliche Bezahlung der Arbeit, Verbesserung der Arbeitsbedingungen, gegen Militarisierung in jeder Form, gegen chauvinistische Verhetzung.

f) Zum gemeinsamen Herantreten an das Jungbanner, die Kampfbundjugend, die Jugendsektionen der Gewerkschaften, die FGJ- und ZdA-Jugend, an die Arbeitersportorganisationen, um deren Mitglieder in die Durchführung und Organisierung des antifaschistischen Kampfes der Jungarbeiter einzubeziehen.

g) Wahl von Einheitskomitees auf breitester Grundlage zum antifaschistischen Kampf, zur Verteidigung des Arbeiterlebens, der Arbeiterorganisationen und des Arbeitereigentums.

Genossen! An unserer Delegation wird sich der Freund des ermordeten Erwin Berner beteiligen, des gemeuchelten Jungarbeiters, der unsere Auffassung, unseren Willen zum gemeinsamen Kampf mit dem Tode besiegelt, der uns allen das leuchtende Beispiel zum gemeinsamen Kampf gegeben hat.

IML/ZPA, D.F. IX/18.

115. Mitteilung des Vorstands der SAJ in Hamburg über die Selbstauflösung der Organisation, Mai 1933

Sozialistische Arbeiterjugend
Groß-Hamburg
Distrikt Eimsbüttel

Sozialistische Arbeiter-Jugend Hamburg

Liebe Genossinnen und Genossen!
Die politisch veränderte Lage sowie das Verbot unserer sämtlichen Veranstaltungen machen eine Fortführung unserer Arbeit unmöglich. Die Sozialistische Arbeiter-Jugend Hamburg hat sich deshalb s e l b s t aufgelöst.

Hamburg, im Mai 1933.

Der Vorstand.
Wir bleiben unserer Idee
treu, trotz alledem.

Archiv der Gedenkstätte Ernst Thälmann, Hamburg.

116. Aus dem Tagebuch des Jungkommunisten Bruno Tesch, Juni/Juli 1933[1]

Ich will versuchen, meine Gedanken und Gefühle während der Urteilsverkündung und den Wochen darauf zu schildern. Ich wußte schon Monate vorher, daß man mich verurteilen würde und zwar mit den schärfsten Strafen, die möglich waren. Aber an ein Todesurteil habe ich niemals gedacht... Seit dem Tag, als das Gericht verkündete, daß wir auch wegen Mordes verurteilt werden könnten, von dem Tage an wußte ich, daß, wenn man mich verurteilen würde, es zum Tode sein würde, aber daß das Gericht so leicht über die Aussagen meiner Zeugen hinweggehen würde, habe ich nicht gedacht.

Wir Deutschen verstehen unter einem Gericht ein gerechtes Gericht, darum haben wir als Symbol der Gerechtigkeit die Göttin mit den geschlossenen Augen, aber der Spruch »Macht geht vor Recht« ist allzuwahr. Seitdem die Nationalsozialisten an der Regierung sind, hat die Göttin ein Auge aufgetan und damit sieht sie sich die Leute an, die aussagen. Also ich war schon so ziemlich auf das Schlimmste vorbereitet, ebenso wie die anderen, deshalb konnte ich mich auch bei der Urteilsverkündung so gut beherrschen. Erschwert wurde es mir ungemein dadurch, daß ich mich von meiner Mutter, die mich vorher besuchte, sehr innig verabschiedete. Ich habe bei der Verkündung nur ein starkes Rauschen verspürt und dadurch klang die Stimme des Richters laut hindurch. Nur einmal wäre es mit meiner Fassung vorbei gewesen, als ich das Weinen meiner Mutter heraushörte.

Ich riß mich aber zusammen, denn ich hatte mir geschworen, den Leuten, die ja nur darauf lauerten, kein Schauspiel zu bieten. Nachher bei der Begründung hat mich das Theatralische des Richters innerlich belustigt, denn er ging wie eine Katze um den heißen Brei herum, damit er ja nicht über seine Verdrehungen selbst errötete. Ich glaubte bestimmt, daß er als erfahrener Richter die Aussagen des größten Teils der SA-Leute als das durchschaut hatte, was sie wirklich waren, nämlich als Lügen.

Er hat seine Belohnung ja weg, er sitzt ja jetzt in Berlin. Der große Umschwung in der Stimmung kam erst ein paar Tage später, als die richtige Überlegung wiederkehrte, als ich mir vorstellte, daß ich erst 20 Jahre alt, wirklich nichts getan hatte und dennoch zum Tode verurteilt war. Ich möchte wissen, wie sich das Gewissen der SA-Leute, die mich durch ihre Aussagen hineingerissen, bemerkbar machte und wie sie geschlafen hatten, als sie sich überlegten, daß sie jetzt ein Menschenleben auf dem Gewissen haben!

Für mich ist es immer noch ein Trost zu wissen, daß wenn ich hingerichtet werde, ich in der Arbeiterschaft nicht vergessen werde, aber wenn ich mir vorstelle, wie meine liebe Mutter jetzt leiden und bangen muß, so könnte ich wild werden. Und alles darum, weil diese Lumpen mich vernichten wollen. Dabei sind Leute darunter, die gute Bekannte sind und mit denen ich gearbeitet habe. Daß es solch eine gemeine Schlechtigkeit gibt, mit kalten Blut einen, den man gut kennt, nur weil er ein politischer Gegner ist, durch seinen Meineid hineinzureißen, will mir nicht in den Kopf. Ich habe mir selbstverständlich vorgestellt, wie ich mich verhalten würde, wenn ich zur Hinrichtung geführt werde, so glaube ich, daß ich zur Hinrichtung dabei ganz ruhig sein werde, denn ich habe mir die Situation derartig eingeprägt, daß mir nichts unbekannt ist. Wenn ich wählen könnte zwischen der Hinrichtung und dem Erschießen, so würde ich ohne Zweifel das Erschießen wählen. Das würde doch mehr nach einem Soldatentod schmecken.

Wenn ich über das bisher Geschehene nachdenke, so springt als erstes mir immer die Frage auf, wenn ich auch Kommunist bin, wenn es einen Gott gibt, der allwissend ist, wie kann er solch eine Ungerechtigkeit zulassen?... Um die Werke von Marx, Lenin und Engels zu verstehen muß man einen sehr guten Kopf oder viel Zeit haben oder jahrelang studieren. Ich habe hier die Bibel durchgelesen und ich denke mir die Lehre des Evangeliums, die Jesus gepredigt hatte muß doch ein Körnchen Wahres haben, denn sonst müßte sie in 2 Jahrtausenden, die verflossen sind, ihre Kraft verloren haben. Darin steht, daß Gott allmächtig und allwissend ist, daß er

179

große Wunder vollbracht hat. Dann begreife ich es aber nicht, daß er so etwas zulassen kann, daß Unschuldige zum Tode verurteilt und die Leute, die meineidig geworden sind, sich der Freiheit erfreuen ...

Archiv der Gedenkstätte Ernst Thälmann, Hamburg.

1) Der Klempner Bruno Tesch wurde 1913 in Hamburg geboren. Als Funktionär des KJVD nahm er am 17. Juli 1932, der als »Altonaer Blutsonntag« in die Geschichte einging, an der Abwehr gegen die in Hamburger Arbeiterviertel einmarschierenden SA-Kolonnen teil. 1933 wurde er angeklagt, »auf SA-Leute geschossen« zu haben. Das Todesurteil basierte auf bewußt falschen Aussagen. Am 1. August 1933 wurde Bruno Tesch, gerade 20 Jahre alt, mit dem Handbeil hingerichtet.

117. Aus dem Bericht des Generalpräses Ludwig Wolker an den Episkopat über die Lage der katholischen Jugendverbände, 20.8.1933

An den hochwürdigsten Episkopat
Wir überreichen hierdurch Bericht über die Lage und die Schwierigkeiten, die trotz des Konkordats für die katholischen Jugendvereinigungen noch immer gegeben sind.
Der Bericht kann keine systematische Zusammenstellung geben, er will aber durch Mitteilung aus allen Landesteilen ein lebendiges Bild der Lage geben. Die Mitteilungen sind ausschließlich aus den letzten beiden Wochen und sind sämtlich durch Originalbriefe und Protokolle belegt. Zusammenfassend kann folgendes gesagt werden:
In den norddeutschen Diözesen ist im allgemeinen seit dem August eine Beruhigung eingetreten, so daß die Jugendarbeit unserer Vereine und Verbände, abgesehen von großen und öffentlichen Veranstaltungen, durchgeführt werden kann. Es war freilich eine ganz außerordentliche Tätigkeit sämtlicher Instanzen des Verbandes, besonders der Reichsleitung, notwendig, um die Dinge zu bereinigen. Und es sind trotzdem immer noch Hunderte von Fällen vorhanden und werden täglich neue Fälle gemeldet von Bedrückungen und Schwierigkeiten.
Sehr schlimm steht es immer noch in den süddeutschen Diözesen, namentlich Bayern, Pfalz, Württemberg, auch Thüringen und zum Teil Baden. Hier ist von ungehinderter Durchführung unserer Jugendarbeit keine Rede, vielmehr sind die Beschlagnahmen, Versammlungsverbote und alle nur möglichen Schwierigkeiten immer noch und trotz aller Gegenmaßnahmen in weitestem Umfang vorhanden. Die dadurch bedingte wirtschaftliche Schädigung für den Verband und seine wirtschaftlichen Unternehmungen ist bereits außerordentlich groß. Die Aktion vom 1. Juli hat in ihren Auswirkungen direkt und indirekt empfindlich geschadet, der direkte Schaden allein betrug Zehntausende von Mark, der Rückgang der Einnahmen wächst täglich.
Der Mitgliederrückgang ist namentlich auf dem Lande und in der DJK erheblich. Die gesamte Präsesschaft war während der letzten Monate vor schwerste Aufgaben gestellt. Der große Teil hat mit größter Hingabe, Geduld und Klugheit gearbeitet. Ein Teil aber hat versagt, teils zermürbt von den endlosen und aufreibenden Schwierigkeiten in der Gemeinde, teils durch »Gesinnungsumstellung«, indem sie die kirchliche Jugendarbeit der Vereine heute nicht mehr für notwendig oder möglich erachten und einfach aufgaben. Hunderte von Vereinen gehen dadurch pleite.
Die Jugend selbst hat sich im großen und ganzen außerordentlich gut und tapfer gehalten. Namentlich die Jugend der Gemeinschaftsgliederungen. Freilich einem sind die Jungen auf die Dauer nicht gewachsen: Dem wirtschaftlichen Boykott, der bereits in großem Umfange sich gegen alle richtet, die nicht in NS-Formationen sind, und vielfach besonders gegen die, die das Christuszeichen tragen. Die Mitarbeit in der DJK hat eine sehr starke Umbildung bereits erfahren, in manchen Gauen haben die Stellen der Bezirksleiter und Abteilungsleiter bis zu 50 Prozent neu besetzt werden müssen, wegen des Druckes auf Lehrer und Beamte.
Aufs Ganze gesehen:
Die Lage ist auf die Dauer so nicht haltbar. Es müssen jetzt die Ergebnisse der Berliner Ver-

handlungen und ihre Durchführung im Lande abgewartet werden. Es müssen aber auch innerhalb unserer eigenen Organisationen in katholischer Jugend ganz energische Schritte geschehen im Hinblick auf die Zeitlage, wenn das große Werk katholischer kirchlicher Jugenderziehung, so wie wir es in den letzten Jahren aufgebaut haben, erhalten und weiter durchgeführt werden soll...

Zitiert nach: Katholische Jugend in der NS-Zeit, unter besonderer Berücksichtigung des Katholischen Jungmännerverbandes. Daten und Dokumente, zusammengestellt von Heinrich Roth, Düsseldorf 1959, S. 95 f.

118. Flugblatt des Deutschen Initiativkomitees zur Vorbereitung des Weltjugendkongresses gegen Krieg und Faschismus, September 1933

An die Jugend Deutschlands
An alle jungen Arbeiter, jungen Arbeiterinnen, Jungangestellte, Jungbauern, Studenten, Schüler!

Das deutsche Initiativkomitee zur Vorbereitung des Weltkongresses gegen Krieg und Faschismus wendet sich an Euch mit der Aufforderung, alle Kräfte anzustrengen, um ein neues drohendes Völkermorden zu verhindern. Es ist eine ernste Zeit. Die Kriegsfackel lodert überall in der Welt. Nur ein kleiner Anstoß fehlt und die Gewehre gehen los.
Ihr werdet vielleicht glauben, daß dies aber doch für Deutschland nicht zuträfe, weil wir ja mitten im Frieden leben und auch ganz entwaffnet seien. Es stimmt weder das eine noch das andere, denn die deutsche Bourgeoisie, die den Hitler-Faschismus an die Macht brachte, hat eine Situation geschaffen, wie vor dem Kriege 1914.
Wie es mit unserem »deutschen Frieden« aussieht, kann man ersehen aus den ständigen Provokationen an der österreichischen Grenze wie auch gegen das Saargebiet, Dänemark, Danzig usw., und wenn man beachtet, daß Hitler sogar einen bewaffneten Einfall beabsichtigt, um Österreich unter seine Herrschaft zu bringen. Der deutsche Faschismus provoziert den Krieg in Europa.
Wir haben einen »Frieden« erlebt in dem allein in den 14 Jahren Weimarer Republik mehr als 15000 Arbeiter ermordet wurden, weil sie für ein besseres und wirklich freies Deutschland eintraten. Heute sind an der Stelle der Noske, Severing, Zörgiebel, die unter Weimar die wirkliche Revolution im Blute erstickten, andere Leute getreten, die mit den grausamsten Methoden des Mordes die »zweite«, nämlich die wirkliche Revolution unterdrücken möchten. In 6 Monaten Drittem Reich wurden über 1500 Arbeiter und Intellektuelle ermordet, gefoltert, auf der »Flucht« erschossen. Das ist »deutscher Friede«.

Wie sieht es mit der Rüstung aus? Die Arbeitsdienstpflicht ist getarnte allgemeine Wehrpflicht. Jahrgang 1914/15 soll ab Januar Rekruten liefern. Die Ledigensteuer ist verschleierte Kriegsanleihe. Die Werktätigen müssen mit ihrem Gelde die Rüstungen bezahlen, die uns wiederum ins Militär zwingen.
In den Kriegsbetrieben wird mit Überstunden ohne jede Tarnung produziert. Hier ein kleiner Ausschnitt von der bekannt gewordenen Kriegsproduktion:
Krupp und Rheinmetall stellen serienweise 42 cm Mörser her, außerdem noch Kanonen jeden Kalibers. Die Deutschen Werke in Spandau, in denen alle Arbeiter entlassen und durch S.A. und N.S.B.O. Mitglieder ersetzt wurden, stellen alle Art von Munition, angefangen von Gewehrmunition bis zu den Granaten des größten Kalibers her. Pintsch, Fürstenwalde und Trägerwerke Lübeck stellen hauptsächlich Gasmasken und Gasschutzgerät für Kriegszwecke her. Tanks jeder Größe mit der verschiedenartigsten Bewaffnung werden gebaut bei Vomag in Plauen, bei Linke Hoffmann in Breslau und Daimler Benz in Mannheim. Die modernsten Kampfflieger werden unter dem besonderen Protektorat von Göring in den Junkerswerken

Dessau und Henschel Kassel hergestellt.

Das gefährlichste und fürchterlichste Kriegsmittel, die Giftgase erzeugen die Fabriken von Heyden, Radebeul; Billwärder, Hamburg; Hugo Stolzenberg, Hamburg; Schering-Kahlbaum, Gehe und Companie, Dresden; und die Riesenwerke der I.G.Farben in allen Teilen des Reiches.

In Ostpreußen werden kilometerlange Grenzbefestigungen errichtet. Von Berlin — nach Oberschlesien werden Militärchausseen gebaut. Das ganze Land ist mit Gasschutz überzogen. Die Hitler-Jugend organisiert 17 Fliegerschulen. In Schulen und Hochschulen wird »Wehrwissenschaft« eingeführt. Saar- und Ostlandkundgebungen schaffen Gelegenheit, neben täglicher Hetze in Presse und Rundfunk im Volke die Stimmung für ein neues Massenmorden zu wecken und den Chauvinismus bis zur Kriegspsychose zu steigern.

Gegen die Sowjetunion wird die gemeinste Kriegshetze getrieben mit dem Ziel, einen »Kreuzzug« gegen das sozialistische Land zu provozieren mit der Absicht der Lostrennung und Unterjochung der Sowjetukraine durch die Hitler-Faschisten.

Wir sagen, so darf es nicht weitergehen, sonst wird es nicht lange dauern und wir, die junge Generation, die ein Recht auf eine frohe Zukunft hat, werden in Gas- und Trommelfeuer unser Leben geben und verwesen müssen. Und für wen? Für was? Für die Regenten des Dritten Reichs, für Thyssen, Krupp und Klöckner. Die Jugendlichen der anderen Länder sollen ihr Leben geben für die wahren Beherrscher ihres Landes, für die Rüstungskapitalisten Schneider-Creuzot in Frankreich, für die Vickers-Armstrong in England, für die Skoda-Kapitalisten in der Tschechoslowakei.

Hört, was Henri Barbusse in seinem Aufruf an die Jugend aller Länder sagt: »... Schon sehen wir in allen Ländern, in allen sozialen Schichten starke Minderheiten junger Menschen, die sich gegen diesen blutigen Wahnsinn auflehnen. Schon öffnen sich die Augen, schon erwachen die Geister, schon erkennt die Jugend mehr und mehr, was sich hinter den Kriegsrufen und den pompösen Fassaden der faschistischen »Erneuerer« verbirgt: Mord, Schlachten, Ruin, Vernichtung des menschlichen Fortschritts.

Zehntausende junger Menschen hatten sich in Amsterdam versammelt. Schon bildet sich von neuem eine Armee Hunderttausender junger Arbeiter, Bauern, Studenten, die sich auf dem Pariser Kongreß vorbereitet. In Frankreich, England, Spanien, in Nord- und Südamerika, im Fernen Osten, in den faschistischen Ländern des Balkans, in Italien und Deutschland schart sich die Jugend um unsere Losungsworte. Der Kongreß gegen Krieg und Faschismus ist erst der Anfang der Sammlung dieser Jugend. Hunderttausend, Millionen muß die anmarschierende und täglich wachsende Armee umfassen. Sie hat auf ihre Fahne den wahrhaften Völkerfrieden, die wahrhafte soziale und sozialistische Erneuerung geschrieben.

Junge Arbeiter aller Berufe und Schichten, jugendliche Arbeiter aus Fabriken, Feldern, Büros, Intellektuelle, Schriftsteller, Künstler, entscheidet Euch für diese Armee, entscheidet mit über die Zukunft!«

Jawohl, entscheidet über Eure Zukunft. Das heißt vor allem aktiver Kampf gegen alle Kriegsvorbereitungen. Nicht warten, bis der Krieg da ist, jetzt gilt es zu handeln.

Junge Arbeiter und Angestellte von Siemens, Krupp, Leuna und den tausend anderen Kriegsbetrieben, aus Häfen, auf Schiffen, Arbeiterjugend aus allen Betrieben, entlarvt und bekämpft die Rüstungen und Kriegsvorbereitungen der faschistischen Machthaber.

Junge Bauern, Jugend des Landvolkes! Hitler hat Euch versprochen die Vernichtung der Zinsknechtschaft und Rettung des Bauernstandes. Was ist daraus geworden? Die Junker behalten ihr Land und immer mehr Bauernland fällt den Spekulanten und Großgrundbesitzern zum Opfer. Durch das Ahnenerbrecht hat Hitler Millionen von Euch enterbt; er sperrte Euch die Arbeitslosenunterstützung und zwingt die Bauernjugend in den Arbeitsdienst, wo sie für den nächsten Krieg dressiert wird. Laßt Euch nicht Eure Existenz vernichten! Leistet aktiven Widerstand der Militarisierung!

Junge Sozialisten, Junggewerkschaftler, unorganisierte Jungarbeiter, junge Christen, Jungkommunisten, Schüler und Studenten, Ihr müßt den Weltjugendkongreß gegen Krieg und Faschismus, der am 22.-24. September in Paris tagt, mit allen Kräften vorbereiten.

Schafft in allen Betrieben, auf den Arbeitsnachweisen, in den Arbeitsdienstpflicht-Lagern, Schulen und Universitäten Initiativkomitees zur Vorbereitung des Weltjugendkongresses. Der Weltkongreß der Jugend ist aber nicht nur eine Angelegenheit, die die Jugend allein angeht. Die erwachsene Generation muß daran interessiert sein, daß die Jugend nicht eine Beute der Kriegshetzer wird. Wir rufen alle Organisationen der Erwachsenen auf, den Kampf gegen den Faschismus und den Krieg zu führen. Nehmt zum Weltjugendkongreß Stellung.
Wählt Delegierte!
Sammelt allerwärts, um die Fahrkosten aufzubringen.
Der Kampf gegen den Krieg muß zur Angelegenheit aller freiheitsliebenden Menschen werden.
Diskutiert, demonstriert, schließt Euch uns an. Wählt sofort Eure Delegierten zum Weltjugendkongreß gegen Krieg und Faschismus, der am 22.-24. September in Paris tagt.
Nieder mit dem faschistischen Blutterror!
Nieder mit der Militarisierung der Jugend und der Vorbereitung des neuen imperialistischen Massenmordens!
Es lebe der Kampf gegen die Kriegsvorbereitungen im Betrieb, auf dem Lande, in den Schulen und Arbeitslagern!
Es lebe der Kampf um die Freilassung der Opfer des kriegswütigen Faschismus!
Schützt die USSR, den Hort des Friedens und des Sozialismus!
Es lebe der Weltjugendkongreß gegen Krieg und Faschismus!

Deutsches Initiativkomitee
zur Vorbereitung des Weltjugendkongresses
gegen Krieg und Faschismus

Archiv der Gedenkstätte Ernst Thälmann, Hamburg.

119. Beschwerde des stellvertretenden Reichsführers im Evangelischen Jugendwerk Deutschlands Otto Riethmüller beim Reichsbischof Ludwig Müller über die Eingliederung der evangelischen Jugendverbände in die HJ, 28.12.1933

Berlin, den 28. Dezember 1933

An den
Herrn Reichsbischof
der Deutschen Evangelischen Kirche,
Berlin-Charlottenburg
Jebensstraße 3

Hochzuverehrender Herr Reichsbischof!
Das Evangelische Jugendwerk Deutschlands sieht sich um seiner Aufgabe und seiner Verantwortung für Kirche und Volk willen noch einmal genötigt, Grundlage und Berechtigung seines Widerstandes gegen Ihre Maßnahmen in Sachen des Evangelischen Jugendwerkes darzulegen.
Die evangelischen Verbände sind seit Jahrzehnten eigenständig gewachsen. Sie haben sich zum Jugendwerk freiwillig zusammengeschlossen, um mitzuarbeiten an der volksmissionarischen Aufgabe der Kirche im Dritten Reich. Diesem Ziel diente die Übertragung der Befehlsgewalt über das Evangelische Jugendwerk an den Herrn Reichsbischof. Es unterliegt keinem Zweifel,

daß diese Befehlsgewalt auszuüben war im Rahmen der Verfassung des Evangelischen Jugend-werkes und unter Aufrechterhaltung seines selbständigen Standes. Sie, Herr Reichsbischof ha-ben wiederholt zum Ausdruck gebracht, daß die Selbständigkeit evangelischer Jugendarbeit nicht angetastet werden solle. Entscheidende Beschlüsse, die den Bestand des Jugendwerkes an-tasteten, konnten dementsprechend nur gefaßt werden unter Zustimmung des verfassungsmä-ßig berufenen Führerrates. Dieser Rechtsauffassung hat die Mitteilung des Herrn Kirchenmi-nister D. Dr.Beyer vom 12. Dez. 1933 auf Grund folgenden Beschlusses des geistlichen Mini-steriums klaren Ausdruck gegeben:

»Die endgültige Ordnung des Verhältnisses von evangelischer Jugend und Hitlerjugend hängt aufs engste zusammen mit einer großen Anzahl grundsätzlicher Fragen, die in absehbarer Zeit zwischen Kirche und Staat geregelt werden müssen. Der Führerrat des Jugendwerkes wird un-ter allen Umständen rechtzeitig gehört werden.«

Das Evangelische Jugendwerk hat unter dem 14.12.d.J. ausdrücklich nochmals seiner Auffas-sung dahin Ausdruck gegeben, daß irgendwelche entscheidenden Beschlüsse nicht über den Kopf der verfassungsmäßigen Organe des Jugendwerkes hinweg getroffen werden können. Weiterhin hat der Führerrat des Jugendwerkes die Undurchführbarkeit des geplanten Vertra-ges wiederholt ausführlich dargelegt und praktische Vorschläge zur Lösung der aufgeworfenen Fragen gemacht.
Als am 19.12. von Ihnen, Herr Reichsbischof, dem Führerrat die Absicht bekanntgegeben wurde, den Vertrag trotz aller Vorstellungen zu unterschreiben, hat Ihnen das Evangelische Jugendwerk pflichtgemäß die Befehlsgewalt entzogen. Sie haben den Vertrag dennoch unter-zeichnet. Wir stellen ausdrücklich fest, daß Sie dazu selbst im Rahmen der Ihnen übertragenen Befehlsgewalt in keiner Weise berechtigt waren, und daß Ihnen darüberhinaus diese Befehlsge-walt ausdrücklich entzogen war.
Der Vertrag vom 19.12.1933 ist daher nicht vom Evangelischen Jugendwerk in seinen verfas-sungsmäßigen Organen getätigt worden und entbehrt der Rechtswirksamkeit für alle Verbän-de des Jugendwerkes.
Wir stellen mit Bedauern fest, daß Sie nicht einen Weg gefunden haben, um den auf Grund sei-ner Verantwortung für das Jugendwerk handelnden Reichsführer D. Stange vor der öffentli-chen Diffamierung zu schützen. Es entsteht schwerster Schade für das Ansehen der Kirche in aller Welt durch die Diffamierung des Generalsekretärs des ökumenischen Rates und wir müs-sen dringend fordern, daß auch von Ihrer Seite alles getan wird, um diese öffentliche Diffamie-rung wieder gut zu machen.
Auf Grund der Vorstellungen aus allen Teilen des Reiches mußten Sie wissen, wie stark die evangelische Jugend die Stellungnahme ihrer Führer teilt und daß entgegengesetzte Meldun-gen in den Zeitungen der Wahrheit nicht entsprechen.
Trotzdem haben Sie in einem Schreiben vom 23.12.d.J. Reichsführer und Führerrat des Evan-gelischen Jugendwerkes ihrer Ämter enthoben, und zwar unter Berufung auf Art. 6 Abs. 1 der Reichskirchenverfassung. Die angezogene Bestimmung bietet keinerlei Rechtsgrundlage für dieses Verfahren:
1. Das Evangelische Jugendwerk stellt keine Einrichtung der Evangelischen Landeskirchen oder der Reichskirchen im Sinne der Verfassung der Deutschen Evangelischen Kirche dar und wird demgemäß auch nicht vom Reichsbischof vertreten.
2. Es ist nicht ersichtlich, inwiefern die Absetzung des Führerrates ein Weg ist, um »die Ge-meinsamkeit des kirchlichen Lebens in den Landeskirchen« oder eine »einheitliche Führung der Arbeit der Deutschen Evangelischen Kirche zu gewährleisten«. Es handelt sich nicht um eine Frage der Landeskirchen, noch um eine Arbeit der Kirche, die der unmittelbaren Führung ihrer Organe untersteht.
3. Daß der Bestand des Führerrates die Verfassung der Kirche gefährde, also eine Sicherung der Verfassung nötig mache, ist nicht ersichtlich. Die Abberufung des Führerrates entbehrt da-

mit ebenfalls jeder Rechtsgrundlage. Wir halten uns für verpflichtet, noch einmal herauszustellen, daß der Widerstand gegen die von Ihnen getroffene Vereinbarung gegründet ist auf die immer wieder nachgeprüfte Überzeugung, daß die Durchführung des Vertrages binnen kurzem das Ende des Evangelischen Jugendwerkes bedeuten würde. Wir sind heute wie je bereit, durch unsere verfassungsmäßigen Organe Vereinbarungen mit dem Staat zu treffen, die die Erfüllung der Forderung des Staates hinsichtlich der Erziehung deutscher Jugend in S.A.-sportlicher und staatspolitischer Beziehung sichern.

Der Führerrat und Ring der Ämter
im Evangelischen Jugendwerk Deutschlands
i.A. der stellvertretende Reichsführer

Zitiert nach: Jürgensen, Johannes: Die bittere Lektion: Evangelische Jugend 1933, Stuttgart 1984, S. 179 ff.

120. Aus der Anklageschrift des Generalstaatsanwaltes beim Kammergericht Berlin gegen Theodor Wiechert und andere ehemalige Mitglieder der SAJ und der SPD, 10.3.1934

Der Generalstaatsanwalt   Berlin W. 57, den 10. März 1934
beim Kammergericht
O.J. 170/34

An den
Herrn Vorsitzenden des Strafsenats
des Kammergerichts
hier

Anklageschrift.

1. Der kaufmännische Angestellte Theodor Paul Adolf Wiechert, geboren am 7. November 1910 in Rummelsburg bei Berlin, wohnhaft Berlin-Lichtenberg, Wühlichstraße 28,
2. der Verlagsangestellte Gustav Weber, geboren am 12. Oktober 1904 in Eickendorf Kreis Kalbe a/S., wohnhaft in Berlin-Reinickendorf-West, Straße 56 Haus Nr. 73,
3. der Angestellte Paul Heinrich Gustav Hessberg, geboren am 4.Oktober 1897 in Berlin, wohnhaft Berlin-Kaulsdorf, Ferdinandstraße 17,
4. der Kaufmann Fritz List, geboren am 10. Oktober 1904 in Nürnberg, wohnhaft Berlin N. 65, Togostraße 27 a,
5. die Stenotypistin Käthe Fröhbrodt, geboren am 16. April 1905 in Berlin, wohnhaft Berlin O 112, Simplonstraße 35,
6. der Schriftsteller Oswald Paul Zienau, geboren am 12. Dezember 1893 in Berlin, wohnhaft Berlin-Wilmersdorf, Pfalzburgerstraße 61,
7. der Buchhalter Willi Karl Max Schlawe, geboren am 10. Januar 1902 in Lichterfelde-West, wohnhaft Berlin-Tempelhof, Conradinstraße 2,
8. der Tischler Willi Gustav Gleitze, geboren am 17. September 1904 in Berlin, wohnhaft Berlin-Neukölln, Einhornstraße 2 bei Beese,
9. die Ehefrau Emma Börner, geb. Zinn, geboren am 22. November 1901 in Flederborn Kreis Neustettin, wohnhaft Kaulsdorf, Köpenicker Straße 61,
10. die Stenotypistin Margarete Schütze, geboren am 14. April 1904 in Berlin-Wilmersdorf, wohnhaft Berlin NO. 55, Kemmelweg 6,
11. der Maschinenschlosser Heinz Günther, geboren am 12. Dezember 1913 in Neukölln, wohnhaft Berlin-Bohnsdorf, Paradiesstraße 8,

12. der Kaufmann Gerhard Schlegel, geboren am 9. November 1903 in Breslau, wohnhaft Berlin, Jagowstraße 4 b,
13. die kaufmännische Angestellte Erna Schlingmann, geboren am 7. Mai 1905 in Bielefeld, wohnhaft Berlin NO. 55, Kemmelweg 6,
14. der frühere Gewerkschaftssekretär Karl Siegle, geboren am 25. September 1881 in Ditzingen, Oberamt Leonberg Württemberg, wohnhaft Berlin-Mahlsdorf, Greifswalderstraße 58,
15. der Volkswirt Dr. rer. pol. Fritz Milkowski, geboren am 19. März 1900 in Groß-Schwächten Kreis Stendal, wohnhaft Berlin-Charlottenburg, Brahestraße 25,
16. der Kaufmann Fritz Strauß, geboren am 27. Dezember 1904 in Berlin, wohnhaft Berlin, Reuhentalerstraße 11,
17. der Schlosser Ernst Glameyer, geboren am 21. Mai 1904 in Roetgen bei Aachen, wohnhaft Berlin-Reinickendorf-Ost, Seestraße 47,
die Angeschuldigten zu 1) bis 11), 14 bis 17 seit dem 18. Januar 1934 in dieser Sache im Untersuchungsgefängnis Moabit in Untersuchungshaft,
werden angeklagt,
im Jahre 1933 in Berlin und an anderen Orten, zum Teil gemeinschaftlich und fortgesetzt handelnd,
1. es unternommen zu haben, den organisatorischen Zusammenhalt der SPD und ihrer Jugendorganisation, der SAJ aufrechtzuerhalten,
2. die Angeschuldigten Wiechert, Weber, Hessberg, Zienau, Börner, Schütze, Günther, Siegle, Dr. Milkowski, Strauß, Glameyer durch dieselbe Handlung das hochverräterische Unternehmen, die Verfassung des Deutschen Reiches gewaltsam zu ändern, durch Herstellung und Verbreitung von Schriften, zum Teil auch durch andere Handlungen, vorbereitet zu haben.
...

Ermittlungsergebnis.
Die Angeschuldigten sind sämtlich ehemalige Mitglieder der früheren Sozialdemokratischen Partei Deutschlands (SPD) oder ihrer Jugendorganisation, der Sozialistischen Arbeiter-Jugend (SAJ). Nach der Auflösung der Partei haben sie bis zu ihrer polizeilichen Festnahme im Dezember 1933 nicht nur den organisatorischen Zusammenhalt der SPD und der SAJ im Reich, insbesondere aber in Berlin, aufrechtzuerhalten versucht, sondern darüber hinaus illegale Druckschriften, die zum Teil aus dem Ausland eingeführt wurden, wie der »Neue Vorwärts« und die »Sozialistische Aktion«, zum Teil im Inlande hergestellt wurden, wie die »Nachrichten des Proletarischen Pressedienstes« und die »Arbeiterzeitung« in den Kreisen ehemaliger Genossen verbreitet. Die ausländischen Zeitungen wurden von Anfang September bis etwa Mitte Oktober, die »Arbeiterzeitung« im November und Dezember 1933, der »Pressedienst« bis November 1933 verbreitet. Sämtliche Druckschriften verfolgen nach ihrem Inhalt das Ziel, die jetzige Staatsform gewaltsam zu ändern und an ihre Stelle die Diktatur der Arbeiterklasse zu setzen, haben also hochverräterische Tendenz.

I.

A. »Neuer (Prager) Vorwärts« und »Sozialistische Aktion«:
Die ehemaligen Führer und Funktionäre der SPD haben sich, nachdem mit der Beseitigung des alten Parteienstaates für die Zukunft jede Möglichkeit eines legalen Wiederaufbaues und einer parlamentarischen Betätigung genommen war, zumeist in das benachbarte Ausland begeben und suchen zusammen mit deutschfeindlichen Elementen und mit gleichfalls aus Deutschland geflüchteten Vertretern anderer marxistischer Parteien, wie der KPD und der SAP, von dort aus in Wort und Schrift für eine Revolution gegen die jetzige Regierung und für den Sturz des heutigen Staates Propaganda zu machen. Um die proletarischen Massen für sich zu gewinnen, rückt die Sozialdemokratie, wie sich aus ihren Druckschriften ergibt, ausdrücklich von ihren früheren gemäßigteren Kampfmethoden ab. Sie betont, daß ihre neue Machtäußerung nur

noch revolutionär sein könne und stellt sich somit in eine Einheitsfront mit denjenigen Partei-
en, welche seit jeher auf den gewaltsamen Umsturz zur Errichtung einer Diktatur des Proletariats hinarbeiten. Im übrigen sucht sie durch eine Lügen- und Greuelhetze die Staatsautorität
in Deutschland zu untergraben und auch so den Boden für ein gewaltsames Vorgehen zu bereiten. Zu diesen Kampfblättern hochverräterischen Inhalts gehören der »Neue Vorwärts« und
die »Sozialistische Aktion«. Um diese Zeitungen auf illegalem Wege möglichst unauffällig
nach Deutschland einführen zu können, werden sie in Miniaturausgaben herausgegeben.
...

B. Die »Arbeiterzeitung«:
Es handelt sich bei ihr um eine mittels Vervielfältigungsapparates in Berlin hergestellte und für
die Berliner Genossen bestimmte Druckschrift, von der nur zwei Nummern (Nr. 1 vom
17.11.1933, Nr. 2 vom 1.12.1933) erschienen sind. Bevor die dritte Nummer herausgegeben
werden konnte, erfolgte die Verhaftung der Hersteller. Als Hersteller kommen die Angeschuldigten Wiechert, Weber, Hessberg, Zienau und Schütze in Betracht. Die »Arbeiterzeitung«
verfolgt die Tendenz, die früheren Anhänger der marxistischen Parteien zusammenzufassen
und eine Einheitsfront der Arbeiterklasse gegen den Faschismus mit der Führung in Deutschland zu bilden.
...

II.

Aufrechterhaltung des organisatorischen Zusammenhalts der SPD und SAJ.
Schon dadurch, daß die zu I genannten Druckschriften in den Kreisen ehemaliger Mitglieder
der SPD und SAJ verbreitet wurden, wurde der organisatorische Zusammenhalt der verbotenen Partei aufrechterhalten. Darüber hinaus aber haben die Angeschuldigten noch weitere
Maßnahmen getroffen, um die früheren Genossen zusammenzuhalten. Die Angeschuldigten
List, Weber und Fröhbrodt, die nach ihren eigenen Angaben den illegalen Vorstand der SAJ
in Deutschland bildeten und die in ständiger Verbindung mit dem Prager Vorstand der SPD
waren, bereisten mehrmals die größeren Städte in Deutschland, wo sie mit früheren Funktionären der SPD oder SAJ zusammentrafen und diese aufforderten, den Zusammenhalt unter
den früheren Genossen aufrechtzuerhalten. Die auswärtigen Funktionäre erstatteten zum Teil
Berichte über ihre illegale Tätigkeit an den illegalen Vorstand in Berlin, der seinerseits wieder
die Funktionäre von dem Stand der illegalen Bewegung in Deutschland und dem Ergebnis der
Verhandlungen mit dem Prager Vorstand in Kenntnis setzte. In Berlin fanden häufig Zusammenkünfte in Lokalen oder in den Wohnungen der Genossen statt, in denen die politische Lage besprochen wurde. Ab und zu wurden auch getarnte Wanderungen unternommen, die lediglich den Zweck verfolgten, die Genossen zusammenzuhalten und über die politische Lage
zu unterrichten. Die Spitzengruppe der Berliner illegalen SPD bestand aus den Angeschuldigten Hessberg, Weber, Wiechert und Zienau.

...

Im einzelnen haben die Ermittlungen bezüglich der Beteiligung der Angeschuldigten an den
ihnen zur Last gelegten Straftaten folgendes ergeben:

1. Wiechert
war von 1925 bis zum Jahre 1928 Mitglied der SAJ, in der er das Amt eines Schriftführers und
Kreisleiters im Kreis Lichtenberg bekleidete. Im Jahre 1928 trat er der SPD bei, der er als einge-
schriebenes Mitglied bis zum 20. Juni 1933 angehörte. Bei der Durchsuchung seiner Wohnung
wurden u.a.
25 Stück Beitragsmarken a 20 Pfennig »Solidarität«,
 3 Beitragsmarken mit Aufdruck »SPD«
und zahlreiche Bücher und Broschüren marxistischen Inhalts
beschlagnahmt.
Der Angeschuldigte gibt folgenden Sachverhalt zu:

Ende August 1933 habe er von dem Mitglied des Vorstandes der SPD, Ollenhauer aus Prag, einen Brief erhalten, in dem er ihm den Besuch eines Kuriers ... ankündigte, der mit ihm über die illegale Arbeit Rücksprache nehmen werde. Weber sei auch gekommen und habe ihm erzählt, daß der alte Parteivorstand die Absicht habe, die illegale Bewegung in Deutschland mit Material zu beliefern, und daß er den Auftrag habe, für die Vertrauensmänner zu sorgen. Auf Befragen habe er sich bereit erklärt, den Posten eines Funktionärs zu übernehmen und für den Weitervertrieb der ihm evtl. zugehenden Pakete mit dem illegalen »Vorwärts« zu sorgen. Er habe von diesem Entschluß den Angeschuldigten Heßberg in Kenntnis gesetzt, der sich bereit erklärt habe, mitzuarbeiten, und einige Tage später in seiner Wohnung eine Zusammenkunft veranlaßt habe, an der die Angeschuldigten Zienau, Weber, Heßberg und er selbst teilgenommen hätten. Derartige Zusammenkünfte seien in der Folgezeit noch in etwa 6 bis 8 Fällen an verschiedenen Orten erfolgt.

Er habe nun insgesamt zwei Sendungen mit dem »Prager Vorwärts« erhalten. Die erste Sendung sei ihm im September 1933 im Koffer von der deutschen Grenze aus zugeschickt worden und zwar habe er den Gepäckschein in einem Briefe erhalten, mit dem er dann den zum Anhalter Bahnhof gesandten Koffer eingelöst habe. Die zweite Sendung sei im Oktober 1933 postlagernd an sein zuständiges Postamt gegangen. In jeder Lieferung seien etwa 250 Exemplare gewesen, von denen Heßberg 25, der Angeschuldigte Siegfried Hoffmann 10, Kunz 25, Zienau, Schröder, Hodapp, Günther und Rudolf Müller den Rest erhalten hätten. Da Ende Oktober 1933 das Prager Material ausgeblieben sei, hätten Heßberg, Zienau, Weber und er in einer Zusammenkunft im Cafe König beschlossen, ein neues illegales Informationsblatt für die Berliner Genossen herauszugeben ... Der Angeschuldigte gibt auch zu, mehrmals mit Weber, List und Fröhbrodt Zusammenkünfte in der Wohnung der Schütze gehabt zu haben, ferner auch an getarnten Wanderungen teilgenommen zu haben. Der Zweck dieser Zusammenkünfte sei der illegale Zusammenhalt der ehemaligen Mitglieder der SAJ gewesen.

...

Dokumentationsarchiv des deutschen Widerstandes, Frankfurt/M., AN 1807.

121. Flugblatt des Kommunistischen Jugendverbands aus Hamburg-Harburg an aus der Schule entlassene Jugendliche, März 1934

Liebe Freundin!   Bester Freund!
Zu der Zeit deiner Schulentlassung möchten wir jungen Arbeiterinnen, Arbeiter und Lehrlinge, die wir uns in der »kommunistischen Jugend« zusammengeschlossen haben, Dir folgende Zeilen schicken:
Deine Kindheitsjahre haben mit dem Tage der Schulentlassung ihren Abschluß gefunden. Jetzt willst Du ein tüchtiger Mensch werden, der in der Lage ist, das Leben zu meistern. Als Kind der Arbeiterklasse hast Du aber schon gemerkt, daß dies nicht so einfach ist. Aus eigener Anschauung kennst Du die Geißel der Arbeitslosigkeit. Du weißt auch, daß selbst mit den gekürzten Löhnen, von denen dann noch die »freiwilligen« Spenden und Opfer abgehen, das Leben nicht zu meistern ist. Größter Fleiß, höchste Intelligenz und Tüchtigkeit sind auch im heutigen Deutschland keine Garanten für eine gesicherte Zukunft. Die Zukunft eines jungen Menschen hängt von dem Einfluß und dem Geldsack seines Vaters ab. Da aber Deine Eltern von beiden herzlich wenig haben, sieht Deine Zukunft grau aus.
Warum herrscht überhaupt, bei dem in der ganzen Welt vorhandenen Überfluß an Lebensgütern aller Art, bei den kleinen Leuten Not und Elend? Warum müssen die einen darben, während die anderen prassen? Warum diese ungerechte Ungleichheit? Die Nazis sagen doch, es herrscht jetzt nationaler Sozialismus und Volksgemeinschaft, und Gemeinnutz gehe heute vor Eigennutz. Gesagt wird dies zwar von den Nazis, ihre Taten sind aber das Gegenteil davon. Denn die Naziführer sind große Schwindler, die es mit den Reichen, den Schiebern und Kapi-

talisten halten, denn sie stammen ja fast restlos von jenen. Sie sind Prinzen, Offiziere, Generäle, Gutsbesitzer und Industriebarone. Der Mann aus dem Volke spielt in ihren maßgebenden Kreisen keine Rolle. Wie die Nazis schwindeln, wie wortbrüchig und ehrlos sie sind, dafür folgendes Beispiel: Dauernd haben sie vor der Machtübernahme gesagt, RM 12000,- wird im 3. Reich das Höchstgehalt sein! Haben sie ihr Wort gehalten? Höre! Göring bezieht heute ein Gehalt von RM 96000,-, der Direktor Neef von der Thörlschen Ölfabrik in Harburg RM 140000,- und der Generaldirektor der Hapag erhält heute noch sage und schreibe RM 600000,-. Liebes Mädel, lieber Bursche! Würdest Du jetzt sofort nach Deiner Schulentlassung Arbeit erhalten, nie krank sein, nie aussetzen müssen, nie erwerbslos werden und jährlich RM 2000,- verdienen, dann müßtest Du bis zu Deinem 84. Lebensjahr arbeiten und schuften, um die Summe zu verdienen, die der Neef in einem einzigen Jahre hat. Würdest Du vorher sterben, einen Betriebsunfall erleiden, dann würdest Du nie in Deinem mühseligen Leben diese Summe erreichen. Dieses kleine Beispiel mag Dir zeigen, wie die Naziführer die Volksgemeinschaft und den Gemeinnutz auffassen. So ehren sie den deutschen Arbeiter. Teilst Du diese Ansicht der Nazibonzen? Genauso schwindeln sie auf allen anderen Gebieten. (Raffendes Kapital, Verstaatlichung der Banken etc.)

Wenn die Arbeiter, die Arbeitslosen und alle kleinen Leute endlich einmal froh und sorglos in die Zukunft sehen wollen, dann kann das nur geschehen, wenn sie selbst diese Ungerechtigkeit beseitigen, denn die Naziführer und Kapitalisten tun es ja doch nicht. Die wollen weiter den Armen den Lohn (Thörl-Harburg) und die Unterstützung (Bremen) kürzen, damit sie weiter ihr Drohnendasein auf Kosten aller Schaffenden führen können. Statt ins Bad und an die Riviera gehören sie ins Konzentrationslager und Zuchthäuser, in denen jetzt die unschuldigen Freiheitskämpfer der Arbeiterklasse schmachten.

Liebe Freundin, lieber Freund! Wir Jungkommunisten hoffen von Dir, daß auch Du mithelfen möchtest, dies schreiende Unrecht zu beseitigen, ein Unrecht, das jeden ehrlichen Menschen empören muß. Helfe darum mit, das Joch der kapitalistischen Ausbeutung von allen Werktätigen zu nehmen. Werde Mitkämpfer für eine bessere Zukunft.

Werde Jungkommunist.

ROT FRONT
Kommunistischer Jugendverband

Archiv der Gedenkstätte Ernst Thälmann, Hamburg.

122. Mitteilung von Generalpräses Ludwig Wolker über die Ermordung des Reichsführers der Deutschen Jugendkraft Adalbert Probst, 1.7.1934

An die hochwürdigen Herren
Diözesanpräsides, Kreispräsides und Geschäftsstellen der DJK und der Stammverbände

Düsseldorf, 11. Juli 1934

Wir haben die traurige Pflicht, Ihnen die Nachricht zu übermitteln: Herr Adalbert Probst, der Reichsführer der DJK, ist tot.

Probst wurde am 1. Juli, abends 8 Uhr, in Braunlage, wo er sich bei einem Besuch bei Generalpräses Wolker auf telefonischen Anruf bereitgehalten hatte, verhaftet und in einem Auto weggebracht.

Nach mehrtägigen Ermittlungen, die zugleich im Auftrag der kirchlichen Behörde geführt wurden, erhielt der Generalpräses gestern von dem Leiter der Auskunftsstelle der Geheimen Staatspolizei die amtliche Mitteilung:
»Herr Probst ist auf der Flucht erschossen worden.«
Zugleich erhielt der Generalpräses den Auftrag, die Angehörigen zu benachrichtigen. Nähere

Mitteilungen waren noch nicht zu erlangen. Wir alle wissen um die treudeutsche und treukatholische Gesinnung des Verstorbenen, wie über seine hingebende Arbeit für Kirche und Vaterland. Wir stehen in stummer Trauer und beten für ihn.

Wir bitten alle unsere priesterlichen Mitarbeiter, für den Verstorbenen eine heilige Seelenmesse zu lesen. Wir bitten alle Mitglieder, im Gebet seiner eingedenk zu sein.

Um die Familie des Verstorbenen, der Frau und Kind hinterläßt, werden wir besorgt sein.

Diese Nachricht möge in der gleichen Kürze und ohne jeden Zusatz an die Abteilungen der DJK und die Dienststellen der Stammverbände weitergegeben werden, um wilde und unrichtige Gerüchtebildung zu verhindern. In die Presse darf nichts gegeben werden, bevor nicht weitere Nachricht durch uns erfolgt.

Alles für Deutschland! Deutschland für Christus!

In Trauer und Treue!

Monsignore Wolker, Graf Neipperg

Zitiert nach: Katholische Jugend in der NS-Zeit, unter besonderer Berücksichtigung des Katholischen Jungmännerverbandes. Daten und Dokumente, zusammengestellt von Heinrich Roth, Düsseldorf 1959, S. 122 f.

123. Aus einem Nazi-Bericht über einen Prozeß gegen junge Wuppertaler Antifaschisten, 2.7.1934

Kommunistenfrechheit

Ein außerordentlich bedauerlicher Vorfall trug sich vor dem Amtsgericht in Wuppertal am 2. Juli ds.J. zu. Zur Verhandlung stand ein Prozeß wegen staatsfeindlicher Betätigung gegen 24 jugendliche Arbeiter und Arbeiterinnen, die zum großen Teil nachweisbar Mitglieder des Kommunistischen Jugendverbandes, der Jugendorganisation der Kommunistischen Partei Deutschlands waren. Als sie in den Verhandlungssaal geführt wurden, rissen sich plötzlich alle Angeklagten ihre Häftlingskleidung herunter, zeigten auf blaue Stellen an ihrem Körper und riefen: »Seht, so hat man uns mißhandelt und unsere Aussagen erpreßt!« Wahrscheinlich haben sie sich durch kleine Schlägereien und Püffe untereinander, was diese Burschen ja gewöhnt sind, diese blauen Flecken selbst beigebracht, um auf diese noch nicht dagewesene, unerhört freche Art Greuelmärchen aufzutischen und den Eindruck bei den unbeteiligten Zuschauern zu erwecken, als hätte man sie geschlagen. Die Anführerin dieser durchtriebenen Bande war eine fünfzehnjährige Textilarbeiterin, eingefleischtes und überzeugtes Mitglied des Kommunistischen Jugendverbandes, die es nach diesem frechen Auftreten noch wagte, eine halbe Stunde lang eine politische Agitationsrede zu halten. Man weiß eigentlich nicht, worüber man sich mehr wundern soll, über die Unfähigkeit des Vorsitzenden, der so etwas duldete oder über den trotzigen Mut dieses fünfzehnjährigen Mädels. Hoffentlich trifft diese jugendlichen Staatsfeinde die notwendige harte Strafe.

Rheinisch-Westfälische Zeitung, 5.7.1934.

124. Aktionsabkommen des KJVD und der SAJ in Saarbrücken, 12.7.1934

Schändlich sind die Verbrechen, die der Hitlerfaschismus am werktätigen deutschen Volk und besonders an der deutschen werktätigen Jugend begangen hat und begeht.

Mit demagogischen Versprechen lockte der Faschismus weite Kreise der deutschen werktätigen Jugend hinter seine Fahne. In den 16 Monaten seiner Herrschaft entpuppte sich der Faschismus als die Henkergarde des deutschen Finanzkapitals, brachte er der Jugend statt Arbeit und Brot Zwangsarbeit, Militarisierung, Lohn- und Unterstützungsraub, faschistischen Arbeitsdienst, Landhilfe, Zerschlagung der Arbeiter-Jungorganisationen, politische Entrechtung und Versklavung, Auslieferung der Jugend an die Kriegstreiber, die Krupp, Thyssen und Konsorten.

Ein System, aufgebaut auf Mord und Terror, wütet ganz besonders gegen die werktätige Jugend und versuchte alle gegen den Faschismus gerichteten oppositionellen Bewegungen zu ersticken, verfolgt und terrorisiert die katholischen Jugendverbände in dem Bestreben, die gesamte werktätige Jugend unter einheitlichem, faschistischem Kommando für die Kriegsziele des deutschen Faschismus zu organisieren. Die in diesen Tagen verübten bestialischen Morde Hitlers an zahlreichen SA-Führern und Unterführern sowie an mehreren seiner früheren und jetzigen politischen Gegner zeigen den Faschismus in seiner wahren Henkerrolle. Bereits heute ist das System des Faschismus derartig erschüttert, daß es die demagogische Opposition der inzwischen viehisch abgeschlachteten Röhm und Strasser, eine Opposition, deren Führer durchaus nicht besser als Hitler waren, eine Opposition, die ihre Ursachen in der ständig wachsenden Empörung unter den Werktätigen in der SA hat, nur noch mit Mord beantworten kann.

Niemals darf die Saar diesen Henkersknechten ausgeliefert werden! Nur die Aktionseinheit des gesamten saarländischen Proletariats und Jungproletariats kann den Anschluß der Saar an das Hitlerregime verhindern. Die beiden Saarbrücker klassenbewußten proletarischen Jugendverbände haben schon seit vielen Monaten engen Kontakt miteinander gehabt. Verschiedene Veranstaltungen in den Heimabenden legen davon beredtes Zeugnis ab. Sie hatten von allem Anfang an das Ziel, endlich die Aktionseinheit der proletarischen Organisationen zu erreichen. Gemeinsame Aktionen der letzten Zeit haben diesen Willen praktisch erhärtet.

Nunmehr haben die Sozialistische Arbeiterjugend Saarbrücken und der Kommunistische Jugendverband Saarbrücken beschlossen, auf der Grundlage der von der Sozialdemokratischen und Kommunistischen Partei verbreiteten gemeinsamen Kampfforderungen in dem Aufruf »An das Saarvolk!« darüber hinaus die werktätige Jugend für folgende Jugendforderungen zum Kampfe aufzurufen!

Wir fordern: Drei Wochen bezahlten Urlaub, Verlegung der Berufsschulzeit in die Arbeitszeit ohne Verlängerung der Lehrzeit. Gemeinsamen Kampf für die Unterstützung aller jugendlichen Erwerbslosen vom 12. Lebensjahr ab.

Kampf gegen die Verschickung von Saar-Jungwerktätigen in den deutschen faschistischen Arbeitsdienst. Gemeinsamer Kampf gegen die Errichtung des Arbeitsdienstes im Saargebiet.

Wir geloben, unsere ganze Kraft für die Niederringung des Faschismus im Saargebiet und damit für die Verhinderung des Anschlusses an Hitlerdeutschland einzusetzen!

Deshalb fordern auch die beiden Jugendverbände gemäß dem Aufruf der beiden Parteien zur sofortigen Bildung eines Selbstschutzes aller antifaschistischen jungen Werktätigen für die Sicherung von Leben, Wohnung und Eigentum gegen den Terror der Hitlerbanden auf. Mit der Verhinderung des Anschlusses an Hitlerdeutschland wird der Arbeiterklasse in Deutschland und in Österreich die tatkräftige Unterstützung in dem schweren Ringen um ihre Freiheit zuteil. Damit zugleich aber auch gilt es, die kommende große Revolution vorbereiten zu helfen, die nur ein absolut sozialistisches Deutschland zum Ziele haben kann.

In Einheitsfrontaktion vorwärts zum Sieg!

Für den Kommunistischen Jugendverband Saarbrücken: Willi Melwig.

Für die Sozialistische Arbeiter-Jugend Saarbrücken: Walter Köhne.

Arbeiter-Zeitung. Organ der Kommunistischen Partei Deutschlands, Bezirk Saar, 12.7.1934.

125. Flugblatt des KJVD Leipzig, Sommer 1934

Jungarbeiter, Jungarbeiterinnen!

Immer näher rückt der Tag, an dem Ihr von der braunen »Arbeiterregierung« unter Anwendung der verschiedenen Druckmittel »freiwillig« in den Arbeitsdienst gezwungen werdet. Durch Phrasen wie »Arbeitsdienst ist Ehrendienst! Arbeitsdienst ist Sozialismus!« sucht man Euch seit 1 1/2 Jahren den Arbeitsdienst schmackhaft zu machen. Aber die gemeinen Druckmittel (zum Besipiel entweder freiwillig oder Unterstützungsentzug) und die kommende Arbeitsdienstpflicht beweisen, daß die Arbeiterjugend nicht so begeistert von der deutschen Fremdenlegion ist, wie diese Leutchen täglich in ihren Zeitungen schreiben. Und mit Recht! Auch an dich, der du noch nicht dabei bist, wird man herantreten. Auch du mußt noch in den Arbeitsdienst! Auch du wirst nicht verschont bleiben! Wollt Ihr Euch das so sang- und klanglos bieten lassen? Habt Ihr vergessen, wie stark Ihr seid, wenn Ihr geschlossen und organisiert dagegen ankämpft? Oder glaubt Ihr etwa den Versprechungen, die Euch gemacht werden? Glaubt Ihr, daß Ihr in dem Besitz eines Arbeitspasses Arbeit bekommt? Was haben die Nazis Euch Jungarbeitern schon alles versprochen? Und was wurde gehalten? Nichts! Denkt an den Ausspruch des deutschen Jugendführers Schirach: »Die Jugend hat keine Rechte!« Das ist deutlich gesprochen. Jungarbeiter! Und Ihr? Mitglieder der SAJ, der Sport- und Gewerkschaftsjugend, was sagt Ihr dazu? Wollt Ihr Euch als Lohndrücker und Streikbrecher ausbilden lassen? Habt Ihr die Jahre 1914-1918 vergessen? Wollt Ihr als Kanonenfutter für die deutschen Imperialisten auf dem Schlachtfeld der Ehre »den Heldentod« finden? Habt Ihr vergessen, für was Hunderttausende von Euren und unseren Genossen das Leben ließen, als Krüppel herumlaufen oder in Zuchthäusern schmachten? Nein! Und weshalb nein? Die Arbeiterjugend will kämpfen getreu dem Andenken ihres großen Führers Karl Liebknecht. Und deshalb hinweg mit der Eigenbrödelei! Fort mit dem Pessimismus! Nehmt Verbindung mit dem KJVD auf! Bildet Einheitsjugendausschüsse! Wählt Vertrauensleute, die gemeinsam mit uns beraten, wie wir am wirksamsten für die Forderungen der proletarischen Jugend den Kampf organisieren! Gegen die Landhelferverschickung! Gegen die verschärfte Militarisierung der Jugend! Für 50 Mark Entlassungsgeld und einen Entlassungszivilanzug nach Beendigung des Arbeitsdienstes! Kämpft mit uns gegen die Verlängerung der Arbeitsdienstzeit!

KJVD Leipzig

Archiv des Museums für Geschichte der Leipziger Arbeiterbewegung.

126. Aus dem Offenen Brief von Wilhelm Pieck an alle Mitglieder und Gruppen der sozialdemokratischen Jugend, 4.8.1934

Junge Freunde und Kameraden!

Warum schreibe ich Euch diesen Brief? Warum fühle gerade ich mich dazu berufen? Um es gleich vorweg zu sagen: Es steht jetzt vor Euch mehr denn je die dringende Aufgabe, gemeinsam mit der kommunistischen Jugend die Einheitsfront der werktätigen Jugend zum Kampf gegen die Hitlerdiktatur und ihre jugendfeindlichen Maßnahmen zu schaffen.
Eure Jugend, Eure Existenz, Eure Zukunft, Euer Leben sind in ernster Gefahr! Ihr dürft nicht mehr zaudern! Ihr müßt die Initiative in Euren Reihen ergreifen! Schlagt ein in die Bruderhand, die wir Euch reichen! Überwinden wir zusammen die unheilvolle Spaltung in den Reihen der Arbeiterjugend! Schaffen wir zusammen die brüderliche, einheitliche Kampffront gegen unseren Feind, den Faschismus, die Hitlerdiktatur! Vereinigen wir uns wieder wie vor dem Weltkrieg in einer gemeinsamen Kampforganisation, in einem Jugendverbande, in einer Partei, in einer Gewerkschaft!
Die Hitlerpartei hätte niemals ihr blutiges Henkerreich aufrichten können, wenn wir nicht gespalten gewesen wären, sondern einig und geschlossen gegen die Bourgeoisie gekämpft hätten, die zur Sicherung ihrer Herrschaft die Regierungsmacht an Hitler übergab. Viele Opfer haben wir deshalb bringen müssen. Aber noch ist es nicht zu spät. Wir haben die Kraft, die Hitlerdik-

192

tatur zu stürzen, wenn wir wieder die Einheit im Kampfe und die Einheit der Organisation schaffen...

Aber noch stehen Zehntausende sozialdemokratischer Jungkameraden in Deutschland zögernd und abwartend beiseite und können sich noch nicht entschließen, ebenfalls diesen entscheidenden Schritt zur Aktionseinheit zu tun. Euch Jungkameraden zu helfen, Euch von der Notwendigkeit dieser Einheit und der Schaffung einer alle Jugendlichen umfassenden einheitlichen Kampforganisation zu überzeugen, das ist der Zweck dieses Offenen Briefes an Euch. Wie ich an der Schaffung der ersten einheitlichen sozialistischen Jugendorganisation in Deutschland beteiligt war, so will ich auch durch diesen Brief an Euch dazu beitragen, daß diese Einheit wieder herbeigeführt wird und damit die Kräfte im Proletariat geschaffen werden, mit denen die deutsche Arbeiterklasse nicht nur der Hitlerregierung die Durchführung ihrer arbeiter- und jugendfeindlichen Maßnahmen unmöglich machen, sondern mit denen sie auch die faschistische Diktatur zerschlagen und das Reich des Sozialismus aufrichten wird.

Junge Freunde, Kameraden!

Wie es eine sehr gefährliche Illusion war, wenn Ihr den Behauptungen Glauben schenktet, daß ohne Klassenkampf, auf dem Wege der Anteilnahme sozialdemokratischer Führer an einer bürgerlichen Regierung die Interessen der Arbeiter und Jugend wahrgenommen werden könnten und auf dem Wege der bürgerlichen Demokratie sich die Arbeiterschaft den Sozialismus erringen könne, so ist es eine nicht minder gefährliche Illusion, zu glauben, daß eines Tages, wie aus der Pistole geschossen, der Faschismus gestürzt werden könne und man nur abzuwarten brauche, bis er sich genügend »abgewirtschaftet« hat. Nein, der Sturz des Faschismus muß vorbereitet, muß in den Tageskämpfen um die kleinsten Forderungen der Arbeiter in den Betrieben, in den Arbeitsdienstlagern und an den Stempelstellen organisiert werden. Und diese Aufgabe können die Arbeiterschaft und die proletarische Jugend nur durch die Aktionseinheit und eine einheitliche Massenkampforganisation erfüllen. In diesen Kämpfen muß die Einheit der Jugend und der Arbeiterschaft geschaffen, müssen die Kräfte für den Sturz des Faschismus entwickelt werden. Zu den Tageskämpfen um die Teilforderungen und gegen die jugendfeindlichen Maßnahmen der Hitlerregierung rufen wir Kommunisten Euch zunächst auf. Wir werden in diesen Kämpfen siegen, wenn wir einig sind und damit das Kraft- und Klassenbewußtsein der Arbeiterschaft für unsere entscheidenden Schlachten bis zum Siege über den Faschismus steigern.

Jungkameraden!

Wie die Hitlerpartei keine Arbeiterpartei ist, so treibt auch die Hitlerregierung keine Arbeiterpolitik. Sie folgt nur den Befehlen der großen Bank- und Industriekapitalisten und der Junker, zur Erhaltung ihrer Herrschaft und zur Sicherung ihres Profits die Arbeiter zu unterdrücken und jeden Widerstand zu brechen, um den Lohnraub und die Verschlechterung der Lebenshaltung aller Werktätigen durchzuführen. Sie hat es dabei besonders auf die werktätige Jugend abgesehen, an der sie nur das eine Interesse hat, sie für den Bürgerkrieg gegen das Proletariat und als Kanonenfutter für abenteuerliche Raubkriege zu mißbrauchen. Das ist der Zweck der Arbeitsdienstlager und der jetzt geplanten und teilweise schon durchgeführten militärischen Einberufung aller Jugendlichen zu einem einjährigen Arbeitsdienst. Das ist der Zweck des sogenannten Staatsjugendtages, des angeblich freien Sonnabends jeder Woche! Das ist der Zweck der Landhilfe, dieser mittelalterlichen, brutalen Sklavenfron! Das ist der Zweck der Hitler-Jugend! Im Geiste oder vielmehr im Drill des Nationalismus, des Chauvinismus, der Völkerverhetzung soll die werktätige Jugend ihrer Klasse, dem Proletariat, entfremdet und für die Schützengräben reif gemacht werden. Aus den Betrieben wird die Jugend auf Grund des sogenannten Arbeitseinsatzgesetzes, von dem der Göring-Plan nur die Berliner Ausgabe ist, hinausgeworfen unter der heuchlerischen Angabe, damit Arbeitsplätze für die Familienväter frei zu machen!

Die ganze wirtschaftliche Existenz der Jugend, ihre berufliche Ausbildung, ihre ganze Zukunft sind bedroht. Das ist das größte Verbrechen, daß die Hitlerregierung am werktätigen Deutschland begeht. Die gesamte Arbeiterklasse muß den Kampf gegen diese faschistischen Bankrotteure aufnehmen. In jedem Betriebe, an jeder Stempelstelle, in den Arbeiterbezirken muß der Widerstand, der offene Kampf gegen jede Verschlechterung organisiert werden. Das ist die gemeinsame Sache aller erwachsenen Arbeiter und der Jugend! Es darf nicht zugelassen werden, daß die Jugend aus den Betrieben entfernt und zwangsweise zur Landhilfe und zum Arbeitsdienst transportiert wird. Noch auf den Bahnhöfen muß der Abtransport verhindert werden! Wir haben schon gute Beispiele in diesem Kampfe...

Junge Freunde, Kameraden!

Begreift, was in diesen Wochen und Monaten für Euch, für uns alle in Deutschland auf dem Spiele steht. Der Wille zur Einheit in den Reihen der Arbeiterschaft und der Jugend wächst. Bringen wir diesen Willen zum Durchbruch, zur Tat! Ergreift in allen Orten die Initiative, tretet sofort mit dem Kommunistischen Jugendverband oder der Kommunistischen Partei zusammen, um Vereinbarungen für den gemeinsamen Kampf in den Betrieben, in den Stempelstellen gegen die jugendfeindlichen Maßnahmen der Hitlerregierung und Vereinbarungen zur Vereinigung mit dem Kommunistischen Jugendverband zu treffen! Folgt den Beispielen, die Euch schon Tausende Eurer Kameraden gegeben haben! Ihr könnt versichert sein, daß Ihr als völlig gleichberechtigte Kameraden aufgenommen werdet. Offen und ehrlich reichen wir Euch die Hände zum Bruderbund für unsere gemeinsame Sache. Laßt Euch nicht einreden, daß wir Kommunisten nur ein Manöver mit Euch machen wollen. Wer so spricht, will nicht die Einheit der Arbeiterklasse. Wir Kommunisten wollen die Einheit im Kampfe und die Einheit der Organisation, in der Jugend, in der Partei, in der Gewerkschaft, in der Wehrorganisation, im Sport, in der Roten Hilfe und überall. Schaffen wir den gemeinsamen Massenselbstschutz gegen den faschistischen Terror! So geeint, werden wir auch die werktätigen Jugendmassen aus der katholischen Front und auch aus der Hitlerfront in unsere Kampfgemeinschaft einreihen. So werden wir in Deutschland Hitler schlagen, den Faschismus vernichten, Arbeit und Brot, eine freie Zukunft für alle Werktätigen, ein freies, sozialistisches Deutschland schaffen...

Pieck, Wilhelm: Gesammelte Reden und Schriften, Bd. V, Februar 1933 bis August 1939, Berlin 1972, S. 44. ff.

127. Aufruf der Bezirksleitung des KJVD Ruhrgebiet zur Volksabstimmung, 19.8.1934

An alle Arbeiter und Jungarbeiter!
An alle Antifaschisten!

Der Nationalsozialismus hat einen neuen Gewaltstreich vollzogen. Mit dem Tode des bisherigen Reichspräsidenten wurden die beiden wichtigsten Staatsfunktionen in der Hand Hitlers vereinigt. Die Schnelligkeit, mit der dieser Schritt vollzogen wurde, ist der Beweis, in welcher Schwierigkeit sich das Regime befindet. Hitler, der Feind der Arbeiterklasse, kann uns nur noch eines bringen, nämlich noch größeren Terror, noch größere Ausbeutung und Verelendung.

Hitler führt Deutschland der Katastrophe entgegen!

Wenn die Nationalsozialisten zum Schein am 19. August eine Volksabstimmung durchführen, so wissen wir, daß durch einen unerhörten Druck auf die Werktätigen der Nationalsozialismus jederzeit die notwendigen Stimmen aufbringt, um nach außen hin zu sagen, das ganze Volk steht hinter uns. Die Wahl am 19. August ist keine freie Volksabstimmung.

Trotzdem werden wir Jungkommunisten uns keinem noch so großen Terror beugen. Sondern wir sagen allen Antifaschisten:

Stimmt am 19. August mit »nein«!

Der Kandidat der Arbeiterklasse ist Thälmann. Alle Antifaschisten legen am 19. August ein glühendes Bekenntnis für den Kandidaten der Werktätigen Ernst Thälmann ab. Ernst Thälmann muß frei!

Darum bedeuten die Tage bis zum 19. August gesteigerte Aktivität für alle klassenbewußten Arbeiter. Durch tausend verschiedene Kanäle muß der letzte Werktätige darüber in Kenntnis gesetzt werden, daß es nur einen Kandidaten für sie gibt, nämlich Ernst Thälmann! Jeder malt mit einem Stück Kreide an der nächsten Bretterwand:

Heraus mit dem Kandidaten der Werktätigen Ernst Thälmann!

Am 19. August stimmt mit »nein«.

Schreibt Briefe an Bekannte und Verwandte mit der Aufforderung: Am 19. August alles für Thälmann!

Schreibt an eure Kameraden im Arbeitsdienst und in der Landhilfe, sie sollen unter ihren Kameraden und besonders unter der Bauernschaft unsere kommunistischen Losungen popularisieren.

Es lebe die Millionenfront aller Freiheitskämpfer für Ernst Thälmann!

Helft alle mit, dann wird der 19. August eine Niederlage für die Faschisten!

IML/ZPA, D.F. IX/18.

128. Aus einem Artikel der illegalen Berliner Betriebszeitung »Der Osram-Metallarbeiter«, September 1934

Metallarbeiter, Jungarbeiter!
Verteidigt Euern Arbeitsplatz!

Die Hitler, Goebbels und Ley holen erneut zu einem Schlage gegen die Metallarbeiter aus. Der Goering-Plan, der die freiwillige Räumung des Arbeitsplatzes der Jungarbeiter- und Arbeiterinnen vorsah, ist elend gescheitert. Kein Jungarbeiter verließ freiwillig seinen Arbeitsplatz. Die man zur Landhilfe oder zum Arbeitsdienst preßte, lernten in der Praxis den größten Betrug der Arbeitsbeschaffung Hitlers kennen. Mit allem Nachdruck versuchen nunmehr die Faschisten den Goering-Plan durchzuführen. Unter der harmlosen Bezeichnung »Regelung der Neueinstellung« wurde am 28. August eine Verfügung erlassen, wonach im Laufe des September die Betriebsführer alle Jugendlichen unter 25 Jahren entlassen sollen. Angeblich sollen dafür Ältere, erwerbslose verheiratete Arbeiter eingestellt werden.

Was ist der Zweck dieser Verfügung?

Die Hitler und Co. wissen ganz genau, daß diese Maßnahmen keine Behebung der Arbeitslosigkeit bringen. Nicht darum geht es ihnen. Man gibt vor, die Entlassenen in der Landwirtschaft unterzubringen. Jetzt, im Winter, zur Landhilfe, wo selbst zehntausende von Landarbeitern ohne Arbeit und Brot sind? Daß es bis jetzt nicht im mindesten gelungen ist (außer der üblichen Saisonbeschäftigung) den Erwerbslosen auf dem Lande Arbeit zu verschaffen, gesteht doch selbst die Anordnung vom 28. August.

Wozu Bereitstellung von jährlichen Zuschüssen von 300 Mark an Gutsbesitzer bei Mehrbeschäftigung von verheirateten Landarbeitern? Auf dem Lande sind also genügend Arbeitskräfte. Will man totzdem Jugendliche unterbringen, so geschieht das zum Zwecke der Lohndrückerei und der gemeinsten Ausbeutung der Jugendlichen.

Bleibt der Arbeitsdienst! Darum geht es den Schlotbaronen und den Junkern vor allem. Sie wollen die militärische Ertüchtigung der Jugend. Denn mit aller Gewalt dringen Hitler und die hinter ihm stehenden Wirtschaftskreise im Interesse ihres Profits zu einem neuen Völkergemetzel. Die Jungarbeiter gilt es auf diesen Krieg vorzubereiten.

...

IML/ZPA, 2260/70.

129. Aus der Einschätzung der Tätigkeit der HJ in den Deutschland-Berichten der Sopade, Oktober 1934

Die Gleichschaltung der Jugendverbände, das heißt, die Eingliederung in die Hitlerjugend hat die Jugendverbände sehr stark vermindert. Das liegt zum großen Teil daran, daß große Verbände durch die Gleichschaltung von der Bildfläche verschwanden oder sich selbst auflösten, weil sich viele Jugendliche eben nicht gleichschalten ließen. So auch die katholischen Verbände, die ja durch das Konkordat vor der Gleichschaltung geschützt sein sollen, durch Verbot und andere Druckmittel stark dezimiert. Das pulsierende Leben der ehemals deutschen Jugendbewegung hat aufgehört. Daran ändert auch die Aktivität und Romantik der Hitlerjugend nichts. Wohl ist das Jungvolk zahlenmäßig sehr stark. Das liegt daran, daß diese Jugendlichen anstelle des Unterrichts zu bestimmten Zeiten ihre Veranstaltungen unter der Firma Jungvolk machen. Während diese Veranstaltungen vor einem Jahr noch in den Schulunterricht fielen, hat man heute den Staatsjugendtag für diese Zwecke eingerichtet. Man hat die Kinder aufgefordert, in das Jungvolk (Gliederung der HJ) einzutreten, weil ja dieser Staatsjugendtag nur für die HJ Geltung hat. Viele Kinder, die von den Eltern aus und auch von sich aus diesem Jungvolk nicht beitraten, müssen nun trotzdem an diesem Staatsjugendtag (Samstag) die Schule besuchen. Diese ungleiche Behandlung führt heute schon zu einem sichtbaren Widerstand vieler Kinder.

Die Veranstaltungen, die von der Schulbehörde durchgeführt werden, sind wohl immer von der Jugend sehr stark besucht, denn es liegt darin ja ein bestimmter Zwang. Durch diese »Fürsorge« wird aber jede Initiative der Jugendlichen ausgeschaltet. Man kann also von einer Jugendbewegung nicht gut reden. Diese einförmige Betätigung in Ausmärschen und dergl. führt nicht zu dieser Lockerung schöpferischer Kräfte aus der Jugend selbst, wie es z.B. in der Kinderfreudebewegung und auch der übrigen Jugendbewegung früher lag. So blieben ein großer Teil der Zeltlager, die die HJ angekündigt hatte, nur auf dem Papier stehen. Es fehlen die Kräfte, die zur Durchführung eines intensiven Gruppenlebens für die Jugendlichen notwendig sind. Die Aufforderung an die Lehrer, sich als Führer für diese Jugend zur Verfügung zu stellen, ging fehl. Zumal dies nicht immer die geeigneten Leute für diese Arbeit sind. Für die Jugendlichen ist diese Betätigung weiter nichts als eine Erweiterung des Schulunterrichts und dafür mangelt es an innerer Anteilnahme.

Diese aktiven, also uniformierten »Jungvolk«-Gruppen sind in der letzten Zeit sehr stark zurückgegangen. Es kann auch nicht festgestellt werden, daß dieser Rückgang etwa zu erklären wäre als ein organisches Hineinwachsen in die Hitlerjugend als nächstfolgende Etappe. Die Hitlerjugend, die Jugendliche von 14 bis 18 J. umfaßt, ist verhältnismäßig noch bedeutungsloser. Auch dort kommt man über Ordnungsübungen, Aufmärsche, nicht hinaus. Auch die Heimabende beschränken sich zumeist auf oberflächliche Dinge, wie Singen und militärische Ausbildung. Von dem Versuch einer »weltanschaulichen« Schulung oder Durchdringung ist nichts festzustellen, weil nach diesen Dingen wenig gefragt wird und auch hier die geeigneten Kräfte fehlen. Man begnügt sich damit, diese Jugendlichen von einem Wehrwillen zu durchdringen, der ja wichtiger ist bei der Überführung in die S.A. als ein politischer Wille. Langsam wachsen die Widerstände. Diese Jugend will wohl Romantik, sie will aber auch frei sein. Uniformierung und in Marschkolonnen durch die Straßen geführt werden, befriedigt nicht allein das Prestige der Jugend. Nicht zuletzt stehen Jugendliche im Betrieb, die aus dem sozialistischen Lager kamen, mit diesen unpolitischen Hitlerjungen zusammen. Es sind immer noch beachtliche Reste aus der sozialistischen Jugendbewegung, die sich heute noch in Freundschaftszirkeln erhalten haben und durch die Verhältnisse zum Nachdenken gezwungen werden.

Südbayern: 1. Bericht. Die Hitlerjugend kann eigentlich als politischer Faktor nicht gewertet werden. Die Jungen sind natürlich das willenlose Werkzeug ihrer Führer, sofern der Ausdruck

»Werkzeug« da überhaupt anwendbar ist. Eine Stimmung gegen oder für kommt dort gar nicht auf. Die Jungen werden begeistert mit sportlichen Spielen und werden ideologisch beeinflußt und herangebildet für Krieg und Kampf. Man muß beobachten, welche Entwicklung die aus der Schule der Hitlerjugend Herauswachsenden nehmen...

2. Bericht. (Augsburg) Daß die Jugend mit allen Mitteln von den Faschisten bearbeitet wird, ist allgemein bekannt. Der Erfolg bleibt nicht aus. Wenn unter der Hitlerjugend selbst noch vielfach Zwang wirkt, so ist es beim Jungvolk schon reiner Fanatismus.
Die Hitlerjugend hat noch viele einstige katholische oder marxistische Jugendliche in ihren Reihen. Das Jungvolk wurde schon von Anfang an nur mit nationalsozialistischem Geist genährt...

3. Bericht. Die Jugendbewegung scheint immer mehr zu einer Stütze des Faschismus zu werden. Die Unduldsamkeit der Hitlerjugend allem anderen gegenüber drückt sich immer deutlicher aus. Dabei empfinden diese jungen Menschen ihre eigene Unfreiheit und den auf sie ausgeübten Zwang durchaus nicht...

Ostsachsen: Die Hitler-Jugend entwickelt sich zu einem ganz besonderen Wesen innerhalb der NSDAP. Sie lassen sich von keiner Dienststelle imponieren. Die Betonung der Jugend und ihr Vorzug wird jetzt den parteiamtlichen Stellen unbequem.
Sozialistische Strömungen sind nicht bemerkbar. Eher Rowdy-Strömungen. Die Jungens, die nicht der HJ angehören, werden von der HJ nicht als Kerle angesehen und schikaniert. Sie werden sogar geschlagen usw., ohne daß von der Schule dagegen eingeschritten würde. Eltern, die sich beschweren, erhalten die Antwort, daß dagegen nichts zu machen sei, dies diene der Ertüchtigung.
Andererseits ist auch festzustellen, daß die Kinder unserer Genossen, obwohl anders erzogen, jetzt Gefallen am Lagerleben usw. finden und gern dabei sind. Dies ist ja auch die große Gefahr für die Zukunft.

Deutschland — Berichte der Sopade. Deutschland — Berichte der Sozialdemokratischen Partei Deutschlands (Sopade) 1934-1940, Band 1, Salzhausen/Frankfurt/M. 1982, S. 552 ff.

130. Aus der Anklageschrift des Generalstaatsanwaltes in Kassel gegen Paul Grünewald und weitere 20 Angeklagte, 16.11.1934

Der Generalstaatsanwalt   Kassel, den 16. November 1934.
O.J. 156/34
           H a f t s a c h e !
           Jugendlich zu Nr. 9 und 15.

Anklageschrift.

1. Der Handlungsgehilfe Paul Grünewald aus Frankfurt a/Main, Eschersheimerlandstraße 368, geboren am 15. Januar 1912 in Frankfurt, ledig,
2. der Student Arnold Leetz aus Frankfurt a/M., Inheidenerstraße 29, geboren am 3. November 1908 in Berlin-Neukölln, ledig,
3. der kaufmännische Angestellte Günther Jörg aus Frankfurt a/M., Steuernagelstraße 29, geboren am 29. August 1914 in Frankfurt a/M., ledig,
4. der kaufmännische Angestellte Karl Jelinek aus Frankfurt a/M., Am Schwimmbad 2, geboren am 5. Juli 1913 in Geestemünde, ledig,
5. der Elektromechaniker Edgar Hirsch aus Frankfurt a/M., Ludwigstraße 3, geboren am 19.

September 1913 in Frankfurt a/M., ledig,

6. der kaufmännische Angestellte Rudolf Schmidl aus Frankfurt a/M., Gärtnerweg 25, geboren am 1. Dezember 1909 in Leipzig, ledig,

7. der Kaufmann Albin König aus Frankfurt a/M., Elkenbachstraße 7, geboren am 10. Oktober 1902 in Frankfurt a/M., verh.,

8. die Kontoristin Rosa Herrmann aus Frankfurt a/M., Kelsterbacherstraße 58, geboren am 26. Juli 1913 in Frankfurt a/M., ledig,

9. der kaufmännische Lehrling Erich Mazur aus Frankfurt a/M., Idateinerstraße 46, geboren am 14. Juni 1917 in Frankfurt a/M., ledig,

10. der kaufmännische Angestellte Kurt Heidel aus Frankfurt a/M., Koblenzerstraße 11, III., geboren am 15. August 1914 in Frankfurt a/M.,

11. der kaufmännische Angestellte Walter Heidel aus Frankfurt a/M., Koblenzerstraße 11, III., geboren am 10. April 1913 in Frankfurt a/M., ledig,

12. der Lehrling Erich Hempel aus Frankfurt a/M., Raiffeisenstraße 95, geboren am 24. Februar 1916 in Frankfurt a/M., ledig,

13. der kaufmännische Lehrling Lissi Hohmann aus Frankfurt a/M., Friedrich Naumannstraße 39, geboren am 12. Januar 1916 in Frankfurt a/M., ledig,

14. die Handlungsgehilfin Gertrud Magdalene Liebig aus Frankfurt a/M., Saalburg-Allee 24, I., geboren am 13. März 1917 in Frankfurt a/M., ledig,

15. die Schneiderin Maria Liebig aus Frankfurt a/M., Saalburg-Allee 24, I., geboren am 16. Januar 1913 in Frankfurt a/M., ledig,

16. die kaufmännische Angestellte Margarete Wolz aus Frankfurt a/M., Schleusenstraße 9, geboren am 12. August 1915 in Frankfurt a/M., ledig,

17. die Zahntechnikerin Margarete Müller aus Frankfurt a/M., Schwarzburgstraße 50, geboren am 27. August 1916 in Bad Godesberg, ledig,

18. der Kaufmann Hans Riffel aus Darmstadt, Liebigstraße 83, geboren am 12. Januar 1915 in Darmstadt, ledig,

19. die Ehefrau Maria Weingärtner, geb. Benz, aus Darmstadt-Griesheim, Schützenstraße 8, geboren am 13. Mai 1893 in Westhofen bei Worms, verheiratet,

20. der Verwaltungssekretär Xaver Prücklmair aus Frankfurt a/M., Kronprinzenstraße 48, geboren am 20. Juni 1894 in Schrobenhausen, ledig,

21. der Handlungsgehilfe Wilhelm Hofmann aus Darmstadt-Griesheim, Schützenstraße 6, geboren am 20. Mai 1914 in Darmstadt-Griesheim, ledig,

sämtliche Angeschuldigte: seit dem 19. Oktober 1934 in dieser Sache in Untersuchungshaft, und zwar: die Angeschuldigten zu 1 — 7, 9 — 12, 18 und 20 — 21 im Gerichtsgefängnis in Frankfurt a/M., zu 8, 13 — 17 und 19 im Strafgefängnis in Frankfurt a/M.-Preungesheim,

werden angeklagt,

in Frankfurt a/M., Darmstadt, Darmstadt-Griesheim und an anderen Orten des Inlandes gemeinschaftlich im Sommer und Herbst 1934 ein hochverräterisches Unternehmen vorbereitet zu haben, und zwar alle, indem die Tat darauf gerichtet war, zur Vorbereitung des Hochverrats einen organisatorischen Zusammenhalt herzustellen und aufrechtzuerhalten, die Angeschuldigten Grünewald, Leetz, Jörg, Jelinek, Hirsch, Riffel, Schmidl, König, Weingärtner und Prücklmair indem die Tat auch auf Beeinflussung der Massen durch Herstellung oder Verbreitung von Schriften gerichtet war.

...

Wesentliches Ermittlungsergebnis.

Der Staatspolizeistelle in Frankfurt a/M. war schon seit geraumer Zeit durch andere Ermittlungen bekannt geworden, daß das Zentralkomitee (ZK) der KPD Anweisungen zur Bildung einer Einheitsfront zwischen den Angehörigen der früheren Sozialdemokratischen Partei und den Anhängern der illegalen KPD gegeben hatte. Nach diesen Anweisungen sollte auch in besonderem Maße versucht werden, Jugendliche beider Richtungen zur illegalen Mitarbeit heranzuziehen.

Die insbesondere von den Angeschuldigten Grünewald, Leetz, Jörg und Jelinek entwickelte Tätigkeit diente der Verwirklichung dieser Gedanken.

Der Angeschuldigte Grünewald ist nach den polizeilichen Ermittlungen als der Verbindungsmann zwischen den früheren SPD-Kreisen und der KPD anzusehen. Er hatte Verbindung mit den offenbar führend tätigen kommunistischen Funktionären mit dem Decknamen »Walter« und »Fritz« vom KJVD.

Grünewald stand als ehemaliger Jugendleiter im Zentralverband der Angestellten (ZdA), einem links-marxistischen Verband, auch nach der nationalen Erhebung in ständiger Fühlungnahme mit einem Kreis meist jugendlicher Personen, die früher im ZDA organisiert waren. Auf seine Anregung schlossen sich diese Personen unter führender Mithilfe der Angeschuldigten Jörg, Jelinek und Leetz erneut zusammen. Man traf sich wöchentlich in kleinen Zirkeln, erörterte die politischen Tagesereignisse, erhob monatliche Beiträge und veranstaltete an den Sonntagen gemeinsame Fahrten, die auch der politischen Schulung und dem engeren Zusammenschluß dienten. Die männlichen Angehörigen führten an dem letzten Sonntag eines jeden Monats Geländespiele durch und übten sich bei einem dieser Spiele im Handgranatenwerfen. Der Angeschuldigte Leetz, der durch Grünewald mit »Martin«, dem Oberberater des KJVD für Südwestdeutschland zusammengebracht worden war, ließ sich insbesondere die Herstellung eines eigenen Organs, des »Jungen Kämpfers«, durch Anfertigung eigener Artikel und Sammeln weiterer Aufsätze aus dem Kreise seiner Genossen angelegen sein.

...

Dokumentationsarchiv des deutschen Widerstandes, Frankfurt/M., AN 947.

131. Einheitsfrontangebot des ZK des KJVD an die christliche Jugend und die konfessionellen Jungendverbände, November 1934

Brüder, Freunde, Kameraden! Aus unserer gemeinsamen Not heraus und aus Sorge um die Zukunft der werktätigen Jugend Deutschlands wenden wir uns mit diesem Schreiben an euch. Jeder freiheitsliebende junge Mensch, jeder, der um eine lichte, arbeitsfrohe Zukunft der deutschen Jugend ringt, empfindet immer stärker und schmerzhafter die Geißel der faschistischen Diktatur. Der Wahnsinn der faschistischen Kriegs- und Rüstungspolitik häuft Lasten über Lasten, neue Not und neuen Zwang auf das ganze werktätige Volk, besonders aber auf seine Jugend. Sie soll in doppelter Hinsicht die Lasten der Hitlerschen Bankrottwirtschaft und der Kriegsvorbereitungen tragen; in wirtschaflicher, militärischer und moralischer.

Zu der wirtschaftlichen Rechtlosigkeit und verschärften Ausbeutung in den Betrieben, die das berüchtigte »Arbeitsgesetz« und die jetzt überall von den »Betriebsführern« verkündeten Betriebsordnungen erzwingen sollen, tritt für die Jugend noch das Arbeitseinsatzgesetz. Viele Hunderttausende von Jungen und Mädeln sollen aus den Betrieben, Büros und Werkstätten vertrieben werden. Der Faschismus braucht die Jugend für die Schützengräben und die Schlachtfelder. Mögen Beruf, ihre Fähigkeiten, ihre Zukunftshoffnungen dabei zum Teufel gehen — was kümmert das Hitler, Goering, Ley und Schirach? Die Profitinteressen der Krupp, Thyssen, Kloeckner und Schacht, und die imperialistischen Eroberungsgelüste des deutschen Finanzkapitals stehen den braunen Bonzen, den Hitler, Goering, Göbbels und Schirach höher, als das Zukunftsschicksal der deutschen Jugend. Sie sind bereit, Leben und Gesundheit, Gut und Blut ganzer Generationen des deutschen Volkes im Interesse der Schwerindustrie und der Großgrundbesitzer zu opfern.

So werden dann Hunderttausende jüngere Menschen in den Arbeitsdienstlagern, Arbeitsdanklagern, Landhelferlagern, Studentenlagern, Hitlerjugendlagern, Arbeitskameradschaftslagern und wie die vielfältigen Formen der Militarisierung und Schikanierung sonst noch heißen mögen, gedrillt und geschliffen, sie müssen exerzieren und werden zur höheren Ehre des

Profits der Schlotbarone und Krautjunker schlachtreif gemacht.

Andere Hunderttausende aber werden wie Vieh auf das Land verfrachtet, den Kleinbauern aufgezwungen und den Großbauern als Arbeitssklaven verkauft. Frauen und Mädchen werden nicht nur als minderwertig und als Menschen zweiter Klasse behandelt, sondern auch den Großbauern, den Lagerkommandanten und ähnlichen Edelmenschen ausgeliefert. Die Nazis spielen sich zwar gern als Hüter der Familie und der Reinheit der Jugend auf, in der Praxis aber treiben sie die Arbeitermädchen zu Tausenden in die Prostitution. Durch Drill, Kasernenhofzote, Prostitution und Zukunftslosigkeit wird so der moralische Verfall durch die braunen Jugendführer von der Art der Baldur von Schirach und Co. in die deutsche Jugend getragen.

Junge christliche Kameraden, dieses Dritte Reich der Sklavenfron, der Jugendnot und des Militarisierungszwangs hat alle zum Feinde, die für die Freiheit, die für Glück und Lebensraum der werktätigen Jugend eintreten. Der Faschismus verbietet eure Vereine und Organisationen, versucht sie gleichzuschalten, er terrorisiert, schikaniert und verhaftet aufrechte christliche Pfarrer und Jugendführer, er verbietet eure christlichen Zeitungen, eure Trachten, eure Fahnen, er nimmt euch das Recht auf Ausübung des Sportes und vielfach das Recht auf eigene Wanderungen. Ja, er schreckt selbst vor der Ermordung eurer Führer nicht zurück, wie es die brutale Niedermetzelung Adalbert Probsts, Klauseners, Becks und vieler anderer beweist.

In den Gefängnissen, Konzentrationslagern und Folterhöllen der Gestapo schmachten mit zehntausenden von Kommunisten, Sozialisten, Pazifisten und Juden auch hunderte christlicher Kameraden, die sich mutig der Barbarei des Hitlersystems entgegenwarfen. Die Grausamkeiten des »Dritten Reiches« sind keine Exzesse Einzelner, keine »bedauerlichen Mißverständnisse«, wie es euch die braunen Volksverderber einreden wollen. Nein, die Hitler, Göbbels und Schirach wissen nicht nur von den Brutalitäten ihrer Terrorkolonnen, sondern sie gaben und geben Befehl zu den faschistischen Grausamkeiten. Nein, es ist das System der kapitalistischen Volksbedrückung, das morsche Regime des Faschismus, das hier am Pranger steht!

Ein wahrer Religionskrieg ist in Deutschland entbrannt. Der braue Terror stampft durch die Kirchen und macht selbst vor den Altaren nicht halt. Die christlichen Kirchen und alle religiösen Organisationen sollen »gleichgeschaltet« und zu einer braunen »deutschen Nationalkirche« unter Kommando des Kommißstiefels Müller vereinigt werden. Nicht die Sorge um den Glauben, nicht die Achtung vor dem Bekenntnis sind es, die die Kirchenpolitik des evangelischen Reichsbischofs von Gnaden des sich zum Halbgott erhobenen Hitler diktieren. Nein, ein Regime, das ganz Deutschland zur Kaserne und alle Werktätigen zu Muschkoten machen will, kann als gefügige »Diener Gottes« auch nur militarisierte Kirchenbeamte und Polizeispitzel vom Schlage Müllers gebrauchen.

Eine gewaltige Woge der Empörung geht durch die Reihen der christlichen Werktätigen. Tiefe Unzufriedenheit und Ablehnung des terroristischen braunen Kirchenregimes beherrscht selbst weite Kreise der katholischen und protestantischen Geistlichkeit. Mit Freude und Genugtuung unterstützen wir Jungkommunisten jeden Schritt des Kampfes gegen die Gewaltmethoden des uniformierten Reichsbischofs und gegen die Gewalteingriffe der Gestapo. Wir Jungkommunisten, die wir einen zähen und unterirdischen Krieg gegen die braunen Jugend- und Volksverderber führen, die wir kein Opfer scheuen, unter der Führung der KPD die Jugendmassen zum Sturz der Hitlerdiktatur zu mobilisieren, freuen uns, daß die christliche Jugend im Kampf gegen die braune Schmach mutig aushält und weiter marschiert.

Christliche Jugendfreunde und Kameraden! Die braunen Wotans- und Dividendenpatrioten, die mit Jugendversklavung, Lohnsenkung, mit Glaubens- und Gewissenszwang, mit Rassen- und Kriegshetze das werktätige Volk und Deutschlands Jugend bedrücken, versuchen, euch christliche Jungarbeiter mit den plumpesten Lügen und Verleumdungen gegen uns Kommunisten von der braunen Schande des »Dritten Reiches« abzulenken. Sie behaupten lügnerisch, der Kommunismus wolle eure Kirchen und kirchlichen Einrichtungen, eure christlichen Jugendorganisationen und Verbände unterdrücken und auflösen, wenn das Proletariat in Deutschland an die Macht gelangt ist. Das sind bewußte unwahre Behauptungen. Diese Lügen werden von den gleichen Verbrechern ausgesprochen, die durch Goering, Heines, Ernst und Helldorf den Reichstag in Brand steckten und hinterher ebenfalls behaupteten, die Kommunisten seien es gewesen. Wir Jungkommunisten weisen Euch, junge katholische Volksgenossen, auf die aufrichtige und eindeutige Erklärung des Zentralkomitees der KPD an die christlichen Arbeiter, Bauern und Mittelständler hin, in der es u.a. heißt: »Wir Kommunisten werden nie und niemals euren religiösen Glauben verhöhnen und verspotten. Wir sichern euch die vollste Glaubens-, Gewissens- und Religionsfreiheit zu. Wir wollen mit unseren katholischen Volksgenossen keinen Kulturkampf, keinen Kulturkrieg. Wir werden keinerlei Einrichtungen, die eurem Glauben dienen, antasten oder einschränken. Im kommenden sozialistischen Deutschland ist für jeden Platz, der aufrichtig am Aufbau des Sozialismus hilft. Jeder Antifaschist, der heute bereit ist, in unseren Reihen zu kämpfen, kann — auch wenn er Mitglied der Kirche ist — gleichberechtigtes Mitglied der Kommunistischen Partei und des Kommunistischen Jugendverbandes werden«.

Diese Deklaration ist eindeutig und klar. Sie zerstört das hinterhältige Lügengespinst jener braunen Kulturzerstörer, die hinter der Maske des »Kampfes gegen den Bolschewismus« und unter der Flagge des »Neuheidentums« die Geschäfte der deutschen Großkapitalisten besorgen.

Christliche Kameraden, der volksverderbende Faschismus muß gestürzt werden, wenn das werktätige Volk und seine Jugend leben soll. Hitler und sein Regime leben nur mit dem Willen und Gelde der ungekrönten Könige von Stahl, Eisen, Kohle und Land. Wir können das braune Barbarenregiment nur beseitigen, wenn wir die Zerrissenheit im Lager der Antifaschisten, im Lager aller Gegner des braunen Terrors und des Gewissenszwanges überwinden. Darum wollen wir Jungkommunisten uns mit euch, ihr christlichen Jungkameraden, und mit allen Jungsozialisten, SAJ-Genossen und jungen Gewerkschaftern zum großen gemeinsamen Kampf gegen den Faschismus vereinigen. Legen wir brüderlich die Hände ineinander und schaffen wir eine große einheitliche Kampfesfront aller jungen und erwachsenen Feinde des Faschismus. Laßt uns gemeinsam die starke Kampfes- und Aktionseinheit schmieden, die unsere Lebensrechte verteidigt und erkämpft. Laßt uns überall mit unseren Organisationen, mit Einzelmitgliedern, Funktionären und den Leitungen unserer Gruppen in den Betrieben, nach Arbeitsschluß, in unseren Wohnquartieren, in den Arbeitsdienstlagern, auf unseren Sonntags-Wanderungen und in den Dörfern zusammenkommen zur gemeinsamen Aussprache und zur Verständigung über die gegenseitige Hilfe und den gemeinsamen Kampf gegen den gemeinsamen Feind. Wir schlagen euch vor:

Gemeinsam den Kampf gegen die Verjagung der Jungens und Mädels aus Betrieb und Stadt in die Sklavenfron der Landhilfe aufzunehmen.

In allen Betrieben, Arbeitsdienstlagern und der Landhilfe, in Städten und Dörfern die Verbindung miteinander aufzunehmen, gemeinsam Massendiskussionen zu organisieren, Jugendsprecher, Verbindungsleute, Delegationen und Jugend-Kommissionen zu entsenden; gemeinsame Jugendkampfausschüsse, Landhelferkameradschaften, Jugendvertrauensleute und gemeinsame antifaschistische Kampfkomitees zu schaffen.

Gemeinsam mit euch, sowie mit den SAJ-Kameraden und den Junggewerkschaftern einheitliche Jugendsektionen der freien Gewerkschaften in den Betrieben zu schaffen, wobei der Name dieser gewerkschaftlichen Jugendgruppe von keiner Seite zu einem Hindernis bei der Gründung derselben werden darf.

Wir wollen einander beistehen im Kampfe gegen den faschistischen Terror, wir wollen uns gegenseitig unterrichten, ob Haussuchungen durch die Gestapo, Überfälle durch aufgehetzte SA- und HJ-Gruppen usw. geplant sind.

Wir wollen zusammen mit Euch Unterstützungs- und Befreiungskomitees für unsere eingekerkerten Kameraden bilden, gemeinsam für sie und ihre Angehörigen die Unterstützung organisieren. Wir wollen gemeinsam mit Euch und den erwachsenen Werktätigen für die Befreiung aller Antifaschisten, für die Freilassung unseres Ernst Thälmann, des Freundes und Kameraden der werktätigen Jugend, kämpfen.

Wir wollen gemeinsam mit Euch ringen für die Gewinnung der in die Hitler-Jugend gepreßten jungen Menschen, wir wollen gemeinsam mit Euch den Kampf führen gegen die Zwangs-gleichschaltung Eurer Jugendverbände, für Euer Selbstbestimmungsrecht und für die völlige Vereins-, Versammlungs- und Pressefreiheit.

Wo durch Gleichschaltung oder Terror oppositionelle Jungarbeiter in faschistische Organisa-tionen gezwängt wurden (Arbeitsfront, Hitler-Jugend, Sport), wollen wir gemeinsam mit Euch und den SAJ-Kameraden Oppositionsgruppen schaffen und die Jugendlichen dieser Ver-bände für unseren Kampf gegen Faschismus und Krieg gewinnen.

Wir schlagen Euch vor, die Aktionseinheit der werktätigen Jugend zu schmieden für unsere gemeinsamen Forderungen.

Gegen die Herausreißung der Jugend aus den Betrieben, gegen das Arbeitsgesetz, gegen jede Lohnsenkung, gegen Krieg und Kriegshetze, gegen Miliärdrill und Arbeitsdienstpflicht, für den Frieden, gegen das Verbot und die Gleichschaltung der christlichen Jugend- und Sportor-ganisationen, für volle Glaubens- und Gewissensfreiheit, für volle Vereins-, Versammlungs-und Pressefreiheit, für den Sturz der faschistischen Kapitalsdiktatur.

Christliche Jungkameraden, lohnt es sich nicht, für diese Forderungen gemeinsam zu kämp-fen? Lohnt es sich nicht, alle Widerstände und alle künstlich zwischen uns aufgerichteten Schranken aus dem Wege zu räumen? Lohnt es sich nicht, alle unsere Kräfte zur großen antifa-schistischen Jugendfront und mit den erwachsenen Arbeitern, Mittelständlern und werktäti-gen Bauern zur breiten antifaschistischen Front aller werktätigen Volksschichten zum Sturz der Hitlerdiktatur zusammenzuschließen?

Wir denken: Unsere gemeinsame Not, die tiefen Wunden, die der Faschismus Euch und uns geschlagen hat und unser glühender Wille zur Freiheit und zu einem Leben des Glücks und Wohlstandes, muß uns zum gemeinsamen Handeln zusammenfügen! — Wir schlagen Euch da-her vor: Sprecht Euch über unsere Forderungen gemeinsam mit unseren kommunistischen Ju-gendorganisationen in den Betrieben, Arbeitsdienstlagern, in den Wohngebieten, in der Stem-pelstelle usw. aus. Sagt uns freimütig und offen, was Euch an unseren Vorschlägen nicht gefällt. Ergänzt unsere Vorschläge. Und wenn Ihr nur für einige der gemeinsamen Forderungen mit uns zu kämpfen gewillt seid, auch dann werden wir in den Kampfespakt einwilligen. Nichts darf uns hindern, gemeinsam gegen unseren Todfeind, gegen Hitler, gegen den Faschismus, zu marschieren. Schlagt ein in die Bruderhand, die wir Euch reichen, zum Schutz und Trotz gegen den Faschismus für die Freiheit!

Zentralkomitee des Kommunistischen Jugendverbandes Deutschlands (Sektion der Kommu-nistischen Jugendinternationale).

Rundschau über Politik, Wirtschaft und Arbeiterbewegung (Basel), 66/1934.

132. Aus dem Offenen Brief des ZK des KJVD an die Mitglieder, Gruppen, Or-ganisationen und Leitungen der Sozialistischen Arbeiterjugend Deutsch-lands, der Jungsozialisten und der freigewerkschaftlichen Jugend, Novem-ber 1934

Die Herzen aller jungen Proletarier, aller jungen Sozialisten und Kommunisten schlagen hö-her, wenn sie von dem heroischen, gemeinsamen Kampf der SAJ-Genossen und Jungkommu-nisten in Spanien und Österreich hören, die in der geschlossenen Front der Aktionseinheit auf den Barrikaden, im Straßenkampf, im heißen Ringen gegen den Faschismus und die kapitalisti-sche Ausbeutung zu einer engen unverbrüchlichen Kampfgemeinschaft zusammenschmol-zen. Ebenso erfüllt das leuchtende Vorbild der Aktionseinheit der sozialistischen und kommu-nistischen Jugendorganisationen in Frankreich und im Saargebiet jeden jungen Arbeiter, jeden jungen Revolutionär mit Stolz und freudiger Genugtuung. An der Saar kämpfen Sozialdemokraten, Kommunisten und katholische Werktätige in brüderlicher Kampfesfront gegen die Angliederung des Saarlandes an das Barbarenregiment des »Dritten Reiches«, für die Niederlage Hitlers, sie kämpfen auf Vorposten an einem wichtigen Kampfesabschnitt, gemeinsam mit dem werktätigen deutschen Volke, um durch die Niederlage Hitlers an der Saar den Sturz der faschistischen Blutherrschaft zu beschleunigen...

Das Zentralkomitee des KJVD wendet sich heute erneut an euch, ihr jungen Sozialisten und Gewerkschafter, an eure Organisationen und Leitungen mit dem Vorschlag, die Einheit der Aktion herzustellen. Wir dürfen nicht abwarten! Denn heute werden die Jungarbeiter aus den Betrieben gejagt! Denn heute werden die Jugendlöhne herabgedrückt und barbarische Zuchthausordnungen in den Betrieben eingeführt! Heute sollen Millionen Jugendliche im Arbeitsdienst und in der Reichswehr ausgebeutet, zum Bruder- und Völkermord gedrillt werden! Heute schmachten junge Kämpfer der Freiheit in den Zuchthaus- und Todeszellen. Heute droht Thälmann und Zehntausenden eingekerkerten jungen und erwachsenen Kommunisten und Sozialdemokraten das barbarische Terrorurteil und die Ermordung.

Abwarten heißt in dieser Situation: vor dem Faschismus zu kapitulieren! Abwarten heißt, die Ausbeuter und Menschenschinder gewähren zu lassen. Abwarten heißt weiter hungern und frieren, heißt weitere Versklavung dulden! Abwarten heißt, den Krieg und Massenmord, den die Faschisten heraufbeschwören, tatenlos über Deutschland hinwegfluten zu lassen! Sozialdemokratische Jugendfreunde, Gruppen und Organisationen! Das dürfen und wollen wir nicht dulden! Darum wollen wir die Einheitsfront des Kampfes mit euch, mit allen euren Organisationseinheiten und Leitungen! Wir wollen mit euch die Fron der Ausbeutung und Jugendversklavung zerbrechen und das herannahende Kriegsverbrechen verhindern! Handeln wir gemeinsam, damit Deutschlands Volk und seine Jugend nicht in einem Meer von Arbeiterblut ertrinken!

Der Faschismus — das ist der gemeinsame Feind!

Die Aktionseinheit aller jungen und erwachsenen Sozialdemokraten, Kommunisten und Gewerkschafter — das ist das Gebot der Stunde!

Das ZK des KJVD hat alle seine Leitungen, Organisationen von den Bezirken bis zu den untersten Zellen, aufgefordert, unverzüglich mit euch, euren Gruppen, Organisationen und Leitungen die Verbindung aufzunehmen, um in kameradschaftlicher Aussprache gemeinsame Kampfesmaßnahmen und Kampfmethoden zu beraten und zu beschließen. Wir Jungkommunisten schlagen euch vor, auf der Grundlage der nachstehenden Forderungen die Aktionseinheit mit uns herzustellen:

1. Gemeinsamer Kampf gegen die Durchführung des Arbeitseinsatz- und Arbeitsaustauschgesetzes, d.h. gegen die Jugendentlassung, gegen den Arbeitsdienstzwang und Landhilfeverschickung.

2. Gemeinsamer Kampf gegen das faschistische Arbeitsgesetz, gegen die faschistischen Betriebsordnungen, für tarifliche Festlegung der Jugendlöhne und Arbeitsbedingungen, gegen die Spendenabzüge für die Winterhilfe und andere Zwangsabgaben, gegen die Mißstände aller Art.

3. Gemeinsame Organisierung einer breiten Oppositionsbewegung der antifaschistischen Jugend und aller oppositionelle Jugendlichen gegen den Faschismus in der Arbeitsfront, in der Hitler-Jugend, in den faschistischen Sport- und Wehrverbänden. Gemeinsamer Wiederaufbau der Jugendsektionen der freien Gewerkschaften.

4. Gemeinsamer Kampf für die Befreiung der Genossen Thälmann, Mierendorff und aller in den Gefängnissen und Folterhöhlen des Faschismus schmachtenden jungen und erwachsenen Antifaschisten.

Das, Genossen, sind unsere Vorschläge. Wir sind bereit, auf der Basis dieser Forderungen die Aktionseinheit mit euch zu schmieden. Wenn ihr mit der einen oder anderen Forderung nicht einverstanden seid, darf und wird uns das nicht hindern, mit euch gemeinsam zu kämpfen, auch wenn es sich um eine einzige der oben genannten Forderungen handelt. Wenn ihr keinen unserer Vorschläge zu akzeptieren in der Lage seid, richten wir an euch die Bitte und den Appell, eurerseits uns Jungkommunisten gemeinsame Kampfesvorschläge zu unterbreiten. Wir sind bereit, für jede Kampfesforderung mit euch die Aktionseinheit herzustellen, wenn der Kampf für die Interessen der Jungwerktätigen geführt wird. Unsere Vorschläge sind keine Manöver, wie das manchmal sozialdemokratische Führer behaupten. Wir machen keine Manöver, sondern erstreben nur eines: Die Verwirklichung der Einheitsfront der Tat, die Aktionseinheit an allen Stätten der Jugendausbeutung, Jugendversklavung und Jugendmilitarisierung...

Wir Jungkommunisten wiederholen, was wir euch in unserem August-Aufruf zum 20. Internationalen Jugendtag sagten: Der Ernst der Stunde gebietet nicht blutlose Einheitsformeln, nicht eine Kette hemmender »Bedingungen«, sondern die Einheitsfront von Fleisch und Blut, die Einheitsfront der Tat. Jeder Kampf untereinander, jeder Zwist, jedes getrennte Marschieren zwischen jungen Sozialdemokraten und Kommunisten wird aufhören, wenn wir brüderlich und einheitlich miteinander kämpfen! Unsere Einheitsfront der Tat wird und muß alle, alle mitreißen, die gegen den Faschismus sind.

Vorwärts zu dieser Aktionseinheit, vorwärts zur Befreiung der Arbeiterjugend vom Joch faschistischer und kapitalistischer Unterdrückung, vorwärts zum Sieg des Proletariats, zur Freiheit, zur sozialistischen Zukunft.

Zentralkomitee des
Kommunistischen Jugendverbandes Deutschlands.

Rundschau über Politik, Wirtschaft und Arbeiterbewegung (Basel), 65/1934.

133. Aus einem Bericht über die Rede des Vorsitzenden des KJVD im Saargebiet Erich Honecker auf dem Kongreß der Saarjugend, 16.12.1934

Am Sonntagvormittag, bereits in den frühesten Morgenstunden, kamen die Delegierten der Saarjugend aus allen Ortschaften per Bahn, per Rad, zu Fuß und mit der Straßenbahn, um teilzunehmen an dem historischen Saarjugendkongreß, der die Jugend vereinigte zum entscheidenden Schlag gegen den schlimmsten Feind der Jugend, die Hitlerdiktatur.
Bereits einige Stunden vor Beginn der Konferenz war das »Deutsche Haus« in Burbach überfüllt von jungen Mädchen, Jungen und Delegierten der Kinderorganisationen, die in ihren schmucken Uniformen und Jugendtrachten ein buntes, fröhliches Bild zeigten. Eine glänzende Kapelle und Fanfarenklänge intonierten Freiheitslieder und Kampfgesänge der Jugend. Der Saal konnte die Massen der jungen Werktätigen nicht fassen, denn Hunderte junger Gäste waren noch erschienen, die eng zusammengedrängt die Seitengänge füllten.
Fritz Nickolay eröffnete im Namen des Initiativkomitees den Kongreß, in dessen Präsidium neben Artur Mannbar vom Kommunistischen Jugendverband Ernst Braun von der SAJ, einem Vertreter der Jugendgewerkschaften noch ein Scharführer der Hitlerjugend und ein Jungkatholik gewählt wurden. Dann verlas Fritz Nickolay die Liste für das Ehrenpräsidium. Hin-

ter jedem der vorgelesenen Namen setzte stürmische Beifall ein. Es wurden gewählt die im Kampf für die Jugend vom Faschismus gemordeten Kampfeshelden Reitinger und Probst, der Führer der deutschen Werktätigen und Freiheitsheld Ernst Thälmann, der Held von Leipzig, Dimitroff, der im Konzentrationslager gefolterte sozialdemokratische Abgeordnete Mierendorff und Fritz Große, der Führer der werktätigen Jugend Deutschlands, der von der Gestapo verschleppt und gefoltert wurde. Stehend sang der Kongreß das Jugendkampflied »Brüder, zur Sonne, zur Freiheit«, dessen letzte Worte »Brüder, in eins nun die Hände« den nachfolgenden Beratungen das Gepräge gab. Reden und Aussprache standen im Zeichen der Aufrollung Behandlung und Klärung der wichtigsten Probleme, die heute die Saarjugend und mit ihr zusammen die gesamte deutsche Jugend beschäftigen.

Nach einigen einleitenden Bemerkungen des Führers der SAJ an der Saar, Ernst Braun, der vor allem an Hand der Ergebnisse des Weltkrieges die Jugend auf die Kriegsverbrechen, die der Hitlerfaschismus vorbereitet, hinwies, erhielt das Wort zu längeren Ausführungen der Vertreter des Kommunistischen Jugendverbandes

Erich Honecker

Ich freue mich, daß auf die Einladung des Initiativkomitees so viel Jungen und Mädchen unserm Ruf Folge geleistet haben. Wenn die Presse der Deutschen Front gegen unsern Jugendkongreß hetzte und schrieb, daß man diesen Kongreß verbieten müsse, weil durch das Zusammentreffen so vieler Meinungen »die Ruhe und Ordnung« gefährdet sei, so glaube ich für euch alle zu sprechen, wenn ich sage, daß alle hier Anwesenden als Vertreter der Saarjugend bei der jetzt zu fällenden historischen Entscheidung nur einer Meinung sind:

Hitler muß am 13. Januar geschlagen werden, wenn die Jugend leben soll. (Stürmischer minutenlanger Beifall). Wir wissen nur zu gut, wer diejenigen sind, die der Jugend das Recht nehmen wollen, eigene Entscheidungen zu fällen und den Kampf um ihre Freiheit zu führen: Das sind die Herren des Dritten Reiches und ihre Soldknechte an der Saar, die meinen, die Jugend sei dazu geschaffen, Kanonenfutter auf den Kriegsschauplätzen und billiges Arbeitsvieh der Industrieritter und Krautjunker zu sein. Diese Leute aber haben sich in den Finger geschnitten. (Lebhafter Beifall.)

Ich denke, wir werden unsere heutigen Beratungen nicht dazu benutzen, um große Weltanschauungsprobleme zu wälzen, oder um die Privatsorgen, die jeden jugendlichen Menschen in einem gewissen Alter drücken, zu behandeln. Das kann man ein andermal tun. Heute steht vor uns allen eine Frage im Vordergrund, das ist: Wie helfen wir Deutschland zu befreien, damit es unser Deutschland ist?

Das heutige Deutschland ist nicht das Deutschland der Jugend. Der Faschismus hat alle Wünsche, alle Sehnsucht, alle Forderungen der Jugend mit zynischer Brutalität, mit Militärstiefeln in den Sumpf getreten. Die Jugend fliegt aus den Betrieben, nicht nur für heute, nicht nur für ein Jahr, sondern für immer wird sie ihrer Zukunft beraubt. Vor einigen Tagen schrieb das hiesige Hitlerjugendorgan: »Wer auf unsere Fahne schwört, hat nichts mehr, was ihm selbst gehört.« (Zurufe: Das ist richtig. Heiterkeit.) Jawohl das ist richtig. Wer auf Hitlers Fahne schwört, der besitzt nichts mehr, der muß seine Jugend hergeben, der muß seine Arbeit hergeben, der muß seine Unterstützungspfennige hergeben, der muß sogar seinen Verstand hergeben, um an dessen Stelle einen Ehrendolch zu bekommen. (Lebhafter Beifall.) Und warum muß er das hergeben? Irgendwo muß es doch bleiben, wenn man der Jugend die Arbeitskraft nimmt, wenn man sie zur Sklavenarbeit benutzt auf den Landstraßen, in Arbeitsdienstlagern, in Rüstungsbetrieben. Ich will euch sagen, wo das bleibt, das diejenigen hergeben müssen, die auf Hitlers Fahne schwörten. Das bleibt im Geldsäckel der Herren Schacht und Krupp, damit füllen sich die Aktionäre und Dividendenschlucker die Taschen, davon werden Kanonen gebaut, und damit fressen sich die faschistischen Bonzen voll, die wie Aasgeier sich auf dem deutschen Volke niedergelassen haben. (Lebhafter Beifall.)

Ja, sagt man uns, aber die Jugend braucht doch Ideale, man kann doch nicht alles vom materiellen Standpunkt aus betrachten. Da antworte ich: Jawohl, die Jugend braucht nicht nur Ideale, sie schafft sich ihre Ideale selbst. Und das höchste Ideal der Jugend aller Zeiten, das war der Kampf um ihre Freiheit gegen die Tyrannei, das war der Kampf um die Verwirklichung der Forderungen, das war der Kampf um ihr Lebensrecht. Was wir aber in Hitlerdeutschland sehen, das ist die Vernichtung der Jugendideale, das ist die Ausnutzung der Jugend für Verbrechen an sich selbst, an ihrer Zukunft und an der Zukunft des gesamten Volkes. (Stürmischer Beifall und Händeklatschen.)

Wer den Krieg als ein Ideal hinstellt, der vernichtet die Jugend. Wer der Jugend die Freiheit ihrer Organisationen, die Freiheit ihrer Gedanken und die Freiheit ihres Glaubens nimmt, der zerstört jede Grundlage dafür, daß die Jugend für die Erfüllung ihrer eigenen Ideale kämpfen kann.

Darum sage ich: Wir Jugendlichen an der Saar kämpfen für das größte Ideal, für die Befreiung Deutschlands und seiner Jugend von seinem schlimmsten Feind, vom Faschismus. Wenn die deutsche Jugend leben soll, dann muß Hitler geschlagen werden und dann muß die Saarjugend am 13. Januar ihre Stimme erheben gegen Hitler und für den Sieg des Status quo. (Andauerndes Händeklatschen und beifallfreudiges Getrampel).

Erich Honecker wandte sich dann vor allem an die anwesenden Delegierten der katholischen Jugendorganisationen und schilderte die Lage der Jungkatholiken im Dritten Reich. Dabei erläuterte er, daß im Programm der Einheitsfront nach dem Sieg des Status quo an der Saar nicht nur die wirtschaftlichen Forderungen aller Werktätigen berücksichtigt wurden, sondern vor allem auch die Forderungen der Jugend auf bessere Entlohnung, längeren Urlaub, umfassendere Freizeit und Aufrechterhaltung und Schutz aller konfessionellen Jugendorganisationen. Erich Honecker endete unter stürmischem Beifall, der wie ein Donner wirkte, seine Ausführungen mit den Worten: Die Saarjugend wird ein Sturmtrupp sein im Kampf gegen den Faschismus, der schlimmsten Geißel der Jugend und der Menschheit, und sie wird sich in diesem Kampf unbeschadet noch bestehender Differenzen die Hände reichen und für immer schließen.

In der Diskussion

sprach zunächst ein Jugenddelegierter der freien Gewerkschaften, dessen bedeutsame Ausführungen, die wir noch wiedergeben werden, auf der Konferenz einen guten Einklang fanden. Die Reihe der jugendlichen Diskussionsredner wurde unterbrochen durch die Führer der Einheitsfront Fritz Pfordt und Max Braun, die beide in wirkungsvoller Weise unter starkem Beifall die Jugendlichen begrüßten und sie ermahnten, alle Kraft aufzubieten, um in Anschluß an den Kongreß die verstärkte Arbeit für die Gewinnung der gesamten Saarjugend aufzunehmen.

Über die Grenzen hinweg

Es fällt schwer, die Begeisterung der Jugenddelegierten zu beschreiben, als kurz vor dem Abschluß der Beratungen eine große Zahl von Begrüßungsschreiben der Jugend aus einer Anzahl Länder verlesen wurde und als einige ausländische Vertreter der werktätigen Jugend persönlich das Wort ergriffen.

Begrüßungstelegramme und Schreiben waren eingegangen von Jugend- und Sportorganisationen, die gleichfalls in ihren eigenen Ländern den Kampf führen gegen Krieg und Faschismus, aus England, der Schweiz, Amerika, Kanada und Frankreich.

An ausländischen Vertretern der werktätigen Jugend sprachen unter dem hellen Jubel aller Anwesenden der Delegierte des Weltkomitees gegen Krieg und Faschismus und des Weltstudenten-Kongresses, der Delegierte der englischen Jugend, der Jugend Frankreichs und 2 Delegierte der Jugend der Schweiz.

Die beiden Schweizer Delegierten waren der Sekretär des Kommunistischen Jugendverbandes und der Sekretär des Sozialistischen Jugendverbandes der Schweiz. Unter hellem Jubel der

Konferenz teilte der Sekretär des Kommunistischen Jugendverbandes der Schweiz mit, daß der Saarkongreß der werktätigen Jugend der Boden sei, auf dem er sich zum ersten Male gemeinsam mit dem Vertreter der Sozialistischen Jugend der Schweiz treffe. Als er dann mitteilte, daß dies hoffentlich der Anlaß sei, auch in der Schweiz zu einem gemeinsamen Jugendkongreß zu kommen, da schien es, als ob der Beifall kein Ende nehmen wollte. Fühlten doch hier alle Jugenddelegierten die große internationale Bedeutung des gewaltigen Einheitskampfes der Jugend an der Saar, für den Kampf gegen den Faschismus auf der ganzen Welt.

Arbeiter-Zeitung, Organ der Kommunistischen Partei Deutschlands, Bezirk Saar, 18.12.1934.

134. Aus einem Bericht über antifaschistische Aktionen in Lagern des Arbeitsdienstes und der Landhilfe in Sachsen, Februar 1935

Die sächsische Regierung erließ im letzten Viertel des vorigen Jahres eine Verordnung, daß in Zukunft nur jene Jugendlichen Beschäftigung in Staats- und Gemeindebetrieben finden, die bereits ein Jahr unentgeltlich in Arbeitsdienst oder Landhilfe gewesen sind. Allen Jugendlichen unter 25 Jahren, die in Staats- oder Gemeindebetrieben arbeiteten, wurde es zur Pflicht gemacht, sofort das Jahr Arbeitsdienst oder Landhilfe abzudienen, anderenfalls das Arbeitsverhältnis gelöst wird. In den Großbetrieben ging man an die Verschickung der unter 25 Jahre alten Beschäftigten, aufs Land. In einem Großbetrieb in Chemnitz setzten die Jugendlichen Widerstand entgegen und erreichten, daß die Direktion die Entlassungen vom November 1934 auf April 1935 verschob. Illegale Handzettel, die vom Kommunistischen Jugendverband in diesem Betrieb verteilt wurden, riefen bei der Jugendbelegschaft und der Jugend in anderen Betrieben stürmisches Echo hervor. Ja in diesen Betrieben kam es so weit, daß die Mitglieder der Hitlerjugend und B.d.M. in einer Abteilung, als wegen einer Betriebsstörung Nacharbeit verlangt wurde, dieselbe ablehnten und demonstrativ dieser Arbeit fernblieben und für die Zeit der Betriebsstörung sogar Bezahlung verlangten.
Um dieselbe Zeit trat in der Chemnitzer Industrieschule eine Klasse in den Streik und verließ demonstrativ die Schule, weil ein Nazi-Jugendpädagoge einem Schüler eine Ohrfeige verabreichte. Als bekannt wurde, daß neue Entlassungen mit dem Zwecke der Verschickung aufs Land in einer Anzahl von Betrieben vorbereitet werden, da schrieben Jungarbeiter an ihre Kameraden in Ostpreußen, wie es denn eigentlich in der Landhilfe aussieht; die Antworten, die dann kamen, gingen in den Chemnitzer Betrieben von Hand zu Hand ...
Diese Briefe hatten zur Folge, daß niemand zur Landhilfe gehen wollte. Und so meldeten sich eben mehr zum Arbeitsdienst und zur Reichswehr als zur Landhilfe. Aber um die Jugendlichen, die man einmal in Ostpreußen hatte, nicht mehr zurück in die Heimat zu lassen, gingen die Nazibonzen zu anderen Methoden über. Arbeitsamtsbonzen wandten sich an die Eltern der jugendlichen Landhelfer, beeinflußten sie und ließen sie Formulare unterschreiben, die besagten, daß sie (die Eltern) verlangen, daß ihre Söhne noch weiter in Ostpreußen bei der Landhilfe oder im Arbeitsdienst bleiben sollen, denn sie könnten sie nicht ernähren und gebrauchen. Ein Teil der Eltern fiel auf diese Provokation herein, während ein sehr großer Teil, vor allem Chemnitzer Eltern erklärten, daß sie auf Grund der Berichte, die sie von ihren Söhnen und Töchtern erhielten, denselben nicht länger zumuten könnten, in solchen Verhältnissen auszuharren.
Der Widerstand gegen das Verbleiben in der Landhilfe in Ostpreußen ist so gewachsen, daß die Nazis in Königsberg ein eigenes Konzentrationslager für Landhelfer errichtet haben.

In Sachsens AD-Lagern.
Doch auch jene Jugendlichen Sachsens, die man in die Arbeitsdienstlager zwang, lernten Verhältnisse kennen, die sich in wenigem von denjenigen in Ostpreußen unterscheiden.
Gedrillt alle Tage und von den Leuteschindern täglich in Kasernenhofton angeschnauzt,

zwingt man die Jugendlichen noch extra in schlechten Kleidern, meist untergebracht in schlechten unhygienischen Räumen, bei noch viel schlechterem Fraß, ein Leben zu fristen, daß die Jugendlichen manchmal schon ganz offen zur Rebellion übergehen.

So rückten vor kurzem aus dem Arbeitsdienstlager Bornichen bei Oederen i. Sa. ca. 50 Jugendliche geschlossen ab nach fünfmonatiger Dienstzeit, ohne die letzten 4 Wochen noch zu verbleiben. Im Arbeitsdienstlager Neukirchen bei Chemnitz wurde das Essen von Tag zu Tag schlechter. 85 oder 88 Pfennig war dort der Satz, der täglich pro Kopf der Insassen verwendet werden sollte. Die Jugendlichen taten sich zusammen und stellten fest, daß von diesem an und für sich niedrigen Betrag ein Teil zurückbehalten wird. Sie prüften und errechneten, daß ganze 61 Pfennig von der Lagerverwaltung pro Kopf ausgegeben wurde. Des Nachts entspannen sich in den Schlafbaracken heftige Diskussionen und sie beratschlagten, welche Maßnahmen gegen diesen Betrug ergriffen werden müßten ...

Im Arbeitsdienstlager Stollberg meldeten sich immer mehr Arbeitsdienstler zum Arzt und vor allem zum Zahnarzt. Durch den täglichen Genuß von schlechter Marmelade, die es einige Male am Tag gibt, werden immer mehr Zähne kaputt, was übrigens aus fast allen Lagern berichtet wird. Die Arbeitsdienstler, die meistens sehr schwere Erdarbeiten verrichten müssen, verlangen Butter und wollen nicht mehr länger Marmelade futtern.

Hitler-Jugend in Gärung.

In den Leitungen der nationalsozialistischen Jugend und im Bund deutscher Mädchen herrscht grenzenlose Korruption.

Marianne Lämmel, die Gauleiterin des sächsischen Bundes deutscher Mädchen unterschlug 22.000 Mark. Dieselbe Lämmel wurde vor kurzem in einer Zeitung als ausgezeichnete Führerin der sächsischen Mädchenbewegung bezeichnet. Diese Marianne Lämmel hat einen Freund, der Lederfabrikant ist und da beide sich ein nettes Sümmchen erhofften, versuchte Marianne beim sächsischen Bund deutscher Mädchen Tornister (!) einzuführen, die ihr Freund verfertigen sollte. In fast allen sächsischen Städten sind in letzter Zeit aus den Leitungen von Hitlerjugend und Bund deutscher Mädchen führende Persönlichkeiten wegen Korruption ausgeschlossen worden.

Noch gibt es erst Anfänge. Aber in der Einheit des Kampfes gegen den Faschismus werden die Kräfte der kämpfenden Jugend Sachsens wachsen ...

Archiv der Gedenkstätte Ernst Thälmann, Hamburg.

135. Offener Brief der Bezirksleitung des KJVD Berlin-Brandenburg an die SAJ, Februar 1935

An alle Leitungen und Mitglieder der Berliner SAJ

Liebe Genossen!

Aus allen wichtigen Berliner Betrieben erreicht uns die alarmierende Nachricht:
Zwangsverschickungen zum Arbeitsdienst und zur Landhilfe werden in verstärktem Maße wieder in Angriff genommen!
Die faschistischen Betriebsführer wollen im Sinne ihrer Führer die bankrotte Arbeitsschlacht retten!
Im Arbeitsdienst ist die Disziplinargewalt zum Gesetz erhoben!
Das bedeutet für die Jugend: schutzlose Auslieferung an die Willkür berufsmäßiger, reaktionärer Offizierscliquen und offene Vorbereitung der Arbeitsdienstpflicht! Die deutsche Bourgeoisie will mit ihrem schändlichen Arbeitsplatztauschgesetz die ganze werktätige Jugend als Kanonenfutter für die imperialistischen Ziele einspannen! Fieberhafte Kriegsproduktion ist uns allen eine bekannte Tatsache. Durch Betriebsordnungen und Betriebsappelle wird die Ausbeu-

tung gesteigert. Blomberg fordert die Wiedereinführung der Militärdienstpflicht!

Die faschistische Hitler-Diktatur steuert mit vollen Segeln in ein drohendes Kriegsabenteuer, und wir Jugendliche sollen unsere Knochen für die Profitinteressen der Siemens, Krupp, Borsig und Thyssen zu Markte tragen! Die Berliner Arbeiterjungen und -mädel rebellieren gegen Landhilfe, sie wehren sich und sind bereit, ihren Arbeitsplatz zu verteidigen! Sie wollen auch nicht auf dem »Schlachtfeld der Ehre« Gesundheit und Leben lassen. Der Wille zum Kampf ist da, aber viele von ihnen sind verbittert und verzweifelt, weil sie keinen Ausweg sehen. Vor allem fehlt ihnen die Erfahrung, wie sie kämpfen sollen und müssen.

Bei Osram und Tietz sind schon zwei Mädels aus Verzweiflung und Angst vor Landhilfe in den Tod gegangen!

Wir klassenbewußte Arbeiterjugend haben die verdammte Pflicht und Schuldigkeit, durch unseren gemeinsamen Kampf der unterdrückten Jugend den Ausweg zu zeigen!

Genossen! An uns liegt es, wir haben es in der Hand, die allgemeine Massenempörung zu bewußten Widerstandsaktionen zu entwickeln.

Kein anderer erfüllt diese Aufgabe für uns! Es gilt zu handeln, und darum machen wir euch aus den Kampferfahrungen der Berliner Arbeiterjugend folgende Vorschläge für unsere gemeinsame Arbeit! Macht ihr eure Vorschläge und laßt uns unverzüglich, betrieblich und örtlich, im kameradschaftlichen Sinn mit der Arbeit beginnen!

1. Unsere Hauptaufgabe muß es sein: den Rausschmiß der Jugendlichen aus den Betrieben zu verhindern!

   Es gilt das Kräftebewußtsein der Betriebsarbeiterjugend zu steigern und ihnen zu sagen: Was wollen denn die Herrschaften tun, wenn wir einfach nicht zum Arzt und noch weniger zur Landhilfe gehen? Was machen sie, wenn wir auf unserem Arbeitsplatz bleiben? Wollen sie uns vielleicht mit Gummiknüppeln und Bajonetten treiben? Nein, das werden sie nicht zu tun wagen.

   Verweigert darum die Unterschriften unter den Sklavenvertrag für Landhilfe, Arbeitsdienst und Haushaltsjahr, bleibt geschlossen der ärztlichen Untersuchung fern, kämpft um euren Arbeitsplatz und fordert eine Betriebsversammlung! Sagt dort, wie euch Jungens und Mädels zu Mute ist und sorgt dafür, daß der Arbeitsplatzaustausch abgelehnt wird...

   Für alle diejenigen, die aufs Land fahren müssen, verlangen wir eine schriftliche Garantieerklärung, die ihre Wiedereinstellung in den Betrieb sichert.

   Wir schlagen euch vor, Genossen, gemeinsam mit uns darauf hinzuarbeiten, daß SAJler, Jungkommunisten sowie FGJler und Sportler sich in diesem Sinne bei allen Gelegenheiten im Betrieb besprechen und alle Formen des Widerstandes organisieren! In einigen Berliner Betrieben sind schon Delegationen und passive Resistenz erfolgreich angewandt worden. Viel umfangreicher aber und mit mehr Erfolg hätte die Arbeiterjugend gekämpft, wenn ihr als aktive Antifaschisten eure ganze Kraft mit in die Waagschale geworfen hättet.

   Ihr und wir, im Kampf vereint, können den Rausschmiß aus den Betrieben verhindern!

2. Viele tausend Berliner Arbeiterjungens und -mädels sind schon draußen im Arbeitsdienst und Landhilfe und warten auf unsere Anleitung und Hilfe im Kampf gegen den Faschismus. Wir können mit unseren Genossen durch Briefe und — wenn sie Urlaub haben — direkt die Verbindung aufnehmen. Sonntags können wir zu den umliegenden FAD-Lagern fahren und mit unseren Genossen besprechen, wie sie für die Seife zum Waschen des Drillichanzuges und für Fußlappen, um die Strümpfe zu schonen, usw. kämpfen können.

   Laßt uns dafür eintreten, daß KJV- und SAJ-Genossen sich in diesem Kampfe vereinen und als revolutionäre Gruppe die AD-Lager zu antifaschistischen Heimstätten und die FADler zu Soldaten der Revolution erziehen!

   Ein Jungbanner-Kamerad schreibt uns: »Also im großen und ganzen hängt mir alles zum Halse heraus, aber ... wir stehen unter Militärgesetz. Nun, und du wirst ja schon etwas von Fahnenflucht gehört haben. Festung !!!«

Unsere Genossen müssen die Initiative ergreifen und für ihre Lager die Einführung der Dienststrafgerichtsbarkeit ablehnen! Zugleich propagieren wir vollste Solidarität mit gemaßregelten Arbeitsdienstkameraden!
Entsprechende Arbeitsmethoden könne wir auch unter den Landhelfern anwenden, wobei wir insbesondere um die vertraglichen Zusicherungen kämpfen!

3. Anknüpfend an die gewerkschaftlichen Kampfmethoden, gemäß der Rolle, die Marx den Gewerkschaften zuwies, einen täglichen Kleinkrieg gegen den Kapitalismus zu führen bis zur Aufhebung des Systems der Lohnarbeit, ist unsere brennendste Aufgabe im Kampf gegen den Arbeitsplatzaustausch, gegen die faschistischen Betriebsordnungen und den Winterhilfsbetrug, die Jugendsektionen der Freien Gewerkschaften wieder aufzubauen! So, wie in einem Berliner Betrieb, wo Genossen vom KJV, aus der SAJ, der FGJ und junge Arbeitersportler sich in vollster Gleichberechtigung auf dem Boden gewerkschaflicher Demokratie in der Metallarbeiterjugend vereinen und für ihr betriebliches Kampfprogramm eintreten, sind in vielen Betrieben die Möglichkeiten zum sofortigen Aufbau der Freien Gewerkschafts-Jugend vorhanden. Im Sinne dieser Aufgabe schlagen wir vor, in der Arbeitsfront mit einer offensiven Oppositionsaussprache zu beginnen, um diese Organisation von innen heraus zu sprengen.
So wie wir euch hier aus der Berliner Einheitsfront-Bewegung die wichtigsten Vorschläge unterbreiten, wollen wir auch die gemeinsame Schulung und Sammelaktion für proletarische Gefangene erwähnen.
Wir haben alle unsere Genossen angewiesen, daß sie auf der Grundlage dieses Briefes mit euch über die konkreten Maßnahmen sprechen sollen. Macht das Gleiche bei euch, dann werden wir am besten unserer großen Toten Liebknecht, Luxemburg, Lenin gerade in diesen Tagen gedenken. Dadurch werden wir auch dem internationalen Jugendproletariat beweisen, daß wir aus den deutschen Ereignissen, aus den Kämpfen in Österreich, Spanien und Frankreich und der internationalen Einheitsfrontbewegung, insbesondere unserer Brüder an der Saar, die einzige richtige Lehre gezogen haben: einig zu sein im Kampf!
Einzelne Genossen unter euch haben Bedenken, mit uns zusammenzuarbeiten. Sie meinen, die Einheitsfront sei für uns nur »ein Manöver«, und es sei gefährlich, mit uns zu arbeiten. Es ist richtig, daß unsere Arbeit gefährlich ist, denn sie hat den Sturz der faschistischen Hitlerdiktatur zum Ziel. Und wollt ihr das nicht auch? Und gerade weil ihr das auch wollt, müssen wir unsere illegalen Kampferfahrungen austauschen und uns gegenseitig helfen. Wenn wir so, von Freund zu Freund, von Mann zu Mann, im Betrieb, im Wohnort, in Kulturorganisationen und Berufsschulen die Verbindung aufnehmen, dann wird eine erhöhte Sicherung unseres antifaschistischen Kampfes die Folge sein.

Genossen, wir fragen euch, kann es ein Manöver sein, wenn wir gemeinsam mit euch beraten, Erfahrungen austauschen und gemeinsam Beschlüsse fassen wollen? Ihr selbst werdet beschließen, die Mehrheit wird entscheiden!
Das ist kein Manöver!
Überzeugt euch selbst! Wollen wir uns einmal kameradschaftlich aussprechen!
Wir wollen die Lehre von Karl Marx beherzigen, daß die Befreiung der Arbeiterklasse nur ihr Werk selbst sein kann! Auf uns kommt es an! Ohne unsere gemeinsame Arbeit ist der Sturz der faschistischen Hitlerdiktatur, ist der Sieg der Arbeiterklasse unmöglich. Das laßt uns beherzigen und wie Brüder treu zusammenstehen!

Mit freundschaftlichem Gruß und Händedruck
Bezirksleitung des KJVD
Berlin-Brandenburg

IML/ZPA, 67/1/2641.

136. Aus einem Bericht über die Neuorganisation des Roten Stoßtrupp, März 1935

Vor einiger Zeit wurde in Berlin eine Reihe von jungen Leuten verurteilt wegen Bildung einer verbotenen Vereinigung, die sich der Rote Stoßtrupp nannte. Sie bestand in der Hauptsache aus ehemaligen Mitgliedern der soz. Arbeiterjugend, des Reichsbanners und der Arbeiter-Sport-Organisation. Die Hauptleiter der Organisation wurden früh genug von der Aktion der Gestapo in Kenntnis gesetzt. Den meisten gelang es zu fliehen. Sie kamen zum Teil ins Ausland. Da den Verhafteten die Leiter nicht unter ihrem eigentlichen Namen bekannt waren, blieben sie zum größten Teil unbehelligt.

Diese Leiter haben nun das Ergebnis des Prozesses abgewartet. Als es feststand, daß ihre eigentlichen Namen nicht bekannt worden waren, schritten sie zur Neugründung des roten Stoßtrupps. Die Vorbereitungen dazu nahmen sehr lange Zeit in Anspruch, weil es zuerst an Geldmitteln fehlte und man sehr vorsichtig vorging, damit die Gestapo keinen Wind von der Sache bekam.

Durch Vermittlung des Dr. Herring gelang es, in England größere Geldmittel freizumachen. Dieses Geld stammt zu einem Teil von der TRADE UNIONS, dann aus freiwilligen Sammlungen bei meetings gegen den Faschismus und aus laufenden Mitteln des englischen Hilfs-Komitees für die Opfer des Faschismus. Ferner erhielt Herring die Unterstützung der SOCIALIST LIGE, die laufend illegales Material für den roten Stoßtrupp druckt.

Die Organisation besteht fast nur aus jungen Leuten bis zu dreißig Jahren. Sie sind in der Regel ehemalige Funktionäre und Unterführer der Soz. Arb. Jugend, des Reichsbanners, der Arbeiter-Sport-Organisation; und fast die gesamte Führergarnitur entstammt den Soz. Pionier-Gruppen. Diese wurden schon kurz vor der Machtergreifung Hitlers im September 32 mit dem ausschließlichen Zwecke gebildet, eine illegale Cader-Org. zu sein für den Fall, daß die Nationalsozialisten zur Macht kämen und die S.P.D. verbieten würden. Schon damals wurden nur ganz ausgewählte Leute in die Pionierorganisation aufgenommen. Heute bilden die Pioniergruppen den Stamm und die Leiter des roten Stoßtrupp.

Aufgebaut ist die Organisation nach dem bekannten Drei-Zellen-System, gruppiert in Straßen, Siedlungen, Häuserblocks, Stadtteilgruppen. Dem Leiter der einzelnen Zelle ist nur er Deckname und die Deckadresse des nächstoberen Zellenleiters bekannt. Dieses setzt sich fort bis zur obersten Leitung. Voll ausgebaut sind die Gruppen bisher in Berlin, in Essen, in Duisburg-Hamborn und in Düsseldorf. Außerdem besteht in Hamburg eine sehr gut ausgebaute Pionierorganisation, die mit dem roten Stoßrupp nur über die Auslandsstelle Verbindung hat. Die Hamburger Organisation war die erste und bestausgebaute Pionierorganisation schon 1932. Sie hat in der ganzen Zeit noch nicht zu bestehen aufgehört. Sie wird von der SOPADE Prag finanziell sehr stark unterstützt. Sie bilden die Hauptorganisation der S.P.D. für den Schmuggel und die Herstellung illegaler Schriften. Eine ganze Reihe dieser Schriften kommen im tschechoslowakischen Transitverkehr zum Hamburger Freihafen in unauffällig kaschierten Warenpackungen. Von dort werden sie durch Angehörige der Pioniergruppen, die im Freihafen beschäftigt sind, heimlich in das Stadtgebiet befördert. Von dort werden sie durch andere Gruppen in harmlos aussehende Pakete verpackt und dann durch Autos des Güterfernverkehrs weiterbefördert. Es ist der besondere Stolz der Hamburger Organisation, daß bisher noch nie ein Paket oder ein Mitglied der Organisation der Gestapo in die Hände gefallen ist.

Außerdem befaßt sich die Hamburger Gruppe auch mit der Verteilung und Weiterbeförderung der Flugblätter, die durch Angehörige des Seemannsverbandes aus ausländischen Hafenplätzen nach Hamburg kommen. Die Hamburger Gruppe berichtet seit einiger Zeit, daß die

Kommunisten viele Flugblätter mit russischen Schiffen erhalten. Die meisten der russischen Flugblätter kommen aber nicht aus Rußland, sondern aus England. Dort werden sie von der Auslandsleitung der deutschen K.P. verfaßt und gedruckt und an Bord der sowjetrussischen Schiffe gebracht, die in regelmäßigen Abständen nach London kommen. Beim Passieren des Nordostsee-Kanals werden sie an Land gebracht und weiterbefördert. Die meisten der kommunistischen Flugblätter gehen nach Hannover. Dort werden sie umgepackt, meistens in Zigarettenpackungen (nur der Boden ist bedeckt, die oberen Lagen Zigaretten bleiben unberührt) und gehen von da zu einer Zentrale in Berlin und nach Essen. Den weiteren Weg hat man nicht verfolgen können.

Nach den Mitteilungen des Dr. Herring beläuft sich die Mitgliederzahl in Berlin über 750 aktiv Tätige. Im Ruhrgebiet in allen angegebenen Städten über 1300. Alles in allem gerechnet sind über 700 Einzelgruppen tätig. Die Haupttätigkeit besteht im Anfertigen und unauffälligem Verteilen von marxistischem Material. Dieses ist meistens sehr harmlos aufgemacht. Von jetzt im Umlauf befindlichen Schriften sind folgende bekannt:

Fremdenführer durch Berlin!
Fremdenführer durch das Ruhrgebiet!
Bilder und Lebensgeschichte hervorragender Nationalsozialisten.

Alle diese drei Schriften enthalten die Totenliste vom 30. Juni, sind auf allen Seiten illustriert und enthalten auf jeder Seite mitten im harmlosen und unverfänglichen Text, die Namen der Ermordeten vom 30. Juni mit Angabe der näheren Umstände. Die oben angegebene dritte Broschüre richtet sich hauptsächlich an die Nazis. Diese Druckschriften sind in Prag gedruckt.

Kurzes Kochbuch und 100 Arten der Salat-Zubereitung.

Befaßt sich mit den Verhältnissen in Deutschland hauptsächlich mit der Nahrungsmittelknappheit, den hohen Preisen und richtet sich an die Frauen.

Kurzer Katechismus für Deutsche, mit dem Untertitel
Und was der Feind uns angetan,

enthält neben harmlosem Text über den Vertrag von Versailles die Auszüge aus den Reden hervorragender Naziführer vor dem 30. Januar 1933 und deren Taten sowie eine Gegenüberstellung des Nationalsozialistischen Programms und den bisherigen Leistungen.

Schipp-Schipp-Hurrah, Handbuch für Arbeitsdienstfreiwillige.

behandelt die Verhältnisse im freiwilligen Arbeitsdienst.

Was muß der deutsche Arbeiter von der deutschen Arbeitsfront wissen. Untertitel: **Die wichtigsten Verordnungen über die deutsche Arbeit.**

Das letztere ist ein gewerkschaftliches Flugblatt vom Int. Gew. Bund, in Zürich gedruckt und von dort über die Grenze geschmuggelt. Es wird nur in den Betrieben vertrieben. Es enthält Gegenüberstellungen der Rechte der Arbeiter vor Hitler, verglichen mit heute. Die Preise der wichtigsten Lebensmittel vor Hitler und heute, Löhne und Arbeitsbedingungen vor Hitler und heute. Eine Vergleichsskala der Zahl und Gehälter der Deutschen Arbeitsfront und der ehemaligen Arbeiter, ferner eine Lebensbeschreibung der Führer der Arbeitsfront; besonders Dr. Ley wird sehr liebevoll geschildert.

Von dieser Broschüre wird behauptet, daß sie ungeheuren Anklang und Absatz findet.

Außer mit dem Vertrieb der oben angegebenen Druckschriften beschäftigt sich der rote Stoßtrupp mit Selbstanfertigung von Flugschriften, die auf besondere Vorgänge oder Verhältnisse in den einzelnen Gegenden zugeschnitten sind und lokalpolitischen Charakter tragen.

Die oben angegebenen Broschüren werden nicht nur durch den roten Stoßtrupp, sondern auch durch andere illegale Organisationen vertrieben ...

Dokumentationsarchiv des deutschen Widerstandes, Frankfurt/M., AN 1820.

137. Aus einem Artikel einer illegalen Zeitung des KJVD in Magdeburg-Anhalt, April 1935

Die Einführung der allgemeinen Wehrpflicht in Deutschland kam keineswegs überraschend. Es war ja eine feststehende Tatsache, daß 75 % aller deutschen Fabriken mit der Herstellung von Kriegsmaterial beschäftigt waren und es heute noch sind. Man konnte in Deutschland herumkommen wo man wollte, überall baut man mit Hochdruck unterirdische Flugzeughallen, Kasernen, Munitionsfabriken usw.

So hat man z. B. in der Dübener Heide ein großes Gebiet im Walde abgesperrt, keinen außer den Beschäftigten läßt man heran, man baut unter 12-13 m starken Betondecken Flugzeughallen, den Leuten erzählt man, es wird eine Schokoladenfabrik.

Ebenfalls in der Nähe von Leipzig erbaut man 200 Kasernengebäude.

In Hannover hat man bereits 36 große Flugzeughallen eingeweiht. In jeder können 50 Flugzeuge untergebracht werden.

In Magdeburg selbst hat man 12 große Flughallen gebaut, vergrößert die Kasernen, auch das Arbeitsamt soll wieder in eine Kaserne umgewandelt werden.

Seiten könnte man über diese Aufrüstungsmaßnahmen der deutschen Bourgeoisie noch füllen, und diese Dinge geschahen alle schon vor der Verkündung der allgemeinen Wehrpflicht. Ihre Verkündung setzte nur einer zweijährigen systematischen Militarisierung die Krone auf.

Und zu welchem Zweck das alles? Für den Frieden sagen und schreiben die Nazis — lachhaftes Geschwätz. Wir sagen, die Bougeoisie in Deutschland rüstet zu einem neuen Krieg, zu einem Krieg in erster Linie gegen die Sowjetunion. Hier einige Beispiele dafür:

Als in England das Weißbuch erschien und die englische Aufrüstung begründete, da schrieb der »Völkische Beobachter«:

»Warum nimmt England gerade Deutschland als Begründung seiner Aufrüstung, es sollte doch lieber die Sowjetunion nehmen.«

Weiter wurde in der Erklärung der Reichsregierung kein Land erwähnt, außer der SU mit ihren 101 Divisionen, die aber Deutschland zur Begründung seiner Aufrüstung nimmt. Und am 5. April erklärte Heß in seiner Rede zu den Danziger Wahlen, in Bezug auf den Ostpakt: Man könne es Deutschland nicht verübeln, wenn es mit Rußland keinen Pakt abschließe, man müsse in den sowjet-russischen Politikern die Vorkämpfer der Weltrevolution sehen und als Vertragspartner einer internationalen Abmachung zur Erhaltung des Friedens spielten sie eine schwierige Rolle.

Dies alles in Verbindung mit einer jahrelangen systematischen Hetze gegen die SU, zeigt den wahren Zweck der Militarisierung.

Jungarbeiter - Mütter - Väter!
Wir sehen in Deutschland trotz aller Friedensbeteuerungen das ständige Wachsen der Kriegsgefahr, überall spricht man davon, daß das alles in einem Kriege enden wird.
Wir müssen und können ihn verhindern!
Nicht abseits dürfen wir uns stellen - einzelne Militärdienst-Verweigerung wird erfolglos bleiben. Wir gehen hin in die Kasernen, dort unter all den Jungarbeitern machen wir jedem den wirklichen Zweck der Militarisierung klar. Wir bilden Zirkel der Sowjet-Freunde und Zellen der revolutionären Jungarbeiter.

> **Der Feind für uns steht im eigenen Land,**
> **das ist die Bourgeoisie und der Faschismus,**
> die der Jugend die Zukunft rauben.

Die Junge Garde. Organ der werktätigen Jugend Magdeburg-Anhalt, April 1935.

138. Aus der Einschätzung zur Situation in der deutschen Jugend in den Deutschland-Berichten der Sopade, Juni 1935

Hat Hitler recht, wenn er immer wieder behauptet: Wir wissen, daß viele unter den Älteren uns ablehnen; aber die Jugend ist uns verfallen mit Leib und Seele? — Von der Beantwortung dieser Frage durch die Entwicklung wird vieles für den Bestand des Systems abhängen. Deshalb ist es wichtig, den Vorgängen in der deutschen Jugend, in der Schule und auf der Universität, in der Hitler-Jugend und im Betrieb, besondere Aufmerksamkeit zuzuwenden.

Wir schicken einige allgemeine Betrachtungen voraus:

Bayern: Die Ansichten der Berichterstatter über die Begeisterung der Jugend für das Regime sind nicht einheitlich. Während der größere Teil unserer Freunde in der heranwachsenden Jugend eine unerhörte Stärkung des Faschismus erblicken, sagt z.B. der Beobachter aus X: Die Stimmung bei der Jugend ist durchaus nicht einheitlich. Daß bei der HJ alles versucht wird, um Begeisterung zu erzeugen, ist klar, aber schon in der Arbeiterjugend und besonders bei der Jugend im Arbeitsdienst kann man viele scharfe Wörter hören. Ich glaube, daß es gut ist, wenn wir genau wie bei den Erwachsenen unterscheiden zwischen einem Teil der fanatischen Nachbeter und jenem anderen Teil, der nur gezwungen der Sache dient. Wenn die Jungen aus der HJ den Ernst des Lebens kennen lernen und wenn sie erst einmal im Arbeitsdienst richtig geschliffen werden, dann ändert sich mitunter rasch ihre große Begeisterung. In unseren Schulen sind etwa ein Drittel nicht bei der HJ, sie müssen daher am Samstag in den Schulunterricht. In einzelnen Klassen hat in der letzten Zeit die Zahl der Schulbesucher zugenommen, weil die Eltern ihre Kinder in der Schule besser aufgehoben wissen, als bei der ewigen anstrengenden Exerziererei der Hitlerjugend.

Ein Einzelbeobachter aus München gibt folgendes Bild der allgemeinen Stimmung: Das Volk ist nach 2 Jahren Hitler nicht wieder zu erkennen. Die große künstliche Belebung der Volksstimmung durch die mit großem Geschick durchgeführten Volksbelustigungen kann nicht darüber hinwegtäuschen, daß die ältere Generation der Lebenden unter der Unfreiheit leidet. Gleiches kann nicht von der Jugend gesagt werden. Sie hat das Herz voller Hoffnungen und sieht sich nicht getäuscht, weil sie alles noch von der Zukunft erwartet. Das stark angewachsene Selbstbewußtsein der Jugend ist eines der wesentlichsten Merkmale der neuen Zeit. Es ist so: der wertvolle Teil der deutschen Jugend steht heute in den Reihen des Faschismus. Einzelnen klerikalen Strömungen messe ich keine gravierende Bedeutung zu. Ihre politische Resonanz ist sehr begrenzt. Unfreiheit als Kampfbasis gegen bestehende Diktatur ist daher nur bedingt wirksam, kaum wird sie größere Zugkraft bei der Jugend haben. Ihr imponiert der Schein der Kraft.

Rheinland-Westfalen, 1. Bericht: Die Jugend unter 18 Jahren denkt schon voraussetzungslos. Sie hat keine Tradition mehr und hier tut sich eine der größten Gefahren auf, denen wir ins Auge sehen müssen. Die Weimarer Parteien sind für diese Jugend nur noch Verbrecher-Parteien. Diese Jugend hat aber nur allgemeine Beziehungen zu den Symbolen der nationalsozialistischen Bewegung, aber nicht zu staatspolitischen Problemen. Sie hält zu Hitler, aber nicht einmal Goering oder Frick interessieren sie.

Die Jugend macht sich kaum noch irgendwelche politischen Gedanken. Der Arbeitsdienst ist für sie eine kesse Angelegenheit. Die Chance, in die Reichswehr zu kommen, bedeutet die Flucht aus der Arbeitslosigkeit und aus der Enge des Elternhauses. Diese jungen Reichswehrleute, was heute bei Gesprächen wiederholt festgestellt wird, sind ebenso Menschen ohne politischen Gedanken. Sie folgen auf Befehl und haben noch immer keine innere Beziehung zu Hitler. Im Arbeitsdienst herrscht eine Art Versorgungspsychose vor. Die Leute glauben, wenn sie erst ihren Arbeitspaß haben, daß sie dann der Arbeitslosigkeit entronnen sind.

2. Bericht: Das Jugendproblem macht uns viel Sorge. Um die heutige Generation, soweit sie noch in der Partei, der Gewerkschaft und der SAJ, Schulung und Gesinnung fand, braucht nie-

mand besorgt zu sein. Der Faschismus wird in ihrem Leben die Gesinnung nicht brechen können. Mit der heranwachsenden Jugend ist es aber ganz anders. Sie wird eine gewisse Gefahr. Natürlich ist auch diese Schicht der Jüngeren nicht nur begeistert, sondern vielfach verbittert über die Strapazen in der HJ usw. Doch dürfen wir nicht übersehen, daß unsere Gegner heute in weitestem Umfang alle Mittel zur Verfügung haben, um die Kinder in eine ganz andere als unsere Welt abzulenken. Wir haben absolut kein Mittel, um an diese Generation heranzukommen. Vorläufig noch nicht einmal in der Familie. Unbewußt, aber auch bewußt, werden Kinder ihren eigenen Eltern gefährlich.

3. Bericht: Die Erziehung in der Sozialistischen Arbeiter-Jugend trägt ihre Früchte und war nicht vergebens. Die Jungen und Mädel, die in der SAJ waren und darüber hinaus neue junge Kämpfer wissen immer wieder neue Gelegenheiten zu finden, um zusammen zu kommen. Und wenn die Nazis erst wüßten, wieviele sich äußerlich gleichgeschaltet haben, innerlich aber fanatisch an ihrer Überzeugung festhalten. Aber die Zahl ist immer noch zu klein und zum offenen Kampf reicht es unter den obwaltenden Umständen nicht.

Südwestdeutschland: Bei der Jugend der höheren Schulen wirkt das enge Gefüttertwerden mit Nationalsozialismus ebenso wie in früheren Jahrzehnten die zu starke Beibringung von Religion. Der Nationalsozialismus ist nicht mehr eine Sache jugendlichen Kampfes, sondern des staatlichen Schulunterrichts. Damit verliert er an Interesse, zumal mit der Unterdrückung des politischen Gegners und des andersdenkenden Jugendbundes das belebende Element des Feindes, mit dem man sich auseinandersetzen kann, weggefallen ist. So kommt es, daß heute vielfach das Sich-Drücken vor der Hitlerjugend und ihren Veranstaltungen, das Übertreten nationalsozialistischer Verbote zu einem Sport geworden ist, der der Jugend, die gern den amtlichen Stellen ein Schnippchen schlägt, recht liegt.

Sachsen: In Leipzig gibt es sogut wie anderswo auch in der Jugend noch Spuren der Abneigung und des Widerstandes gegen den Hitlerismus.

Ein Zeichen dafür ist, daß in den proletarischen Vierteln Leipzigs die Hitlerjugend nicht recht voran kommt und jedenfalls einen viel geringeren Prozentsatz von Jugendlichen und Schülern erfaßt als in den bürgerlichen Vierteln. Ja, sogar im Kindergarten gibt es Antifaschismus. Ist da eine Arbeiterfamilie, die ihr dreiundeinhalbjähriges Kind dem Kindergarten anvertraut hat. Das Kind erzählt eines Tages, daß im Kindergarten eine Hitlergeburtstagsfeier stattfinden werde. Ob es da auch »Heil Hitler« sagen müsse. Die Mutter bejaht: das ginge nicht anders, es solle es das eine Mal nur tun. Das Kind gehorchte. Als es aber wie die anderen Kinder auf dem Fest eine kleine Hakenkreuzfahne geschenkt bekam, nahm es die Fahne nur, um sie sofort zu zerbrechen und in die Worte auszubrechen: »Die brauchen wir nicht; mein Papa hat ja keine Arbeit!«

Deutschland – Berichte der Sopade. Deutschland – Berichte der Sozialdemokratischen Partei Deutschlands (Sopade) 1934-1940, Band 2, Salzhausen/Frankfurt/M. 1982, S. 684 ff.

139. Aus der Rede von Anton Ackermann auf der Brüsseler Konferenz der KPD, 3. — 15.10.1935

Genossen!
Das Schicksal der Jugend ist zur brennendsten Frage unserer Zeit und zur wichtigsten Frage des deutschen Volkes, das so schwer bedrückt ist, geworden. Der Kampf um die Jugend ist jener Kampfabschnitt, wo das Trommelfeuer am stärksten ist, wo am erbittertsten gerungen wird zwischen Reaktion und Fortschritt, Tyrannei und Freiheit, Kapitalismus und Sozialismus.

Für den KJVD und für den Kampf unserer Partei um die Jugend steht eine Frage im Vordergrund. Die Frage lautet: Warum ist unser Jugendverband so schwach, so in sich abgeschlossen, und wodurch erklärt sich der gewaltige Einfluß des Faschismus auf die Jugend?

1. Faschismus und Jugend

Hat der Faschismus so großen Einfluß auf die Jugend, weil er ihr ein glückliches Leben beschert hat? Hitler versprach der Jugend die Erfüllung aller ihrer Wünsche, wenn er die Macht erobert hat. Wir wollen nicht verkennen, daß das Naziregime wirklich einzelne Maßnahmen durchführt, die der Jugend den Glauben einflößen, daß der Faschismus gewillt und imstande sei, der werktätigen Jugend Arbeit, Brot, Kleidung und ein zukunftsreiches Leben zu geben. Zu solchen Maßnahmen müssen wir zum Beispiel die Errichtung von Sommerlagern, Freizeitlagern, die Durchführung von Urlaubsreisen, die Gründung sogenannter Kulturanstalten für die Jugend und anderes zählen.

Wie geht es aber tatsächlich den meisten werktätigen Jugendlichen in Deutschland? Ich nehme ein Beispiel heraus, die Urlaubsfrage. Die deutschen Arbeiter haben sich im jahrzehntelangen Kampf bestimmte Urlaubsrechte errungen. Der Faschismus hat an dem Urlaub für Jugendliche besonderes Interesse. Er möchte mit einer Klappe zwei Fliegen schlagen, denn er benutzt den Urlaub, um die Jugend unter seinem Kommando zusammenzufassen, sie faschistisch zu beeinflussen, militärisch auszubilden, und gleichzeitig soll mit der Urlaubsgewährung bewiesen werden, daß der Faschismus der Freund der Jugend ist.

Für die Angehörigen der Hitler-Jugend, gleich welchen Alters und welchen Lehrjahres, ist ein Mindesturlaub von 12 Tagen im Jahr verfügt. Für den Ruhrbergbau verordnete der Treuhänder der Arbeit folgenden Urlaub: 14jährige- 12 Tage, früher 3 Tage, 15jährige- 10 Tage, früher 4 Tage; für die Berliner Metallindustrie: 1. und 2. Lehrjahr- 18 Tage, früher 12 Tage. Wie man sieht, soll der Urlaub für Jugendliche nicht unbeträchtlich verlängert werden, aber das ist eine Verfügung des Treuhänders der Arbeit, gewissermaßen ein Vorschlag an die Unternehmer. Auch in der Urlaubsfrage entscheidet nach dem faschistischen Arbeitsgesetz einzig und allein der Unternehmer. Da sieht die Praxis anders aus als die Propaganda. Das zeigt zum Beispiel eine Erhebung über den Urlaub der Reichssieger im diesjährigen Berufswettkampf. Bei diesen handelt es sich um die bestqualifizierten Lehrlinge und Jugendlichen, die bestimmt die besten Urlaubsbedingungen haben. Da liegt nach einer Statistik der Nazis selbst der Durchschnittsurlaub zwischen fünf und sieben Tagen. Müller vom sozialen Amt der Reichsjugendführung setzt der Erhebung hinzu: »Vielfach werden hier eigenmächtige Unterschreitungen der Tarifbestimmungen durch die Betriebsführer vorliegen.«

. . .

Die Jugend leidet stark unter der Ausplünderung durch die Kapitalisten. Aber gleichzeitig versucht der Faschismus, die Not der Jugend demagogisch für sich auszunutzen. Er hat die zukunft der Jugend zerstört, sagt aber den jungen Soldaten und Arbeitsdienstlern: Jeder von euch hat den Marschallstab im Tornister. Er nimmt die Jugend vonSchraubstock und Lohn, verfrachtet sie unter schlechtesten Bedingungen zur Landhilfe und gaukelt ihnen vor: Euer Dienst ist Ehrendienst an der Nation. Er wirft Tausende aus den Hochschulen heraus und prämiert ein halbes Dutzend Preisträger des Berufswettkampfes mit dem Besuch technischer Lehranstalten. Er versetzt die Mädchen und Frauen zurück in mittelalterliche Verhältnisse zum Mann und stellt das hin als die höchste Würde des Weibes. Um unzählige Beispiele könnte man diese Reihe verlängern.

Vor den Jugendlichen der verschiedenen Schichten, der verschiedenen Berufe, des unterschiedlichen Alters stehen die mannigfaltigsten Fragen. Für jede Gruppe hat der Nationalsozialismus seine besonderen Versprechen, Phrasen und Methoden zur Hand. Er wettert mit den proletarischen Jungen gegen die »feinen Söhnchen«, mit der sogenannten gebildeten Jugend gegen die

»Untermenschen«, mit der Landjugend gegen die »sittliche und moralische Verderbtheit der Städte«, mit der städtischen Jugend gegen die »faulen Söhne« der Gutsbesitzer.

Die Jugend ist aktiv, sie drängt nach Bestätigung. Auf vielfältige Art macht der Faschismus sich das nutzbar. Er hat unzählige Organisationen, Einrichtungen und Titel geschaffen, um den Tatendrang der Jugend aufzufangen. Die Jugend fordert Anerkennung ihrer selbst und ihrer Leistung. Die beste Anerkennung der Arbeit und Leistung ist die gute Bezahlung. Noch nie wurde die Jugend so um das Produkt ihrer Arbeit geprellt wie im Dritten Reich. Aber gleichzeitig stellen Hitler und Goebbels die Jugend in Worten überall hervor. Man zeichnet sie auf alle mögliche Art aus und hat Tausende von Scharführerposten, Unterführerposten usw. eingerichtet.

. . .

Alles, was sich im Dritten Reich um die Jugend herum abspielt, ist darauf eingestellt, sie für den Krieg zu drillen. In unserer Epoche wurde das Problem der jungen Generation auf die Tagesordnung gestellt, und zwar in erster Linie als Problem des Krieges. Dieser Krieg, den Hitler vorbereitet, wird der Jugend unausdenkbare Opfer, Leiden und Entbehrungen auferlegen. Er wird Millionen junger blühender Menschenleben vernichten. Der imperialistische Krieg ist der schlimmste Würger der jungen Generation. Hitler will die Jugend diesem Würger ausliefern. Dazu beutet der Faschismus alles aus, was ihm nützlich sein kann, und biegt um, was sich gegen ihn richtet. Da hilft uns keine moralische Entrüstung, wir müssen lernen, mit der Jugend besser als in der Vergangenheit umzugehen und auf neue Art um die Jugend zu kämpfen.

. . .

4. In den faschistischen Massenorganisationen ist die Jugend

Mit der illegalen allgemeinen Agitation und Propaganda allein können nicht Millionen in Bewegung gebracht werden. Sowohl für die Partei als für den Jugendverband kommt es auf den Übergang vom abgeschlossenen Zirkelwesen und der allgemeinen Agitation zur Ausnutzung der legalen und halblegalen Möglichkeiten der Massenbeeinflussung an. Der allergrößte Teil der Jugend ist in den legalen Massenorganisationen, besonders in der Staatsjugendorganisation, erfaßt. Ein erheblicher Teil dieser Jugendlichen glaubt noch an die verlogenen Ideale, die ihnen vorgezaubert werden, und glaubt noch an die Führer des Nationalsozialismus. Aber die Bedürfnisse der Jugendlichen bleiben unbefriedigt. Die alltäglichen Interessen geraten in Widerspruch mit der Phraseologie, mit der die Jugend gefüttert wird. Deshalb wächst die Unzufriedenheit in den faschistischen Massenorganisationen, und diese Unzufriedenheit erzeugt heute bereits eine gewisse Aktivität. Noch richtet sich die Aktivität nicht gegen das Regime, nicht gegen das herrschende System. . .

Das ist die Lage und daraus müssen wir die richtige Schlußfolgerung ziehen... Die alten Formen und Methoden der gewerkschaftlichen Arbeit unter der Jugend sind überholt. Ich möchte noch einmal betonen: Die Arbeit besteht nicht nur in einer abenteuerlichen, unterirdischen Betätigung. Sie besteht in der Ausnutzung der legalen und halblegalen Möglichkeiten innerhalb der Massenorganisationen... So müssen wir in allen Fällen hartnäckig die Erfüllung der Versprechungen fordern, die die Nazis gegeben haben. An Anknüpfungspunkten wird es nicht fehlen. Nehmt das Berufsausbildungsgesetz. Niemand hat ein größeres Interesse daran, daß unsere Jugend etwas Rechtes lernt, als die Arbeiterklasse selbst. Gerade deshalb sind wir für eine gründliche Ausbildung, gegen die Verwendung der Lehrlinge als Handlanger und Laufburschen und für die Rechte der Lehrlinge. Mit Recht haben Jugendliche in einem Kursus für zusätzliche Berufsausbildung die Frage gestellt, daß, wenn man mehr leisten soll, auch der Lohn aufgebessert werden müsse, da man nicht mit leerem Magen Leistungen vollbringen kann. Dabei gibt es außerordentlich gute Möglichkeiten, an die Forderungen der Hitler-Jugend selbst anzuknüpfen...

Die Aufgabe in der Hitler-Jugend besteht darin, die HJler für ihre kleinsten Forderungen gegen alle faschistischen Maßnahmen, mit denen sie unzufrieden sind, in Bewegung zu bringen. Zu diesem Zweck sammeln sich die aktiven Elemente und organisieren den Kampf. Die werktätigen Jugendlichen aus der HJ stehen zum größten Teil in den Betrieben. Hier gilt zum Beispiel die Schacht-Verordnung, mit der viele HJler unzufrieden sind. Wir müssen es verstehen, die eigene Initiative dieser HJler zu wecken und ihnen Vorschläge zu machen, wie zum Beispiel die Entsendung einer Delegation der Hitler-Jugend zur Direktion zwecks Einspruch gegen die Entlassung von Jugendlichen.

In den Heimabenden können wir darauf hinarbeiten, daß solche Fragen besprochen werden, die die Jugendlichen interessieren. Wir müssen feinfühlig die Wünsche der Jugendlichen ausfindig machen und es verstehen, sie zu formulieren, das heißt, in Forderungen umzuwandeln. Die proletarischen Hitlerjungen sind nicht selten unzufrieden mit den feinen Pinkels, die als Führer eingesetzt sind. Da muß die Absetzung derselben und die Mitbestimmung der Mitglieder an der Neubesetzung gefordert werden. Das ist ein guter Anlaß, die Differenzierung innerhalb der Hitler-Jugend zwischen den Muttersöhnchen der Reichen und der schaffenden Jugend zu fördern. So gibt es unzählige Möglichkeiten (gegen die Besoldung der HJ-Führer, für die selbständige Ausgestaltung der Heimabende, kollektive Briefe an führende HJ-Funktionäre usw.).

Ein Teil der Jungen, die schon länger in der Hitler-Jugend sind, sind des Drills überdrüssig. Aber nicht immer sind sie bereit, ihn offen zu verweigern. Da fordern wir, eine Stunde früher mit der Nachtübung oder dem Wehrsport Schluß zu machen, fordern mehr freie Sonntage für sie und veranlassen selbständige Wanderungen und Spaziergänge der HJler außerhalb des Kommandos der Führer. Auch bestimmte wirtschaftliche Forderungen sind gegeben (Schuhe für Ausmärsche, Kleidung für Wehrsport, Fahrgeld usw.).

Die Arbeit in der Hitler-Jugend ist für jeden, der dort revolutionäre Arbeit leistet, eine große Schule. Er wird lernen, sich mit der bürgerlichen und faschistischen Ideologie auseinanderzusetzen. Er wird die Stimmungen und Forderungen der Jugend kennenlernen und so befähigt werden, die Jugend zusammenzuschließen. Die Millionen HJler sind keineswegs unsere Feinde. Es genügt nicht, die Jungkommunisten in die Hitler-Jugend zu schicken. Wir müssen auch von außen her auf Grund der kleinen und kleinsten Forderungen die Zusammenarbeit mit den HJlern aufnehmen, ihnen helfen, sich zu orientieren, um den Weg zur freien jungen Generation, zur Volksjugendbewegung zu finden.

. . .

6. Laßt uns die nächsten Schritte gemeinsam tun!

Mag der Arbeiterjunge und das Arbeitermädel in der Hitler-Jugend stehen oder nicht, mögen sie sich politisch betätigen oder nicht, ihre Lebensinteressen sind die gleichen. Sie werden mit schlechten Löhnen nach Hause geschickt, sie alle stöhnen unter dem Hetztempo im Betrieb. Für alle sind die letzten Rechte der Vereinigung, der Interessenvertretung, der sozialen Fürsorge beseitigt. Und im heraufziehenden Kriegsgewitter wird das Giftgas seine Wirkung tun, gleichgültig, ob es sich um junge Kommunisten, SAJler oder Hitlerjungen handelt. Die ganze junge Generation, mit Ausnahme der Muttersöhnchen der Reichen, bildet eine große Legion ausgebeuteter, enttäuschter und entrechteter Jugend.

In dem Bestreben, den Zusammenschluß der ganzen werktätigen Jugend herbeizuführen, ist die nächstliegende Aufgabe, die Gemeinsamkeit des Handelns der proletarisch orientierten Jugendlichen herbeizuführen. Wir haben Bundesgenossen, und zu den SAJ-Kameraden müssen wir uns einstellen wie zu den nächsten Kampfgefährten.

Die Bedingungen der offenen faschistischen Diktatur und die internationalen Einheitsfronterfahrungen — besonders die französischen — haben die Linksentwicklung in der sozialdemokratischen Jugend, die schon vor Hitler einsetzte, mächtig vorwärts getrieben. Von den Funktionären und Aktivisten der SAJ, des Jungbanners wird heute bereits oft eine selbständige, von uns und unserem Einfluß unabhängige antifaschistische und revolutionäre Arbeit geleistet

(Widerstände in den Betrieben, im Arbeitsdienst, antifaschistische Betätigung in den Sportorganisationen usw.). Die Mitglieder des KJVD, die Jungarbeiter unter unserem Einfluß sind nicht die einzigen Kämpfer gegen den Faschismus aus den Reihen der jungen Generation. Durch die Errichtung und Ausübung der offenen Diktatur des Finanzkapitals in Gestalt des Faschismus sind in Deutschland aus der ehemals reformistischen Jugend charakterfeste junge antifaschistische Kämpfer hervorgegangen. Darin liegt der tiefe politische Sinn des Vertrauensverhältnisses, das wir Kommunisten und Jungkommunisten mit der sozialdemokratischen Jugend erstreben.

Heute kämpfen wir meist noch nicht gemeinsam gegen das faschistische Joch, aber der Faschismus ist unser gemeinsamer Feind. Wir kämpfen gegen denselben Feind, aber zu verschiedenen Zeitpunkten, an verschiedenen Fronten, mit verschiedenen Methoden. Daher kommt nicht unsere ganze Kraft zum Ausdruck. Wir wollen das getrennte Marschieren überwinden im brennendsten Interesse aller jugendlichen Werktätigen, im Interesse des Fortschritts und der Freiheit.

Was ist das Grundlegende in der Einheitsfront mit der SAJ? Das Grundlegende besteht unserer Meinung nach darin (da die kommunistische und die sozialistische Jugend zusammen nicht die entscheidende Masse darstellen), daß die proletarisch orientierten Elemente der Jugend sich gemeinsam die Aufgabe stellen, den Kampf gegen den faschistischen Einfluß auf die Jugend, für ihre wirtschaftlichen, kulturellen und politischen Forderungen, gegen Militarisierung und Krieg, für den Frieden, für den Sturz des Faschismus zu organisieren und gemeinsam den neuen einheitlichen Jugendverband aufzubauen. Wir wollen gemeinsam im Betrieb und überall den Widerstand gegen die Jugendausplünderung fördern. Wir wollen in den faschistischen Massenorganisationen einheitlich vorgehen und uns in den Sportvereinen zu gemeinsamer Arbeit zusammenfinden. Wir wollen gemeinsam in der Hitlerjugend, unter der Bauern-, Studenten- und Mittelständlerjugend arbeiten.
. . .

Manche SAJler haben uns vorgeworfen, unsere Einheitsfrontpolitik sei ein Manöver und darauf berechnet, ihnen Mitglieder abzujagen. Bis heute konnten wir dieses Mißtrauen nicht restlos beseitigen. Seht, SAJ-Genossen! Wir betrachten eure Gruppen als antifaschistisch. Wir begrüßen ihre Existenz, wir betonen eure Gleichberechtigung mit uns in dem Sinne, daß wir nicht die einzige antifaschistische und sozialistische Jugendorganisation sind. Wir wollen mit euch die Einheitsfront. Ja, wir wollen den organischen Zusammenschluß unserer Organisationen! Wer kann da noch behaupten, daß unsere Einheitsfrontpolitik nur ein Manöver sei. Das ist ein Irrtum, den wir bedauern und der unserer gemeinsamen Sache schadet...

7. Für die freie deutsche Jugendbewegung!
Die große Masse der jungen Generation steht unter faschistischem Einfluß. Trotzdem befinden sich noch große Teile unter der Obhut religiöser und anderer Bewegungen. Vor der Jugendbewegung stehen deshalb die größten Aufgaben. Sie muß um die Jugend ringen, die sich in den faschistischen Organisationen unter dem Einfluß Hitlers befindet, sie muß sich mitten in diese Jugendmassen hineinstellen und diese in die breite Jugendbewegung einbeziehen. Sie muß enge Zusammenarbeit mit allen nichtfaschistischen Jugendlichen und ihren Organisationen erstreben und sich das Ziel setzen, ohne Rücksicht auf weltanschauliche, religiöse und sonstige Unterschiede alle nichtreaktionären, nichtfaschistischen fortschrittlichen Kräfte der jungen Generation in einer breitesten Jugendbewegung gegen Faschismus und Krieg zu vereinigen.

Die einzigen legalen Massenorganisationen, die dem Faschismus das Monopol der Jugenderziehung und Jugendbewegung streitig machen, sind die katholischen Jugendorganisationen. In diesen Organisationen sind heute noch Zehntausende von Jugendlichen erfaßt, darunter in größter Zahl junge Arbeiter und Arbeiterinnen. Dank ihrer oppositionellen Haltung gegenüber dem Faschismus ist gegenwärtig ihr Einfluß im Wachsen begriffen. In den westlichen und schlesischen Industriegebieten Deutschlands ist der Einfluß und die Bedeutung der katholischen Jugendorganisationen am stärksten.

Seit kurzem hat sich der Kampf des Faschismus zur Unterdrückung der Katholiken und ihrer Organisationen wieder verstärkt, und zwar deshalb, weil die Faschisten sahen, daß sich in den katholischen Gruppen unzufriedene, nichtfaschistische Elemente sammeln, weil diese Gruppen, in erster Reihe die Jugendvereine, drohten, sich zu einem Unruheherd gegen den Faschismus zu entwickeln. Der Faschismus geht dazu über, den katholischen Jugendorganisationen nicht nur wie bisher bestimmte Beschränkungen in der Betätigung aufzuerlegen, sondern die religiösen Vereine selbst aufzulösen, die katholischen Jugendführer zu verhaften, ihre Heime und Funktionäre zu überfallen, um so mit allen Mitteln die Gleichschaltung zu erreichen und die aktiven Funktionäre, die sich derselben widersetzen, unschädlich zu machen. Wir müssen diesem Kampf die größte Aufmerksamkeit schenken.

Worauf beruht die Unzufriedenheit der katholischen Jugend? Diese Unzufriedenheit richtet sich in erster Linie gegen die Gleichschaltung ihrer Organisationen, gegen die Unterdrückung und Terrorisierung ihrer religiösen Betätigung, gegen das Verbot der Wanderungen und sportlichen Betätigung, das Tragen von Uniformen usw. Die werktätigen Jungkatholiken beschäftigt auch stark die soziale Frage, der sie alltäglich gegenüberstehen. Denn sie sind unzufrieden mit den Lohn- und Arbeitsverhältnissen in den Betrieben, Schächten und Kontoren. Sie stehen vielen Maßnahmen der Hitlerregierung feindlich gegenüber, wenn auch aus anderen Motiven als wir...

Ihr Kampf, der nicht von Anfang an staatsfeindlich ist, treibt sie in der Konsequenz gegen Hitler, gegen den faschistischen Staat.

Obwohl die in Bewegung geratenen Massen der katholischen Werktätigen und der Jugend den religiösen Mantel noch oft als den Inhalt ihres Kampfes betrachten, ist derselbe nicht mehr weit. Es ist ein antifaschistischer Kampf auf Massengrundlage, teilweise ausgefochten mit radikalen Mitteln. Die Auseinandersetzungen greifen von dem religiösen auf das politische Gebiet über, auf das Gebiet des Kampfes um kulturelle und wirtschaftliche Forderungen, und beginnen die Betriebsjugend zu erfassen...

Wir wollen uns mit den Masse der katholischen Jugend verbinden, sie in ihrem Kampf gegen die Gleichschaltung und Unterdrückung, für ihre Glaubensfreiheit, für ihre volle religiöse, kulturelle und sportliche Betätigung unterstützen.

Ackermann, Anton: Der Kampf der Partei um die werktätige Jugend, in: Die Brüsseler Konferenz der KPD (3.-15. Oktober 1935), Berlin 1975, S. 339 ff.

140. Aus der Resolution der Brüsseler Konferenz der KPD, 3. — 15.10.1935

Die Arbeit unter der Jugend

Die Gewinnung der werktätigen Jugend in den von den Faschisten beherrschten Massenorganisationen ist für die Verbreiterung und Steigerung des antifaschistischen Kampfes von besonderer Bedeutung. Die Organisierung und Führung des Kampfes um die Verbesserung der Lohn- und Arbeitsbedingungen, um die Berufsausbildung und die politischen Rechte der Jugend, gegen ihre Eingliederung in die Zwangsarbeit, gegen die Militarisierung und den Krieg ist dazu die wichtigste Voraussetzung. Die Gewinnung der Jugend für diesen Kampf muß auf der Grundlage der Arbeit und der Schaffung von Jugendgruppen in den Betrieben und Massenorganisationen, in der Hitlerjugend, im Bund Deutscher Mädchen, in den Sport- und Kulturorganisationen erfolgen. Dabei müssen die besonderen Wünsche und Forderungen der Jugend, ihre Gewohnheiten gründlich studiert und zum Ausgangspunkt der Gewinnung der Jugend für die Widerstandsaktion genommen werden.

Für die Erfüllung dieser Aufgaben ist eine gründliche Änderung des Charakters des Kommunistischen Jugendverbandes und seiner Arbeit, vor allem die restlose Ausmerzung des Sektierertums in seinen Reihen dringend notwendig. Der Kommunistische Jugendverband ist zu einer wirklichen Massenorganisation der proletarischen Jugend auf der Grundlage einer breiten Demokratie und äußerst elastischer Organisationsformen umzugestalten, die ihre Mitglieder im Geiste des Klassenkampfes, des proletarischen Internationalismus und des Marxismus-Leninismus erzieht.

Von größter Bedeutung ist die Vereinigung der kommunistischen und sozialistischen Jugendorganisationen, zu der der Kommunistische Jugendverband die Initiative ergreifen muß. Gerade die Maßnahmen der faschistischen Diktatur gegen die werktätige Jugend, der Versuch, sie faschistisch und chauvinistisch zu verseuchen, und der gemeinsame Kampf der kommunistischen und sozialistischen Jugend gegen das faschistische Regime machen die Vereinigung der beiden Jugendorganisationen und ihre ständige Zusammenarbeit dringend notwendig. Die Mitglieder der beiden Organisationen sollen selbständig über die Grundlage der Vereinigung, über ihr Kampfprogramm gegen das faschistische Regime und über den Namen der Organisation entscheiden.
Diese Vereinigung der kommunistischen und sozialistischen Jugend als Ergebnis des gemeinsamen Kampfes gegen den Faschismus wird die Kraft schaffen, von der auch die übrigen werktätigen Jugendmassen angezogen werden. Sie schafft die Voraussetzung zu einer breiten Massenbewegung der jungen Generation für den Kampf um Brot, Freiheit und Frieden.
Die Kommunistische Partei trägt die volle Verantwortung für die Durchführung der Aufgaben zur Gewinnung der werktätigen Jugend für den antifaschistischen Kampf, für die Einheitsfront und für antifaschistische Volksfront. Sie muß nicht nur dem Kommunistischen Jugendverband eine tägliche Hilfe bei der Durchführung seiner Aufgaben leisten, sondern vor allem den Kampf für die Interessen der werktätigen Jugend führen und dieser in ihrem Kampf gegen die faschistische Diktatur und für die Verbesserung ihrer materiellen Lage beistehen. Für die Schaffung der Einheitsfront in der Arbeiterjugend und der antifaschistischen Volksfront der ganzen werktätigen Jugend sind alle Kräfte der Partei zu mobilisieren.
Wir Jungkommunisten unerstützen den Freiheitskampf der werktätigen jungen Generation. Das Jungproletariat, die Söhne und Töchter des Mittelstandes und der Intelligenz, die bäuerliche Jugend finden in uns Kommunisten ehrliche Helfer in ihrem Kampfe. Alle oppositionell gesinnten Jungen und Mädel der Hitlerjugend und des Bundes Deutscher Mädchen, die christliche und bündische Jugend, die verfolgten Jungkatholiken, alle werktätigen Jugendlichen ohne Unterschied in ihrer weltanschaulichen und religiösen Einstellung wollen wir in der großen Freiheitsbewegung der deutschen Jugend sammeln und zum Kampf gegen die faschistische Diktatur vereinen.

Pieck, Wilhelm: Der neue Weg zum gemeinsamen Kampf für den Sturz der Hitlerdiktatur, Berlin 1965, S. 160 ff.

141. Bericht über die Gründung einer illegalen Zeitschrift oppositioneller Berliner Jugendlicher, November 1935

Was wir wollen!
Die Welle des Terrors hat uns Jugendlichen das Recht zur freien Willensbildung genommen. Kasernenhofdrill umgibt uns überall, ob in der Werkstatt, im Arbeitsdienst, Landhilfe, auf den Hochschulen, über und überall. Es gibt nur einen Ton und das ist eben der Ton des Wilhelminischen Zeitalters. Doch gar nicht umsonst haben wir gesehen, wohin das führt. Tausende und Abertausende Kriegskrüppel reden eine Sprache zu uns, die es nicht duldet, zu vergessen, was heißt: In den Krieg gehetzt und als »Helden« gefeiert zu werden. **Faschismus heißt Krieg! Faschismus ist der Totengräber eines Volkes!** Eben aus dieser Erkenntnis heraus ist uns der Wil-

le zur Gegenaktion entstanden. Nicht, um mit Herrn Göbbels zu reden, das Heer der Kritiker, Meckerer und Moralisten zu vergrößern. Nein! Wir oppositionellen H.J.—Leute, die erfahren haben, was Organisation ohne Bewußtsein zur schaffenden Bevölkerung ist. Wir bündisch Organisierten, die unser Eigenleben aufgeben mußten, um mehr als »militärische Organisation« zu gelten...

Wir ehemaligen SAJ-ler und KJ-ler, die man als Unterweltmenschen verächtlich machte, haben uns zusammengesetzt, um über unser Schicksal zu sprechen und sind uns einig, daß **es einer freien schaffenden Jugend unwürdig ist, ein Sklavendasein zu führen und wollen gemeinsam, ohne das uns bisher Trennende zu beachten,** für eine »Freie Jugend« arbeiten und kämpfen.

Wie gedenken wir unser Ziel zu erreichen?

Diese Zeitung, die »Freie Jugend« soll unser Sprachrohr der revolutionären Jugend sein, soll der geistige Mittler aller Jugendorganisationen sein, in dem jede Organisation die Nöte ihres Daseinskampfes berichtet, der Arbeitsdienstler und Landhelfer aus dem Reiche der Jugendversklavung, der Lehrling und Jungarbeiter aus der Werkstatt, der Student aus den Hörsälen, so daß sich jeder nicht das, was man ihm antut, als Groll in sich trägt, sondern durch seine Zeitung, die »Freie Jugend«, als Anklage gegen das heutige System vorträgt. Die Nr. 1 unserer Zeitung zeigt schon deutlich, wieviel Anklagematerial es gibt.
Aber damit allein wollen und dürfen wir uns nicht begnügen. Wir werden zum Sturze des unmenschlichen, jugendfeindlichen Faschismus hinarbeiten, **für Frieden, Freiheit und Fortschritt**. Erst dann, wenn wir alle den Kampfwillen in uns tragen, für den Staat der freien, schaffenden Jugend zu kämpfen, werden wir die Gewißheit haben, daß das Schlagwort »der gerechte Lohn« — »ausreichender Urlaub für Jugendliche« einen tieferen Sinn hat.
Frieden, Freiheit, Fortschritt — um diese Fahne sammelt sich die Jugend des ganzen Erdballs. In den Ostertagen fand in Paris unter dem Vorsitz des bekannten Antikriegskämpfers und großen revolutionären Schriftstellers Henri Barbusse, eine internationale Jugendkonferenz statt. Die Einberufung erfolgte auf Anregung des Weltjugendkomitees gegen Krieg und Faschismus. Die Konferenz wurde zu einer hinreißenden Kundgebung der freiheitlichen und friedliebenden Jugend aller Länder.

Aus 24 Ländern waren 197 Delegierte gekommen, die in ihren Personen die breiteste Einheit der kämpferischen, antifaschistischen Jugend verkörperten. 22 Kommunisten, 3 Vertreter der christlichen Jugend, 2 Pazifisten, 1 Vertreter der oppositionellen Jungfaschisten, 1 Anarchist, 2 Vertreter der Bauernjugend, 11 Vertreter der nationalen Minderheiten und der Kolonien, 15 Vertreter verschiedener Studentengruppen und 15 Delegierte des Jugendnationalkomitees gegen Krieg und Faschismus. Die Konferenz erklärte sich für den Aufbau der Weltgemeinschaft der Jugend, die, unabhängig von ihren besonderen politischen oder kulturellen Meinungsverschiedenheiten, geeint ist im Kampf gegen den mörderischen, kriegsverbrecherischen Faschismus. Die Konferenz sagt in klarer Sprache: Kampf gegen den Hitlerfaschismus heißt nicht Kampf gegen das deutsche Volk, sondern echte Verbrüderung mit dem werktätigen deutschen Volk und seiner Jugend, die im 3. Reich eine grausame Schule durchzumachen hat. 2 katholische Jugendvertreter, die aus Deutschland gekommen waren, sprachen in diesem Sinne. Die Konferenz gipfelte in einem Beschluß, ein Welttreffen und die Schaffung einer Weltgemeinschaft der Jugend für Frieden, Freiheit und Fortschritt vorzubereiten. Die Konferenz war ein Ruf an die deutsche Jugend, in diesem Geiste gegen Hitlers Kriegspolitik zu kämpfen.

Kein edleres Ziel kann es heute für einen jungen Kämpfer geben, als zu helfen, das geknechtete deutsche Volk vom Hitlerjoch zu befreien.

Freie Jugend, November 1935.

142. Aus der Anklageschrift des Generalstaatsanwaltes beim Oberlandesgericht Stuttgart gegen Hans Gasparitsch und weitere 24 Angeklagte, 10.1.1936

Der Generalstaatsanwalt   Stuttgart, den 10. Januar 1936
bei dem Oberlandesgericht Stuttgart.
O.Js. 21 u. 36/35.

H a f t !   Politisch!

An
den Strafsenat des
Oberlandesgerichts
Stuttgart.

Anklageschrift.

Ich beantrage, Hauptverhandlung anzuordnen gegen

1. den am 30.3.1918 zu Stuttgart geborenen, zuletzt in Stuttgart, Pragstr. 5 wohnhaften, ledigen Schriftsetzerlehrling Hans Gasparitsch,
2. den am 26.10.1917 zu Stuttgart geborenen, zuletzt in Stuttgart, Leonhardsplatz 16 wohnhaften, ledigen Malerlehrling Karl Klenk,
3. den am 23.12.1916 zu Stuttgart geborenen, zuletzt in Stuttgart, Wartberg 70 wohnhaften, ledigen Schriftsetzerlehrling Walter Mack,
4. den am 6.12.1914 zu Stuttgart geborenen, zuletzt in Stuttgart, Vellmenstr. 6 wohnhaften, ledigen Schriftsetzerlehrling Walter Hack,
5. den am 2.2.1917 zu Stuttgart geborenen, zuletzt in Stuttgart, Jakobstr. 8-10 wohnhaften, ledigen Schriftsetzerlehrling Franz Franz,
6. den am 11.2.1915 zu Singen a.H. geborenen, zuletzt in Stuttgart, Olgastr. 54 a wohnhaften, ledigen Mechaniker Fritz Brütsch,
7. den am 20.7.1918 zu Stuttgart-Hedelfingen geborenen, zuletzt in Stuttgart, Neckarstr. 221 wohnhaften, ledigen Schriftsetzerlehrling Albert Kapr,
8. den am 12.10.1914 zu Reutlingen geborenen, zuletzt in Stuttgart, Rosensteinstr. 111 wohnhaften, ledigen Glaser Willi Schwarz,
9. die am 19.11.1908 zu Deutsch-Piekar, Kreis Tarnowitz (jetzt Wielky Piekary in Polen) geborene, zuletzt in Stuttgart, Villastr. 3 wohnhafte, ledige Stenotypistin Elisabeth Schikora,
10. den am 3.3.1915 zu Bietigheim, Kreis Besigheim geborenen, zuletzt in Stuttgart, Neckarstr. 45 wohnhaften, ledigen Mechaniker Leonhard Oesterle,   –
11. den am 1.10.1911 zu Crailsheim geborenen, zuletzt in Stuttgart-Münster, Pfadstr. 19 wohnhaften, ledigen Schreiner Ernst Diehm,
12. den am 29.4.1917 zu Stuttgart-Zuffenhausen geborenen, zuletzt in Stuttgart-Zuffenhausen, Stammheimerstr. 115 wohnhaften, ledigen Schriftsetzer Erwin Würfele,
13. den am 6.6.1914 zu Stammheim, Kreis Ludwigsburg, geborenen, zuletzt dort, Bergstr. 46 wohnhaften, ledigen Maschinenarbeiter Hermann Wenninger,
14. den am 26.2.1904 zu Stuttgart-Bad Cannstatt geborenen, zuletzt in Stuttgart-Bad Cannstatt, Brückenstr. 9 wohnhaften, verheirateten Arbeiter Heinrich Wackenhut,
15. den am 31.3.1911 zu Stuttgart-Heslach geborenen, zuletzt in Stuttgart-Bad Cannstatt, Wilhelmastr. 6 wohnhaften, ledigen Maschinenschlosser Hans Frankenhauser,
16. den am 26.9.1916 zu Stuttgart geborenen, zuletzt in Stuttgart, Stöckachstr. 60 wohnhaften, ledigen Mechanikerlehrling Willi Fischer,
17. die am 15.1.1911 zu Stuttgart-Weilimdorf geborene und dort, Hauptstr. 9 wohnhafte, ledige Fabrikarbeiterin Berta Steinetz,
18. die am 10.2.1917 zu Stuttgart-Weilimdorf geborene und dort, Hindenburgstr. 378 wohnhafte, ledige Kontoristin Erna Niethammer,

19. den am 19.3.1915 zu Stuttgart geborenen, und dort, Ludwigsburgerstr. 53 wohnhaften, ledigen Maschinenschlosser Paul Stöhr,
20. den am 24.2.1915 zu Stuttgart geborenen und dort, Mönchstr. 22 wohnhaften, ledigen Maler Erich Haussmann,
21. den am 20.1.1917 zu Stuttgart geborenen und dort, Eckartshaldenweg 3 wohnhaften, ledigen Buchdruckerlehrling Otto Gottwik,
22. den am 6.3.1915 zu Stuttgart geborenen und dort, Presselstr. 27 wohnhaften, ledigen Elektroinstallateur Paul Finkbeiner,
23. den am 14.1.1910 zu Mauchen, Amtsbezirk Müllheim (Baden) geborenen, in Stuttgart, Hasenbergstr. 70 wohnhaften, ledigen Glaser Gottfried Schmidt,
24. den am 21.5.1912 zu Stuttgart geborenen, zuletzt in Stuttgart-Feuerbach, Römerstr. 6 wohnhaften, ledigen Automateneinsteller Karl Wilhelm,
25. die am 19.10.1896 zu Stuttgart-Zuffenhausen geborene, zuletzt in Berlin-Charlottenburg, Fritschestr. 28 wohnhafte Kaufmannsehefrau Maria Wiedmaier, geb. Sigloch,
Nr. 1 - 16, 24 u. 25 in Untersuchungshaft im Gerichtsgefängnis Stuttgart, und zwar
gegen Gasparitsch, Klenk, Mack, Franz, Brütsch, Kapr, Schwarz, Schikora, Oesterle, Diehm, Würfele, Wenninger, Fischer, Finkbeiner und Wilhem je wegen eines fortgesetzten gemeinschaftlichen Verbrechens der Vorbereitung zum Hochverrat i.S.d. §§ 47, 83 Abs. 2 StGB ...
Wesentliches Ergebnis der Voruntersuchung.
Allgemeines.
Im Auftrag der kommunistischen Funktionäre »Else«, Bernhard Gehrt und Heinrich Heyne nahmen die Angeschuldigten Schikora und Oesterle im Frühjahr 1934 den Neuaufbau der kommunistischen Jugend (KJ) in Stuttgart und Umgebung in die Hand. Sie setzten sich u.a. mit den Angeschuldigten Brütsch und Franz Franz in Verbindung, um eine von diesen geleitete Wandergruppe für die KJ zu gewinnen. Die Wandergruppe war aus dem beim Umsturz aufgelösten Arbeiterschwimmverein (ASV), der der Roten Sporteinheit angehörte, hervorgegangen und stand politisch sehr links. Jeden Sonntag wurde gewandert. Ein Teil ihrer Mitglieder kam auch, um den Zusammenhalt noch mehr zu pflegen, bei den wöchentlichen Schwimmabenden des Schwimmvereins »Delphin« zusammen. Die Wandergruppe kam nun völlig ins kommunistische Fahrwasser. Eine im Sommer 1934 eingeführte Wanderkasse sollte dazu dienen, nicht nur die gemeinsamen Anschaffungen zu bestreiten und minderbemittelten Mitgliedern die Teilnahme an den Fahrten zu ermöglichen, sondern auch Geld für die KPD zu sammeln. Im November 1934 wurde die Wandergruppe Prag unter Leitung des Angeschuldigten Mack abgezweigt, die ebenfalls Beiträge erhob und einen Teil ihres Geldes an die Hauptgruppe ablieferte.
In diesen Kreisen wurden 3 illegale Zeitschriften der KJ hergestellt und verbreitet, im Juli 1934 die »Junge Garde« Nr. 1, im Oktober 1934 die »Junge Garde« Nr. 2 und im Dezember 1934 der »Komsomolz«. Außerdem wurden mehrere Nummern der im Ausland hergestellten »Jungen Garde« (Auslands-»Junge Garde«) und sonstige illegale Schriften verbreitet.
Die KPD und damit auch die KJ verfolgen, wie gerichtsbekannt, nach wie vor das Ziel, eine Rätediktatur nach russischem Muster durch gewaltsame Beseitigung der bestehenden Staatsform aufzurichten. Diese Bestrebungen der KPD werden durch Verbreitung illegaler Bücher und Schriften nicht nur dann unterstützt, wenn diese offen zur Gewalt auffordern, sondern auch dann, wenn sie die Leser allgemein gegen die Regierung aufhetzen und dadurch zu kommunistischer Gesinnung und Betätigung führen wollen. Auch wer solche Schriften bezahlt, fördert die Ziele der KPD, deren illegale Arbeit er durch seine Zahlung ermöglicht...
Von den Angeschuldigten, die zur Tatzeit jugendlich waren oder es heute noch sind, war keiner durch seine Jugend an der Erkenntnis seines hochverräterischen Handelns und an der freien Willensbildung behindert.
Soweit nichts anderes erwähnt, sind die Angeschuldigten nicht vorbestraft.
...
1. Der Angeschuldigte Gasparitsch (jugendlich). Zur Person:

Schon in frühester Jugend bekam er kommunistische Schriften zum Lesen. 1924, erst 6 Jahre alt, kam er zu den Freidenkern, bei denen er 1932 die Jugendweihe erhielt. 1926 trat er dem ASB bei, von 1929 oder 1930-1931 war er Mitglied der »Kinderfreunde«, einer Untergruppe der SPD.

Die Ziele der KPD sind ihm bekannt. Er wurde am 14.3.1935 vorläufig festgenommen, war zunächst in Schutzhaft und ist seit 20.5.1935 in Untersuchungshaft.

Zur Sache:

1. Im Sommer 1933 kam Gasparitsch durch seinen Gewerbeschulkameraden Franz Franz zur Wandergruppe. Ihr Zweck, die Mitglieder des aufgelösten ASV zusammenzuhalten, war ihm bekannt. Er gibt zu, daß man sich auf den Wanderungen gesinnungsmäßig, d.h. vom kommunistischen Standpunkt aus, über die politischen Tagesereignisse ausgesprochen und die Maßnahmen der Regierung gern bekrittelt, vielleicht auch einmal ein politisches Lied gesungen habe. Zu der 1934 von Franz Franz eingeführten Wanderkasse gab er jede Woche 10 Pfg., manchmal auch 20 Pfg. Von der Verwendung des Gelds zu politischen Zwecken will er nichts gewußt haben. Auf Wunsch von Franz Franz und Klenk trat er im Herbst 1934 in den Schwimmverein »Delphin« ein. Die politische Zielsetzung der Wandergruppe und der Mitgliedschaft beim »Delphin« kann ihm, wenn er es auch bestreitet, nicht verborgen geblieben sein, zumal ihm von seinen Wandergenossen bescheinigt wird, daß er entschieden kommunistisch eingestellt und einer der Hauptwortführer bei den politischen Gesprächen war.

2. a) Im Oktober 1934 gab ihm Franz Franz 2 »Junge Garde« Nr. 2 zum Weiterverkauf an Gesinnungsgenossen. Er bezahlte dafür 20 Pfg., verkaufte einige Tage später ein Stück an Mack um 10 Pfg. und versteckte das andere in einer Leinwandrolle in der Wohnung seines Vaters.

b) Bald darauf kaufte er von Franz Franz um 15 Pfg. eine Nr. der Auslands-»Jungen Garde«.

c) Anfang Januar 1935 gab ihm Franz Franz 3 »Komsomolz« zum Weiterverkauf. Er bezahlte 45 Pfg. dafür, verbrannte sie aber dann, weil ihm der Vertrieb zu gefährlich schien.

3. Der Schlosser Arthur Göritz in Manzell bei Friedrichshafen, der früher in Stuttgart Mitglied des ASV war, besaß eine Reihe marxistischer, kommunistischer und anarchistischer Bücher, die er abstoßen wollte. Gasparitsch, der ihn bei einer Ferienreise im August 1934 und bei einer Radfahrt am 30.12.1934 aufsuchte, erklärte sich bereit, zu versuchen, einen Teil davon bei seinen Freunden abzusetzen. Er bat Göritz mit Brief vom 4.9.1934 um eine Liste der Bücher und übergab Mack ein maschinengeschriebenes und Schwarz ein in Blockschrift geschriebenes Bücherverzeichnis. Mack wählte einiges aus. Gasparitsch bestellte dann bei Göritz für 35,70 RM Bücher. Mit Brief vom 9.3.1935 fragte Göritz wegen der Lieferung und Bezahlung der »Stoffe« an. Seinen Antwortbrief vom 13.3.1935, der ebenfalls das Wort »Bücher« vermeidet, konnte Gasparitsch infolge seiner Verhaftung nicht mehr absenden. Schon die Form des Briefwechsels zeigt, daß sich Gasparitsch über das Unzulässige der Vermittlung des Verkaufs staatsfeindlicher Bücher klar war.

4. Am 14.3.1935 gegen 21 Uhr malte Gasparitsch mit roter Mennigefarbe an die beiden Sockel der Rossebändigergruppe in den Unteren Anlagen in großen Buchstaben »Rot Front«, um zu zeigen, daß der Kommunismus noch lebe. Farbe und Pinsel hatte er von Klenk. Die Beseitigung der Farbe, die sich in den Stein eingefressen hatte, kostete 36,90 RM.

Diese Tat führte zur Verhaftung des Angeschuldigten und zur Aufdeckung der übrigen kommunistischen Betätigung.

...

9. Die Angeschuldigte Schikora.

Zur Person:

Sie wechselte in ihrer Kindheit mehrmals den Wohnort. Zuletzt wohnte sie in Beuthen (O.S.). Mit 13 1/2 Jahren verlor sie ihre Mutter. Unter dem Einfluß ihres Vaters und durch die in der Familie herrschenden traurigen Verhältnisse kam sie zum Kommunismus. 1927 trat sie der KJ bei. Ende 1928 wurde sie Stenotypistin und Kassiererin in der Bezirksleitung der KPD in Gleiwitz und bald darauf Kontoristin bei der Parteileitung der KPD in Breslau. Auf Vorschlag der kommunistischen Jugendleitung in Schlesien kam sie Ende September 1930 zu einem 5wöchigen Jugendschulungskurs in der Rosa Luxemburg-Schule in Berlin-Fichtenau. Damals wurde sie auch Kassiererin und Jugendleiterin der Jungpioniere in Breslau. Im Juni 1932 ging sie nach Stuttgart und wurde dort als Instrukeurin für die KJ eingesetzt. Als solche war sie bis zum Umsturz tätig. Sie hielt Jugendschulungskurse in den einzelnen Stuttgarter Ortsgruppen und in verschiedenen württembergischen Orten, z.B. in Ludwigsburg ab. Von 10.3. — 17.6.1933 war sie in Schutzhaft. Sie wurde am 8.3.1935 vorläufig festgenommen und ist seit 27.3.1935 in Untersuchungshaft.

Zur Sache:

...

2. a) Nach Besprechung mit »Else« und Heyne und unter Verwendung von früheren illegalen Druckschriften, die sie von Heyne erhalten und die Oesterle beigebracht hatte, verfaßte sie, von Oesterle unterstützt, im Juli 1934 den Inhalt der »Jungen Garde« Nr. 1 mit Ausnahme des von Oesterle stammenden Artikels »Bosch-Lehrlinge und japanische Kulis«. Mit Oesterle zusammen beschaffte sie sich die zur Herstellung der Schrift nötigen Gegenstände. Sie beschrieb die Matrizen auf der Schreibmaschine. Nachdem Oestele die Schrift vervielfältigt hatte, half sie ihm beim Zusammenlegen der Blätter und beim Ausschneiden der unbrauchbaren. Letztere, sowie etwa 15 brauchbare nahm sie an sich.

b) Die »Junge Garde« Nr. 2 wurde ganz von der Schikora zusammengestellt und überarbeitet. Sie verfaßte mit Oesterle den Artikel »Werktätige Jugend in Sklavenketten«. Den »Brief eines BDM-Mädels« erhielt sie von »Else«, die übrigen Artikel von Oesterle. Sie fertigte ein Manuskript des ganzen Inhalts und gab es Oesterle. Von diesem bekam sie nachher etwa 50 Stück der Schrift.

...

IML/ZPA, NJ 1947.

143. Forderungen des KJVD zum Reichsberufswettkampf der Hitlerjugend, Januar 1936

Für gute Berufsausbildung! Für Jugendschutz!
Die Forderungen der jungen Generation zum Reichsberufswettkampf 1936

»Wir rufen die Jugend zur Leistung!«, mit diesen Worten werden die deutschen Jungen und Mädel zur Teilnahme am Reichsberufswettkampf 1936 aufgerufen. Leistung für wen? Wer erntet die Früchte unserer Leistung? Und mit Bitternis sieht die Jugend, daß nicht sie die Früchte ihrer Leistungssteigerung genießt, sondern die Unternehmer, die Kriegsrüstungsgewinnler, in deren Interesse für den gleichen niedrigen Lohn die Jugend mehr leisten soll. Dieselbe Regierung die das Gesetz zur Entlassung Jugendlicher bis zu 25 Jahren aus den Betrieben erlassen hat, dieselbe Regierung die zehntausende unserer Kameraden und Kameradinnen aus ihrer Berufsarbeit herausgerissen hat, ruft uns zur Leistung.

Die deutsche Jugend will eine gute Berufsausbildung, denn von ihr hängt es ja ab, ob sie im späteren Leben bestehen kann. Und deshalb nimmt sie auch am Reichsberufswettkampf teil. Es ist das unveräußerliche Recht der Jugend zu fordern, daß alle Hindernisse die heute einer guten Berufsausbildung entgegenstehen, beseitigt werden.

Darum rufen wir die Jugend aus Fabriken und Kontoren auf, mit ihrer Teilnahme am Reichsberufswettkampf den Kampf um eine bessere Berufsausbildung und um besseren Jugendschutz zu verbinden. Wir wollen, daß die Jungkommunisten und jungen Sozialisten in kameradschaftlicher Zusammenarbeit durch ihre Teilnahme am Reichsberufswettkampf gemeinsam mit unseren christlichen Kameraden, mit den Hitlerjungens und allen deutschen Jungens und Mädels den Reichsberufswettkampf zu einer wahren Schlacht für die sozialen Forderungen der Jugend gestalten.

Wohl wissen wir, daß die Hitlerdiktatur mit der Durchführung des Reichsberufswettkampfes jugendfeindliche Ziele verbindet. Sie will aus uns eine Leistungssteigerung für die Unternehmer herauspressen, sie will unter der Jugend neue Illusionen wecken, als ob sie ihr ein besseres Fortkommen in ihrem Beruf sichern werde. Sie übt durch die sogenannten »weltanschaulichen Aufgaben« die gemeinste Gesinnungsschnüffelei aus.

Aber die nationalsozialistischen Jugendfeinde können nicht verhindern, daß der Reichsberufswettkampf in jedem Betriebe dazu führt, daß sich die Jugend mit ihrer Lage, mit den Mängeln ihrer Berufsausbildung, mit den Fragen des Jugendschutzes, der Freiheit und des Lohnes beschäftigt. Braucht man daran zu erinnern, daß heute nach wie vor in tausenden von Betrieben die Lehrlinge mit Nebenarbeiten beschäftigt werden, die nichts mit ihrer Berufsausbildung zu tun haben? Braucht man an solche Fälle zu erinnern wo die Lehrlinge zu Massenmurks gezwungen werden, wie z.B. in einer Mitteldeutschen Kranfabrik, wo die Lehrlinge jahraus jahrein nur Löcher bohren müssen? Braucht man daran zu erinnern, daß selbst nach nationalsozialitischen Eingeständnissen die Unfälle Jugendlicher nach 1931 um hundert bis dreihundert Prozent zugenommen haben?
Niemand kann der Jugend verwehren, daß sie jetzt anläßlich des Reichsberufswettkampfes die Beseitigung dieser Zustände verlangt!
Hier findet sich die ganze Jugend ohne Unterschied der politischen und weltanschaulichen Meinungen zu einer gemeinsamen Front, hier ist der Platz, wo die sozialistische und kommunistische Jugend durch ihr gemeinsames Auftreten der ganzen schaffenden deutschen Jugend den Weg zeigt, wie sie sich eine Verbesserung ihrer Lage, mehr Rechte und Freiheiten erringen kann.
»Wer leistet soll fordern« erklärte Ley. Nun wohl, wir Jungen in Betrieben und Kontoren müssen leisten, wir nehmen deshalb auch das Recht in Anspruch zu fordern. Wir wollen uns je nach den betrieblichen Verhältnissen in jeder Abteilung, in der Arbeitsfront, in den Werkscharen, in der Hitlerjugend, in den Kraft-durch-Freude-Gruppen verständigen und unsere Forderungen erheben.

> Für gute Berufsausbildung, gegen Massenmurks und Beschäftigung mit außerberuflichen Nebenarbeiten!
> Verbot der Entlassung der Ausgelernten und Weiterbeschäftigung zur vollen Facharbeiterentlohnung.
> Verkürzung der Arbeitszeit, Verbesserung des Jugendschutzes und seine Ausdehnung auf alle Jugendlichen bis zu 18 Jahren. Erhöhung des bezahlten Urlaubs!

Eine Reihe dieser alten Jugendforderungen hat die Hitlerjugend übernommen. Damit will sich der Nationalsozialismus den Anschein geben, als sei er für die Verbesserung der Lage der arbeitenden Jugend. Die Jugend will aber nicht, daß diese Forderungen auf dem Papier stehen bleiben, sie will sie zum Leben erwecken. Und das will nicht nur der junge Antifaschist, das will auch der Hitlerjunge. Darum können und müssen wir in allen Betrieben dafür gemeinsam handeln!
Die Jugend kann nicht einsehen, was »weltanschauliche« Prüfungen mit ihrer Berufsausbildung zu tun haben sollen. Sie ist deshalb gegen die Bemessung ihrer Leistungen nach parteipolitischen Gesichtspunkten.
Es trifft sich gut, daß gleichzeitig mit dem Berufswettkampf die Vertrauensrätewahlen stattfinden. Das gibt uns Jungen und Mädels die beste Gelegenheit, in allen Betrieben zu der Tätigkeit unserer Jugendwalter und Vertrauensmädel Stellung zu nehmen, ihnen mehr wie bisher unsere Forderungen vorzutragen und zu erreichen, daß sie sich dafür tatkräftigst ins Zeug legen. Wir wollen, daß als Jugendwalter überall solche Kameraden eingesetzt werden, die das Vertrauen der jungen Belegschaft genießen. Wir wollen zusammenstehen, wir wollen gemeinsam für unser Glück und unsere Zukunft kämpfen. So können wir den Reichsberufswettkampf

1936 in allen Gauen unserer deutschen Heimat zu einer großen Schlacht für das Wohl der arbeitenden Jugend machen!

Die junge Garde. Zeitung der schaffenden deutschen Jugend. Herausgegeben vom Kommunistischen Jugendverband Deutschlands, Ende Januar 1936.

144. Flugblatt des KJVD gegen die faschistische Kriegspolitik, Frühjahr 1936

Ist das der Weg zu Frieden und Freiheit für Deutschlands Jugend?
Jungens und Mädels des schaffenden Volkes!

Wieder einmal ist die Jugend in Deutschland tief aufgewühlt. Sie spürt: es ist eine kritische Zeit, in der wir leben. Sie spürt ein schweres Ringen im Volk. Die Leidenschaften brodeln, von den Predigern des Nationalsozialismus aufgestachelt. Während Hitler im Reichstag vom 7. März seine Rede hielt, marschierten gleichzeitig deutsche Truppen in die Rheinzone ein.

Hitler sagt, das sei eine Sache der Ehre für Deutschland

Er weiß, daß die Jugend für ihre Ehre einstehen will. Aber es fragt sich, ob die Ehre, die Hitler meint, die Ehre der schaffenden jungen Generation in Deutschland ist.
Ist es denn etwa die Ehre der deutschen Jugend, daß unsere deutsche Heimat und alle Völker der Erde durch Hitlers Schritt an den Abgrund eines grauenvollen Krieges getrieben werden? Ist es denn die Ehre der deutschen Jugend, daß Leben und Zukunft unseres deutschen Volkes leichtfertig und verbrecherisch aufs Spiel gesetzt wird?

Die Jugend wird das nicht als eine Sache der Ehre betrachten

Hitler behauptet, sein Vorgehen sei deshalb berechtigt, weil durch den Beistandspakt zwischen Frankreich und der Sowjetunion der Vertrag von Locarno verletzt worden sei. Das ist eine Unwahrheit, denn der Vertrag zwischen Moskau und Paris besagt: Wenn einer von uns angegriffen wird, dann wollen wir uns gegenseitig beistehen. Wollte Hitler weder die Sowjetunion noch Frankreich angreifen, dann könnte er nichts gegen diesen reinen Verteidigungspakt einwenden.
Die Sowjetunion will den Frieden. Sie braucht keinen Krieg und setzt ihre ganze Macht ein, um einen solchen zu verhindern. Im Sowjetland ist der Staat ein Arbeiterstaat. Die Betriebe, der Boden, alle Naturreichtümer gehören dem arbeitenden Volk. Das arbeitende Volk hat noch nie einen Krieg gewollt. Den Krieg wollen immer die Reichen und Mächtigen, um noch mehr zusammenzuräubern. In der Sowjetunion blüht der wahre Sozialismus, und deshalb blüht dort Kultur, Wohlstand, Freiheit und Glück. Die Jugend der Sowjetunion ist die glücklichste Jugend der Welt. Sie kennt keine Arbeitslosigkeit, keine Not, keine Landhilfe, keine Entfernung der Jugend aus dem Betrieb.

Hitler sagt: Deutschland hat keinen Lebensraum und er denkt dabei an die weiten Gefilde des Sowjetlandes

Kann die junge schaffende Generation in Deutschland wollen, daß dieses Land, das einem freien starken Volk gehört, angetastet und der Versuch gemacht wird, es zu räubern?

Muß denn das deutsche Volk Raum bei anderen Völkern erobern, um leben zu können?

In Deutschland ist Platz für viel mehr Menschen, als heute in Deutschland wohnen. Nicht die

Grenzen sind zu eng, sondern innerhalb der Grenzen raubt eine Minderheit der Mehrheit des Volkes den Lebensraum. Wenn dem Exkaiser, den Grafen und Baronen ihre Riesenländereien abgenommen würden, so hätten zehntausende arme Bauernfamilien ihre eigene Scholle. Würden die Großkapitalisten, Spekulanten, Bankiers und Großhändler enteignet werden, so hätte das ganze arbeitende Volk Raum und Brot in Hülle und Fülle.

Hitler hat sich mit Japan verbündet. Das räuberische Japan der Fürsten und Reichen im Osten nimmt dem chinesischen Volk die nationale Freiheit und hat fremde Gebiete erobert, die größer sind als Japan selbst. Aber Japans Kinder spinnen und weben für dreimal Reis täglich 14 bis 16 Stunden. Nichts ist für sie besser geworden.

Für dich, deutsche Jugend, bringt die Eroberung fremder Länder nur Opfer. Die einzigen Nutznießer sind die Reaktionäre, die Kapitalisten und Ausbeuter

Der Weg des Friedens aber, der Weg der Verständigung und des friedlichen Austausches mit dem reichen und machtvollen Land des Sozialismus und den anderen Völkern bringt dem schaffenden deutschen Volk Arbeit und Brot.

Heldentum fürs Vaterland? Es ist Blutopfer für den Reichtum jener, die die wahren Feinde des schaffenden Deutschlands sind!

Heldentum für die Sache des darbenden Volkes sei unsere Losung!

Hitler sagt: Das Ausland darf Deutschland nicht wie einen Heloten behandeln. Wo aber in der Welt ist je ein Volk von fremden Mächten so zu Heloten gemacht worden wie das deutsche Volk durch seine »eigene« Regierung? Goebbels ruft in seiner ersten »Wahl«-Rede dazu auf, Köpfe rollen zu lassen. Wessen Köpfe fallen in Deutschland unter dem Henkerbeil? Die Köpfe der Kämpfer gegen die kapitalistische Reaktion. Viele der besten jungen Freiheitshelden sitzen hinter sechsfachem Stacheldrahtverhau in den Konzentrationslagern. Muß es nich in den Ohren der katholischen und bündischen Jugend, die gerade jetzt wieder wütend verfolgt, ihrer Organisationen und Führer beraubt wird, wie bitterer Hohn klingen, wenn Hitler sagt, er habe dem deutschen Volk die Freiheit wiedergegeben?

Hitler bedeutet Schmach, Unterdrückung und Knechtschaft für das eigene Volk!
Will Deutschlands Jugend frei werden, so muß sie helfen, den Faschismus zu beseitigen!

Wir, die revolutionäre Jugend, antworten Goebbels: Es ist besser, einige Minister verschwinden aus Deutschland und aus seiner Geschichte, als daß das ganze Volk in den Krieg gehetzt wird.

Die deutsche Jugend will ein starkes und freies Deutschland. Der Weg Hitlers ist nicht der Weg zu Frieden und Freiheit, sondern zum Krieg, zur Vernichtung der Besten und Tapfersten von euch im Giftgas- und Granatenregen.

Hitlers Angebot zum Abschluß von Verträgen mit einzelnen Staaten ist nichts anderes als das Angebot:

Laßt mir freie Hand zum Krieg gegen die Sowjetunion, die ich hasse, weil sie ein sozialistisches Land ist.

Wie jedoch können die Völker seinen Unterschriften trauen, da er soeben zum Vertragsbrecher geworden ist?

Hitler will sich mit den Feinden des Volkes in anderen Ländern verbünden. Er ruft der Reaktion dort zu: Tut dasselbe wie ich, unterdrückt euer Volk genau so wie ich, dann will ich mich mit euch verständigen.

Das ist das Gesicht der schwärzesten jugendfeindlichen Reaktion. Die deutsche Jugend aber will die Reaktion zu Paaren treiben.

Deutschlands Größe liegt in Deutschlands innerer Freiheit und im Bündnis mit der mächtigen

Sowjetunion und den frieden- und freiheitsliebenden Volksmassen der anderen Länder

Für diesen Kampf muß die werktätige junge Generation ihren ganzen Heldenmut einsetzen. Im Kampf um den Frieden kann sie eine große Aufgabe erfüllen.

Die Weltfriedenskonferenz der Jugend ruft euch!

Die Vertreter von 15 Millionen Jugendlichen aus allen Ländern von den verschiedensten Parteien sind Anfang März in Brüssel zusammengekommen. Die Jugend aller Richtungen, aller Bekenntnisse war vertreten, darunter auch die wahren Sprecher der freiheitlichen jungen Generation Deutschlands. Sie alle waren geeint in dem Willen, durch Kampf gegen die Reaktion den Frieden zu erhalten! Deutschlands schaffende Jungen und Mädels, das sind eure Brüder und Bundesgenossen. Hört ihren Ruf!
Ihr, die ihr heute von der Lehrlingsausbeutung in die Landhilfe, von der Landhilfe in den Arbeitsdienst, vom Arbeitsdienst in den Kasernenhof getrieben werdet, schließt euch zusammen zum Kampf für menschenwürdige Arbeits- und Lebensbedingungen, für Jugendschutz und Jugendrecht! Schafft im ganzen Lande die Bewegung der deutschen Jugend
für Frieden und Freiheit,
gegen die reaktionäre, faschistische Gewalt, die den Krieg will!

Junge Soldaten!
Denkt daran, daß der Reichswehrminister Blomberg einer der größten Grundbesitzer, Ausbeuter von hunderten Landarbeitern ist und mit zu denen gehört, die dem Volk die Luft zum Leben nehmen. Denkt an den prassenden General Göring, der für seine Geburtstagsfeier in der Staatsoper hunderttausende Mark verpulverte.

Der Soldat gehört mit den Arbeitern und Bauern zusammen und nicht mit den hohen Herren des Profits

Arbeitsdienstler, Hitlerjungen, BDM-Mädels und Jungsportler!
Schließt euch ohne Unterschied der Konfession und der Weltanschauung zusammen, um für euer Recht zu einem Leben in Wohlergehen und Freiheit einzustehen.

Wir wollen den Frieden — Hitler ist Krieg!
Nicht Krieg gegen das Land des Sozialismus, sondern Kampf gegen die Bedrücker im eigenen Lande!
Schafft die Einheit der Jugend für Frieden, Freiheit und eine glückliche Zukunft!
Es lebe die antifaschistische Bewegung der jungen Generation!

Kommunistischer Jugendverband Deutschlands.

Archiv der Gedenkstätte Ernst Thälmann, Hamburg.

145. Aus der Willenserklärung junger deutscher Antifaschisten bei der Gründung der Freien deutschen Jugend in Paris, Juni 1936

Wir, deutsche Jungen und Mädel, wir haben uns in der »Freien deutschen Jugend« zusammengeschlossen, um vom Ausland aus unseren deutschen Kameraden in ihrem schweren Kampf gegen das jugendfeindlichste aller Systeme beizustehen. Unsere gemeinsame Aufgabe ist es, mit allen unseren Kräften beizutragen, die notwendige Einheit der deutschen Opposition im Ausland zu schmieden, damit sie eine wirkliche Hilfe für diejenigen wird, die heute unter

Einsatz ihres Lebens für die Einheit des deutschen Volkes und seiner Jugend, gegen Hitler, für ein freies und glückliches sozialistisches Deutschland kämpfen.

Pariser Tageblatt, 16.6.1936.

146. Flugblatt junger deutscher Antifaschisten zu den Olympischen Spielen, Juli 1936

Deutsche Sportler! Kameraden!

»ICH RUFE DIE JUGEND DER WELT!«

Überall hören wir diesen Werberuf zu den 11. Olympischen Spielen. Der Schirmherr dieser Spiele, Adolf Hitler, und die NSDAP haben noch wenige Monate, bevor sie zur Macht kamen, klar und eindeutig gegen die Olympischen Spiele und ihre Idee Stellung genommen. Sie haben sie hingestellt als eine Erfindung der internationalen Freimaurerei und des Judentums, haben sie als antinational und liberalistisch bezeichnet. Sie waren gegen die Teilnahme und gegen die Entsendung deutscher Delegationen zu den Olympischen Spielen vergangener Jahre.

Das Bild hat sich geändert. Nach dem Machtantritt Hitlers begann ein heißes Bemühen um die Durchführung der 11. Olympischen Spiele. In Deutschland sind Juden und Neger zu minderwertigen Rassen erklärt. In Sport- und Jugendorganisationen wird der Haß gegen andere Völker gepredigt. Aber in der Welt wirbt man für eine starke Beteiligung an den Olympischen Spielen und fragt nicht nach Rasse und Religion, weil man beim deutschen Volke den Eindruck erwecken will, als ob die Sympathien der Welt bei Hitler sind. Der Protest Hunderttausender Sportler aus allen Ländern gegen die Durchführung der Spiele unter der Schirmherrschaft Hitlers wird Euch verschwiegen. Man verschweigt Euch, daß bekannte Sportler nicht zu den Olympischen Spielen kommen, weil sie sich mit Hitler und seinem Regime nicht solidarisieren wollen. Die fortschrittliche Menschheit wendet sich mit Entsetzen von dem Geist der Unfreiheit und der Knechtschaft ab.

Die Olympischen Spiele wurden in gewaltigem Ausmaß vorbereitet, nicht um der Friedensidee dieser Spiele zu dienen, nicht um des sportlichen Wettkampfes willen, sondern um die Welt und das deutsche Volk zu belügen. Glänzend aufgezogene Veranstaltungen, fahnen- und girlandengeschmückte Straßenzüge, ausgeputzte Stadione und Sportplätze sollen den Eindruck hervorrufen, als ob es keine Not und keinen Terror, als ob es nur glückliche und zufriedene Menschen im Lande gäbe. Während der Olympischen Spiele wird die Liebe des deutschen Volkes zu Sport und Leibesübungen ausgenutzt, um vergessen zu machen, daß die Freiheit im nationalsozialistisch regierten Deutschland mit Füßen getreten wird. Sagt den Olympia-Teilnehmern: Hunderte junger, freiheitsliebender Sportler sind von der Rachejustiz Hitlers auf 4, 5, 8, 12 und 15 Jahre ins Zuchthaus geschickt worden. Denkt daran, daß die Sportler Hans Mickin und Erich Quade zu lebenslänglichem Zuchthaus verurteilt worden sind, weil sie für die Freiheit des Sportes gewirkt haben.

Demagogisch beteuert Hitler der Welt seinen Friedenswillen.

Inzwischen baut er Kanonen und Bombengeschwader. Hitler redet vom Frieden und in den deutschen Sportvereinen hetzen die nationalsozialistischen Beauftragten die Jugend zu Revanche- und Eroberungskriegen. Die Olympische Friedensidee wird in den Schmutz gezogen. Man benutzt sie als Kulisse; hinter ihr wird der Krieg vorbereitet.

Deutsche Sportler, in den Turnhallen und auf den Plätzen sucht ihr Freude, Gesundheit und Erholung. Aber der Nationalsozialismus macht den Sport zu einem Teil seiner Kriegsaufrüstung und wird dadurch zum Zerstörer der deutschen Sportbewegung. 1932 zählten die deutschen Sportverbände mehr als 8 Millionen Mitglieder. Heute, unter der glorreichen Führung Hitlers und seines Sportdiktators Tschammer-Osten zählen die Sportverbände nicht mehr als 4 1/2 Millionen Mitglieder. Man preßt die Jugend in Jungvolk und Arbeitsdienst, in Landjahr und Hitlerjugend und damit nimmt dem deutschen Sport den Nachwuchs und die Zukunft. Deutsche Sportler, Euch ist Frieden und Völkerverständigung innerste Überzeugung. Erkennt die nationalsozialistische Heuchelei. Helft den Frieden sichern, indem ihr der Kriegshetze im deutschen Sport entgegenarbeitet.

Die olympische Idee ist untrennbar verbunden mit dem Gedanken der Freiheit im Sport. Ohne Freiheit keinen Frieden. Unter Hitler hat der deutsche Sport aufgehört frei zu sein. Die Arbeitersportverbände sind verboten. Der katholischen Jugend ist das Recht der sportlichen Betätigung in eigenen Organisationen genommen. Jetzt hat man die seit Jahrzehnten bestehenden anderen Sportverbände aufgelöst. Hunderte verdiente Funktionäre der Verbände wurden abgesetzt und an ihre Stelle sportfremde Parteibeauftragte gesetzt. Man redet Euch vor, daß die Traditionen Eurer Verbände erhalten bleiben sollen. In Wirklichkeit ist die Auflösung der Euch lieb gewesenen Organisationen nichts anderes als eine erneute Einschränkung Eurer sportlichen Rechte und Freiheiten. Der deutsche Sport wird regiert von Elementen, die die Wünsche der Sportler nicht achten, sondern die sie in ein System zwingen wollen, das den Tod der Freiheit und Selbständigkeit des Sportes bedeutet. Deutschlands Sport wurde zu einer Millionenbewegung, weil ihm die Freiheit Grundgesetz war. Seid einig im Kampf um die Wiedererringung der Freiheit im Sport. Unzählige deutsche Sportvereine befinden sich in schwerer wirtschaftlicher Bedrängnis. Hohe steuerliche Belastung, unausgesetzte Sammlungen, die fehlende frühere finanzielle Unterstützung durch Staat und Kommunen erschweren immer mehr den sportlichen Betrieb der Vereine. Für die Vorbereitung der Olympischen Spiele spielt Geld keine Rolle. Für die Winterspiele in Garmisch-Partenkirchen sind 1 1/2 Millionen Mark Zuschüsse gezahlt worden und es ist für jeden klar, welche Millionenbeträge für die Berliner Olympiade ausgegeben werden. Das Geld, das der Umbau des Reichssportfeldes verschlingt, würde die Herrichtung hunderter Vereinssportplätze ermöglichen. Für einige hundert Günstlinge in den Olympia-Trainingslagern wird seit Monaten alles getan und für die Vereine nichts. Immer und immer wieder wurde die Herabsetzung der Beiträge gefordert, haben die Vereine die Beseitigung des nationalsozialistischen Sportbürokratenapparates verlangt. Statt dessen wurden die Vereine noch mehr belastet, der Olympiagroschen rücksichtslos eingetrieben. Deutschlands Sportführung denkt nicht an das Wohl der Vereine, sondern an den nationalsozialistischen Werberummel unter dem Deckmantel der Olympiade.

Deutsche Sportler!

Die Olympischen Spiele unter der Schirmherrschaft Hitlers dienen nicht dem Frieden, sie sollen die aggressiven Kriegspläne verschleiern!

Durch die Olympischen Spiele will Hitler der Welt weismachen, daß das deutsche Volk geschlossen hinter ihm steht. Zeigt den Terror auf und weist auf die Zuchthäuser und Konzentrationslager, in denen hunderte der Besten des deutschen Volkes leiden. — Fordert die Freiheit für Mickin, Quade und die anderen eingekerkerten Sportler! Die Olympischen Spiele sollen der Welt den Wohlstand des deutschen Volkes vortäuschen. Verbreitet unter den Olympiade-Besuchern die Wahrheit über Eure wirtschaftliche Lage und die Not der Vereine. Hitlers olympische Fremdenführer wollen die Welt betrügen. Sagt den Olympia-Gästen, daß Hitler die olympische Idee mißachtet; weil er die Freiheit im Sport beseitigte. Hitler heißt Rassen- und Völkerverhetzung!

Haltet die freiheitlichen Traditionen der deutschen Turn- und Sportbewegung aufrecht, die sie vernichten wollen. Seid unermüdlich tätig für den Frieden und die Völkerverständigung. Arbeitet für den Tag, wo in Deutschland die wahren Olympischen Spiele der Freiheit und des Friedens stattfinden können!

Juli 1936   Kampfgemeinschaft
                            Deutscher Arbeitersportler,
                       Kampfgemeinschaft für Sporteinheit
                       (Arbeiter-, Turn- und Sportbund.)

IML/ZPA, D.F. IX/22.

147. Aus einem Bericht der Gestapo in Köln über Aktionen von Gruppen der Navajos gegen die HJ, 4.8.1936

In der letzten Zeit häufen sich im Stadtbezirk Köln planmäßige Überfälle und Provokationen von den sogenannten »Navajos« auf die Hitler-Jugend. Die Erstgenannten, die sich selbst von einem Indianerstamm stolz »Navajo« nennen, sind ein freier Zusammenschluß der ehemalig bündisch-marxistisch orientierten Jugendlichen beiderlei Geschlechts im Alter von 15 bis 25 Jahren. Zum Teil handelt es sich auch um ehemalige HJ-Mitglieder, die auf Grund sittlicher Verfehlungen und wegen sonstiger Vergehen aus der HJ ausgestoßen bezw. ausgeschlossen wurden. Erkenntlich sind sie an ihrer überaus bunten, aber doch in ihrer Grundform einheitlichen Kleidung ...

Daß eine einheitliche Organisation besteht, ist nicht mit Bestimmtheit anzugeben. Vielmehr bildet jeder Stadtteil einen Klub für sich, der von Älteren angeführt wird. Bekannt ist der Radfahrklub »Jumbo« unter der Führung von einem gewissen Sinzenich aus Zollstock. Als Rädelsführer sind die Burschen, die die Spitznamen Neger, Deutzer-Bär und Chäng (Jean) führen, anzusehen.

Der ehemalige KPD-Angehörige Josef Heinen aus Kalk ist mehrmals bei den Navajos, als diese auf Fahrt waren, gesehen worden. Dadurch verstärkt sich der Verdacht, daß staatsfeindliche Kräfte sich dieser wilden und illegalen Vereinigung, die sich autonom gegenüber den Forderungen des Staates und vor allem heute seiner Volksgemeinschaft halten, annehmen und bewußt zu Staatsfeinden erziehen.

Es ist schon soweit gekommen, daß ein Mann, dessen Name vielleicht noch festgestellt werden kann (vermutlich van Vacano aus Köln-Rath) am Bahnhof im Königsforst ausgelacht wurde, weil er das Parteiabzeichen trug. Fälle von unerhörten Widersetzlichkeiten und tätlichen Angriffen gegen die Staatsjugend seien besonders erwähnt.

Am Montag, den 20.7. ds.Js. trieben sich ca. 150 Navajos in der Gegend Severinstraße und Schnurgasse herum. Zwei Hitlerjungen, die sich auf dem Wege zur Banndienststelle befanden, wurden, ohne daß überhaupt ein Grund vorhanden war, mit Luftpumpen rücksichtslos von der Menge niedergeschlagen. Feststellungen durch die Polizei konnten nur wenig erfolgen, da die Festgenommenen immer wieder durch die begleitende Menge befreit wurden.

Am 17.7. ds.Js. wurde der Gefolgschaftsführer Raeder am Horst-Wessel-Platz tätlich von den Navajos angegriffen. Man versuchte sogar, ihm den Dienstrock auszuziehen. Es fielen auch die Worte: Die HJ-Führer sind alles Lumpen und Verbrecher.

Dem Führer der Gefolgschaft 17/217 ließ man bestellen: »Wenn ihr uns was wollt, dann sind wir morgen mit 400 Mann von der Eiche hier und schlagen alles in Klumb.«

In der ersten Juli-Woche wurde der Gefolgschaftsführer Schriedels von drei Navajos provoziert und angegriffen.

Ein besonders gemeiner, in seiner Rücksichtslosigkeit noch gesteigerter Vorfall vom 16. Juli ds.Js. sei erwähnt. An diesem Tage wurde in Köln-Deutz der Scharführer Fingerhut (FHJ, Bann 217) von Navajos angepöbelt. Fingerhut stellte diese zur Rede. Im Verlauf dieser Auseinandersetzung kam es zu Tätlichkeiten, bei denen Fingerhut mit einem sogenannten Finnmesser einen Stich unterhalb des Kinns in den Hals erhielt. Die Täter konnten unerkannt entkommen. Am 20.7. ds.Js. wurden gegen 22 Uhr sechs Angehörige des HJ—Streifendienstes, die auf dem Rummelplatz Perlengraben die durch ihre Kleidung als HJ—Mitglieder erkenntlichen Jugendlichen kontrollieren wollten, von einer 120 bis 150 Mann starken Navajos-Bande umringt und angerämpelt. Nachdem einige Schimpfworte gegen die Hitlerjungen ausgestoßen wurden, kam es zu Tätlichkeiten. Es gelang den Streifendienstangehörigen sich unter Anwendung von Gewalt zurückzuziehen. Immer wieder tauchten diese Banden auf, einmal stärker, einmal schwächer, um auf die HJ Jagd zu machen.

...

Hauptstaatsarchiv Düsseldorf, RW 18 - 7, Bl. 254 f.

148. Von den Zentralkomitees der kommunistischen Jugendverbände Frankreichs und Deutschlands anläßlich der Olympischen Spiele verbreitetes Flugblatt, August 1936

Vereinigt euere Kräfte gegen den Faschismus, den Urheber des Krieges

Wir sind die Söhne zweier großer Nationen, die sich von 1914-1918 gegenseitig zerfleischten und in einem Kriege, der ganz Europa in Brand setzte, ruinierten. Während vier Jahre haben unsere beiden Länder alle ihre Kräfte, alle Technik, all ihr Wissen für ein Werk der Zerstörung angespannt, das in der Geschichte nicht seinesgleichen kennt.

Zehn Millionen Menschen, unter ihnen fast vier Millionen Franzosen und Deutsche, wurden getötet. Viele Millionen gingen aus dem grausigen Konflikt mit schweren Verletzungen oder unheilbaren Krankheiten hervor.

Dies ist die furchtbare Bilanz für die Völker.

Aber während unsere Mütter ihre Gatten und Söhne beweinten, häuften die Schneider, die de Wendel, die Krupp und Thyssen und die anderen Kriegsgewinnler gewaltige Vermögen an.

Heute, zwanzig Jahre nach der furchtbaren Schlacht von Verdun, wo siebenhunderttausend französische und deutsche Soldaten fielen, sollen unsere beiden Völker von neuem gegeneinander gehetzt werden.

Der Faschismus bedroht den Frieden.

Vor kurzer Zeit hat Hitler einen Gewaltstreich vollführt, der eine äußerst schwere Bedrohung für den Frieden darstellt.

Ohne auch nur den Versuch einer Diskussion hat er den Locarno-Vertrag gebrochen und die entmilitarisierte Rheinlandzone von der Reichswehr besetzen lassen. Dieser Angriff gegen den Frieden trägt in keiner Weise zur Besserung der Lage des deutschen Volkes bei.

Nach dem Angriff Mussolinis in Afrika, dem Eroberungskrieg der japanischen Militaristen im fernen Osten samt ihren unaufhörlichen Provokationen an den Sowjet-Grenzen führt Hitler einen Schlag, der für den Weltfrieden tödlich sein kann.

Er hat den tragischen und brutalen Beweis geliefert, daß der Faschismus den Krieg will.

Die Jungkommunisten wollen die Verbrüderung der Völker.

Wir jungen französischen und deutschen Kommunisten proklamieren unseren heißen Willen für die Verbrüderung der Jugend und der Völker unserer beiden Länder zu arbeiten.

Dies ist für uns eine ehrenvolle Aufgabe, der wir auch in der Vergangenheit stets gerecht geworden sind. Wir haben unsere Anstrengungen gegen den Versailler Vertrag geeint, der das deutsche Volk zugunsten der internationalen Finanz erdrückte. 1923 anläßlich der Ruhrbesetzung durch die französische Armee haben wir uns bemüht, brüderliche Beziehungen zwischen den französischen Soldaten und den deutschen Berg- und Metallarbeitern herzustellen. Mehrere unter uns haben diese großherzige Tat mit ihrer Freiheit bezahlt.

Wir französischen Jungkommunisten haben immer gegen die Ausbeuter, die Großkapitalisten unseres eigenen Landes gekämpft, und wir haben uns bemüht, den imperialistischen Krieg den sie gegen das marokkanische Volk führten, zu beenden.

Wir deutschen Jungkommunisten haben trotz der grausamen Unterdrückung durch Hitler, trotz Gefängnissen und Konzentrationslagern, nicht einen Augenblick unseren Kampf gegen Hitler, den Henker des deutschen Volkes, den Vernichter seiner Freiheit und seiner Kultur eingestellt.

Wir sind die Söhne jenes Deutschlands, das keinen Krieg will, des Deutschlands Thälmanns, das gegen den Chauvinismus kämpft, den Hitler dem Volke aufzwingen will.

Henkerbeil, Erschießungen und Martern haben unsere Widerstandskraft nicht gebrochen und werden sie nicht brechen.

Deutsche Jugend, französische Jugend!

Wir Jungkommunisten Frankreichs und Deutschlands proklamieren, daß wir, was auch komme, über den Haß hinaus, den der Faschismus zwischen unsere Völker säen will, geeint bleiben werden. Wenn uns trotz unserer Bemühungen um die Erhaltung des Friedens der Krieg aufgezwungen wird, so werden wir nicht einen Augenblick vergessen, daß die Sache der Jugend aller Länder vor allem die Niederlage des Faschismus und die schnellste Einstellung der Feindseligkeiten durch die Verbrüderung unserer Völker erfordert. Doch die Jugend will den Krieg, der Unglück und Trauer im Gefolge führt, nicht erdulden.

Die Jugend proklamiert ihr Recht auf Leben.

Auf dem glänzend gelungenen Brüsseler Kongreß sind 389 Jugendorganisationen von Jugendlichen aller Rassen, aller Länder und aller Weltanschauungen zusammengetreten nicht um über die Mittel zu beraten, die man im Falle eines europäischen Krieges ergreifen müßte, sondern um den Ausbruch eines solchen Krieges zu verhindern, zwölf Millionen Jugendliche haben in Brüssel durch den Mund ihrer Vertreter den Kriegsbrandstiftern ein donnerndes Halt entgegengerufen.

Der Brüsseler Kongreß hat sich für die Schiedsgerichtsbarkeit bei Konflikten, für die Sanktionen gegen den Angreifer im Geiste der Aufrechterhaltung der kollektiven Sicherheit ausgesprochen. Wir Jungkommunisten Frankreichs und Deutschlands verpflichten uns in unseren Ländern alles ins Werk zu setzen, auf daß sich der Friedenswille der Jugend in praktischen Maßnahmen und mit einer solchen Stärke durchsetze, daß der Faschismus der Kriegsbrandstifter in seiner verbrecherischen Tätigkeit aufgehalten werde.

Ein freies sozialistisches Deutschland und Frankreich werden für immer den Frieden in Europa sichern.

Jugend Frankreichs, Jugend Deutschlands, Jugend aller Länder eint eure Kräfte gegen den Faschismus, der im Dienste der Hochfinanz und der Großindustrie steht.

Eint euch, auf daß das System der barbarischen Diktatur durch die Kraft der arbeitenden Klassen mit dem euer Los aufs engste verbunden ist, gebrochen werde.

Der menschliche Fortschritt und der Völkerfriede stehen auf dem Spiel. Wenn der Faschismus in Frankreich triumphiert und sich in Deutschland konsolidiert, wäre die Zivilisation des alten Europa vernichtet und der Kriegsbrand würde sich auf die ganze Welt ausdehnen. Die Wahnsinnstaten, die die faschistischen Machthaber augenblicklich überall beginnen, sind ein Beweis dafür, sie sind aber auch zu gleicher Zeit das sicherste Anzeichen ihrer Schwäche. Sie künden uns die Stunde an, wo sie durch die Kraft der Massen zusammenbrechen werden und in ihrem Sturze die Herrschaft des Kapitals mit sich reißen werden. Lernt und kämpft unter dem Banner des Kommunismus.

Dieses Banner weht über der Union der sozialistischen Sowjet-Republiken, wo die Jugend glücklich ist, ihr eigenes Schicksal in den Händen hat, in einem Regime, das die Produktion für die Befriedigung der Bedürfnisse des Volkes organisiert.

Unterstützt die Anstrengungen der Sowjet-Union, die Schritt um Schritt für die Verteidigung des Friedens kämpft. Verhindert, daß Hitler gegen sie im Namen der westlichen Zivilisation, auf die er sich zu Unrecht beruft, seine bewaffnete Macht lenken kann. Verhindert jeden Angriff auf ihre Grenzen. Arbeitet daran, daß in Deutschland wie in Frankreich die Sache des Volkes triumphiert, auf daß bald keine Grenzen mehr die beiden Völker voneinander trenne.

Deutsche Jugend!

Du liebst dein Land; seine Schätze und seine Kultur, die der Hitlerfaschismus zerstört. Sei der würdige Nachfolger der größten, genialsten Männer deines Volkes. Dein Land ist das Land der großen Denker der Wissenschaft und des Sozialismus. Bewahre die Erbschaft von Kant, Hegel, Goethe, Marx und Engels und führe sie fort. Laß dich von den heroischen revolutionären Taten Rosa Luxemburgs, Karl Liebknechts und Thälmanns leiten.

Französische Jugend!

Du bist stolz auf die revolutionären Traditionen deiner Vorfahren der Verkünder der Freiheit. Du bist der Erbe der Denker des 18. Jahrhunderts der Diderot und Descartes, deren Werke der Menschheit einen neuen Weg gewiesen haben. Die Beispiele der Helden der großen Revolution von 1789 lenkt eure Aktionen gegen die faschistischen Tyrannen. Die Marceau, Bara, Vialla sind für Dich Beispiele der Freiheitsliebe und der Ergebenheit für die Sache des Volkes.

Du bist der Nachkomme der glorreichen Kommunarden von 1871, der »Gavroche«, die auf den Barrikaden die Sache der ersten proletarischen Revolution verteidigten.

Du willst, daß die Jugend frei und glücklich im schönen Frankreich lebe, in einem Frankreich, das von den 200 Familien und den Finanzmagnaten befreit ist, die es ausplündern.

Junge Franzosen und Deutsche!

Kämpft gemeinsam gegen den Faschismus, den Kriegsbrandstifter, arbeitet daran, unsere herrlichen Länder von denen zu befreien, die ihre Reichtümer an sich gerissen haben. Kämpft an der Seite der Arbeiterklasse, auf daß es bald ein freies Deutschland u. ein freies Frankreich unter der Herrschaft der Arbeiter, unsere Völker in fruchtbringender Arbeit zusammenbringe und für immer den Weltfrieden verbünde!

Zentralkomitee des KJV Frankreichs
Zentralkomitee des KJV Deutschlands

IML/ZPA, D.F. IX/22.

149. Brief Berliner Antifaschisten an die Teilnehmer und Gäste der Olympischen Spiele, August 1936

Wir Antifaschisten Berlins richten an Euch ein paar Worte.

Wenn Ihr Berlin im Festkleide der Olympiade seht, wenn Ihr mit großen Festen empfangen werdet, wenn Ihr im neugebauten olympischen Dorf oder in guten Quartieren untergebracht werdet, wenn Ihr Euch zum Wettstreit in das neue Reichssportfeld begebt, dann denkt daran, daß diese Olympiade, die von Millionen Arbeitergroschen finanziert wird, unter dem Protektorat Hitlers eine Demonstration für die faschistische Diktatur ist.

Jedes freiheilige Denken und Handeln des deutschen Volkes wird blutig unterdrückt.

1932 hatten wir 8 Millionen Sportler in den freien Sportverbänden.

1936 unter Hitlers Führung, sind nur noch 4,2 Millionen in den Sportorganisationen, wo sie unter der Führung eines eingesetzten Kommissars Sport treiben dürfen. Tausende Sportler, die für die Aufrechterhaltung der freiheitlichen Traditionen der deutschen Turn- und Sportbewegung gekämpft haben, sind in die Zuchthäuser und KZ geworfen worden!

Als Auftakt zur Olympiade beginnen in allen Teilen des Reiches erneut Prozesse gegen sozialdemokratische, kommunistische und katholische Arbeiter und Gewerkschafter! Hohe Zuchthausurteile und KZ für werktätige Deutsche, die es wagten, für freiheitliche Rechte und Verbesserung ihrer Lebenslage zu kämpfen.

Hitlerdeutschland ist ein Zuchthaus für alle freiheitlich denkenden Menschen!

Hitler benutzt die Olympiade, um der ganzen Welt seine »Macht« und »Stärke« zu zeigen. Unter Friedensphrasen und Friedensbeteuerungen werden täglich Millionen für ungeheure Aufrüstung hingeworfen. Hitlers Kriegsrüstungen hindern die Entfaltung eines wirklich freien Massensports.

Die Zwangsorganisierung in Hitlerjugend und Arbeitsdienst nimmt den deutschen Sportvereinen die Jugend. Die Jugend soll nicht von freiheitlichem Sportgeist erfüllt sein, sondern Militarisierung und Wehrsport sollen für Hitler disziplinierte Soldaten liefern. Die ganze sportliche Ausbildung der Jugend wird nur unter diesem Gesichtspunkt durchgeführt.

Olympiade-Teilnehmer, Olympia-Gäste aus aller Welt!

Laßt Euch von den Sportlern erzählen, wie ihnen in den Sportvereinen das Recht genommen wurde, die Vereinsleitung selbst zu wählen. Verlangt in die Zuchthäuser und KZ geführt zu werden, um dort die aufrechten freiheitlichen Kämpfer zu sprechen, die dort gequält und gefoltert werden, weil sie für Frieden, Freiheit, Recht und Wohlstand kämpften!

Helft dem friedliebenden, freiheitlich denkenden deutschen Volk, das wahre Gesicht Hitlers in aller Welt zu entlarven! Nicht Hitler gibt dem deutschen Volk Frieden, Freiheit und Ehre!

Nicht Hitlers Friedensbeteuerungen sichern den Frieden der europäischen Völker!
Nein! Nur ein Deutschland, das durch die Einheitsfront und Volksfront den Feind der ganzen Welt, Hitler und sein faschistisches Regime, stürzt, kann im Kampf für ein demokratisches Deutschland dem deutschen Volke Frieden, Freiheit und Wohlstand erringen!
Nur ein freiheitliches demokratisches Deutschland wird ein sicherer Garant für den Frieden der Welt sein.

Die freien Gewerkschafter
Sozialdemokraten und Kommunisten
Berlins.

Dokumentationsarchiv des deutschen Widerstandes, Frankfurt/M.

150. Aus einem Bericht der Gestapo in Harburg-Wilhelmsburg über antifaschistische Aktivitäten ehemaliger SAJ- und SPD-Mitglieder, 17.9.1936

Preußische Geheime Staatspolizei   Harburg-Wilhelmsburg, den 17. September 1936.
Staatspolizeistelle
für den Regierungsbezirk Lüneburg
II A.

An die
Preußische Geheime Staatspolizei
- Staatspolizeiamt -
in Berlin SW. 11
Prinz-Albrechtstr. 8

Betrifft: Hamburger Wanderbund e.V.

...

Auf Grund oben angeführter Erlasse wurden in der Fischbeker und Horster Heide des öfteren Streifen durchgeführt, bei denen sich ergab, daß einzelne Gruppen der ehemaligen SAJ noch immer ihre gemeinsamen Fahrten in die Heide unternehmen. Es konnte festgestellt werden, daß sie sich dabei mehr oder weniger tarnen. Die Teilnehmer an diesen Fahrten sind zumeist im Hamburger Wanderbund oder im D.G.T.O. (Deutscher Guttempler Orden) organisiert. Allerdings wurden auch Gruppen angetroffen, die sich angeblich von früher her kannten und aus diesem Grunde gemeinsame Fahrten unternommen haben wollten. Auch diese sind meistens in der Uniform der ehemaligen SAJ getroffen worden. Vielfach waren die Angehörigen der letztgenannten Gruppen Mitglieder der Hitlerjugend, die dann wieder ausgetreten bzw. ausgeschlossen worden sind.
Auf Grund dieser Feststellungen ist dann am Sonntag, dem 6.9.36, eine größere Aktion gegen die Träger der ehemaligen SAJ-Uniform duchgeführt worden. In den Morgenstunden wurden zunächst in dem Heim des Hamburger Wanderbundes e.V. in Maschen (Horster Heide) ca. 50 — 60 Personen angetroffen, von denen etwa 40 die Uniform oder aber Uniformteile der SAJ trugen. Der größte Teil der Uniformträger gehörte dem Hamburger Wanderbund e.V. an, wie durch Mitgliedskarten belegt werden konnte ... Der Hamburger Wanderbund e.V. geht aus dem Touristenverein »Die Naturfreunde«, Ortsgruppe Hamburg e.V. hervor, der nach einem Schreiben des Herrn Reichminister des Innern vom 2. Mai 1933 – I A 3233/18.4 – nicht aufgelöst worden ist. Laut Schreiben des Beauftragten des Reichssportführers für den Bezirk II Groß-Hamburg im Gau VII — Nordmark — vom 23. November 1934 wurde in einer am 6. November 1934 abgehaltenen Generalversammlung eine grundsätzliche Umstellung des Ver-

eins und Änderung des Vereinsnamens in »Hamburger Wanderbund e.V.« vorgenommen. Gleichzeitig ist das Führerprinzip eingeführt und zum Vereinsleiter der Leiter des Norddeutschen Wanderbundes, Pg. Lohmann, Hamburg, Tarpenbeckstraße 72, eingesetzt worden. Durch die Umstellung ist der Hamburger Wanderbund e.V. Mitglied des Norddeutschen Wanderbundes und als solcher Mitglied des Deutschen Reichsbundes für Leibesübungen und somit als anerkannter Verein anzusehen ... Obgleich die Leitung des Hamburger Wanderbundes e.V. als nationalsozialistisch bezeichnet werden kann, entstanden in der Zeit von 1933 bis heute doch mehrere Vorgänge über den genannten Verein bezw. über das dem vorgenannten Verein gehörige Heim in Maschen (Horster Heide) ...

Ferner nehme ich Bezug auf folgenden Bericht des zuständigen Landrats vom 24.4.36 — J.Nr. L I 138 II/35:

»Auf Grund einer persönlichen Besichtigung dieses Heimes habe ich den Eindruck gewonnen, daß es sich trotz Änderung des Namens und trotz der m.E. nur rein äußerlichen Gleichschaltung nach wie vor um eine Vereinigung handelt, die gesinnungsgemäß der SPD oder KPD nahe steht. Die Zustände gegen früher haben sich m.E. nicht geändert. Vielleicht ließen sich von dort aus durch geeignete Beamte Ermittlungen über den wahren Charakter der Mitglieder des Hamburger Wanderbundes e.V. mit mehr Erfolg anstellen, als wie es durch die persönlich zu sehr bekannten Gendarmeriebeamten des Kreises möglich ist. Das Ergebnis dürfte vielleicht die Möglichkeit bieten, das Heim auf Grund der Gesetze zur Einziehung des marxistischen und kommunistischen Vermögens zu Gunsten des Staates zu beschlagnahmen ...«

Weiter teilte die Staatspolizeistelle für den Regierungsbezirk Schleswig in Kiel unter dem 10. Mai 1935 ... mit, daß in dem genannten Heim an beiden Osterfeiertagen 1935 sich ca. 150 größtenteils männliche Personen eingefunden hätten. Die Besucher sollten hauptsächlich aus Hamburg gekommen sein. Sie sollen während ihres Aufenthaltes in dem Heim den Straßburger- und Moskau-Sender angestellt und die im Sender übermittelten Lieder aus Straßburg und Moskau mitgesungen haben. Der Pächter des Lokals, Adolf Schulz, soll das Verhalten seiner Gäste an den beiden Osterfeiertagen gebilligt haben ...

Infolge vorstehender Mitteilung wurde das Heim überholt und folgendes berichtet:

»Am 30.5.1935 fand im Heim des Hamburger Wanderbundes e.V. — früher Touristenverein »Die Naturfreunde« — das Reichswandertreffen des Norddeutschen Wanderbundes e.V. in Horst, Krs. Harburg statt.

Durch Beamte der hiesigen Staatspolizeistelle und der Gendarmerie wurde die Veranstaltung unauffällig überwacht. Es waren bis gegen 14 Uhr ca. 700 Personen erschienen, die sich aus einzelnen Wandergruppen, auch Zivilwanderern, zusammensetzten. Die Mehrzahl der Erschienenen hielt sich im oder in der Nähe des Heims auf, dagegen waren einzelne Gruppen in die umliegenden Waldungen gewandert, wo sie getrennt und truppweise lagerten. Im ersten Teil des Programms hielt der Bundesleiter Oscar Lohmann, wohnhaft in Hamburg 20, Tarpenbeckstraße 72, eine Ansprache, die nicht zu beanstanden war. Er ließ zum Schluß seiner Worte auf den Führer dreimal den Wandergruß (!) ausbringen, worauf das Deutschlandlied gesungen wurde. Hierbei konnte man einwandfrei feststellen, daß die Mehrzahl der Anwesenden nicht mitsang und ein großer Teil es nicht für nötig hielt, den Arm zu erheben. Es gab sogar einzelne, die überhaupt nicht aufgestanden waren. Andere wiederum verließen bei Beginn des Liedes den Festplatz. Ferner konnte man unter den Versammelten während der Ansprache, bei den Stellen, an denen der Redner von Deutschland und dem Führer sprach, beobachten, daß einzelne Gruppen untereinander tuschelten und lachten ... Während des ganzen Tages, an dem sich die Beamten unauffällig unter die Teilnehmer mischten, wurde auf dem Festgelände nicht ein einziges Mal der Deutsche Gruß geboten. Von vielen jungen Teilnehmern wurden blaue Hemden und kurze blaue Manchesterhosen getragen, die der früheren SAJ-Tracht fast völlig gleich waren.

Aus dem ganzen Auftreten der Mehrzahl der zu diesem Reichstreffen Erschienenen konnte man unzweifelhaft feststellen, daß es sich um Elemente handelt, die dem heutigen Staat verneinend gegenüberstehen. Wenn auch die Bundesleitung aus einwandfreien Leuten bestehen mag, so leben die ehemaligen Gruppen und Wandervereine, wenn auch unter anderem Namen, in ihrer früheren Aufmachung unter Tarnung und dem Schutz der vielleicht streng nationalsozialistisch eingestellten Bundesleitung weiter. Diese Tarnung ist für den heutigen Staat umso gefährlicher, als für diese Wandervereine — man kann sie heute noch als marxistisch eingestellt ansprechen — die Möglichkeit besteht, unbehindert und zu jeder Zeit ihre Gesinnungsgenossen zusammenzurufen, wodurch ein Zusammenhalt staatsfeindlicher Elemente gefördert wird. Die Überwachung derartiger Vereine gestaltet sich äußerst schwierig, da die Mitglieder untereinander bekannt und einer fremden Person gegenüber zurückhaltend sind ...«

Da sich in dem Heim des Hamburger Wanderbundes e.V. in den letzten Jahren immer wieder die Anhänger der ehem. SPD bzw. SAJ sammeln, bitte ich, darüber entscheiden zu wollen, ob das Heim geschlossen werden soll und ob eine Auflösung des Hamburger Wanderbundes e.V. auf Grund obiger Ausführungen in Frage kommen kann. Weiter bitte ich eine Entscheidung darüber herbeiführen zu wollen, was gegen die Träger der Uniform bzw. der Uniformteile der SAJ in Zukunft unternommen werden soll.

...

Dokumentationsarchiv des deutschen Widerstandes, Frankfurt/M., AN 862.

151. Urteil des Sondergerichts beim Landgericht Berlin gegen vier Mitglieder einer oppositionellen bündischen Jugendgruppe, 10.11.1936

Im Namen des Deutschen Volkes !

Strafsache
gegen

1) den Schriftsetzerlehrling Werner Karl Heiser, geboren am 31. Oktober 1916 in Torgau/Elbe, wohnhaft in Berlin-Oberschöneweide, Goethestraße 63,

2) den Mechanikerlehrling Werner Kurt Bohlmann, geboren am 5. April 1918 in Berlin, wohnhaft in Berlin-Charlottenburg, Suarezstraße 7,

3) die Schülerin Ilse Erika Käthe Hahn, geboren am 24. April 1920 in Berlin, wohnhaft in Berlin, Dragonerstraße 22,

4) den Schlosserlehrling Günther Kaufmann, geboren am 5. Juni 1919 in Jüterbog, wohnhaft in Berlin NW., Lessingstr. 21,

wegen Vergehens gegen § 4 der V.O. vom 28. Februar 1933.

Das Sondergericht I beim Landgericht Berlin hat in der Sitzung vom 10. November 1936, an der teilgenommen haben:

> Landgerichtsrat Dr. Richter
>   als Vorsitzender
> Landgerichtsrat Thierbach,
> Landgerichtsrat Grosse
>   als beisitzende Richter
> Gerichtsassessor Bibendt
>   als Beamter der Staatsanwaltschaft,
> Justizangestellter Hardt
>   als Urkundsbeamter der Geschäftsstelle,

für Recht erkannt:

Der Angeklagte Heiser wird wegen Vergehens gegen § 4 der Verordnung des Reichspräsidenten zum Schutze von Volk und Staat vom 28. Februar 1933 zu einer Gefängnisstrafe von 6 — sechs — Wochen verurteilt, die durch die Schutz- und Untersuchungshaft verbüßt ist. Die bei ihm beschlagnahmten bündischen Schriften und Abzeichen werden eingezogen. Das Verfahren gegen die Angeklagten Bohlmann, Hahn und Kaufmann wird auf Grund des § 2 Ziffer 2 des Straffreiheitsgesetzes vom 23. April 1936 eingestellt.

Soweit Einstellung erfolgt ist, fallen die Kosten des Verfahrens der Reichskasse, im übrigen dem Angeklagten Heiser zur Last.

Gründe.

Der 20jährige Angeklagte Heiser hat die Oberrealschule bis zur Obertertia besucht und geht jetzt in die Schriftsetzerlehre. Ende 1933 trat er der christlichen Pfadfinderschaft bei, die im Jahre 1934 der Hitler-Jugend angegliedert wurde. Am 2. Januar 1935 wurde er aus der Hitler-Jugend ausgeschlossen, oder, wie er jetzt sagt, beurlaubt, weil er sich unzulässigerweise nebenher in der christlichen Pfadfinderschaft betätigt hatte. Er gehört der Deutschen Arbeitsfront und dem Reichsluftschutzbund an. — Der Angeklagte Bohlmann, der am 5. April 1936 das 18. Lebensjahr vollendet hat, hat die Volksschule bis zur 1. Klasse besucht und geht jetzt in die Mechanikerlehre. Er gehörte ursprünglich dem Kolonial-Pfadfinderbund an, der nach der Machtübernahme im Jahre 1935 der Hitler-Jugend angegliedert wurde. Als seine Schar aufgelöst wurde, ging er zum Jungvolk. Dort ließ er sich im Sommer 1934 angeblich wegen Zeitmangels beurlauben und hat seitdem Dienst im Jungvolk nicht mehr getan. — Die 16jährige Angeklagte Ilse Hahn hat die Mittelschule bis zur 1. Klasse besucht, und geht jetzt in die Untersekunda einer höheren Privatschule. Sie trat im Jahre 1933 dem BDM. bei, wurde dort Jungmädelschafts-Führerin und verblieb bis Weihnachten 1934/35 im BDM. Sie wurde damals »wegen angeblich bündischer Umtriebe und Befassen mit dem Bündischen Führer Tusk« aus der Hitler-Jugend ausgeschlossen. — Der 17jährige Angeklagte Kaufmann hat die Volksschule bis zur 1. Klasse besucht und ist jetzt Schlosserlehrling. Er gehörte früher der Hitler-Jugend an, aus der er jedoch im März 1935 angeblich wegen Zeitmangels, in Wahrheit aber weil ihm die straffe Zucht nicht gefiel und er ein freies Leben in der bündischen Jugend führen wollte, ausschied.

Neben der Hitler-Jugend und den Jugendorganisationen der früheren politischen Parteien bestanden vor der Machtübernahme durch den Nationalsozialismus Jugendgruppen und Vereinigungen, die unter der Sammelbezeichnung »Bündische Jugend« zusammengefaßt wurden. Die Ziele dieser einzelnen Gruppen waren nicht einheitlich. Teilweise waren diese Jugendgruppen national eingestellt, teilweise lehnten sie sich aber eng an kommunistische Gedankengänge an. Zu den letzteren gehörten die »Deutsche Jungenschaft« (D.J.1.11), deren Führer Köbel Mitglied der KPD, war. Die Bündischen trugen eine einheitliche »Bündische Tracht«, die aus Bundschuhen, weißen Strümpfen, blauer Kniehose, blaugrauem Schotten-Hemd und der Blauen Jungenschaftsjacke -mehr oder weniger unter dem Druck von Außen her, insbesondere der Hitler-Jugend, die den Totalitätsgedanken zur Geltung brachte, wurden die Gruppen und Vereine der »Bündischen Jugend« zum großen Teil aufgelöst. Ihre Mitglieder fanden überwiegend Aufnahme in der Hitler-Jugend; teilweise blieben aber Gruppen der »Bündischen Jugend« bestehen, teilweise hielten auch ehemalige Mitglieder der einzelnen Gruppen, die keine Aufnahme in der Hitler-Jugend gefunden hatten, den früheren Zusammenhalt aufrecht. Diese Sonderbestrebungen, die den Zweck verfolgten, neben der Hitler-Jugend eine zweite Jugendorganisation aufzubauen und damit die Arbeit der Hitler-Jugend zu stören und ihr entgegenzuarbeiten, erforderten behördliche Maßnahmen. Der Reichs- und Preußische Minister des Innern gab am 4. Februar 1936 einen Erlaß heraus, in dem die staatlichen Polizeistellen ersucht werden, alle Gruppen und Vereine der »Bündischen Jugend« (Großdeutscher Jugendbund, Deutscher Pfadfinderbund, Deutschmeister-Jungenschaft, Deutsche Jungenschaft 1.11., Trucht, Deutsche Freischar, Stromkreis, Nerother Wandervogel-Bund, Verein zur Erhaltung der rheinischen Jugendburg, das Graue Corps usw.) aufzulösen, soweit sie sich nicht selbst aufgelöst haben, und zu verbieten, daß für die Zukunft auf Jugendliche zum Zwecke der Fortsetzung Bündischer Gruppen und Vereine eingewirkt wird. Dieser Erlaß stützt sich auf die §§ 1 und 4 der Verordnung des Reichspräsidenten zum Schutz von Volk und Staat vom 28. Februar 1933. Entsprechend diesem Erlaß sind durch Anordnung der Preußischen Geheimen Staatspolizei und des Politischen Polizei-Kommandeurs der Länder vom 8. Februar 1936 alle Gruppen und Vereine der »Bündischen Jugend« aufgelöst worden. Ferner ist in dieser Anordnung für die Zukunft jede Einwirkung auf Jugendliche zum Zweck der Fortsetzung bündischer Gruppen und Vereine verboten worden. Eine Veröffentlichung dieser Anordnung ist in den Tageszeitungen zunächst nicht erfolgt. Am 19. Februar 1936 veröffentlichte die »Märkische Volkszeitung«, am 20. Februar die »Germania« und das »Berliner Tageblatt« das angeführte Verbot.

Die 4 Angeklagten bildeten seit Ende des Jahres 1935 innerhalb der Bündischen Jugend eine besondere Gruppe, deren geistiger Führer der Angeklagte Heiser war. Dieser lernte im »Greifenhaus«, einem Buchladen in der Lindenstraße, in dem Jugendliteratur vertrieben wurde, im März 1935 den Angeklagten Kaufmann kennen, der damals noch der Hitler-Jugend angehörte. Durch diesen wurde der Angeklagte Bohlmann, der Kaufmann von der Schule her kannte und mit ihm in derselben Straße wohnte, mit dem Angeklagten Heiser bekannt. Die Angeklagte Hahn lernte die Mitangeklagten ebenfalls im »Greifenhaus« kennen; die hatte bereits vorher mit anderen Mädchen selbständig Fahrten unternommen, so im Sommer 1935 zum Internationalen Pfadfindertreffen in Kopenhagen. Die Gruppe, zu der ursprünglich noch ein gewisser Werner Krüger gehörte, hielt gewöhnlich Freitags ihre regelmäßigen Zusammenkünfte ab, und zwar bis Ende Februar 1936 in einem hinteren Raum im »Greifenhaus« und in der Folgezeit an der Schloßbrücke in der Nähe des Pergamonmuseums. Über Sonnabend-Sonntag wurden gemeinsame Fahrten im Sinne der Bündischen Jugend unternommen. Die Angeklagte Hahn nahm im Januar an zwei oder drei solcher Fahrten ihrer Gruppe teil. Ende Januar 1936 fuhr sie in de Tschechoslowakei (Petzer im Rsgb.), wo sie sich etwa 8 Wochen bei der Gruppe Klotz-Lilienstern aufhielt, gegen die ein besonderes Verfahren unter dem Aktenzeichen 1 Sond.K.Ms. 777/36 (465/36/SondI) geschwebt hat, das, soweit Anklage wegen Vergehens gegen § 4 der V.O. vom 28. Februar 1933 erhoben war, mit Freisprechung endete. Die Fahrten die die Gruppe Heiser unternahm, führten gewöhnlich in die Mark. Die letzte Fahrt wurde am 5. April 1936 nach Hamburg unternommen. Ihr Zweck war, Vorbereitungen für eine beabsichtigte Finnlandfahrt zu treffen. Die Angeklagten trugen bei ihren Zusammenkünften und Fahrten gewöhnlich die geschilderte bündische Kluft und in der Regel auch das Abzeichen der Deutschen Freischar, das für alle bündischen Gruppen, die im »Greifenhaus« verkehrten, als Erkennungszeichen eingeführt worden war. Auf den Fahrten wurden bündische Schriften gelesen, so auch das verbotene Buch von Klabund »Pjotr«, und es wurden bündische Lieder gesungen, darunter auch russische Lieder, wie »Koltschak kommt gezogen«, und »Platoff«. Den gemeinsamen Treffpunkt zu diesen Fahrten legte der Angeklagte Heiser immer so, daß sich die Angeklagten außerhalb der Stadtgrenze von Berlin trafen; die Angeklagten fuhren stets gesondert zum Treffpunkt, um nicht vom Hitler-Jugend-Streifendienst angehalten zu werden. Sie übernachteten im Freien in der »Kothe«, einer von der Reichsjugendführung untersagten Zeltform. Angeblich zu ihrem persönlichen Schutz gegen Überfälle, aber auch als Symbol ihrer »Freiheit« führten sie auf den Fahrten eine nach dem Vorbild der russischen Kosakenpeitsche gefertigte Knute, die sogen. Naika mit, von der sie nach ihrer Schilderung in der bündischen Schrift »Der Eisbrecher« gelesen hatten, daß sie in der zaristischen Zeit das Symbol des Herrschers gewesen sei. Sie hatten sich auch für ihre Gruppe einen Leitspruch erwählt, der lautete:
»Wir sind ein verachteter Haufe und die Not lacht uns
oft ins Gesicht,
doch die Not hat uns niemals bezwungen und die Schande,
sie tötet uns nicht.«
Der Angeklagte Heiser, der stark unter dem Einfluß der Tusk'schen Gedankengänge stand,

klärte die Mitangeklagten auch über Tusk und die von diesem gegründete D.J. 1/11 auf und machte ihnen den Gegensatz zur Hitler-Jugend klar. Bei der nach seiner Verhaftung in seinem Zimmer vorgenommenen Durchsuchung wurde ein aus Drucktypen zusammengesetzter Handschriftsatz »D.J. 1/11« gefunden, den der Angeklagte, wie er zugegeben hat, später zur Anfertigung von grau umränderten und mit dem roten Aufdruck D.J. 1/11 versehenen Briefpapier benutzen wollte. Sein Zimmer hatte er mit bündischen Symbolen, so mit einem D.J. 1/11 Transparent und mit der D.J. 1/11-Schwalbe ausgeschmückt. Außerdem wurden eine Anzahl Bilder, die bündische Jungen-Typen darstellten und von dem bündischen Maler Just stammten, vorgefunden. — Am 19. April 1936 wurden die Angeklagten von einer Streife der Hitler-Jugend festgenommen, als die Unter den Linden vor dem Zeughaus einem Vorbeimarsch der Hitler-Jugend und des Jungvolks vor dem Obergebietsführer Axmann zusahen und hierbei die Fahnen der Hitler-Jugend nicht grüßten. Auch an diesem Tage trugen sie bündische Kluft, zumindest eine ihr ähnlich-sehende. Sie wurden sämtlich festgenommen. Die Angeklagten Bohlmann und Kaufmann wurden am 21. April 1936 wieder entlassen; am 25. April 1936 fuhren diese beiden Angeklagten in die Wohnung des Angeklagten Heiser um dort verdächtiges Material zu beseitigen, wobei sie jedoch überrascht wurden. Die bei den Angeklagten, insbesondere bei dem Angeklagten Heiser vorgenommene Durchsuchung förderte zahlreiche bündische Schriften, Liederbücher und sonstige bündische Symbole zutage.

Vorstehender Sachverhalt beruht auf den eigenen Angaben, die die Angeklagten Heiser, Hahn und Kaufmann bei ihren polizeilichen Vernehmungen im Ermittlungsverfahren gemacht und bei ihrer Vernehmung vor dem Amtsgericht Berlin vom 14. Mai 1936 wiederholt und ausdrücklich aufrecht erhalten haben. Wenn die Angeklagten in der Hauptverhandlung versucht haben, in einigen Punkten ihre früheren Geständnisse und gegenseitigen Bezichtigungen abzuschwächen, so konnte dem keine Bedeutung beigelegt werden. Es kann nach Vorstehendem keinem Zweifel unterliegen, daß die Angeklagten objektiv dem Verbot vom 8. Februar 1936 zuwider gehandelt haben. Denn sie haben bis zu ihrer am 19. April 1936 erfolgten Festnahme den bündischen Betrieb in der bisherigen Weise auch nach dem Verbot fortgesetzt und damit eine Tätigkeit entfaltet, die darauf abzielte, ihre Gruppe zusammenzuhalten und sich weiterhin im bündischen Sinne zu betätigen. Ob sie ihrer eigenen Sicherheit wegen in der letzten Zeit gewisse Veränderungen an der bündischen Kluft vorgenommen haben, spielt hierbei keine Rolle. Unter das Verbot fallen bündische Umtriebe jeder Art und jedes Einwirken auf Jugendliche im bündischen Sinne.

In subjektiver Hinsicht hat sich zwar nicht feststellen lassen, daß die Angeklagten sichere Kenntnis von dem Verbot erlangt hatten. Aus dem Umstand, daß die Streifen der Hitler-Jugend angewiesen waren, Jugendliche in bündischer Kluft auf der Straße anzuhalten, kann eine solche Kenntnis nicht ohne weiteres gefolgert werden, weil das Fortbestehen der bündischen Jugend neben der Hitler-Jugend bereits seit der Machtübernahme im Jahre 1933 als unerwünscht angesehen, dennoch aber bis zum 8. Februar 1936 nicht verboten und unter Strafe gestellt war. Zum inneren Tatbestand genügt hier aber nach der Rechtssprechung des Reichsgerichts bedingter Vorsatz. Der Angeklagte Heiser hatte, wie er zugibt, bereits Ende Januar oder Anfang Februar 1936 durch eine Zeitungsnotiz und auch durch Mitteilungen im Greifenhaus davon Kenntnis erlangt, daß die Bündische Jugend in Thüringen verboten worden war. Er hat hiervon seine Mitangeklagten in Kenntnis gesetzt und ihnen eingeschärft, sich vor den Streifen der Hitler-Jugend vorzusehen, damit ihnen nicht die »Kothe« weggenommen würde. Er war sich auch, wie er in der Hauptverhandlung zugegeben hat, über die strafrechtlichen Folgen eines Verstoßes gegen das Verbot völlig im klaren. Nur will er damals geglaubt haben, daß das gleiche Verbot für Preußen »vorläufig« nicht erlassen werden würde. Berücksichtigt man nun, daß die Angeklagten ihre strafbare Betätigung über einen Zeitraum von 2 1/2 Monaten fortgesetzt haben, so kann es keinem Zweifel unterliegen, daß sie mit einem in der Zwischenzeit auch für Preußen erlassenen Verbot gerechnet, gleichwohl aber auf die Gefahr hin, gegen ein solches

Verbot zu verstoßen, ihre bündischen Umtriebe fortgesetzt zu haben. Sämtliche Angeklagten haben sich somit des Vergehens gegen § 4 der V.O. des Reichspräsidenten zum Schutze von Volk und Staat vom 28. Februar 1933 schuldig gemacht.

Das Gericht hat die nur mit bedingtem Vorsatz begangene Straftat der unerwachsenen und durch jugendliche Fantastereien irregeleiteten Angeklagten als verhältnismäßig milde angesehen. Gegen den Angeklagten Heiser, der bei Begehung der Straftat erst 19 Jahre alt war und bisher unbestraft ist, erschien eine Gefängnisstrafe von 6 —sechs— Wochen ausreichend und angemessen. Die Strafe ist gemäß § 60 StGB. durch die Schutz- und Untersuchungshaft für verbüßt erklärt worden. Die bei den Angeklagten beschlagnahmten bündischen Schriften und Abzeichen waren gemäß § 40 StGB. einzuziehen.

Gegen die übrigen Angeklagten war das Verfahren auf Grund des § 2 Ziffer 2 des Straffreiheitsgesetzes vom 23. April 1936 einzustellen. Der Angeklagte Bohlmann hatte erst zwei Wochen vor seiner Festnahme das 18. Lebensjahr vollendet. Die Angeklagten Ilse Hahn und Kaufmann sind noch nicht 18 Jahre alt und daher jugendlich im Sinne des § 1 des J.G. Gesetzes vom 16. Februar 1923. Gemäß § 3 dieses Gesetzes sind Jugendliche nur dann strafbar, wenn sie zur Zeit der Tat nach ihrer geistigen oder sittlichen Entwicklung fähig waren, das Ungesetzliche der Tat einzusehen oder ihren Willen dieser Einsicht gemäß zu bestimmen. Die Angeklagten Bohlmann, Ilse Hahn und Kaufmann haben keinesfalls eine höhere Strafe als 1 — einen — Monat Gefängnis oder eine Geldstrafe, deren Ersatzfreiheitsstrafe mehr als 1 Monat Gefängnis beträgt, allein oder nebeneinander, verwirkt. Da die Tat vor dem 20. April 1936 begangen ist, sind somit alle Voraussetzungen für eine Einstellung auf Grund des § 2 Ziffer 2 des Straffreiheitsgesetzes gegeben.
Die Kostenentscheidung beruht auf §§ 465, 467 StPO.

gez. Dr. Richter   Thierbach   Grosse.

Privatarchiv Hans Coppi, Berlin.

152. Aus einem Artikel von Theodor Hespers über den faschistischen Schauprozeß gegen Kaplan Josef Rossaint und andere katholische Jugendführer in Berlin, 7.-28.4.1937

Es ist an der Zeit, daß die Menschen der katholischen Jugendbewegung sich Rechenschaft geben über die Art und die Bedeutung des Kampfes, den die Nazi-Regierung gegen den Fortbestand ihrer Organisationen, gegen ihre Führung, gegen sie selbst führt. Dieser Kampf ist nicht nur ein Konkurrenzstreit, der dem Totalitätsanspruch der »Hitler-Jugend« entspringt, sondern er ist ein Kampf gegen die innere Haltung der katholischen Jugend. Die katholische Jugend hat seit dem Weltkriege ein eigenes Weltbild auf Grund ihrer religiös-ethischen Ideale entwickelt, das der Weltanschauung des »Nationalsozialismus« grundsätzlich entgegensteht. Gerade die katholische Jugend ist auf die unehrlichen Phrasen des Nazismus vom »positiven Christentum«, von der »Volksgemeinschaft«, von der »nationalen Idee« nicht hereingefallen, weil sie selbst ihre eigene klare Idee über alle diese Dinge in sich trägt. So ist es denn verständlich, daß das heutige Regime aus Selbsterhaltungstrieb gezwungen ist, den Vernichtungskampf gegen die katholische Jugend mit allen Mitteln zu führen.
Infolgedessen hat die katholische Jugend bis heute schon alle Formen der Verfolgung erlebt und wird sie auch noch weiterhin erleben müssen. Dabei geschehen alle Unterdrückungsmaßnahmen im krassen Gegensatz zu den Abmachungen, die die Hitler-Regierung mit dem Vatikan im »Reichskonkordat« 1933 eingegangen ist. In diesem Konkordat wird der Weiterbestand und die freie Betätigung der katholischen Jugendorganisationen ausdrücklich zugesi-

chert. Die katholischen Jugendverbände erhalten das Recht, ihre Mitglieder zur geistig-religiösen Jugendpflege zu versammeln. Das Recht der Leibesübungen, des Sportes usw. wir ihnen allerdings genommen. Die katholischen Jugendverbände und Bünde haben sich von Beginn an streng an die Konkordatsbestimmungen gehalten, aber die Nazis versuchten immer wieder, Mittel und Wege zu finden, gegen die katholische Jugend und den Fortbestand ihrer Organisationen vorzugehen. Zuerst versuchte man im Kleinkrieg die katholische Jugend mürbe zu machen. Es wurden von seiten der »H.J.« Anrempelungen, Überfälle und Schlägereien auf katholische Jugendgruppen organisiert, bei denen dann nachher die katholische Jugend als der schuldige Teil hingestellt wurde. Die herbeigerufene Polizei griff immer zu Gunsten der »H.J.« ein und das Ende vom Lied war dann das örtliche oder bezirkliche Verbot der betreffenden Organisation.

Auch auf dem Verordnungswege versuchte man dem katholischen Jugendlichen die Treue zu seiner Organisation zu verleiden. Es wurde ein allgemeines Verbot für gemeinsames Wandern und Zelten erlassen. Dann kam eine Verordnung, nach der nur noch Mitglieder der »H.J.« in den meisten Berufen Lehrstellen erhielten. An den Schulen wurde den Mitgliedern der »H.J.« das Examen erleichtert. Später wurde ein Beamtengesetz erlassen, das alle Beamtenkinder verpflichtet, Mitglieder der »H.J.« zu sein: da eine Doppelmitgliedschaft nicht möglich ist, sind diese so gezwungen, die katholischen Jugendorganisationen zu verlassen. Aber auch das genügte den Nazis nicht. Ende 1936 kam ein neues »Reichsjugendgesetz« heraus. Dieses Gesetz verordnete, daß alle Jugendlichen bis zu 18 Jahren Mitglieder der »H.J.« sein müssen. Somit ist also den katholischen Jugendorganisationen jeder Nachwuchs genommen. Dieses »Reichsjugendgesetz« verstößt grundsätzlich gegen den Geist des Reichskonkordates. Aber die Hitler-Regierung legt wie alle Verträge so auch das Konkordat immer wieder nach ihrem Belieben aus.

Da die Hitler-Regierung erleben mußte, daß trotz aller Unterdrückungsmaßnahmen die Geschlossenheit der katholischen Jugend nicht zu zerstören war, versuchte sie auf einem anderen Wege ihre Beseitigung zu erreichen: durch die Vernichtung der Führung der katholischen Jugend. Der Hauptsitz der katholischen Jugend befand sich in Düsseldorf. Dort liefen sowohl die organisatorischen, wie die geistigen Fäden zusammen. Organisatorisch wurde die katholische Jugend von der »Zentrale der katholischen Jugendverbände« geleitet, die sich im »Jugendhaus« in Düsseldorf befand. Dort befand sich auch der Zeitschriften-Verlag, in dem die hervorragend geleitete Jugendzeitschrift »Die Junge Front« erschien. Die zentrale Führung der »Katholischen Jungmännerverbände« lag in den Händen des Generalpräses Wolker und des Generalsekretärs Dr. Clemens. Die Zentrale in Düsseldorf erfaßte bis zu Beginn des Jahres 1936 noch immer gegen 40.000 katholische Jugendliche.

Düsseldorf war aber nicht nur das organisatorische Zentrum. Hier hatte sich mit der Zeit auch eine geistige Führung herausgebildet, die in dem Kreis um Kaplan Dr. Rossaint ihren Mittelpunkt hatte. Dieser Kreis setzte sich zumeist aus Führern und Menschen der katholischen Jugendbünde zusammen. In ihm versuchte man sich mit den praktischen Fragen der socialen und nationalen Wirklichkeit vom katholischen Standpunkt aus auseinanderzusetzen. Dr. Rossaint und seine Freunde waren der Überzeugung, daß man sich mit allen entscheidenden Zeitströmungen beschäftigen und ihnen auf den Grund gehen müsse, um ihre Ursachen und Auswirkungen zu erkennen.

In diesem Sinne befaßte man sich sowohl mit den Grundlagen des »Nationalismus« wie auch des Kommunismus. Man begnügte sich nicht damit, von außen her die Dinge zu beurteilen, sondern suchte sie von innen her, das heißt von den Menschen, die diese Weltanschauungen vertraten, zu ergründen. So nahm man Fühlung mit den Vertretern aller Richtungen. Darüber hinaus vertraten Dr. Rossaint und seine Freunde den Standpunkt einer wirklichen socialen Seelsorge. Sie gingen nicht nur theoretisch den Ursachen der socialen Not auf den Grund, sondern versuchten auch, den Opfern des modernen Wirtschaftssystems praktisch zu helfen. Sie begaben sich zu denen, die nicht zuletzt durch den Unverstand der besitzenden Schichten und durch eine gewissenlose Wirtschaftsordnung dem Christentum entfremdet waren, um sie wieder für das Christentum zu gewinnen. Durch vorgelebtes Christentum bereiteten sie ihrer Lehre den Boden.

> »Sein Christentum war praktisch und radikal ... er verschmähte jeden Genuß des Lebens. Er aß kaum Fleisch. Er rauchte nicht und trank nicht. Er legte keinerlei Wert auf sein Äußeres. Oft hatte er schon am dritten oder vierten Tag des Monats kein Geld mehr gehabt, da er alles verschenkte ... Seine Wohnung stand allen offen. Wenn sie übervoll war von Schützlingen, mußte er selbst auf den Speicher gehen, um arbeiten zu können«,

erklärte der »nationalsozialistische« Medizinalrat Fuhrmann in seinem über Kaplan Dr. Rossaint vom Gericht angeforderten Gutachten. Durch diese seine Tätigkeit wurde Dr. Rossaint nicht nur ein leuchtendes Vorbild für viele Führer der katholischen Jugend, sondern er erwarb sich auch Freunde in allen anderen Kreisen.

Der Nazi-Regierung waren die Verhältnisse in der Führung der katholischen Jugend allzu bekannt. Darum ist es begreiflich, daß ihr alles daran gelegen war, sowohl die zentrale Jugendführung, wie die geistige Führung um Dr. Rossaint unschädlich zu machen. Anfang Februar 1936 holte sie zum großen Schlage aus. Vorher hatte man bereits mehrmals die Jugendzeitung »Die Junge Front« verboten und zuletzt gezwungen ihren Namen in »Michael« zu verändern. Diese Jugendzeitung, die am Ende ihres Erscheinens mit über 300.000 Exemplaren herauskam, wurde im Januar 1936 endgültig verboten. Das katholische Jugendhaus wurde geschlossen, die Druckerei mußte ihren Betrieb einstellen. Zuerst verhaftete man Generalpräses Wolker selbst. Man mußte ihn aber auf höheren Druck von Seiten des Vatikans wieder auf freien Fuß setzen. In der ersten Februarwoche 1936 erfolgte dann eine breit angelegte Verhaftungsaktion. Es wurden unter anderem verhaftet: Generalsekretär Dr. Clemens — Düsseldorf, Kaplan Hilgers — Düsseldorf, früherer Gauleiter des »Quickborn«, Kaplan Kremer — Remscheid, der Reichsführer der »Sturmscharen«, Steber, Kaplan Dr. Rossaint — Oberhausen, Kaplan Josef Thomé — M.Gladbach, früherer Bundesführer der »Kreuzfahrer«, Jugendpräses Kaplan Spülbeck — M.Gladbach, Peter Himmes, Hermann Jülich und noch über hundert andere katholische Jugendführer des Rheinlandes. Ein Teil der Verhafteten wurde nach monatelanger, teilweise einjähriger Haft wegen mangels an Beweisen, aber auch erst auf Grund höherer Interventionen, wieder frei gelassen. Gegen Dr. Rossaint, Dr. Clemens, Kaplan Kremer, Steber, Jülich und zwei weitere Angeklagte wurde dann im April 1937 ein drei Wochen dauernder Schauprozeß vor dem Zweiten Senat des »Volksgerichtshofes« in Berlin geführt.

In monatelangen »Untersuchungen« und »Verhören« hatte man vorher Material für einen »Schuldbeweis« besonders des Hauptangeklagten zu erlangen versucht ...

So wurde denn ein »Hochverrats«-Prozeß gegen Dr. Rossaint und seinen Kreis aufgezogen. Man beschuldigte die Angeklagten, sich gegen die »Sicherheit des Staates« durch Zusammenwirken mit Kommunisten vergangen zu haben. Erschwerend wirkte für den Hauptangeklagten und einige anderer seiner Freunde ihre jahrelange Zugehörigkeit zum »Friedensbund Deutscher Katholiken«. Keinem der Angeklagten konnte ein politisches Zusammengehen mit Kommunisten nachgewiesen werden. Trotzdem wurde der Hauptangeklagte Dr. Rossaint zu elf Jahren Zuchthaus, der Reichsführer der »Sturmscharen«, Steber, zu fünf Jahren, Jülich zu zwei Jahren und Kaplan Kremer zu achtzehn Monaten Gefängnis verurteilt. Die Begründung lautete auf »Vorbereitung und Beihilfe zum Hochverrat« ...

Mehr als alles Gerede Hitlers und seiner Gehilfen über Frieden ist die Behandlung der Friedensfrage im Rossaint-Prozeß aufschlußreich für den wirklichen »Friedenswillen« des »Nationalsozialismus«. Der »Friedensbund Deutscher Katholiken«, zu dessen Mitgliedern 6 deutsche Erzbischöfe, 14 deutsche Bischöfe, 9 deutsche Weihbischöfe, 2 Prälaten und 250 weitere katholische Geistliche zählten, wurde in diesem Prozeß als eine staatsfeindliche Organisation hingestellt. Die Friedensarbeit führender Katholiken vor 1933 wurde ausdrücklich als größter und gemeinster »Landesverrat« bezeichnet. Dem Generalsekretär Dr. Clemens wurde es sehr übel genommen, daß er 1933 auf der Tagung der katholischen Jugend Frankreichs geredet und für den Frieden und für die Verständigung der beiden Völker eingetreten sei.

»Wir hatten uns die Aufgabe gesetzt, in katholischen Kreisen Propaganda für den Friedensgedanken zu treiben«,

erklärte Kaplan Kremer und erhielt vom Gerichtspräsidenten zur Antwort:

»Ist Ihnen nicht zum Bewußtsein gekommen, daß eine dauernde Betonung des Friedensgedankens in der von Ihnen gewählten Form Folgen haben muß? Wer als Apostel herumzieht und den Frieden predigt, der glaubt an den Krieg«,

und dann, sich zu Kaplan Rossaint wendend, fuhr er fort:

»Sie haben in der nationalsozialistischen Erhebung eine drohende Kriegsgefahr gesehen, ohne zu bedenken, welche Gefahr Sie durch diesen Defaitismus heraufbeschwören«.

Darauf gab Kaplan Dr. Rossaint die eindeutig klare Antwort:

»Ich habe in einer Besprechung mit Jungkatholiken den Standpunkt vertreten, daß der Nationalsozialismus das Chaos bedeutet, weil er zum Kriege führt. Vom Christentum her kann es nur eine Verdammung des Angriffskrieges geben. Der Krieg kann uns als unabwendbares Schicksal treffen, und er muß und kann nur bejaht werden in der Abwehr eines Angriffs und in der Verteidigung der natürlichen Rechte von Volk und Vaterland. Aber der Krieg bleibt trotzdem ein Übel, das der Christ nie wollen und wünschen kann. Demgegenüber vertritt der Nationalsozialismus die Auffassung, daß man den Krieg vorbereiten und führen dürfe zur Erreichung imperialistischer Ziele.« ...

Kameradschaft. Schriften junger Deutscher, H. 1, November 1937.

153. Artikel aus der in der Tschechoslowakei von jungen Sozialdemokraten herausgegebenen antifaschistischen Jugendzeitschrift »Das junge Volk«, April 1937

Hitlerterror gegen Freiheitskämpfer
Zuchthausurteile gegen die illegale SAJ.

Seit vier Jahren lebt die deutsche sozialistische Jugendbewegung in der Illegalität. Alle ihre Einrichtungen und Errungenschaften sind zerstört und geraubt, und jeder Versuch eines organisatorischen Zusammenhalts ist mit den schwersten Strafen bedroht. Für die deutsche Jugend gibt es nur eine legale Organisation, das ist die Hitlerjugend. Sie ist ein wesentliches Glied in der Kette der Zwangsorganisationen des deutschen Volkes, und viele junge Menschen haben, in der Sorge um ihre Existenz und um ihre berufliche Ausbildung, die Mitgliedschaft in der Hitlerjugend erwerben müssen. Sie alle werden in der Riesenzahl der Mitgliederstatistik der Jugend mitgezählt, obwohl ihre wahre Gesinnung nichts mit den militaristischen und nationalistischen Zielen der Hitlerjugend gemein hat.
In den besten Teilen der arbeitenden Jugend ist die Erinnerung an die Wirksamkeit der sozialistischen Jugendbewegung vor Hitler ebenso lebendig wie der Wille, trotz aller Gefahren mitzukämpfen für ein freies, sozialistisches Deutschland. Die früheren Mitglieder und Funktionäre der SAJ, der freien Gewerkschaftsjugend und der Jugend in den Arbeitersportorganisationen sind in ihrer großen Mehrheit ihren sozialistischen Idealen treu geblieben, und sie sind in den vier Jahren Hitlerdiktatur nicht müde geworden, für diese Ideale zu kämpfen. Sie stehen heute in den Kaders der illegalen Sozialdemokratie. Nur wenig von ihrer gefahrvollen, aufopfernden Tätigkeit, von ihrem täglichen Einsatz an Leben und Freiheit dringt an die Öffentlichkeit des Auslandes. Jede Mitteilung über den Stand und die Tätigkeit der illegalen Sozialdemokratie bedeutet bei dem raffinierten Beobachtungs- und Spitzelsystem der Gestapo eine Gefährdung der besten Kämpfer für ein Regime der Freiheit und des Sozialismus in Deutschland. Ein fast undurchdringlicher Panzer des Schweigens ist so über die deutsche illegale Bewegung

gelegt worden, und nur von Zeit zu Zeit dringt eine Kunde von dem Leben und dem Kampf dieser Bewegung an das Ohr der Welt: Es sind die Meldungen von deutschen Zuchthausurteilen gegen die Illegalen, die nun ihre Treue und ihren Kampfesmut mit vielen Jahren Zuchthaus büßen müssen. Auch hier erfährt die Welt nur einen Bruchteil des wirklichen Geschehens, denn die Hitlerjustiz fürchtet die Öffentlichkeit wie der Teufel das Weihwasser. Die Verhandlungen sind »wegen Gefährdung der Staatssicherheit« geheim, oftmals werden nicht einmal die nächsten Angehörigen über das Stattfinden der Prozeßverhandlung informiert. Selbst die Urteilsverkündung erfolgt in geheimer Sitzung, und die Presse hat strenge Weisung, Meldungen über politische Prozesse nur mit ausdrücklicher Genehmigung der Behörden zu veröffentlichen. Diese Furcht der Diktatur vor der Öffentlichkeit ist verständlich, denn die Strafen der Diktatur gegen illegale Freiheitskämpfer sind entsetzlich. Es ist ein beispielloser, schwerer und gefahrvoller Kampf, der in Deutschland seit vier Jahren geführt wird.

So groß die Zahl der Mitkämpfer aus der sozialistischen Jugendbewegung innerhalb der illegalen sozialdemokratischen Bewegung von heute ist, so groß ist auch die Zahl derjenigen, die aus den Reihen der früheren SAJ dem Terror zum Opfer fallen. Es gibt keine vollständige Liste dieser Opfer, da niemand die genaue Zahl der Prozesse, die Zahl der Angeklagten und die Gesamtsumme der Strafen kennt, die in diesen Jahren gegen illegale Antifaschisten verhängt wurden. Einige Einzelbeispiele gewähren aber einen Einblick in dieses Kapitel sozialistischen Heldenkampfes, das wir jetzt in Deutschland durchleben.

So wurde vor etwa einem Jahr das frühere Mitglied des Sozialistischen Jugendverbandes für die deutschen Gebiete in der Tschechoslowakei K o n r a d   G e r s c h, wegen illegaler Arbeit für die Sozialdemokratie vom Volksgerichtshof zu z e h n Jahren Zuchthaus verurteilt.

Im März 1936 wurde der frühere Jugendsekretär der Sozialistischen Arbeiterjugend im Rheinland, Ernst G n o ß, wegen illegaler Betätigung für die Sozialdemokratie zu vier Jahren Zuchthaus verurteilt.

Am 17. November 1936 wurde in Hamburg ein Prozeß gegen jugendliche Sozialdemokraten durchgeführt. Angeklagt waren vor allem ehemalige Funktionäre und Mitglieder der Sozialistischen Arbeiterjugend Hamburg, Distrikt Goldbeck. Es wurden verurteilt: der 25jährige Hans G o t t s c h a l k zu vier Jahren Zuchthaus; der frühere SAJ-Funktionär Richard D e h r s zu vier Jahren Zuchthaus; der 19jährige Heinz G ä r t n e r zu sechs Monaten Gefängnis; der 19jährige B a u m g a r t l ebenfalls zu sechs Monaten Gefängis.

Am 28. Juli 1936 fällte der Volksgerichtshof in Berlin nach viertägiger Verhandlungsdauer ein Urteil gegen drei Sozialdemokraten aus Brandenburg und Schlesien wegen illegaler sozialdemokratischer Betätigung. Der Hauptangeklagte, Fritz S c h m i d t, erhielt eine Zuchthausstrafe von sechs Jahren. Fritz Schmidt war bis kurz vor Hitlers Machtantritt einer der aktivsten Funktionäre der Sozialistischen Arbeiterjugend in den Bezirken Bielefeld und Brandenburg. Fritz Schmidt benutzte sein Schlußwort vor dem Volksgerichtshof zu einer dreistündigen tapferen Rede. Er erklärte u.a. dabei, daß er für seine Überzeugung gearbeitet habe, daß er nicht ehrlos gehandelt habe, und er bat deshalb darum, ihn nicht zum Verlust der Ehrenrechte und zur Stellung unter Polizeiaufsicht zu verurteilen, wenn man schon glaube, eine Zuchthausstrafe über ihn aussprechen zu müssen. Das Gericht beantwortete dieses Ersuchen damit, daß es ihn zu sechs Jahren Zuchthaus verurteilte, zu sechs Jahren Ehrenverlust und zur Stellung unter Polizeiaufsicht.

Diese Liste umfaßt nur wenige Namen, aber der Geist, in dem diese Kämpfer vor dem Gericht sich zu ihrer Überzeugung und zu ihrer politischen Arbeit bekannten, ist der Geist der illegalen sozialdemokratischen Bewegung, ist der Geist, in dem die sozialistische Jugend heute ihren Kampf für Freiheit und Recht führt. Diese knappen Tatsachenberichte lassen besser als lange Abhandlungen erkennen, daß die sozialistische Idee in der jungen Generation in Deutschland nicht tot ist. Die besten dieser Jugend nehmen für unsere Ideen die schwersten Opfer auf sich, in der festen Gewißheit, daß der Kampf gegen den Wahnsinn der Hitlerdiktatur mit einem Sieg unserer Idee enden muß und enden wird.

Das junge Volk, Zeitschrift für die freie Jugend, Folge 4, April 1937.

154. Aus dem gemeinsamen Aufruf deutscher und italienischer Arbeiterjugendorganisationen an die Jugend ihrer Länder zur Unterstützung des spanischen Volkes im Kampf gegen den Faschismus, April 1937

Seit mehr als 10 Monaten geht über Spanien ein schrecklicher und blutiger Krieg. Die Führer der faschistischen Jugendorganisationen und der Hitler-Jugend lügen, wenn sie Euch sagen, daß dieser Krieg zur Rettung von Ordnung und Zivilisation vor der »bolschewistischen Gefahr« von den aufständigen Generälen entfesselt wurde.

Wahr ist, daß die reaktionären Generäle, die Großgrundbesitzer und Großbankiers ihre alten Herrenrechte bedroht sehen.
Wahr ist, daß sie es sind, die mit Hilfe von irregeführten Marokkanern und den Fremdenlegionären, dem Abschaum aller Länder der Erde, Ordnung und Zivilisation zerstören.
Wahr ist, daß sie die demokratische Republik und die frei vom Volk gewählte Regierung stürzen und die Rechte und Freiheiten des Volkes vernichten wollen, um ihr schamloses Regime der Unterdrückung und Ausbeutung zu retten.

Längst wäre Francos Rebellion durch den heldenhaften Kampf des spanischen Volkes niedergeschlagen, wenn nicht Hitler und Mussolini unter dem Vorwand eines antibolschewistischen Feldzuges mit unerhörten Mengen von Kriegsmaterial und Truppen zur Hilfe geeilt wären. Durch ihr Eingreifen verwandelte sich der Militärputsch der landesverräterischen Generäle in einen Krieg des deutschen und italienischen Faschismus zur Errichtung ihrer militärischen und wirtschaftlichen Vorherrschaft in Spanien. Nur dem gerechten Widerstand des ganzen spanischen Volkes gegen eine mit mächtigen ausländischen Eindringlingen verbündete Minderheit ist es zu danken, daß es bis heute seine Freiheit und Unabhängigkeit erhalten hat. Besonderen Ruhm erwarb sich die spanische Jugend in dem großen Freiheitskampf ihres Volkes. Auf den Schlachtfeldern und in den höchsten Stellungen des Staates erfüllt sie verantwortlichste Aufgaben. Im Kampf gegen den Faschismus hat die republikanische, katholische, sozialistische, kommunistische und anarchistische Jugend eine solidarische Einheit hergestellt, denn sie weiß, daß der Sieg ihrer Gegner die Unterdrückung der freiheitlichen Jugend und die Wiederaufrichtung der alten Welt der Vorrechte und der Reaktion bedeuten würde.

Zwingt Mussolini und Hitler zur Einhaltung ihrer Friedensversprechungen, zwingt sie zur Zurückziehung ihrer Truppen aus dem blutenden Spanien!
Wenn ihr den Befehl erhaltet, für Franco zu kämpfen, dann setzt selbst der Politik der Einmischung ein Ende, indem Ihr Euch mit Euren Waffen der spanischen Republik zur Verfügung stellt ... Wir wollen nicht, daß dem spanischen Volk auch nur ein Fußbreit seines Landes geraubt wird. Unsere heiße Sympathie gehört der spanischen Jugend, die einen heroischen Kampf führt für die Unabhängigkeit und Befreiung ihres Volkes von den Rebellen und den ausländischen Friedensbrechern, für eine bessere soziale Zukunft. Ihr Beispiel wird uns anspornen, mit vervielfachter Energie den Kampf gegen unsere eigenen Unterdrücker zu führen und der Freiheit eine neue, siegreiche Schlacht zu schlagen.

Paoli (Italienische Sozialistische Jugend)
G. Evmeto (Kommunistische Jugend Italiens)
Erich Schmidt (Sozialistische Arbeiterjugend Deutschlands)
Artur Becker (Kommunistischer Jugendverband Deutschlands)
Willy Brandt (Sozialistischer Jugendverband Deutschlands)

IML/ZPA, I 4/1/41.

155. Aufruf des ZK des KJVD zum gemeinsamen Kampf aller jugendlichen Antifaschisten in einer freien deutschen Jugendbewegung, Oktober 1937

FÜR DIE EINIGUNG
der sozialistischen, kommunistischen und antifaschistischen Jugend.
Für eine freie deutsche Jugendbewegung!

An alle sozialistischen Jugendgenossen!
An alle antifaschistischen Kameraden!

Liebe Freunde!

Leben und Kampf im faschistischen Deutschland ist ein harter, aber überzeugender Lehrmeister für unsere Jungen im Lager der Hitler-Gegner. Jeder Kampfgewillte sucht Anlehnung beim Gleichgesinnten, denn er fühlt mit allen Fasern seines Herzens:

> Entweder wir sind einig — oder wir
> sind nichts!

So ist es die natürlichste Sache geworden, daß Jungkommunisten, junge Sozialisten, junge Christen, junge Antifaschisten enge Tuchfühlung untereinander halten und eine in Bewegung geratene neue Gemeinschaft bilden. An Stelle fester, einheitlicher Organisationen entwickeln sich in den Betrieben und Sportorganisationen, in der Hitler-Jugend, im Arbeitsdienst und Heer unzählige pulsende Körper — von einem Willen beseelt:

> Die Freiheit erkämpfen — den Krieg
> verhindern!

Und zum e r s t e n Mal in der Geschichte der deutschen Jugendbewegung lehnen ihre besten und entschlossensten Köpfe das Nebeneinander von antifaschistischen Organisationen in der Jugendbewegung ab, weil die unseelige Zersplitterung durch nichts gerechtfertigt werden kann.
Die s p a n i s c h e J u g e n d hat im Feuer des Freiheitskampfes ihre unzerstörbare Einheit geschmiedet und diese Einheit ist Panzer und Schwert der Jugend, ist die sieghafte Kraft, die den Faschismus auf der iberischen Halbinsel endgültig vernichten wird. Die Einheit der spanischen Jugend sei uns leuchtendes Vorbild.
Der Wille zur Einheit ist da. Wer möchte diese Tatsache bestreiten? Wo ein Wille ist, da ist auch e i n Weg! —
und darum bejahren wir Jungkommunisten aus voller Überzeugung
die Einigung aller jungen Antifaschisten in einer freien
deutschen Jugendbewegung.
Wir wenden uns an alle Jungsozialisten, gemeinsam mit uns die entscheidende, zündende Initiative zu ergreifen und durch den Zusammenschluß von Jungkommunisten und Jungsozialisten Bahnbrecher einer freien deutschen Jugendbewegung zu sein, zum Kampf um das Recht der jungen Generation in Deutschland.
Wir lassen uns bei diesem festen Streben, für das wir unverzüglich unsere ganze Kraft einsetzen, von folgenden Erkenntnissen leiten:
Hitler zu stürzen wird nur durch eine Volkserhebung, durch den aktiven Kampf der breiten Massen des deutschen Volkes und der deutschen Jugend möglich sein. Der Hitlerfaschismus betrügt, knechtet die deutsche Jugend, beutet sie unmenschlich aus und bedroht ihre Zukunft durch einen neuen Krieg. Diese Tatsachen machen die Einigung der großen Massen der deutschen jungen Generation in einer freien deutschen Jugendbewegung möglich und notwendig.

Die Massen der deutschen Jugend sehnen sich nach Freiheit und wollen die Erhaltung des Friedens.

Unter dem Banner der Freiheit kann die deutsche Jugend aus den verschiedensten weltanschaulichen Richtungen und sozialen Schichten geeinigt werden. Darum gibt es für uns junge Sozialisten und Jungkommunisten nur eine geschichtliche Entscheidung: Getreu unseren Idealen das Banner der Freiheit und des Friedes stolz als unser eigenes emporzuheben, um die ganze deutsche Jugend darunter zu sammeln.

Unsere Vorschläge
zur Einigung der sozialistischen, kommunistischen und antifaschistischen Jugend
Wir Jungkommunisten und Jungsozialisten können durch unseren brüderlichen Bund die ungestillte Sehnsucht nach einer aus freiem Willen geborenen, großen Gemeinschaft der deutschen Jugend erfüllen helfen, indem wir uns auf Grund unserer politischen Einsicht und praktischen Kampferfahrungen zu Folgendem bekennen:

1./ Unversöhnlicher Kampf gegen Hitlerfaschismus bis zu seiner Niederwerfung und Ausrottung.
Der Hitlerfaschismus ist der Todfeind der deutschen Jugend. Hitler treibt zum Krieg und bedroht die deutsche Jugend mit einem neuen Langemark, mit einem Massengrab für die Interessen der Kriegsgewinnler. Wir kämpfen entschlossen gegen den Krieg und für den Frieden, denn wir wissen, der Friede ist für den Hitlerfaschismus tödlich. Wir treten ein für Völkerverständigung, gegen Völker- und Rassenhaß, für die Verteidigung der sozialistischen Sowjetunion, dem Hort der Freiheit und des Friedens. Sollte der Krieg dennoch ausbrechen, dann ist unser Weg vorgezeichnet.

Wir kämpfen gegen der Tyrannen Macht, gegen die nationalsozialistischen Kriegsprovokateure, gegen diese ruchlosen Totengräber eines freien Deutschlands — für die Freiheit des Volkes, die einzig und allein Schöpferin und Hüterin der Größe Deutschlands als Kulturnation war und sein wird.

Unsere Sympathie und unsere Solidarität gelten der Jugend Spaniens, das Unabhängigkeit und Freiheit gegen die faschistischen Machtgelüste verteidigt.

Wir wollen nicht ruhen und rasten, bis Deutschland von der faschistischen Reaktion befreit ist, die deutsche Jugend ihre politische und kulturelle Freiheit erobert hat, ihre brennendsten sozialen Forderungen (die im wesentlichen bereits vor 30 Jahren auf der Stuttgarter Konferenz von den Vorkämpfern des Sozialismus auf unsere Fahnen geschrieben wurden) erfüllt sind. Wir kämpfen mit der Volksfrontbewegung dafür, daß das deutsche Volk und seine Jugend frei über sein Schicksal entscheiden kann, denn nur dann wird der Friede und eine glückliche Zukunft in Deutschland Einzug halten können. Ein Deutschland der Menschlichkeit, der Sauberkeit und Ordnung — eben eine Heimat mit normalem wirtschaftlichem, politischem und kulturellem Leben wollen wir. Darum setzen wir uns mit all unserem Tatendrang für eine demokratische Republik, die keine Schwächen gegen ihre Mörder kennt, für eine wahre Regierung des Volkes ein.

2./ Die Erziehung unbeugsamer, überzeugter Freiheitskämpfer!
In den vergangenen Jahren der faschistischen Knechtschaft hat die deutsche, antifaschistische Jugendbewegung im Kampf für die Freiheit unerhörte Beispiele des Mutes und der Opferbereitschaft gegeben und bewiesen, wessen sie fähig ist. Solche jungen Kämpfer, bereit zur selbstlosen Aufopferung, verlangt der Freiheitskampf mehr denn je. Zuerst ist es der unauslöschliche Haß gegen die Tyrannei, der große Wunsch, frei zu sein von den faschistischen Bedrückern, der die unbedingte Hingabe für den Freiheitskampf weckt. Im Haß gegen die Knechtschaft und in Liebe zur Freiheit laßt uns gemeinsam die Jugend erziehen. Zu innerlich standhaften Kämpfern gegen die nationalsozialistische Kriegsverhetzung, gegen die Herrschaft der oberen Zehntausend. Unbeugsam soll ihr antifaschistischer Wille sein, gegen die ka-

pitalistische Knechtschaft und für das höchste Ideal der Jugend, für den Sozialismus zu kämpfen.

3./ Dort wirken und kämpfen, wo die Masse der Jugend ist.
Die ganze deutsche Jugend ist in der Hitler-Jugend zwangsorganisiert. Sie ist gezwungen, militärische Kriegserziehung im Arbeitsdienst und Heer über sich ergehen zu lassen. Und hier, wo durch entwürdigenden Zwang und Drill eine willenlose Landsknechtsnatur erzogen werden soll, wird der Funke der Freiheit sich entzünden zur lodernden Flamme. Die proletarische Jugend, die am meisten ausgebeutet und unterdrückt ist, wird am entschlossensten und konsequentesten Verfechter der Freiheit sein. Den Kampf um die Freiheit führen, erfordert den Einsatz für ein besseres soziales Leben der Jugend. Wie die Erfahrung beweist, kann der Kampf um die Erfüllung gewisser sozialer Versprechungen der Nazis in den Betrieben, in der DAF und Hitlerjugend geführt werden.
Es ist unser tiefer Wunsch zum gemeinsamen Kampf gegen Hitler und zur positiven Förderung einer freien deutschen Jugendbewegung, mit den führenden sozialistischen Funktionären unseren Anhängern und allen jungen Antifaschisten eine gemeinsame Willensäußerung zu unterbreiten. Wir haben in diesem Brief unsere Vorschläge niedergelegt mit dem Wunsch, den gegenseitigen Meinungsaustausch über die Lebensfragen der deutschen Jugend zu fördern und eine gemeinsame Stellungnahme mit unseren sozialistischen Freunden zu beschleunigen. Die Verständigung zwischen sozialistischer und kommunistischer Jugend ist auch von größter Bedeutung, um überzeugte Klassenkämpfer im Geiste des Marxismus-Leninismus zu erziehen, in jenem Geist, der dem deutschen Freiheitskampf die entscheidende Schwungkraft und Zielklarheit gibt. Wir erachten es als notwendig über den Kreis der Jugend hinaus, daß die SPD und KPD in gleicher Weise gemeinsam die Jugend zum Freiheitskampf aufruft und erzieht.

Genossen! Kameraden!
Wir wollen die Jugend gewinnen, um alles zu gewinnen! Vorwärts zur Jugendeinheit, für Freiheit, Frieden und eine glückliche Zukunft.

Im Oktober 1937   Zentralkomitee des Kommunistischen
                                                Jugendverbandes Deutschlands.

Die Junge Garde, November/Dezember 1937.

156. Artikel des Mitglieds des ZK des KJVD Kurt Siegmund über den einheitlichen Kampf der deutschen Jugend gegen den Faschismus, Oktober 1937

Kampfeinheit der deutschen Jugend für die Freiheit!

Vor uns liegt klar und offen die Bilanz von 4 1/2 Jahren Hitler-Herrschaft über die deutsche Jugend: Der Nationalsozialismus hat die ganze junge Generation in die Ketten der Unfreiheit und des militärischen Zwanges geschlagen, in tiefste soziale Not gebracht und gibt ihr die Perspektive des Opfertodes in einem neuen Eroberungskrieg für die Interessen der großkapitalistischen Reaktionäre. Unter der Kriegspolitik hat nicht nur die Arbeiterjugend, sondern auch die Bauern-, Studenten-, Mittelstandsjugend, die Jugend aller Volksschichten zu leiden. Hitler ist der Todfeind der jungen Generation.
Die klare Erkenntnis von der grenzenlosen Jugendfeindlichkeit der Nationalsozialisten war in den vergangenen Jahren, wie auch heute noch, nur Eigentum einer Minderheit der deutschen Jugend, vor allem der fortgeschrittensten Teile der Arbeiterjugend, die in der proletarischen Jugendbewegung, in politischen, gewerkschaftlichen, kulturellen, sportlichen und Wehrverbänden erfaßt war. Die Besten unter ihnen führten und führen mit ihrem Kampf für die Erfül-

lung der sozialen Versprechungen der Nazis, die im wesentlichen die Forderungen der sozialistischen Jugendbewegung sind, gegen die Zwangsmilitarisierung, Kriegsverhetzung und Entrechtung der Jugend eine bewußte Gegenwehr gegen die fortgesetzten Angriffe der faschistischen Diktatur. In vorderster Reihe dieses heroischen Kampfes stehen die illegalen Kader der kommunistischen und sozialistischen Jugend. Trotz furchtbarer Opfer halten sie die Fahne des Kampfes für Freiheit und Frieden hoch und sind ihren sozialistischen Idealen treu geblieben. Ihre standhafte Arbeit ist nicht vergeblich. Unter der Jugend im Betrieb, HJ, im Arbeitsdienst und Heer leisten die illegalen Kader eine zähe und schwierige, aber erfolgreiche und in vielen Fällen gemeinsame Aufklärungsarbeit und erziehen neue antifaschistische Jugendkader.

Neben ihnen kämpft eine andere bedeutende antihitlerische Kraft, die christliche, vor allem die katholische Jugend. Der in den letzten Jahren verschärft geführte hitlerische Feldzug gegen die katholische Jugend, gegen die Glaubensfreiheit, die systematische Zerschlagung der katholischen Jugendorganisationen, führte zu der heutigen mächtigen Opposition der katholischen Jugend, die tapfer für die Freiheit des Glaubens und Verteidigung ihrer Organisationen kämpft und die Befreiung von der Hitler-Diktatur herbeisehnt. Der Kampfwille der katholischen Jugend wird von dem hohen Klerus nicht gefördert. Der Faschismus bereitet einen entscheidenden Schlag vor, um auch die letzten Reste der katholischen Jugendbewegung und die Bekenntnisschule zu zerschlagen. Zwischen den Interessen der katholischen Jugend und der faschistischen Reaktion kann es keine Aussöhnung, sondern nur erbitterten Kampf geben.

Darüber hinaus gibt es heute noch kleinere bürgerliche freiheitliche Gruppen, wie z.B. die bündische Jugend, von denen zu Beginn der Hitler-Herrschaft eine ganze Anzahl dem Nationalsozialismus ein gewisses Vertrauen und bestimmte Hoffnungen entgegenbrachte. Inzwischen haben aber viele von ihnen erkannt, daß ihre nationalen Ideale von Hitler mit Füßen getreten werden und der »deutsche Sozialismus« brutalste Knechtschaft ist.
Es gibt jedoch nicht nur diese bewußte weltanschauliche Opposition der einzelnen Gruppen gegen den Faschismus. Durch die einzelnen sozialen Schichten der ganzen deutschen Jugend geht eine Opposition, die ihre Ursachen hat in dem tiefen Gegensatz zwischen der nationalsozialistischen Kriegspolitik und den sozialen Lebensinteressen der ganzen jungen Generation. Von denen, die unter der faschistischen Knechtschaft leiden, sind nur die Herrensöhnchen ausgeschlossen, die alles zum Überfluß haben, sich vom Wehrdienst loskaufen können und den drohenden Krieg nicht fürchten, weil sie wie 1914-18 in der Etappe sitzen und Orgien feiern werden, während die junge Generation an der Front verbluten und im Hinterland darben und hungern muß.

Hitler konnte die deutsche Jugend irreführen, indem er ihr Aufstiegsmöglichkeiten und eine gesicherte Zukunft versprach. Deutschland sollte ein Staat der Jugend sein, in dem jeder Junge den Marschallstab im Tornister trägt. Der schrankenlosen Ausbeutung durch die Reaktionäre sollte durch den »deutschen Sozialismus«, durch »Volksgemeinschaft« Einhalt geboten werden. Jeder Jugendliche sollte Arbeit und Beruf haben. Es wurde unter anderem versprochen, »strengste Durchführung des Acht-Stundentages für Jugendliche über 18 Jahre mit gestaffelter Verminderung der Arbeitszeit für Jugendliche unter 18 Jahre, Weiterbeschäftigung der ausgelernten Jugendlichen in den Betrieben der Lehrherren, die Schaffung ausreichender Erholungsheime für Lehrlinge und Jungarbeiter, dreiwöchentlicher Erholungsurlaub im Jahre unter Fortzahlung des Lohnes...«

Ein neues Leben, in dem diese Ziele und Ideale verwirklicht wären, hatte die Jugend vor Augen, als sie der geheimen und offenen Aufrüstung, der Einführung der allgemeinen Wehrpflicht, der Besetzung des Rheinlandes zustimmte. Sie glaubte ernsthaft, daß das alles der Verteidigung des angeblich von anderen Völkern und dem Bolschewismus bedrohten Deutschland diene, damit die Bahn für den Aufstieg, für die Zukunft der Jugend frei werde.

Doch nach 4 1/2 Jahren Nationalsozialismus sieht die Jugend, die hoffte, endlich einmal am Ziele zu sein, daß ihre Wünsche und Ideale nicht erfüllt sind. Hitler muß durch das wütende Tempo der Aufrüstung und der raubgierigen Kriegsvorbereitung den Bogen immer straffer spannen. Die Arbeits- und Berufsnot der Jugend wurde nicht beseitigt, das Bildungsmonopol der privilegierten Schichten nicht gebrochen, die alten Reaktionäre beuten die Jugend schlimmer aus als zuvor. Der Gesundheitszustand hat sich rapid verschlechtert; einer gesicherten Familiengründung stehen tausend Schwierigkeiten und ein dunkles ungewisses Schicksal im Wege. Und so sehen wir, daß statt einem neuen schöneren Leben die Jugend von der Misere in die Barbarei gestürzt wurde. Hinzu kommt die entwürdigendste Freiheitsberaubung und Entrechtung der Jugend, der militärische Dienst vom 10. Lebensjahr an, 1/2 Jahr A-Dienst und 2 Jahre Wehrdienst. Lumpen- und Altmetallsammeln ist die praktische Auswirkung der durch den Faschismus verursachten Rohstoffknappheit. Durch künstliches Eiweiß, entrahmte Milch, minderwertiges Brot, Mangel an Eiern, Fleisch und Butter lernt die Jugend die Lebensmittelkrise kennen.

Diese erschütternden Tatsachen erleichtern es uns, der deutschen Jugend klar zu machen, daß es Hitler überhaupt nicht um die Verteidigung Deutschlands, sondern um einen neuen mörderischen Eroberungskrieg geht. Die spanischen Ereignisse brachten hier einen entscheidenden Wendepunkt. Es spricht sich herum, daß deutsches Kriegsmaterial und deutsche Soldaten nach Spanien geschickt werden und Hitler ein blutiges Geschäft mit dem Leben deutscher Söhne betreibt. Die deutsche Jugend fragt: »Was haben wir denn in Spanien zu suchen?« Sie fühlt dunkel, daß Hitler zum Kriege treibt, und die Angststimmungen vor dem drohenden Kriege wachsen.

Das alles hat auch eine Reaktion unter der dem Faschismus folgenden Jugend, vor allem der Arbeiterjugend, hervorgerufen. Diese Jugend beginnt sich jetzt zu regen, versucht, den immer schwerer auf ihr lastenden Drill und Zwang zu sprengen, und drängt darauf, daß die sozialistischen Versprechungen erfüllt werden.

In der Hitler-Jugend ist ein Zustand eingetreten, daß meist nur noch 30 bis 40 Prozent der Mitglieder zum Dienst antreten. Man verhält sich passiv zu den Anweisungen der Führung und versucht unter allen möglichen Entschuldigungen sich vom Zwang der HJ zu drücken, denn »dort ist alles viel zu einseitig«.

Es sind keine Einzelerscheinungen mehr, daß BDM-Mädels auf dem Schulausflug die Lehrerin bitten, doch noch eine halbe Stunde länger zu wandern mit der Begründung, »dann brauchen wir nicht mehr zum Dienst«, oder wenn Lehrlinge ihren Gehilfen erklären, »ich mache lieber Überstunden als HJ-Dienst«. In Saarbrücken wurden kürzlich 30 Hitler-Jungen aus der HJ wegen andauernder Passivität ausgeschlossen und ihre Namen an verschiedenen Stellen der Stadt angeschlagen, um sie öffentlich zu brandmarken und die übrige Jugend zu warnen. In anderen Fällen versuchten die Hitler-Jungen in den Heimabenden der HJ, die von der RJF festgelegten Themen zu durchbrechen und verlangen, daß man nicht immer über Rassenfragen und Vierjahresplan spricht, sondern auch belehrende Vorträge hält, aus denen die Jugend etwas lernt, und Aussprachen durchführt über die Sorgen und Nöte der HJler im Beruf und Betrieb. Man kritisiert offen die Vorträge der faschistischen Referenten, die erklären, Deutschland müsse wieder ein Bauernstaat werden und damit begründen wollen, daß ein Teil der Jugend auf Berufsausbildung verzichten und zum Landdienst gehen müsse.

In der Berufsschule fragen Jugendliche bei Vorträgen über Spanien, »aber wie kann man überhaupt mit Farbigen für eine Kultur kämpfen?« Die Jugend dichtet selbst freiheitliche oppositionelle Texte auf bekannte Lieder. So singen Hamburger Hitler-Jungen auf Fahrten das Lied »Regentropfen« auf den Text: »Schwarzbrotscheiben, die immer trocken bleiben.« Das alles zeigt, wie die noch unter faschistischem Einfluß stehende Jugend beginnt, nach Freiheit zu streben, sie will nicht ewig unter Drill und Kommando leben, sondern frei atmen, selbst über ihre Freizeit verfügen, sie will tun und lassen können, was ihr gefällt, die Erfüllung der Versprechungen.

Seit Monaten ist die RJF gezwungen, sich öffentlich mit diesen oppositionellen Regungen auseinanderzusetzen. Man sagt: »Jung dürft ihr sein, aber nicht oppositionell« und führt eine dauernde Kampagne gegen die Unzufriedenen, die »Neunmalklugen«, die da behaupten, es gäbe in der HJ keine Freiheit, man würde am Lernen und Vorwärtskommen gehindert, — der Dienst schade der Gesundheit. So wird der Drang nach Freiheit zu der zentralen Frage, die das soziale und freiheitliche Sehnen und Wollen der breitesten Schichten der deutschen Jugend in sich vereinigt.

Ob es den Bemühungen der neugebackenen Ministerialbeamten von der Sorte Schirachs gelingt, den Freiheitsstrom der Jugend aufzuhalten, den Ruf nach sozialer Gerechtigkeit zu ersticken oder nicht, hängt im wesentlichen von einer zielklaren einheitlichen Arbeit der antifaschistischen Kräfte unter der Jugend ab. Die antifaschistische Jugend, die zum Ziele hat, die vom Faschismus irregeführte Jugend vor dem Schicksal eines neuen Langemarck zu bewahren und für den Kampf gegen den wirklichen Feind der Jugend, den Hitler-Faschismus, zu gewinnen, muß den Kampf für die Freiheit zu ihrer Hauptlosung machen.

Im Kampf um Freiheit, Recht und Frieden können die Arbeiterjugend, die Jugend des Mittelstandes, die Studenten, die jungen Bauern, kann die ganze junge Generation geeinigt werden. Ohne diese Einigung gibt es keinen Sieg über den Faschismus. Nicht mit uns kämpfen werden nur Nutznießer des faschistischen Systems, die Söhne der Großgrundbesitzer und Junker, der hohen faschistischen Bonzen und höheren Staatsbeamten. Die Erreichung dieser großen revolutionären Ziele, die Einigung der deutschen Jugend und die Eroberung der Freiheit für die deutsche Jugend — so antworten wir allen, deren unverrückbares Ideal der Sozialismus ist, so erklären wir dem mit sozialistischen Wollen erfüllten Hitler-Jungen — ist der nächste geschichtliche Schritt auf dem Wege zu einer neuen sozialistischen Welt.

Den Kampf um die Freiheit der Jugend führen, heißt all jene Bestrebungen unter der Jugend fördern, die sich gegen den Zwang und Kriegsdrill richten, die den Wunsch nach freier Diskussion und freier Betätigung, mehr Bewegungsfreiheit, nach Glaubens- und Gewissensfreiheit und Erfüllung der sozialen Versprechungen zum Ausdruck bringen.

Wie die Erfahrung beweist, kann das am besten geschehen in der HJ und in der DAF, wo die Massen der Jugend zusammen sind und zum einheitlichen Handeln gewonnen werden können, durch Berufung auf die Versprechungen der Nationalsozialisten und das Verlangen nach ihrer Erfüllung.

Die HJ-Führung erklärt z.B. schon seit Jahren die Gewährung von 3 Wochen Urlaub für die Jugend für eine Notwendigkeit, was aber nur für 3 Prozent der Jugend durchgeführt ist. Die Lehrlinge können sich im Betrieb und in der HJ darauf berufen, die Jugendführer und Jugendsprecher bestürmen, daß sie sich für die Urlaubsgewährung einsetzen, was vielfach schon erfolgreich geschah. In anderen Fällen hat die Jugend im Betrieb bei Durchführung der Unfallverhütungswochen nicht passiv bei Seite gestanden, sondern selbst vorgeschlagen, das Arbeitstempo herabzusetzen, um die dauernden Unfälle zu verhindern. Es kommt darauf an, die vielfach bewährten neuen Kampfmethoden unter breitesten Kreisen der Jugend zu popularisieren, ihr zu helfen, die Versprechungen und Kampagnen der Nationalsozialisten als eine Waffe für ihren Kampf zu benützen.

Wie der Zusammenhalt der Jugend gegen den Drill gefördert werden kann, zeigt folgendes Beispiel: In einem HJ-Freizeitlager herrschte Erbitterung gegen die Schikanen des Lagerführers, der bei jeder Kleinigkeit Strafen verteilte. Aus Rache haben ihm die Jugendlichen eines Nachts das Gesicht mit Schuhcreme schwarz geschmiert. Nicht ein Junge hat die Täter verraten! Der Lagerführer sah sich durch diesen Protest gezwungen, die strenge Disziplin zu lockern. So primitiv diese Methoden erscheinen mögen, haben sie doch bewiesen, daß die Jugend dadurch zum aktiven Eintreten für ihre Rechte ermutigt wird und auch lernt, bewußt für weitere Ziele zu kämpfen.

Es genügt jedoch nicht, allein den Kampf um die heutigen Tagesforderungen der Jugend zu führen, sondern es gilt, vor der Jugend ein Freiheitsideal aufzupflanzen und ihnen klar zu machen, daß die vollkommene Erfüllung ihrer Forderungen, Wünsche und Ideale nur möglich ist, wenn Hitler gestürzt wird, und Frieden, Freiheit und Recht in Deutschland herrschen. Darum nehmen wir die guten Traditionen und verratenen Ideale der deutschen Jugend, ihr sozialistisches Wollen und ihre antikapitalistische Sehnsucht auf, und rufen ihr zu: Kämpft für Eure Freiheit, für ein freies Deutschland, brecht die Macht der reaktionären Großkapitalisten, rottet die Kriegstreiber aus, damit Ihr selbst über Euer Schicksal entscheidet und das Tor in ein neues Leben aufstoßen könnt!

In diesem Kampf steht die Jugend in einer Front mit dem deutschen Volk. Der Kampf für ein vom Faschismus, von der kapitalistischen Reaktion befreites Deutschland, wie ihn heute die deutsche Volksfrontbewegung führt, wird die Jugend von der mittelalterlichen Zwangsjacke befreien, das der deutschen Jugend drohende Gespenst des Krieges vernichten. Sie wird ihr alle demokratischen Freiheiten, wie das Recht der Vereinigungs- und Meinungsfreiheit, der Glaubensfreiheit, die freie Betätigung und Entfaltung ihrer Kräfte, die Erfüllung ihrer sozialen Forderungen, neue Bildungs- und Aufstiegsmöglichkeiten bringen.

Selbstverständlich ist die Grundbedingung hierfür, daß die bankrotte Weimarer Koalitionspolitik mit der Reaktion nicht wiederholt, sondern die Reaktion vernichtet wird. Und die Garantie dafür liegt darin, daß die demokratische Volksrepublik überhaupt nur geboren werden kann im Kampf gegen die großkapitalistische Reaktion, die ja heute mit den Spitzen des faschistischen Staates und der NSDAP Deutschland beherrscht.

Bereits heute haben bedeutende Teile der antifaschistischen Jugend Deutschlands, vor allem die Jungkommunisten und Teile der sozialistischen Jugend, die Notwendigkeit des Kampfes für eine demokratische Volksrepublik erkannt. Die Jungkommunisten und Jungsozialisten stehen natürlich trotzdem nach wie vor auf dem Boden des Sozialismus, weil sie wissen, daß eine vollkommene Befreiung der Jugend, wie aller Werktätigen, nur der Sozialismus bringen kann. Aber man kann den Kampf für den Sozialismus nicht als nächstes Kampfziel aufstellen, wenn die Voraussetzung dafür fehlt, nämlich, daß die sozialistischen Kräfte zahlreich und stark genug sind, Hitler zu stürzen. Es ist auch sehr unwahrscheinlich, daß es uns gelingt, diese Voraussetzung unter den Bedingungen des Hitler-Terrors zu erreichen.

Trotzdem besteht in einigen Kreisen der antifaschistischen Jugend die Auffassung, die von Hitler beeinflußte Jugend für den Sturz der faschistischen Diktatur zu gewinnen, sei nur möglich unter der Losung des Kampfes für den Sozialismus. Denn Hitler habe der Jugend den Sozialismus versprochen, und sie fühle z.T. daß sie betrogen ist, und verlange jetzt seine Verwirklichung.

Die Vertreter dieser Auffassung befinden sich hier in einem nicht geringen Irrtum. Sozialismus ist nicht die einigende Kampfparole für die deutsche Jugend. Unter der Fahne des Sozialismus kann man nicht die deutsche Jugend im Kampf gegen Hitler sammeln; doch die Fahne der Freiheit wird schon heute in allen antifaschistischen Lagern der Jugend von den einzelnen weltanschaulichen Richtungen und sozialen Schichten deutlich emporgehoben. Selbst jene Teile der Hitler-Jugend (vornehmlich »alte Kämpfer«) die Hitler folgten, weil sie glaubten, daß er den

»deutschen Sozialismus« verwirklichen werde, werden mit uns gehen. Denn sie verstanden darunter den Kampf gegen die Reaktion, die Erfüllung ihrer Programmpunkte, einen Staat, in dem die Jugend Rechte hat und mitbestimmen kann. Das Ringen um ein freies Deutschland gibt diesem Kampfwillen freie Bahn, verkörpert das Wollen der großen Mehrheit, auch der HJler, und wird ihre Wünsche erfüllen. Gegenüber dem Mißbrauch der sozialistischen Idee ist es Pflicht der Sozialisten und Kommunisten, den Sozialismus zu verteidigen und der Jugend zu erklären am lebendigen Beispiel des sozialistischen Aufbaus in der SU.

Die deutsche Jugend in ihrem Kampf für Freiheit, Recht und Frieden zu einen, für den Kampf um ein freies Deutschland zu gewinnen, verpflichtet die antifaschistische Jugend, neue antifaschistische Jugendkader heranzuziehen, und vor allem einheitlich zu kämpfen. Der KJV ist der Auffassung, daß die gemeinsamen Interessen der verschiedensten antifaschistischen Gruppen der Jugend die Schaffung einer einheitlichen freien deutschen antifaschistischen Jugendbewegung, welche die Jugend zum Kampf gegen Faschismus, für Frieden und Freiheit erzieht, möglich und notwendig machen. Es wird die Aufgabe der freien deutschen Jugend sein, vor allem die heranwachsende proletarische Jugend in den Betrieben zu gewinnen, und in der HJ durch kameradschaftliche Zusammenarbeit aller oppositionellen Kräfte den Kampf für die Forderungen der Jugend zu führen.

Zwischen Jungkommunisten und der sozialistischen Jugend besteht heute bereits vielfach ein brüderliches kameradschaftliches Verhältnis und enge Zusammenarbeit. Wir Jungkommunisten haben den heißen Wunsch, daß diese Zusammenarbeit gefestigt wird und sich auf ganz Deutschland, auf alle unsere Kader erstrecke. Die Vereinigung der sozialistischen und kommunistischen Jugend muß das Rückgrat einer freien deutschen Jugendbewegung sein.

Die gleiche enge, kameradschaftliche und gleichberechtigte Zusammenarbeit zur Schaffung der freien deutschen Jugendbewegung zum Kampf für die Freiheiten und Rechte der deutschen Jugend wünschen wir mit der katholischen und bündischen Jugend.

Diese antihitlerische Gegenfront der Jugend wird selbst dann wirksam, wenn wir an den verschiedenen Fronten mit den verschiedenen Methoden, aber um das gleiche uns alle vereinende Ziel kämpfen.

Das der deutschen Jugend drohende Gespenst des Krieges erfordert, daß schnell und ohne Zögern gehandelt wird. Die antifaschistische Jugend hat in den vergangenen Jahren ihre Zerrissenheit teuer bezahlen müssen. Es ist notwendig, daß sich alle Funktionäre und freiheitlichen Jugendgruppen und Organisationen aussprechen und Klarheit über Weg und Ziel des Kampfes schaffen.

Nur das einheitliche Ringen aller sich nach Freiheit Sehnenden wird imstande sein, die deutsche Jugend um das Banner der Freiheit zu sammeln. Der heroische Kampf der geeinten Jugend des spanischen Volkes gegen den Faschismus sei uns Mahnung und Beispiel.

Vereinigen wir unsere Kräfte in einer freien deutschen Jugendbewegung für die Freiheit der deutschen Jugend, für ein freies Deutschland!

Freie Deutsche Jugend. Diskussionsblätter für eine freie deutsche Jugendbewegung, Nr. 2, September/Oktober 1937.

157. Artikel des ehemaligen Vorsitzenden der SAJ in Berlin Erich Schmidt über die antifaschistische Arbeit unter der deutschen Jugend, Oktober 1937

Wo steht die deutsche Jugend, wie ist sie zu gewinnen?

Die älteren Jahrgänge schwanken zwar noch, aber »die Jugend ist uns verfallen mit Leib und

Seele«, erklärte Hitler 1934 in Nürnberg. So wie er es sagte, stimmt es zwar nicht, aber zweifellos ist richtig, daß das junge und jüngste Deutschland am wehrlosesten dem faschistischen Propagandaansturm ausgesetzt ist. Der Pimpf ist deshalb die treueste und sicherste Stütze des Regimes, weil sein Interessenbewußtsein noch völlig unentwickelt ist und kaum in einen Widerspruch zu den herrschenden Gewalten geraten kann.

Wir sind weit davon entfernt, das Erziehungsmonopol des Nationalsozialismus in seinen Auswirkungen zu unterschätzen. Es ist zweifellos eine seiner großen Sicherungen für die Zukunft. Und er hat ja nicht nur das totale Erziehungsrecht; ihm kommt noch zu Hilfe, daß Terror und Propaganda die ganze soziale Umwelt der Jugend faschisiert haben, daß alle menschlichen Beziehungen faschistisch verfälscht worden sind. Die Gefährdung der Jugend ergibt sich nicht nur aus dem Vorhandensein der Staatsorganisationen, sondern aus der faschistisch gewordenen Gesamtwirklichkeit. Die ältere Generation und auch bestimmte Schichten der Zwanzig-Dreißig-Jährigen mit ihren demokratischen oder sozialistischen Traditionen können dieser Wirklichkeit gegenüber langen und erfolgreichen Widerstand leisten, die traditionslose Jugend aber wächst organisch in sie hinein. Und es wird ihr zunächst gewiß leicht gemacht. Auf den Abenteuersinn und die Karl May-Phantasie aller Zehn- bis Vierzehn-Jährigen ist der Betrieb des »Jungvolks« wie zugeschnitten. Er kultiviert geradezu all die typischen Jugendinstinkte. Das Jungvolk pflegt auch systematisch den bei Zehn- bis Vierzehn-Jährigen sich entwickelnden Gegensatz zur älteren Generation. Aus Elf- und Zwölfjährigen macht es »Führer«, die sich wichtiger vorkommen als drei erwachsene »Zivilisten«. Ein richtiger Jungvolkjunge folgt überhaupt grundsätzlich nicht mehr seinen Eltern, er folgt nur noch dem »Führer« und nur ihm fühlt er sich verpflichtet.

Trotz dieser Tatsachen darf der Antifaschismus auch die jüngste Jugend nicht mehr, als rettungslos dem Feind verfallen, dem Feinde überlassen. Kann er auch keine direkte Beziehung zu ihr herstellen und sie zum Widerstand auffordern, so kann er doch über die nichtfaschistischen Eltern dem totalen Anspruch des Faschismus auf das Kind einen gewissen Widerstand entgegensetzen. Das kann natürlich kein offen demokratischer oder sozialistischer Widerstand sein, denn die Eltern können mit ihren Kindern keine illegalen Experimente machen. Auf die Stärkung der elterlichen Autorität über das Kind käme es an. Durch konkrete pädagogische Ratschläge in Form von Elternbriefen oder Elternstunden im Freiheitssender konnte der Antifaschismus zahllosen Familien in Deutschland aus oft verzweifelten Situationen heraushelfen. Er kann dabei ruhig darauf verzichten, den Kampf der Eltern um ihr Kind als einen Teil des gesamten antifaschistischen Kampfes zu erklären; daß er es ist, das ist entscheidend. Indem die Eltern ihr Recht auf das Kind verteidigen, indem sie der sklavischen Gefolgschaftsideologie durch Erziehung des Kindes zur selbstbewußten, sozial gesinnten Individualität entgegenwirken, bedrohen sie das faschistische Monopol der Menschenbeeinflussung.

Dieses Monopol wird aber auch ständig durch die Widersprüche des Faschismus selbst bedroht. Allerdings muß der Mensch erst zu einer Bewußtheit über die Widersprüche des Faschismus gelangen, ehe er ihn bedrohen kann. Bei den bis Vierzehn-Jährigen dürfte sie am unentwickeltsten sein. Sie wird größer, je mehr sich der Mensch in die soziale Wirklichkeit einzuordnen beginnt, je mehr er sich reale Lebensziele stellt. Erst wenn er sich mit wachsendem Bewußtsein in der wirklichen Welt bewegt, kann er an die gesellschaftlichen Grenzen und Schranken stoßen, die seinen Wünschen und Interessen entgegenstehen, kann er die Widersprüche zwischen seinen Interessen und den Verhältnissen erfassen. Das gilt für den faschistischen wie für den liberalen Kapitalismus. Mit Propaganda und Terror sucht der faschistische Kapitalismus die Erkenntnis der wirklichen Verhältnisse zu verhindern, weil sie seine Macht lebensgefährlich bedrohen könnte.

Aber sein Ziel erreicht er nicht; die Verhältnisse sind stärker als Propaganda und Terror! Schon der vierzehnjährige Lehrling, Schüler, Fabrikarbeiter oder Landarbeiter beginnt die Differenz zwischen Wirklichkeit und Propaganda zu spüren. Sie wird ihm bewußter, je näher der Augenblick rückt, wo er sich unabhängig vom Elternhaus eine selbständige soziale Existenz zu gründen beginnt. In dem Maße, in dem die materiellen und kulturellen Lebensfragen der wirklichen Welt die Welt der jugendlichen Romantik verdrängen, entwickelt sich erst die Voraussetzung für eine Distanzierung der Jugend vom Faschismus. Ohne eine selbständige, durch das unmittelbare soziale Erlebnis veranlaßte Distanzierung der Jugend von der faschistischen Totalität, wird jede Art einer kritischen Einwirkung durch den illegalen Antifaschismus auf sie erfolglos bleiben. Daraus ergibt sich, daß die antifaschistische Bewegung ihre Hauptaufmerksamkeit vor allem auf die älteren Jahrgänge, auf die Sechzehn- bis Zwanzig-Jährigen konzentrieren muß. Die Zehn- bis Sechzehn-Jährigen hält der Faschismus noch zu fest bei ihrer Romantik, bei ihren primitiven Kraft- und Kampfinstinkten gepackt. (Wo offenbaren sich die ideologischen Barbareitendenzen deutlicher, als in der faschistischen Jugendbewegung!) Nur der Jugendliche, der nach und nach zu dem Bewußtsein kommt, daß er Kulturträger ist, daß der Sinn des Lebens nicht im Gehorchen und Befehlen und nicht im Tod auf dem Schlachtfeld erfüllt ist, ist für den Antifaschismus gewinnbar. Aber auch dieses Kulturbewußtsein entwickelt sich nur im Prozeß der ökonomischen und geistigen Eingliederung des Jugendlichen in die wirkliche Welt mit ihren Widersprüchen.

Ist das soziale Erlebnis, das immer ein materielles und kulturelles zugleich ist, ist vor allem die Erkenntnis, daß die sozialen Fragen ungelöst sind, die entscheidende Voraussetzung für die antifaschistische Beeinflussung der Jugend, so begrenzen sich die Schichten der überhaupt gewinnbaren neuen Jugend auf die reine Arbeiterjugend, die intellektuelle Jugend, auf gewisse Teile der Bauernjugend und auf die Jugend der verarmenden Mittelschichten. Nur sie allein stehen auf jener Schattenseite der faschistischen Gesellschaft, von welcher aus der Versuch ihrer Erschütterung erfolgreich unternommen werden kann. Von dieser Einsicht her bleibt uns die Losung unserer kommunistischen Freunde: »Einheit der jungen Generation (der ganzen jungen Generation) gegen den Faschismus« unverständlich. Ist zwischen der großbürgerlichen, junkerlichen, zwischen der sich auf den faschistischen Staatsdienst vorbereitenden Jugend und der übrigen Jugend eine Einheit auch nur überhaupt denkbar? Die kommunistischen Genossen sagen uns, daß es heute vor allem darauf ankäme, gegen den Drill und für die Freiheit zu kämpfen und daß man mit einem solchen Kampf die Jugend aller Klassen erfassen würde. Wir glauben weder, daß das richtig ist, noch, daß ein solcher Kampf nützlich wäre. Wo der Drill ein gewisses Maß übersteigt, wird er immer und bei allen von ihm Betroffenen Unzufriedenheit erzeugen, aber niemals wird er allein zur Quelle unserer großen geschichtlichen Bewegung werden können, die den Faschismus stürzen soll. Dazu bedarf es stärkerer Triebkräfte. Dazu bedarf es des großen sozialen Antriebs, ohne den keine Revolution ihre Aufgabe lösen kann. Muß unsere Kritik also vor allem eine soziale Kritik sein, um unter der Jugend Erfolg zu haben, so schließt sie automatisch die Jugend der Herrenschichten aus der von uns anzustrebenden Kampfeinheit aus.

Die objektiven Voraussetzungen für einen selbständigen sozialen Kampf der Jugend hat der Faschismus nicht beseitigen können. Durch die staatlichen Zwangsdienste, durch die wachsende Unsicherheit der jugendlichen Existenz, ein Resultat seiner Kriegspolitik durch das unerhörte Maß von Druck und Zwang, das er der Jugend aufbürdete, hat er den sozialen Kampfwillen der Jugend eher noch verstärkt. Aber die objektiv gegebenen Bedingungen für einen selbständigen Interessenkampf können nicht ausgenutzt werden; mit allen Mitteln seines Machtapparates verhindert der Faschismus jede massenweise Zusammenfassung und Organisierung nichtfaschistischer Jugend. Der Widerstand der Jugend gegen Ausbeutung, Reaktion und Kriegspolitik ist illegal geworden, seine Träger sind vor allem die Reste der verbotenen sozialistischen und kommunistischen Jugendorganisationen und die in die illegale Gesamtbewegung einbezogenen Jugendfunktionäre. Wenige sind es, die unter allergrößten Opfern und Gefahren, in kleinsten Einheiten organisiert, die Fahne des selbständigen Kampfes der Jugend hoch halten. Für eine breitere antifaschistische Jugendpolitik sind sie die entsprechende Voraussetzung.

Zwei Hauptaufgaben hat die antifaschistische Jugendpolitik zu lösen: Die Verbesserung und Vermehrung der illegalen Jugendkader und die Förderung jeder Form der Kritik gegen das faschistische Regime unter den Massen der Jugend. Beide Aufgaben können nur gemeinsam gelöst werden. Nur im Kampf um die neue Jugendgeneration können die Kader entstehen und funktionstüchtig bleiben; und nur dann, wenn die Kader sich entwickeln, kann der Unzufriedenheit der Jugendmassen Weg und Ziel gewiesen werden. Kader in unserem Sinne sind Funktionäreinheiten inmitten größerer Jugendeinheiten; sie sind keine von der großen kritischen Masse der Jugend getrennt existierende Geheimzirkel, sondern konspirativ gesicherter, fortschrittlichster, bewegender Teil der kritischen Jugendmassen. Gerade weil die Jugendkader sich viel rascher erneuern müssen als die Kader der Gesamtbewegung, dürfen sie nie den Kontakt zur Jugend verlieren.

Aber widerspricht dieser Kontakt nicht den Regeln der Konspiration? Wenn man sich ihn als Propaganda und Werbung für den Kader vorstellt, allerdings. Zwischen dem Grad der Kritik und den Jugendmassen und dem Programm der antifaschistischen Jugendkader ist eine viel zu große Differenz, als daß die Illegalen es wagen könnten, mit Hilfe der offenen antifaschistischen Programmpropaganda für ihre Kader zu werben. Die Masse der Jugend ist zwar häufig unzufrieden mit ihrem Regime, aber sie ist nicht antifaschistisch! Sie würde antifaschistische Programmsätze nicht nur nicht verstehen, sie würde sie sogar denunzieren. Die Kader müssen also vor ihrem Bewußtsein geheim bleiben. Sie bleiben es dadurch, indem sie in ihrer öffentlichen Wirksamkeit auf alle Losungen und Forderungen verzichten, die außerhalb des Bewußtseinsbereiches der faschistisch erzogenen Jugend liegen. In der bewußten Anpassung an das unentwickelte und unprogrammatische kritische Bewußtsein dieser Jugend, im Aussprechen ihrer einfachsten unbefriedigten Interessen und Wünsche liegt die Möglichkeit einer antifaschistischen Jugendpolitik.

Eine ihrer Hauptlosungen wird die »Befreiung von Drill und Schulmeisterei« sein. Sie drückt die heute verbreitetste und allgemeinste Kritik der jugendlichen Massen aus. Am erfolgreichsten wird sie in der Hitlerjugend angewendet werden können. Lehrlinge und Schüler, deren Lebensziel die Ausübung eines technischen Berufes und nicht der Tod als Berufssoldat ist, rebellieren dort gegen die Unterdrückung jeder individuellen Regung in den vielfältigen Formen. Im Leitartikel unserer ersten Nummer haben wir einige Forderungen formuliert, die dieser Rebellion konkreten Ausdruck geben.

Eine zweite Losung, die ins Schwarze trifft, wird sein: »Wir wollen die Wahrheit wissen«. Das Mißtrauen gegen Presse und Radio ist auch in der Jugend weit verbreitet. Sie sucht sich objektivere Informationen. Wo ihr Auslandszeitungen nicht zur Verfügung stehen, lernt sie in den deutschen »zwischen den Zeilen« lesen. Aber immer kann sie die Wahrheit nur ahnen; sie spürt, daß man sie ihr vorenthält und bemüht sich umso intensiver um sie. Wer über Spanien, über Rußland, über die Meinungen der Welt zur Politik des Dritten Reiches aus den in Deutschland noch nicht verbotenen Auslandszeitungen ein Stück Wahrheit zitieren kann, der wird Vertrauen und Einfluß bei der Jugend erwerben.

Die Losungen Freiheit und Wahrheit geben weit verbreiteten kritischen Stimmungen Ausdruck und zweifellos sind sie geeignet, größere Teile der Jugend vom Faschismus zu distanzieren. Es entsteht die Frage, ob es heute schon möglich ist, auch der sozialen Kritik der Jugendmassen richtungsweisenden Ausdruck zu geben. Wir bejahen diese Frage, denn die soziale Unzufriedenheit unter der Jugend ist mindestens so groß, wie das Freiheits- und Wahrheitsbedürfnis, und soziale Diskussionen werden offener geführt und haben eher eine noch größere Legalität, als die Diskussionen über Freiheit und Wahrheit.

Mit seiner radikalen sozialen Phraseologie, seinem sozialen Scheinkampf eroberte sich der Faschismus die Jugend. Bis heute ist es ihm nicht gelungen, die Erinnerungen der Jugend an diesen Kampf auszutilgen, ja heute noch muß er häufig das soziale Vokabular der »Kampfzeit« zu Hilfe nehmen, um der Kritik der Jugend zu begegnen. Nur wo sie ihm zu gefährlich zu werden beginnt, schlägt er, wie am 30. Juni, zu. Aber auch der 30. Juni hat die »tiefe antikapitalistische Sehnsucht« nicht ausgetilgt. Immer wieder und stärker lebt sie in der Jugend auf und manifestiert sich in allen möglichen legalen und halblegalen Formen in den faschistischen Organisationen. Durch ihre systematische Verfälschung und durch ihre Ablenkung sucht das Regime ihnen entgegenzutreten. Der Kampf gegen die Juden, der Sklavendienst, Gehorsam und Drill werden als »nationaler Sozialismus« idealisiert und der sehr radikalen und meist auch konkreteren sozialistischen Sehnsucht der Jugend entgegengestellt.

Die Aufgabe des Antifaschismus wäre es, überall, wo sozialistische Diskussionen geführt werden, differenzierend, konkretisierend und die faschistischen Lügen aufdeckend, einzugreifen. Es muß den wirklichen Sozialismus, den Sozialismus der Abschaffung der kapitalistischen Profite, den Sozialismus der Enteignung aller Produktionsmittel vertreten, die die Anhäufung kapitalistischer Gewinne gestatten. Je größer die soziale Unzufriedenheit der Jugend, umso entschiedener muß die sozialistische Kritik des Antifaschismus sein. Hier hat er seine große Chance und nur, wenn er vorwärtsweist, über den Nationalsozialismus hinaus, wenn er der Jugend die große, nichterfüllte Aufgabe stellt, wird er die Jugend erobern. Weimar-Liberalismus zieht in der Jugend nicht. Daß der Faschismus ihn besiegen konnte, beweist, wie altersschwach er schon 1933 war. Kann der auf der Höhe der Anforderungen seiner Zeit sein, der ins Museum greift, um sich zu wappnen? Wo der deutsche Faschismus seinen großen Verrat begangen hat, genau da muß er weiterführen, da muß er überwinden. Will er die Jugend für die Revolution gewinnen, dann muß er für den Sozialismus mobilisieren, sozialistische Besessenheit braucht die Jugend, wenn sie den Kampf gegen die faschistische Barbarei durchstehen soll.

Wahrheit, Freiheit und Sozialismus wären also nach unserer Überzeugung die das Wesentliche treffenden Parolen, die die schwankende und kritische Jugend noch schwankender und kritischer machen werden. Aber es hat keinen Sinn, sie auf Flugzettel zu drucken oder an Mauern zu schreiben. Auf die Organisierung der Kritik kommt es an! Man kann den kritischen Hitlerjungen, den radikalisierten Lehrling, den skeptisch gewordenen Schüler nicht unmittelbar für den illegalen Kader, für den prinzipiellen antifaschistischen Kampf gewinnen, aber man kann ihn für einen Kreis gleichgesinnter Kameraden gewinnen. In einer Schar der Hitlerjugend sind fünf Mitglieder in gleicher Weise von der Kommandiererei, von den Lügen, von der Geistlosigkeit des ganzen Betriebes angeekelt? Schlagen wir ihnen vor, daß sie sich zusammentun, daß sie eigene Fahrten machen, daß sie Sport treiben, wenn exerziert werden soll, daß sie gemeinsam Zeitungen lesen und die Wahrheit über Deutschland und die Welt suchen. Befriedigen wir ihre romantischen Bedürfnisse, indem wir sie darauf aufmerksam machen, daß ihre Absonderung von der HJ unter Umständen nicht ganz ungefährlich ist, und daß sie sich geschickt verhalten müssen. Wie mit kritischen HJ-Mitgliedern, sind Fahrtgemeinschaften oder Freundeskreise mit kritischen Lehrlingen und Schülern möglich. Bei den Lehrlingen werden die sozialen, bei den Schülern werden mehr die kulturellen und wissenschaftlichen Probleme im Mittelpunkt der kritischen Distanzierung vom Faschismus stehen müssen.

Aber man kann die sozialen Probleme nicht nur »erobern«. Wo sich eine Möglichkeit dazu ergibt, muß man sie im Kampf zu lösen versuchen. Auch der noch nicht prinzipiell antifaschistisch gesinnte Lehrling kann diesen sozialen Kampf führen. Die illegale Bewegung muß ihn jedoch so erziehen, daß er den Kampf um seine Interessen, um die Interessen seiner Kameraden immer entschiedener gegen den faschistischen Staat und seine Organisation ausrichtet. Nicht als Vertrauensmann der Zwangsorganisationen, sondern als Vertauensmann seiner Kollegen und Mitarbeiter muß er ihn führen. Hat er als faschistischer Organisationsfunktionär im sozialen Kampf Erfolg, so verbessert er das Ansehen gerade jener Einrichtungen der faschistischen Macht, auf deren systematische Diskreditierung es ankommt; hat er Mißerfolg, so diskreditiert er sich selbst und schwächt seine Position. Der Lehrling, der sich fernhält vom Volksgemeinschaftsbetrug, der ihn nicht dadurch unterstützt, daß er Funktionen als »Jugendwalter« etc. übernimmt, sondern als zuverlässiger Berater seinen Kollegen hilft, der allein wird die Möglichkeit haben, bei den kritischen Jugendlichen Vertrauen zu erwerben, der allein wird sie außerhalb der faschistischen Organisationen zusammenfassen können.

Jeder Form und jedem Grad der Kritik der Jugend gegen bestimmte Auswirkungen der faschistischen Jugendpolitik muß eine bestimmte Form der Organisation entsprechen! Überall müssen selbständige legale oder halblegale Kulturzirkel, Weltanschauungsgemeinschaften, Fahrten- und Sportgruppen der kritischen Jugend entstehen! Sie werden die Voraussetzung dafür sein, daß der illegale Antifaschismus die Möglichkeit erhält, aus den Schichten der neuen Jugendgeneration seine Kampfkader ständig zu ergänzen. Erst die Organisierung der Jugend auf der Stufe ihrer unentwickelten, noch nicht antifaschistischen Kritik, erlaubt ihre weitere, grundsätzlichere Distanzierung. Sie kann nur in einer längeren, politisch-pädagogischen Beeinflussung besonders zuverlässiger und kritischer Jugendlicher erreicht werden.

Selbstverständlich sind auch die selbständigen legalen oder halblegalen Jugendeinheiten keine Propagandatribüne für den illegalen Antifaschismus; als solche wären sie bei der Jugend nicht nur diskreditiert, sie würden auch sehr rasch vernichtet werden. Ihr Zweck ist, die Jugend überhaupt erst wieder zu Formen organisierten Widerstandes fähig zu machen, ihr wieder Selbstbewußtsein zu geben und ihr dadurch die Abwehr der faschistischen Einflüsse zu erleichtern. Nur eine kleine Minderheit der kritisch werdenden neuen Jugend kann für die illegalen Funktionärkader gewonnen werden; genaue Beobachtung der legalen und halblegalen Zirkel und Gruppen wird ihre Auswahl ermöglichen. Ein direkter Übergang in die Funktionärkader ist aber auch dann nicht möglich; ein Vorbereitungszirkel wird zwischengeschaltet werden müssen, in dem eine letzte Auswahl vorgenommen werden kann. Diese Vorbereitungszirkel würden einen ersten Schutzring um die Funktionärkader darstellen, den zweiten Schutzring bildeten die halblegalen und legalen Einheiten. Auf diese Weise erhielten die Kader die konkrete Möglichkeit der konspirativ geschützten Aktion in der neuen Jugend, einer Aktion, die den Einfluß auf die kritischen Jugendmassen, die Verbindung zu ihnen erlaubt und der antifaschistischen Gesamtbewegung ständig neue Kräfte zuführt. Eine solche Praxis, aus den Bedingungen des Faschismus entwickelt und erprobt, wird die Besten der Jugend dem faschistischen Monopolanspruch auf den Menschen entreißen und der geschichtlichen Gegenbewegung des Faschismus jene Spannkraft und Ausdauer geben, die ihren Sieg garantiert.

Freie Deutsche Jugend. Diskussionsblätter für eine freie deutsche Jugendbewegung, Nr. 2, September/Oktober 1937.

158. Bündische Jugend und Nationalsozialismus: Neue Positionsbestimmung der bündischen Opposition im Exil, Oktober 1937

Es ist auf den ersten Blick für manchen Außenstehenden verwunderlich, daß heute die »Bündische Jugend« in engerem Sinne — das heißt die Gruppen der deutschen Nachkriegsjugendbewegung, die auf den Traditionen des Wandervogels, eines verinnerlichten Pfadfindertums und bestimmten »jungnationalen« Impulsen sich aufbauenden freien Bünde — sich in steigendem Maße als im Gegensatz zum »Nationalsozialismus« befindlich ausweist und von der Diktatur auch dementsprechend eingeschätzt und behandelt wird.
Bei genauerer Betrachtung aber wird klar, daß von hierher nur zeitweise und infolge eines tragischen Mißverständnisses von einzelnen bündischen Gruppen und Menschen überhaupt innere und politische Gemeinsamkeiten gesehen werden konnten.

Zwar sind die Bünde der freien »Bündischen Jugend« immer national und völkisch in jenem Sinne gewesen, daß sie sich zutiefst der deutschen Geschichte, der deutschen Kultur zugehörig und der Verbundenheit mit dem Schicksal ihres Landes bewußt gewesen sind.

Wenn von dorther in einem sehr viel anderen Sinne als es die Parteiparolen ausdrückten, die Parole der Volksgemeinschaft bejaht wurde, so verband man damit stets die Erkenntnis, daß eine solche Erneuerung des Volkslebens nur durch eine vom Einzelmenschen und seiner »neuen« Gesinnung ausgehenden Bewegung, nie aber durch die Totalität einer Partei, nur durch wirkliche Aufhebung der Klassen- und Kastenentscheidung infolge völlig neuer gesellschaftlicher und sozialer Lebensformen, nie aber durch von oben dekretierte Leugnung der Interessen der wirtschaftlich und politisch benachteiligten Schichten zu erreichen war.

Zwar fand die Parole eines »Nationalen Sozialismus« manchen Widerhall in dieser Jugend, aber nie in der Form, daß damit eine durch Terror, Lüge und Parteidiktatur begründete Herrschaft neuer Interessentengruppen gemeint war.

Zwar war man stets für eine dem deutschen staatlichen Leben in Zucht und freiwilliger Unterordnung verpflichtete Jugendführung, aber nie für eine durch falsch verstandene Militarisierung der Verbände, durch Druck von Oben anstelle gewählter, durch Leistung legitimierter Führung bewirkte Zwangserziehung. Selbstverantwortliches Leben in den Bünden, freiwillige Gefolgschaft den erprobten und bewährten Führern, Verbundenheit mit allen, gleich welcher Parteifarbe, die ehrlich für eine deutsche Zukunft sich bemühten, alle diese Grundprinzipien der bündischen Erziehung wurden mit der Auflösung der Bünde, ihrer gewaltsamen Gleichschaltung im Rahmen der Staatsjugend ersetzt durch gedankenloses Nachplappern von Parteiphrasen, sinnlosem Drill, Terrorisierung aller selbständigen Gedankenregungen.

So zeigte sich selbst bei denen, die vorübergehend meinten, den alten Parolen der Bünde auch in der neuen Hitler-Jugend Eingang zu verschaffen, sehr bald die ernüchternde Erkenntnis, daß dort für alle Werte eines den Traditionen der Bünde entsprechenden Lebens kein Raum war.

Dazu kam, daß diese jungen Menschen, denen Glauben und Wahrheit, selbständiges Denken selbstverständlich geworden waren, die praktischen Ergebnisse der realen Politik des »Hitlerstaates«, die Konzentrationslager, in denen sehr bald wegen Beibehaltung der alten Ideale mancher ihrer Führer verschwand, eine muffige und reaktionäre Kulturpolitik, die zynische Verfälschung der »sozialistischen« Forderungen der NSDAP, die zum Krieg drängende Außenpolitik, diese latente Skepsis zu bewußter erkenntnismäßiger Gegnerschaft verschärften.

Und so sind heute innerhalb und außerhalb der offiziellen »Staatsjugend« die alten Kader der Bündischen Jugend dabei, sich neu zu sammeln und ständig sich schulend über die Realitäten der Umwelt, sich zu Zellen einer von echtem nationalen und sozialen Geist getragenen Opposition zu entwickeln, weil der Nationalsozialismus sich als allen ihren Idealen entgegengesetzt erwiesen hat.

Sonderinformationen deutscher Jugend, Nr. 1, Oktober 1937.

159. Brief der Pariser SAJ-Gruppe an Erich Ollenhauer, 5.12.1937

Werter Genosse Ollenhauer!
Wie Dir bekannt, ist hier in Paris eine Gruppe ehemaliger SAJler und junger Sozialdemokraten. Diese Gruppe hat sich zur Aufgabe gestellt:

1. die natürlichen, aufgrund alter Freundschaften bestehenden Verbindungen mit jungen Genossen im Reich aufrecht zu erhalten, zu ergänzen und die daraus resultierenden Erfahrungen im Sinne sozialistischer Jugendarbeit zu verwerten,

2. einen organisatorischen und kontinuierlichen Kontakt zur Bruderorganisation des Gastlandes herzustellen,

3. den politischen und rein persönlichen Kontakt unter den jungen, in der Emigration lebenden Genossen zu festigen, um ein Abgleiten in politische Indifferenz zu verhindern und um gegenseitige Hilfe in schwierigen persönlichen Situationen leisten zu können.

Unsere Heimabende sind ausgefüllt mit Referaten, die sich auf die oben erwähnte Zielsetzung beziehen. — In der Annahme, daß es zweckmäßig erscheint, Dir auch unsere organisatorische Wirksamkeit darzustellen, teilen wir Dir folgendes mit. Die Pariser Gruppe ist Mitinhaberin eines Heimes, deren Kosten von den drei politischen Jugendorganisationen, SAJ, KJV und SJV aufgebracht werden. Eine organisatorische Verbindung oder Verpflichtung gegenüber den zuletzt genannten Organisationen besteht nicht.
Während die Heimabende der SAJ regelmäßig in wöchentlichen Abständen durchgeführt werden, treffen wir uns alle 3 bis 4 Wochen mit den anderen Organisationen zu einer Arbeitsgemeinschaft, deren Thema in den einzelnen Gruppenleitungen vorher gemeinsam beraten und festgelegt wird.
Die finanziellen Pflichten der SAJ-Gruppe (Mietsbeiträge, Hilfsaktionen für Genossen, Korrespondenz usw.) werden von den Gruppenmitgliedern durch regelmäßige Beiträge, Aufbringung von Patenschaften und Sammlungen erfüllt.
Zur Vervollständigung unseres politischen Überblickes ersuchen wir Dich, uns regelmäßig die Dir zur Verfügung stehenden Beschlüsse und Richtlinien der SAJ zu übermitteln. Desgleichen ersuchen wir Dich, auch in deutschen Fragen den Kontakt mit uns aufzunehmen.
Sollte Dich in absehbarer Zeit Dein Weg wieder einmal nach Paris führen, ließe sich sehr leicht eine Aussprache arrangieren, durch die Dir Gelegenheit gegeben wäre, alle noch zweifelhaften Fragen klären zu lassen.
Einer baldigen Antwort entgegensehend grüßt mit

SAJ-Gruppe Paris

IML/ZPA, 3/1/302.

160. Aus einem Bericht der Gestapo Düsseldorf über oppositionelle Jugendgruppen, 10.12.1937

Nach Abschluß der Ermittlungen kann folgende zusammenhängende Darstellung gegeben werden:

In den letzten Jahren konnte in fast allen Orten des Westens und besonders im Ruhrgebiet ein meistens loser Zusammenschluß von Jugendlichen festgestellt werden, der über den sonst üblichen Rahmen (Eckenstehen in den Abendstunden usw.) hinausging. Die Entwicklung dieser Gruppen in politischer und sittlicher Hinsicht kann nicht mehr als sogenannte Einzelerscheinung angesehen werden. Sie treibt immer stärker in eine Richtung, die nicht nur der Beachtung, sondern auch der Bekämpfung bedarf.
In den meisten Fällen handelt es sich um Jugendliche, die früher in der H.J. waren und ausgeschlossen oder, weil ihnen die strenge Zucht dort nicht gefiel, ausgetreten sind. Der Ausschluß erfolgte fast immer wegen Verstöße gegen die Disziplin oder wegen mangelnder Dienstfreudigkeit. Das letztere kann nach den bisher gemachten Erfahrungen darauf zurückgeführt werden, daß verschiedene Angehörige der H.J., die vielleicht auf Grund ihrer bisherigen Erziehung oder die sich von Natur aus schlecht unterordnen können, sehen, wie ihre gleichaltrigen Kameraden, die der H.J. nicht angehören, ein freies ungezwungenes Leben führen. Es kann

vielfach dann auch festgestellt werden, daß diese betreffenden sich auf den verschiedenen Sammelplätzen der Jugend mit den Nichtangehörigen der H.J. zusammenfinden oder mit diesen auf Fahrt gehen. Hier lernen sie selbstverständlich ein anderes Leben kennen, daß mit Zucht und Ordnung, die in der H.J. herrschen müssen, nichts gemein hat. Hinzu kommt, daß in vereinzelten Fällen die Führer der H.J. die Jugendlichen nicht richtig anzufassen wissen. Die daraus entstehende Unlust zum Dienst wird dann weiter geschürt durch diejenigen, die noch niemals ein Interesse für den heutigen Staat aufgebracht haben. Die Folge ist dann, daß diese Jugendlichen noch stärker an die betreffenden Kreise gefesselt werden. Wenn diese auch in den wenigsten Fällen als organisatorisch fest zusammenhängend betrachtet werden können, so besteht doch die Möglichkeit, daß sie sich enger zusammenschließen und so ein Instrument bilden, daß in der Hand einiger staatsfeindlicher Elemente eine Gefährdung der Jugend und damit auch des Staates bedeuten würde.

In der ganzen Zeit — von der Machtübernahme bis heute — hat sich nun auch eine unverkennbare H.J.-feindliche Einstellung der Mehrzahl der Gruppen ergeben. Sie sehen sich in ihrer »Freiheit« beeinträchtigt, wenn sie einmal von den Streifen der H.J. oder gar von der Polizei angehalten werden. Dieses kommt zum Ausdruck in ihren Gesprächen über die H.J. oder über die Bewegung, in ihren Liedern und in dem tätlichen Vorgehen gegen einzelne Mitglieder der H.J. So sind verschiedene Lieder umgedichtet worden. Man singt jetzt unter andern: »... schlagt die bündische Jugend wieder frei ...«, »... schlagt die Hitlerjugend entzwei ...«, »... die Wickingerfahne gehört unter die K.P. ...«, »... die Kittelbachpiratenfahne darf nicht untergehen ...«, »... wir bleiben dem Eisbär treu ...« usw.

Bei den verschiedenen Zusammentreffen setzt sich der Geist ehemaliger Mitglieder der verbotenen bündischen Jugend immer mehr durch.

Es ist heute teilweise so, daß derjenige, der sich als ehemaliges Mitglied einer Gruppe der bündischen Jugend ausgeben kann, mit »andern Augen« angesehen wird. Es kommt auch vielfach vor, daß sich Jugendliche als Mitglied der verbotenen bündischen Jugend ausgeben, ohne dieser jemals angehört zu haben. Sie wollen eben unter Gleichgesinnten durchaus etwas gelten. Als äußeres Zeichen und, um damit gegenüber der H.J. abzustechen, wird die sogenannte Fahrtenkluft getragen, die in den meisten Teilen der Kluft der verbotenen bündischen Jugend ähnlich sieht oder von dieser übernommen worden ist. Bevorzugt werden die Bunthemdem — Schotten- oder auch Schihemden genannt —, kurze Hosen, Stiefel mit umgeschlagenen Strümpfen, Bundschuhe, Halstücher und Koppel, auf denen sich alle möglichen Verzierungen befinden. Diese Kluft sorgt dafür, daß sich die Gleichgesinnten auf Fahrt oder an andern Stellen als zusammengehörig erkennen und, obwohl sonst fremd, eine Freundschaft schließen. In den meisten Fällen ist es dann so, daß sich die Jugendlichen mit Hausnamen gar nicht kennenlernen, sondern nur mit dem Vor- bzw. Spitznamen. Der Gruß ist, wenn sich die Jugendlichen unterwegs treffen und wenn sie sich auch nicht kennen, aber an der gleichen Kluft als zusammengehörig betrachten, allgemein »Ahoi«. Verschiedentlich wird auch der Gruß »Heidewitzka« gebraucht, der nach den bisher gemachten Erfahrungen als Ersatz für »Heil Hitler« anzusehen ist.

Mit besonderer Vorliebe nennen sich die betreffenden Jugendlichen Kittelbachpiraten. Dieser Bund bestand bis 1933 in Düsseldorf und Umgegend. Wenn auch dessen Mitglieder durch ihr rauhes Betragen allgemein auffielen, so war jedoch in politischer Hinsicht gegen ihn nichts einzuwenden. Nach der Machtübernahme bekam der Bund allerdings einen großen Zustrom von solchen Elementen, die sich in die nationalsozialistische Front nicht einfügen wollen. Wenn auch zur Zeit keine einheitliche Organisation festgestellt werden kann, so trägt man doch zum Teil die Kluft der K.P., singt deren Lieder und grüßt sich gegenseitig mit dem K.P.-Gruß »Ahoi«. Daneben wird das Abzeichen der K.P. — ein Totenkopf — verschiedentlich getragen. Man findet den Totenkopf auf Koppelschlössern, Geldbörsen, Ringen und auf den sogenannten Kraftriemen. Der größte Teil der Jugendlichen hat niemals diesem Bund angehört. Aus den bereits erwähnten Gründen gibt man sich jedoch gern als K.P. aus.

Während nun in den vergangenen Jahren die Jugendlichen zumeist verwarnt wurden, hat die

Entwicklung in der letzten Zeit gezeigt, daß strengere Maßnahmen zur Anwendung kommen mußten, um der Gefährdung der Jugend durch diese Gruppen Einhalt zu gebieten...

Zitiert nach: Peukert, Detlev: Die Edelweißpiraten. Protestbewegungen jugendlicher Arbeiter im Dritten Reich. Eine Dokumentation, Köln 1983, S. 28 ff.

161. Artikel Willy Brandts über den gemeinsamen antifaschistischen Kampf der deutschen Jugend, Dezember 1937

Die freiheitlichen Jugendorganisationen Deutschlands sind in die gemeinsame kameradschaftliche Beratung über die Bedingungen und Möglichkeiten der antifaschistischen Jugendarbeit in Deutschland eingetreten. Das ist ein erfreulicher Fortschritt. Die gemeinsame Diskussion setzt die Bereitschaft zur Selbstbesinnung voraus und die Erkenntnis, daß wir eben nicht schon alles vorher gewußt haben.

Eines aber hat die sozialistische und kommunistische Jugend gewußt, sie hat es gesagt und hat dafür gelitten: Die Hitlerherrschaft bringt der Jugend keinen Sozialismus, sondern Steigerung der kapitalistischen Ausbeutung, Barbarei, Tod und Verderben. Die vergangenen Jahre haben Tatsachen geschaffen, die den ganzen Gegensatz aufreißen zwischen dem, was der Nationalsozialismus der deutschen Jugend versprach und dem, was er ihr brachte. Er rief die enttäuschte und entnervte deutsche Jugend zum Kampf gegen die alten Autoritäten, gegen Schule und Elternhaus, gegen Kirche und Weimarer Staat, gegen Kapitalismus und Reaktion. Er versprach dem Arbeitslosen Arbeit, dem Arbeiterjungen bessere Arbeitsbedingungen, dem Studenten eine Stellung, dem Jungbauern Sicherung der Scholle, der Mittelstandsjugend Rettung aus dem Zusammenbruch der väterlichen Existenzen. Er versprach der Jugend Entfaltungsmöglichkeit im neuen Deutschland, das sozialistische Ordnung anstelle des Weimarer Chaos bringen sollte. Das neue Deutschland sollte ein Staat der Jugend sein.

Das war einmal. Heute erklärt Schirach, die Aufgabe der jungen Generation sei erfüllt; sie habe sich der Staatsführung unterzuordnen, wenn sie nicht unreife Opposition sein wolle. Heute hören wir zum tausendsten Mal, daß der »deutsche Sozialismus« etwas ganz anderes sei, als die Jugend sich darunter vorstelle, daß er im Dienen bestehe und im Opfern. Die deutsche Wirklichkeit: von klein auf an wird die heutige Jugend in Schule und Staatsorganisation gedrillt, zu Gehorsam und Lebensverneinung erzogen. Zwangsarbeits- und Militärdienst bereiten die junge Generation auf das Verbluten in einem neuen Krieg vor. Nicht nur auf politischem und wirtschaftlichem, auch auf sportlichem und kulturellem Gebiet ist jede freie Entfaltung der jugendlichen Gemeinschaft verboten. Die Ausbeutung der werktätigen Jugend wurde verschärft. Die Arbeitszeit ist nicht gesenkt, sondern gesteigert worden. Die Ferienforderungen stehen für die überwiegende Mehrheit auf dem Papier. Unfälle und Erkrankungen haben ebenso zugenommen wie die Kriminalität der Jugend und die Zahl der Fürsorgezöglinge. Die Ernährungs- und Wohnungsverhältnisse der Jugend sind grauenerregend. Der Zusammenbruch des Mittelstandes wurde nicht verhindert sondern beschleunigt. Der deutsche Bauer lebt in einem Zwangssystem, in dem der Nährstandsbeamte schon beim Dreschen neben ihm steht und ihm alles bis aufs Stroh wegtragen läßt. Die Jugend, die Hitler folgte, meinte mit Sozialismus Lebensrecht und Plan in Wirtschaft und Gesellschaft. Der »Sozialismus«, den Hitler brachte, ist Knechtung der jungen Generation und gewaltsame Aufstauung des wirtschaftlichen und gesellschaftlichen Chaos. Und er ist nationaler Verrat neben dem sozialen. Deutsche Jugend verblutet in Spanien zum Nutzen des spanischen Landesverräters Franco, dem der deutsche Landesverräter Hitler zu Hilfe eilte. Und er ist Lüge und Korruption und Gemeinheit. Die Mission aber, von der die Nationalsozialisten der deutschen Jugend sprachen, steht heute erst recht vor ihr, vor uns: die sozialistische Mission des jungen Deutschland.

Es ist wahr, vieles von dieser Wirklichkeit ist nur Erkenntnisgut einer Minderheit, während die Herrschenden einer Mehrheit durch das Erziehungs- und Propagandamonopol die wirklichen Zusammenhänge verschleiern. Das gilt besonders für die jüngsten Jahrgänge, denen der Maßstab zum Vergleich fehlt, die die Vergangenheit nur im nationalsozialistischen Zerrbild kennenlernen. Wir müssen die Minderheit sammeln und stärken, indem wir sie einheitlich ausrichten. Und wir müssen die Mehrheit gewinnen. Der erste Ansatzpunkt dazu ist die Vereinheitlichung der Kräfte der sozialistischen und kommunistischen Jugend. Es ist alles in allem wenig, was organisiert von den sozialistischen und kommunistischen Jugendkadern erhalten werden konnte. Aber es ist unser teuerstes Gut. Viele der Besten sind nicht mehr unter uns, und viele andere wurden der Jugendbewegung durch andere Aufgaben der Gesamtbewegung entzogen. In der Gesamtbewegung wächst jedoch die Erkenntnis, die wir fördern müssen, daß die jugendlichen Kräfte verstärkt der Jugendarbeit zurückgegeben werden müssen. Viele der Gegensätze, die früher innerhalb der sozialistischen und kommunistischen Jugend bestanden, sind durch die gemeinsam gemachten Erfahrungen überholt. Aus der gemeinsamen Gefahr heraus stellen die Kader im Reich die Forderung, endlich Schluß zu machen mit dem Raubbau an den Kräften der sozialistischen und kommunistischen Jugend. Die sozialistischen Jugendeinheit ist sicher nicht von heute auf morgen zu schaffen. Jeder, der die Verhältnisse im Reich kennt, weiß auch, daß von einem einfachen Zusammenlegen der illegalen Einheiten nicht die Rede sein kann. Aber was schon heute möglich ist, das ist, eine engere Zusammenarbeit einzuleiten und vor allem die Arbeit ins Reich hinein zu vereinheitlichen. Ein sauberes, vertrauensvolles Verhältnis der Gruppen untereinander ist dafür die wichtigste Voraussetzung. Möglich ist die Herausarbeitung von gemeinsamen Kampfparolen, eines gemeinsamen Kampfprogramms, gemeinsamer Arbeitsrichtlinien und der einheitlichen Auswertung des von den verschiedenen Gruppen gesammelten Materials. Wir sind davon überzeugt, daß Fortschritte in der Vereinheitlichung der »Restbewegung« alle anderen Aufgaben wesentlich fördern werden.

Viel zu wenig Aufmerksamkeit wird im allgemeinen der großen Zahl der halb- und dreiviertellegalen Jugendgruppen geschenkt, die z.B. als Fahrtengemeinschaften und als Lesezirkel bestehen. Sie setzen sich zum großen Teil aus Jugendlichen zusammen, die früher fest mit unserer Bewegung verbunden waren. Manche neue jungen Kräfte sind mit einbezogen worden. Nicht immer bestehen Verbindungen zwischen diesen Gruppen und den illegalen Kadern. Aber sie sind viel mehr als »unpolitische« Traditionszirkel. Vielfach sind sie heute das Reservoir der illegalen Bewegung und ihre Brücke zur Masse der Jugendlichen. Die mit ihnen gemachten Erfahrungen sind wertvolles Material für die Organisierung neuer Gruppen kritischer Jugend.

Die Organisationen der katholischen und der bündischen Jugend sind ebenso Opfer der Staatsjugend geworden wie unsere sozialistischen und kommunistischen Verbände. In vielen Teilen des Reichs führen sie ihre Einheiten allen Verfolgungen zum Trotz weiter. Wenn auch der höhere Klerus weiterhin nach einem Frieden mit Hitler schielt, wenn auch manche bündischen Führer immer noch Illusionen gegenüber dem Hitlerregime hegen, das allgemeine Bild ist doch jenes, daß in diesen Gruppen die Bereitschaft zur antifaschistischen Zusammenarbeit, zur Jugendeinheit, gewachsen ist. Bei der katholischen Jugend hat es mit dem Kampf um die Freiheit des Glaubens und um die Erhaltung ihres Zusammenschlusses begonnen, aber der Kampf hat dann in mehr als einem Fall einen grundsätzlich gesellschaftskritischen Charakter angenommen. Bei der bündischen Jugend ist das noch viel stärker ausgeprägt.

Die alte Massengrundlage des Nationalsozialismus hat sich weitgehend zersetzt und mit ihr die alte Basis der Jugendorganisationen. Es ist kein Einzelfall, wenn uns ein HJ-Führer sagte, die eigentliche Revolution stehe erst noch bevor, denn Kapital und Reaktion seien noch immer an der Macht und die Regierenden seien Marionetten in ihren Händen. Die alte Führung der HJ und des Jungvolks ist durchweg abgebaut. An ihre Stelle sind Jugendbeamte und Herrensöhnchen getreten. Die »Selbstführung der Jugend« sieht so aus, daß sich Arbeiterjungen von höheren Schülern triezen lassen müssen. Viele derjenigen, die früher begeistert dabei waren, haben zu zweifeln begonnen und manche unter ihnen erkennen, daß der Kampf um den deutschen Sozialismus verraten wurde. Unter den HJ-Mitgliedern wird aber auch allgemein die Unzufriedenheit mit dem Drill und der Unfreiheit stärker. In einer norddeutschen Stadt kam es kürzlich vor, daß eine Gruppe von HJlern nach dauerndem »Auf-nieder« erklärte: »Jetzt ist es genug, jetzt gehen wir nach Haus.«

Zweifellos ist der Einfluß des Nationalsozialismus auf der Schule und im Jungvolk am stärksten. Aber der Konflikt beginnt meist schon bei der ersten ernsten Auseinandersetzung mit der Wirklichkeit. Die Haltung der älteren Arbeiter trägt leider dazu bei, daß die neu in den Betrieb eintretenden Lehrlinge und Jungarbeiter vielfach noch unter dem Einfluß des Nationalsozialismus bleiben. Viele Berichte sprechen davon, wie der »Stift« nicht nur von den älteren Kollegen von oben herab behandelt wird, sondern wie sie die Jugendlichen auch als »Nazis« ansehen. Trotzdem sieht der Lehrling bald, wie stark die nationalsozialistischen Versprechungen von seinen Arbeitsbedingungen abstechen. Er erlebt die Ausbeutung und den aus ihr entspringenden Klassenkampf. Der Nationalsozialismus hat den Klassenkampf der Kapitalisten gegen die Arbeiter verschärft. Die Arbeiter selbst haben neue, primitivere Formen zur Wahrnehmung ihrer Lebensinteressen finden müssen. Mit ihnen wird der Jugendliche bekannt, er beginnt klarer zu sehen. Im Arbeitsdienst und in der Wehrmacht geht ihm der eigentliche Sinn der faschistischen Jugendpolitik auf, die Vorbereitung auf das neue Massenmorden. Uns ist noch kein Fall bekannt, wo ein Jugendlicher durch Arbeitsdienst und Wehrmacht, diesen »Schulen des Nationalsozialismus«, zum Nationalsozialisten geworden sei. Im Heer erleben die Jugendlichen auch die reaktionären Offiziere, die sich den Teufel um die Hitlerschen Redensarten kümmern. Das alles läßt Kritik in der Jugend entstehen, ebenso wie der unter den Studenten und unter einem Teil der höheren Schüler wachsende Widerwille gegen die zum System erhobene Lüge, die Abneigung gegen die Militarisierung in den Sportorganisationen, die oben angedeutete Verbitterung in der mittelständlerischen und bäuerlichen Jugend.

... Am allerwichtigsten für die Arbeit unter dieser Jugend ist die innere Umstellung auf die neue Wirklichkeit, das Einswerden mit der neuen deutschen Jugend, aus ihr heraus zu ihr sprechen. Wenn man das richtige Verhältnis zur Arbeit hat, dann ergibt sich die richtige Sprache von selbst, und dann bleibt kein Platz für besonders »schlaue Taktik«. Wir halten es für falsch, nur die Zusammenarbeit in der HJ und den anderen Staatsorganisationen in den Vordergrund zu rücken. In vielen Fällen ist ebenso wichtige Arbeit draußen zu leisten. Aber wir halten es auch für unrichtig, an einer Abstinenzpolitik gegenüber den offiziellen Organisationen festzuhalten. Wir haben dort zu sein, wo die Jugend ist. Alte und schematische Vorstellungen über die Arbeit müssen über Bord geworfen werden. In den Betrieben müssen wir an die nationalsozialistischen Versprechungen anknüpfen. In den Zwangsdiensten und militärischen Organisationen kommt es vor allem andern auf die Entwicklung einer wirklichen Kameradschaft an. Außerhalb des Betriebes und der Zwangsdienste müssen wir unseren Freunden dabei behilflich sein, daß sie sich nicht abkapseln, daß sie sich ein Milieu schaffen. Die vorbereitende Arbeit für die neue Jugendbewegung wird sich in vielfältigen Formen und durch eine Kombination von legaler, halblegaler und illegaler Arbeit vollziehen.

Welches sind nun die großen verbindenden und mobilisierenden Losungen, nach denen die antifaschistische Jugendpolitik ausgerichtet werden muß? Wir haben von der Rechtlosigkeit, Knebelung, der Unterdrückung und dem Drill gesprochen, aus denen heraus die Jugend ihre Freiheitsforderungen stellt. Diese Freiheitsforderungen sind ein mobilisierendes Programm. Aber dieses Programm allein reicht nicht aus. Wir wollen bei den täglichen und persönlichsten Sorgen und Nöten unserer Kameraden ansetzen und sie von dort aus weiterführen. Zu welchen großen Zielen führen wir sie? ... Wir sind uns alle darüber einig, daß die Ziele der deutschen Jugend nicht durch eine Reformbewegung, sondern nur durch das Mittel der Volksrevolution zu erreichen sind. Eine Revolution, ein gesellschaftlicher Zustand, in dem die Massen ihre Geschicke selbst in die Hand nehmen, muß durch ein kühnes, positives, zukunftsweisendes Programm getragen sein. Die demokratische Volksrepublik ist kein solches Programm. Sie ist für die Massen der deutschen Jugend eine Neuauflage der Weimarer Republik. Diese Jugend will nicht den Weg zurück nach Weimar, sondern den Weg vorwärts, über die sozialistische Revolution zum sozialistischen Deutschland ... Wir sind für die Schaffung der Deutschen Volksfront. In den Bestrebungen für die Schaffung der Volksfront haben die Kräfte der

Jugend auf dem fortschrittlichsten, dem sozialistischen Flügel zu stehen und dafür zu kämpfen, daß die Bewegung zum Sturze Hitlers mit dem Willen zur sozialistischen Revolution erfüllt wird ...

»Ist eine antifaschistische Jugendpolitik möglich?«, lautete die uns gestellte Frage. Wir meinen, daß sie am besten möglich ist als sozialistisch ausgerichtete Jugendpolitik, die sich ganz auf den Boden der heutigen Wirklichkeit stellt und den Weg in das Reich der wirklichen Freiheit zeigt.

Freie Deutsche Jugend. Diskussionsblätter für eine freie deutsche Jugendbewegung, Nr. 3, November/Dezember 1937.

162. Aufruf von Funktionären deutscher Jugendverbände im Exil zum 5. Jahrestag der Errichtung des Hitlerregimes, Januar 1938

Deutsche Jungen und Mädel

Nur wenige von euch haben sich vor fünf Jahren vorstellen können, was das Dritte Reich an eurem Leben ändern würde. Viele verbanden mit ihm lange gehegte Hoffnungen und Wünsche. Viele sahen in Hitler den Retter. Groß aber war auch die Zahl derjenigen, die sich gefühlsmäßig oder bewußt 1933 auf eine Zeit der Fron und Bedrückung der deutschen Jugend einstellten.

Fünf Jahre Hitlerherrschaft sind verflossen. Die Zeit erlaubt ein Urteil. Überlegt selbst, was Hitler euch gebracht hat! Nehmt die Kulissen nicht für die Wirklichkeit! Blickt mit offenen Augen um euch! Erkennt die Wahrheit.

Hitler versprach ein freies Deutschland!

Aber nach fünf Jahren seiner Herrschaft habt ihr keine Rechte, keine Freiheiten mehr. Eure selbständigen Jugendorganisationen wurden zerschlagen und verboten, ihre Mitglieder verfolgt, mißhandelt, eingekerkert. Euer Leben steht heute unter dem Zwang und Drill der militärischen Kriegserziehung. Der Staat und die Partei geben euch nicht frei, vom 10. Lebensjahr an haben sie euch fest in den Händen. Da werdet ihr nach alten preußischen Kasernenhofmethoden von »Führern«, die ihr nicht selbst gewählt habt, schikaniert und geschniegelt.

Hitler versprach soziale Gerechtigkeit und Kampf gegen die kapitalistische Reaktion

Gesteigerte Aufrüstung und fieberhafte Kriegsvorbereitungen erzwingen höhere Ausbeutung, Überstunden und Hetzarbeit. Die Löhne bleiben auf dem gleichen Niveau der schlimmsten Krisenzeiten, Profite und Preise aber stiegen. Ein darbendes Volk schafft den Rüstungs- und kommenden Kriegsgewinnlern Millionengewinne. Sie haben jetzt wieder gute Zeiten, die Krupp, Siemens, Thyssen, Klöckner. Die Kriegsinteressen der Generäle und Großkapitalisten triumphieren. Von euch aber fordert man immer neue Opfer im Interesse der Kriegsvorbereitung.

Hitler versprach euch den »deutschen Sozialismus«!

Aber heute, nach fünf Jahren Hitler-Regierung ist die Herrschaft der Kapitalistenclique, der Bank- und Börsenfürsten, der Kraut- und Schlotbarone fester denn je. Der »deutsche Sozialismus« entpuppt sich als Fassade, hinter der die reaktionäre Kapitalistenklasse ihre dunklen Geschäfte treibt. »Deutscher Sozialismus«, das ist heute das Schlagwort, mit dem sie den Krieg vorbereiten. »Deutscher Sozialismus« sagen sie und meinen die Eisenerze und das Getreide der Ukraine. Ihr sollt sie ihnen holen. Euch verschachert man an Franco, euch will man in das neue Wehrgemetzel treiben.

Deutsche Jugend! Ihr deutschen Jungen und Mädel, deutsche Soldaten! Hitlers Kriegspolitik hat euch an den Abgrund eines neuen Weltkrieges gedrängt. Die deutsche Reaktion wird nicht zögern, euch hinabzustoßen. Darum Augen auf! Werdet hellhörig und wach! Euer Leben und Deutschlands Schicksal stehen auf dem Spiel. Auf euch kommt es an, ihr müßt den neuen Völkermord verhindern! Ihr müßt in der großen Masse der deutschen Jugend wirken, täglich und unbeirrt, ihr müßt sie gewinnen im Kampf um Frieden für Deutschland.

Kampf seinen Verderbern ! Freiheit für das Volk ! Sturz seiner Henker!

Unsere Aufgabe ist groß und schwierig. Aber wir werden wachsen mit den Aufgaben, die wir erfüllen. In unserem Kampf um Frieden und Freiheit werden wir Hilfe finden bei unseren Vätern und Müttern, bei unseren erwachsenen Kameraden, die die Schrecken des Weltkrieges miterlebten.

Jungsozialisten und Jungkommunisten !
Schmiedet die Einheit der Tat! Nehmt den Kampf um die Lebensinteressen der jungen Generation auf. Kämpft gegen den drohenden Krieg, gegen die faschistische Kriegsregierung, für Frieden und Freiheit, als Voraussetzung einer sozialistischen Zukunft!

Junge Katholiken, Evangelische Jugend, Bündische Jugend !
Alle ihr, die ihr aus einer anderen Vergangenheit herkommt, aber unter der gleichen Unterdrückung leidet, wie wir, kämpft gegen die faschistischen Unterdrücker, schließt euch enger zusammen.
Im Kampfe reichen wir euch brüderlich die Hände.

Und ihr Jungen in der Hitler-Jugend, Mädels im BdM !
Laßt euch nicht aufhetzen gegen die aufrichtigen Friedenskämpfer, gegen die Verteidiger der freien Meinung, der Glaubens- und Gewissensfreiheit. Erkennt eure wahren Feinde! Sie reden vom Sozialismus und schützen seine Gegner, sie sprechen von der Freiheit und treten sie mit Füßen!

Vor 125 Jahren hat Fichte der deutschen Jugend zugerufen:
»Wenn freie Geistesbildung in der Welt gar nicht mehr erlaubt und geduldet werden sollte, dann müßte vor allen Dingen diese Freiheit erkämpft werden und nichts geschont und Gut und Blut dafür geopfert werden. Denn wenn sie nicht erkämpft würde und solange, bis sie erkämpft wäre, ließe irgend eine Verbesserung der menschlichen Verhältnisse sich nicht erwarten.«

Deutsche Jugend! Werktätige in Stadt und Land, Studenten und junge Bauern! Kampf bis zum Tode den Unterdrückern des deutschen Volkes und seiner Jugend. Für Friede und Freiheit, für die Lebensrechte der jungen Generation!

      Kommunistischer Jugendverband: Karl Kunert
      Sozialistische Arbeiter-Jugend: Erwin Sander
      Sozialistischer Jugendverband: Willy Brandt
      Für die sozialistischen Studenten in
      Deutschland: Otto Friedländer
      Die Auslandsgruppe der Freien Deutschen Jugend

Freie Deutsche Jugend. Diskussionsblätter für eine freie deutsche Jugendbewegung, 4/1938.

163. Aus einem Bericht der Zeitschrift »Kameradschaft« zum Verhältnis der bündischen und konfessionellen Jugend zur Wehrmacht, Januar 1938

Bis zum Beginn des Hitlerregimes gab es für die deutsche Jugend kein Problem bezüglich des Heeresdienstes. Es gab seit 1918 keine allgemeine Wehrpflicht mehr, sondern es bestand nur ein freiwilliger Berufsdienst in der Reichswehr. Die deutsche Jugend fand ihre körperliche Ertüchtigung in ihren verschiedensten Jugendverbänden, in Sport und Wandern.

Mit dem Beginn des Hitlerregimes trat hier eine radikale Veränderung ein. Der jugendliche Deutsche wurde in die staatliche Jugendorganisation des »Jungvolks« und der HJ gezwungen. Er kam in SA und SS und in den Arbeitsdienst. In all diesen Organisationen nahm und nimmt die militärische Erziehung die erste Stelle ein. Ja selbst in der Schule wird das deutsche Kind von seinem sechsten Lebensjahr an schon in die militärische Sphäre gezwungen. Fliegeralarm, Brandbombenlöschen, Gasangriffe, Geländeübungen sind für das Kind von sechs bis acht Jahren schon zur Selbstverständlichkeit geworden...

Mit vierzehn Jahren kommt der Junge in die HJ. Dort wird er schon vollständig zum jungen Soldaten ausgebildet...

Zu alledem aber wurde dann Anfang des Jahres 1935 die allgemeine Dienstpflicht eingeführt. Diese Dienstpflicht war erst auf ein Jahr Dienstzeit festgelegt, wurde dann alsbald zu einer zweijährigen Dienstpflicht verlängert. So ist der junge deutsche Mensch denn heute von seiner frühesten Jugend ab in den militärischen Drill eingezwängt. Diese Militarisierung hat dann auch mit einer normalen Wehrhaftmachung eines Soldaten nichts mehr gemein. Sie dient dazu, den jungen Menschen zu einem willenlosen, willfährigen Werkzeug in den Händen seiner Machthaber zu machen.

Die frühzeitige Übermilitarisierung der Jugend wirkt sich natürlich auch bei der Armee aus. Charakteristisch hierzu ist denn auch die Stimmung der Jugend in der Armee innerhalb der letzten zwei Jahre.

Zu Beginn, d.h. bei der Einführung der allgemeinen Dienstpflicht 1935 war die Jugend noch allgemein einverstanden mit dieser Einführung, ja selbst teilweise begeistert für die Armee. Vor allem auch die konfessionelle Jugend war weitaus für die allgemeine Dienstpflicht...

Die Nationalsozialisten versuchten natürlich ihrerseits auch innerhalb der Armee die gesamte Jugend zu beeinflussen. Dies stieß aber sowohl bei der Führung, als vor allem bei der Jugend selbst auf starken Widerstand. Die konfessionell eingestellten Soldaten gingen dann auch immer mehr dazu über, sich noch in besonderen Kameradschaftskreisen zusammenzuschließen. So bleiben sie verhältnismäßig immun gegen die Nazi-Einflüsse, bewahrten ihre besondere Einstellung.

Die Begeisterung in der Armee ließ aber bald nach. Dies war vor allem dem Zustand zu danken, daß der Drill außerordentlich scharf war. Es wurden bei Übungen und Manövern außergewöhnliche Anforderungen gestellt und dies bei allen Waffengattungen. Außerdem ging man in rücksichtsloser Weise mit Menschenleben um. So passierten bei den Fliegern vor allem viele Unglücke durch Abstürzen usw., weil junge Menschen zu schnell ausgebildet wurden und die Anforderungen zu groß wurden. Dasselbe war bei der Tankwaffe der Fall, wo sehr viele Unglücksfälle passierten, u.a. durch Explosionen und Zusammenstöße beim Fahren. Bei den Pionieren wurden die lebensgefährlichsten Konstruktionen und Brückenbauversuche unternommen, bei denen es viele Opfer gab. Ja, es wurde ganz bewußt von seiten der Heeresleitung die Parole ausgegeben, daß Menschenleben keine Rolle spielten und der junge Soldat sich ans Sterben gewöhnen müsse!

Diese Tatsachen, die durch hunderte Beispiele bekannt wurden und erlebt wurden, drückten die Stimmung bei den jungen Soldaten sehr herunter. Dazu kam dann, daß kurz vor Ende des ersten Dienstjahres das neue Heeresdienstgesetz bekannt wurde, welches die einjährige Dienstpflicht in eine zweijährige umwandelte. Beim Bekanntwerden der zweijährigen Dienstpflicht schlug die Stimmung in den Kasernen zu wahrer Rebellions- und Desertionsstimmung um. Fast überall protestierten die jungen Soldaten auf alle mögliche Weise durch passiven Widerstand, Dienst- und Essensverweigerung, Unordnung und selbst Demolierung der Stuben gegen die Verlängerung der Dienstzeit. Man schrieb offen: »Wir wollen nach Hause«. Es ist von seiten der Heeresleitung fast nirgends eingeschritten worden.

Bei Beginn des spanischen Krieges war zuerst eine gewisse Stimmung für Franco vorhanden. Diese Sympathie ließ aber bald nach; als man mehr über die näheren Zusammenhänge erfuhr und Franco bei Madrid nicht durchkam, wandelte sich die Stimmung in Ablehnung. In den meisten Kasernen, wo für Freiwillige nach Spanien geworben wurde, waren diese Werbungen ohne Erfolg. Heute ist bei den jungen Soldaten die Ansicht fest verbreitet: »Wir Deutsche haben in Spanien nichts zu suchen«. Gegen Anfang des Jahres 1937, als man eine direkte Einmischung Hitlers in Spanien befürchtete, war die Furcht vor dem Kriege sehr stark und eine Diskussion unter den Soldaten sehr lebendig, wie man sich im Kriegsfalle verhalten solle. In Briefen und auf Urlaub erklärten junge Soldaten, daß sie befürchteten, daß es Krieg gäbe, daß sie aber kein Interesse hätten, sich für fremde Mächte zu opfern. Seitdem wächst immer mehr die Stimmung, daß man wohl für Deutschland, aber nicht für Hitler kämpfen wolle. Teilweise taucht eine gewisse Bereitschaft zum Kriege auf, aus Verzweiflung. Man sagt sich vielfach, »lieber heute Krieg als morgen, dann geht der Schwindel, d.h. das Regime, wenigstens zu Ende«. Aber auch diese Stimmung wird heute weitaus überherrscht durch den starken Willen der jungen Soldaten zum Frieden. Die Jugend in der Armee ist bis zum Augenblick keineswegs kriegsbegeistert. Nach der allgemeinen Stimmung im Heere zu urteilen, ist man weitaus der Ansicht, daß das nationalsozialistische Regime es vorläufig nicht wagen kann, angesichts dieser Stimmung einen Krieg zu führen.

Das nationalsozialistische Regime weiß sehr gut um diese Stimmung und vor allen Dingen um die Haltung der konfessionellen und bündischen Jugend in der Armee. Sie weiß auch, welche Konsequenzen diese Jugend täglich in jeder Situation aus dieser ihrer Einstellung zieht. Darum ist das Regime auf das eifrigste bemüht, die Haltung dieser Jugend als »Landesverrat« abzustempeln. Man versucht darum auch die Führer der bündischen, katholischen und protestantischen Jugend in jeder Weise zu diffamieren und so den Zusammenhalt in der Jugend vollständig zu zerschlagen.

Die deutsche Jugendbewegung kämpft heute unter den schwierigsten Umständen für die Erhaltung ihrer Ideale, für ihre Freiheit und für den Frieden. Es ist von entscheidender Bedeutung nicht nur für Deutschland, sondern für die ganze Welt, ob es dieser Jugend gelingt, sich in ihrem Kampf zu behaupten. Denn der Geist und der Bestand dieser Jugend ist ein entscheidender Faktor für den Neu-Aufbau und die Zusammenarbeit der Völker.

Sonderinformationen deutscher Jugend, Nr. 3, Januar 1938.

164. Brief junger Berliner Antifaschisten an den Präsidenten der Allgemeinen Frontkämpfer-Union Frankreichs Henry Pichot, 4.4.1938

An Henry Pichot   Berlin, 4. April 1938.
Präsident der Allgemeinen
Frontkämpfer-Union
Paris

Wir haben von Ihrem Schreiben an den Reichsjugendführer Baldur von Schirach Kenntnis erhalten. Sie haben die Einladung zwecks Verständigung zwischen der französischen und deutschen Jugend, 1000 Söhne und Töchter von französischen Frontkämpfern nach Deutschland zu schicken, unter den jetzigen politischen Verhältnissen abgelehnt. Wir, der den Frieden liebende Teil der deutschen Jugend, können Ihre Haltung voll und ganz verstehen. Die letzten Ereignisse, vor allem der militärische Überfall der deutschen Truppen auf Österreich, haben bewiesen, daß es der Reichsjugendführung nicht ernst ist mit der deutsch-französischen Verständigung, sonst hätte die Reichsjugendführung energische Schritte bei der Reichsregierung unternehmen müssen, um den Überfall auf Österreich zu verhindern.

Die Ereignisse haben aber gezeigt, daß die sogenannte Reichsjugendführung voll und ganz hinter der Politik der Reichsregierung steht und dadurch eine deutsch-französische Verständigung erschwert.

Durch die Ereignisse in Österreich ist Europa dem Kriege einen gewaltigen Schritt näher gerückt. Mehr denn je ist eine französisch-deutsche Verständigung notwendig, aber eine Verständigung mit dem ernsten Willen, alle die, die zum Kriege treiben, zu bekämpfen.

Wir, die freiheitlich gesinnte deutsche Jugend, kämpfen für den Frieden. Wir reichen der französischen Jugend die Hand zur Verständigung. Wir geloben, entschlossen gegen die Kriegshetzer im eigenen Land zu kämpfen, um so die Voraussetzungen für eine französisch-deutsche Verständigung zu schaffen. Wir werden nicht eher ruhen, bis wir dieses Ziel erreicht haben. Wir grüßen Sie und die französische Jugend.

Einige junge Deutsche

Junge Garde, 3-4/1938.

165. Gemeinsamer Brief führender Funktionäre der SAJ, des KJVD und des SJVD an den Generalsekretär des Vereinigten Sozialistischen Jugendverbandes Spaniens, April 1938

An den Genossen Santiago Carillo,
Generalsekretär des Vereinigten Sozialistischen Jugendverbandes
Spaniens

Lieber Genosse!
Dein leidenschaftlicher und von Siegeszuversicht erfüllter Appell straft die Behauptungen der Faschisten Lüge, die der deutschen Jugend weismachen wollen, daß der faschistische Landesverräter Franco kurz vor dem Endsiege stehe. Diese Lügenmeldungen sind für das Volk bestimmt, während in den führenden Kreisen der deutschen Generalität offen zugegeben wird, daß die Sache Francos gar nicht so gut steht. Im »Deutschen Adelsblatt« vom 9. April 1938 schreibt Generalleutnant Metzsch:
»Die Tageserfolge, von denen die Presse berichtet, pflegen in ihrer Wirkung fast immer überschätzt zu werden. Es wird noch viel Wasser den Ebro hinunterrinnen, bis Franco unbestrittener Herr von ganz Spanien ist...«
Niemand kann bestreiten, daß der Krieg in Spanien längst zu Ende, Euer Sieg eine Tatsache wäre, wenn nicht Deutschland und Italien mit Wissen und unter Duldung der demokratischen Regierungen ganze Armeekorps, Hunderte Flugzeuge und Tanks an Franco liefern würden. Während Deutschland und Italien auf spanischem Boden einen regelrechten Krieg führen, kann die gesetzmäßige spanische Regierung infolge der unseligen »Nichteinmischung« selbst bei den demokratischen Staaten nicht die Waffen kaufen, die sie dringend benötigt.

Genosse Carillo, immer massenmäßiger schickt Hitler in der letzten Zeit junge deutsche Soldaten nach Spanien, und Du hast tausendmal Recht, wenn Du in Deinem Manifest erklärst, daß auch die vom Faschismus unterdrückte Jugend den Frieden will. In Hunderten Fällen haben es junge deutsche Soldaten abgelehnt, sich als Söldner nach Spanien verschicken zu lassen. Eine allgemeine Beklemmung, ein Angstgefühl erfaßt sie heute, wenn sie die Worte »Sonderauftrag« oder »Größere Manöver« hören. Sie wissen, daß das in der Regel Abkommandierung nach Spanien bedeutet. Die Flüsterpropaganda hat es unter das Volk getragen, daß nur wenige deutsche Soldaten aus Spanien zurückkehren, daß die Regierungstruppen sehr gut schießen und daß sie so tapfer kämpfen, weil sie ihre Freiheit und ihre Scholle verteidigen.

Genosse Carillo, wir jungen deutschen Sozialisten und Kommunisten wollen dafür sorgen, daß Deine Worte an die deutschen Soldaten: »Desertiert, kommt zu uns, zu den republikanischen Truppen. Hier werdet Ihr Euch unter Brüdern und nicht unter Feinden befinden!« gehört werden. Wir werden alles tun, um die Wahrheit über Euren Freiheitskampf unter der deutschen Jugend zu verbreiten, denn jeder junge Deutsche, der die tragische Wahrheit über Spanien kennt, wird zum Feind Francos und zum Freund des republikanischen Spaniens werden.

Wir haben alle unsere Kräfte mobilisiert, um aktiv mitzuhelfen an der Versorgung der zwei Freiwilligendivisionen der Jugend.

Übermittle der heldenmütig kämpfenden spanischen Jugend unsere revolutionären Grüße. Sie kann unserer Hilfe und unserer Unterstützung gewiß sein. Hunderte deutsche Jungkommunisten und Jungsozialisten kämpfen in den Reihen der tapferen republikanischen Armee. Viele unserer Besten haben bereits ihr Leben hingegeben für den Freiheitskampf in Spanien, der aufs engste mit unserem Freiheitskampfe in Deutschland verbunden ist. Wir deutschen Antifaschisten sehen es am besten, wie jeder Schlag, den Ihr den faschistischen Eindringlingen versetzt, ein Schlag auch gegen Hitler ist und unseren Kampf gegen das verruchte faschistische Regime erleichtert.

Mit revolutionären Grüßen und Handschlag
Sozialistische Arbeiterjugend
Erwin Sander
Kommunistischer Jugendverband
Karl Kunert
Sozialistischer Jugendverband
Willy Brandt

Junge Garde, 3-4/1938.

166. Aus einem Flugblatt der Freien Deutschen Jugend Paris zur sozialen Lage der Bergarbeiterjugend, Frühjahr 1938

Junger Kumpel!   Bergarbeiterkamerad!

Hast Du in den letzten Monaten die DAF- und HJ-Presse gelesen?
Man schreibt darin ganze Seiten voll über uns. Auch Padberg und andere DAF-Führer rennen schon seit Monaten durch das Land und sprechen über uns Bergarbeiterjungs. Sind wir denn besonders interessante Kerle, daß man mit solcher Hartnäckigkeit über uns schreibt und redet? Nein, das sind wir nicht und doch haben die Presse und die DAF-Führer alle Ursache, so zu reden und zu schreiben über uns, wie sie es tun.
Gerade wir, die Bergarbeiterjugend, leben seit Jahren unter den unwürdigsten Arbeitsbedingungen. Wir erhalten nicht den uns zustehenden Lohn, er wird gekürzt wo man nur kann. Wir müssen Samstags eine sogenannte Lernschicht verfahren, wo wie an anderen Tagen geschuftet wird, aber dafür wird uns überhaupt nichts bezahlt. Trotz jahrelanger schwungvoller Reden müssen wir nach wie vor nach der Arbeit, wenn uns Müdigkeit und Hunger fast zu Boden

drücken, zur Berufsschule. Die Forderung »Verlegung der Berufsschulzeit in die Arbeitszeit und Bezahlung derselben« ist nicht erfüllt. Die Eßpausen sind vollkommen verschwunden. Wir müssen unser Brot während der Arbeitszeit regelrecht verschlingen. Daß das nicht unserer Gesundheit dient, liegt wohl klar auf der Hand. Aber was stört die Bergherren unsere Gesundheit. Sie halten sich nicht an die bestehenden Bergbau-Polizeiverordnungen und sonstige Gesetze und Jugendschutzbestimmungen. Nachtarbeit, Überarbeit, Arbeit an gesundheitsschädlichen oder gefährlichen Betriebspunkten sind an der Tagesordnung.

Jahrelang haben wir gegen diese unsozialen Maßnahmen, gegen diese Ungerechtigkeiten angekämpft. Die schwerreichen Bergherren, diese alten Reaktionäre, haben sich bisher einen Dreck um unsere Beschwerden, um unsere gerechten Forderungen gekümmert. Im Gegenteil: Seit 1933 wurde die Antreiberei noch verstärkt, immer neue Methoden wurden ausgeklügelt, wie man uns noch mehr auspressen kann. Die erwachsenen Bergarbeiter haben den reaktionären Bergherren darauf eine unmißverständliche Antwort erteilt. Sie ließen ihre Söhne einfach nicht mehr Bergmann werden...

Heute ist wegen alldem ein großer Mangel an Jungbergarbeitern vorhanden, der noch verschärft wird durch die bedeutend gesteigerten Anforderungen an den Kohlenbergbau infolge des Kriegs-Vierjahresplanes. Erst jetzt, wo den Kohlenbaronen der Nachwuchsmangel wie Feuer unter den Fingern brennt, »entdecken« die DAF- und HJ-Presse die elende Lage der Jungkumpels als Ursache dafür, daß die deutsche Jugend den Bergmannsberuf meidet. Deswegen sind wir jetzt in aller Munde, deswegen ist man jetzt so »besorgt« um uns! Auf einmal gibt man zu, unter welch unwürdigen Bedingungen die Bergarbeiter und Bergarbeiterjugend leben...
Soll dieses Vertrauen zum Beruf unserer Väter wieder hergestellt werden, dann müssen Lohn- und Arbeitsbedingungen radikal geändert werden. Dazu gehört vor allem:

1. Eine anständige Entlohnung der Jungkumpels.
   Jungbergleute über Tage sind Jungens von 14 bis 16 Jahren, die später einmal Hauer werden wollen, und die bis zur Erreichung des knappschaftsversicherungspflichtigen Alters an den verschiedensten Arbeiten über Tage beschäftigt werden. Sie sind in keiner Weise bei der Entlohnung den Lehrlingen (Schlosser, Dreher, Schreiner) gleichzusetzen. Während für die Letzteren die im Lehrvertrag festgesetzte Lehrlingsentschädigung gezahlt wird, muß der Jungbergmann den jeweilig geltenden Tariflohn, abzüglich der in der Tarifordnung festgestellten Abzüge, erhalten. Das heißt, der Vierzehnjährige hat Anspruch auf 30 Prozent, der Fünfzehnjährige auf 40 Prozent, der Sechzehnjährige auf 50 Prozent des Schichtlohnes derjenigen Arbeiterkategorie, in der er jeweils seine Schicht verfährt. Bis zur Vollendung des 21. Lebensjahres muß sich die Lohnhöhe, im Falle der weiteren Übertagebeschäftigung des Jugendlichen, nach jedem Jahr um weitere 10 Prozent erhöhen. Mit der Vollendung des 21. Lebensjahres haben alle Jugendlichen nach der Tarifordnung Anspruch auf 100 Prozent des Tariflohnes...

2. Bezahlung der Lernschicht (Werkunterricht).
   »Es ist natürlich und entspricht den arbeitsrechtlichen Grundsätzen, daß die sogenannte Lernschicht genau bezahlt werden muß, wie die sonstige Arbeitszeit«.
   (Padberg am 10.10.36).

3. Verlegung der Berufsschulzeit in die Schichtzeit und Bezahlung derselben.
   »Noch immer wird im Gegensatz zu anderen Industrien im Bergbau die Berufsschulzeit außerhalb der eigentlichen Schichtzeit verlegt. Das ist eine große Gefahr.«
   »Besonders beobachten wir die große Anzahl von Unfällen unter den Jugendlichen. Dem dürfen wir nicht länger tatenlos zusehen. Es ist an der Zeit, daß wir den Ermüdungserschei-

nungen bei den Jugendlichen begegnen, indem endlich auch im Bergbau die Berufsschulzeit in die Arbeitszeit verlegt wird«. (Padberg vor den Unfallschutzwaltern am 8.1.37).

4. Aufbesserung des Tarifurlaubs nach den Forderungen der Reichsjugendführung und des Jugendamtes der DAF (»Das Junge Deutschland«, Oktober 1937) das heißt:
»18 Tage im ersten, 15 Tage im zweiten, 12 Tage im dritten Lehrjahr«.

5. Gegen Nachtarbeit und Überschichten.
»In der Nachtschicht dürfen Jugendliche nur dann beschäftigt werden, wenn es ihre Ausbildung unbedingt erfordert. Jedoch darf diese Beschäftigung nicht mehr als 4 Monate im Jahr betragen.
Die Beschäftigung von Jugendlichen an Sonn- und gesetzlichen Feiertagen darf grundsätzlich nur zugelassen werden, wenn zwingende betriebliche Notwendigkeiten es verlangen. Das heißt, nur wenn Menschen in Gefahr sind, darf auch der Jugendliche an solchen Tagen einfahren«. (Richtlinien vom 1. Januar 1937).

6. Einhaltung der gesetzlich festgelegten Pausen.
»Den Arbeitern und Angestellten ist, insofern ihre Arbeitszeit mehr als 6 Stunden täglich beträgt, innerhalb der Arbeitszeit mindestens eine halbstündige Pause zu gewähren«.
(§ 21 der Arbeitszeit-Ordnung).

Verlangt die Erfüllung dieser eurer gerechten Forderungen.
Verständigt euch untereinander, wie das in eurer Grube möglich ist. Geht zu eurem Jugenwalter bzw. zu eurem Vertauensmann. Beruft euch auf die oben angeführten gesetzlichen Bestimmungen und Reden der DAF-Führer. Wenn eure Direktion weiterhin die Erfüllung dieser gerechten Forderungen sabotiert, so beschwert euch bei der DAF und sprecht in euren HJ-Heimabenden darüber. Tretet scharf gegen die immer wieder erstrebte Einführung eines Lehrvertrages im Bergbau auf, denn dann seid ihr 10 Jahre an eine Grube gefesselt und damit den Bergherren ausgeliefert, während ihr jetzt nach dreimonatlicher Lehrhauertätigkeit auf einer Grube die Hauerprüfung ablegen könnt. Beruft euch dabei auf das Berggesetz, wo es ausdrücklich heißt:
»Die Hauerprüfung muß auf der Betriebsanlage abgelegt werden, auf der die letzten drei Monate der Lehrhauertätigkeit verbracht worden sind. Einem Mitglied des Vertrauensrats (Hauer) ist Gelegenheit zu geben, an der Prüfung zugegen zu sein.
Hat der Lehrhauer die Prüfung bestanden, so muß ihm die Verwaltung den Hauerschein nach dem vom Oberbergamt vorgeschriebenen Muster aushändigen. Wer die Prüfung nicht bestanden hat, soll sie nach 6 Monaten wiederholen«.
Kameraden, wenn diese unsere gerechten Forderungen von den Bergherren erfüllt werden, dann wird es wieder Nachwuchs im Bergbau geben.

Freie deutsche Jugend

IML/ZPA, D.F. IX/38.

167. Grußschreiben des ZK des KJVD an die Gründungskonferenz der Freien Deutschen Jugend in Prag, 22.5.1938

An die
»Freie Deutsche Jugend«
in der C.S.R.

Kameraden!
Mit aufrichtiger Freude begrüßen wir die erfolgreiche Gründung der Freien Deutschen Ju-

gend, des einheitlichen Jugendbundes aller jungen deutschen Antifaschisten in der C.S.R. Die verschiedensten, zersplitterten Organisationen haben durch Eure organisatorische Vereinigung einer höheren Form der freiheitlichen Jugendorganisation Platz gemacht, die allen jungen Antifaschisten Raum gibt und die guten kämpferischen Traditionen aller vereinigten Organisationen weiterpflegen wird. Zurückgelassen habt Ihr Uneinigkeit, Zwietracht und damit Schwäche! — Gewonnen habt Ihr die Kraft der gemeinsamen Organisation und der politischen Einheitlichkeit, der entschlossenen, gemeinsamen Tat!

Mit Eurem Zusammenschluß in der Freien Deutschen Jugend, mit Eurem Programm befindet Ihr Euch in vollster Übereinstimmung mit dem Willen und den Taten der heroischen jungen antifaschistischen Kämpfer in unserer Heimat und in Spanien. Eure Tat ist ihnen Beispiel, Quelle neuer Kraft und neuen Mutes!

Den Krieg verhindern, die Freiheit erobern, das ist heute die große historische Aufgabe, für die die antifaschistische deutsche Jugend eng zusammengeschweißt kämpfen muß. Je größer die Kriegsgefahr, desto notwendiger der Kampf um den Frieden, einem Kampf, der zur Achse jeder revolutionären Aktivität überhaupt wird.

Im ganzen Reich sammeln sich heute bereits die Besten und Mutigsten der deutschen Jugend unter der Fahne des Kampfes gegen Hitlers Kriegspolitik, für die Freiheit. Jungsozialisten, Jungkommunisten stehen dabei in vorderster Reihe. Das ist ganz natürlich. Denn nur der Sozialist dient heute seinen hohen sozialistischen Idealen, der mithilft eine festgefügte Freiheits- und Friedensfront der deutschen Jugend zu schaffen.

Kameraden! Ihr lebt in einem Lande, auf das Hitler am stärksten seine kriegsprovokatorischen Angriffe richtet. Wie in Spanien und China wird auch in der C.S.R. die Stunde der höchsten Gefahr zur Stunde der höchsten einheitlichen Kampfentschlossenheit, um die nationale Unabhängigkeit zu verteidigen. Sollte es Hitler wagen, die C.S.R. zu überfallen, dann steht vor Euch dieselbe Aufgabe, wie vor den tausenden deutschen Freiheitskämpfern, die das republikanische Spanien mit der Waffe in der Hand verteidigen. Und das kann auch gar nicht anders sein, denn unser Platz als Antifaschisten ist immer dort, wo die Freiheit und Unabhängigkeit der Völker durch die Kettenhunde der Weltreaktion bedroht wird.

Kameraden! Ihr seid als erste Organisation im Ausland mutig und konsequent den Weg der völligen Vereinigung gegangen. Wir wünschen von ganzem Herzen, daß nach Eurem Beispiel die Vereinigung in den anderen Orten und im zentralen Maßstabe erfolgen wird. Denn das wird die antifaschistischen Kräfte der Jugend Deutschlands vervielfachen in ihrem Kampf zur Vernichtung der faschistischen Räuber, für Freiheit und Frieden der deutschen Jugend.

In diesem Sinne grüßen wir Euch brüderlich und wünschen Eurer Arbeit viel Erfolg.

Mit revolutionären Grüßen
Z.K. des Kommunistischen Jugend-
Verbandes Deutschlands.

22. Mai 1938.

Junge Garde, 3-4/1938.

168. Aus der Einschätzung des Reichsarbeitsdienstes in den Deutschland-Berichten der Sopade, Mai 1938

Das nationalsozialistische Regime hat sich von Anfang an darum bemüht, die Jugend in ein Verhältnis zur Arbeit zu bringen, das seinen politischen und wirtschaftlichen Bedürfnissen entspricht. Die Motive waren verschieden, sie haben auch im Laufe der Zeit gewechselt. Neben dem anfangs vorherrschenden Bestreben, die Arbeitslosigkeit unter der Jugend zu bekämpfen, stand von Beginn an die Absicht, die vormilitärische Jugenderziehung auf diese Weise besonders wirksam zu betreiben. Neben den Bemühungen, die Jugend durch Lagerdienst und körperliche Arbeit ideologisch im Sinne des Regimes zu beeinflussen, trat immer mehr das praktische Bedürfnis hervor, den ungedeckten Bedarf an landwirtschaftlichen Arbeitskräften durch den Einsatz Jugendlicher in der verschiedensten Form zu befriedigen.

Dieser Vielheit der Motive und Bestrebungen entspricht eine Vielheit der Organisationen, dem Wandel der Zwecksetzungen entspricht ein Wandel ihres Einsatzes.

1. Der Arbeitsdienst

Die älteste und auch heute noch wichtigste dieser Organisationen ist der Arbeitsdienst.

Der Arbeitsdienst, die Beschäftigung Jugendlicher mit öffentlichen Arbeiten, ist nicht erst vom nationalsozialistischen Regime eingeführt worden, aber er hat unter ihm sein Wesen geändert. Die Idee des Arbeitsdienstes wurde in der Zeit der Massenarbeitslosigkeit geboren. Der Arbeitsmarkt sollte entlastet und der Jugendliche vor dem demoralisierenden Einfluß dauernder erzwungener Untätigkeit bewahrt werden. Es sollte ihm das deprimierende Gefühl genommen werden, bloßes Objekt staatlicher Fürsorge zu sein. Die Republik hatte dem Jugendlichen den Eintritt in den Arbeitsdienst freigestellt. Das nationalsozialistische Regime hat mit dem Grundsatz der Freiwilligkeit gebrochen und im Juni 1935 die Arbeitsdienstpflicht eingeführt. Jeder Deutsche muß in der Zeit nach Vollendung seines achtzehnten, bis zur Vollendung des fünfundzwanzigsten Lebensjahres ein halbes Jahr in einem Arbeitsdienstlager dienen. Das Regime verband mit der Arbeitsdienstpflicht noch eine andere Absicht.

Der Arbeitsdienst wird mit Arbeiten beschäftigt, die viele Menschenhände in Tätigkeit setzen und wenig Sachkapital beanspruchen, also geeignet sind, große Massen von Arbeitslosen aufzusaugen. Es werden Moore und Ödland der Bebauung erschlossen, Wege gebaut, Deiche geschützt usw. Zumeist sind es Arbeiten, die den Ertrag des deutschen Bodens steigern, Deutschlands Autarkisierung vollenden helfen sollen. Da es sich zumeist um Arbeiten handelt, die die Voraussetzungen für künftige Bebauung erst schaffen sollen, kann erst die Zukunft lehren, ob der Erfolg den Aufwand rechtfertigt.

Nach Angabe des »Völkischen Beobachters« (20.8.37) hat der Arbeitsdienst allein im Jahre 1935/36 den deutschen Kulturboden um 47 500 Hektar vergrößert. Da die gesamte landwirtschaftlich genutzte Fläche etwa 30 Millionen Hektar beträgt, wären das etwa 1 1/2 vom Tausend. Auf der Tagung des großen Lehrganges der Kommission für Wirtschaftspolitik der NSDAP, die im Januar dieses Jahres in München stattfand, wurden von Generalarbeiterführer Tholens die gesamten Mehrerträge, die der Arbeitsdienst durch Entwässerungsarbeiten, Bewässerungen, Deichschutz, Rodungen usw. erzielt hat, auf 30 Millionen Mark beziffert. Aber solche Schätzungen von Werten, die zumeist erst in ferner Zukunft realisierbar sein werden, sind mehr als vage. Deutschlands Abhängigkeit von der Zufuhr ausländischer Nahrungsmittel ist in letzter Zeit größer geworden, nicht kleiner. Der Reichsarbeitsdienst ist vorläufig von seinem Ziele, »die Brotfreiheit des Vaterlandes zu erringen« noch weit entfernt.

Es wird aber immer wieder hervorgehoben, ebenso wichtig wie das wirtschaftliche Ergebnis des Arbeitsdienstes sei sein erzieherischer Wert als Mittel zur »Formung des jungen Deutschen zum überzeugten Nationalsozialisten und zum einsatzbereiten, getreuen Gefolgsmann Adolf Hitlers«. Die folgenden Berichte zeigen, daß die Erziehung in den Arbeitslagern, in denen die Arbeitsdienstler kaserniert und von der Außenwelt isoliert sind, hauptsächlich in militärischem Drill und die Arbeitsdisziplin in brutaler Antreiberei besteht und daß die geistlose Stumpfheit, mit der dieses Training gehandhabt wird, zumeist seinen erzieherischen Zweck verfehlt. Die jungen Menschen verlassen das Arbeitsdienstlager häufig nicht als begeisterte Nationalsozialisten, sondern sind froh, der Schinderei dieser Erziehungsmethoden entronnen zu sein...

Sachsen, 1. Bericht: Das Tagesprogramm des Arbeitslagers Beiersfeld/Erzgebirge, 9/165, sieht so aus: 4.45 Uhr Wecken, 4.50 Frühsport, 5.15 Waschen, Bettenbau, 5.30 Uhr Kaffeetrinken, 5.50 Flaggenparade, 6 Uhr Abmarsch zur Baustelle. Anschließend Arbeit auf der Baustelle bis

14.30 Uhr, dazwischen Frühstückspause von 30 Minuten; 15 Uhr Mittagessen, 15.30 bis 18 Uhr Exerzieren (man nennt es Ordnungsdienst), 18.10 bis 18.45 Uhr Unterricht, 18.45 bis 19.15 Uhr Putz- und Flickstunde, 19.15 Uhr Appell, 19.30 Uhr Dienstausgabe, 19.45 Uhr Abendbrot, 20 bis 21.30 Uhr Feierabendgestaltung oder Singstunde, 20 Uhr Zapfenstreich. Der Tag ist also vollständig mit Dienst ausgefüllt. Es bleibt den durch übermäßige körperliche Anstrengung stumpfgemachten jungen Menschen zum Nachdenken, zu noch so schwachen Regungen geistigen Eigenlebens, weder Kraft noch Zeit.

Der Lohn beträgt 25 Pfg. pro Tag. Dafür kann der Arbeitsdienstler sich nicht einmal ein Glas Bier leisten, denn er muß dafür mindestens 30 Pfg. bezahlen.

2. Bericht: Ein Lehrling, der das Malerhandwerk im 4. Jahr erlernt, meldete sich zum Arbeitsdienst. Da ihm die Zeit des Arbeitsdienstes auf die Lehrzeit angerechnet wird, hatte er ein halbes Jahr weniger Lehrzeit und brauchte sich außerdem in der Gesellenzeit nicht zum Arbeitsdienst melden. Der Dienst war hier so wie fast in allen Lagern. Im Winter früh um 6 Uhr Wecken, im Sommer um 5 Uhr. Zapfenstreich war im Sommer um 22, im Winter um 21 Uhr. Bis früh 6.45 Uhr mußte man mit Waschen, Bettenbau und Kaffeetrinken fertig sein. 7.15 Uhr wurde zur Baustelle marschiert, mit Unterbrechung durch eine halbstündige Pause bis 13.30 Uhr gearbeitet und dann zum Mittagessen eingerückt.

Die Arbeitsstelle lag 8 Kilometer vom Lager entfernt. Anschließend an das Mittagessen, welches 15.45 Uhr beendet sein mußte, begann rein militärisches Exerzieren. Der Spaten ersetzt beim Arbeitsdienst das Gewehr. Dieser Dienst war 18 Uhr zu Ende. In diese Zeit wurde jeden Tag eine Stunde staatspolitischer Unterricht eingeschaltet. Zu meiner Zeit beschäftigte man sich am meisten mit dem Krieg in Spanien. Selbst geringe Erfolge der Rebellen wurden als Siege Francos gefeiert.

Von 18 bis 18.45 Uhr war Freizeit, allerdings nicht für den Zimmerdienst und die Essenaufträger. Diese hatten während dieser Zeit für Ordnung zu sorgen und das Abendessen vorzubereiten. Von 18.45 bis 20 Uhr war Abendessen. Zweimal in der Woche war von 20 bis 21 Uhr Feierabendgestaltung.

Die Arbeit bestand im Drainieren von Ackerboden und sumpfigem Gelände. Das tägliche Arbeitspensum für einen Mann war Auswerfen von 8 laufenden Metern in Breite von 50 cm und 1,10 m Tiefe. Wer dieses Pensum einmal nicht leisten konnte, dem drohte Strafe. Es wurde sogar des öfteren vom Baustellenleiter gesagt: »Ich schaffe mir demnächst noch eine Peitsche an, um Euch faulem Pack das richtige Arbeiten beizubringen. Dadurch bringt man Euch munter, denn Ihr schlaft doch noch beim Arbeiten«. — Der gesamte Dienst wurde als sehr hart und ungerecht empfunden. Kein Arbeitsdienstler hat jemals Befriedigung über den Dienst geäußert. Am besten haben im allgemeinen noch die eingeschobenen Sportübungen angesprochen.

Deutschland — Berichte der Sopade. Deutschland — Berichte der Sozialdemokratischen Partei Deutschlands (Sopade) 1934-1940, Band 3, Salzhausen/Frankfurt/M. 1982, S. 478 ff.

169. Aus einem Artikel des Mitglieds des ZK des KJVD Erich Jungmann in Vorbereitung des II. Weltjugendkongresses für Frieden, Freiheit und Fortschritt in Poughkeepsie bei New York, 15. — 23.8.1938

Welchen Beitrag muß die deutsche Jugend zur Erhaltung des Weltfriedens leisten?

Von Erich Jungmann

Wenn wir in Berlin, Hamburg oder Köln einen Hitler-Jungen fragen würden, ob er etwas vom 2. Weltfriedenskongreß der Jugend in New-York gehört hat, so wird er uns erstaunt ansehen und verneinen. Woher sollte er es auch wissen? Die HJ.-Presse schreibt kein Wort darüber und das Goebbels-Radio verheimlicht hartnäckig das Stattfinden dieses Welttreffens. Doch die Jugend von Prag, Paris, London, New-York, ja die Jugend der Hauptstädte aller Länder — mit Ausnahme des Kriegs-Dreiecks Berlin-Rom-Tokio — weiß, daß vom 15.-24. August ein Weltfriedenskongreß der Jugend stattfinden wird und bereitet ihn eifrig vor.

Hängt von der Erhaltung des Friedens nicht auch das Glück der deutschen Jugend ab? Sollten wir darum nicht am Verständigungswerk für den Frieden teilnehmen?

Wer hat darüber entschieden, daß wir auf dem New-Yorker Weltfriedenskongreß nicht vertreten sein werden? Die deutsche Jugend oder eine Handvoll eingesetzter Jugendführer?

Weshalb wurde im »Jahr der Verständigung« nicht über den Friedenskongreß in der HJ.-Presse geschrieben und auf den Scharabenden der HJ und den Zusammenkünften der Sportgruppen gesprochen?

Drückt sich in dieser Tatsache nicht die verantwortungslose Haltung einer dünnen Führerkaste aus?

Wenn die Jugend der ganzen Welt zusammenströmt, wie ist es zu erklären, daß der Jugend von Deutschland, Italien und Japan die Beteiligung unmöglich gemacht wird? Kann die Erklärung dafür nicht nur darin liegen, daß die Herrscher dieser Länder heute bereits Krieg führen, ihre verbrecherischen Raubzüge fortsetzen und ausdehnen wollen und daß sie darum die Jugend ihrer Länder von jeder freundschaftlichen Fühlungnahme mit der Jugend der Welt fernhalten? Die Goebbels-Zensur kann das Auftauchen dieser Fragen in der deutschen Jugend nicht verhindern, weil die darin enthaltenen Gedanken in irgendeiner Form schon lange die friedliebende Jugend bewegen und von Mund zu Mund geflüstert werden. Diese friedliebende Jugend wird auch ihre Vertretung auf dem Kongreß haben.

Sind die Hitler-Jungs und BdM.-Mädels mit der Haltung der Reichsjugendführung zum New-Yorker Kongreß einverstanden? Wo sie vom Stattfinden des Kongresses erfahren, sagt ihnen ein gesundes Gerechtigkeitsempfinden, daß an der Haltung Baldur von Schirachs etwas nicht stimmen kann. Er spricht von Verständigung, hält aber bei passender Gelegenheit die deutsche Jugend von der Verständigung mit der Weltjugend zurück...

Trotz der Grenzsperre Baldur von Schirachs sind viele alte Freundschaftsbunde zwischen der deutschen Jugend und der Jugend des Auslandes erhalten geblieben. Das ist ein Weg, auf dem deutsche Jungens und Mädels sich zu informieren suchen und von dem Kongreß erfahren haben. Andere hören ausländische Sender oder lesen ausländische Zeitungen, um die Vorgänge in der Welt und die Wahrheit über Deutschland zu erfahren. Sie sind auf diesem Wege vom Stattfinden des Kongresses in Kenntnis gesetzt.

Wie ahnungslos ist trotz allem die deutsche Jugend. Sie wurde zum Kongreß eingeladen und weiß davon nichts, Baldur von Schirach hat im Namen der deutschen Jugend die Beteiligung am Kongreß abgelehnt, doch deren Namen er mißbraucht, sie wissen nichts davon. Wie betrübend sind allein diese Tatsachen. Wie wenig bedeuten sie jedoch gegenüber viel Schrecklicherem!...

Die deutsche Jugend findet in der Jugend der ganzen Welt Freunde und Brüder, mit gleichen Interessen an Freiheit, Frieden und Lebensglück. Sich frei machen von Zwang und Drill, für den Frieden eintreten, den Befehlen zum Marsch in ein anderes Land und zum Schießen auf die Jugend eines anderen Landes niemals Folge leisten — das ist eine Verpflichtung der deutschen Jugend in ihrem eigenen Interesse, im Interesse Deutschlands, die zugleich die Forderung der Weltjugend an die deutsche Jugend ist.

Das höchste nationale Interesse Deutschlands ist die Erhaltung des Friedens!

Nichts steht höher als der Frieden. Den Frieden zu verlieren, bedeutet — alles zu verlieren. Ebenso ist schon das Aufgeben einer wirklichen Friedenspolitik Verrat an Deutschland.

Die Junge Garde. Jugendzeitschrift für die Freiheit der jungen Generation Deutschlands, 3-4/1938.

170. Aus den Richtlinien des ZK der KPD und des ZK des KJVD für die Aufklärungsarbeit unter der werktätigen Jugend Deutschlands, insbesondere in den Reihen der Hitlerjugend, September 1938

Im Kampf der werktätigen deutschen jungen Generation für ihre Lebensinteressen, für Frieden, Freiheit und eine glückliche Zukunft ist die Klärung ihres Verhältnisses zur Hitler-Jugend und ihrer Tätigkeit in dieser Organisation von entscheidender Bedeutung...
Der größte Teil der Jugend ist heutzutage weder nationalsozialistisch noch antifaschistisch gesinnt. Wenn aber die Jugendmassen nicht seitens der Antifaschisten über ihre wahren Lebensaufgaben und Lebensziele aufgeklärt werden, werden sie unvermeidlich als Opfer der faschistischen Demagogie den gefährlichsten Illusionen anheimfallen. Darum ist es unbedingt notwendig, daß die klassenbewußten Arbeiter, insbesondere die Arbeitereltern, die freiheitlich gesinnten Lehrer und alle Antifaschisten den in der HJ sich befindenden sozialistischen, kommunistischen und allen freiheitlich gesinnten Jugendlichen mit Rat und Tat helfen, eine wirksame Aufklärungsarbeit unter den Millionen Mitgliedern der HJ-Organisation systematisch und in geeigneter, richtiger Form zu leisten.

In dieser Aufklärungsarbeit ist das Hauptgewicht auf folgende Momente zu legen:
I. daß die deutsche Jugend und das deutsche Volk nur dann ihr Glück erringen können, wenn sie in Frieden leben werden.
Im Frieden, durch mühsame schöpferische Arbeit, können die Fähigkeiten der Jugend entwickelt und kann der Drang der Jugend nach Studium, zum Schaffen und Vorwärtskommen befriedigt werden. Im Frieden, durch Entwicklung der Technik, der Kultur, Wissenschaft, durch weitere Bezwingung der Natur, kann das deutsche Volk und seine Jugend Ansehen, Achtung und Ehre bei den anderen Völkern erzielen. Nur so kann Deutschland einen Ehrenplatz an der Seite anderer große Völker der Welt einnehmen.
Die deutsche Jugend wird aber in einem Geist erzogen und zu solchen Handlungen gezwungen, die in vollem Widerspruch zu den gesunden Bestrebungen und Lebensinteressen des deutschen Volkes stehen.

Die geheime Verschickung deutscher Jugend in erster Reihe im Interesse der deutschen Reaktionäre und Großkapitalisten und für die Interessen der spanischen Reaktionäre und Großkapitalisten, für den Eroberungskrieg Japans gegen das chinesische Volk oder für Eroberungsinteressen Mussolinis im Mittelmeer hat nichts zu tun mit den wahren Interessen des deutschen Volkes. Die deutsche Jugend wird durch solche Kriegsbündnisse wie den Pakt Berlin-Rom-Tokio in den Krieg für fremde Interessen hineingerissen. Das hat weder mit der Ehre noch mit der Verteidigung Deutschlands etwas zu tun.
Sowenig das Leben der italienischen Jugend durch die gewaltsame Eroberung Abessiniens verbessert wurde, sowenig nutzt der deutschen Jugend die Annexion Österreichs und des Sudetengebietes noch die Eroberung anderer Länder und von Kolonien. Für diese volksfremden Interessen aber soll sich nach Meinung Baldur von Schirachs die deutsche Jugend opfern. Einen Gewinn davon haben nur die Rüstungskapitalisten, die schon die Nutznießer im letzten Weltkrieg 1914-18 waren und die jetzt zur Eroberung fremder Länder und zur Ausbeutung deren Rohstoffquellen und Naturschätze treiben. Die Jugend hat dadurch keine Verbesserung ihres Lebens zu erwarten, sondern das führt nur zur Vernichtung der Blüte der deutschen jungen Generation.

Der deutschen Jugend soll erklärt werden, daß diese Kriegspolitik keine nationale, sondern eine antinationale, eine volks- und jugendfeindliche, ja eine landesverräterische Politik ist, weil sie zum Unglück der Nation führt...

Die deutsche Jugend kann daher nicht für die gewaltsame Unterjochung anderer Völker sein.

Es ist eine Ehre, für den Frieden zu kämpfen und gegen die Hetze und den Überfall auf andere Völker. Wenn die deutsche Jugend um den Frieden ringt, dann kämpft sie damit um ihre ureigenste Sache — um ihre Zukunft...

II. daß die deutsche Jugend nur dann mit Erfolg ihre Zukunft schmieden kann, wenn sie die Freiheit besitzt.

Die deutsche Jugend ist heute in einer Lage, in der sie über sich selbst nicht mehr frei und ungezwungen bestimmen kann. Ein System des Drills und Zwangs hält die deutsche Jugend wie eine eiserne Zange von früh bis abends spät fest. Die Führer der HJ preisen diese Unfreiheit, d.h. den vielen Dienst und den Kadavergehorsam als die ersehnte Freiheit der deutschen Jugend. Aber die Freiheit kann nicht dort blühen, wo die Jugend alles stumm über sich ergehen lassen muß und befehlsmäßig, ohne Mitbestimmungsrecht, alles kritiklos durchzuführen gezwungen ist.

Entgegen der Einstellung der HJ-Führer, daß ihnen freie Meinungen keinen Pfifferling wert sind, wachsen unter der deutschen Jugend die freiheitlichen Regungen. Die deutsche Jugend will mehr freie Zeit, über die sie selbst verfügen kann. Ihr widerstrebt der viele Dienst. Sie will frei wandern, das deutsche Volks- und Wanderlied singen. Sie hat den Wunsch nach freier Meinungsäußerung und nach Mitbestimmung der Gestaltung der Heimabende. Es wächst die Sehnsucht der deutschen Jugend nach einem Leben ohne Zwang und Drill.

Aufgabe aller fortschrittlichen Kräfte ist es, diese freiheitlichen Regungen fördern und entwickeln zu helfen... Den Schar- und Kameradschaftsführern und allen HJ-Mitgliedern sollen nützliche Ratschläge und Hilfe für eine lebendigere Ausgestaltung der Heim- und Kameradschaftsabende gegeben werden, wie es die Jugend selbst gern wünscht. Mit Goethe und Schiller, die der Meinungs- und Gedankenfreiheit das Wort reden, mit Fichte, der die Jugend aufruft, für die Freiheit Gut und Blut zu opfern, und mit Ernst Moritz Arndt, der gegen den volksfeindlichen blinden Kadavergehorsam ins Feld zieht, lassen sich herrliche Abende der Jugend gestalten. Entgegen den Geschichtsfälschungen der Nazis gilt es, das Wissen der Jungen und Mädel in der Hitler-Jugend um die Wahrheit des Freiheitskampfes des deutschen Volkes zu bereichern. An den großen Freiheitstaten Thomas Müntzers und Florian Geyers und solcher Volkshelden wie Klaus Störtebecker, Karl Stülpner und Schinderhannes ist die Jugend zu begeistern...

III. daß die deutsche Jugend ihre große geschichtliche Aufgabe nicht erfüllen kann, ohne für ihr Wohlergehen zu kämpfen.

Die deutsche Jugend hat ein Recht und Anspruch auf ein materiell gesichertes und gesundes Leben, auf volle, freie Entwicklung ihrer körperlichen und geistigen Kräfte. Die Jugend will Meister in ihrem Fach werden, um eine solide Qualitätsarbeit für einen guten Lohn leisten zu können, die der deutschen Arbeit einen guten Ruf in der Welt sichert. Das setzt eine gründliche, allseitige Berufsausbildung voraus. Nur so kann die deutsche Jugend vorwärtskommen, sich ein besseres Leben schmieden...

Selbst die Hitler-Jugend und die Deutsche Arbeitsfront haben der Jugend versprochen: Einbeziehung der bezahlten Berufsschulzeit in die Arbeitszeit, Ausdehnung der gesetzlichen Jugendschutzbestimmungen auf alle Jugendlichen unter 18 Jahren, mehr Schutz gegen die zunehmenden Unglücksfälle, Verbot der Akkordarbeit, Gewährung eines ausreichenden tariflichen Kostgeldes, Gewährung einer dreiwöchigen Erholungsfreizeit im Jahre unter Fortzahlung des Lohnes.

Auf diese Forderungen gilt es in der HJ die Aufmerksamkeit der Jungen und Mädchen zu konzentrieren. Für die ureigensten Interessen der Jugend gilt es gemeinsam in der HJ und DAF, vor den Jugendwaltern und Vertrauensräten sowie vor den Sozialämtern der HJ einzutreten...

IV. daß die deutsche Jugend zu ihrem Vorwärtskommen einen freien Weg zu Bildung, Kultur und Wissenschaft braucht.

Die deutsche Jugend als Nachkomme des in der Welt geachteten Deutschland der großen Denker und Dichter (Goethe, Schiller, Lessing, Kant, Fichte und Herder) wird heute in Unkultur und fern von der Wissenschaft erzogen. An den Universitäten und Hochschulen herrscht überall anstelle des kulturellen Fortschritts mittelalterliches Dunkelmännertum und anstelle des Studiums das Marschieren. Marschieren aber erzieht nicht die jungen Deutschen auf den Hochschulen und Universitäten, die die ererbten Reichtümer und Schätze der Wissenschaft, Kunst und Kultur zum Wohle des deutschen Volkes vermitteln und weiterentwickeln sollen. In der deutschen Jugend wird jedes Streben zum Lernen, jeder Drang nach Bildung und Wissen unterdrückt. Schirach hetzt die Jugend zur Mißachtung vor dem Wissen, das die Jugend bereichert, groß und stark macht.

Aber die deutsche Jugend hat das Recht, die vollen Bildungs- und Entwicklungsmöglichkeiten zu fordern und sich im Geiste der großen Denker und Dichter ihres Volkes zu erziehen. Gegenüber der Verhöhnung und Vernichtung der freiheitlichen Kunst, Literatur und Wissenschaft, der des deutschen Geistes unwürdigen Rassenhetze will die deutsche Jugend die freie Entfaltung all ihrer Fähigkeiten, sie will in freiem Studium sich alles Wissen aneignen, das zu Aufstieg und Fortschritt führt, dem Volke und der Menschheit zum Wohle gereicht.

Jeder deutsche Junge und jedes deutsche Mädel muß in voller Gleichberechtigung die Möglichkeit des Aufstiegs erhalten. Die Tore der Universitäten und Hochschulen sollen all denen offenstehen, die Können und Fähigkeiten besitzen — nicht aber der Geldbeutel soll entscheiden und auch nicht die unwissenden braunen Bonzen...

Nichts Großes kann die Jugend ohne Kampf erringen. Dafür soll die ganze sozialistische und kommunistische, christliche und demokratische und die ganze fortschrittliche Jugend in der Hitler-Jugend in wahrer Kameradschaft und Treue zusammenstehen, sich gegenseitig helfen und einer für alle, alle für einen eintreten.

Die sozialistischen, kommunistischen und alle antifaschistischen Eltern sind verpflichtet, dafür zu sorgen, daß ihre Söhne und Töchter und andere Jugendliche, mit denen sie in Berührung kommen, innerhalb der HJ einheitlich in Kameradschaft mit der ganzen fortschrittlichen Jugend für die Lebensfragen der werktätigen Jugend wirken. Aus diesem einheitlichen Handeln soll einmal die einheitliche Organisation der deutschen antifaschistischen Jugend emporwachsen...

Arbeitereltern und Werktätige, erzählt euren Söhnen und Töchtern und der Jugend im Betrieb eure Erlebnisse und Erfahrungen aus den Kämpfen der freien deutschen Arbeiterbewegung, bezieht die Jugendlichen in die täglichen Sorgen des Haushaltes ein, um der Jugend immer vor Augen zu führen, daß sie gegenwärtig nicht für die Freiheit Deutschlands Opfer bringt und Not leidet, sondern für die Kriegs- und Profitinteressen ihrer Unterdrücker und Ausbeuter. Ihr Frontsoldaten, erzählt der Jugend in den Betrieben und in den Massenorganisationen und insbesondere der Jugend im Soldatenrock aus eurer Militärzeit, was ihr im letzten Weltkrieg erlebt, wie ihr Kameradschaft gepflegt und wie ihr euch durch Zusammenhalt gegen die würdelose Behandlung und für eure berechtigten Forderungen eingesetzt habt.

Ihr alle, Antifaschisten und Hitlergegner, übermittelt eure Lebenserfahrungen der deutschen Jugend und gebt ihr so neue Waffen in ihrem Ringen um ihr Glück. Eure Lebenserfahrungen sollen in den Herzen und in dem Wollen eurer Söhne und Töchter und der ganzen werktätigen deutschen Jugend neu aufleben im täglichen Einsatz der heutigen jungen Generation um ihre Lebensforderungen und in ihrem Ringen um ein freies Deutschland.

Zitiert nach: Partei und Jugend. Dokumente marxistisch-leninistischer Jugendpolitik, Berlin 1986, S. 213 ff.

171. Aus den Störtebecker-Briefen, Oktober 1938

Wer kennt ihn nicht, den Held aller Jungs der Wasserkante, Klaus Störtebecker. Mögen einige der heutigen Machthaber ihn auch nur einen Seeräuber nennen, für seine Zeitgenossen wie für uns ist er viel mehr. Wie heute herrschten zu seinen Zeiten die Reichen über Hamburg, sie unterdrückten die Armen, um ihren Gewinn noch zu erhöhen. Klaus Störtebecker war ein Freund dieser Armen und Unterdrückten, sie sahen in ihm den Helfer zu Aufstieg und besserem Dasein. Klaus Störtebecker erkannte, daß die Reichen die wahren Feinde des Volkes sind ...

Heute sind es die Werftbarone und Rüstungsindustriellen, die das Hamburger Volk unterdrücken und an dessen Not verdienen; sie herrschen über Hamburg. Kaufmann und Kohlmeyer sind ihre Vertreter. Sie wollen unsere Zukunft bestimmen und versperren uns den Weg zu einem glücklichen Leben.

Aufstiegsmöglichkeiten und eine glückliche Zukunft haben sie uns versprochen. Wir haben an diese Versprechen geglaubt und deren Erfüllung erhofft. Dafür und für nichts anderes haben wir die Opfer gebracht, die von uns verlangt wurden. Aber wo werden wir hingeführt? Die hanseatischen Freiheiten wurden durch Kaufmann und Kohlmeyer zerstört. Sie raubten uns das Recht über das Schicksal Hamburgs mitzubestimmen. Sie verwandeln unseren Hafen, Deutschlands Tor zur Welt für den friedlichen Güteraustausch, in einen Kriegshafen. Opfern, Leistungssteigerung ohne eine entsprechende Gegenleistung, Verzicht auf alles Schöne im Leben; stramm stehen, marschieren, uns vorbereiten auf die Jugend anderer Länder zu schießen, das soll nach ihrer Meinung unsere Aufgabe sein. Noch nie sahen wir so verzweifelt in die Zukunft, denn dieser Weg führt uns in die Hoffnungslosigkeit. Er liegt im Interesse der Werftbarone, der Blohm und Co., der Rüstungsindustriellen. Sie haben in den letzten 5 Jahren an der Aufrüstung Deutschlands Riesengewinne eingesteckt, ebenso wie ihnen der Weltkrieg nicht Hunger und Sterben, sondern Millionenverdienste einbrachte. Sie wollen die Welt beherrschen und andere Völker unterdrücken, um noch mehr zu verdienen. Sie wollen den Krieg. Dieses bedeutet aber das größte Unglück für Hamburg und unsere Zukunft. Der Lebensnerv unserer Stadt, der Hafen würde geschlossen sein und wir wären von der Welt abgeschlossen. Während wir opfern, führen ihre Söhne und Töchter ein freudiges Leben.

Schon heute führt die Vorbereitung des Krieges dazu, daß unser Hafen mehr Kriegsprodukte wie Friedenswaren sieht. Waffen und Munition und tausende junge deutsche Soldaten gingen in hunderten Schiffen vom Franco-Kai in Hamburg ab, um gegen das um seine Freiheit kämpfende spanische Volk eingesetzt zu werden. Schiffe mit Munition und Waffen zur Unterstützung Japans für seinen räuberischen Überfall auf China, verlassen den Hafen. Die heutige Bündnispolitik, die nur der Vorbereitung des Krieges dient, hat unserem Handel mit der Welt schwere Schläge versetzt. China, ein großer Markt für deutsche Waren, ging durch die Unterstützung Japans verloren.

Nicht genug damit, arbeitet Hitler im Auftrage der Reaktionäre auf einen neuen Weltkrieg hin. Die Einmischung in Spanien, die militärische Besetzung Österreichs, die teilweise Eroberung der Tschechoslowakei, sind die Vorstufen dieses großen Krieges. Der Krieg verbessert aber nicht unsere Lage, er führt uns nicht in die glückliche Zukunft, sondern uns, Hamburg und unsere ganze Heimat in die Katastrophe. Kein Schiff wird unseren Hafen anlaufen oder verlassen. Hamburg, Deutschlands Tor zur Welt, wird geschlossen sein. Das trifft alle Jungs und Mädels, ob Hafenjunge oder Kaufmann, ob sie im Büro oder in der Fabrik arbeiten; wir werden unserem Beruf nicht mehr nachgehen können, sondern in den Rüstungsbetrieben arbeiten oder an der Front liegen.

Störtebecker-Briefe, Nr. 1, Oktober 1938. Archiv der Gedenkstätte Ernst Thälmann, Hamburg.

172. Aus einem Lagebericht der Gestapo in Bremen über Aktivitäten ehemaliger SAJ-Mitglieder, November 1938

Geheim
Lagebericht der Staatspolizeistelle Bremen für den Monat November 1938

...

Am 7.11.38 wurde gegen eine Gruppe von Personen eingeschritten, die vor 1933 Mitglieder der »Kinderfreunde« oder der SAJ in Bremen waren. Folgende Personen wurden vorläufig festgenommen:

1.) Johann Brünjes, geb. 10.8.1911 in Bremen, wohnhaft Bremen, Eckernförderstraße 10,
2.) Friedrich Knigge, geb. 9.7.1918 in Bremen, wohnhaft Bremen, Möckernstraße 32,
3.) Karl Rottmann, geb. 4.12.1916 in Bremen, wohnhaft Bremen, Katrepelerstraße 40,
4.) Heinrich Rottmann, geb. 31.5.1914 in Bremen, wohnhaft Bremen, Katrepelerstraße 40,
5.) Martin Meyer, geb. 10.12.1913 in Farge, wohnhaft Bremen, Hansastraße 136
6.) Hilde Esdohr, geb. 5.5.1918 in Bremen, wohnhaft Bremen, Bremerhavenerstraße 223,
7.) Adolf Polle, geb. 14.7.1912 in Bremen, wohnhaft Bremen, Geeststraße 1 p,
8.) Max Ethe, geb. 8.5.1917 in Bremen, wohnhaft Bremen, Lange Reihe 24,
9.) Walter Beier, geb. 23.5.1918 in Bremen, wohnhaft Bremen, Brandstraße 56,
10.) Anni Schnakenberg, geb. 28.10.1913 in Bremen, wohnhaft Bremen, Osterlingerstraße 13,
11.) Julius Dierks, geb. 9.8.1917 in Bremen, wohnhaft gewesen Halle, früher Bremen, Katrepelerstraße 40,
12.) Emil Rottmann, geb. 22.9.1915 in Bremen, wohnhaft z. Zt. Sanitätsstaffel Oldenburg i.O.,
13.) Helmuth Dantz, geb. 3.9.1915 in Kiel, z. Zt. beim 8. A.R. 22 Verden,
14.) Walter Timpe, geb. 11.11.1916 in Bremen, z. Zt. Stab A.R. 22 Verden,
15.) Theodor Stubbe, geb. 18.4.1915 in Bremen, z. Zt. 13./I.R. 65 Delmenhorst.

Die unter Nr. 7, 8, 14 und 15 genannten Personen sind inzwischen wieder entlassen worden. Bei dem unter Nr. 14 genannten Timpe handelt es sich um einen alten Freund des unter Nr. 13 aufgeführten Dantz. Timpe kommt als Mittäter nicht in Frage.
Soweit die Personen der Wehrmacht angehören, erfolgte ihre Festsetzung in Verbindung mit dem Gericht der 22. Division.
Vom Reichskriegsgericht ist der inzwischen gegen Emil Rottmann (Nr. 12) und Helmuth Dantz (Nr. 13) Haftbefehl erlassen worden. Gegen die übrigen Personen ist — soweit sie sich noch in Haft befinden — Schutzhaft beantragt worden.
Die SAJ in Bremen ist nach ihrer Auflösung mit einem großen Teil ihrer Mitglieder nach und nach dem legalen Sportverein VSK (Verein für Sport und Körperpflege) und zwar der dort bestehenden Wandergruppe beigetreten. Der Eintritt wurde einzeln vollzogen, so daß nicht auffallen konnte, daß die SAJ sich illegal einnistete. Wie die bisherigen Ermittlungen ergaben, wurde der alte SAJ-Geist im Heim oder auf den Wanderfahrten fortgesetzt. Aus dieser Wandergruppe heraus, die auch bald aufgelöst wurde, bildete sich eine kleinere Wandergruppe. Die Gruppe blieb nun zusammen, gestaltete ihre Fahrten selbst und veranstaltete in verschiedenen Wohnungen sogenannte Fahrtenabende, wo auch politische Diskussionen in marxistischem Sinne geführt wurden. Ein Teil der Gruppe kam 1935 zu einigen rein politischen Sitzungen zusammen. Im Herbst und Winter 1936/37 wurden dann rein politische Sitzungen abgehalten, wo der unter 5 genannte Meyer besondere Themen über Karl Marx behandelte und zur Debatte stellte. Wie weit die Sitzungen auch im Winter 1937/38 fortgeführt worden sind, steht noch nicht einwandfrei fest. Meyer war der Wortführer. Er hatte die entsprechenden Unterlagen und führte auch die Diskussionen. Seine Ausführungen schlugen mehr nach der kommunistischen Seite aus, während der unter Nr. 2 aufgeführte Knigge mehr die philosophisch-marxistische Seite behandelte...

Der unter Nr. 5 aufgeführte Meyer hatte gelegentlich eines Besuches in Kopenhagen im August 1937 die illegale Schrift »Freie Deutsche Jugend« Nr. 2 mit nach Deutschland gebracht ... Meyer hat weiterhin die Bücher von H. Remmele »Die Sowjetunion« an die unter 10 genannte Schnakenberg zur Aufbewahrung übergeben. Die Ermittlungen nach den weiteren illegalen Gruppen werden fortgesetzt.

...

Dokumentationsarchiv des deutschen Widerstandes, Frankfurt/M., AN 3344.

173. Aus der Resolution der Berner Konferenz der KPD, 30.1. — 1.2.1939

Eine der dringendsten Aufgaben aller Antifaschisten ist es, der weiteren Vergiftung der deutschen Jugend durch den Nationalsozialismus entgegenzutreten und die Jugend für den Freiheitskampf des deutschen Volkes zu gewinnen. Ein erfolgreicher Kampf gegen den Krieg, gegen die braune Kulturschande und für die Freiheit verlangt unbedingt, daß die erwachsenen Antifaschisten ihre besondere Aufmerksamkeit der Jugend zuwenden und daß sie besonders in der Hitler-Jugend alle Kräfte, Ansätze und Bewegungen, die sich gegen den Nationalsozialismus richten, unterstützen und entwickeln. Die Erwachsenen in den Betrieben müssen geduldig und systematisch die jungen Arbeiter und Lehrlinge aufklären und ihnen im Kampf um die Verbesserung ihrer Arbeitsbedingungen beistehen. Die Eltern müssen geduldig und systematisch unter Ausnutzung der großen Geisteswerke der deutschen Vergangenheit ihre Kinder mit dem Geist der Ideale des Fortschritts, der Freiheit, der Gerechtigkeit und des Humanismus erfüllen. Alle Hitlergegner müssen die Jugend über die Gendarmenrolle der großkapitalistischen Verderber Deutschlands aufklären und sie im Sinne des Freiheitskampfes des deutschen Volkes und der anderen Völker beeinflussen.
Die Gewinnung der Armee für die Sache des Volkes ist die Aufgabe aller Antifaschisten, der gesamten deutschen Volksfrontbewegung, an deren Durchführung die Arbeitskollegen, die Eltern, die Frauen und Bräute der Soldaten und Offiziere sich beteiligen müssen. Die Antifaschisten in der Armee müssen ein gutes kameradschaftliches Verhältnis zu ihren Kameraden herstellen, ihnen mit Rat und Tat ein Beispiel sein und auch Verbindungen zu jenen zahlreichen Unteroffizieren und Offizieren knüpfen, die in Opposition zur Politik des Hitlerregimes stehen. Im Kampfe des deutschen Volkes wird die Frage der Gewinnung der Armee von ausschlaggebender Bedeutung sein.
Der neue Erlaß Hitlers, der alle wehrfähigen Deutschen vom 17. Jahre an zur vor- und nachmilitärischen Erziehung in die SA zwingt, macht die SA jetzt zu einer der wichtigsten Organisationen der totalen Militarisierung. Die Antifaschisten müssen daher sofort beginnen, die Arbeit in ihr aufzunehmen, um die jugendlichen und erwachsenen Wehrfähigen für den Kampf an der Seite des Volkes zu gewinnen. Die wachsende Stimmung der Erbitterung und der Enttäuschung in den Reihen der Nazianhänger, und insbesondere der im Betrieb stehenden SA-Männer, bieten günstige Voraussetzungen zur Gewinnung dieser Schichten.

Die Berner Konferenz der KPD (30. Januar — 1. Februar 1939), Berlin 1974, S. 131 f.

174. Aus einem Artikel des Mitglieds des ZK des KJVD Kurt Siegmund über die Organisierung der Opposition in der HJ, Frühjahr 1939

Haltet wahre Kameradschaft
    F. Stein

Seitdem die deutsche Jugend gezwungen wird, Mitglied der HJ und des BdM zu sein, gibt es

Klagen, Proteste und Widerstand der Jungs und Mädels gegen den militärischen Zwang und Drill, gegen die ewigen eintönigen Kriegs- und Rasse-Vorträge.

Die Reichsjugendführung der Hitlerjugend mußte schon einmal im Frühjahr 1938 dem Druck der Jugend nachgeben. Schirach versprach damals der Jugend, ihren Wunsch nach mehr Geselligkeit zu erfüllen, die Jugend sollte das Recht haben, auf dem Heimabend Fragen zu stellen und nicht nur still zuzuhören, wenn die Führer sprechen, für die Mädels wurde das BdM-Werk »Glaube und Schönheit« eingeführt, in dem den speziellen Neigungen der Mädels entgegengekommen werden sollte.

In Wahrheit hat jedoch die gesteigerte Kriegspolitik des Dritten Reiches den Zwang und Drill für die Jugend noch unerträglicher gemacht, so daß sich die Jugend immer lauter dagegen auflehnte. Selbst inmitten der Siegesfeiern für das »befreite« Sudetengebiet sind die Proteste der Jugend nicht verstummt, so daß die Reichsjugendführung erneut zu Felde ziehen mußte gegen die »Dienstmüden«, die »Drückeberger« und »lächerlichen Meckereien inmitten tausender Kameraden« ... Doch alle Schimpfereien der RJF nutzen wenig. Die Empörung der Jugend gegen die Vergewaltigung ihrer natürlichen Lebensrechte wurde so stark, daß sich die HJ-Führung neuerdings wieder einmal gezwungen sah, eine andere Sprache zu sprechen... Die Jungens und Mädels sollen sich keine Illusionen machen, daß der Grundsatz des Kadavergehorsams aufgegeben wird ... So wurde die neue HJ-Gerichtsbarkeit eingeführt, die alle jene zur Raison bringen soll, die sich gegen die Knechtung ihrer persönlichen Freiheit wehren. Weiter wird in Zukunft der Streifendienst der HJ zur Sonderformation umgebildet, das heißt, zu einer regelrechten Polizeitruppe in der HJ; nach dem Muster der SS. Nicht genug damit, werden auf Initiative der RJF von den Volksgerichtshöfen Schreckensurteile gegen Jugendliche gefällt (in Leipzig und anderen Städten), die aus der HJ austraten und »wilde Cliquen« bildeten, um sich ohne Zwang und Kommando der HJ-Führer frei bewegen und aussprechen zu können.

Die RJF hetzt und fordert die untere Führerschaft auf, gegen alle selbständigen Regungen der Jungens und Mädels durchzugreifen und für blinden Gehorsam zu sorgen. Sie will die sich anbahnende Kameradschaft zwischen den Einheitsführern und den ihnen unterstehenden Jungens und Mädels zerstören. Aber immer mehr unteren Führern in den Scharen und Kameradschaften widerstrebt es, die Rolle eines kleinen Polizeidieners zu spielen, und sie neigen dazu, den Wünschen ihrer Kameraden nachzugeben. Das ist vollkommen richtig, denn

der Einheitsführer gehört auf die Seite der einfachen Mitglieder ...

Denn die unteren Führer sind ja meist auch nur Arbeiterjungen, Söhne des Mittelstandes oder kleiner Bauern. Den Forderungen der Kameraden zum Rechte zu verhelfen, muß ihnen die größte Ehre und Verpflichtung sein. So dient er seinen Kameraden, sich selbst und der deutschen Jugend am besten. Jeder Einheitsführer, der nach diesen Grundsätzen handelt, wird stets der vollen Sympathie und freudigen Unterstützung der Jugend sicher sein. Vor allem die jungen und erwachsenen Antifaschisten werden solche Jungens und Mädels mit ihrem freiheitlichen Wissen und ihren Kampferfahrungen zur Seite stehen.

Der kameradschaftliche Zusammenhalt aller fortschrittlichen Jungens und unteren Führer in der HJ kann vieles gegen die Bürokratie durchsetzen. Besonders nötig ist eine

echte Kameradschaft gegen den Drill.

Drill ist immer schädlich für die Jugend. Denn durch Drill, Willkür, blinden Gehorsam erzieht man keine freien, selbstbewußten Menschen, die sich im Leben selbst zurecht finden, sondern gehorsame unterwürfige Knechte. Darum muß die Grundlage der Kameradschaft die Freiwilligkeit sein. Da darf kein Kamerad denunziert und bestraft werden, weil er den Dienst versäumt hat, sondern der Scharführer drückt ein Auge zu und macht ein Kreuz in die Anwesenheitsliste ... Wo aber ein Scharführer drillt, wird er verachtet und sabotiert. Da werden die Übungen langsamer gemacht, die Kommandos nicht richtig befolgt, bis er es satt hat, den Feldwebel zu spielen und sich ändert ...

»Die Jugend will Mit- und Selbstbestimmung«

vor allem auf dem Heimabend. Denn »der Heimabend gehört uns«. Nicht trockene Paragraphen und Anweisungen der Schreibtischstrategen aus der Etappe sollen hier bestimmen, sondern die Jugend selbst! Jeder muß dort seine Vorschläge machen und sagen können, was ihm nicht paßt. Wenn heute hin und wieder mal ein Kamerad das Recht bekommt, einen Vortrag zu halten, sich aber dabei lediglich auf das Wiederkäuen der sattsam bekannten Phrasen aus Presse und Rundfunk beschränken muß, so ist das keine Meinungsfreiheit. Die Jungens wollen die Wahrheit, ihre eigenen Gedanken, Ideen und Meinungen aussprechen. Kurz, sie wollen, daß auf dem Heimabend

Kultur, Wahrheit, Wissen — statt Kriegshetze

vermittelt wird ... Die Jungens und Mädels wollen gute Bücher lesen. Doch alles, was die RJF empfiehlt, dient nur zur Förderung der Gedanken der imperialistischen Eroberungssucht der deutschen Reaktion, die in der Jugend die Kriegsbegeisterung wecken sollen. Will die Jugend diesen Schmutz und dieses Gift? Nein! Nicht wenige sagen:

»Immer wieder dieselben: Goebbels 'Kampf um Berlin', Rosenbergs 'Mythos', Schirachs Bücher, Hitlers 'Mein Kampf' und Kriegsbücher. Das hängt uns bald zum Halse heraus.«

Die Jugend braucht die Werke wahrhaft großer Männer, die ihr Wissen vermitteln, der Forscher, der Künder von Wahrheit und Freiheit, und sie wird sie mit Begeisterung lesen, wenn man sie ihr nur gibt. Auf den Heimabenden gehören solche Werke wie Goethes »Egmont« und »Faust«, Schillers »Don Carlos«, »Die Räuber« und »Wilhelm Tell«, Lessings »Nathan der Weise«, E. M. Arndts »Soldatenkatechismus«, Herders »Briefe zur Förderung der Humanität«, Wilhelm Boelsches naturwissenschaftliche Werke, Bücher über das Leben Leonardo da Vincis, die Werke Shakespeares, Puschkins, Rousseauxs »Emile«, — um nur einige zu nennen. Diese Werke muß die Jugend selbst mit auf den Heimabend bringen oder zur Anschaffung für die Bibliothek vorschlagen. Die erwachsenen Antifaschisten werden dabei immer gute Ratschläge geben können ... Die Jugend sieht, daß ihr Leben niemals schöner und froher wird, wenn sie nicht selbst darum kämpft. Sie will deshalb ihre Sorgen des Alltags auf dem Heimabend zur Sprache bringen. Da gibt es viele Jungens und Mädels, in deren Betrieben es wüste Antreiberei und Überstundenschufterei gibt, die unter gesundheitsschädlichen Bedingungen arbeiten, andere, die einen besseren Lohn haben müssen, Mädels, die gegen ihren Willen ins Arbeits- und Pflichtjahr sollen, usw. Alle diese Sorgen müssen auf dem Heimabend zur Sprache kommen können. Hier ist der richtige Ort dafür. Und dann können alle gemeinsam darüber diskutieren, welche Schritte unternommen werden müssen, damit den betreffenden Kameraden geholfen werden kann.

Gesundheitserhaltung erfordert weniger Dienst

In vielen HJ-Einheiten sind die dienstlichen Verpflichtungen so groß, daß besonders durch die Pflichtausmärsche bei vielen Kameraden schwere gesundheitliche Schäden entstehen, besonders Herz- und Fußerkrankungen. Es ist deshalb ganz natürlich, daß die Kameraden im gegenwärtigen Jahr der Gesunderhaltungspflicht auf dem Heimabend beraten, wie diese Schäden abgestellt werden können. Vor allem muß jeder Junge, der sich durch diesen Dienst überanstrengt und gesundheitlich geschädigt fühlt, das Recht bekommen, vom Dienst wegzubleiben. Eine wichtige Erscheinung in der »HJ« ist, daß viele Jungens und Mädels oft vom Dienst wegbleiben, ja es gibt sogar Austritte, um dem ewigen Einerlei und Zwang zu entrinnen. Diese Freiheitsbestrebungen sind durchaus gesund. Die jungen Antifaschisten, alle freiheitlichen Jungens und Mädels würden jedoch falsch handeln, wenn sie aus der »HJ« austreten. Das wäre den »HJ«-Bonzen nur recht. Ihre Aufgabe, ja Ehrenpflicht ist es vielmehr, innerhalb der »HJ« für die Interessen der Jugend und für den Freiheitskampf zu wirken, kameradschaftliche Bande mit allen Unzufriedenen zu pflegen und mit diesen auf die von den Nazis beeinflußten Kameraden und Kameradinnen aufklärend einzuwirken.

Das Leben hat gezeigt, daß die Jugend von der RJF keine Besserung ihres Loses erwarten kann, wenn sie nicht selbst um ihre Forderung kämpft. Die Jungens und Mädels in Hitlerjugend und BdM können sich nur dann viele Rechte und mehr Freiheit erkämpfen, wenn sie in den Scharen kameradschaftlich gegen oben zusammenhalten nach dem Motto:

Einer für alle — alle für einen!

Die Junge Garde. Jugendzeitschrift für die Freiheit der jungen Generation Deutschlands, Heft 1 und 2, 1939.

175. Aus einem Artikel des Vorsitzenden des KJVD Walter Hähnel gegen die Kriegsvorbereitungen Deutschlands, Frühjahr 1939

Unrecht Gut gedeihet nicht!
Karl Kunert

Als Hitler sagte, daß er alle Deutschen in der Welt schützen wolle, da dachten viele unter uns Jungen, das ist gut und schön. Nicht wenige waren darum begeistert, als Hitler Österreich und das Sudetengebiet besetzte, glaubten sie doch, daß es um Deutsche gehe. Aber was jetzt Hitler den Tschechoslowaken angetan hat, damit kann kein deutscher Junge, kein deutsches Mädel einverstanden sein. Hat er nicht selbst vor und nach dem unseligen Münchener Diktat erklärt, daß Deutschland keine territorialen Forderungen mehr habe und »Wir wollen keine Tschechen«? Entgegen seinen eigenen Worten hat Hitler nun die Tschechoslowakei gewaltsam unter den Militärstiefel gebeugt und in nationale Knechtschaft geworfen. Kann man noch jemand trauen und glauben, der uns so belügt?
Damit wird nicht Frieden und Recht, sondern Unrecht und Unfriede unter den Völkern gestiftet. Wir selbst haben durch Versailles nationale Schmach erdulden müssen und wollen nicht, daß andere über Deutschland gebieten. Dann aber kann es auch nicht unser Wille sein, daß solches nationale Leid und Unrecht anderen Völkern nun durch Hitlerdeutschland angetan wird. Es ist offensichtlich, daß die vorübergehende Vernichtung der Unabhängigkeit Österreichs und der Tschechoslowakei weder mit Selbstbestimmung noch mit dem Gerede »ein Volk — ein Reich« etwas gemein hat, sondern nur mit der brutalen Machterweiterung der Nazis und deutschen Rüstungskönige!
Die Eroberung von mehr Raum und Kolonien bedeutet für Deutschland nicht »letzte Freiheit« — sondern Krieg!
Obzwar Deutschland größer und größer geworden ist, heißt es immer wieder, daß Deutschland zu wenig Raum habe. Mit Recht wenden dagegen viele aus unseren Reihen ein: »Warum wird dann aber soviel deutscher Ackerboden in Flugplätze und Festungsgelände verwandelt? Und es gibt ja nicht einmal genügend Arbeitskräfte, um das deutsche Land zu bestellen, was brauchen wir denn da mehr Raum?« Jetzt, wo man nun die Tschechoslowakei besetzt hat, will man uns weismachen, daß diese zum deutschen Lebensraum gehöre. Das ist ja gar nicht wahr! Die 8 Millionen Tschechen sind doch keine Deutschen, sie sprechen und pflegen eine eigene Sprache, sie haben eine eigene Wirtschaft und hohe Kultur. Nein, die Tschechoslowakei, das ist der Lebensraum der Tschechen, der Slowaken und Ruthenen ... Kein Volk kann aber durch die Unterdrückung anderer Völker oder durch Kolonien Freiheit und Aufstieg gewinnen ...
Deutschland ist auch größer geworden, aber es ist nicht schöner geworden. Leider ist es wahr, daß auch viele junge Deutsche auf die Besetzung Österreichs und der Tschechoslowakei Hoffnungen setzten. Und nun? Nichts Gutes ist herausgekommen. Nur neuer Dienst und neue Opfer. Selbst der Jugendschutz, auf den die Arbeiterjugend große Hoffnungen setzte, ist vernichtet. Hemmungsloser denn je wird die Jugend durch die großkapitalistischen Rüstungsgewinnler im Einverständnis Schirachs und Axmanns ausgebeutet. »Großdeutschland« ist nur für die Reichen und braunen Bonzen ein gutes Geschäft — für die Jugend und das Volk bringt es immer schlimmere Not und Entbehrungen.
Entspringt denn unsere Not daraus, daß wir angeblich zu wenig Raum und keine Kolonien haben oder kommt sie nicht vielmehr daher, daß alles in die Kanonen geht? Und wer leidet denn Not in Deutschland? Es sind wir, die Jugend und unsere Väter und Mütter. Die Krupp und Thyssen, die Siemens und Blohm, die Junkers und IG-Farben-Herren, die haben keinen Grund zum Klagen und zum Meckern, für sie ist das Rüstungsgeschäft — was uns das Letzte nimmt — goldener Boden des Profits ...
Ist das das Deutschland, das wir ersehnen und erhoffen?
Die deutsche Jugend will ein starkes, geachtetes und einiges Deutschland. Die Politik Hitlers aber hat Deutschland Haß eingebracht, wodurch Deutschland geschwächt wird. Und wie

steht es um die Einigkeit? Schauen wir nur Deutschland an. Die Arbeiter sind empört über die maßlose Ausbeutung und weil sie ihr Recht wollen, werden sie brutal verfolgt, in Gefängnisse und Konzentrationslager geworfen. Die Bauern rumoren, weil sie auf keinen grünen Zweig kommen können und liegen sich beständig mit den Reichsnährstandkommissaren in den Haaren. Die Intellektuellen werden verhöhnt und verspottet. Gegen die Katholiken wird vom Leder gezogen. Gegen die Juden werden Pogrome veranstaltet, um ihnen das Geld wegzustehlen. Selbst die Jugend wird gegeneinander und gegen ihre Eltern ausgespielt. Wer ein offenes Wort riskiert, und die Wahrheit sagt, der wird von der Gestapo gepackt und als Hochverräter hingestellt ...

Deutschland in der Welt voran!

Jawohl, Deutschland in der Welt voran, aber nicht für Eroberungskriege und Bedrückung anderer Völker, sondern für die Sache des Friedens und des Fortschritts! In vielen von uns Jungen lebt der Drang sich auszuzeichnen, Ruhm und Ehre für die deutsche Nation zu erobern ... Die unvergänglichen Werke der großen Deutschen auf dem Gebiete der Wissenschaft, Kunst und Kultur sowie das Schaffen unserer Väter in Technik und Arbeit haben Deutschland zu Ansehen gebracht. Sie sind uns Vorbild, um unsere Fähigkeiten und Kräfte dafür einzusetzen, durch neue Werke des Fortschritts Deutschland Achtung und Ehre zu erringen. Dazu brauchen wir ein Deutschland, in dem die Jugend frei leben, schaffen und studieren kann und wo sie nicht, wie heute, durch den ewigen Dienst und die Mißachtung des Wissens in ihrem Fortkommen behindert wird. Wir wollen ein Deutschland, wo es keine Zwangsdienste mehr gibt und der Jugendschutz für die gesamte Jugend der Nation oberstes Gesetz ist. Wir wollen ein Deutschland, dessen Produktion nicht wie heute im Dienste des Krieges steht, sondern den Lebensinteressen des Volkes dient, wodurch der Reichtum der Nation und damit der Wohlstand unseres Volkes vergrößert wird. In diesem Deutschland wird die Jugend alle Möglichkeiten eines zukunftsfrohen und glücklichen Lebens haben, weil dann Schluß sein wird mit dem alten Übel Deutschlands, den großkapitalistischen Finanzmächten und den Nazis. Für ein solches Deutschland der Jugend lohnt es sich zu kämpfen und Opfer zu bringen und wenn es sein muß selbst das Leben einzusetzen im Kampf gegen alle inneren und äußeren Feinde, die dieses Deutschland bedrohen. Im Kampf für dieses Deutschland, das ein freies, demokratisches sein wird, werden wir an der Seite unserer Väter und Mütter am besten unsere große und unversiegbare Liebe zu Deutschland beweisen. Dafür junges Deutschland mutig voran! Dafür können und müssen wir alle einig sein! Erobern wir uns Deutschland, das Deutschland wahrer Größe und Freiheit!

Die Junge Garde. Jugendzeitschrift für die Freiheit der jungen Generation Deutschlands, Heft 1 und 2, 1939.

176. Aus den Störtebecker-Briefen, Juni 1939

Nach den Durchführungsverordnungen zum HJ-Gesetz, die jetzt von Hitler verfügt worden sind, ist nun die gesamte Jugend vom 10.-18. Lebensjahr verpflichtet zum Dienst in der HJ. Das HJ-Gesetz ist ja schon eine alte Sache, denn es wurde bereits am 1.12.1936 erlassen. Doch hat Baldur v. Schirach in seinen Reden zu diesem Gesetz und auch später immer wieder betont, daß die HJ das Prinzip der Freiwilligkeit nicht aufgeben werde, d.h. also, daß kein Junge oder Mädel zum Dienst in der HJ gezwungen werden sollte. Nun war es mit der Freiwilligkeit aber immer so eine Sache. Wer nicht Mitglied der HJ ist, wird überall schlechter behandelt, und viele sind deswegen Mitglied geworden. Darum müssen Hitler und Baldur v. Schirach aber auch sehr ernste Gründe haben, wenn sie jetzt auch diese Freiwilligkeit aufgeben, und alle Jungen und Mädels zum Dienst in der HJ zwingen wollen.

Baldur v. Schirach hat auf der HJ-Führertagung in Augsburg zu den Verordnungen gesprochen und hervorgehoben, daß diese notwendig geworden seien um einmal eine Garantie dafür zu haben, daß die Jugend auch immer im Geiste des Nationalsozialismus erzogen wird und zum Anderen um die Einheit der körperlichen Ertüchtigung und vormilitärischen Erziehung zu gewährleisten. Wir wissen, daß in Deutschland heute alles auf die Wehrhaftmachung des Volkes eingestellt ist, und daß die Jugend dabei auch herangezogen wird, ist ja klar. Wir wissen auch, daß die außenpolitische Lage nicht gerade gut für Deutschland aussieht. Adolf Hitler hat in seiner letzten Reichstagsrede auf den Vorschlag Roosevelts, eine Versicherung abzugeben, daß er 10 Jahre kein anderes Volk angreifen werde, eine ablehnende Antwort gegeben. Hitler hat ausdrücklich betont, daß er Lebensraum für Deutschland schaffen muß, auf die eine oder andere Weise, d.h. also, daß Hitler mit der Möglichkeit rechnet, daß er Krieg führen muß, um seine Pläne durchzusetzen.

912 000 Hektar bebauten Landes wurden von Beginn 1933 bis Ende 1936 der deutschen Landwirtschaft entzogen und in militärische Anlagen umgewandelt. Das ist ein größerer Raum, als das von den Sudetendeutschen besiedelte Gebiet.

Wäre aber ein Krieg nicht das größte Unglück für Deutschland, für Hamburg? Im Hamburger Hafen sieht man schon heute mehr Schiffe mit Rohstoffen für die Aufrüstung als mit Lebensmitteln und wenn es Krieg gibt, dann wird er ganz geschlossen sein. Die anderen Völker sind stärker als wir. Wir wollen nicht in den Lebensraum anderer Völker eindringen, wie jetzt in den des tschechischen, denn das nimmt kein gutes Ende. Unrecht Gut gedeihet nicht. Wir können alles was uns fehlt auf friedlichem Wege bekommen, wie es ja auch in der Botschaft Roosevelts stand. Es dürfen nicht wieder Millionen deutscher Menschen getötet werden. Solche Meinungen aber will Hitler nicht hören, besonders von der Jugend nicht, denn von uns verlangt er im Krieg sehr viel (Luftschutz, Landarbeit, Granaten drehen und vor allem unseren Einsatz an der Front und bei der Luftwaffe). Das ist auch der Grund, warum Hitler veranlaßt hat, daß wir zum Dienst in der HJ antreten müssen. Denn es ist ja die Aufgabe der HJ solche Stimmungen auszurotten und uns für den Krieg zu begeistern.

Darum herrscht aber auch so ein Zustand in der HJ. Die meisten Jungen und Mädel sind zwar Mitglied, aber es gibt viele böse Stimmungen und viele setzen alles daran aus der HJ rausgeschmissen zu werden. Was ist das auch schon für ein Leben in der HJ? ...

Störtebecker-Briefe, Nr. 3, Juni 1939. Archiv der Gedenkstätte Ernst Thälmann, Hamburg.

177. Artikel von oppositionellen Berliner HJ-Mitgliedern aus der illegalen antifaschistischen Zeitung »Berliner Jugend«, Juni 1939

Wo ist die Wahrheit

Ist es denn wirklich so, daß im Leben des einzelnen und der Völker Gewalt vor Recht geht? Hängt das Glück und der Wohlstand unseres Volkes, hängt das Schicksal der deutschen Jugend wirklich davon ab, daß Deutschland Europa oder gar die Welt beherrscht?

Ist es denn wahr, daß »dienen und gehorchen« dem deutschen Ideal der Freiheit entsprechen? Hat der einzelne noch ein Anrecht auf Freiheit, auf freie Meinung? Sind wir denn frei? Ensteht des deutschen Volkes Freiheit etwa aus dem »Drang« nach Eroberung?

Ist es denn unvermeidlich, daß Deutschland noch einmal gegen die ganze Welt Krieg führen muß? Gibt es keinen anderen Weg, unser Vaterland groß, stark und frei zu machen?

Solche und ähnliche Fragen haben uns in den Septembertagen bewegt. Sie bewegen auch heute wieder jeden Jugendlichen in Berlin. Es ereignet sich aber, daß die Berliner Gauführung der HJ jeden als Schlappsack, als feige und unwürdig bezeichnete, der den Frieden höher schätzte als den Krieg, der im ewigen Marschieren, im Zwang und Drill das Gegenteil der Freiheit sah und der die Gewalt verachtete, weil sie den Menschen entwürdigt und weder wahres Mannestum, noch Kraft und Größe erzeugt.

So ist es denn nicht mehr erstaunlich, daß die Hellhörigen unter uns offen ihre Zweifel an der Aufrichtigkeit der HJ-Führung zum Ausdruck bringen und der denkende HJler von ernstem

Zwiespalt ergriffen wird. Jeden Tag wird diese innere Unsicherheit größer. Soll man blind Glauben und Vertrauen entgegenbringen, wenn Worte und Taten der Führer gegeneinanderstehen, wie Tag und Nacht? Es wäre feige, ehrlos und eines jungen Deutschen unwürdig, wenn wir HJler auf das Suchen nach der Wahrheit verzichteten, weil einige »Auserwählte« wünschen, die deutsche Jugend solle nicht denken, sondern marschieren.

Es herrscht eine große Unzufriedenheit unter der Berliner Jugend. Irgendwie fühlt jeder, daß unser Leben freier und glücklicher sein könnte. Es gibt die verschiedenartigsten Meinungen und Strömungen.

Leider ist uns heute noch nicht die Möglichkeit gegeben, über alle Fragen frei und offen in den Scharabenden zu sprechen. Die »Junge Welt« hat sogar die Losung herausgegeben: »Der Kampf ist beendet.« Das glauben wir nicht. Wir sind vielmehr der Meinung, daß der Kampf der deutschen Jugend für Frieden, Freiheit und Recht eben erst begonnen hat.

Diesem Kampfe wollen wir dienen.

Die vorliegende erste Nummer der »Berliner Jugend« ist eine gemeinsame Arbeit von Freunden, die sich in der HJ und im BdM kennenlernten und zu einheitlichen Auffassungen kamen. Wir grüßen alle, die kritisch oder nachdenklich geworden sind.

Unsere Aufgabe sehen wir darin, Klarheit über Weg und Ziel der Jugend zu schaffen und die verschiedenen Meinungen und Strömungen unter der Berliner Jugend zum Nutzen der Gesamtheit in einer freiheitlichen Bewegung zu sammeln.

Wer die Freiheit, den Frieden und den Fortschritt liebt, ist uns als Freund und Mitkämpfer willkommen.

Unser Wille: Der Frieden muß erhalten werden.

Aber wenn der Krieg doch ausbricht und wir morgen marschieren sollen? Für wen und für was sollten wir kämpfen? Für Lebensraum? Indem wir den Lebensraum anderer Völker für Krupp, Thyssen und die großen Bankkapitalisten erobern? Nein! Die deutsche Jugend kämpft gegen die, die uns in den Krieg treiben wollen. Wenn wir selbst frei sein wollen, dürfen wir keine anderen Völker unterdrücken, die genau dasselbe Recht auf nationale Freiheit und staatliche Selbständigkeit haben.

Wir kämpfen darum in einem solchen, uns von denen aufgezwungenen Krieg, die schon 1914 — 1918 nicht genug kriegen konnten, gegen die imperialistischen Kriegstreiber, in unserem Land. Und gemeinsam mit dem italienischen Volk gegen Hitler und Mussolini als deren Preisfechter. Damit das deutsche und das italienische Volk endlich wieder zur friedlichen Arbeit und zu einem Leben in Frieden mit anderen Völkern zurückkehren kann.

Kameraden! Wer den Krieg nicht will, muß heute jeden Tag und zu jeder Stunde für den Frieden eintreten. Bringen wir auf dem Scharabend unsere Meinung gegen die Pressehetze gegen andere Völker zum Ausdruck. Schreiben wir Briefe an die Reichsjugendführung und die »Junge Welt«, worin wir fordern, daß alles getan wird, damit der Frieden erhalten bleibt. Klären wir älteren in der HJ unsere jüngeren Kameraden auf, was ein Krieg für uns bedeutet, fragen wir unsere Väter und älteren Brüder, wie es ihnen im letzten Krieg ergangen ist.

Kameraden! Wir wollen leben und nicht auf den Schlachtfeldern krepieren, und deshalb sagen wir es allen: Die Berliner Jugend will keinen Krieg. Sie fordert: Der Frieden muß erhalten werden.

Berliner Jugend. Für Frieden, Freiheit und Recht, Juni 1939.

178. Flugblatt des ZK des KJVD gegen die Zwangsverschickung deutscher Studenten zur Landarbeit, Frühsommer 1939

Studenten! Kommilitonen!
Ihr alle seid über die 25 000 von euch bedrohende Zwangsverschickung als billige Landarbeiter

mit Recht sehr ungehalten. Ihr habt euch auf die Ferien gefreut, um euch zu erholen, euer Wissen zu vertiefen und euch auf das Examen vorzubereiten. Und wieviele freuten sich, endlich einmal des ewigen Dienstes ledig und Herr über sich selbst zu sein. Jetzt wollen euch nun die braunen Bonzen einen Strich durch die Rechnung machen. Das ist es, was euch alle erregt. Kann es denn auch Sinn und Aufgabe der deutschen Studentenschaft sein, auf Kosten des Studiums und notwendiger Erholung zwangsverschickte Landarbeiter abgeben zu müssen? Natürlich nicht! Die nationale Verpflichtung der Studenten besteht doch darin, sich wissenschaftliche Kenntnisse anzueignen, neue Höhen der Wissenschaft zu erstürmen, um dem Wohle und der Kultur unseres Volkes und dem Fortschritt der Menschheit zu dienen.

Warum also verschickt man euch zwangsweise als Landarbeiter und tritt eure studentischen Ideale und eure Gesundheit mit Füßen?

Euch wird gesagt, es gäbe zu wenig Landarbeiter. Richtig erwidern darauf viele von euch, die aus ihrem Herzen keine Mördergrube mehr machen, im vertrauten Kameradenkreise: »Ach was, sollen die Junker nur anständige Löhne zahlen, dann gibt es keine Landflucht und genug Landarbeiter. Schließlich sind wir Studenten und keine Zwangsarbeiter!« und gegen das braune Argument, daß in diesem Jahre die polnischen Landarbeiter ausbleiben, ist zu hören: »Sollen die oben doch die Polen in Ruhe lassen, dann bleiben auch die polnischen Landarbeiter nicht weg.«

Schließlich versuchen die Nazibonzen die studentenfeindliche Maßnahme mit dem Gerede von der »Einkreisung« zu bemänteln. Wie aber ist es in Wahrheit darum bestellt? Ihr wißt wie wir, daß uns kein Land mit einem Eroberungskrieg bedroht. Wahr aber ist, daß Hitler Österreich, die Tschechoslowakei und das Memelland gewaltsam besetzt hat. Wahr ist, daß Hitler mit Mussolini ein Kriegsbündnis geschlossen und erklärt hat, das faschistische Italien in seinem geplanten Eroberungskrieg gegen Frankreich zu unterstützen. Wahr ist, daß Hitler den Nichtangriffspakt mit Polen gekündigt, an Polen kriegerische Forderungen, die dessen Lebensrechte und Selbständigkeit bedrohen, gestellt und Polen mit Truppen umstellt hat. Wahr ist, was jahrelang bestritten wurde, daß auf Befehl Hitlers die berüchtigten Kondor-Aasgeier über Spaniens Land hergefallen sind. Diese Untat wird als ewiges Schandmal in der deutschen Geschichte brennen!

Wenn sich nun jetzt die Länder zur Abwehr neuer Gewaltakte zusammenschließen, so ist das die Folge der kriegerischen Gewaltakte und Drohungen Hitlers. Da hilft kein Zetern über Einkreisung, denn so wie man in den Wald hineinruft, so schallt es zurück! Es muß Schluß gemacht werden mit der Kriegspolitik, die unser Hab und Gut verschlingt, der Jugend die Butter vom Brote nimmt und uns nur Feinde einbringt. Gewiß für die neureichen Systembonzen und Rüstungsgewinnler à la Krupp und Thyssen ist die großdeutsche imperialistische Raubpolitik ein gutes Geschäft. Für die Jugend aber ist »Großdeutschland« der Inbegriff der Unfreiheit, der Zwangsverschickung, des ewigen Dienstes und immer neuer Opfer. Und die Wissenschaft geht dabei vor die Hunde. Ist es nicht alarmierend, wenn die Zeitschrift »Chemische Industrie« zugeben muß: »Die Führung der Forschung ist auf das Ausland übergegangen«. Das ist der »Erfolg« der wissenschaftsfeindlichen braunen Systemgrößen — sie haben die einst Weltruf genießende deutsche Wissenschaft an den Abgrund gebracht!

Zu guterletzt will man euch die studentenfeindliche Zwangsverschickung, die Abhaltung vom Studium als nationale Tat hinstellen. Komme man nicht damit. Noch nie war national, was dem Profitbeutel und imperialistischen Eroberungsgelüsten der dunklen Finanzmächte nützte. National ist nur das, was den Interessen unseres Volkes und unserer Jugend — die die Nation ausmachen — dient.

Studenten! Kommilitonen! Mit Recht bewegt euch heute die Frage: Wie kommen wir los von der Zwangsverschickung, die nur den ostelbischen Junkern und der Kriegspolitik nützt. Wenn ihr — wie es schon viele tun — kameradschaftlich zusammenhaltet, werdet ihr viel erreichen, könnt ihr euch gegenseitig beratschlagen und helfen. Wo ein Wille ist, ist auch ein Weg! Freiheitliche Studenten haben uns gefragt, ob sie auch Befreiungsanträge stellen sollen, so wie es die Mädchen gegen das Pflichtjahr tun. Die bejahende Antwort macht unter euch schon die Runde. Manche haben sich bereits ein ärztliches Attest besorgt, denn nicht jeder kann die schwere Landarbeit verrichten. Herzfehler, körperliche Beschaffenheit sind gute Gründe. Nicht zu verachten ist auch die plötzliche Erkrankung vor der Abfahrt. Manche waren krank und sind im Studium zurückgeblieben, gewiß ein Grund, um befreit zu werden, damit man in den Ferien das Versäumte nachholen kann. Manche stehen vor dem Examen und müssen sich vorbereiten. Schließlich sind auch gewichtige Familiengründe ernste Begründungen. Manche unter euch sagen: »Wer sich nicht drückt, der ist verrückt.« Daran ist vieles Wahre. Gewiß wird es nicht jedem gelingen durchzurutschen. Deshalb ein Wort an euch, Studenten und Kommilitonen, die ihr der Zwangsmaßnahme nicht entkommen könnt. Auf dem Lande da werdet ihr viel mit der Landjugend, zwangsverschickten Arbeiterjungens, Arbeitsdienstlern und Soldaten zusammentreffen. Helft euch gegenseitig! Vor allem schließt und haltet gute Kameradschaft mit ihnen. Laßt euch nicht gegeneinander ausspielen und aufhetzen. Hört jeden Sonntag von abend 18 bis 19 Uhr die deutsche Jugendstunde, Kurzwelle 25 m — trotz Gestapo! Und wenn ihr zurückkommt, erzählt euren Kameraden wie es auf dem Lande aussieht, wie die Bauern unter den Lasten stöhnen, wie sich die Jugend auch auf dem Lande nach einem wahren freien und glücklichen Deutschland sehnt.

Und ihr alle, Studenten, Kommilitonen, wenn ihr wollt, daß eure Losungen »Wir wollen studieren statt marschieren«, »Wir wollen Erholung statt Zwangsverschickung«, »Wir wollen Freiheit für die Wissenschaft!« erfüllt werden, dann schließt überall treue Kameradschaft und kämpft in brüderlicher Verbundenheit mit der Arbeiter- und Landjugend für ein wahres, freies, demokratisches Deutschland!

Euch alle, die ihr aufrecht zur Freiheit steht, euch alle, die ihr den ewigen Dienst und Drill satt habt, euch alle, die ihr den Frieden wollt,

grüßt brüderlich das
Zentralkomitee des Kommunistischen
Jugendverbandes Deutschlands.

IML/ZPA, VI/22.

179. Aus dem Aufruf des ZK der KPD und des ZK des KJVD an die deutschen Eltern und Erzieher, 27.8.1939

Mit der Jugend, für die Jugend Deutschlands!

An die deutschen Eltern! An alle Erwachsenen! An die Lehrer und Erzieher!
Viele Mühe und Kosten wendet Ihr daran, Eure Kinder zu erziehen und ihnen zu helfen, gesunde, aufrechte und glückliche Menschen zu werden. Der natürliche Wunsch jedes Vaters und jeder Mutter ist es doch, daß ihre Kinder es einmal besser haben sollen, und daß sie von den Sorgen und Leiden unserer Generation verschont bleiben.
Wer heranwachsende Kinder sein eigen nennt, sorgt sich nicht nur darum, daß sie gesund sind, gut ernährt und anständig gekleidet werden, sondern wünscht auch von Herzen die moralische und geistige Entwicklung seiner Kinder zu beeinflussen. Er möchte, daß sie wirklich etwas richtiges lernen, sich ein gutes fachliches Können im gewählten Beruf erwerben und so im Leben ihren Mann stehen können...
Was tut aber das gegenwärtige, in unserem Lande herrschende Naziregime?

Es überläßt zwar den Eltern die ganze Mühe und materielle Sorge, die Kinder großzuziehen, aber es hetzt sie gegen ihre Eltern auf. Die Naziführer hämmern in den Zwangsorganisationen und in der Schule der deutschen Jugend ein, die Überzeugungen ihrer Eltern geringschätzig und feindselig zu betrachten...

Drill und Zwangsarbeit für den Krieg

Die Hitlertyrannei versucht mit allen Mitteln, aus der deutschen Jugend ein blindes Werkzeug ihrer Krigespolitik zu machen, das nicht denkt, sondern denunziert, das nicht fordert, sondern wie ein Sklave schuftet, das nicht fragt: warum? sondern marschiert und stirbt.
Einzig und allein dafür wird unsere Jugend heute eingespannt. Exerzieren und ewiger Dienst statt Lernen, Verhetzung und Verdummung statt Übermittlung eines wirklichen Wissens, Erziehung im Ungeiste der Rassen- und Kriegshetze statt fortschrittlichem Geiste der deutschen Dichter und Denker, Zwangsarbeit auf dem Lande und im Arbeitsdienst statt guter Berufsausbildung — das ist eine Erziehung zu einem rohen, unwissenden Landsknecht, aber nicht zu einem aufrechten, charakterfesten und selbständig denkenden Deutschen. Wahrlich, es ist kein Wunder, daß sich bei einem solchen Erziehungssystem die Fälle der sittlichen Verrohung innerhalb der Hitlerjugend und des Bundes Deutscher Mädchen mehren. In besorgniserregender Weise häufen sich auch die Zeichen, daß der ewige Dienst und Drill, der Abbau des Jugendschutzes, die lange Arbeitszeit und das Hetztempo in den Betrieben die Gesundheit unserer Jugend ruinieren. Statt mehr Butter, Fleisch, Eier, Obst und Gemüse bekommt die Jugend nur mehr Drill und Zwangsarbeit.

Die heilige Pflicht der Erwachsenen

Viel Unheil hat das nationalsozialistische Regime unter unserer Jugend angerichtet — aber trotz allem, unsere Jugend ist nicht verloren! Kein Staat und keine Nazipartei können soviel Einfluß auf die heranwachsende Jugend haben wie die Eltern, die erwachsenen Kollegen im Betrieb, die Lehrer und die älteren Kameraden beim Militär, die es verstehen, ihren natürlichen Einfluß im richtigen Sinne anzuwenden.
. . .

Ein Vorschlag an die Eltern, Erwachsenen und Lehrer

Gerade weil die harte Wirklichkeit immer wuchtiger den Phrasen und Versprechungen der Nazis ins Gesicht schlägt, habt Ihr deutsche Eltern, Erwachsene und Lehrer große Möglichkeiten in der Hand, um systematisch ans Werk zu gehen, die deutsche Jugend vor dem faschistischen Verderb zu retten!
Dazu ist notwendig, daß überall, wo Ihr mit der Jugend zusammen kommt, sei es als Eltern, als Erwachsene im Betrieb oder im Sportverein, als Lehrer in der Schule, im Arbeits- und Landdienst, im Heer, Ihr den Jugendlichen ein kameradschaftlicher Helfer und Berater sein solltet. Nicht durch ablehnendes Verhalten, durch Ungeduld und Schimpfen könnt Ihr den Jugendlichen, der erzogen wurde, in Naziphrasen zu denken und zu sprechen, in Eurem Sinne beeinflussen. Verbindet Ihr aber mit geduldiger Beeinflussung Rat und Hilfe für den Jugendlichen in allen Lebensfragen, dann werdet Ihr bald sein Herz erobern.
. . .

Den Jugendlichen in der HJ helfen im Kampf

Viele deutsche Eltern standen vor der Gewissensfrage, ob sie es mit ihrer Friedensliebe und ihrer antifascistiscen Gesinnung vereinbaren können, ihre Kinder in die HJ zu schicken. Jetzt werden mit der vormilitärischen Jugenddienstpflicht **alle** Jugendlichen als Zwangsmitglieder in die HJ gepreßt. Zweifellos wird der Tag kommen, wo unser deutsches Volk diese Zwangsorganisationen zertrümmern wird, aber heute sind wir noch nicht so weit. Das darf aber keineswegs heißen, daß Ihr Eure Kinder dem volksfeindlichen Einfluß der Führer dieser Organisationen überlassen dürft. Im Gegenteil, je stärker der Zwangscharakter der Hitlerjugend und des BDM den Jugendlichen bewußt wird, desto mehr kann sich mit Eurer Unterstützung die Opposition und der Widerstand der Jugend in diesen Organisationen entwickeln.

Ihr, Eltern, Erwachsene und Lehrer, könnt die Jugendlichen beraten wie sie sich in wahrer Kameradschaft mit gleichgesinnten Kameraden in diesen Organisationen zusammenfinden und die Kommandiererei von oben abwehren können, und wie sie ihren Willen und ihre Wünsche in diesen Organisationen durchsetzen können. Eltern, Erwachsene und Lehrer, Ihr könnt der Jugend raten, wie sie ihre Wünsche auf Spiel und Sport anstelle der Militarisierung in der HJ und im BDM verwirklichen kann. Ihr könnt teils durch Anregungen an die Jugendlichen, teils durch Forderungen in den Elternversammlungen helfen, die Programme der Heimabende in der HJ gemäß den Wünschen der Jugendlichen zu gestalten.

Am besten können die Eltern durch wahrheitsgemäße Erzählungen aus der Zeit des Weltkrieges, über die frühere freie Jugend- und Sportbewegung, über die Arbeiterbewegung und ihre Führer, über die Freiheitsgeschichte des deutschen Volkes und anderer Völker die Erziehung der Jugendlichen beeinflussen. Vergeßt niemals, daß in der Seele des jungen Menschen ein tiefes Gefühl für Gerechtigkeit und Freiheit lebt, das Ihr als Eltern und Erwachsene entwickeln helfen müßt!

So könnt Ihr der Hetze gegen die anderen Völker, besonders auch der Judenhetze, dieser gefährlichsten Leimrute für die unerfahrene Jugend, entgegenwirken.

Einigkeit in der großen Front der Eltern!

Sozialdemokratische und kommunistische Eltern!
Ihr habt eine besondere Verpflichtung. Ihr müßt alle Methoden ausfindig machen, um der Jugend die großen Traditionen der deutschen Arbeiterbewegung zu übermitteln und ihr die großen Gedanken des Sozialismus klarzumachen. Klärt die Jugend auf über den Klassenkampf, den sie selbst am eigenen Leibe spürt, wie die Trustkapitalisten, die Unternehmer und Großgrundbesitzer mit Hilfe der Hitlerdiktatur den brutalsten Klassenkampf gegen die deutsche Arbeiterklasse, gegen das deutsche Volk führen...

Katholische und evangelische Eltern!
Der Jugendverderber Schirach hetzt in rüden Worten die Kinder auf, Euch Eurer religiösen Auffassungen wegen zu verspotten. Laßt Euch nicht das Recht auf die Erziehung Eurer Kinder nehmen und bewahrt sie mit allen Mitteln vor der moralischen und sittlichen Verwahrlosung durch den Nationalsozialismus! Haltet im Kampfe gegen die nationalsozialistischen Elternfeinde Solidarität mit den kommunistischen und sozialdemokratischen Eltern! Einig sei die große Front der Eltern gegen die braunen Jugendverderber.

Der Krieg droht!
Veteidigt Eure Kinder!

. . .

Jetzt, wo Hitler durch seine Brandstifterpolitik in Danzig seinen imperialistischen Angriff zur Vernichtung Polens einleiten will, nachdem er Österreich und die Tschechoslowakei überfallen hat, und wo durch diese Hitlerpolitik ein zweiter Weltkrieg droht, darf keine Anstrengung zur Rettung der Jugend aus der kriegshetzerischen, chauvinistischen Verseuchung durch die Naziführer von den Eltern, allen Erwachsenen und den Lehrern gescheut werden!...

Denkt an das alte und wahre Wort: Wer die Jugend hat, hat die Zukunft!
Eltern, Erwachsene, Lehrer, an Euch ist es, in diesem Geiste zu wirken zum Wohle Deutschlands und des Friedens!

ZK der Kommunistischen Partei Deutschlands
ZK des Kommunistischen Jugendverbandes

Deutsche Volks-Zeitung, 27.8.1939.

Musterung von Rekruten nach der Einführung der allgemeinen Wehrpflicht 1935

Appell beim Reichsarbeitsdienst

Heimabend des BdM

Hitlerjugend beim »Tag der Wehrmacht«

Naziführer bei der Jugend: Joseph Goebbels,...

...Julius Streicher,...

...Adolf Hitler

Baldur von Schirach bei der Inspektion einer BdM-Führerinnenschule

Joseph Goebbels und Artur Axmann beim Besuch einer Adolf-Hitler-Schule

HJ-Einheit beim »Adolf-Hitler-Marsch« zum Reichsparteitag, 1937

Empfang der Sieger des Reichsberufswettkampfes in der Reichskanzlei in Berlin

FREIE DEUTSCHE JUGEND

DISKUSSIONSBLÄTTER FÜR EINE FREIE DEUTSCHE JUGENDBEWEGUNG

Herausgeber: Arbeitsgemeinschaft freiheitlicher Jugendorganisationen.
Zuschriften an: Mm. R. Leibholz, 9, rue Campagne Première, Paris 14è.

Juni-Juli 1937.   Erscheint zweimonatlich.   Nr. 1.

Inhaltsverzeichnis

Titelblätter von antifaschistischen Jugendzeitungen aus dem Exil

KAMERADSCHAFT
SCHRIFTEN JUNGER DEUTSCHER

HEFT 4   **2. JAHRGANG**   **APRIL 1939**

FREIHEIT, DU GOLDENE FLAMME!

Freiheit, du goldene Flamme,
Fackel, die sonnengleich
Ihr Banner in den Himmel zückt
Und strahlend alle Stirnen schmückt,
Verflackerst du schwelend im Schlamme
Mitsamt dem deutschen Reich?
    Gestiefelten Knechten fielst du zum Raub.
    Sie zerfetzten dein rotes Gewand.
    Sie trampelten frech deine Glut zu Staub
    Und beherrschen das Vaterland.

Deutschland, du Land meiner Väter,
Heimat, du bist nicht frei.
Die Lüge schlägt die Wahrheit tot.
Das Recht liegt bleich im Strassenkot.
Der Freund wird am Freund zum Verräter
In deiner Barbarei.
    Die Herrschaft der Knechte, du trägst sie stumm.
    Ihr gepanzerter Lehmgötze gleisst.
    Sie karren ihn brüllend im Land herum,
    Bis das Volk ihn vom Sockel reisst.

Freiheit, in Asche gesunken,
Glühst du und glimmst versteckt.
Und wen dein heisser Atem streift,
Der weiss, dass deine Stunde reift.
Millionen behüten den Funken,
Aus dem ein Sturm dich weckt.
    Dann sterben die Knechte in deinem Brand.
    Der gepanzerte Götze zerbricht
    Und stolz hebt das jubelnde Vaterland
    Deine Fahne ins Sonnenlicht.
                 HANS REINOW.

Auch das Braunmädchenlied im letzten Heft war von Hans Reinow, einem viel versprechenden jungen deutschen Dichter.

73

In Deutschland von Jugendlichen verbreitete antifaschistische Flugzettel

Zeltlager der Freien Deutschen Jugend in Hoddeston bei London, August 1939

DOKUMENTE
III. Jugend im zweiten Weltkrieg 1939-1945

180. Befehl der Reichsreferentin des BDM Jutta Rüdiger zur erhöhten Kriegsbereitschaft, 1.9.1939

Der Reichsjugendführer   Berlin, den 1. September 1939
Die BDM-Reichsreferentin

Rundschreiben Nr. 20/39 G   Geheim.

Einsatzbefehle für HJ und BDM liegen bei den Gebietsführern vor, die im Mob-Fall geöffnet werden sollen. Ich bitte, daß Ihr Euch dann sofort mit den Gebietsführern in Verbindung setzt.

Da die Schulen bis auf Widerruf geschlossen sind, ist die Führung der HJ für die deutsche Jugend verantwortlich. Es ist selbstverständlich, daß alle Mädel und Jungmädel für den praktischen Dienst eingesetzt werden. Für die Jugendlichen, die im Augenblick nicht beschäftigt sein sollten, muß sofort auch vormittags Dienst jeder Art angesetzt werden.

Die Reichsanstalt hat bereits an die Arbeitsämter durchgegeben, daß die notwendigen BDM-Führerinnen für den Dienstbetrieb abgestellt werden. Ihr müßt Euch dann sofort mit den Arbeitsämtern in Verbindung setzen.

Der Heimabend dient hauptsächlich der Aufklärung und Propaganda in dieser Zeit.

Ich bitte beiliegenden Aufruf von mir, soweit es nicht über Presse möglich ist, intern dem BDM durchzugeben.

Ihr tragt in diesen Tagen eine große Verantwortung, aber ich weiß, daß ich mich restlos auf Euch und Euren Einsatz verlassen kann, auch wenn nicht immer die Möglichkeiten zu einer Rücksprache gegeben sind. Jedem Nationalsozialisten zeigt das Herz auch ohne Befehl den Weg, den er zu gehen hat.

Heil Hitler!
Jutta Rüdiger

N.S. Bis auf Widerruf haben alle Führerinnen und Mädel in den Dienststellen und im Dienst Führerinnendienstkleidung und BDM-Tracht zu tragen.

Zentrales Staatsarchiv Potsdam, Film Nr. 10895.

181. Anordnung des Reichsjugendführers zur Gründung des Reichsinstituts für nationalsozialistische Jugendarbeit, 5.9.1939

Die Durchführung der nationalsozialistischen Jugenderziehung macht im wachsenden Maße den Aufbau einer wissenschaftlichen Arbeitsstätte der Reichsjugendführung notwendig: Ich verkünde daher die Gründung eines Reichsinstituts für nationalsozialistische Jugendarbeit mit dem Sitz in Berlin. Zum Präsidenten des Reichsinstituts ernenne ich in Anerkennung seiner Verdienste um die Erziehung der deutschen Jugend General Vogt. Zum Leiter des Instituts ernenne ich Hauptbannführer Kaufmann.
Das Reichsinstitut hat die Aufgabe, sämtliches Material über die Geschichte der HJ, einschließlich der bisher im Organisationsamt der Reichsjugendführung aufgebauten Chronik-Werke, sicherzustellen und auszuwerten. Es hat ferner in Verbindung mit den entsprechenden wissenschaftlichen Vereinigungen, Universitäten, dem Seminar für HJ-Führer, der Hochschule für Politik, den Führerschulen der HJ, sowie der Akademie für Jugendführung, wissenschaftliche Untersuchungen durchzuführen oder zu veranlassen und damit die Arbeit der einzelnen Ämter der Reichsjugendführung zu unterstützen. Zur Planung und Durchführung dieser Aufga-

ben wird im Reichsinstitut ein Arbeitsausschuß gebildet, in dem die Ämter der Reichsjugendführung und sonstige interessierte Dienststellen vertreten sein können. Im Reichsinstitut ist eine jugendkundliche Fachbücherei zu errichten. In einem Archiv, von dem alle archivarischen Bestände der Dienststellen der HJ erfaßt werden, sind sämtliche Unterlagen über die Jugend des In- und Auslandes aufzubewahren. Veröffentlichungsorgan für die Arbeitsergebnisse des Reichsinstituts für nationalsozialistische Jugendarbeit ist das amtliche Mitteilungsblatt des Jugendführers des Deutschen Reichs »Das Junge Deutschland«.
Weitere Ausführungsbestimmungen erläßt der Stabsführer.

Berlin, am 5. September 1939.

Reichsbefehl der Reichsjugendführung der NSDAP, 8/K, 3.11.1939, S. 1 f.

182. Anweisung der Personalabteilung der HJ-Gebietsführung Düsseldorf zur Werbung für die SS-Verbände, 6.9.1939

Nationalsozialistische Deutsche Arbeiterpartei
Hitler-Jugend, Gebiet Düsseldorf (34)
Personalabt.-Überwachung   Düsseldorf, den 6. September 1939

An den
Führer des Standortes 17/267   Schnellbrief
Wuppertal-Elbefeld   Geheim

Betr.: Freiwillige für die SS-Verbände

Aufgrund einer Verordnung des Reichsführers SS, Himmler, können ab sofort Freiwilligenmeldungen für die SS-Verbände:
Allgemeine SS, SS-V.T. und SS-T.V. stattfinden.
Nach Rücksprache mit dem Führer der 20. SS-Standarte, SS-Standartenführer Dahm, sind die einzelnen SS-Standortführer angewiesen, sich mit den zuständigen Bann- und Standortführern der HJ in Verbindung zu setzen.
Jgg., die sich freiwillig, zur Dienstleistung in den obigen Verbänden, melden wollen, sind an die einzelnen SS-Meldestellen zu verweisen, von wo aus auch die Untersuchungen, Musterungen usw. durchgeführt werden.
Den Bannführern kommt lediglich die Aufgabe zu, innerhalb der HJ für die Freiwilligenmeldung zu werben.
Nachstehend gebe ich kurz die näheren Bedingungen zur Kenntnis: Freiwillige, die ihre Berufsausbildung beendet haben oder vor ihrer Einberufung beenden oder solche, die keine Berufsausbildung haben. (ungelernte Arbeiter usw.).
Die Freiwilligen für die V.T. werden ohne Dienstzeitverpflichtung angenommen, ihre abgeleistete Dienstzeit wird bei einer kurzen Dauer des Krieges später angerechnet werden.
...

Zentrales Staatsarchiv Potsdam, Film Nr. 10899.

183. Aus dem Erlaß des Chefs der Sicherheitspolizei über den Einsatz des HJ-Streifendienstes bei den Staatspolizei- und Kriminalpolizeileitstellen, 8.9.1939

1. Dienststellen der Sicherheitspolizei sind: Staatspolizeileitstellen und Staatspolizeistellen sowie Kriminalpolizeileitstellen und Kriminalpolizeistellen. Diese Stellen fordern von den Ge-

bietsführungen der HJ die benötigte Anzahl von SRD-Angehörigen an. Es ist zu erwarten, daß der Einsatz des Streifendienstes nicht sofort in vollem Umfange erfolgt, sondern erst einzelne Jugendliche eingesetzt werden. Je nach Bewährung und Einsatzmöglichkeiten werden den ersten Anforderungen weitere folgen.

2. Die Gebiete der HJ kommen der Anforderung der Dienststellen der Sicherheitspolizei nach und stellen hierfür den Streifendienst der HJ zur Verfügung ... Soweit nicht genügend SRD-Angehörige vorhanden sein sollten, sind geeignete HJ-Angehörige der letzten beiden Jahrgänge einzusetzen. Ebenso können auf Grund besonderer Anforderungen Angehörige der technischen Einheiten, Motor-HJ und Nachrichten-HJ, eingesetzt werden.
Mit der Durchführung des Einsatzes ist der Gebietsinspekteur für den Streifendienst oder sein Vertreter beauftragt. Dieser regelt mit den Stellen der Staatspolizei bzw. Kriminalpolizei den Einsatz in seinen Einzelheiten.
Die Gebietsinspekteure für den Streifendienst verschaffen sich zunächst eine Übersicht über die Jugendlichen, die ganztägig eingesetzt und über Berufstätige, die zusätzlich verwandt werden können. Von der Schule ist gegebenenfalls für den Einsatz als Hilfspolizist eine Beurlaubung zu erwirken. Die Verhandlungen sind örtlich zu führen.

3. Die eingesetzten HJ-Angehörigen erhalten von den einsetzenden Dienststellen Verpflegung und Fahrgeld. Da der Einsatz dieser Jugendlichen im Rahmen des HJ-Dienstes und auf Befehl der Dienststellen der HJ geschieht, sind die eingesetzten HJ-Angehörigen im Rahmen der HJ-Versicherung geschützt. Ein erweiterter Versicherungsschutz steht bevor.
...

5. Die Führer des SRD in den Standorten haben über den Einsatz und über die sonstige Tätigkeit des SRD genau Tagebuch zu führen.

6. Im Rahmen dieses Einsatzes soll der Streifendienst für folgende Zwecke verwandt werden:
a) Innerdienstliche Verwendung bei den Polizeidienststellen, dort, wo durch die Verwendung von Jugendlichen Fachkräfte für andere Aufgaben frei werden.
b) Verwendung im Exekutivdienst als Zusatzkräfte für Polizeibeamte.
c) Bei besonderer Eignung und Bewährung Exekutiv-Einsatz in eigener Verantwortung usw.
Diese Einsatzmöglichkeiten werden nur zur Unterrichtung der Gebietsführungen und der Führer des SRD in den Standorten bekanntgegeben. Den einzusetzenden HJ-Angehörigen ist von vornherein klarzumachen, daß es sich bei diesem Einsatz um keine romantische Angelegenheit handelt und daß sie auf keinen Fall damit rechnen können, in irgendeiner Weise Polizei zu spielen, sondern daß die zu erwartende Arbeit sehr einfach und sehr nüchtern sein wird. Es wird erwartet, daß auch der schlichteste Dienst im Rahmen dieses Einsatzes mit voller Arbeitsfreudigkeit und vollem Pflichtbewußtsein erfolgt.

7. Über den Einsatz des Streifendienstes zur allgemeinen Überwachung Jugendlicher erfolgen noch weitere Anweisungen.

8. Für die Verwendung des BDM-Einsatzdienstes bei der Sicherheitspolizei gelten entsprechende Bestimmungen. Der BDM-Einsatzdienst soll im wesentlichen für folgende Zwecke verwendet werden:
a) Innerdienstliche Verwendung bei den Polizeidienststellen, dort, wo durch Verwendung von Jugendlichen Fachkräfte für andere Aufgaben frei werden.
b) Verwendung im Exekutivdienst als Zusatzkräfte für Polizeibeamtinnen.
c) Bei besonderer Eignung und Bewährung auch Exekutiveinsatz in eigener Verantwortung usw.

Zitiert nach: Reichsbefehl der Reichsjugendführung der NSDAP, 3/K, 23.9.1939, S. 3 f.

184. Anordnung des Reichsjugendführers zur Vermeidung von Auseinandersetzungen zwischen Schule und Hitlerjugend während des Krieges, 11.9.1939

Der Jugendführer   Berlin W 35, am 11. Sept. 1939
des Deutschen Reichs   Kurfürstenstr. 53

An die
Führer der Gebiete und   Geheim.
Führerinnen der Obergaue

Es besteht die Absicht, mir die Zusammenfassung aller erzieherischen Kräfte während des Krieges zu übertragen. Selbstverständlich darf dies innerhalb der Jugend nicht als Sieg eines Erziehungsfaktors über den anderen ausgelegt werden, da das meine Tätigkeit unnötig erschweren würde. Ich mache meine Mitarbeiter und Mitarbeiterinnen dafür verantwortlich, daß die im Interesse der Landesverteidigung erforderliche Vereinheitlichung der Befehlsgewalt auf erzieherischem Gebiet von der Jugend und ihren Dienststellen mit dem in diesem Falle notwendigen Taktgefühl aufgenommen wird.
Während des Krieges kann keinerlei innere Auseinandersetzung geduldet werden.

Baldur von Schirach

Zentrales Staatsarchiv Potsdam, Film Nr. 10895.

185. Befehl des Reichsjugendführers, alle HJ-Dienststellen Tag und Nacht einsatzbereit zu halten, 11.9.1939

Der Jugendführer   Berlin W 35, am 11. Sept. 1939
des Deutschen Reichs   Kurfürstenstr. 53

An die
Führer der Gebiete und   Geheim.
Führerinnen der Obergaue

Aus gegebener Veranlassung weise ich — nunmehr persönlich — darauf hin, daß die Dienststellen der Hitler-Jugend Tag und Nacht telefonisch erreichbar sein müssen, um meine Befehle entgegennehmen und ohne Verzug durchführen zu können. Gebietsführer und Obergauführerinnen müssen bei Verlassen ihrer Dienststelle angeben, wo sie zu erreichen sind und haben ihrerseits die ihnen nachgeordneten Führer und Führerinnen anzuhalten, dasselbe zu tun. Da der Krieg auch Sonntags stattfindet, (was nicht allgemein bekannt zu sein scheint) gilt diese Anweisung uneingeschränkt für alle Tage und Nächte.
Ich bin leider gezwungen, bei Nichtbeachtung dieser Anweisung gegen die Schuldigen einzuschreiten.

Heil Hitler!
Baldur von Schirach

Zentrales Staatsarchiv Potsdam, Film Nr. 10895.

186. Anordnungen der Reichsjugendführung zum kulturellen Einsatz der HJ im Krieg, 22.9.1939

Die Formationen von HJ, DJ, BDM und JM werden als einzige in der Lage sein, in Sing- und Spielstunden mit Blasmusiken, Fanfarenmusiken, Laien- und Märchenspielen dafür zu sorgen, daß in den lebenswichtigen Betrieben, die mit drei und vier Schichten arbeiten, in den Werkpausen den Arbeitenden Entspannung und Freude gebracht wird. Im gleichen Umfang muß in den Flüchtlingslagern und Lagern der Evakuierten, in Verwundetenheimen, auf den Dörfern, in Straßen und auf Plätzen der Städte und überall dort, wo es not tut, ebenso für Entspannung und Aufheiterung gesorgt werden.

Der Einsatz geschieht grundsätzlich im Einvernehmen mit den zuständigen Stellen von Partei, Wehrmacht, Arbeitsfront usw., sowie unter Beachtung der Luftschutzvorschriften bezüglich Teilnehmerzahl, Bereitstellung von Schutzräumen und dergleichen.

Im einzelnen sind folgende Aufgaben zu erfüllen:
a) Offenes Singen auf Marktplätzen, Bahnhofsplätzen, in den Arbeitspausen der Fabriken, auf Kinderspielplätzen, in Krankenhäusern, Lazaretten, in den Dorfstraßen — besonders am Sonntagmorgen und Sonntagabend.
b) Gemeinschaftsabende, besonders auf dem Dorf, mit Lied, Laienspiel, Erzählung, Vorlesung, Musik.
c) Feierstunden sowohl für die Einheiten als auch für die gesamte Bevölkerung mit Lied, Musik, Lesung und evtl. einer Ansprache.
d) Vorführung von Laienspiel, Puppenspiel und Schattenspiel.
e) Platzkonzerte der Musikzüge, Spielmannszüge und Fanfarenzüge.
f) Umrahmung von Jugendfilmstunden mit Lied, Instrumentalmusik, Fanfarenmärschen.

Die einfachste Form von Kurzveranstaltungen auf öffentlichen Plätzen und in den Fabriken, Lazaretten usw. werden Singstunden mit eingestreuten Sprechtexten sein. Hierbei können auch Instrumentalgruppen, Fanfarenzüge, Spielmannszüge, Musikzüge usw. zwischen den Liedern und evtl. zur Begleitung der Lieder eingesetzt werden.

Als Beispiel geben wir drei Programme bekannt, die sich jeweil auf ein Liederblatt der HJ stützen. Das betreffende Liederblatt müßte möglichst in entsprechender Zahl an die Teilnehmenden verteilt werden.

Die Programme wurden vom Bann Wolfenbüttel (477) ausgearbeitet.

Die betreffenden Liederblätter können beim Kallmeyer-Verlag, Wolfenbüttel, bestellt werden (Nr. 1-52, zweiseitig, je 2 Rpf., Nr. 53-88, vierseitig, je 4 Rpf.).

Reichsbefehl der Reichsjugendführung der NSDAP, 2/K, 22.9.1939, S. 3.

187. Abkommen zwischen dem Oberkommando der Wehrmacht und der Reichsjugendführung über den Einsatz von Frontkämpfern in der weltanschaulichen Schulung der HJ, 25.9.1939

Zwischen dem Oberkommando der Wehrmacht und der Reichsjugendführung ist eine Vereinbarung getroffen worden, wonach die von der Front zurückkehrenden Teilnehmer an den Kämpfen im Osten und Westen auf den Heimabenden unseren Hitler-Jungen und Pimpfen in der Heimat erzählen sollen. Zweck dieses Einsatzes von Frontsoldaten des gegenwärtigen Kriegsgeschehens ist, die Wehrbereitschaft der in die Wehrmacht aus unserer Jugendbewegung nachrückenden Jahrgänge zu vertiefen und sie mit einer kämpferischen Entschlossenheit zu beseelen. Es ist hier ferner die Möglichkeit, unsere Heimabende spannend und fesselnd zu gestalten und die Dienstfreudigkeit besonders anzuspornen. Ich betrachte diesen Einsatz von Frontsoldaten auf den Heimabenden der Hitler-Jugend als einen wesentlichen Teil der politischen Ausrichtung der HJ. An die stellvertretenden Generalkommandos wurde von dem Befehlshaber des Ersatzheeres am 25. September 1939 — Nr. 108/39 (V/I) — folgende Weisung herausgegeben:

Die Reichsjugendführung beabsichtigt, im Rahmen ihrer Schulung (Heimabende und dergl.) Frontkämpfer und insbesondere Teilnehmer an den Kämpfen im Osten und Westen über ihre Erlebnisse berichten zu lassen. Sie will dadurch eine Vertiefung der wehrgeistigen Schulung der Jugend erreichen.

Die Bestrebungen sind durchaus zu begrüßen. Die stellvertretenden Generalkommandos und die ihnen unterstehenden Truppenteile werden daher gebeten, diese zu unterstützen.

Die Hitler-Jugend ist angewiesen, sich mit diesbezüglichen Wünschen an die Führer der örtlichen Truppenteile unmittelbar zu wenden.

Die Bedeutung der Aufgabe erfordert eine sorgfältige Auswahl der für diese Schulung einzusetzenden Persönlichkeiten; ihre Wahl darf nicht dem Zufall überlassen bleiben.
Die Gebiete nehmen sofort Verbindung auf mit den Propaganda-Offizieren der Wehrkreiskommandos, der Marine-Stationskommandos und der Luftgaukommandos, die vom Oberkommando der Wehrmacht, Wehrmacht Propaganda WPr II f, gleichzeitig unterrichtet worden sind. Die Bannführer besuchen die Standortältesten, um mit ihnen den Einsatz von Urlaubern auf den Heimabenden organisatorisch zu lösen. Es ist notwendig, daß die Teilnehmer an den Kämpfen im Osten und Westen vor ihrem Einsatz von einem HJ-Führer kurz darauf hingewiesen werden, auf welche Weise sie am besten die Jugend ansprechen. Die Frontsoldaten werden selber wissen, daß Erzählungen zu vermeiden sind, die vielleicht eher abschreckend als begeisternd wirken. Dem Formationsführer bleibt die Auswahl der vorgeschlagenen Soldaten für den Einsatz überlassen.

Auf Veranlassung des Arbeitsausschusses Langemarck sind die Dienststellen der NSKOV und des NS-Reichskriegerbundes angewiesen worden, den Formationsführern bei der Auswahl der Frontsoldaten behilflich zu sein und von sich aus diese Aktion in jeder Weise zu unterstützen. Ich bitte mit ihnen sofort örtlich Verbindung aufzunehmen.

Der Frontkämpfereinsatz kann auch in größerem Rahmen am Sonntagvormittag in den Filmtheatern erfolgen.

Der Einsatz von Frontkämpfern vor der HJ gilt nur für DJ und HJ. Eine Beteiligung von Einheiten des BDM oder der Jungmädel wird ausdrücklich untersagt.

Reichsbefehl der Reichsjugendführung der NSDAP, 17.11.1939, S. 11.

188. Richtlinien für den Einsatz des HJ-Streifendienstes zur Überwachung von Jugendlichen in den Städten im HJ-Gebiet Schwaben, 26.9.1939

Gebiet Schwaben (36)   Augsburg, den 26.9.1939.
Hauptabteilung I
Streifendienst
                        durch Eilboten!
                    Rundschreiben Nr.4/39
Verteiler: Bannstreifenführer der Banne — Führer der Banne z.K.
Betrifft: Überwachung Jugendlicher in Städten.

Die Anordnungen über einen umfangreichen und geregelten Einsatz des Streifendienstes sind in kürzester Zeit zu erwarten. Der Streifendienst wird nach zwei Richtungen hin verwandt werden:

a. Auf Anforderung der Dienststellen der Sicherheitspolizei, Einzeleinsätze innerhalb des Polizeibetriebes,
b. Für die Überwachung der Jugend in den Städten. Bevor nun diese endgültigen Anordnungen erscheinen, ist folgendes grundsätzlich zu beachten:
1. Die Verantwortung für die sittliche und moralische Haltung der gesamten deutschen Jugend liegt bei der Führung der HJ. Gerade in diesen Zeiten muß sich die Führung der HJ dieser Verantwortung bewußt sein.
Soweit die deutsche Jugend in den Gliederungen und Formationen der HJ bzw. des BDM. erfaßt ist, kann eine erzieherische Einwirkung ausgeübt werden. Es besteht nun aber die Gefahr, daß von den nicht erfaßten Jugendlichen, namentlich in den Städten, ein unheilvoller Einfluß auf die Gesamtheit der Jugend genommen wird. Wir dürfen uns nicht über die Tatsache hinwegsetzen, daß von den letzten beiden Jahrgängen der HJ in den Städten nur ein geringer Prozentsatz von uns erfaßt ist. So ist der nicht erfaßte Teil nicht nur erheblich groß, sondern auch in seiner Zusammensetzung und inneren Ausrichtung im Hinblick auf die moralisch-sittliche Einwirkung auf seine Umwelt sehr gefährlich.
Bei dem Einsatz des Streifendienstes zur Überwachung Jugendlicher muß nun bei der Beaufsichtigung dieses Teils der Jugend eng mit den Polizeidienststellen zusammengearbeitet werden, um wirksame Maßnahmen treffen zu können. Die notwendigen Anordnungen hierüber werden noch folgen.

2. Voraussetzung für jedes erfolgreiche Eingreifen ist aber eine genaue Kenntnis der Zustände in den einzelnen Städten. Die Banne führen also sofort in allen Städten ihres Bereiches selbständige Einsätze des Streifendienstes durch, mit dem Ziel, sich einen genauen Überblick über die derzeitige moralische und sittliche Haltung der Stadtjugend zu verschaffen. Der weitere Zweck dieser Einsätze soll sein, sich Unterlagen für späteres Eingreifen zu verschaffen.
Diese Einsätze können nach eigenem Ermessen und eigener Planung durchgeführt werden, wobei ich aber strengstens darauf hinweise, daß die Befugnisse des Streifendienstes nicht überschritten werden. Es wird also Hauptaufgabe sein, durch Beobachtung und z.T. durch Personalienfeststellung Material zu sammeln. Folgende Punkte sind besonders zu beachten:

a. Cliquenbildung, sei es nun nach weltanschaulichen Gesichtspunkten oder nach örtlichen Zusammenschlüssen (Straßencliquen usw.)
b. Allgemeine sittliche Haltung, insbesondere während der Dunkelheit.
c. Gesundheitsschäden durch übermäßigen Alkohol- und Nikotingenuß.
d. Sonstiges allgemeines Auftreten (Randalieren u. Gröhlen in der Dunkelheit, Verhalten der jugendlichen Radfahrer.)

3. Diese Einsätze sind von Zeit zu Zeit zu wiederholen, vielleicht nur als Teileinsätze für bestimmte Stadtteile usw., um die Entwicklung zu verfolgen.

4. An die Gebietsführung ist **wöchentlich** ein Bericht über die Lage in jeder Stadt des Bannes, gegliedert nach den oben bezeichneten Gesichtspunkten, einzusenden. Vorschläge zur Abstellung unhaltbarer Zustände sind mit einzusenden. Ich erwarte den Eingang der ersten Berichte am:

Montag, den 2. Oktober 1939

Heil Hitler!
Der Leiter der Hauptabteilung I.
i.V. Pichler
Obergefolgschaftsführer

Zentrales Staatsarchiv Potsdam, Film Nr. 10901.

189. Anordnung des Reichsjugendführers zur Vermeidung von offenen Auseinandersetzungen mit konfessionellen Verbänden während des Krieges, 28.9.1939

Der Jugendführer   Berlin W 35, am 28.9.1939
des Deutschen Reichs   Kurfürstenstr. 53

Rundschreiben !   **Geheim !**

An die
Führer der Gebiete und
Obergauführerinnen

Aus gegebener Veranlassung mache ich darauf aufmerksam, daß alle schriftlichen und mündlichen Äußerungen zu unterlassen sind, die konfessionelle Überzeugungen verletzen und somit zu einer Verstimmung bestimmter Volksteile Anlaß geben könnten. Ich mußte leider einen aktiven Bannführer beurlauben und eine HJ-gerichtliche Untersuchung gegen ihn einleiten, weil er in nicht wiederzugebender Weise konfessionelle Einrichtungen in öffentlicher Ansprache geschmäht hatte. Ich werde nicht zusehen, wenn ein in politischer Hinsicht anscheinend Unfähiger das Ansehen des HJ-Führerkorps schädigt und so in großer Zeit das deutsche Volk mit unnötigen Konflikten belastet. Ich ersuche vor allem die höheren HJ-Führer und BDM-Führerinnen, alle nachgeordneten Dienststellen immer wieder darauf hinzuweisen, **daß nichts im Kriege wichtiger sein kann als der innere Friede, über den wir alle gemeinsam zu wachen haben.**

Diese Anweisung schließt nicht aus, sondern fordert geradezu die doppelt aufmerksame Beobachtung der konfessionellen Verbände und ihrer Tätigkeit sowie eine gewissenhafte Berichterstattung über alles, was damit in Zusammenhang steht.

Heil Hitler !
Schirach

Zentrales Staatsarchiv Potsdam, Film Nr. 10895.

190. Befehl der Reichsjugendführung zur Vorbereitung der HJ auf den Dienst in der Wehrmacht, 15.10.1939

Hitlerjunge !
Der Reichsjugendführer hat den drei ältesten Jahrgängen der Hitlerjugend d i e e i g e n e Vorbereitung zum Dienst in der Wehrmacht befohlen. Das Kernstück dieser Vorbereitung für den späteren Dienst mit der Waffe ist die Ausbildung im Schieß- und Geländedienst. Das Ziel der Kriegsausbildung heißt für Euch »Schießen können und geländegewandt sein« und wird nachgewiesen durch den Erwerb des »Kriegsausbildungsscheines der Hitlerjugend.«

Euch die Erreichung dieses Zieles zu erleichtern, ist der Zweck dieser Ausbildungsvorschrift, die eine Neubearbeitung der gleichlautenden Teile in »HJ. im Dienst« ist. Stoff und Form sind kaum verändert, aber viel bewußter unter die Forderungen gestellt, die der Krieg und die militärische Ausbildung des Soldaten verlangen.

Berlin, den 15. Oktober 1939

Der Chef der Befehlsstelle II
Schlünder
Obergebietsführer

Kriegsausbildung der Hitler-Jugend in Schieß- und Geländedienst. Ausgabe 1940, Berlin 1940, S. 3.

191. Abkommen zwischen der Reichsjugendführung und dem NS-Reichskriegerbund (Kyffhäuser) e.V. über die Schießausbildung der HJ während des Krieges, 16.10.1939

1. Der Schießdienst der Hitler-Jugend wird während der Kriegsdauer für die 16- bis 18jährigen Hitler-Jungen in verstärktem Maße durchgeführt.

2. Der Nationalsozialistische Reichskriegerbund und seine angeschlosenen Kriegskameradschaften werden die HJ-Arbeit bei der Durchführung ihres Schießdienstes weitgehendst unterstützen.
Diese Unterstützung des HJ-Dienstes erfolgt:
a) durch Zurverfügungstellung von Ausbildern,
b) durch kostenlose Überlassung von Schießständen,
c) durch kostenlose Überlassung von KK-Gewehren.

Zu a): Die Hitler-Jugend führte ihren Schießdienst bisher größtenteils mit eigenen Schießwarten durch. Die Heranziehung aller Jugendlichen der drei älteren Jahrgänge erfordert einen verstärkten Schießdienst mit mehr Schießgelegenheit und mehr Ausbildern als bisher. Der NS-Reichskriegerbund weist seine Kriegskameradschaften an, daß diese auf Anforderung der Hitler-Jugend geeignete Kameraden als Übungsleiter für den Schießdienst der HJ, der in der Regel nur Sonntags in den Vormittagsstunden durchgeführt wird zur Verfügung zu stellen.
Zu b): Grundsätzlich sind für die Dauer des Krieges die Schießstände der Kriegskameradschaften für den Schießdienst der HJ kostenlos zu überlassen. Für Schäden, die nicht durch normale Benutzung des Schießstandes entstehen, haftet die HJ (Bann). Es ist wünschenswert, daß mit dem Schießstand auch der Übungsleiter gestellt wird, sofern die betreffende HJ-Einheit über keinen eigenen Schießwart verfügt.
Zu c): Bei der Durchführung des Schießdienstes der HJ macht sich der Mangel an KK-Gewehren am stärksten bemerkbar.
Da neue KK-Gewehre zur Zeit nicht hergestellt werden, sind für die jeweilige Dauer des Schießdienstes mit dem Schießstand auch die KK-Gewehre kostenlos zur Verfügung zu stellen, wenn die HJ nicht in genügender Zahl über eigene verfügt. Für Beschädigungen der zur Verfügung gestellten KK-Gewehre haftet die HJ (Bann). Nach jedem Schießen sind die Gewehre von der HJ gereinigt dem Schießwart der Kriegskameradschaft zurückzugeben. Beschädigungen der Gewehre sind bei der jeweiligen Rückgabe festzustellen und von dem zuständigen HJ-Führer schriftlich zu bestätigen.
Diese Vereinbarung ist eine Erweiterung des Abkommens vom 29. März 1938 und hat für die Dauer des Krieges Gültigkeit.

Berlin, am 16. Oktober 1939.
Der Jugendführer des Deutschen Reichs
gez. Baldur von Schirach

Der Reichskriegerführer
gez. Reinhard
General der Infanterie
SS-Gruppenführer

Reichsbefehl der Reichsjugendführung der NSDAP, 8/K, 3.11.1939, S. 2 f.

192. Bericht über die Verfügung des Stellvertreters des Führers Rudolf Heß zur Verstärkung der vormilitärischen Wehrerziehung, Oktober 1939

In allen SA.-Gruppen Deutschlands hat die vormilitärische Ertüchtigung in stärkstem Ausmaß eingesetzt. Über den Rahmen der bisherigen Arbeit hinaus werden jetzt alle Freiwilligen erfaßt, die noch keine militärische Ausbildung erfahren haben und sich bei den SA.-Standarten zur Dienstleistung melden.

Der Stellvertreter des Führers hat hierzu eine Verfügung erlassen, in der die Wichtigkeit der vormilitärischen Wehrerziehung betont wird. Die Parteidienststellen werden in der Verfügung angewiesen, die SA. bei der Erfassung der noch nicht ausgebildeten wehrpflichtigen Männer, soweit sie an der inneren Front noch nicht zum Einsatz gekommen sind, weitgehendst zu unterstützen.

Zum Dienst können alle wehrtauglichen Männer herangezogen werden, die das 18. Lebensjahr überschritten haben. Ausgenommen von dieser Wehrerziehung sind die im Dienst der Partei und ihrer Gliederungen tätigen Männer, ferner alle, die in Rüstungs- oder lebenswichtigen Betrieben stehen oder im Luftschutz oder in der Feuerwehr ständig einsatzbereit sein müssen.

Die vormilitärische Ertüchtigung sieht nach der Anordnung des Stabschefs Schieß- und Geländedienst sowie weltanschauliche Erziehung vor.

Der dem Stabschef zum Zwecke der Wehrertüchtigung unterstellte »Deutsche Schützenverband« steht mit all seinen Einrichtungen für den Ausbildungsdienst zum Schießen zur Verfügung. Auch die Schießplätze der Wehrmacht können nach Genehmigung der zuständigen Kommandobehörden ausgenutzt werden.

Der Geländedienst umfaßt Geländekunde, Zurechtfinden im Gelände und Kartenlesen, Geländeausnutzung, Beobachtungs- und Meldedienst, Überbringen von Meldungen, Skizzenzeichnungen, Entfernungsschätzen, Märsche mit Überwinden von Geländehindernissen und Handgranatenwerfen. Schon seit Jahren hat die SA. gerade auf diesem Gebiet der Geländekunde eine zielbewußte Aufbauarbeit geleistet und in den SA-Gruppenschulen in längeren Kursen ein Unterführerkorps herangebildet, das über ein besonderes spezielles Wissen auf diesem Gebiete verfügt. Die weltanschauliche Erziehung betont besonders den Gemeinschaftsgedanken, die Kameradschaft. Die Kameradschaft war es, die in den Jahren des Kampfes die SA. zu einem unüberwindlichen Block zusammenschweißte. Der SA.-Geist, geboren aus dem Frontsoldatentum des Großen Krieges, wird diese Freiwilligen ebenfalls zu einer unlösbaren Gemeinschaft verbinden.

Wenn auch der größte Teil der SA-Führer und Männer augenblicklich in der Wehrmacht ihre selbstverständliche Pflicht für Führer und Volk tun, so ist doch auch in der Heimat noch ein bestimmter Prozentsatz von älteren Führern vorhanden, um im Rahmen der vormilitärischen Ertüchtigung die aktive Ausbildungsarbeit zu leisten.

Tausende von Freiwilligen haben sich bereits nach den ersten Aufforderungen, die durch die Presse gingen, bei den zuständigen Stürmen gemeldet, und sind nun eifrig dabei, sich, da sie ja noch nicht gedient haben, die ersten militärischen Kenntnisse zu verschaffen. Diese werden es ihnen erleichtern, wenn auch sie eingezogen werden, mit bestimmten Grundlagen ihren Dienst in der Wehrmacht zu beginnen. Es ist klar, daß sich für die Truppen daraus eine fühlbare Erleichterung im Ausbildungswesen ergeben wird.

Einsatzbereit wie immer, erfüllt so die SA. im Dienste der Wehrerziehung des deutschen Volkes ihre Pflicht.

Nationalsozialistische Korrespondenz, 14.10.1939.

193. Bericht des SS-Brigadeführers Gottlob Berger an den Reichsführer SS Heinrich Himmler über Verhandlungen mit der Reichsjugendführung zur Verstärkung des HJ-Streifendienstes und zur Situation in der Reichsjugendführung, 1.11.1939

SS-Brigadeführer Berger   Berlin, den 1.11.1939
Betr.: Reichsjugendführung

An den
Reichsführer SS
Berlin SW 11
Prinz Albrechtstr. 8

Reichsführer!
Zur Zeit führe ich Verhandlungen mit der Reichsjugendführung, um von ihnen die tatkräftige Mitarbeit zur Aufstellung eines Streifendienstes vom 14. bis 18. Lebensjahr in Höhe von 150 000 Mann in ganz Deutschland zu erreichen. Hierbei ist mir folgendes aufgefallen:
In der Reichjugendführung selbst herrscht tiefste Depression.
Der Reichsjugenführer hat vor Jahren in einer internen Besprechung vor seinen Amtschefs und Gebietsführern zum Ausdruck gebracht, daß im Falle einer kriegerischen Verwicklung aus der Reichsjugendführung alle Führer an der Front zu stehen hätten. Er selbst werde der Erste sein, und nach einer bestimmten Zeit würde ihn dann Stabsführer Lauterbacher ablösen, so daß immer die Hälfte der aktiven höheren Führer an der Front, die andere Hälfte zur Lösung der Heimataufgaben bereitstehe. Nun beabsichtigt der Reichsjugendführer aber nicht, Soldat zu werden. Er schützt vor, ein nicht unerhebliches Kehlkopfleiden zu haben, das nach Rücksprache mit dem Stellvertreter des Führers nicht vor dem nächsten Frühjahr durch Operation behoben werden könne.
Stabsführer Lauterbacher hat sich zur Luftwaffe gemeldet und wurde dort auch angenommen. Der Eintritt in den Dienst wurde ihm aber vom Reichsjugendführer verwehrt.
Heute hörte ich nun beim OKW, daß in der Jugend selbst ganz erhebliche Kräfte am Werk seien, »die eine andere Führung verlangen würden«. Es wird darauf hingewiesen, daß in den Sondereinheiten, der Marinejugend, eine tadellose Arbeit geleistet wird, eben weil dort von Anfang an alte gediente Soldaten mit vollem Erfolg als Jugendführer eingesetzt gewesen seien. Gut seien ebenfalls die Streifendienstgefolgschaften, die gesamte andere Jugend aber könne auf die Dauer unter einer derartigen Führung nicht gehalten werden.
Vermutlich sollte ich zum Reden gebracht werden; den Gefallen tat ich den Herren aber nicht, sondern wies auf die schwere Kehlkopferkrankung des Reichsjugendführers hin.
Daß diese Angriffe kommen würden, ist jedem Einsichtigen schon lange klar, ebenso, daß der Zeitpunkt hierfür nun außerordentlich günstig gelegt ist. Die Wehrmacht wird von sich aus einfach Reserveoffiziere und -Unteroffiziere einberufen, um die sogenannte vormilitärische Jugenderziehung in eigene Regie übernehmen zu können.
Für die Schutzstaffel handelt es sich nur darum, daß vorher die Streifendienstgefolgschaften voll stehen und daß dann zur militärischen Jugenderziehung Männer der Allg. SS bzw. genesene Verwundete der SS-VT und SS-TV (bei einer längeren Dauer des Krieges) ebenfalls abgestellt werden. Die Vorbereitungen hierzu würden, das Einverständnis des Reichsführers vorausgesetzt, von hieraus getroffen werden.

G. Berger
SS-Brigadeführer

Zentrales Staatsarchiv Potsdam, Reichsführer SS/Persönlicher Stab, Nr. 314.

194. Bericht des SS-Brigadeführers Gottlob Berger über eine Besprechung mit dem Stabsführer der Reichsjugendführung Hartmann Lauterbacher über den Einsatz von HJ-Führern in der Wehrmacht und über Auseinandersetzungen um den Einfluß von NSDAP, SA, Wehrmacht und SS auf die HJ, 13.12.1939

Der Chef des Ergänzungsamtes   Berlin, den 13.12.1939
der Waffen-SS

Betr.: Besprechung mit Stabsführer Lauterbacher

An den
Reichsführer SS
Berlin SW 11
Prinz Albrechtstr. 8

Reichsführer!

1.) Es bestehen sehr starke Bestrebungen, die gesamten Führer der HJ und Angehörige der Adolf Hitler-Schulen aus den Jahrgängen 1910 bis 21 kurzfristig zum Dienst in der Wehrmacht einzuberufen. Der Führer soll ohne Rücksicht auf Verluste die Genehmigung hierzu erteilt haben. Da damit die HJ nur ganz unzureichend mit Führern versorgt wäre, würde auch die Nachwuchsfrage, auf die Dauer gesehen, gefährdet. Schon heute sind nicht mehr genügend Führer vorhanden. Das zeigt sich auch darin, daß eine beginnende Verwilderung der Jugend nicht abgeleugnet werden kann. Vorerst äußert sich dies in einer Kliquenbildung unter Führung von asozialen, aber noch nicht vorbestraften oder von der Polizei irgendwie erfaßten Jugendlichen.

Die Bestrebungen, alle HJ-Führer zum Waffendienst zu erfassen, sind in jeder Form berechtigt. Es wird aber der gesamten Jugend kein Dienst erwiesen, wenn alle auf einmal einberufen werden. Hier zeigen sich wieder die von mir bereits gemeldeten Bestrebungen, den Krieg dazu auszunutzen, um die Reichsjugendführung zu zerschlagen. Von der SA wird mehr oder weniger öffentlich zum Ausdruck gebracht, daß diese sich jetzt unter dem Vorwand der vormilitärischen Jugenderziehung und im Einvernehmen mit einigen Stellen der Wehrmacht sich der Jugend bemächtigen will, um sie endgültig in der Hand zu haben. Bei der Ausmusterung der SA für die SS-T.St. wird von allen SA-Führern immer wieder betont, daß ihre guten Männer und Unterführer die gesamte Jugend des deutschen Volkes in den nächsten Wochen in die Hand bekommen und sie vormilitärisch ausbilden soll. Um dem entgegenwirken zu können, bitte ich folgenden Vorschlag machen zu dürfen:
Reichsführer läßt sich die Zahl derjenigen Führer, Unterführer und Männer der Allg. SS melden, die aus irgendwelchen Gründen vorerst für die SS-T.St. nicht eingezogen werden können, und bereit und in der Lage sind, ehrenamtlich Führerstellen in der HJ, vorläufig nur im Streifendienst, zu übernehmen. Auch wenn in jedem Oberabschnitt nur 30 geeignete SS-Angehörige herauskommen, bedeutet das für den Ausbau der Streifendienstgefolgschaften und als Stütze für die HJ einen ganz wesentlichen Gewinn.

2.) Mit Stabsführer Lauterbacher habe ich vereinbart, daß bis 25.12. die gesamten HJ-Führer, die heute noch im Reich sind, listenmäßig erfaßt werden. Sie werden zu den Musterungen im Januar befohlen und auf Truppendiensttauglichkeit untersucht, für SS-VT oder Polizei von den Wehrbezirkskommandos freigestellt und eingezogen, wie Ersatz für sie vorhanden ist; letzterer wäre zu bekommen durch verwundete, wieder genesene junge Führer der Waffen-SS oder SS-Angehörige Ziff. 1.

3.) Eine schwere Sorge bereitet der Reichsjugendführung das Sudetenland. Auf das Schießen der Kreisleiter ist Reichsstatthalter Henlein soweit, daß er den Obergebietsführer Prager, der unsere Arbeit im Sudetenland ganz außerordentlich unterstützt hat, kurzfristig nach einer Sammelstelle der Wehrmacht in Leitmeritz hat einberufen lassen. Wo er sich jetzt befindet, steht nicht fest. Gauleiter Henlein beabsichtigt, die HJ unmittelbar den Kreisleitern zu unterstellen und damit den Einfluß der RJF und der SS auszuschalten. Er will sich schon in diesen Tagen an den Stellvertreter des Führers wenden, um die Erlaubnis zu erhalten und gab an, er würde bis zum Führer gehen, wenn dieser nicht mitziehe. Ich halte zwar das letztere für Angabe, doch in der RJF wäre man für eine Waffen-Hilfe durch Reichsführer SS sehr dankbar. Es ist beabsichtigt, den Obergebietsführer Zogelmann, der seither in Prag saß, an die Stelle des Obergebietsführers Prager zu berufen.

4.) a) Im Befehlsblatt 14 K S. 28 ist endgültig festgelegt, daß in Zukunft die Jungen für die Streifendienstgefolgschaften bereits bei dem Übertritt vom Jungvolk zur HJ übernommen werden;
damit fällt die Vorauslese für die Sondergefolgschaften weg.

b) Ich habe ausdrücklich gebeten, daß von der Veröffentlichung der Zahl für die Streifendienstgefolgschaften abzustellenden Jungen abgesehen wird, um die Oberabschnitte, die rassisch besonders wertvolles Menschenmaterial haben, besonders berücksichtigen zu können;
außerdem möchte ich nicht durch die hohe Zahl der in Frage kommenden Jungen den Neid
der anderen Gliederungen der Bewegung erwecken.
Mit Stabsführer Lauterbacher habe ich besprochen, daß, wenn bei einer längeren Dauer des
Krieges, die HJ wesentlich zusammenschmilzt, weil keine Führer mehr vorhanden sind, die
Streifendienstgefolgschaften alles rassisch einwandfreie Blut erfassen sollen, und als »Kern-HJ«
unter allen Umständen hindurchgerettet werden muß.

5.) Von einer Überweisung zur Allg. SS auf 1.4.40 bitte ich Abstand nehmen zu wollen. Alle
SS-tauglichen Jungen sollen solange in der HJ bleiben, bis sie zum Waffen-Dienst in der SS einberufen werden. Nachdem wir keine Dienstzeitverpflichtung mehr haben, besteht die Möglichkeit, daß alle bei uns dienen können, und der RJF wäre damit insofern geholfen, als eine
Reihe von geeigneten Führern, wenigstens für kürzere Zeit, zur Verfügung steht.

Der Chef des Ergängzungsamtes
der Waffen-SS
G. Berger
SS-Brigadeführer

Bundesarchiv Koblenz, NS 19/219, Bl. 24 ff.

195. Aus dem Kriegsdienstplan der Hitlerjugend für 1940, 3.2.1940

1. Weltanschauliche und politische Schulung
Der wöchentliche Heimabend für Hitler-Jugend und BDM. und der Heimnachmittag für das
Deutsche Jungvolk und den Jungmädelbund zur Durchführung der weltanschaulichen und
charakterlichen Schulung wird beibehalten. Falls im Monat ein fünfter Mittwoch oder Don-
nerstag zur Verfügung steht, wird ein weiterer Heimabend angesetzt. Die Heimabende und
Heimnachmittage dürfen höchstens zwei Stunden dauern. Für das BDM.-Werk »Glaube und
Schönheit« tritt an die Stelle des Heimabend der Dienstabend der verschiedenen Arbeitsgemeinschaften.
Die Hitler-Jugend wird auch künftig »Versammlungen der Jugend« durchführen. In diesen
Veranstaltungen, die im Gegensatz zu den Jugendfilmstunden keine Feierstunden sind, sondern die Kundgebungen der Kampfzeit zum Vorbild haben, soll der politische und kämpferische Wille der Jugend zum Ausdruck kommen. Da der auf die »Versammlungen der Jugend«
folgende Heimabend ausfällt, wird eine zusätzliche Beanspruchung der Jugend vermieden.

2. Kulturelle Arbeit
Auch die kulturelle Arbeit der Hitler-Jugend wird fortgesetzt. Im Sommer wird wieder öffentliches Singen auf den Plätzen der Dörfer und Städte veranstaltet. Die Spielmanns-, Fanfaren- und
Musikzüge werden im Freien, bei den Versammlungen der Jugend und in den Jugendfilmstunden eingesetzt. Auch auf den Elternabenden in den Lazaretten und Betrieben wird die HJ. wie
bisher singen und spielen. Die Jungen und Mädel selbst werden in den »Kozerten der Jugend«,
in den Theaterabenden, Dichterlesungen und sonstigen Darbietungen des Veranstaltungsringes der HJ. immer wieder an die wertvollsten Kulturgüter unseres Volkes herangeführt.

3. Leibeserziehung
Für alle Einheiten mit Ausnahme der 16- bis 18jährigen Hitlerjungen und der Angehörigen des
BDM.-Werkes »Glaube und Schönheit«, findet wöchentlich ein zweistündiger Sportdienst in
der Grundschule der Leibesübungen statt. Dieser Pflichtsportdienst kann je nach den örtlichen Verhältnissen, vor allem nach Maßgabe der zur Verfügung stehenden Turnhallen und
Sportplätze, sowohl an Wochentagen wie an Sonntagen angesetzt werden, im letzten Fall jedoch nur am ersten und dritten Sonntag. Für die vierzehn- und fünfzehnjährigen Hitlerjungen
der Sondereinheiten wird die Grundschule der Leibesübungen zweimal im Monat durchgeführt. Die in der »Ausbildungsvorschrift für die Leibeserziehung der Hitler-Jugend in der
Kriegszeit« getroffene Anordnung über den Sportdienst der Schüler und berufstätigen Hitlerjungen im Alter von 14 und 15 Jahren wird aufgehoben. Für den freiwilligen Leistungssport
steht der zweite und vierte Sonntag im Monat zur Verfügung.

Die vormilitärische Ertüchtigung
Der Ausbildungsplan der 16- bis 18jährigen Hitlerjungen ist von sechs auf zwölf Monate verteilt worden, so daß die Abschlußprüfungen bis zum 15. Oktober 1940 beendet sind. Der sonn-
abendliche Unterricht wird künftig nur noch vierzehntägig und der Schieß- und Geländedienst an zwei Sonntagen durchgeführt. Für die Sondereinheiten der HJ wird der Sommer-
dienstplan noch bekanntgegeben.

4. Führerausbildung
Der Führernachwuchs wird in verstärktem Maße in Führerausbildungseinheiten zusammengefaßt und planmäßig geschult. Bei dem durch die Einberufenen bedingten häufigen HJ.-Füh-
rerwechsel ist eine Mannschaft von Führeranwärtern, die sich in ständiger Ausbildung und Bereitschaft befindet, für die Weiterführung auch der kleinsten Einheiten von großer Bedeutung.
Die Führer der Banne sowie die Führerinnen der Untergaue werden ihr besonderes Augenmerk auf eine sorgfältige Führerauslese richten.
Die HJ.-Führerschaft wird auch künftig planmäßig im monatlichen Führerdienst geschult. In
den Städten werden sämtliche Führer eines Bannes zu Arbeitstagungen einberufen; auf dem
Lande wird der Führerdienst innerhalb der Stämme durchgeführt. Die Gefolgschaften können
ihre Unterführer zweimal (auf dem Lande einmal) im Monat zum Führerdienst heranziehen.
Diese Anordnung gilt sinngemäß für den BDM.

5. Appelle
Appelle der Gefolgschaften und Fähnlein finden im Winterhalbjahr alle zwei Monate, im
Sommerhalbjahr monatlich statt, und zwar jeweils in Verbindung mit einem anderen Dienst.
Langes Warten und weite Anmarschwege werden vermieden. Appelle im größeren Verband,
z.B. Stammappelle sind verboten.

6. Allgemeine Dienstbestimmungen
Wie bereits befohlen, ist der Dienstschluß für das Deutsche Jungvolk und den Jungmädelbund
bis einschließlich Februar 1940 auf 18 Uhr, für März auf 19 Uhr und für die Sommermonate
bis einschließlich September auf 20 Uhr festgesetzt. Im Oktober endet der Dienst spätestens
um 19 Uhr, im November und Dezember um 18 Uhr. Für Hitler-Jugend und BDM ist um 22
Uhr Dienstschluß angeordnet. Kundgebungen der Partei, Abende des Veranstaltungsringes
(Theater und Konzerte usw.) sind von dieser Regelung ausgenommen.
Mit Rücksicht auf das Elternhaus und auf die starke Beanspruchung der Jugend in Schule und
Beruf sind die Einheitsführer zur pünktlichen Einhaltung des Dienstes verpflichtet. Den El-
tern wird damit zugleich die Sicherheit gegeben, daß sie ihre Jungen und Mädel zu bestimmten
Zeiten vom HJ.-Dienst zurückerwarten können. Die regelmäßige Durchführung des Dienstes
macht außerdem eine fortlaufende Benachrichtigung überflüssig.
Wie aus diesem Dienstplan hervorgeht, beansprucht die Hitler-Jugend zur Durchführung ih-

res Pflichtdienstes den ersten und dritten Sonntag im Monat. Der zweite und vierte Sonntag sind dienstfrei; die Jungen und Mädel stehen an diesen Tagen dem Elternhaus zur Verfügung, soweit sie sich nicht freiwillig zum Leistungssport melden. Bei den umfangreichen Erziehungsaufgaben, die die Hitler-Jugend neben Elternhaus und Schule zu erfüllen hat, sind Beurlaubungen für die festgesetzten Dienstsonntage unmöglich.

7. Sommerdienst

In den Sommermonaten werden auch weiterhin Fahrten und Lager durchgeführt, es dürfen jedoch nur Kurzfahrten und vierzehntägige Zeltlager mit einer Höchstteilnehmerziffer von 100 Jungen sein. Fahrt und Lager werden den jeweiligen Verhältnissen angepaßt und sind nur im eigenen Gebiet bzw. im eigenen Obergau zu veranstalten. Ausnahmen gelten für die Gebiete Berlin, Hamburg und Wien. Zur Durchführung der Fahrten und Lager darf die Eisenbahn nicht benutzt werden. Die Fahrten und die Anmarsch- und Rückwege zu den Zeltlagern werden nach den Bestimmungen der Gesundheitsdienstvorschrift mit dem Fahrrad zurückgelegt. Eine längere Abwesenheit der Jungen und Mädel vom Elternhause tritt nur beim Ernteeinsatz ein. Wochenendfahrten dürfen während der Sommermonate nur einmal stattfinden.

8. Sondereinsatz

Zusätzlich zum allgemeinen Kriegsdienst werden Hitler-Jugend und BDM auch weiterhin zu besonderen Sammelaktionen und Hilfsdiensten herangezogen. Falls der Einsatzdienst sich jedoch auf einen längeren Zeitraum erstreckt, wird der regelmäßige Dienst entsprechend eingeschränkt. Die in der vormilitärischen Ausbildung stehenden Hitler-Jungen sind vom Einsatzdienst befreit.

Die dreizehn- und vierzehnjährigen Pimpfe und Jungmädel werden wie bisher von der Luftschutzausbildung erfaßt. Der Dienst wird von den Einheitsführern nach den örtlichen Voraussetzungen in acht Doppelstunden im Jahr durchgeführt.

Die Modellbauarbeitsgemeinschaften der beiden ältesten Jahrgänge des Deutschen Jungvolks haben wöchentlich zwei Stunden zusätzlichen Dienst. Einmal monatlich findet ein Sonderdienst zum Einfliegen der Modelle statt.
Die 16- und 17jährigen Mädel erhalten pflichtgemäß eine zusätzliche Ausbildung im Gesundheitsdienst. Hierfür stehen monatlich zwei Doppelstunden zur Verfügung.

Der Kriegsdienstplan der Hitler-Jugend für das Jahr 1940 tritt am 15. Februar 1940 in Kraft.

Deutsche Allgemeine Zeitung, 4.2.1940.

196. Aus den Richtlinien für die weltanschauliche Betreuung der HJ während des Krieges, 16.2.1940

Der Beauftragte des Führers   Berlin W 15
für die Überwachung der gesamten   Margaretenstr. 17
geistigen und weltanschaulichen
Schulung und Erziehung der NSDAP.

An die
Gauleiter der NSDAP.

Betr.: Weltanschauliche Betreuung der Hitler-Jugend.

Der Ministerrat für die Reichsverteidigung hat auf Grund von Tatsachen, die eine allgemeine charakterliche Gefährdung der Jugend im Hinblick auf die Zeitumstände möglich erscheinen lassen, neben anderen Maßnahmen beschlossen, unter Führung der NSDAP eine großzügige weltanschauliche Betreuungs-Aktion der schulpflichtigen und werktätigen Jugend durchzuführen, um die deutsche Jugend immer wieder auf die sie zum Einsatz verpflichtende Größe des Lebenskampfes des deutschen Volkes hinzuweisen.

Ich habe die Leitung der Gesamt-Aktion übernommen und bitte Sie, aus den beiliegenden Unterlagen zu entnehmen, in welcher Weise die Betreuung durchgeführt werden soll.

Hierbei fällt den Gauen der NSDAP die besondere Aufgabe zu, den örtlichen Einsatz geeigneter Kräfte zu veranlassen und das reibungslose Zusammenwirken der einzelnen Dienststellen herbeizuführen, um so über die mit den vorgesehenen Reichssendungen zu erzielende Wirkung hinaus einen in die Tiefe gehenden Erfolg sicherzustellen. Ich bitte Sie, der geplanten Aktion ihre besondere Unterstützung zuzuwenden und Ihren Gauschulungsleiter bzw. seinen Vertreter mit der Aufgabe der Durchführung der Aktion in Ihrem Gau zu beauftragen.

Die entsprechenden allgemeinen Weisungen und Informationen über die als Reichs-Veranstaltungen zur Durchführung kommenden Maßnahmen, erhalten die Gauschulungsleiter fortlaufend.

Ich würde es für zweckmäßig halten, die in den allgemeinen Anregungen vorgesehene Arbeitsgemeinschaft bilden zu lassen und bitte Sie, Ihren Gauschulungsleiter entsprechend anzuweisen.

Berlin, den 16.2.40   Heil Hitler!
                                gez. A. Rosenberg.

Betr.: Auftrag weltanschauliche Betreuungs-Aktion der Hitler-Jugend.

I. Entscheidender Gesichtspunkt: In der Jugend das Bewußtsein für Größe und Härte des Lebenskampfes unseres Volkes zu erhalten und zu stärken, zugleich ihren Einsatz für diesen Kampf zu fordern.

II. Federführend ist die NSDAP, die Durchführung der Aktion obliegt dem Beauftragten des Führers für die Überwachung der gesamten geistigen und weltanschaulichen Schulung und Erziehung der NSDAP. Er hat die verantwortliche Gesamtplanung, er bestimmt die für die Durchführung der Aktion zweckmäßigste Arbeitsverteilung.

III. Folgende Dienststellen sind zu beteiligen:
1. Der Reichsorganisationsleiter für den Schulungsapparat mit nachgeordneten Dienststellen und als Leiter der DAF für die Organisation der Erfassung der berufstätigen Jugend (Zusammenarbeit mit HJ) und für die Beteiligung der Betriebe,
2. der Reichsjugendführer (Vertreter), sein Schulungsapparat, HJ-Heim-Organisation, Umrahmung der Veranstaltungen,
3. NS-Lehrerbund für die von ihm erfaßten Lehrer, deren Schulung und Einsatz, Zurverfügungstellung der Zeitschrift »Hilf mit«,
4. der Reichserziehungsminister. Die Schulen sind die örtlichen Träger der in den Schulen durchgeführten Veranstaltungen. Der Reichserziehungsminister erläßt die notwendigen Anordnungen für einheitliche Durchführung. Er erläßt Richtlinien für die ergänzende Behandlung im Unterricht der durch die Veranstaltungen aufgeworfenen Fragen. Die Unterlagen erhält er fortlaufend durch den Beauftragten des Führers,
5. der Reichsminister für Volksaufklärung und Propaganda. Für die Zurverfügungstellung des Rundfunks. Gemeinsam mit Reichserziehungsministerium und HJ Rundfunkgeräte-Beschaffungsaktion.
...

VI. Beginn der Aktion:
Voraussetzung: Klärung aller organisatorischen Fragen, Programm für 1/4 Jahr liegt im Voraus fest.

Die Einleitung der Aktion durch den Beauftragten des Führers, die erste Rede hält General-feldmarschall Göring (Thema: totaler Lebenskampf).
(Es bleibt offen, ob der Führer u.U. als erster spricht oder gebeten wird, dies bei besonderer Gelegenheit zu tun. Auf jeden Fall soll er gebeten werden, einige Leitsätze für die Aktion zur Verfügung zu stellen)
Zweite Rede: Beauftragter des Führers; Thema: Volks-Kameradschaft. Es folgen alsdann in noch festzulegender Reihenfolge der Stellvertreter des Führers Pg. Heß (Thema: National-sozialist sein heißt Kämpfer sein), Reichsminister Rust (Thema: Schüler für Deutschland), Reichsjugendführer Baldur von Schirach (als Soldat) (Thema: Pflichtbewußtsein der deut-schen Jugend), Reichsorganisationsleiter Dr. Ley (Thema: Soziale Gerechtigkeit und Ehre der Arbeit), Reichswalter des NSLB Gauleiter Wächtler (Thema: Der Lehrer Kamerad der Ju-gend), Generaloberst von Brauchitsch (Thema: Väter und Brüder an der Front, Soldatentum), Stabschef Lutze (Thema: Der SA-Mann in der Kampfzeit und im Tageseinsatz), Stabsführer Hierl (Thema: Soldaten des Spatens, Ehre der Handarbeit am deutschen Boden), Reichsführer SS Himmler (Thema: Schutzstaffel des Führers. Neues Volkstum im Osten), Korpsführer Reichsleiter Hühnlein (Thema: Motor und Kämpfertum), Fliegerkorpsführer Christiansen (Thema: Volk fliege Du wieder), Generaladmiral v. Raeder (Thema: Deutscher Seemanns-geist), Reichsminister Dr. Goebbels (Thema:), Reichsminister Darrè (Thema: Ernährungs-fragen, Deutsches Bauerntum), Reichsfrauenführerin Scholz-Klink (Thema: Mutter und Frau in Beruf und Familie) ...
In die Vortragenden und Vortragsthemen sind einzubeziehen:
Gedenktage großer deutscher Männer, Dichter und Wissenschaftler, aus dem jetzigen Kriege z.B. Oberstleutnant Schuhmacher, Kapitänleutnant Prien u.a.

VII. Hilfsmittel.
Funk
Presse
Unterrichtsstoff   Einsatz Schmal- und Vollfilm
Schulungsmaterial   Einsatz Schmal- und Vollfilm
Broschüren (Verteilung der Reden an die Lehrerschaft, evtl. Hitlerjugend)
Leistungs-Wettkampf (in Beziehung zu den Themen)
Leistungsprämien (in Beziehung zu Vortragenden)

VIII. Aktion in den Gauen
Wo Gemeinschaftsempfänge nicht möglich, Einsatz geeigneter Mitarbeiter direkt in die Schu-len und Betriebe. Eine wesentliche Aufgabe, deren sich die Gauleiter auch persönlich annehmen sollen ist die: Lehrer- und Elternschaft zur bereitwilligen Mitarbeit heranzuziehen. Bei den Gauen und den ihnen unterstellten Kreisen etc. liegt die lokale Organisation z.B. Rednereinsatz, Organisation der Betriebs-Besichtigungen. Berichte und Anregungen sollen ein Korrektiv für die Gesamtaktion abgeben.

IX. Die HJ hat bereits eine Zusammenstellung der Einsatzmöglichkeiten der HJ ausgearbeitet. Die Aktion kann hierbei helfen, der Jugend klar zu machen, welchen Zwecken ihr Einsatz dient. Es werden also insbesondere für die Schuljugend Führungen in Fabriken, Rüstungsbe-trieben, Schrottverwertungsstellen, Gießereien, Wissenschaft, Laboratorien, Holzverwer-tungsbetrieben etc. zu organisieren sein, aber auch Wehrmachts-Institutionen, Kasernen, Flie-gerhorste etc.

Richtlinien
für die geistige und charakterliche Betreuung der Hitler-Jugend.

Der Krieg bringt auch für die Jugendbetreuung eine große Anzahl von Problemen mit sich, die neben den Fragen des Wissens, der Gesundheit auch die Charakterbildung berührt. Durch

Einberufung der Väter, durch Verdunklung der Städte, durch oft einsetzende Berufsarbeit der Mütter und Geschwister, durch verschiedene Verdienstmöglichkeiten der Jugend ist eine Erziehungsführung nicht mehr in dem Sinne möglich wie in der Zeit des Friedens. Es ergibt sich deshalb die Notwendigkeit, eine Form zu finden, die neben der laufenden Schul- und Berufsarbeit und den noch verbleibenden Möglichkeiten einen tiefergehenden Appell an die guten Eigenschaften unserer Jugend darstellt und sie immer wieder auf unsere Zeit und ihre eigenen Pflichten hinleitet ... Die Vorträge haben sich vor allen Dingen an den Charakter und das Gemüt zu wenden und das Pflichtgefühl der deutschen Jugend immer wieder wachzurufen. In diesem Sinne ist es nötig, die Tapferkeit im Lebenskampf als entscheidend hinzustellen, zu erläutern, warum und wie die Väter an der Front stehen oder im Dienste der Inneren Front die höchsten Kraftanspannungen zu machen haben ... Die HJ selbst wird hier eine reiche Anleitung für alle ihre Heimabende ... finden und dadurch manchen Mangel, der auch durch die Einberufung der Führerschaft entstanden ist, in erzieherischer Weise auszugleichen in der Lage sein. Da diese Ansprachen über den Rundfunk die Gesamtjugend doch nicht vollkommen erreichen, wird die HJ Gemeinschaftsabende veranstalten, auf denen alsdann noch einmal eine Wiederholung stattfinden kann.

...

Zentrales Staatsarchiv Potsdam, Film Nr. 18774.

197. Polizeiverordnung zum Schutz der Jugend, 9.3.1940

§ 1
Fernhaltung von öffentlichen Straßen und Plätzen während der
Dunkelheit
Jugendliche unter 18 Jahren dürfen sich auf öffentlichen Straßen und Plätzen oder an sonstigen öffentlichen Orten während der Dunkelheit nicht herumtreiben.

§ 2
Fernhaltung aus öffentlichen Lokalen
(1) Der Aufenthalt in Gaststätten aller Art ist Jugendlichen unter 18 Jahren, die sich nicht in Begleitung des Erziehungsberechtigten oder einer von ihm beauftragten volljährigen Person befinden, nach 21 Uhr verboten.
(2) Jugendliche unter 16 Jahren dürfen sich ohne Begleitung des Erziehungsberechtigten oder einer von ihm beauftragten volljährigen Person in Gaststätten nicht aufhalten.

§ 3
Fernhaltung aus öffentlichen Lichtspieltheatern sowie Varieté- und
Kabarettvorstellungen
Der Besuch von öffentlichen Lichtspieltheatern, Varieté- und Kabarettvorstellungen ist Jugendlichen unter 18 Jahren, die sich nicht in Begleitung des Erziehungsberechtigten oder einer von ihm beauftragten volljährigen Person befinden, nach 21 Uhr verboten.

§ 4
Verbot des Alkoholgenusses
Jugendlichen unter 18 Jahren ist in Gaststätten der Genuß von Branntwein oder überwiegend branntweinhaltigen Genußmitteln, Jugendlichen unter 16 Jahren in Abwesenheit des Erziehungsberechtigten oder einer von ihm beauftragten volljährigen Person auch der Genuß von anderen alkoholhaltigen Getränken verboten.

§ 5
Verbot des öffentlichen Rauchens
Jugendlichen unter 18 Jahren ist der Genuß von Tabakwaren in der Öffentlichkeit verboten.

§ 6
Fernhaltung von öffentlichen Tanzlustbarkeiten

Der § 1 Abs. 1 der Polizeiverordnung über die Fernhaltung Jugendlicher von öffentlichen Tanzlustbarkeiten vom 29. November 1939 (Reichsgesetzbl. I S. 2374) erhält folgende Fassung:

»(1) Der Aufenthalt in Räumen, in denen öffentliche Tanzlustbarkeiten stattfinden, und die Teilnahme an Tanzlustbarkeiten im Freien ist Jugendlichen unter 18 Jahren nur in Begleitung des Erziehungsberechtigten oder einer von ihm beauftragten volljährigen Person, und auch dann nur bis 23 Uhr gestattet.«

§ 7
Fernhaltung von öffentlichen Schieß- und Spieleinrichtungen

Die Fernhaltung von öffentlichen Schieß- und Spieleinrichtungen regelt sich nach der Polizeiverordnung vom 24. Oktober 1939 (Reichsgesetzbl. I S. 2116).

§ 8
Ausnahmen

(1) Die Vorschriften dieser Verordnung finden auf Angehörige der Wehrmacht und des Reichsarbeitsdienstes keine Anwendung.

(2) Die Vorschrift des § 2 gilt nicht für Veranstaltungen der Partei sowie für Jugendliche, die sich nachweislich auf Reisen befinden.

(3) Ausnahmen von den Verboten der §§ 2 und 3 können durch die Kreispolizeibehörde zugelassen werden.

§ 9
Strafvorschriften

I. Jugendliche

(1) Jugendliche, die vorsätzlich gegen die §§ 1 bis 5 dieser Verordnung verstoßen, werden mit Haft bis drei Wochen oder einer Geldstrafe bis zu 50 Reichsmark bestraft.

II. Erwachsene

(2) Mit Geldstrafe bis zu 150 Reichsmark, in besonders schweren Fällen mit Haft bis zu sechs Wochen werden bestraft:

a) Erziehungsberechtigte und die von ihnen beauftragten Personen, die vorsätzlich oder fahrlässig durch Verletzung ihrer Aufsichtspflicht Jugendlichen Verstöße gegen die §§ 1 bis 5 dieser Verordnung ermöglichen;

b) Unternehmer oder Veranstalter der in den §§ 2 und 3 genannten Betriebe, die vorsätzlich oder fahrlässig Jugendlichen Verstöße gegen die §§ 2 und 3 dieser Verordnung ermöglichen;

c) Personen, die sich wahrheitswidrig als von einem Erziehungsberechtigten beauftragt bezeichnen und Jugendlichen Verstöße gegen die §§ 2 bis 4 dieser Verordnung, den § 1 der Polizeiverordnung über die Fernhaltung von Jugendlichen von öffentlichen Tanzlustbarkeiten vom 29. November 1939 (Reichsgesetzbl. I S. 2374) und die §§ 1 und 3 der Polizeiverordnung über die Fernhaltung Jugendlicher von öffentlichen Schieß- oder Spieleinrichtungen vom 24. Oktober 1939 (Reichsgesetzbl. I S. 2116) ermöglichen.

(3) Unberührt bleiben polizeiliche Sicherungsmaßnahmen, die Strafvorschriften des § 29 Ziffer 8 und des § 30 Abs. 2 des Gaststättengesetzes vom 28. April 1930 (Reichsgesetzbl. I S. 146) und der §§ 25, 27 und 28 des Lichtspielgesetzes vom 16. Februar 1934 (Reichsgesetzbl. I S. 95) und sonstige Strafvorschriften, nach denen eine höhere Strafe verwirkt ist.

§ 10

Inkrafttreten

Diese Polizeiverordnung tritt eine Woche nach ihrer Verkündung in Kraft.

Berlin, den 9. März 1940.

Der Reichsminister des Innern
In Vertretung

H. Himmler

Reichsgesetzblatt, Teil I, 1940, S. 126 f.

198. Anweisung der Personalabteilung des HJ-Gebietes Schwaben an die Streifendienstführer zur Überwachung von oppositionellen Jugendlichen, 5.8.1940

NSDAP, Hitler-Jugend   Augsburg, 5.8.1940
Gebiet Schwaben (36)
Personal/Überwachung   **Streng vertraulich !**

An
den SRD-Führer des Bannes 312, 315, 320, 338, 455, 475, 476, 477, 478

Es wurde mitgeteilt, daß einige Verbände des Reichsbundes für Leibesübungen den Jugendlichen Gelegenheit geben, die Bestimmungen der Jugendschutzpolizeiverordnung vom 9.3.40 zu umgehen, indem sie in den nicht öffentlichen Clubräumen, Bootshäusern und dergleichen, Veranstaltungen nicht öffentlicher Art durchführen, bei denen die Jugendlichen Alkohol genießen, wie auch rauchen, tanzen usw. dürfen. Die Jugendlichen, die gemäß der Jugendschutzpolizeiverordnung sich in Gasthäusern nicht aufhalten dürfen, benutzen gemäß Berichterstattung die nicht öffentlichen Gebäude.

Verschiedene Sportvereine sollen auch solchen Jugendlichen Unterschlupf bieten, die oppositionell zur HJ eingestellt sind, der Hitler-Jugend nicht angehören und durch die Zugehörigkeit zum Sportverband getarnt sind und frühere Tätigkeit fortsetzen.

Ich bitte um Tatsachenmaterial, das genügend belegt sein muß, damit weiteres veranlaßt werden kann.
Es sind sofort eingehende Ermittlungen anzustellen und schnellstens uns zu berichten.
Der Vorgang ist **streng vertraulich** zu behandeln,

Heil Hitler !
Der K-Leiter d.Personalabtlg./
Überwachung
gez. Greiner
Oberstammführer

Zentrales Staatsarchiv Potsdam, Film Nr. 10901.

199. Aus einem Bericht des SS-Obergruppenführers August Heißmeyer über die Arbeit der Nationalpolitischen Erziehungsanstalten, 22.10.1940

Der Aufbau der Nationalpolitischen Erziehungsanstalten wurde als eine der ersten groß angelegten kulturpolitischen Taten am Geburtstag des Führers im Jahre 1933 von Reichserzieh-

ungsminister Rust ins Werk gesetzt. Der Aubau der Anstalten hat sich in der Stille vollzogen. 1933 wurden Anstalten in Potsdam, Köslin (Pommern) und Plön (Schleswig-Holstein) gegründet. Heute bestehen 21 Anstalten, und zwar
in Preußen in:
Bensberg bei Köln, Berlin-Spandau, Illfeld am Harz, Köslin in Pommern, Naumburg an der Saale, Neuzelle bei Guben, Oranienstein an der Lahn, Plön in Holstein, Potsdam, Schulpforta bei Naumburg an der Saale
in der Ostmark in :
Traiskirchen bei Wien, Wien-Breitensee, Wien-Theresianum, Türnitz (N-D) und Hubertendorf bei Amstetten (N-D)
im Sudetengau in:
Ploschkowitz bei Leitmeritz: »Sudentenland«
im Reichsgau Danzig-Westpreußen in:
Stuhm
im Warthegau in:
Reisen bei Lissa: »Wartheland«
in Anhalt in:
Ballenstedt
in Sachsen in:
Klotzsche bei Dresden
in Württemberg in:
Backnang, Rottweil.
Die Nationalpolitische Erziehungsanstalt Türnitz und Hubertendorf ist eine Anstalt für Mädel ...
Es ist das Erziehungsziel der Anstalten, aus einer Auslese von körperlich, charakterlich und geistig besonders befähigten Jungmannen Nationalsozialisten zu erziehen, die, tüchtig an Leib und Seele, die Gewähr dafür bieten, daß sie das Leben des deutschen Volkes, das durch das Wirken des Führers seine Einheit fand, mitgestalten und zu ihrem Teile dafür sorgen, daß Deutschland niemals mehr sich innerlich spaltet oder gar auseinanderfällt. Es handelt sich bei der Neugründung der Nationalpolitischen Erziehungsanstalten um mehr als eine bloße Unterrichts- oder Schulreform im üblichen Sinne. An Stelle des alten Unterrichtsplanes tritt ein neuer Gesamterziehungsplan, der auch einen Unterrichtsplan umschließt.
Das Ziel dieser Gesamterziehung ist durch die nationalsozialistische völkische Wirklichkeit gegeben, nicht durch ein Bildungs- oder Wissenschaftsideal, sei es auch noch so hehrer Herkunft und hohen Gepräges. Jede echte Erziehung ist Erziehung zum wirklichen Leben in seinem ganzen Umfang und jede Erziehung zum Leben ist politische Erziehung im umfassenden Sinne; Sinn der politischen Erziehung ist aber die Erziehung eines Nachwuchses, der die eigene Lebensgemeinschaft in die Zukunft trägt, ist typenprägende Erziehung, und typenprägende Erziehung wird in unserem Volke heute sinnvollerweise in der Form der Gemeinschafts- und Mannschaftserziehung vollzogen.
Bei rassisch und weltanschaulich einheitlichen und politisch instinktsicheren Völkern gab es große Zeiten einer politischen und typenprägenden Familienerziehung, so bei den Römern bis zur Kaiserzeit und bei den Deutschen des Ersten Reiches ...
Bei einem Volk ohne sichere allgemeine politische Familienüberlieferung, bei einem Volk, dessen verlorengegangene politische und weltanschauliche Einheit und dessen völkisches Selbstbewußtsein in schwerem Umbruch und gewaltiger Erziehungsarbeit wieder im Werden ist, bietet die Gemeinschaftserziehung die einzige Möglichkeit zu einer typenprägenden und mannschaftsmäßigen Erziehung. Dieser angestrebte Typ des deutschen Menschen ist durch eine vorwiegend gelehrte und wissenschaftliche Schulung allein nicht herauszubilden. »Der völkische Staat wird — nach einem Wort des Führers — dafür sorgen müssen, durch eine passende Erziehung der Jugend dereinst das für die letzten und größten Entscheidungen auf diesem Erdball reife Geschlecht zu erhalten.« Eine wirksame und umfassende Erziehung der Jugend zu

einem für die letzten Entscheidungen reifen Geschlecht kann ihr Kernstück nicht allein in der wissenschaftlichen oder belehrenden Unterweisung haben. Wo sich Erziehung im Unterricht erschöpft, überläßt man Wesentliches, ja Entscheidendes mehr oder weniger dem Zufall. Die Erziehung hat den ganzen Menschen zu erfassen ... zum Erziehungsgang eines Jungmannen gehört mehr als eine gründliche geistige und weltanschaulich-politische Durchbildung. Es gehört dazu die erzieherische Einfügung in ein streng geordnetes Gemeinschafts- und Mannschaftsleben und die Bewältigung vielfältiger Führungsaufgaben, es gehört dazu eine vielseitige Ausbildung im Sport, namentlich in jenen Sportarten, die den Mut, die Widerstandskraft und den Willen stärken, z.B. im Geländesport, Reiten, Fechten, Boxen, Segelfliegen, Segeln, Schießen usw.; es gehört dazu eine gute Ausbildung am Kraftfahrzeug; es gehören dazu wohldurchdachte Fahrten in alle Gaue des Reiches und Fahrten ins Ausland mit zum Teil längerem Auslandsaufenthalt, ein mehrwöchiger Einsatz in der Industrie (meist im Bergwerk) und auf Bauernhöfen, währenddes der Jungmann beim Kumpel und beim Bauern wohnt und so dessen ganze Lebensordnung und Lebenshaltung in einprägsamer Jugend kennenlernt. An Stelle des früheren Unterrichtsplanes tritt also in den Nationalpolitischen Erziehungsanstalten ein neuer Gesamterziehungsplan ... Aber nicht die Vielseitigkeit der Erziehung und der Ausbildung ist das Wesentliche, — die kann auch ein individualistisch betontes Renaissanceideal sein —, sondern der typenprägende erzieherische Geist ... Erst das nationalsozialistische Reich hat Ernst gemacht mit der Schaffung von Erziehungsstätten, in denen Jungmannen und Mädel durch eine Erziehung in der Gemeinschaft und für die Gemeinschaft zu einem ganz bestimmten deutschen Typ erzogen werden, der sich in seiner Lebensführung und Lebensleistung ausschließlich Führer, Volk und Reich verpflichtet weiß.

In den Nationalpolitischen Erziehungsanstalten werden z. Zt. rund 5000 Jungmannen erzogen ...

Zentrales Staatsarchiv Potsdam, Reichskanzlei, Nr. 19853, Bl. 51 ff.

200. Aktennotiz des Reichsführers SS Heinrich Himmler über ein Gespräch mit dem Reichsjugendführer Artur Axmann über die Zusammenarbeit von HJ und SS, 20.11.1940

20. Nov. 1940

Aktennotiz.   Ablage

Heute besuchte mich der Reichsjugendführer Axmann. Nachdem er bei Beginn des Gespräches zum Ausdruck gebracht hatte, er hoffe, daß sich die SS ihm gegenüber als Reichsjugendführer ebenso kameradschaftlich und freundschaftlich verhalte wie Baldur von Schirach gegenüber und dabei betont hatte, daß die SS die Organisation wäre, mit der die Hitlerjugend am freundschaftlichsten stünde, kamen wir auf einzelne Punkte zu sprechen.

Wir sprachen über den Streifendienst der HJ. Axmann sagte, er lege selbst den größten Wert darauf und wolle ihn entsprechend unseren Anforderungen, nachdem er jetzt 50 000 Mann zähle, auf 80 000 vermehren. Er hoffe, daß wir mit der Auslese zufrieden sein, denn sie bemühten sich, hier wirklich das beste hereinzubringen.

Ich schnitt auch die Frage der Verwendung der hauptamtlichen HJ-Führer, wenn sie altersmäßig keinen HJ-Dienst mehr verrichten könnten, an und sagte ihm, ich wiederholte hier etwas, was ich mit Baldur von Schirach in Kochel schon einmal besprochen hätte, daß wir einen Teil dieser Führer bei uns in der Polizei verwenden könnten und anderenteils, daß der Teil der HJ-Führer, die bei uns in der SS dienten, nach einem Jahr Dienst auf die Junkerschulen kämen, als SS-Führer ausgebildet würden und nach einer ungefähren Dienstzeit von 3 Jahren aus dem aktiven SS-Dienst ausscheiden, Reserveführer der Waffen-SS würden und in den hauptamtlichen Dienst der HJ zurückkehren könnten. Sie könnten dann nach Ablauf ihrer HJ-Dienstzeit leichter wieder von uns übernommen werden. In der Zwischenzeit würden sie Reserveübungen machen.

Wir sprachen dann auch über den Landdienst der HJ, der in ganz besonderem Maße ausgebaut werden sollte. Ich sagte ihm hierzu, daß ich in meiner Stellung als Reichskommissar auch in finanzieller Hinsicht reiche Unterstützung gewähren wolle.

Als weiteren wichtigen Punkt besprachen wir die Frage der Nationalpolitischen Erziehunganstalten und der »Adolf-Hitler«-Schulen. Wir waren uns einig, daß die beiden Anstalten ruhig nebeneinander bestehen könnten, und daß es gut wäre, wenn sie gegenseitig eine Konkurrenz bildeten. Wir wollten beide sehr darauf Obacht geben, daß die Wehrmacht nicht versuchen würde, Kadettenanstalten daraus zu machen.

Er sagte mir, daß die Gefahr, daß von Teilen der Wehrmacht der Versuch eines Einbruches in die HJ auf allen Gebieten gemacht würde, von ihm klar erkannt und abgewiesen würde. So sei man schon damit an ihn herangetreten, daß, wenn es eine Marine-HJ und eine Flieger-HJ gebe, es auch eine Heeres-HJ geben müsse.

Am Schluß sprachen wir noch über den Jugendarrest. Axmann meinte, es gäbe hier nur in einer Richtung Schwierigkeiten, weil der Justizminister anstelle der kurzfristigen Gefängnisstrafen von 2 bis 3 Monaten nun auch den Jugendarrest einführen wolle. Nun wäre doch der Jugendarrest als Disziplinarstrafe grundverschieden von dem Jugendarrest, der gerichtlich ausgesprochen würde. Er wäre sich noch nicht klar, wie man das dann bezeichnen müsse. Ich schlug ihm vor, das eine — den disziplinären Jugendarrest — einfach »Jugendarrest« und den anderen »Jugendgerichtsarrest« zu nennen.

Der Reichsführer-SS:
H. Himmler

SS-Obergruppenführer Heißmeyer,
SS-Gruppenführer Heydrich,
SS-Gruppenführer Wolff,
SS-Brigadeführer Greifelt,
SS-Brigadeführer Berger.

Zentrales Staatsarchiv Potsdam, Reichsführer SS/Persönlicher Stab, Nr. 314.

201. Anordnung des Reichsjugendführers zur Forcierung der Wehrertüchtigung der HJ, 15.1.1941

I. Das bisherige Amt für körperliche Ertüchtigung wird mit sofortiger Wirkung in

Amt Wehrertüchtigung

umbenannt. Demgemäß benennen auch die Gebiete ihre Abteilungen in der Hauptabteilung Leibeserziehung um. (Siehe Reichsbefehl 71/K vom 12.12.1940.)

II. Für die Ausbildung der Hitler-Jugend im Schieß- und Geländedienst und für die Sonderausbildung in der Marine-, Flieger-, Motor-, Nachrichten- und Reiter-HJ bestimme ich ab sofort als Sammelbegriff die Bezeichnung »Wehrertüchtigung der Hitler-Jugend«. Die teilweise übliche Bezeichnung »vormilitärische Ausbildung« für diesen Teil des HJ-Dienstes ist somit nicht mehr anzuwenden.

III. Die Wehrertüchtigung der Hitler-Jugend steht auch im neuen Ausbildungsjahr 1940/41 im Mittelpunkt des HJ-Dienstes. Alle Führer und Dienststellen haben sich in noch stärkerem Maße als bisher für die planmäßige Durchführung der Wehrertüchtigung, insbesondere der Ausbildung im Schieß- und Geländedienst einzusetzen.

IV. Die Meldungen der Gebiete über Stand und Erfolg der K-Ausbildung lassen erkennen, daß das zu Beginn dieser Ausbildung gesteckte Ziel teilweise nicht erreicht worden ist. Die Gründe sind mir bekannt. Ständiger Führerwechsel, Mangel an Ausbildern, Fehlen von geheizten Räumen, Ernteeinsatz und andere Kriegsaufgaben der Hitler-Jugend beeinträchtigen den Ausbildungsdienst in starkem Maße.

Trotz dieser Schwierigkeiten, die den zahlenmäßigen und ausbildungsmäßigen Erfolg beschränken, muß in dem neuen Ausbildungsjahr 1940/41 der Schieß- und Geländedienst der 16-18 Jahre alten Hitlerjungen zu einem größeren Erfolg werden.

Um den laufenden Bedarf gutgeschulter Schieß- unbd Geländewarte in der Kriegszeit wie in der Friedenszeit sicherzustellen, habe ich mich im Einvernehmen mit dem Oberbefehlshaber des Heeres entschlossen, Reichsausbildungslager der Hitler-Jugend zu errichten.

Da die Einrichtung dieser Ausbildungslager einige Monate in Anspruch nehmen wird, haben die Gebietsführer dafür Sorge zu tragen, daß 16-18jährige Hitlerjungen als K-Übungsleiter ausgebildet werden.

Für die Durchführung dieser Aufgabe verweise ich auf die Vereinbarung mit dem OKW vom 20.1.1939 (s. Reichsbefehle 4/IV vom 3.2.1939, 24/IV vom 30.6.1939, 27/IV vom 5.8.1939). Die darin aufgezeichneten Möglichkeiten zur Ausbildung der Führerschaft durch Lehrgänge in den Kasernen und Gebäuden der Wehrmacht sind weitgehendst im neuen Ausbildungsabschnitt auszunutzen.

In den Gebieten, in denen Lehrgänge mit der Wehrmacht nicht möglich sind oder für den Bedarf an Übungsleitern nicht ausreichen, sind von den Gebietsführern neue Schulen bzw. Ausbildungsstätten für die Schulung von K-Übungsleitern zu schaffen. Die Kosten für den laufenden Etat übernimmt die RJF. Die Führer der Gebiete sind mir persönlich dafür verantwortlich, daß diese Ausbildungsstätten bis 1.3.1941 in jedem Gebiet eingerichtet sind.

Weitere Anordnungen hierzu erläßt der Chef des Hauptamtes II im Einvernehmen mit dem Reichskassenverwalter.

Vorschriftenhandbuch der Hitler-Jugend, Band III, Berlin 1942, S. 1273.

202. Bericht des SS-Brigadeführers Gottlob Berger über Streitigkeiten zwischen Wehrmacht und Reichsjugendführung um den Einfluß auf die vormilitärische Ausbildung der HJ, 10.2.1941

Der Reichsführer-SS   Berlin W 35, den 10.2.41
Chef des Hauptamtes
                                                                 G e h e i m !

An den
Persönlichen Stab RF-SS
SS-Sturmbannführer Dr. Brandt
Berlin

Lieber Doktor!
Wenn Reichsführer-SS zurückkommt, bitte ihn über Folgendes zu orientieren:
...
3. Die HJ versucht beim Führer zu erreichen, daß die Jugend solange bei der HJ bleibt, auch zur vormilitärischen Jugenderziehung, bis die jungen Männer zur Wehrmacht bzw. zum Arbeitsdienst einrücken. Da die Streifendienstgefolgschaften im Aufstellen begriffen sind, wir nach den Abmachungen die für uns vorgesehenen Jungen selbst ausbilden dürfen, habe

ich keine Bedenken, diesem Wunsch, dem auch das NSKK zustimmt, stattzugeben. Es ist der Gegenschlag der HJ gegen den Versuch der Wehrmacht, jetzt über die SA die vormilitärische Jugenderziehung ausschließlich in die Hand der Wehrmacht zu bringen.

Heil Hitler!
Ihr G. Berger
SS-Brigadeführer

Zentrales Staatsarchiv Potsdam, Film Nr. 3612.

203. Bericht über eine Rede des Inspekteurs des Erziehungs- und Ausbildungswesens des Heeres Generalmajor Frießner zu Forderungen der Wehrmacht an die Jugenderziehung, Februar 1941

Vor kurzem hielt der Inspekteur des Erziehungs- und Bildungswesens des Heeres, Generalmajor Frießner, in Königsberg vor der ostpreußischen Erzieherschaft und Vertretern von Partei, Staat, Wehrmacht und Universität einen Vortrag über das Thema »Forderungen der Wehrmacht an die Jugenderziehung als Grundlage für den Wehrdienst«. Nach Begrüßungsworten des Befehlshabers im Wehrkreis I, General der Artillerie Ulex, schilderte Generalmajor Frießner, mit dem Führerwort beginnend, daß das Heer als letzte und höchste Schule vaterländischer Erziehung zu gelten habe, zunächst den Soldaten unserer Zeit, um dann an seinem Bilde die Forderungen zu entwickeln, die die Wehrmacht an die Jugenderziehung stellen muß. Elternhaus, Schule, Jungvolk, Hitler-Jugend und Reichsarbeitsdienst — so führte er aus — sind an dieser Erziehung beteiligt. Soll sie im Wehrdienst ihre Fortsetzung und Krönung finden, so muß sie auch mit ihm im Zusammenhang stehen und auf ihn einheitlich ausgerichtet sein. Vor allem darf nicht der Zustand eintreten, daß die an der Jugenderziehung beteiligten Einrichtungen von verschiedenen Grundvoraussetzungen ausgehen und daß das Erziehungssystem selbst häufigen Veränderungen unterliegt.
Die Erziehung hat sich auf Körper, Charakter und Geist zu erstrecken. Diese drei Faktoren muß der Erzieher auch voll und ganz berücksichtigen, wenn er sich ein Gesamturteil über den zu erziehenden jungen Menschen bilden will. Nicht der »gute Schüler« ist daher das erstrebenswerte Ziel der Erziehung, sondern der für alle Forderungen des Lebens aufgeschlossene und brauchbare Junge.

Das Heranzüchten kerngesunder Körper ist eine primäre Forderung des völkischen Staates, wie auch insbesondere der Wehrmacht. Die Wehrmacht braucht kerngesunde, zähe, ausdauernde, gelockerte, nicht verkrampfte oder verbildete Soldaten. Diese Fähigkeiten sind nur durch ein laufendes Training von Jugend an, durch eine planmäßige und vernünftige geregelte Körpererziehung in Elternhaus, HJ, Schule und RAD zu erreichen. Daß hierbei gerade auch die Schule, schon um der auf die Gesamtpersönlichkeit ausgerichteten Erziehung willen, der körperlichen Ertüchtigung eine besondere Pflege angedeihen lassen muß, ist selbstverständlich. Im Spielsport kann sie die Jugend zu fairem Verhalten und guter Kameradschaft erziehen. Die Hitlerjugend wird bei der körperlichen Erziehung dem Wettkampfsport, der Reichsarbeitsdienst dem Lockerungssport als Ausgleich zur Arbeit den Vorzug geben. Für alle diese Formen der Leibeserziehung aber gilt neben der Beachtung der Planmäßigkeit und Einheitlichkeit des gesamten Erziehungsweges, daß sie nicht zu gesundheitsschädigenden Übertreibungen ausarten.
Die Bildung des Charakters zu fördern, ist nach einem Wort des Führers eine weitere Aufgabe des völkischen Staates. Daß Erziehung, die den soldatischen Menschen heranbilden will, wesentlich Charaktererziehung sein muß, unterliegt keinem Zweifel. Die Entwicklung und Festigung der soldatischen Tugenden sind unerläßliche Voraussetzungen echten deutschen Sol-

datentums. Sie müssen dem Kinde bereits im Elternhaus anerzogen werden und müssen dann in der Schule und HJ eine sorgsame Pflege und Vertiefung erfahren. Mut, Wahrheitsliebe, Gehorsam, Sauberkeit, Opferbereitschaft, Verschwiegenheit sind Eigenschaften, von denen die Entscheidung auf dem Schlachtfeld in erheblichem Maße abhängt und die nicht erst durch die Erziehung innerhalb der Wehrmacht entwickelt werden können. Es muß daher unserer Jugend eindringlich zum Bewußtsein gebracht werden, daß charakterliches Versagen selbst in scheinbar kleinen Dingen — wie die falsche Darstellung eines Sachverhalts — sich im Kriege aufs Gefährlichste auswirken kann.

Als dritte Forderung muß die Wehrmacht eine sorgfältige geistige Erziehung und Ausbildung unserer Jugend verlangen. Der Soldat, insbesondere der soldatische Führer, muß folgerichtig denken können, rasch und klar auffassen und über solide Wissensgrundlagen und eine gute Allgemeinbildung verfügen. Diese Voraussetzungen zu schaffen, ist Aufgabe der Schule. Sie müssen das Fundament bilden, auf das dann die Erziehung und Ausbildung innerhalb der Wehrmacht aufbauen kann. Das Endziel aller Jugenderziehung aber muß sein, daß die deutsche Jugend frei von Eigensucht und mit rückhaltloser Einsatzbereitschaft und echter Wehrgesinnung sich in den Dienst der Landesverteidigung stellt.

Generalmajor Frießner schloß seine mit größtem Beifall aufgenommene Rede mit einem eindringlichen Appell an Erzieher und Jugend, in dem er sie aufforderte, in bedingungslosem Vertrauen auf den Führer die ganze physische, psychische und geistige Kraft für das Ziel einzusetzen, diesen Krieg zu gewinnen, und gleichzeitig mit zähem Willen sich auf die gewaltigen Aufgaben vorzubereiten, die das deutsche Volk nach dem Endsiege erwarten, um so, jeder an seiner Stelle, dazu beizutragen, daß auch der Friede gewonnen wird.

Berliner Börsen-Zeitung, 13.2.1941.

204. Anweisung des Stabsführers der Reichsjugendführung Helmut Möckel zu Maßnahmen der HJ gegenüber den Kirchen, 19.3.1941

NSDAP Reichsjugendführung   Berlin, den 19. März 1941
- Der Stabsführer -

                                                              Geheim

R u n d s c h r e i b e n
Nr. 3/41 g

Betr.: Konfessionelle Lage.

Die gerade im Krieg notwendige straffe Führung der gesamten Jugend und die der HJ. gestellten Aufgaben der Wehrertüchtigung erfordern einen geregelten Dienstbetrieb der Hitler-Jugend. Da die Maßnahmen im Rahmen des Luftschutzes und die starke Beanspruchung der Jugendlichen durch Schule und Beruf den HJ.-Dienst in der bisherigen Form nicht mehr zuließen, mußte in bestimmten Gebieten der gesamte Dienst auf die Sonntage verlegt werden. Die Einzelheiten sind im Erlaß vom 17. September 1940 über den HJ.-Dienst in Warnzonen (Amtliches Nachrichtenblatt S. 129) festgelegt. Bei der Festsetzung der Dienstzeiten wurde berücksichtigt, daß durch den HJ.-Dienst an den Sonntagen das Familienleben nicht übermäßig beeinträchtigt wird.

Obwohl lediglich die Gegebenheiten des Krieges zu diesem Erlaß geführt haben, erblicken die Kirchen in ihm, sowie in polizeilichen Maßnahmen zur Durchführung der Jugenddienstpflicht unberechtigterweise Angriffe gegen den christlichen Glauben. Die Kirchen führen immer wieder die Rede des Reichsleiters von Schirach vom 1. Dezember 1936 an und leiten aus ihr eine Unzahl von Zusagen an die Kirchen her. Hierzu ist festzustellen, daß die Richtlinien, die der Reichsleiter in seiner damaligen Rede als Reichsjugendführer gab, bei der Aufstellung der Dienstpläne, selbst des Kriegsdienstplanes 1940, beachtet worden sind. Anstatt der erhöhten Beanspruchung der Jugendlichen Rechnung zu tragen und ihre dogmatischen Forderungen im Kriege zu mildern, verschärfen die Kirchen unter Anwendung stärksten Gewissenszwanges die Gebote zum Besuch der bisher üblichen kirchlichen Veranstaltungen, führen sie neue kirchliche Veranstaltungen ein und verlängern sie die Dauer des Konfirmanden-(Firmungs-)Unterrichts von einem Jahr auf zwei Jahre. Die Forderungen sind so hoch getrieben, daß ihre Erfüllung entweder jeden Jugendlichen zeitlich maßlos überanstrengt oder ihm die Einhaltung des HJ.-Dienstes unmöglich macht. Mit allen Mitteln versuchen die Kirchen, daß die Aufgaben der Partei und des Staates als zweitrangig hinzustellen. Kommen die Jugendlichen den Anforderungen der Kirchen nicht nach, so drohen die Pfarrer mit Hölle und ewiger Verdammnis und verweigern in zunehmendem Maße kirchliche Handlungen, wie die Vornahme von Firmung und Konfirmation. Die Folge hiervon ist, daß diejenigen Jungen und Mädel, die auf Grund ihrer Erziehung stark kirchlich gebunden sind, in schwere Gewissenskonflikte gebracht werden. Demgegenüber ist es die Aufgabe der Gemeinschaftserziehung der Hitler-Jugend, den Jugendlichen in der nationalsozialistischen Weltanschauung eine Auffassung beizubringen, die die Forderung der Partei und des Staates vor die ihrer Konfessionsgemeinschaft setzt.

Es ist klar zu erkennen, daß die Kirchen, katholische wie evangelische, gewillt sind, gegen getroffene Maßnahmen der Hitler-Jugend mit allen Mitteln des Gewissenszwanges anzugehen. Während die meisten Führer der Hitler-Jugend sich persönlich in den Reihen der Wehrmacht für Deutschland einsetzen, spitzen die in der Heimat in Sicherheit gebliebenen Pfarrer ihre dogmatischen Forderungen in unverantwortlicher Weise zu. Es ist deshalb folgendes zu beachten:

1.) Von der Führung der Hitler-Jugend ist den geschilderten Vorgängen besondere Aufmerksamkeit zu schenken. Besondere Einzelerscheinungen sind zu melden.

2.) Peinliche Beachtung der Richtlinien der Hitler-Jugend:
Wenn der **freiwillige HJ.-Dienst** dem Dienst an der Kirche vorgezogen wird, so ist das eine Angelegenheit, für die die HJ. nicht verantwortlich ist. In Fällen, in denen **kirchliche** Veranstaltungen oder Konfirmandenbesuche usw. dem freiwilligen Dienst vorgezogen werden, ist keine Bestrafung oder Verächtlichmachung der HJ.-Angehörigen vorzunehmen. Dagegen muß die Autorität der Hitler-Jugend bei **Pflichtdienst** unter Anwendung aller Mittel durchgesetzt werden.

3.) Jugendliche, die noch starke kirchliche Bindungen haben, dürfen nicht gegenüber den anderen Jugendlichen herabgesetzt werden. Dagegen ist die gesamte Führerschaft der Hitler-Jugend in bezug auf ihre weltanschauliche Zuverlässigkeit einer noch schärferen Prüfung zu unterziehen.

4.) Es ist zu erwarten, daß einzelne Pfarrer oder sonstige Dienststellen der Kirchen versuchen, mit unteren Instanzen der Hitler-Jugend zu verhandeln. Jedwede Verhandlungen mit Vertretern der Kirchen über örtliche Dienstregelungen usw. sind strikt abzulehnen. Die Dienstgestaltung der HJ. geschieht auf der Basis eines Reichsgesetzes. Alle Ansuchen der Kirchen sind an die entsprechende Oberste Reichsbehörde, den Jugendführer des Deutschen Reiches, zu verweisen.

5.) Bei auftretenden Schwierigkeiten, die durch getroffene kirchliche Maßnahmen (z.B. Verweigerung der Konfirmation) entstehen, hat die Hitler-Jugend von jeder eigenen Maßnahme abzusehen. Es ist vielmehr auf jeden Fall der Hoheitsträger der Partei zu unterrichten und zu Rate zu ziehen. Gegebene Richtlinien der Politischen Leiter der Partei sind streng zu beachten. Etwa durch Sicherheitsdienst oder Staatspolizei zu treffende Maßnahmen sind nur im engsten Einvernehmen mit der Partei zu planen. Bei Schwierigkeiten oder Differenzen mit Eltern (Erziehungsberechtigten) von HJ.-Angehörigen auf konfessioneller Grundlage sind die Hoheitsträger der Partei einzuschalten.

6.) Peinliche Beachtung des Verbotes, irgendwelche Demonstrationen oder Handlungen vorzunehmen, die sich gegen kirchliche Einrichtungen oder gegen das Christentum als solche richten. Ebenso sorgfältig sind die Anordnungen der Partei, z.B. betr. das Verbot des Tragens der Uniform bei kirchlichen Veranstaltungen, zur Wahrung der Neutralität gegenüber allen Konfessionen oder Glaubensgemeinschaften einzuhalten.

7.) Der Inhalt dieses Rundschreibens darf in keiner Weise schriftlich weitergegeben werden. Die Führer und Unterführer der Hitler-Jugend sind entsprechend mündlich zu unterrichten.

8.) Als oberste Richtlinien für unsere Arbeit gegenüber den mannigfaltigen Bestrebungen der Kirche hat zu gelten, daß eine Auseinandersetzung zwischen Weltanschauungen nicht durch Paragraphenregelung oder polizeiliche Maßnahmen entschieden wird, sondern allein durch die Wahrheiten der besseren Weltanschauung. Dies heißt für die Hitler-Jugend: Je besser die Dienstgestaltung umso weniger finden artfremde Weltanschauungen überhaupt Ansatzpunkte im Leben der deutschen Jungen und Mädel.

Heil Hitler !
Möckel
Stabsführer

Zentrales Staatsarchiv Potsdam, Film Nr. 10895.

205. Befehl des Wehrkreiskommandos VII zur Beteiligung der Wehrmacht an der vormilitärischen Ausbildung der HJ, 12.4.1941

Stellv. Generalkommando VII, A.K.   München, 12. April 1941
(Wehrkreiskommando VII)
Az. B 10 Ia/d Nr. 9708/41

Betr.: Wehrertüchtigung der HJ

1) Der **Wehrertüchtigung** der HJ kommt in Kriegszeiten ganz besondere Bedeutung zu. An ihr nach besten Kräften mitzuwirken ist soldatische Pflicht.

2) Die **Mitwirkung der Truppe** erstreckt sich auf folgende Gebiete:
   a) Abhaltung von 14tägigen Lehrgängen für die Ausbildung von HJ-Führern auf dem Gebiete des Schießdienstes und der Geländekunde
   b) Unterstützung der HJ-Banne in den Wochenendübungen durch Kommandierung von Ausbildern
   c) Überlassung von Liegenschaften des Heeres für Schießdienst und Geländeübungen

3) Die **14tägigen Lehrgänge** für die Ausbildung der HJ-Führer werden nach Vorschlag der zuständigen HJ-Gebietsführer durch das Stellv. Generalkommando befohlen. Es ist Pflicht der Bataillonskommandeure, die mit der Einrichtung und Durchführung derartiger Lehrgänge beauftragt werden, diesen Aufgaben ganz besondere Aufmerksamkeit zuzuwenden.

Es ist von großer Bedeutung, daß Lehr- und Unterrichtsmittel in ausreichendem Maße bereitgestellt werden.

Die militärische Leitung eines Lehrganges ist grundsätzlich dem Verbindungsoffizier des Bataillons zum HJ-Bann zu übertragen; die notwendigen Ausbilder — für 10 HJ-Führer je einer — sind ihm zur Verfügung zu stellen ... Die Lehrgangsteilnehmer sind durch Bataillone in Kasernen unterzubringen, in Heeresuniform einschl. Schuhzeug einzukleiden. Beim außerdienstlichen Verlassen der Kaserne muß grundsätzlich HJ-Uniform oder bürgerliche Kleidung getragen werden. Die Lehrgangsteilnehmer erhalten Magazinverpflegung wie die Truppe, bei der der Lehrgang stattfindet, unentgeltlich. Der HJ-Führer-Leiter hat die Abschnitte der Lebensmittelkarten für die Zeit, in der Truppenverpflegung gewährt wird, von den Teilnehmern einzuziehen und der Zahlmeisterei zu übergeben ... Für die Unterbringung in Kasernen oder in Anlehnung an Kasernen der Wehrmacht oder auf Truppenübungsplätzen zahlt jeder Lehrgangsteilnehmer täglich 0,25 RM; diesen Betrag zahlt der HJ-Führer-Leiter zu Beginn des Lehrganges für die ganze Dauer bei der zuständigen Zahlmeisterei ein ... Die Lehrgangsteilnehmer sind durch den Truppenarzt ärztlich zu betreuen.

4) ... **Die Verbindungsoffiziere der Truppe zu HJ** sind das wichtigste Glied in der Zusammenarbeit der Truppe mit der HJ. Ihrer Auswahl ist durch die Kommandeure ganz besonderes Augemerk zuzuwenden; in erster Linie sind hierfür Offiziere einzuteilen, die selbst schon in der HJ Führerstellen bekleidet haben; sind solche Offizieren nicht vorhanden, so sind Offiziere zu bestimmen, die sich freiwillig melden.

...

Der Stellv. Kommandierende General:
im Entwurf gez. Wachenfeld

Zentrales Staatsarchiv Potsdam, Film Nr. 14617.

206. Anweisung Adolf Hitlers, Schillers »Wilhelm Tell« in Theatern und Schulen zu verbieten, 3.6.1941

Reichsleiter Martin Bormann   Führerhauptquartier, 3.6.41

Herrn
Reichsminister Dr. Lammers
Berchtesgaden
Reichskanzlei   **STRENG VERTRAULICH !**

Sehr verehrter Herr Dr. Lammers !
Der Führer wünscht, daß Schillers Schauspiel »Wilhelm Tell« nicht mehr aufgeführt wird und in der Schule nicht mehr behandelt wird.
Ich bitte Sie, hiervon vertraulich Herrn Reichsminister Rust und Herrn Reichsminister Dr. Goebbels zu verständigen.

Heil Hitler!
Ihr
(M. Bormann)

Zentrales Staatsarchiv Potsdam, Reichskanzlei, Nr. 19852, Bl. 528.

207. Aus dem Erlaß des Reichsjugendführers über die Zusammenarbeit von HJ und Reichsluftschutzbund, 9.6.1941

Die innere Landesverteidigung erfordert, daß die gesamte deutsche Jugend luftschutzbereit gemacht wird. Zur Durchführung dieser Aufgabe, die durch den RLB., Körperschaft des öffentlichen Rechts, und die Hitler-Jugend gemeinsam vorgenommen wird, gebe ich die mit dem Präsidium des RLB. unter Zustimmung des Reichsministers der Luftfahrt und Oberbefehlshaber der Luftwaffe (Erlaß vom 29.5.1941 — Az. 41 d 20. 14 Nr. 1657/41 (2 I b) getroffenen Richtlinien bekannt.

1. Luftschutz-Unterweisung der Pimpfe und Jungmädel
In jedem Jahr werden alle 13-14jährigen Pimpfe und Jungmädel im Luftschutz-Selbstschutz unterwiesen. Die Unterweisung erfolgt im Winterhalbjahr, umfaßt 2 Doppelstunden und wird durch LS.-Lehrkräfte der Hitler-Jugend und des BDM vorgenommen. Sie ist für die betroffenen Jungen und Mädel Pflichtdienst nach Maßgabe meines Erlasses vom 4.12.1940 — I J 2160 betreffs »Allgemeine Grundsätze über den Pflichtdienst in der Hitler-Jugend«; er tritt zusätzlich zum allgemeinen DJ- und JM-Dienst. Der Lehrplan wird vom Präsidium des RLB. im Einvernehmen mit der RJF. festgelegt. Diese Unterweisung ist einer LS.-Ausbildung im Sinne der gesetzlichen Vorschrift nicht gleichzumachen, sonder soll eine solche nur vorbereiten.
. . .

Vorschriftenhandbuch der Hitler-Jugend, Band III, Berlin 1942, S. 1497.

208. Aus den gemeinsamen Richtlinien der Reichsjugendführung, des Oberkommandos der Wehrmacht und der Parteikanzlei der NSDAP über die Arbeit der Nachrichten-HJ, 11.6.1941

A. Aufgaben und Stellung der Nachrichten-HJ
Die Nachrichten-HJ ist eine Sondereinheit der Hitler-Jugend. Erziehung und Ausbildung der Nachrichten-Hitlerjungen erfolgen im Rahmen des Gesetzes über die Hitler-Jugend vom 1.12.1936 und seiner Durchführungsverordnungen.
Neben der für die gesamte Hitler-Jugend vordringlichen weltanschaulichen und politischen Erziehung hat die Nachrichten-HJ die besondere Aufgabe, aus ihren Reihen einen geeigneten, zahlenmäßig ausreichenden und im Nachrichtenverbindungsdienst vorausgebildeten Nachwuchs für die Nachrichtentruppe und die Truppennachrichtenverbände des Heeres und der Luftwaffe sicherzustellen.

Darüber hinaus hat sie die Aufgabe, innerhalb der Hitler-Jugend die bei besonderem Dienst notwendig werdenden Nachrichtenverbindungen zu erstellen und zu betreiben.

B. Stärke und Organisation der Nachrichten-HJ
1. Für die Stärke der Nachrichten-HJ gilt der jährliche Rekrutenersatzbedarf der Nachrichtentruppe und der Truppennachrichtenverbände des Heeres und der Luftwaffe als Anhalt. Hierbei wird jedoch nur der Bedarf an solchen Rekruten in Rechnung gestellt, die bei diesen Verbänden der Wehrmacht im praktischen Nachrichtenverbindungsdienst (als Fernsprecher, Funker, Gerätemechaniker usw.) und als Führernachwuchs Verwendung finden.
Für die jährlichen Überweisungen vom DJ in die Hitler-Jugend werden für die Nachrichten-HJ 10 v.H. der jeweilig zum Dienst in der Hitler-Jugend anstehenden Jugendlichen des betreffenden Jahrganges festgesetzt.
. . .

E. Zusammenarbeit zwischen der Wehrmacht und der Nachrichten-HJ
...

11. Unterstützung der Nachrichten-HJ durch die Wehrmacht
1. Die Arbeit der Nachrichten-HJ ist von allen Teilen der Wehrmacht nach besten Kräften zu unterstützen, soweit es die Unterkunftsmöglichkeiten, die verfügbaren Lehr- und Ausbildungseinrichtungen, die Personal- und Gerätelage erlauben.
2. Die Sommerlager der Nachrichten-HJ werden von der Wehrmacht weitgehend unterstützt.
3. Für die Ausbildung und insbesondere für die Endausbildung der Nachrichten-HJ werden bei Bedarf von den Wehrmachtteilen die erforderlichen Lehrkräfte, Lehr- und Ausbildungseinrichtungen und, falls notwendig oder zweckmäßig, auch Räume zur Verfügung gestellt.
4. Bei Bedarf werden Führer und Ausbilder der Nachrichten-HJ in Lehrgängen bei den Wehrmachtteilen ausgebildet.

...

F. Verwendung der durch die Nachrichten-HJ Vorausgebildeten in der Wehrmacht
1. Die Sonderausbildung in der Nachrichten-HJ erfüllt nur dann ihren Zweck, wenn die für den praktischen Nachrichtenverbindungsdienst des Heeres oder der Luftwaffe ausgewählten und vorausgebildeten Jungen in der Regel auch in diejenigen Verbände der Wehrmacht eingestellt werden, für deren Dienst die Vorbereitung erfolgt ist.
...

Vorschriftenhandbuch der Hitler-Jugend, Band III, Berlin 1942, S. 1461 ff.

209. Ausführungsbestimmungen des Reichsjugendführers zur Gewinnung des Offiziersnachwuchses des Heeres aus der HJ, 16.6.1941

Der Reichsjugendführer   **Vertraulich!**

Offiziersnachwuchs des Heeres
Der Offiziersnachwuchs des Heeres ergänzt sich nach der Entscheidung des Oberbefehlshabers des Heeres im Krieg und im Frieden aus den Reihen der Hitler-Jugend. Die Gebietsführer haben gemäß nachstehenden Ausführungsbestimmungen die erforderlichen Maßnahmen umgehend zu treffen.

gez. Axmann

Ausführungsbestimmungen für den Offiziersnachwuchs des Heeres

Der Offiziersnachwuchs des Heeres ergänzt sich aus den Reihen der allgemeinen Hitler-Jugend, der Motor-Hitler-Jugend und der Nachrichten-Hitler-Jugend soweit ihre Ausbildung unter Mitwirkung des Heeres erfolgt. Die in Frage kommenden Hitler-Jungen müssen sich durch hohen Persönlichkeitswert und Charakterstärke, durch körperliche Härte und geistige Wendigkeit auszeichnen und sich berufen fühlen, aktive Offiziere des Heeres zu werden.
Die Bannführer haben dafür zu sorgen, daß alle Hitler-Jungen, die diesen Anforderungen entsprechen und aktive Offiziere des Heeres werden wollen, sich rechtzeitig hierzu melden ...
Zur Meldung kommen in Frage:
Infanterie, motorisierte Infanterie, Maschinengewehrbataillone (motorisiert), Gebirgsjäger,

Panzertruppe, Schützen (motorisiert), Kradschützen, bespannte und motorisierte Artillerie, Gebirgsartillerie, Beobachtungsabteilungen der Artillerie, Panzerjäger, Kavallerie, Aufklärungsabteilungen, Pioniere, Panzerpioniere, Gebirgspioniere, Eisenbahnpioniere, Nachrichtentruppe, Gebirgsnachrichtentruppe, Panzernachrichtentruppe, Nebeltruppe.

Um den Bann- und Gefolgschaftsführern einen Anhalt zur Beratung der Jungen bei der Wahl der Waffengattung zu geben, gehen den Gebieten die vom Oberkommando des Heeres herausgegebenen Waffenhefte zu.

Technisch besonders interessierte Hitler-Jungen sind dabei auf die besonderen Möglichkeiten bei den Pionieren und der Nachrichtentruppe hinzuweisen. Zur weiteren Beratung werden den Gebieten Filme zur Verfügung gestellt, die Ausschnitte aus der Tätigkeit der einzelnen Waffengattungen zeigen.

Die für die Einstellung als Bewerber für die Offizierslaufbahn des Heeres vorgesehenen Jungen sind während des Krieges von der Arbeitsdienstpflicht entbunden.

Die Zuerkennung der Reife durch die Schule erfolgt für die Bewerber für die Offizierslaufbahn bevorzugt mit der Versetzung in die 8. Klasse (bei Einstellung zum 1. August 1942) bzw. während des Besuchs der 8. Klasse (bei Einstellung zum 5. Januar 1942), falls ihre Leistungen in der Schule dies zulassen.

Besondere geldliche Anforderungen werden an die Bewerber für die Offizierslaufbahn nicht gestellt.

Die nächsten Einstellungen von Bewerbern für die Offizierslaufbahn des Heeres sind für den 5. Januar 1942 und für den 1. August 1942 vorgesehen. Die Bewerbungen für den ersten Einstellungstermin müssen bis spätestens 20. November 1941 bei dem zuständigen Wehrbezirkskommando sein, für den zweiten Einstellungstermin bis spätesten 1. Mai 1942. Die Meldefrist für beide Einstellungen beginnt am 15. August 1941.

Für die Einstellung zum 5. Januar 1942 kommen Hitler-Jungen in Frage, die sich zu dieser Zeit noch in der 8. Klasse befinden, oder bereits das Reifezeugnis besitzen.

Für die Einstellung zum 1. August 1942 kommen diejenigen in Frage, die im Sommer 1942 mit der Versetzung in die 8. Klasse rechnen können, oder bereits das Reifezeugnis besitzen.

Einzelheiten über die Bewerbung für die Berufsoffizierslaufbahn des Heeres sind aus dem vom Oberkommando des Heeres herausgegebenen Merkblatt für den »Offiziersnachwuchs des Heeres« — Ausgabe Juni 1941 — zu entnehmen, das jedem der interessierten Jungen auszuhändigen ist. Den Gebieten gehen die Merkblätter in ausreichender Anzahl von der Reichsjugendführung gleichzeitig zu.

Hitler-Jungen, die von einer Annahmestelle der Luftwaffe oder der Kriegsmarine als Bewerber für die Offizierslaufbahn abgelehnt worden sind, können sich für die Offizierslaufbahn des Heeres nur melden, wenn die Ablehnung auf Grund von körperlichen Mängeln erfolgte, die die Betreffenden für die besondere Verwendung als Flugzeugführer oder als Seeoffizier untauglich machten (Kurzsichtigkeit, Farbenschwäche usw.). Erfolgte die Ablehnung aus anderen Grünbden, so kann auch beim Heer eine Einstellung als Bewerber für die Offizierslaufbahn nicht erfolgen, da die allgemeinen Anforderungen beim Offiziersnachwuchs bei allen Wehrmachtsteilen die gleichen sind.

Wer Berufsoffizier des Heeres werden will, hat seine Bewerbung nach dem Muster im Merkblatt für den »Offiziersnachwuchs des Heeres« persönlich bei seinem zuständigen Wehrbezirkskommando einzureichen. Die weiteren Unterlagen wie Lichtbilder, Urkunden zum Nachweis der Abstammung von deutschem oder artverwandtem Blut usw. hat der Hitler-Junge umgehend zu beschaffen. Auskunft über die einzureichenden Unterlagen erhält er bei seinem Wehrbezirkskommando. Gleichzeitig mit der Bewerbung hat der Hitler-Junge über den Gefolgschaftsführer dem Bann von der vollzogenen Bewerbung beim WBK. Mitteilung zu machen. Die Banne melden die Bewerber umgehend dem Gebiet unter Beifügung eines Dienstleistungszeugnisses, das folgende Punkte enthalten muß:

a) allgemeine Personalangaben,

b) Angaben über Dienstzeit, Dienstgrad und Dienststellung in der Hitler-Jugend,

c) Körperliche Leistungsfähigkeit (erworbene Scheine und Abzeichen),
d) Teilnahme an Lagern und Lehrgängen,
e) Dienstbeteiligung, Dienstauffassung, Verhalten in und vor der Einheit,
f) charakterliche Beurteilung,
g) Auffassungsgabe,
h) politische Zuverlässigkeit.

Die Gebiete senden die von den Bannen eingereichten Dienstleistungszeugnisse der Reichsjugendführung, Hauptamt I ein, die diese an das Heerespersonalamt (PA/Ag Pl/Gr. 7, Berlin W 35, Hildebrandstr. 23) weiterleitet.

Diese Dienstleistungszeugnisse sollen das Heerespersonalamt bei der Beurteilung der Jungen unterstützen.

Die Gebiete legen von den Bewerbern Listen an, die von den einzelnen Jungen folgende Angaben zu enthalten haben:

Vorname, Name, Geburtsdatum, Anschrift, Dienstrang und Dienststellung in der Hitler-Jugend.

Liste Nr. 1 ist mit dem 20. November 1941 abzuschließen und bis zum 1. Dezember 1941 an die RJF einzusenden.

In Fragen der Erfassung und Annahme des Offiziersnachwuchses arbeitet die RJF unmittelbar mit dem Heerespersonalamt ..., in allen übrigen Fragen, die den Offiziersnachwuchs betreffen, mit der Inspektion des Erziehungs- und Bildungswesens zusammen.

Reichsbefehl der Reichsjugendführung der NSDAP, 27/41 K, 16.6.1941, S. 2 ff.

210. Aus einem Bericht des Oberkommandos der Kriegsmarine über Werbemaßnahmen der SS, 17.6.1941

Oberkommando der Kriegsmarine   Berlin, den 17. Juni 1941

Weisungen
für die M.V.O. bei den Wehrkreiskommandos.
Nr. 1/41

...

9.) Werbemaßnahmen der SS.

Ein Wehrkreiskommando meldet:

Der Leiter einer Polizei-Meldestelle habe auf Verlangen der SS den schon polizeilich erfaßten, aber noch nicht gemusterten Jahrgang 1924 durch Bekanntgabe in den Orts-Zeitungen zu einer Versammlung aufgerufen. Die Erschienenen wurden kontrolliert, die Fehlenden mit einer polizeilichen Warnung bestraft.

Die jungen Leute wurden aufgefordert, sich für polizeiliche Zwecke bei der Waffen-SS zu verpflichten. Es folgte eine ärztliche Untersuchung, bei welcher die gesündesten Jungen als tauglich für die SS geschrieben wurden.

Die kategorische Aufforderung zur freiwilligen Meldung, die rein suggestiv wirken mußte, veranlaßte die meisten, den ihnen vorgelegten Verpflichtungsschein zu unterschreiben.

...

Im Auftrage
gez. Unterschrift.

Zentrales Staatsarchiv Potsdam, Film Nr. 10900.

211. Anordnung Adolf Hitlers, Fürsorgezöglinge auf Lebenszeit ins KZ zu bringen, 30.8.1941

Reichsleiter Martin Bormann   Führerhauptquartier, 30.8.41

Herrn
Reichsminister Dr. Lammers
Berlin W. 8
Voßstraße 6

Sehr verehrter Herr Dr. Lammers!
Dem Führer wurde heute berichtet, daß Zöglinge nach Vollendung ihres 19. Lebensjahres aus der Fürsorgeerziehung ausscheiden müssen, auch wenn das Ziel der Fürsorgeerziehung als nicht erreicht angesehen wird.
Der Führer wünscht, daß solche Zöglinge dann keinesfalls freigelassen werden; sie sollen ohne weiteres sofort auf Lebenszeit ins Konzentrationslager kommen.

Heil Hitler!
Ihr sehr ergebener
Bormann.

Zentrales Staatsarchiv Potsdam, Reichskanzlei, Nr. 19442, Bl. 822.

212. Anordnung Adolf Hitlers zur Behandlung der Taten der Ritterkreuzträger im Unterricht, 20.9.1941

Reichleiter Martin Bormann   Führerhauptquartier, 20.9.41

Herrn
Reichsminister Dr. Lammers
Berlin W8
Voßstraße 6

Sehr verehrter Herr Dr. Lammers !
Der Führer wünscht, daß die Taten der Ritterkreuzträger in geeigneter Weise im Schulunterricht behandelt werden; auftragsgemäß darf ich Sie bitten, das Weitere zu veranlassen.

Heil Hitler !
Ihr sehr ergebener
Bormann

Zentrales Staatsarchiv Potsdam, Reichskanzlei, Nr. 19852, Bl. 580.

213. Abkommen zwischen dem Oberkommando der Wehrmacht und der Reichsjugendführung über die Zusammenarbeit bei der Wehrertüchtigung der HJ, 22.10.1941

Der Chef des Oberkommandos der Wehrmacht - 20 g AWA/HJ 350/41

1. Für die allgemeine Wehrertüchtigung der in der Hitler-Jugend zusammengefaßten Großdeutschen Jugend ist die Reichsjugendführung verantwortlich.
   Die Wehrmacht unterstützt hierbei die Reichsjugendführung mit allen ihr zur Verfügung

stehenden Mitteln. Die Mitwirkung der Wehrmacht bei der praktischen Durchführung der Ausbildung erfolgt grundsätzlich auf Anforderung der Reichsjugendführung oder der ihr unterstellten Stellen.

2. Die Ausbildung im Rahmen der allgemeinen Wehrertüchtigung erfolgt nach den von der Reichsjugendführung herausgegebenen und von der Wehrmacht mitgeprüften Vorschriften, Arbeitsrichtlinien und Ausbildungsplänen.

3. Das Oberkommando der Wehrmacht und die Oberkommandos der Wehrmachtteile haben das Recht, ihre Beauftragten dem Dienst der Hitler-Jugend in der allgemeinen Wehrertüchtigung beiwohnen zu lassen.

4. Erfolgt zur Durchführung der praktischen Ausbildung auf Anforderung der Hitler-Jugend ein Einsatz von Ausbildern der Wehrmacht, so unterstehen diese disziplinär ihren Wehrmachtsvorgesetzten.
Findet die Ausbildung im wehrmachteigenen oder durch die Wehrmacht sichergestellten Unterkünften statt, so liegt die Gesamtleitung in den Händen der Wehrmacht.

5. Alle Einzelheiten über die praktische Zusammenarbeit regeln die Wehrmachtteile unmittelbar mit der Reichsjugendführung.

6. Die Vereinbarung zwischen dem Oberkommando der Wehrmacht und der Reichsjugendführung über die Ausbildung der gesamten Führerschaft auf allen Gebieten der Wehrertüchtigung in besonderen Schulungslehrgängen — Der Chef des Oberkommandos der Wehrmacht 20 g L (HJ) 178/59 vom 20.1.1939 und 20 g AWA (HJ) 892/39 vom 21.6.1939 — tritt außer Kraft.

Zitiert nach: Vorschriftenhandbuch der Hitler-Jugend, Band III, Berlin 1942, S. 1276 f.

214. Bericht über die Gründungsversammlung der Reichsarbeitsgemeinschaft für Jugendbetreuung, 27.10.1941

Unter dem Vorsitz des bevollmächtigten Vertreters des Reichsjugendführers, Stabsführer Möckel, wurde in diesen Tagen eine »Arbeitsgemeinschaft für Jugendbetreuung« ins Leben gerufen.
Der Gründungsversammlung wohnten die Vertreter sämtlicher an der Jugendbetreuung beteiligten Stellen neben der Hitlerjugend bei, und zwar Vertreter der Parteikanzlei, des Propaganda-, Reichserziehungs-, Reichsinnen-, Reichsarbeits- und Reichsjustizministeriums, sowie der NSV, DAF, Arbeitsdienst und Wehrmacht. Diese neue Einrichtung dient dem Austausch von Erfahrungen und Maßnahmen auf dem Gebiete der Jugendbetreuung.
Zu Beginn der Gründungsversammlung konnte festgestellt werden, daß keineswegs ein alarmierender Zustand der Jugend die Veranlassung zu dieser Versammlung gab, daß vielmehr durch eine verantwortungsbewußte Zusammenarbeit eine weitere Vorsorge zur Gesund- und Reinerhaltung der Jugend im Kriege getroffen werden soll.
Der bisherige Erfolg dieser Arbeit wurde deutlich in der Feststellung einer erneuten Abnahme der Jugendkriminalität im zweiten Kriegsjahr. Die Arbeitsgemeinschaft unter der Leitung von Oberbannführer Schröder schafft in Zukunft auch die Möglichkeit, an die Aufsichtspflicht aller Lehrer, Erzieher und Meister zu appellieren.
Wie auf allen Gebieten des deutschen Lebens, zeigt auch diese Maßnahme der Dienststelle des Jugendführers des Deutschen Reiches, daß das Reich allen kriegsbedingten Gegebenheiten vorsorgend Rechnung trägt. Die Erfahrungen des Weltkrieges haben gelehrt, daß durch erzieherische Maßnahmen einer Gefährdung der Jugend eher Einhalt geboten werden kann als durch ausschließliche Strafbestimmungen.
So gründet sich die Betreuung der Jugend im Kriege auch in erster Linie auf die Erziehungs-

grundsätze des Führers, die ihre Kriegstauglichkeit bestens unter Beweis gestellt haben. Die Gemeinschaft der Jugend hat sich als die zuverlässigste Abwehr kriegsbedingter Gefahren ergeben. Eine herabgeminderte Aufsicht durch die Einberufung von Führern und Erziehern konnte sich nicht zu einer akuten Gefahr auswirken, da das Selbstführungsprinzip der Jugend eine Weiterführung der Jugendarbeit gewährleistete. Außerdem war der Leistungseinsatz der deutschen Jugend in der Heimat die beste Verpflichtung, dem deutschen Soldatentum auch in der Haltung nicht nachzustehen.

Welches Land kann den stolzen Bericht abgeben, wonach trotz Krieg und den damit unvermeidbaren schädlichen Einflüssen, trotz Fehlens eines großen Teils von Erziehungskräften die Jugendkriminalität gesunken ist. Statistische Unterlagen konnten jedoch eine solche Abnahme der Jugendkriminalität im Reich nachweisen.

Wenn trotzdem der Vertreter des Jugendführers des Deutschen Reichs diese Arbeitsgemeinschaft ins Leben gerufen hat, dann in dem Bestreben, das der nationalsozialistischen Führung schon immer zu eigen war, auch die geringsten Anzeichen einer Gefährdung der Jugend zu prüfen und ihre Beseitigung zu bewerkstelligen.

Das Zusamenwirken aller verantwortlichen Stellen wird auf dem Wege der Betreuung der Jugend die Behauptung rechtfertigen, daß eine Jugendverwahrlosung in Deutschland undenkbar ist. Neben den betreuerischen und erzieherischen Maßnahmen, die von dieser unter der Jugendführung des Reichs stehenden Arbeitsgemeinschaft getroffen werden, finden in ihr auch alle Gegenmaßnahmen bei auftretenden Gefährdungssymptomen Erörterung. Das Disziplinarrecht der Hitler-Jugend ruft Übeltäter zur Ordnung und gibt ihnen in den meisten Fällen Gelegenheit, sich neu zu bewähren. Wo Zucht und Ordnung herrschen sollen, ist Härte am Platze gegen jene, die ein disziplin- oder ehrwidriges Verhalten an den Tag legen.

Der Jugendarrest, der seit einem Jahr geschaffen wurde und ebenfalls auf der Basis der Erziehung gegründet ist, mußte, wie in dieser Arbeitsgemeinschaft festgestellt wurde, in einer verhältnismäßig geringen Zahl zur Anwendung gebracht werden. Dort, wo er zur Anwendung gelangte, hat er seinen erzieherischen Erfolg nicht verfehlt.

Diese neugeschaffene Arbeitsgemeinschaft bietet aber auch durch die in ihr zusammengefaßten Stellen die Möglichkeit, an jene Kreise zu appellieren, denen eine Aufsichtspflicht gegenüber der Jugend obliegt. Nachforschungen haben ergeben, daß bei disziplinwidrigem Verhalten — insbesondere am Arbeitsplatz — die Schuld nicht immer und ausschließlich bei dem Jugendlichen selbst lag, sondern die letzte Ursache auch in seiner Umgebung, die die Pflicht einer notwendigen Betreuung der Jugend verletzte.

So kann zusammenfassend gesagt werden, daß diese Arbeitsgemeinschaft ein weiterer Ausdruck des Verantwortungsbewußtseins ist, die deutsche Jugend sauber, gesund und gläubig zu erhalten.

Zentrales Staatsarchiv Potsdam, Reichskanzlei, Nr. 19442, Bl. 1139 f.

215. Zustimmung Adolf Hitlers zur Gültigkeit der Abschlußbeurteilungen der Adolf-Hitler-Schulen als Berechtigung zum Hochschulstudium, 31.10.1941

Reichsleiter Martin Bormann   Führerhauptquartier, 31.10.1941

Herrn
Reichsminister Dr. Lammers
Berlin W 8
Voßstraße 6

Betrifft: Abschluß-Beurteilung der Adolf-Hitler-Schulen

Sehr verehrter Herr Dr. Lammers!

Reichsleiter v. Schirach legte anläßlich seiner heutigen Anwesenheit im Führerhauptquartier dem Führer die Frage vor, ob die Beurteilung der Leistungen bei den Schülern der obersten Klassen der Adolf-Hitler-Schulen durch eine Prüfungs-Kommission des Reichsunterrichtsministers erfolgen solle. Diese Frage hat der Führer, wie ich Ihnen im Auftrage mitteile, verneint. Der Führer betonte, die Abschluß-Beurteilung der Adolf-Hitler-Schulen sei ohne weiteres dem Reifezeugnis der höheren staatlichen Schulen gleichzustellen; die Abschluß-Beurteilung der Adolf-Hitler-Schulen, die durch den Beauftragten des Führers für die Inspektion der Hitler-Jugend gegengezeichnet werde, solle zum Studium an allen deutschen Hochschulen berechtigen.

Heil Hitler!
Ihr sehr ergebener
Bormann

Zentrales Staatsarchiv Potsdam, Reichskanzlei, Nr. 19852, Bl. 1187.

216. Verfügung der Parteikanzlei der NSDAP zur Gewinnung von Führernachwuchs für die NSDAP aus der HJ-Führerschaft, 30.11.1941

Betrifft: Führernachwuchs aus der HJ-Führerschaft.

Um dem hauptamtlichen Führerkorps der nationalsozialistischen Bewegung den erforderlichen Nachwuchs zu sichern, sollen neben der Heranbildung und Bereitstellung des Führernachwuchses durch die Ordensburgen der NSDAP und neben der Ergänzung aus den Reihen der ehrenamtlichen Unterführer der Bewegung u.a. geeignete hauptamtliche HJ-Führer nach ihrem Ausscheiden aus dem HJ-Dienst zur Fortsetzung ihrer politischen Arbeit im Parteidienst verwandt werden.

Die Partei, ihre Gliederungen und angeschlossenen Verbände haben daher geeignete hauptamtliche HJ-Führer, die nach ihrem Ausscheiden aus dem HJ-Dienst dies beantragen, in einen ihrer bisherigen Dienststellung entsprechenden Dienstrang zu übernehmen.
Diejenigen aus dem hauptamtlichen Dienst ausscheidenden HJ-Führer, die einen anderen Beruf ergreifen möchten, sind von allen Parteidienststellen in dem Bestreben zur Erlangung einer angemessenen Stellung zu unterstützen.
Ausführungsbestimmungen zu dieser Verfügung erläßt der Reichsorganisationsleiter im Einvernehmen mit dem Reichsschatzmeister, dem Reichsjugendführer und den Führern der Gliederungen.

Zitiert nach: Vorschriftenhandbuch der Hitler-Jugend, Band II, Berlin 1942, S. 773.

217. Aus der Dienstanweisung für den Streifendienst der HJ, 15.12.1941

A. Die Aufgaben des Streifendienstes als HJ-Sonderformation
1. Der Streifendienst ist die Einsatzformation der Hitler-Jugend. Seine Aufgabe ist, dem Bannführer eine jederzeit einsatzbereite Einheit zu sein. Der mustergültig durchgeführte Dienst sowie die vorbildliche Haltung und persönliche Einsatzbereitschaft der Streifendienstangehörigen soll ein Vorbild für die Hitler-Jugend im Bannbereich sein.
Auf Grund dieser Stellung ist dem Streifendienst die Durchführung der Ordnungs- und Überwachungsaufgaben übertragen worden.

2. Zu den Aufgaben des Ordnungsdienstes gehören:
a) Abstellung von Ehrenformationen,
b) Ordnungsdienst bei Veranstaltungen (Aufmärschen, Sportfesten usw.),
c) Transportbegleitung,
d) Ordnungsdienst in Lagern,
e) Verkehrserziehungsdienst.

Zum Ordnungsdienst sind Angehörige aller vier Jahrgänge des Streifendienstes heranzuziehen.

3. Zu den Überwachungsaufgaben gehören:
a) Allgemeines Verhalten in der Öffentlichkeit,
b) Überwachung des Jugendfahrtenwesens, der Jugendherbergen und Heime,
c) Überwachung von Verwahrlosungs- und Zersetzungserscheinungen,
d) Überwachung von Sammlungen,
e) Fahndung nach vermißten Jugendlichen,
f) Überwachung der Feuerschutzbestimmungen.

Die Hauptabteilung Überwachung der RJF. erläßt hierzu besondere Arbeitsrichtlinien, die diese Aufgaben im einzelnen eingehend erläutern.
Bei der Durchführung von Überwachungsaufgaben werden nur Streifendienstführer und Angehörige des 4. Jahrganges im Alter von 17 bis 18 Jahren, nach Ausbildung und Bewährung im Streifendienst, beauftragt.

B. Die Sonderformation Streifendienst als SS-Nachwuchsorganisation
1. Der Reichsjugendführer hat gemäß seiner Anordnung vom 26.8.1938 (ANBl. JFdDtR. VI 19) in Vereinbarung mit dem Reichsführer SS dem Streifendienst auf Grund der für ihn geltenden Auslesebestimmungen im Rahmen der gesamten Parteiarbeit die Aufgabe erteilt, den Nachwuchs für die SS zu stellen.

2. Es ist die Aufgabe des Streifendienstes, in enger Zusammenarbeit mit der SS dafür Sorge zu tragen, daß jeder Streifendienstangehörige bei seinem Ausscheiden aus der Hitler-Jugend in die SS eintritt.
Die Streifendienstführer haben daher mit allen SS-Führern und allen SS-Dienststellen eine gute Zusammenarbeit zu gewährleisten.

3. Den Dienststellen der SS ist Gelegenheit zu geben, die Streifendienstangehörigen im Rahmen der Ausbildung des Streifendienstes über Aufgaben und Geschichte der SS zu unterrichten, durch Gestellung von Ausbildern und Ausbildungsmaterial die Arbeit des Streifendienstes zu unterstützen und durch Wort und Bild zum freiwilligen Eintritt in die Waffen-SS zu werben.
. . .

Vorschriftenhandbuch der Hitler-Jugend, Band II, Berlin 1942, S. 881 f.

218. Übersicht der Abteilung Wehrertüchtigung der HJ-Gebietsführung Schwaben über die Kriegsausbildung der HJ, 19.1.1942

Abt. Wehrertüchtigung   19. Januar 1942

An das
Stellv. Generalkommando
z.Hd. Herrn Oberst von P e c h m a n n
München

Persönlich - Vertraulich !

Betrifft: Meldung über die Kriegsausbildung im Gebiet Schwaben.

Gemäß telefonischem Anruf melde ich Ihnen zum obigen Betreff folgendes:

1.) Zahl der in der Ausbildung stehenden Jugendgenossen im Jahre 1941:
53 728
2.) In Lehrgängen wurden erfaßt:
a) in 18 Lehrgängen auf der Gebietsführerschule 566 Jugendgen.
b) in 2 Lehrgängen im Gebietsausbildungslager 248 Jugendgen.
c) in 11 Lehrgängen der Wehrmacht 400 Jugendgen.

3.) Den K-Übungsleiterausweis erhielten im Ausbildungsabschnitt 1941 561 Jugendgenossen.

Der Leiter der Abteilung II
Halter
Oberstammführer

Zentrales Staatsarchiv Potsdam, Film Nr. 14617.

219. Schreiben des SS-Gruppenführers Gottlob Berger an den Reichsführer SS Heinrich Himmler über Bestrebungen der Reichsjugendführung, HJ-Führer der SS zu unterstellen, 22.1.1942

Der Reichsführer-SS   Berlin W 36, 22.1.1942
Chef des SS-Hauptamtes

Betr.: Abkommen mit der Hitler-Jugend.

An den
Reichsführer-SS   Geheim.
Führerhauptquartier

Reichsführer!
Am Montag, 26.1.42 befindet sich der Reichsjugendführer im Führerhauptquartier. Er hat dort interne Besprechungen mit Reichsleiter Bormann, möchte aber bei dieser Gelegenheit sich auch bei Reichsführer-SS melden und wird wohl eine Frage vorbringen:
Es bestand seither zwischen der Reichsjugendführung und dem OKW eine Abmachung, nach welcher die HJ-Führer in gegenseitigem Austausch an die Front kommen und nach einem Einsatz durch andere abgelöst werden.
Die Durchführung dieses Abkommens war im Bereich des Oberkommandos der Wehrmacht nicht möglich.
Axmann will nun vorschlagen, daß die Jugendführer, die sich zur Zeit in der Heimat (im Dienst oder in den Lazaretten) befinden, etwa 300 an der Zahl, vom OKW der Waffen-SS übergeben werden, so daß dann von uns aus der vorgesehene Austausch geschieht.
Ich versuchte einzelne Jugendführer, die Reservisten des Heeres sind, freizubekommen, was mir trotz persönlichen Besuches nicht gelang. Meiner Ansicht nach wäre in diesem Fall eine Lösung nur möglich, wenn Reichsführer-SS sich unmittelbar mit Generalfeldmarschall Keitel in Verbindung setzt und dies von oben her befohlen wird, mit dem Hinweis, daß

344

1) die Zahl 300 nicht überschritten wird,

2) alle sich in der Heimat befindenden Jugendführer erfaßt werden, auch wenn sie G.v.H. oder H.v. sind,

3) nicht mehr als 50 Offiziere des Heeres dabei sein dürfen und Angehörige von Spezialtruppenteilen, wie Panzer, Pioniere und Nebeltruppen, nicht in das Abkommen eingeschlossen werden.

Berger
SS-Gruppenführer

Zentrales Staatsarchiv Potsdam, Reichsführer SS/Persönlicher Stab, Nr. 314.

220. Anweisung des Reichsführers SS Heinrich Himmler an den Chef der Sicherheitspolizei und des SD Reinhard Heydrich zur Verfolgung der Hamburger Swing-Jugend, 26.1.1942

Der Reichsführer-SS   Führer-Hauptquartier
Tgb.Nr. AR/883/6   26. Jan. 1942
RF/V.

Lieber Heydrich!
Anliegend übersende ich Ihnen einen Bericht, den mir der Reichsjugendführer Axmann über die »Swing-Jugend« in Hamburg zugesandt hat.
Ich weiß, daß die Geheime Staatspolizei schon einmal eingegriffen hat. Meines Erachtens muß jetzt aber das ganze Übel radikal ausgerottet werden. Ich bin dagegen, daß wir hier nur halbe Maßnahmen treffen.
Alle Rädelsführer, und zwar die Rädelsführer männlicher und weiblicher Art, unter den Lehrern diejenigen, die feindlich eingestellt sind und die Swing-Jugend unterstützen, sind in ein Konzentrationslager einzuweisen. Dort muß die Jugend zunächst einmal Prügel bekommen und dann in schärfster Form exerziert und zur Arbeit angehalten werden. Irgendein Arbeitslager oder Jugendlager halte ich bei diesen Burschen und diesen nichtsnutzigen Mädchen für verfehlt. Die Mädchen sind zur Arbeit im Weben und im Sommer zur Landarbeit anzuhalten.
Der Aufenthalt im Konzentrationslager für diese Jugend muß ein längerer, 2 - 3 Jahre sein. Es muß klar sein, daß sie nie wieder studieren dürfen. Bei den Eltern ist nachzuforschen, wie weit sie das unterstützt haben. Haben sie es unterstützt, sind sie ebenfalls in ein KL. zu verbringen und das Vermögen ist einzuziehen.

Nur, wenn wir brutal durchgreifen, werden wir ein gefährliches Umsichgreifen dieser anglophylen Tendenz in einer Zeit, in der Deutschland um seine Existenz kämpft, vermeiden können.

Ich bitte um weitere Berichte. Diese Aktion bitte ich im Einvernehmen mit dem Gauleiter und dem Höheren SS- und Polizeiführer durchzuführen.

Heil Hitler!
Ihr H. H.

Zentrales Staatsarchiv Potsdam, Reichsführer SS/Persönlicher Stab, Nr. 314.

221. Anweisung des Reichsgesundheitsführers Leonardo Conti zur medizinischen Betreuung ausschließlich der unmittelbar wehrpflichtigen Jahrgänge der HJ, 28.2.1942

Der Reichsminister des Innern   Berlin, den 28. Februar 1942

Vertraulich!

An
die Reichsstatthalter in den Reichsgauen,
Landesregierungen pp.

Betr.: Jugendzahnpflege während des Krieges

Nach dem RdErlaß vom 7. März 1940 ... ist die Jugendgesundheitspflege und damit auch die Jugendzahnpflege während des Krieges überall dort im Rahmen des Möglichen durchzuführen, wo dies ohne Gefährdung der vordringlichen Aufgaben der Gesundheitsämter sowie der ärztlichen Versorgung der Zivilbevölkerung durchführbar ist.

Mit Rücksicht auf die bestehenden Kriegsnotwendigkeiten steht die Sicherung der vormilitärischen Erziehung der Hitler-Jugend im Vordergrund der gesundheitlichen Maßnahmen für die Jugend. Zu diesen Maßnahmen gehört auch die Behebung aller behandlungsbedürftigen Gebißschäden.
Soweit die Jugendzahnpflege noch durchgeführt wird, ist sie daher mit sofortiger Wirkung derart umzugestalten, daß im Rahmen der bestehenden Verträge mit allen der Jugendzahnpflege z.Zt. zur Verfügung stehenden Kräften und Mitteln unter Verzicht auf die Fortführung der Betreuung der Schulanfänger und der bereits behandelten unteren Jahrgänge nur die 17jährigen und, soweit möglich, daneben die 18jährigen (zur Zeit also die Geburtsjahrgänge 1923 und 1924) untersucht und behandelt werden.

Das Ziel dieser Maßnahmen ist die Beseitigung behebbarer Gebißschäden bis zum Zeitpunkt der Erfassung der Jugendlichen durch die Wehrmacht. Die Erfassung und Behandlung anderer Jahrgänge darf nur erfolgen, wenn die Sanierung der Gebißschäden der oben genannten Jahrgänge durchgeführt ist.
...

In Vertretung
gez. Dr. L. Conti

Stadtarchiv Plauen, Sondersammlung, Nr. 79, Bl. 22.

222. Aus den Durchführungsbestimmungen der Reichsjugendführung zur Anordnung des Generalbevollmächtigten für den Arbeitseinsatz Fritz Sauckel über den Kriegseinsatz der Jugend in der Landwirtschaft, 30.4.1942

Die Anordnung des Generalbevollmächtigten für den Arbeitseinsatz, Gauleiter S a u c k e l, über den Kriegseinsatz der Jugend auf dem Lande bringt zum Ausdruck, daß die Sicherung der Ernährung neben der Wehrwirtschaft die wichtigste Aufgabe des deutschen Volkes ist. Für diese Aufgabe stellt sich im Jahre 1942 die deutsche Jugend in besonderem Maße und begeistert zur Verfügung. Dieser Einsatz erfolgt im Rahmen des Kriegseinsatzes der Hitlerjugend. Der Reichsjugendführer hat im Einvernehmen mit dem Leiter der Parteikanzlei und den betei-

346

ligten obersten Reichsbehörden zur Anordnung des Generalbevollmächtigten die Durchführungsbestimmungen für den Großeinsatz der Jugend erlassen. Diese Bestimmungen stellen fest, daß der Einsatz bei den landwirtschaftlichen Bestell-, Pflege- und Erntearbeiten Kriegseinsatz und Ehrendienst der deutschen Jugend ist. Partei und Staat setzen alle Mittel ein, um den Erfolg dieser Gemeinschaftsleistung zu gewährleisten.

Für den auswärtigen sowie langfristigen örtlichen Einsatz sind die Jugendlichen der Klassen 5 und 6 der mittleren und höheren Jungenschulen sowie der Klasse 7 der höheren Mädchenschulen vorgesehen. Er erfolgt klassenweise in der Zeit vom 15. April bis 15. November 1942, je nach den landwirtschaftlichen Bedürfnissen. Der kurzfristige örtliche Einsatz wird von den volksschulpflichtigen Jugendlichen vom vollendeten 10. Lebensjahr ab an ihrem Wohnort oder in benachbarten, täglich vom Elternhaus erreichbaren Orten durchgeführt. Der Einsatz in den einzelnen Gauen wird durch die Gauleiter ausgelöst.

. . .

Der örtliche Einsatz

Die Anforderungen auf Einsatz liegen in der Verantwortung des politischen Hoheitsträgers auf Vorschlag des Bauernführers. Der kurzfristige örtliche Einsatz dauert nicht länger als drei Tage nacheinander und erfolgt am Wohnort bzw. in benachbarten Orten der Jugendlichen. Die verlorene Unterrichtszeit wird mit Ausnahme des Wochenendeinsatzes auf die Gesamtferienzeit angerechnet. Ist jedoch der Einsatz auch während der Sommerferien erforderlich, so ist für die Jungen und Mädel eine angemessene Erholungszeit von mindestens drei Wochen einsatzfrei.

Die Schulklassen, die im langfristigen örtlichen Einsatz stehen, werden in den Einsatzpausen am Schulort auch während der Ferienzeit — bis auf eine Erholungszeit von insgesamt drei Wochen — unterrichtet.

Der Einsatz außerhalb des Wohnortes wird von Jungen der Klassen 5 und 6 der mittleren und höheren Jungenschulen außerhalb ihrer Wohnorte bestritten. Sie werden am Einsatzort in Jugendherbergen, KLV-Lagern, RAD.- oder Landjahrlagern usw. bzw. einzeln beim Bauern untergebracht und einzeln oder in Gruppen den landwirtschaftlichen Betrieben zur Arbeit zugeteilt. Der auswärtige Einsatz erfolgt je nach Bedarf einmalig oder periodisch zwischen dem 15. April und 15. November 1942 und nur innerhalb des Reichsgebietes.

. . .

Errichtung von Erntelagern

Der Einsatz außerhalb des Heimatgaues sieht die Abgabe größerer Kontingente von Jugendlichen aus dem Gebiet Berlin zur Errichtung von Erntelagern in Pommern, Mark Brandenburg und Mecklenburg, desgleichen vom Gebiet Hamburg für die Gebiete Nordmark und Mecklenburg, aus dem Gebiet Wien für Niederdonau und Steiermark, aus den Bezirken Ruhr-Niederrhein und Düsseldorf für das Gebiet Nordsee vor. Westfalen wird Abgabegebiet für die Nordmark. Innerhalb der Gebiete Franken, Hochland, Bayerische Ostmark, Schwaben und Mainfranken ist ein eigener Gebietsausgleich vorgesehen.

Der auswärtige Einsatz der Mädel wird vom Sozialen Amt der Reichsjugendführung durchgeführt. Hierfür stellen sich die Angehörigen der Klasse 7 der höheren Mädchenschulen zur Verfügung. Dieser ununterbrochene Einsatz während derselben Zeit dient der Entlastung der Bäuerinnen in ihrer Haushaltsführung, der Kinderpflege und erfolgt ferner in den sozialen Einrichtungen der Partei und des Staates vorwiegend als Helferinnen in bäuerlichen Haushalten, Erntekindergärten, Einsatzlagern im Osten, Kindertagesstätten, Erholungsheimen, Säuglingsheimen usw. Die Erfassung und Betreuung erfolgt durch die Mädelführerin des zuständigen Bannes.

Führung und Betreuung

. . .

Die Führung der örtlich eingesetzten Jugendgemeinschaften obliegt einem eigens hierzu bestimmten Lehrer. Bei dem auswärtigen Einsatz wird nach dem Vorbild der Erweiterten Kinderlandverschickung ein Lehrer als Lagerleiter bestimmt. Ihm steht ein HJ-Führer als Lagermannschaftsführer zur Seite. Der Lagerleiter als verantwortlicher Vorgesetzter des Erntelagers regelt alle Fragen des Arbeitseinsatzes im Benehmen mit dem politischen Hoheitsträger. Der Lagermannschaftsführer ist für die Durchführung des allgemeinen Dienstes verantwortlich.

Der Sonntag ist grundsätzlich arbeitsfrei, falls nicht die Witterung zur Ausnutzung dieses Tages zwingt. Desgleichen ist auch der Sonntag vom Schul- und Hitlerjugend-Dienst frei, um den Jugendlichen die Möglichkeit der Entspannung und Erholung zu bieten. Jede Einschränkung in der Landarbeit, Regentage usw. werden für die schulische und erzieherische Ausbildung ausgenutzt. Den Lagerleitern sind Anweisungen für den Schulunterricht erteilt, desgleichen den Lagermannschaftsführern für den sonstigen Dienst.

. . .

Beschäftigung und Arbeitszeit

Der Einsatz erfolgt nach körperlicher Eignung und Leistungsfähigkeit des Jugendlichen in allen landwirtschaftlichen Arbeiten. Der örtliche Einsatz sieht im besonderen die Frühjahrsbestellung, Pflege- und Erntearbeiten sowie die Weinlese vor. Die Jugendlichen von 10-13 Jahren sind für leichtere Feldarbeiten vorgesehen, wie Unkrautjäten, Schädlingsbekämpfung, Ährenlese, Fallobstsammeln, Kartoffelnachlese, Sammlung von Heilkräutern, Wildgemüse, Pilzen usw.

Lagerleiter, HJ.-Führer und landwirtschaftlicher Betriebsführer sind verantwortlich, daß Überanstrengungen und Schädigungen der Jugendlichen vermieden und ausreichende Mittagspausen und Nachtruhe garantiert werden. Die Arbeitszeit ist den verschiedenen Altersstufen angeglichen.

Verpflichtender Ehrendienst

Die Jugend betrachtet ihre Arbeitshilfe auf dem Lande als Ehrendienst. Die Jugendlichen erhalten daher nur eine Barvergütung, die als Taschengeld zu bezeichnen ist. Zur Entschädigung des durch den Ernteeinsatz verursachten besonderen Verschleiß der mitgebrachten Kleidung und Schuhe wird jedem Jugendlichen bei langfristigem Einsatz ein angemessenes Kleidergeld bezahlt werden.

Mit einer tiefen Verpflichtung, die sie von den Heldentaten der Soldaten an der Front ableitete, suchte die Jugend vom ersten Tage dieses Krieges nach Möglichkeiten der Bewährung im Dienste der Heimat. Unaufgefordert und in fortwährender Bereitschaft versuchte sie der Größe der Zeit gerecht zu werden. Der Kriegseinsatz der Jugend erweitert sich nun durch eine neue und große Aufgabe. Jungen und Mädel werden mit ihrer ganzen Begeisterung antreten, um mit dem Führerwort »Die Jugend wird strahlenden Herzens ohnehin erfüllen, was die Nation von ihr fordert«, erneut zu beweisen, daß der Feind eine solche Armee nicht besitzt.

Völkischer Beobachter, 1.5.1942.

223. Bericht des Stabsführers der Reichsjugendführung Helmut Möckel über die Tätigkeit der HJ während des Krieges, 18.5.1942

Aktenvermerk
Tag: 18. Mai 1942   von 10 bis 14 Uhr
In den Amtsräumen   **Ämterbesprechung**
                        Sitzungssaal des Braunen Hauses

Anwesend: Vertreter der Partei-Kanzlei: Befehlsleiter Ministerialdirektor Dr. Klopfer, Dienstleiter Neuburg und die Leiter der Sachgebiete der Abteilung III der Partei-Kanzlei

Vertreter der Reichsjugendführung: Stabsführer Möckel
Vertreter des Reichsschatzmeisters: Oberbefehlsleiter Dr. Lingg und Hauptsachbearbeiter Stengel
Vertreter der einzelnen Dienststellen der Partei, der Gliederungen und angeschlossenen Verbände.

Ministerialdirektor Dr. Klopfer weist darauf hin, daß gerade die Frage des Nachwuchses für die Partei von größter Bedeutung sei und begrüßt es, daß Stabsführer Möckel einen Überblick über die Arbeit der Hitler-Jugend während des Krieges gebe.
Stabsführer Möckel schildert in großen Zügen die Entwicklung und Organisation der HJ und wies darauf hin, daß das Entscheidende immer die Führerfrage gewesen sei; diese sei jetzt während des Krieges besonders akut geworden. Da bis auf einen ganz verschwindend kleinen Prozentsatz alle Jugendführer, darunter bis zu den 16 und 17jährigen zum Arbeitsdienst und zur Wehrmacht eingezogen seien, stünden zur Zeit fast keine Jugendführer mehr zur Verfügung. Man sei deshalb gezwungen gewesen, ältere Führer aus anderen Gliederungen und angeschlossenen Verbänden zu verwenden, insbesondere auch die Lehrerschaft zur Übernahme der Hitler-Jugend-Jugendführung heranzuziehen.
Die gleichen Schwierigkeiten träten auch bei den Mädchen auf, da hier der erhöhte Berufseinsatz und eine Vorverlegung des Heiratsalters den Nachwuchs an Mädelführerinnen immer mehr verringere.
Es werde sehr schwer sein die Lücke zu schließen, die durch den Heldentod von über 7500 Jugendführern bereits jetzt gerissen wurde.
Als besondere Aufgabe im Kriege habe die HJ die Wehrertüchtigung aller 17jährigen Jungen durchzuführen. Für diese in mehrwöchigen Lehrgängen erfolgende Ausbildung im Schieß- und Geländedienst stelle die Wehrmacht die Ausbilder; die Hitler-Jugendführung habe die Lager zur Verfügung gestellt und zwar bisher 80 Lager für je 250 Jungen.
Ein Prozentsatz aller für die Infanterie vorgebildeter Jungen werde zum Feldscher (Sanitätsdienst) ausgebildet. Weiter würden in der vormilitärischen Ausbildung Sonderformationen gebildet, für den Flieger-, Marine-, Motor-, Nachrichten- und Bordfunkerdienst.
Ein weiteres umfangreiches Arbeitsgebiet der HJ sei die Kinder-Landverschickung, bei der es gelungen sei ein gutes Verhältnis zwischen Schule und Jugend zu erreichen.
Die Landverschickung werde auch nach der Slowakei, Ungarn und Dänemark organisiert.
Besondere Aufgaben bringe der HJ auch der Ernteeinsatz der Jugend, wobei besonders die schulische Betreuung beim langfristigen Einsatz geregelt werden mußte.
Für den »Landdienst« müssen die besten Jugendlichen, sowie das beste Führermaterial ausgewählt werden.
Besondere Sorgen bereite die gesundheitliche Betreuung der Jugend, da sich hier der Mangel an Ärzten besonders geltend mache. Namentlich die Ernährung der Jugend sei zur Zeit durchaus unzureichend und die Verpflegungsrationen nicht einheitlich.
Auch hinsichtlich der Kleidung der Jugend, besonders hinsichtlich Unterwäsche, Schuhen usw. müsse eine Produktionslenkung durch Vereinheitlichung und Verminderung der Typen erreicht werden. Bei den Schuhen gäbe es z.B. allein 163 verschiedene Muster.
Hinsichtlich der Jugendbetreuung müsse im Reich der Ausdruck Jugendverwahrlosung vermieden werden, es genüge durchaus Jugendgefährdung, zu deren Bekämpfung ein straffes Zusammenarbeiten mit den Gemeinde-Jugendämtern, dem Jugendamt der DAF und der Schule notwendig sei.
Besonderes Gewicht müsse auch auf die Gestaltung der Haushaltungsschulen gelegt werden, da sich gerade hier die konfessionellen Kreise breitmachen.
Ein durch Krieg bedingter Sondereinsatz sei der Dienst der 16 und 17jährigen bei der Heimatflak.
Eine starke Belastung für die HJ bedeutet während des Krieges ihr erhöhter Einsatz bei den Sammlungen, insbesondere den Sammlungen für Altmaterial. So sei die HJ im Dezember 1941 nicht weniger als 6mal zu den Sammlungen herangezogen worden.

Durch Fehlen der Lehrkräfte leide auch während des Krieges die weltanschauliche Schulung und man müsse versuchen einen gewissen Ausgleich durch besondere Veranstaltungen, Theater, Film usw. zu schaffen. Von Bedeutung sei auch die musikalische Ausbildung der Jugend; so hätten sich besonders die Spielscharen und Musikschulen in den neu besiedelten Gebieten bewährt.

Die Feiergestaltung bei der Verpflichtung für die Partei am 28. September werde künftig auch noch weiter ausgestaltet werden müssen.

Wichtig sei auch die Zusammenarbeit mit den ausländischen Jugendorganisationen.

Parteigenosse Dr. Klopfer dankt Stabsführer Möckel für seine Ausführungen, die zeigten, welchen Umfang die Arbeiten der HJ im Kriege angenommen hätten.

...

Zentrales Staatsarchiv Potsdam, Film Nr. 14442.

224. Bericht über den Landeinsatz des BDM, 19.5.1942

Mit über 500 Mädeln der Hitler-Jugend aus den 7. Klassen der Höheren Schulen Berlins verließ heute vormittag der ersten Sonderzug in Richtung Danzig-Westpreußen die Reichshauptstadt. Verabschiedet von der Gebietsmädelführerin P r a n z aus der Reichsjugendführung und auf dem Transport begleitet von besonders ausgewählten BDM-Führerinnen fuhren die Mädel ihrem Einsatz dieses Sommers entgegen. Gleichzeitig hat auch in den übrigen Gauen des Reiches der Mädeleinsatz im Rahmen der Sicherung der Ernährung des deutschen Volkes begonnen. Insgesamt werden 17 000 Mädel erfaßt.

Alle Mädel durchliefen eine ärztliche Untersuchung. Wer nicht als volltauglich befunden wurde, mußte zurückstehen und wird einer Erholungsmaßnahme der Kinderlandverschickung oder NS-Volkswohlfahrt zugeführt. Im allgemeinen kommen die Mädel in der Nähe ihres Wohnortes zum Einsatz, nur die Großstädte und dicht bevölkerten Bezirke geben Kontingente zur Verwendung in anderen ländlichen Gauen ab.

Die Unterbringung erfolgt meist in Lagern der KLV-Heime oder in den Osteinsatzlagern des BDM. Einzelstellen sind, soweit überhaupt erforderlich, von den Dienststellen »Mutter und Kind« der NSV. gemeinsam mit dem Reichsnährstand besonders ausgesucht und werden während des Einsatzes laufend beaufsichtigt. An den zahlreichen Einsatzorten werden mindestens 5 Mädel untergebracht, die eine kleine Gemeinschaft bilden können und einer Führerin unterstehen, die der örtlichen Bannmädelführerin des BDM unmittelbar verantwortlich ist.

Durch den Einsatz der 17 000 BDM-Mädel hat die NS-Volkswohlfahrt die Möglichkeit, zusätzlich 5000 Erntekindergärten einzurichten. Die übrigen Mädel werden auf kinderreiche Einzelhaushalte verteilt. Beide Einsatzformen dienen unmittelbar zur Entlastung der Bauersfrau im Interesse des ländlichen Arbeitseinsatzes. Gleichzeitig ist gewährleistet, daß nicht nur die Unterbringung und laufende Betreuung, sondern auch die Beschäftigungsart dem Alter der Mädel entspricht und eine Überanstrengung durch ungewohnte Arbeit vermieden wird.

Zentrales Staatsarchiv Potsdam, DAWI/Ztg., Nr. 290, Bl. 5.

225. Anordnung Adolf Hitlers über die vormilitärische Ausbildung des ältesten Jahrgangs der HJ, 19.5.1942

Der Reichsminister und Chef   Berlin, den 19.Mai 1942
der Reichskanzlei   z.Zt. Führerhauptquartier

An
den Jugendführer des Deutschen Reichs
Berlin-Charlottenburg 9
Kaiserdamm 45 - 46

Betrifft: Vormilitärische Ausbildung der HJ.

Der Führer hat, wie Ihnen bekannt ist und wie ich dem Leiter der Partei-Kanzlei mitteile, angeordnet, daß der älteste Jahrgang der Hitlerjugend laufend vormilitärisch ausgebildet werden
soll. Die Ausbildung soll in dreiwöchigen Kursen vorgenommen werden, die in Lagern der
Hitlerjugend, nicht in Kasernen, stattfinden und von der Reichsjugendführung organisiert
werden sollen.
Die Heranziehung der Jugendlichen soll zunächst nur soweit erfolgen, als die von der Wehrmacht zur Verfügung zu stellenden Ausbilder ohne Schwierigkeiten freigegeben werden können.
Eine Störung der Produktion durch die Heranziehung der Jugendlichen zur vormilitärischen
Ausbildung soll keinesfalls erfolgen.
Die Ausbildung soll daher möglichst während des Arbeitsurlaubs der Jugendlichen stattfinden.
Ferner sollen Jugendliche nur in dem Umfange zur Wehrertüchtigung herangezogen werden,
als Ausrüstungsgegenstände, besonders Stiefel, zur Verfügung gestellt werden können.
Ich habe die beteiligten Obersten Reichsbehörden mit dem in Abschrift anliegenden Schreiben von der Anordnung des Führers verständigt und darf Ihnen anheimgeben, sich mit ihnen
in Verbindung zu setzen, soweit ihr Geschäftsbereich berührt ist.

Akten der Parteikanzlei der NSDAP. Rekonstruktion eines verlorengegangenen Bestandes, hrsg. vom Institut für Zeitgeschichte, Mün-
chen/Wien 1982, MF 42, Bl. 101 06216 ff.

226. Aus dem Abkommen zwischen dem Reichsjugendführer und dem Korpsführer des NSKK Adolf Hühnlein über die Ausbildung der Motor-HJ,
22.7.1942

1. Die Motor-Hitler-Jugend ist ein Bestandteil der Hitler-Jugend und daher der Befehls- und
Disziplinargewalt des Reichsjugendführers und dessen nachgeordneten Dienststellen unterstellt. Die Erfassung, Führung und Erziehung, weltanschauliche Schulung, Leibeserziehung
einschließlich der Schieß- und Geländedienst-Ausbildung der Motor-Hitler-Jugend sind alleinige Aufgaben des Reichsjugendführers der NSDAP und des Jugendführers des Deutschen Reichs.

2. Die planmäßige kraftfahrtechnische und motorsportliche Ausbildung der Motor-Hitler-Jugend ist dem NSKK verantwortlich übertragen. Im Einvernehmen mit dem Reichsjugendführer der NSDAP bestimmt der Korpsführer des NSKK das Ziel der kraftfahrtechnischen und
motorsportlichen Ausbildung, setzt den Ausbildungsplan fest und erläßt Richtlinien für dessen Durchführung und Überwachung durch die zuständigen NSKK-Führer.
Der Ausbildungsplan für die kraftfahrtechnische und motorsportliche Ausbildung ist ein Bestandteil des Gesamtausbildungsplanes der Motor-Hitler-Jugend, der von der Reichsjugendführung im Sommer- und Winterdienstplan der Hitler-Jugend angeordnet wird.

3. Die Gebietsinspekteure (Sachbearbeiter) der Motor-Hitler-Jugend unterstehen den Haupt-
abteilungsleitern II der Gebiete. Sie sind gleichzeitig Verbindungsführer zu den zuständigen
Motorgruppen. Sie unterrichten die Führer der Motorgruppen über das Ergebnis ihrer Inspek-
tionstätigkeit.

4. Während der kraftfahrtechnischen und motorsportlichen Ausbildungsstunden unterstehen die Motor-Hitlerjungen den NSKK-Ausbildern. Disziplinär bleiben sie ihren Hitler-Jugend-Führern unterstellt.

. . .

Zitiert nach: Vorschriftenhandbuch der Hitler-Jugend, Band III, Berlin 1942, S. 1435.

227. Schreiben des Leiters der Reichsstelle für Raumordnung über den Landbedarf für HJ-Wehrertüchtigungslager, 18.8.1942

Der Leiter der Reichsstelle   Berlin W 8, den 18. August 1942
für Raumordnung
                                        Schnellbrief !

An den
Herrn Reichsminister und Chef der
Reichskanzlei
Berlin

Betr.: Wehrertüchtigungslager der Hitler-Jugend.

Der Jugendführer des Deutschen Reichs hat mir mitgeteilt, daß er die Errichtung von etwa 100 Wehrertüchtigungslagern mit einem Landbedarf von je etwa 150-250 ha für Lager und Übungsgelände beabsichtige. Im Hinblick auf die außerordentlich hohe Landinanspruchnahme für die Wehrmacht habe ich darauf hingewiesen, daß es vom Standpunkt der Raumordnung (Ernährungsgesichtspunkte) sehr unerwünscht sei, wenn noch größere Übungsflächen für Zwecke der Hitler-Jugend ausgewiesen werden müßten. Ich habe daher den Reichsjugendführer um Prüfung gebeten, ob nicht die vorgesehene Wehrertüchtigung mit auf den militärischen Übungsplätzen vorgenommen werden kann. Der Reichsjugendführer hat mir darauf erwidert, daß der Führer auf seinen Vortrag die Wehrertüchtigungslager für die Erfassung und Ausbildung des letzten zum Wehrdienst heranstehenden Jahrgangs der Hitler-Jugend im Schieß- und Geländedienst angeordnet und hierfür besondere Lager der Jugend gefordert habe und daß daher eine Verbindung dieser Ausbildung mit Anlagen der Wehrmacht nicht möglich sei.
Ich bitte ergebenst um Mitteilung der vom Führer getroffenen Anordnung. Im Hinblick auf die Dringlichkeit der Angelegenheit, — die Planungen laufen bereits — wäre ich für eine möglichst umgehende Mitteilung besonders dankbar.

Im Auftrag
K ö s t e r

Zentrales Staatsarchiv Potsdam, Reichskanzlei, Nr. 19443, Bl. 634.

228. Führerinformation des Reichsjustizministeriums über eine Kirchenplünderung durch Angehörige einer Nationalpolitischen Erziehungsanstalt, 21.8.1942

Der Reichsminister der Justiz

Führerinformation
1942 Nr. 110

Schüler der Nationalpolitischen Erziehungsanstalt in Reisen im Reichsgau Wartheland haben in der dortigen geschlossenen katholischen Kirche Statuen, Kruzifixe und Fensterscheiben zerschlagen, Bilder zerstört, einen Sarg aufgebrochen, das darin befindliche Skelett beschädigt, Behältnisse erbrochen und Meßgewänder und Fahnen zur Anfertigung von Kasperlefiguren entwendet.

Diese Ausschreitungen waren den Erziehern der Anstalt seit langem bekannt. Trotzdem sind sie nicht dagegen eingeschritten. Ich halte die Erzieher für die Hauptverantwortlichen. Deshalb habe ich — ohne gegen die Schüler strafrechtlich vorzugehen — mich wegen dienststrafrechtlicher Ahndung an den Reichserziehungsminister gewandt.

Berlin, den 21. August 1942
Mit der Führung der Geschäfte beauftragt
Unterschrift

Akten der Parteikanzlei der NSDAP. Rekonstruktion eines verlorengegangenen Bestandes, hrsg. vom Institut für Zeitgeschichte, München/Wien 1982, MF 106, Bl. 101 28871.

229. Führerinformation des Reichsjustizministeriums über die Bildung von Jugendgruppen in Großstädten, die in Opposition zur HJ stehen, 21.8.1942

Der Reichsminister der Justiz

Führerinformation
1942 Nr. 114

In einer früheren Meldung habe ich auf bedenkliche Erscheinungen bei Teilen der deutschen Jugend in einigen Großstädten hingewiesen. So hatten sich in Hamburg und Frankfurt Cliquen gebildet, deren Mitglieder in bewußter Ablehnung der erzieherischen Arbeit der Hitler-Jugend, aber ohne eigene politische Ziele, unter Nachahmung englisch-amerikanischer Manieren ein Lotterleben zu führen versuchten. Teilweise kam es bei Veranstaltungen derartiger Cliquen zu wahllosem Geschlechtsverkehr. Das Eingreifen des Streifendienstes der Hitler-Jugend gegen Jugendliche, die sich abends in den verdunkelten Großstädten herumtrieben, hat mehrfach, namentlich in Hamburg, Erfurt, Wien und Krefeld, Anlaß zu organisierten Überfällen auf Angehörige der Hitler-Jugend gegeben. In allen diesen Fällen ist je nach der Art der Beteiligung mit Gefängnisstrafen oder mit Zuchtmitteln durchgegriffen worden.

Berlin, den 21. August 1942
Mit der Führung der Geschäfte beauftragt
Unterschrift

Akten der Parteikanzlei der NSDAP. Rekonstruktion eines verlorengegangenen Bestandes, hrsg. vom Institut für Zeitgeschichte, München/Wien 1982, MF 106, Bl. 101 28875.

230. Ritterkreuzträger berichten über den Stand der Ausbildung in HJ-Wehrertüchtigungslagern, August 1942

Schon Ende 1939 stand die vormilitärische Ausbildung neben den vielfältigen Aufgaben der Hitlerjugend während des Krieges in der Heimat im Mittelpunkt der HJ.-Arbeit. Damit hatte die Hitler-Jugend die Aufgabe übernommen, durch planmäßige Ausbildung der Wehrmacht nicht nur für die Dauer des Krieges, sonder auch darüber hinaus den Nachwuchs sicherzustellen. Durch eine Vereinbarung des Oberkommandos der Wehrmacht und der Reichsjugendführung sind seit Mai dieses Jahres in allen Gauen des Reiches Lager der Hitlerjugend errichtet worden, um die vormilitärische Ertüchtigung der Siebzehnjährigen auf breiter Basis durchführen zu können. Angehörige dieses Jahrganges werden in den Lagern laufend in Zusammenarbeit mit Heer und Waffen-SS in dreiwöchentlichen Kursen ausgebildet. Weitere Lager sind im Entstehen, so daß der gesamte Jahrgang 1924 demnächst erfaßt werden kann. Wir hatten Gelegenheit, mehrere Ritterkreuzträger des Heeres, die auf Einladung des Reichsjugendführers die Wehrertüchtigungslager während eines vierzehntägigen Aufenthaltes besucht hatten, nach ihren Eindrücken zu fragen. Durchschnittlich hatte jeder Ritterkreuzträger sieben Lager besucht.

Die Lehrgänge umfassen allgemein 200 bis 250 Jungen und sind zumeist in Lagern des Reichsarbeitsdienstes untergebracht. Die Lagerführer sind Offiziere und ehemalige Angehörige der Hitlerjugend; sie tragen ausnahmslos Ehrenzeichen des Krieges. Auch die Ausbilder sind verwundete Angehörige der Wehrmacht mit langjähriger Fronterfahrung. Die Lehrgangsteilnehmer setzen sich aus allen Schichten der Bevölkerung zusammen. Rüstungsarbeiter, Angehörige der Nationalpolitischen Erziehungsanstalten und Abiturienten halten nach den Aussagen der Ritterkreuzträger vorbildliche Kameradschaft. Hierbei muß betont werden, daß die in den verschiedensten Betrieben arbeitenden Jungen ihre Ferien für den Lehrgang opfern. Der Dienstplan ist genau gegliedert: 6,45 Uhr Wecken, anschließend Flaggenparade und Kaffeetrinken; der Dienst beginnt um 8 Uhr. Bei der Ausbildung handelt es sich - so wurde uns immer wieder gesagt - keinesfalls um kasernenmäßigen Drill, sondern darum, während der allgemeinen Geländeausbildung und Erziehung der Jungen die körperliche und geistig-seelische Voraussetzung für die Wehrfähigkeit zu schaffen. Die Schießausbildung sowie die Ausbildung an den verschiedensten Geräten ist die notwendige und folgerichtige Fortsetzung und Weiterentwicklung der allgemeinen körperlichen Ausbildung. Das Ziel der Geländeausbildung ist die Beherrschung des Geländes für die Ausführung erteilter Aufträge und die Befähigung, die Bodenbeschaffenheit auszunutzen. Hierbei sind Kenntnisse im Entfernungsschätzen, in der Kartenkunde, der Feststellung der Himmelsrichtung nach dem Kompaß Voraussetzung. Der Hitlerjunge muß im Gelände jede gegebene Situation meistern können, denn die genaue Kenntnis und richige Benutzung des Geländes steigert die eigene Waffenwirkung und vermeidet im Ernstfall unnötige Verluste. Bei der Schießausbildung soll die größte Fertigkeit im Handhaben des Kleinkaliber-Gewehrs und eine ständig verbesserte Schießleistung erreicht werden.

Neben der Schießausbildung bilden die weltanschaulichen Studien und Leibeserziehung den zusätzlichen Dienst. Außerdem werden die Jungen für ihren zukünftigen Wehrdienst bei motorisierten Kampftruppen und Nachrichtenverbänden in Heer und Luftwaffe geschult. In großen Lehrsälen lernen die zukünftigen Bordfunker technische Einzelheiten, auch das Morsealphabet wird mit größtem Eifer gelernt. Dazu kommen Nachrichtentechnik, Gerätekunde, Geländenachrichtenübungen und die Instandsetzung und Pflege der Nachrichtengeräte. Nach Beendigung dieser Kriegsausbildung erwerben die meisten Hitler-Jungen den K-Schein.

Abschließend betonten die Ritterkreuzträger, daß die Wehrertüchtigungslager in ihrer Bedeutung gar nicht überschätzt werden können, denn es ist ein Unterschied, ob die Wehrmacht Wehrwillige und Wehrfreudige in ihre Reihen bekommt, die bereits mit den Grundregeln des Wehrdienstes vertraut sind, oder ob sie erst von Anfang an aufbauen muß. Die Wehrertüchtigungslager der Hitler-Jugend seien ein Ausdruck der Verbundenheit der Jugend mit der Wehrmacht und diese Verbundenheit werde vor allem in der engen Zusammenarbeit der Dienststellen und dem kameradschaftlichen Verhältnis zwischen Jugend und Ausbilder deutlich.

Deutsche Allgemeine Zeitung, 29.8.1942.

231. Aufruf des Reichsjugendführers zum sparsamen Umgang mit Rohstoffen zur Unterstützung der Kriegsindustrie, August 1942

Der dem deutschen Reich aufgezwungene Krieg stellt größte Anforderungen an die Kriegsproduktion. Für diese Produktion sind unter den Rohstoffen Leder und Spinnstoffe mit die wichtigsten. Sie werden für die Ausrüstung unserer kämpfenden Soldaten laufend und in größtem Umfange benötigt.

Die Hitler-Jugend trägt ihr Teil dazu bei, diese wichtigen Rohstoffe unseren Soldaten zu erhalten. Unsere eigenen Bedürfnisse müssen hinter den Bedürfnissen der kämpfenden Front zurücktreten. Ich habe daher angeordnet, daß in den Sommermonaten durch die Aktion »Schont Kleider und Schuhe - Spart Spinnstoffe, Leder und Gummi« die Hitler-Jugend diesen Umständen Rechnung trägt. Ich erwarte, daß alle Angehörigen der Hitler-Jugend die Durchführungsbestimmungen zu dieser Aktion gewissenhaft beachten und durch die Schonung der Kleider und des Schuhzeugs dazu beitragen, die Rohstofflage zum Wohle unserer Soldaten zu entlasten.

gez. Axmann

Die Mädelführerin des Gebietes gibt bekannt:

Weitere Hinweise zur Aktion »Schont Kleider und Schuhe - Spart Spinnstoffe, Leder und Gummi«.
Wir alle wissen, daß Rohstoffe im Kriege knapp sind. Sie müssen vor allen anderen für unsere Soldaten zur Verfügung stehen. Aus Spinnstoffen, Leder und Gummi erhalten die Soldaten zum großen Teil ihre Ausrüstungen. Die Jugend hilft besonders in diesem Sommer, die Rohstoffe zu sparen.
Wir tragen in der warmen Jahreszeit nur die Kleidungsstücke, die wir im Winter nicht anziehen können. Es macht uns nichts aus, wenn wir jetzt Sachen tragen, die verblichen, abgetragen oder geflickt sind . . .

Befehlsblatt der NSDAP. Hitler-Jugend, Gebiet Thüringen, Bund Deutscher Mädel, Folge 8/42, August 1942, S. 1.

232. Bericht über die Gründung eines Europäischen Jugendverbandes als Zusammenfassung faschistischer Jugendorganisationen in Europa, 14.9.1942

Eine neue Waffe in den Kämpfen dieses Krieges
Der Europäische Jugendverband in Wien gegründet
Schirach und Ricci die Ehrenpräsidenten, Axmann und Vidussoni die Präsidenten des Verbandes

Das große Friedens- und Aufbauwerk für die Zukunft, mitten hineingestellt in den großen Krieg der Gegenwart, ist Wirklichkeit geworden: in einem einzigartigen Bekenntnis der Jugend Europas zu einer nationalen und sozialen Schicksalsgemeinschaft der Völker dieses Kontinents wurde am Montagnachmittag im Gauhaus in Wien unter Beteiligung der Jugendführer und Führerabordnungen von 14 Nationen Europas die Gründung des Europäischen Jugendverbandes vollzogen. Mit dieser Gründung, die auf Anregung des Reichsleiters für die Jugenderziehung der NSDAP, Baldur von Schirach, erfolgte, hat die Jugend Europas durch den Mund der Jugendführer der 14 an der Gründung beteiligten Nationen einmütig ihren Willen bekundet, eine neue, auf nationaler und sozialer Basis aufgebaute Weltordnung in Europa zu schaffen.

In der Mitte des großen Sitzungssaales des Wiener Gauhauses, gleichsam als die tragenden Säulen des neuen intereuropäischen Verbandes, sehen wir die Führer und Vertreter der Jugend der Achse, das Braun der HJ-Führer, das Grau der faschistischen Jugend mit ihren Schwarzhemdem, das Weiß des BDM und der weiblichen GIL. Links und rechts davon gruppierte sich das Feldgrau der ungarischen Delegation, das Schwarz der Falange-Jugend, das Grau der bulgarischen, das Schwarz der flämischen und wallonischen Jugendorganisationen, die schwarze Uniform der dänischen Vertreter, das Grau der Finnen, die dunkelblaue Uniform der Norweger, das Grau der Kroaten, das Graugrün der Rumänen und das Grün der Hlinka-Jugend.

Eine erwartungsvolle Stille liegt über dem vollbesetzten Riesensaal, indessen wir in den Ranglogen die Ehrengäste sehen, die zu diesem einmaligen historischen Akt gekommen sind: Reichsorganisationsleiter Dr. Ley, die Gauleiter Bracht, Hanke, Dr. Jury, Bohle und Uiberreitter und zahlreiche andere hervorragende Vertreter von Partei, Staat und Wehrmacht. Jetzt künden Fanfarenklänge die Ankunft der Jugendführer, die mit Reichsleiter Baldur von Schirach, Reichsjugendführer Axmann, Korporationsminister Ricci und dem Generalsekretär der Faschistischen Partei Vidussoni, an der Spitze den Saal betreten.

Von den Anwesenden mit stürmischem Beifall begrüßt, ergriff nun Baldur von Schirach das Wort, nachdem er die erschienenen Festgäste und ganz besonders den japanischen Gesandten Sakuma begrüßt hatte, der die Wünsche der japanischen Jugend und des am Kommen verhinderten japanischen Botschafters Oshima überbrachte. Reichsleiter von Schirach verkündete den anwesenden europäischen Jugenddelegationen den Beschluß, sich in gemeinsamer Arbeit zum Wohl und zum Aufbau Europas in einem neu zu gründenden europäischen Jugendverband zu vereinen, indem er gleichzeitig vorschlug, den Reichsjugendführer sowie den Generalsekretär der Faschistischen Partei, Vidussoni, zum Präsidenten des neuen Verbandes zu bestimmen.

In einhelliger Zustimmung erhob sich die Masse der anwesenden Jugendvertreter, worauf Axmann und Vidussoni die Präsidentensitze einnahmen.

Nun ergriff der Führer der GIL, Vidussoni, das Wort, der in italienischer Sprache den anwesenden Jugendvertretern vorschlug, den Mann, der sich nicht nur um die Führung der nationalsozialistischen Jugend, sondern darüber hinaus um die Jugend Europas so verdient gemacht habe, Reichsleiter Baldur von Schirach, zum Ehrenpräsidenten des neuen Jugendverbandes zu bestellen. Wieder verkündeten die Vertreter der 14 Nationen durch Erheben von den Plätzen und durch freudigen Beifall ihre Zustimmung zu dieser Betrauung, worauf Präsident Axmann die Anwesenden bat, auch den früheren Jugendführer der GIL und jetzigen Korporationsminister Renato Ricci als Ehrenpräsident zu bestellen, wozu die Teilnehmer des Kongresses wieder mit Einhelligkeit ihre Zustimmung gaben.

Reichsleiter von Schirach stellte dann der Gründungstagung die Präsidenten der Arbeitsgemeinschaften vor, und zwar übernehmen Elola-Spanien die Arbeitsgemeinschaft »Jugend und Familie«, Piler Primo de Rivera-Spanien, die italienische Mädelführerin Dr. Testa und die Reichsreferentin Jutta Rüdiger die Arbeitsgemeinschaft »Weibliche Jugend«, Reichssportführer von Tschammer und Osten das Präsidium der Arbeitsgemeinschaft »Sport«, Stabsführer Möckel das der Arbeitsgemeinschaft »Bauten und Fahrten«, Generalvizekommandant Selani-Italien »Presse, Film und Rundfunk«, Generalvizekommandant Bonamici die »Führererziehung«, Dr. Lehembre-Belgien »Jugend-Gesundheitspflege«, Dr. Kletschkoff-Bulgarien «Jugendrecht«, Kapitänleutnant Jensen-Dänemark »Freizeitgestaltung«, Probst Loohivouri-Finnland die Arbeitsgemeinschaft »Ethische Erziehung«, während Orsanic-Kroatien zum Präsidenten der Arbeitsgemeinschaft »Jugend-Berufserziehung« berufen wurde.

Van Geelkerken-Niederlande übernahm »Kultur und Kunst«, Minister Stang-Norwegen den »Landdienst«, General Iliescu-Rumänien die Arbeitsgemeinschaft »Schulerziehung der Jugend«, der Hauptführer der Hlinka-Jugend Matthek »Volk und Brauchtum« und Feldmarschalleutnant von Beldy-Ungarn die Arbeitsgemeinschaft »Vormilitärische Ertüchtigung«.

Nachdem die einzelnen Jugenführer der 14 europäischen Nationen in ihrer Landessprache die Botschaften ihrer Nationen dem Kongreß entboten hatten, ergriff Ehrenpräsident Reichsleiter Baldur von Schirach das Wort zu seinen grundsätzlichen Ausführungen über die Ziele und Aufgaben des Jugendverbandes.

Völkischer Beobachter, 15.9.1942.

233. Führerinformation des Reichsjustizministeriums: ein Hitlerjunge stach einen flüchtenden polnischen Strafgefangenen nieder, 29.9.1942

Der Reichsminister der Justiz

Führerinformation
1942 Nr. 128

Der 16jährige Hitlerjunge Richard Köpke aus Kleinwalde, Bezirk Bromberg, stellte am 2. Juli 1942 auf einer Straße im Walde einen 29jährigen flüchtigen Polen, der zu Straflager verurteilt, aber entwichen war. Als der Pole tätlich wurde, stach Köpke mit seinem Taschenmesser den Polen nieder und veranlaßte seine Festnahme durch die Gendarmerie. Der Pole hat sich dann in der Haft erhängt.
Der Generalstaatsanwalt in Danzig hat dem Hitlerjungen für sein tapferes Verhalten in einem persönlichen Schreiben seine besondere Anerkennung ausgesprochen und ihm mit Ermächtigung des Reichsjustizministers eine Belohnung von 100.- RM überwiesen.

Berlin, den 29. September 1942
Thierack.

Akten der Parteikanzlei der NSDAP. Rekonstruktion eines verlorengegangenen Bestandes, hrsg. vom Institut für Zeitgeschichte, München/Wien 1982, MF 106, Bl. 101 28895.

234. Schreiben des SS-Gruppenführers Hans Jüttner an den Reichsführer SS Heinrich Himmler über den Anteil der Waffen-SS an der vormilitärischen Ausbildung der HJ, 12.11.1942

SS-Führungshauptamt   Berlin-Wilmersdorf, 12.Nov. 1942
Ia   Kaiserallee 188

Betr.: Verhältnis der HJ zur Waffen-SS.

An den
Reichsführer-SS

Das Reichssicherheitshauptamt hat am 30.10.42 unter Aktenzeichen III A Az. 6673/42 Dr.G./H, einen Bericht über das Verhältnis der Waffen-SS zur HJ an den Reichsführer-SS abgegeben. Der Bericht wurde dem SS-FHA abschriftlich zur Kenntnis gebracht.

In den vorgebrachten Beschwerden bezüglich Werbemethoden kann das SS-FHA nicht Stellung nehmen.

Die angebliche, am Schluß des Berichtes erwähnte Antwort an einen Ritterkreuzträger der Waffen-SS ist nach dem bisherigen Untersuchungsergebnis **nicht** erteilt worden. Sie wird auch seitens des SS-FHA nicht für möglich gehalten. Alle Dienststellen im SS-FHA, bei denen die Befragung möglich gewesen sein könnte, sind sich der Wichtigkeit der HJ-Werbung durchaus bewußt.

Zur Frage der Ausbilder in den Wehrertüchtigungslagern muß das SS-FHA folgende Feststellungen treffen.

Trotzdem die Waffen-SS höchstens 3% der Gesamtstärke der deutschen Wehrmacht hat, betreut sie mit Ausbildern der Waffen-SS 42 Wehrertüchtigungslager der HJ gegen nur 120 durch die Wehrmacht betreute. Durch diese 42 Lager gehen jährlich bis zu 90 000 Hitlerjungen. Die Masse dieser Hitlerjungen kommt infolge Kontingentierung des Ersatzes zwangsläufig zur Wehrmacht und nicht zur Waffen-SS.

Die hiermit der Waffen-SS aufgebürdete Aufgabe steht in keinem Verhältnis zum zahlenmäßigen Erfolg und zu den diesbezüglichen Leistungen der Wehrmacht. Die Wehrmacht kann aus einem großen Reservoir ohne große Schwierigkeiten geeignetes Personal beschaffen. Die von der Waffen-SS abgestellten mehr als 500 Ausbilder stellen dagegen ein ausgesprochenes **schweres** Opfer dar. Bei einem Fehlbestand von rund 10 000 Unterführern bei der Feldtruppe (durch die geringe Stärke der Waffen-SS vor dem Kriege zu erklären) bringt jede derartige Abgabe eine ernste Verantwortung mit sich. Die fortlaufend erfolgenden Neuaufstellungen tragen zur Erhöhung dieser Schwierigkeiten bei und lassen eine Besserung nicht absehen. Trotzdem geschieht im Wege des Austausches das Möglichste zur Verbesserung des Ausbildungspersonals in den Wehrertüchtigungslagern.

Leider waren die Bemühungen des SS-FHA, eine Verringerung der Anzahl der übernommenen Wehrertüchtigungslager zu erreichen, bisher erfolglos.

Im Hinblick auf das vom Führer festgelegte Jahreskontingent hält das SS-FHA 15 durch die Waffen-SS zu betreuende Wehrertüchtigungslager für ausreichend. Voraussetzung ist, daß in diese Lager nur vorgemusterte, SS-geeignete Hitlerjungen aufgenommen werden. Hiergegen scheint sich die Reichsjugendführung zu sträuben.

Wenn aber die Waffen-SS ihre Lager so schlecht betreut im Gegensatz zur Wehrmacht, dann ist das von der Reichsjugendführung festgesetzte Verhältnis der Lager der Wehrmacht und der Waffen-SS reichlich unverständlich.

Der Chef des Stabes
Jüttner
SS-Gruppenführer und
Generalleutnant der Waffen-SS

Zentrales Staatsarchiv Potsdam, Film Nr. 14302.

235. Zuteilung von sechs Zwangsarbeiterinnen als Küchenhilfen für HJ-Ski-Lager durch das Landesarbeitsamt Bayern, 3.12.1942

Der Präsident   München, den 3.12.1942
des Landesarbeitsamts Bayern

An die
NSDAP Hitler-Jugend
Gebiet Schwaben (36)
Augsburg
Halderstr. 3

Betreff: Einsatz von Ostarbeiterinnen.

Vorgang: Ihr Schreiben v. 26.11.42. Abt. Wehrertüchtigung Az. We Alo/Br/Rx.

Am 5.12.42. werden dem Arbeitsamt Kempten zur Verteilung an diejenigen Lager des Bezirks, in denen die Jugendlichen zur vormilitärischen Skiausbildung untergebracht sind, 6 Ostarbeiterinnen als Küchenhilfen zur Verfügung gestellt. Weitere Zuweisungen können vorerst nicht erfolgen, doch dürfte bei einiger Mithilfe der Jugendlichen selbst der vordringlichste Bedarf damit gedeckt sein.

Im Auftrag:
(Unterschrift)

Zentrales Staatsarchiv Potsdam, Film Nr. 14616.

236. Anordnung über den Kriegseinsatz der deutschen Jugend in der Luftwaffe, 26.1.1943

A n o r d n u n g
über den Kriegshilfseinsatz der deutschen Jugend
in der Luftwaffe
vom 26. Januar 1943

1.

Zur Wahrnehmung von Hilfsdiensten bei Einheiten der Luftwaffe am Schulort und in dessen unmittelbarer Umgebung stehen dem Reichsminister der Luftfahrt und Oberbefehlshaber der Luftwaffe alle Schüler der höheren und der mittleren Schulen, die das 15. Lebensjahr vollendet haben, bis zur Einberufung zum Reichsarbeitsdienst oder zum Wehrdienst als Luftwaffenhelfer für den Kriegshilfseinsatz zur Verfügung.

2.

Schüler, die in Internaten wohnen, können geschlossen im Reichsgebiet auch außerhalb des Schulortes eingesetzt werden. Die Einsatzorte bestimmt in diesen Fällen im Auftrage des Reichsministers der Luftfahrt und Oberbefehlshabers der Luftwaffe der Luftwaffenbefehlshaber Mitte im Benehmen mit dem Reichsminister für Wissenschaft, Erziehung und Volksbildung, bei den Schulen der Partei und dem Großen Militärwaisenhaus in Potsdam im Benehmen mit den hierfür zuständigen Dienststellen.

3.

Der Umfang der Heranziehungen zum Kriegshilfseinsatz richtet sich nach dem jeweiligen Bedarf. Den Bedarf stellt der Reichsminister der Luftfahrt und Oberbefehlshaber der Luftwaffe laufend fest.

Nach seinen Weisungen werden herangezogen im Gebiet des Großdeutschen Reiches mit Ausnahme des Protektorats Böhmen und Mähren

A. aus den öffentlichen und privaten höheren Schulen einschließlich der Nationalpolitischen Erziehungsanstalten und der Deutschen Heimschulen, der Adolf-Hitler-Schulen und der Reichsschule der NSDAP. Feldafing ab 15.2.1943 die Schüler der Geburtsjahrgänge 1926 und 1927 aus den Klassen 7 und 6, ab 1.8.1943 die Schüler der Geburtsjahrgänge 1926 und 1927, die gegenwärtig die Klasse 5 besuchen,

B. aus den öffentlichen und privaten mittleren Schulen (Mittelschulen und Hauptschulen mit weiterführenden Klassen) ab 15.2.1943 die Schüler der Klasse 6, soweit sie den Geburtsjahrgängen 1926 und 1927 angehören, ab 1.8.1943 die Schüler der Geburtsjahrgänge 1926 und 1927, die gegenwärtig die Klasse 5 besuchen.

4.

Die Schüler werden nach Anordnung des Reichsministers für Wissenschaft, Erziehung und Volksbildung durch die Schulen erfaßt und auf Grund der Notdienstverordnung nach den Weisungen des Reichsministers des Innern zum Kriegshilfseinsatz herangezogen.

5.

Vor ihrem Einsatz werden die Schüler durch das Gesundheitsamt nach den vom Reichsminister des Innern im Einvernehmen mit dem Reichsminister der Luftfahrt und Oberbefehlshaber der Luftwaffe erlassenen Richtlinien vorläufig untersucht.
Nach der Heranziehung findet eine eingehende truppenärztliche Untersuchung der Schüler auf ihren Tauglichkeitsgrad als Luftwaffenhelfer statt.
Hat der Befund bei einer dieser Untersuchungen zu einer Zurückstellung geführt, ist in bestimmten Zeiträumen eine Nachuntersuchung durch das Gesundheitsamt vorzunehmen, sofern nicht durch den Truppenarzt dauernde Untauglichkeit für irgendwelchen Kriegshilfseinsatz in der Luftwaffe festgestellt wird. Das gleiche gilt im Falle späterer Entlassung aus gesundheitlichen Gründen.

Eine Freistellung vom Kriegshilfseinsatz, aus anderen als gesundheitlichen Gründen, findet nicht statt.

6.

Aus welchen Schulen in den Einsatzorten die Schüler herangezogen werden, verfügen die Heranziehungsbehörden entsprechend den Anträgen, die das zuständige Luftgaukommando im Einvernehmen mit dem Sonderbeauftragten des Reichsministers für Wissenschaft, Erziehung und Volksbildung bei der Schulaufsichtsbehörde am Sitze des Luftgaukommandos stellt.
Klassenweise Zusammenfassung ist unbeschadet zwingender dienstlicher Notwendigkeiten bestimmend für die Verteilung.
Der Einsatz umfaßt unter Berücksichtigung der körperlichen und geistigen Eignung gehobene Hilfstätigkeiten der verschiedensten Art; er findet in erster Linie bei der Flakartillerie statt.

7.

Eine Bereitstellung von Führern aus den Schulen der höheren und mittleren Schulen für die Arbeit der Hitlerjugend durch Rückstellung vom Kriegshilfseinsatz und die notwendige Gewährung von Freizeit an eingesetzte Hitlerjugend-Führer zur Durchführung der Hitlerjugend-Arbeit vereinbaren der Reichsminister der Luftfahrt und Oberbefehlshaber der Luftwaffe und der Jugendführer des Deutschen Reichs im gegenseitigen Benehmen.

8.

Die Fortführung der Unterrichtserteilung an die zum Kriegshilfseinsatz Herangezogenen regeln der Reichsminister für Wissenschaft, Erziehung und Volksbildung oder bei Schulen mit Internaten die sonst zuständige Dienststelle im Einvernehmen mit dem Reichsminister der Luftfahrt und Oberbefehlshaber der Luftwaffe. Der Unterricht soll mindesten achtzehn Stunden in der Woche betragen.

9.

Die im Kriegshilfseinsatz stehenden Jugendlichen erfüllen in diesem ihre Jugenddienstpflicht nach Richtlinien, die der Jugendführer des Deutschen Reichs im Einvernehmen mit dem Reichsminister der Luftfahrt und Oberbefehlshaber der Luftwaffe erläßt. Zu ihrer Durchführung bestellt der Jugendführer des Deutschen Reichs für die Bereiche der einzelnen Luftgaue Hitlerjugend-Führer als Sonderbeauftragte, die im Einvernehmen mit den Luftgaukommandos die Anordnungen für die Durchführung der Hitlerjugend-Arbeit sowie für die allgemeine Betreuung der Luftwaffenhelfer außerhalb des Dienstes bei der Truppe und außerhalb des Schulunterrichts geben.

10.

Über die Heranziehung der Schüler, die nach Abschluß der 5. Klasse an höheren und mittleren Schulen das 15. Lebensjahr vollendet haben, ergeht zu gegebener Zeit besondere Anordnung.

11.

Über den Zeitpunkt der Einberufung der Kriegseinsatzpflichtigen zum Reichsarbeitsdienst und die Dauer der Dienstpflicht im Reichsarbeitsdienst entscheidet der Reichsarbeitsführer im Benehmen mit dem Reichsminister der Luftfahrt und Oberbefehlshaber der Luftwaffe.

12.

Durch den Kriegshilfseinsatz der männlichen Jugend in der Luftwaffe wird eine Zugehörigkeit zur fliegerischen Bevölkerung nicht begründet.

Berlin, den 26. Januar 1943.

Der Reichsminister der Luftfahrt
und Oberbefehlshaber der Luftwaffe

Göring
Reichsmarschall

Der Leiter der Partei-Kanzlei
M. Bormann

Der Reichsminister des Innern
Frick

Der Reichsminister für Wissenschaft,
Erziehung und Volksbildung
Rust

Der Jugendführer des
Deutschen Reichs
Axmann

Zentrales Staatsarchiv Potsdam, REM, Nr. 11845, Bl. 98 f.

237. Anweisung des Reichssicherheitshauptamtes zur Behandlung jugendlicher Zwangsarbeiter, 29.1.1943

Reichssicherheitshauptamt   Berlin, den 29. Januar 1943
IV D 5 - B.Nr. 2846/42 g

Betrifft: Behandlung jugendlicher Ostarbeiter

Geheim

Für die Behandlung jugendlicher Ostarbeiter, die zu staatspolizeilichen Maßnahmen Veranlassung geben, gelten in Ergänzung des Erlasses vom 27.5.1942 — RFSSuChdDtPol. IV D (ausl. Arb.) — 253/42 — folgende Richtlinien:

a) Jugendliche Ostarbeiter **über** 16 Jahre sind - falls eine kurzfristige Unterbringung in einem Arbeitserziehungslager nicht für ausreichend zu erachten ist - ins KL zum Arbeitseinsatz zu überstellen.

b) Jugendliche Ostarbeiter **unter** 16 Jahren sind nicht einem KL, sondern stets einem Arbeitserziehungslager zu überstellen. Jugendlager stehen für Ostarbeiter nicht zur Verfügung.

c) Exekutionen von jugendlichen Ostarbeitern erfolgen nur in KL, auch dann, wenn der Jugendliche noch keine 16 Jahre alt ist.

In Vertretung:
gez. Müller

Dokumentationsarchiv des deutschen Widerstandes, Frankfurt/M., AN 2871.

238. Ankündigung des Ergänzungsamtes der Waffen-SS über eine Großwerbeaktion im HJ-Gebiet Schwaben, 19.2.1943

Ergänzungsamt der Waffen-SS   München 27, den 19. Februar 1943
Ergänzungsstelle Süd (VII)

Betr.: Großwerbeaktion der HJ für die Waffen-SS

An das
HJ-Gebiet Schwaben (36)

Augsburg
Halderstr. 3

Zu obigem Bezug schlägt die Ergänzungsstelle Süd (VII) vor, daß in jedem Bannbereich des Gebietes mindestens an 2 größeren HJ-Standorten eine persönliche Werbung durch einen Werberedner der Waffen-SS durchgeführt wird. Hierzu soll der gesamte Jahrgang 1926 des betreffenden Ortes und der umliegenden Ortschaften vorgeladen werden. Anschließend an den Werbevortrag sollen die Jungens in einem Gesundheitsappell auf SRD-Tauglichkeit untersucht werden. Die SRD-Tauglichen werden dann in die Nachwuchskartei der Ergänzungsstelle aufgenommen und als Streifendienstzugehörige geführt. Bei der Werbung zur Waffen-SS wird selbstverständlich das Prinzip der Freiwilligkeit gewahrt.

Vortrag, Werbung und Untersuchung nehmen an jedem Ort einen halben Tag in Anspruch. Vorladung erfolgt mittels beiliegendem Vordruck »Aufforderung«, der sämtlichen Bannen in genügender Anzahl zur Verfügung gestellt wird. Die Fahrtkosten zwischen Wohn- und Untersuchungsort werden von der Ergänzungsstelle Süd (VII) ersetzt. Werbematerial geht den Bannen vor der E.Stelle Süd direkt zu. An einigen größeren Orten sind noch Sonderveranstaltungen vorgesehen. So z.B. in Memmingen der Einsatz eines Ritterkreuzträgers der Waffen-SS. An einigen Orten sind auch Vorführungen des neuen Schmaltonfilms »Junker der Waffen« vorgesehen. Die Termine für die einzelnen Veranstaltungen werden in Kürze festgelegt und dem Gebiet rechtzeitig bekanntgegeben. Voraussichtlich kommt die Zeit zwischen 10. und 15. März und 1. und 30. April in Frage. Die Ergänzungsstelle Süd nimmt hierzu noch Gelegenheit zu persönlicher Aussprache in den ersten Tagen der kommenden Woche.

Der Leiter der Ergänzungsstelle Süd (VII)
der Waffen-SS
Unterschrift, SS-Sturmbannführer.

Zentrales Staatsarchiv Potsdam, Film Nr. 14616.

239. Richtlinien des Reichsführers SS Heinrich Himmler für die Aufstellung der SS-Division »Hitler-Jugend«, 1.3.1943

1. Die Schwierigkeit bei der Aufstellung der Division beruht im totalen Mangel an Führern und Unterführern. An Führern müßten ungefähr 500 bis 600, an Unterführern 3-4000 vorhanden sein, bzw. beschafft werden.

2. Die Schwierigkeiten wären schon um ein großes Stück geringer, wenn es möglich wäre (was wohl nicht der Fall ist), die künftige Schwester-Division, die Division »Leibstandarte-SS Adolf Hitler« heute herauszuholen und auf einen Truppenübungsplatz zu verbringen. Ebenso die 20 000 für die Division ausgesuchten Freiwilligen, so daß nun die Leibstandarte die Ausbildung dieser 20 000 und die Ausbildung der Unteroffiziere vornehmen könnte. Die Durchführung dieses Planes ist in den nächsten 4-5 Monaten mit Gewißheit nicht möglich. Wir müssen deshalb Aushilfen nehmen.

3. Zur Schaffung eines Unterführerkorps ist als erstes notwendig, aus dem jetzt geworbenen Jahrgang 1925 4000 besonders dafür taugliche HJ-Führer nach Abschluß ihrer Rekrutenausbildung auf die Unterführerschulen zu nehmen und sie dort im Verlauf von 4 Monaten zu guten Unterführern auszubilden. Mit ihnen können wir also bis Ende September rechnen.

4. Die 20 000 Freiwilligen des Jahrganges 1926 müssen, damit wir keine Zeit verlieren, auf einen Schlag in die Wehrertüchtigungslager einberufen werden. Der Sinn des Wehrertüchtigungslagers kann in diesem Fall, nachdem wir zu wenig Unterführer und vor allem fast keine mit der Waffe ausgebildeten alten Unteroffiziere haben, nur der sein, die 17jährigen Jungen aus ihrem häuslichen Milieu herauszuholen, sie an die künftige gemeinsame Kameradschaft zu gewöhnen, sie zunächst waffenlos auszubilden, körperlich abzuhärten, ernährungsmäßig zu kräftigen und sie in diesen 4 Wochen weltanschaulich und geistig zu erziehen und vorzubereiten.
Um diese Einberufung von 20 000 Jungen in die Wehrertüchtigungslager auf einmal zu ermöglichen, hat die Reichsjugendführung in Aussicht gestellt, Hilfsausbilder in Stärke von 1500 Mann (HJ-Führer ebenfalls aus dem Jahrgang 1925) zur Verfügung zu stellen.
Zu deren Verstärkung kann, wenn notwendig, für die Dauer dieser 4 Wochen ein Teil des Ausbildungspersonals oder auch das ganze Ausbildungspersonal der 38 Wehrertüchtigungslager der SS zusätzlich genommen werden. Die Schließung dieser Wehrertüchtigungslager während dieser 4 Wochen muß dann eben in Kauf genommen werden. Nicht geschlossen werden dürfen während dieser Zeit die Germanischen Wehrertüchtigungslager.

5. Der Termin des Einrückens der 20 000 Freiwilligen in die Wehrertüchtigungslager wäre der 1. Mai. Die Unterkunftsfragen müssen bis dorthin geregelt sein. Uniform und Ausrüstung ist schon für diese Wehrertüchtigungslager von der Waffen-SS zu stellen.

6. Am 1.6. müssen diese 20 000 Mann in die Kasernen der Waffen-SS einrücken. Eine Zusammenziehung auf einen Truppenübungsplatz — die am idealsten wäre — ist mangels der dafür notwendigen Ausbilder nicht möglich.
Es muß folgendes ermöglicht werden:
An jedes Ausbildungs-Bataillon der Waffen-SS wird für die Dauer von 8 Wochen ein Aus-

bildungsbataillon »Hitler-Jugend« angehängt. Mit demselben Ausbildungspersonal müssen in dieser Notzeit zwei Bataillone ausgebildet werden. Diese Ausbildung soll die Grundausbildung der ersten 12 Wochen umfassen und würde sich über die Monate Juni, Juli und August erstrecken.

7. Nach Abschluß dieser Ausbildungzeit sind die Ausbildungs-Bataillone »Hitler-Jugend« auf einen Truppenübungsplatz zusammenzuziehen. Ich strebe an, daß bis dorthin die Leibstandarte zur Heranbildung dieser Division und damit zur Schaffung des Korps »Leibstandarte« auf denselben Truppenübungsplatz oder in dieselbe Gegend (Frankreich) aus der Ostfront herausgezogen wird. Unter Umständen läßt sich die unter Punkt 3. erwähnte Ausbildung der 4000 Unterführer schon zu diesem Zeitpunkt beenden. Zwischen Division »Leibstandarte« und Division »Hitler-Jugend« muß dann ein Austausch der Unterführer erfolgen, damit beide Divisionen in gleichem Maße fronterfahrene und nicht fronterfahrene Unterführer besitzen.

8. Die 1500 Hilfs-Ausbilder der Wehrertüchtigungslager des Jahrganges 1925 werden ebenfalls am 1.6. eingezogen, machen ihre 8 Wochen Rekrutenzeit durch und sind dann wie ihre 4000 Kameraden des Jahrganges 1925 auf die Unterführerschule zu nehmen. Sie werden der Nachersatz an Unterführern für das Korps »Leibstandarte«.

9. Zum Zeitpunkt des Zusammentritts der Division »Hitler-Jugend« ist die Versetzung tunlichst auch der in der Waffen-SS dienenden SS-Führer, die zugleich HJ-Führer sind, in die Division »Hitler-Jugend« vorzubereiten und durchzuführen.

10. Die rund 600 HJ-Führer, die zur Zeit als Unterführer in der Waffen-SS dienen, sind sofort aus ihren Verbänden herauszuziehen und in einem Kriegsschullehrgang für 4 Monate als Reserveführer heranzubilden. Sie erwerben jedoch mit diesem Lehrgang die Berechtigung, aktiver Führer zu sein, genauso wie die Junker der aktiven Junkerschulen. Die kürzere Dauer des Lehrgangs kann bei ihnen wegen ihrer Ausbildung als HJ-Führer in Kauf genommen werden.
Aus diesen ist bis zum Oktober im großen der Einsatz für die aus der Division »Leibstandarte« zur Division »Hitler-Jugend« zu versetzenden fronterfahrenen SS-Führer sowie der Ersatz für die aus den anderen Verbänden der Waffen-SS zur Division »Hitler-Jugend« versetzten SS-Führer und HJ-Führer (siehe Punkt 9) zu nehmen. Außerdem ergänzen sie selbstverständlich das Führerkorps der Division »Hitler-Jugend«.

11. Die Reichsjugendführung gibt uns laufend die Namen ihrer HJ-Führer, die sich als wiedergenesende verwundete Reserve-Offiziere in den Ersatz-Truppenteilen des Heeres in der Heimat befinden, bekannt. Ebenso gibt sie uns die Namen der HJ-Führer an, die Reserve-Offiziere sind und zu den 1500 Werbe-Offizieren des Heeres gehören. Der Chef des SS-Personalhauptamtes bemüht sich, diese von der Armee abgestellt zu bekommen. Ich selbst werde diese Frage dem Führer vortragen.

12. Die Ersatz-Truppenteile der Division »Hitler-Jugend« sind ohne Ausnahme in den Gau Kärnten, und zwar nach Oberkrain zu verlegen.

gez. H. Himmler

Zitiert nach: Hellfeld, Matthias von / Klönne, Arno: Die betrogene Generation. Jugend in Deutschland unter dem Faschismus. Quellen und Dokumente, Köln 1985, S. 230 ff.

240. Bericht des Inspekteurs der HJ-Wehrertüchtigungslager Gerhard Hein über den Stand der vormilitärischen Ausbildung der HJ, März 1943

Die Wehrertüchtigung der deutschen Jugend im Kriege beginnt ihre achtjährige Erziehung beim Pimpfen mit Sport, Spiel und Luftgewehrschießen. Sie findet in den Einheiten der 14- bis 18jährigen Hitler-Jugend ihre jugendgemäße Forsetzung bei der Geländeausbildung, dem Geländespiel und dem Schießen mit dem Kleinkalibergewehr. Ihren Neigungen entsprechend kann die Jugend in diesem Alter in den Sondereinheiten der Nachrichten-, Marine-, Flieger- und Motor-HJ. eine besondere technische Ausbildung erhalten. Nach dem Willen des Führers erreicht die Wehrertüchtigung des ältesten Jahrganges der Hitler-Jugend in den Wehrertüchtigungslagern ihren Höhepunkt und Abschluß. Die Erziehung und Ausbildung, die an dieser Stelle geleistet wird, stärkt die Wehrfreudigkeit und Einsatzbereitschaft der vor dem Wehrdienst stehenden Jahrgänge der Jugend. Auch die körperliche Leistungsfähigkeit und eine gewisse technische Vorausbildung für den späteren Dienst mit der Waffe werden im Wehrertüchtigungslager gefördert. Die dreiwöchigen Lehrgänge vervollkommnen die schon bisher zielbewußte Entwicklung der soldatischen Anlagen und Kenntnisse. Sie verwerten die Grundsätze und Möglichkeiten der nationalsozialistischen Jugendführung für die Forderungen des totalen Krieges.

Jugendgemäße Ausbildung

In den Wehrertüchtigungslagern wird der Wehrmacht eine frische, aufgeweckte, in technischer Beziehung wohlvorbereitete Jugend gesichert, die dann bei der Truppe zum Rekruten und leistungsfähigen Soldaten heranzubilden ist. Für die soldatische Ausbildung ist das vorbildliche Benehmen im Gelände ebenso wichtig wie die Waffentechnik. Bekanntlich verhilft die Waffe nur zum Erfolg, wenn sie geländemäßig gut eingesetzt wird. Wehrertüchtigung heißt richtiges Bewegen im Gelände, geschärftes Auge und Ohr für alle nur erdenklichen Anforderungen. Das Wehrertüchtigungslager bestärkt dazu die instinktive Verbundenheit der Jugend mit der Natur. Der Junge erkennt das Gelände als Mittel, er wird geländegängig, lernt erteilte Aufträge genau auszuführen und sich gewohnheitsmäßig richtig zu verhalten. Nach sorgfältiger Einzel- und Gemeinschaftsausbildung ist die Geländeübung der Höhepunkt des Wehrertüchtigungslagers, die für die ältesten Jahrgänge der Hitler-Jugend anderen Charakter trägt als das besonders geartete Geländespiel der Jüngeren. Es kann nicht mehr nach Pimpfenart um einen Wimpel gerauft werden, allen Spielen liegt ein Übungszweck zugrunde, der als Wertmesser für die geleistete Ausbildung betrachtet wird. Das Geländespiel im Lager braucht trotzdem nicht ohne Rauferei auszugehen. Kein Spiel wird beendet, ohne daß es zum Nahkampf kam. Würde der Nahkampf nicht stattfinden, verlöre das Spiel für den Jungen an Reiz. Zum Geländespiel treten die Kleinkaliberschießausbildung und die Ausbildung in der ersten Hilfe und Leibesübungen hinzu. Außerdem bestehen in den Wehrertüchtigungslagern Scharen mit Sonderausbildung, z.B. im Nachrichten-, Motor- und Flugerkennungsdienst und zur Feldscherausbildung. Die U-Boot-Waffe erhält aus den Marinelagern zur besten Tauglichkeit erzogenen Nachwuchs.
Die jugendgemäße und waffenlose Ausbildung im Ausbildungslehrgang der Hitler-Jugend ist also nicht identisch mit der Aufgabe der Wehrmacht. Das Lager weckt die natürlichen Anlagen, bestärkt die angeborene Geschicklichkeit, härtet für Strapazen, erzieht zur selbständigen Haltung. Die Truppe, die auf dieser Erziehung aufbaut, bildet den Rekruten und Soldaten. Für den Dienst in der Rekrutenzeit ergeben sich durch die jugendgemäße Ausbildung im Wehrertüchtigungslager naturgemäß Entlastungen, die bei den hohen Ansprüchen an die Ausbildung heute wohl zustatten kommen. Was die Truppe bei den neuen Rekruten bereits voraussetzen darf, kann dazu dienen, im pflichtmäßigen Lehrplan die Schulung an neuen Waffen und die Ausbildung nach den Erfahrungen der Front zu verbreitern.

Wer führt die Jungen ?

Im Wehrertüchtigungslager wird die Jugend von Führern der Hitler-Jugend geführt. Es sind Offiziere, die sich bei der Wehrmacht oder der Waffen-SS in der Führung von Soldaten bewährt haben. Der Lagerführer trägt die Verantwortung für die gesamte Ausbildung, seine Persönlichkeit verleiht dem Lager den eigentlichen Charakter. Da der größte Teil der Lagerführer aus ehemaligen Bann- oder Stammführern besteht, kann in jeder Beziehung von einer guten Auslese gesprochen werden. Als Unterführer sind dem Lagerführer Feldwebel, Unteroffiziere und gute Mannschaften unterstellt, die die Wehrmacht und Waffen-SS zum Zweck der Ausbildung abkommandieren. Der Auswahl der Ausbilder wird schon bei der Wehrmacht sorgsames Augenmerk gewidmet. Auf einem Einweisungslehrgang, der auf den Ausbildungsschulen der Hitler-Jugend stattfindet, werden die Wehrmachtsausbilder auf die jugendgemäße Ausbildung vorbereitet. Die Persönlichkeit der Ausbilder ist auf die Jugend von größtem und nachhaltigstem Einfluß. Bei vielen aktiven Soldaten glaubt man mit alten HJ-Führern zu arbeiten, so begeistert gehen sie ihrer Arbeit im Lager nach. Für einen geeigneten Ausbilder, der in der waffenlosen Ertüchtigung zum Ziel kommen will, ist es unerläßlich, daß er in der Gedankenwelt der Jungen zu denken und ihre Sprache zu sprechen vermag. Ungezählte Jungen, die indessen Frontbewährung haben, bestätigen heute in begeisterten Briefen, welchen hohen Wert die vorbereitende Ertüchtigung für ihren militärischen Einsatz erlangt hat.

Das gute Lager

Der Aufbau der Wehrertüchtigungslager mußte rasch vonstatten gehen. In vielen Fällen wurden Unterkünfte des Arbeitsdienstes zur Verfügung gestellt. Die Unterbringung ist lagermäßig hart und zünftig. Das beste Lager nützt aber nichts, wenn dazu das passende Gelände fehlt. In idealen Fällen breitet sich um das Lager gutes Sommer- und Winterausbildungsgelände, das einen langen Anmarschweg erspart und die dadurch gewonnene Zeit der Ausbildung zugute kommen läßt. Schießstand, Sportplatz und nach Möglichkeit Schwimmgelegenheit müssen in unmittelbarer Nähe des Lagers sein. Sind diese Voraussetzungen erfüllt, wird auch das Lagerziel, das Leistungsabzeichen der Hitler-Jugend, von den meisten Teilnehmern erreicht. Wehrertüchtigungslager, die als eigene Lager erstellt werden, sehen eine Belegstärke von 480 Jungen und ein gutes Ausbildungsgelände von etwa 250 Hektar vor. Gegenwärtig werden in etwa 160 dreiwöchigen Lagern jeweils 200 Jungen zur vormilitärischen Ertüchtigung erfaßt. Das Lager vereinigt Hitlerjungen und Pflicht-Hitler-Jugend, Jugend aus der Stadt und Jugend vom Lande, Schüler und berufstätige Jungen. Die Jugend aus der Stadt erleichtert sich vieles durch gute und bewegliche Aufgeschlossenheit. Die Angehörigen technischer Berufe bringen für die Anforderungen des Lagers oft besonders nützliche Voraussetzungen mit. Der Schüler, der sich den anderen leicht überlegen dünkt, muß bald feststellen, daß der vormilitärische Dienst kein Schulunterricht ist.

Gesundheit und Ernährung

Die Gesundheit der Jungen bildet die Grundlage der Ertüchtigung. Zu Beginn des Lehrganges werden die Teilnehmer vom Lagerarzt untersucht und auch weiterhin laufend überwacht. Für vorübergehende Krankheitsfälle ist das Krankenrevier des Lagers gesundheitsdienstlich versorgt. Soweit es irgend möglich ist, werden in den Lagern Zahnuntersuchungen durchgeführt. Man begnügt sich nicht damit, den Zahnbestand nachzuprüfen und die Abstellung von Schäden zu empfehlen. Die Zähne werden sofort in Ordnung gebracht, damit der Junge in die Wehrmacht mit guten Zähnen einrückt.

Die Ernährung im Wehrertüchtigungslager beruht auf dem Verpflegungssatz der Wehrmacht. Verwaltung und Küche werden von bewährten Verwaltern aus der Hitler-Jugend geführt. Auf eine vorbildliche Ernährung wird schon deshalb Wert gelegt, weil das Lager mit der vormilitärischen Ertüchtigung auch einem Erholungszweck dienen soll. Vor allem der berufstätigen Jugend bietet das Lager einen Ausgleich für ihren heute besonders angestrengten Arbeitseinsatz.

Die Bewährung

Über die Ergebnisse der Wehrertüchtigungslager liegen berufene Urteile der Wehrmacht vor.

Nicht nur Kommandeure von Ersatzeinheiten, sondern auch Offiziere der Front bestätigen die militärisch bedeutungsvolle Tragweite der jugendgemäßen Ausbildung. Als Frontsoldaten sind die Jungen aus den Wehrertüchtigungslagern in der Regel überlegen. Die Ritterkreuzträger, die direkt von der Front kommend, wiederholt Wehrertüchtigungslager besuchten, verbanden mit wertvollen Anregungen hohe Worte der Anerkennung. Generale und Offiziere, die in maßgeblichen Stäben Dienst leisten, erblicken in den Wehrertüchtigungslagern einen nicht mehr wegzudenkenden Bestandteil der soldatischen Erziehung.

Die vormilitärische Ausbildung der Hitler-Jugend ist von der weltanschaulichen und charakterlichen Erziehung nicht zu trennen. In seiner Rede zum 30. Januar hat der Reichsjugendführer an das Vorbild der Jugend erinnert, die auf den Trümmern vieler Kampffelder von Sewastopol mit dem Gelöbnis ihres Liedes »Unsere Fahne ist mehr als der Tod« ihr Leben erfüllte. Da der höchste Einsatz immer aus einem vollen und einsatzbereiten Herzen kommt, wurde in die Wehrertüchtigungslager auch die weltanschauliche Ausrichtung aufgenommen. Die Jugenderziehung, die in den Einheiten mit Führermangel rechnen muß, gewinnt durch das Wehrertüchtigungslager eine wichtige Hilfestellung. Aus der Jugend des Führers gehen seine treuesten Soldaten hervor. Die Wehrertüchtigung ist das beste Vermögen, mit dem die Jugendbewegung den heranwachsenden Nachwuchs für den weiteren Lebensweg ausstatten kann.

Das Junge Deutschland, Heft 3, März 1943.

241. Bericht des Reichssicherheitshauptamtes über die Einrichtung von Konzentrationslagern für Jugendliche, 11.5.1943

Mit der Schaffung der Jugendschutzlager hat die Kriminalpolizei eine wesentliche Maßnahme zur Bekämpfung der Jugendgefährdung und Jugendkriminalität getroffen. Sie hat damit eine empfindliche Lücke der Fürsorgeerziehung geschlossen, denn diese scheidet aussichtslose Fälle aus. Die in der Freiheit belassenen schwersterziehbaren kriminellen und asozialen Jugendlichen konnten sich also bis dahin ungestört weiter zu Schädlingen der Volksgemeinschaft entwickeln.

Die Jugendschutzlager haben die kriminell gefährdeten und asozialen Minderjährigen, die mit den Mitteln der Fürsorgeerziehung nicht zu bessern sind, nach kriminalbiologischen Gesichtspunkten zu sichten, die noch Gemeinschaftsfähigen so zu fördern, daß sie ihren Platz in der Volksgemeinschaft ausfüllen können, und die Unerziehbaren bis zu ihrer endgültigen Unterbringung (in Arbeits-, Heil- und Pflegeanstalten, Konzentrationslagern u.a.) unter Ausnutzung ihrer Arbeitskraft zu bewahren. Erziehungsmittel sind: Straffe Lagerzucht, angespannte Arbeit, Sport, Unterricht, weltanschauliche Schulung und eine planmäßige Freizeitgestaltung.

Das Jugendschutzlager M o r i n g e n für männliche Minderjährige, das im August 1940 eröffnet wurde, umfaßt zur Zeit 650 Lagerzöglinge, die zum größten Teil in ausgesprochenen Rüstungsbetrieben arbeiten. Die restlichen Lagerzöglinge, die infolge geistiger oder körperlicher Mängel für eine bezahlte Arbeit nicht in Betracht kommen, werden für Lagerzwecke zu Reinigungs-, Verlade- und Zutragearbeiten eingesetzt.

Von 802 Lagerzöglingen konnten bis zum 1.1.1943 106 nach erfolgreicher Lagererziehung entlassen werden und zwar 70 zur Wehrmacht oder zum RAD, 25 in Einrichtungen der Fürsorgebehörden als Übergang ins freie Leben und 11 in freie Arbeitsstellen. Es sind von ihnen rückfällig geworden 5. Als unerziehbar wurden 42 entlassen und zwar 12 in Konzentrationslager und 30 in Heil- und Pflegeanstalten.

Das Jugendschutzlager U c k e r m a r k für weibliche Minderjährige ist im Juni 1942 eröffnet worden und ist noch im Aufbau begriffen. Die bisher dort untergebrachten 400 Zöglinge arbeiten vornehmlich in der Gärtnerei, die auf einem ehemaligen Wiesengelände an der Havel errichtet wird, und sollen dadurch für landwirtschaftliche Stellen vorbereitet werden. Ferner werden sie in der Näherei der Spielzeugherstellung für die deutschen Ausrüstungswerke und mit Haus- und Hofarbeiten beschäftigt. Eine Schneiderei und lagereigene Küche sind noch im Entstehen, desgleichen die Errichtung einer Angorakaninchenfarm.

In Litzmannstadt ist am 1.12.1942 ein P o l e n - J u g e n d v e r w a h r l a g e r errichtet worden, daß der Unterbringung polnischer Kinder und Jugendlicher im Alter von 8-16 Jahren dient. Diese Einrichtung war eine dringende Notwendigkeit, denn die sich herumtreibenden polnischen Kinder und Jugendlichen drohten einen Verbrechernachwuchs schlimmsten Ausmaßes zu bilden und die gesunde Entwicklung volksdeutscher Jugendlicher zu gefährden. Diese polnischen Kinder sollen im Lager - abgesehen von Gewöhnung an Ordnung und Sauberkeit - nicht erzogen sondern lediglich zu brauchbaren Arbeitskräften herangebildet werden. Der Unterricht für sie beschränkt sich auf die Vermittlung der notwendigsten Kenntnisse, die sie befähigen sollen, Arbeitsaufträge richtig zu verstehen und auszuführen. Sie werden mit Arbeiten beschäftigt, die die Gettoverwaltung in Litzmannstadt an das Polen-Jugendverwahrlager abgibt und die dem Alter der Kinder angepaßt sind.

Partei-Kanzlei. Vertrauliche Informationen, 11.5.1943, Folge 22, Beitrag 264.

242. Aus dem Bericht des Reichsführers SS Heinrich Himmler an den Leiter der Partei-Kanzlei Martin Bormann über Ergebnisse einer Großwerbeaktion der Waffen-SS in Lagern des Reichsarbeitsdienstes, 14.5.1943

Reichsleiter Bormann

Feld-Kommandostelle
14. Mai 1943
Geheime Reichssache

Lieber Martin!
In der Anlage übersende ich Dir einen ganz vertraulichen Bericht über unsere Erfahrungen bei der Ausmusterung des Jahrganges 1925 in den Reichsarbeitsdienstlagern, die, wie Du weißt, vom Führer zur Aufstellung der beiden neuen Divisionen, der 9. und 10. SS-Division, für den Westen befohlen war.
Mit der Reichsjugendführung haben wir an sich schon die beste Fühlung. Ich halte den Bericht aber für so wichtig, daß ich ihn Dir nicht vorenthalten sollte.
Das Gesamtergebnis ist für mich die sichtbare und planmäßige Vergiftung der Jugend unseres Volkes durch die christliche Erziehung, der wir offenkundig in der Jugend nicht genügend an positiver weltanschaulicher Erziehung, gerade jetzt im Kriege, gegenüberstellen.
...

Herzliche Grüße und Heil Hitler!
Dein
gez.: H. Himmler

...
Zusammenfassung der Berichte.
Über den Einsatz von SS-Führern als Redner anläßlich der RAD-Aktion liegen 23 Berichte vor. Aus ihnen ist fast übereinstimmend folgendes zu entnehmen:

1. Material der Freiwilligen
   Die körperliche Verfassung ist im Durchschnitt schlechter als vor dem Kriege. Die Ursache liegt nicht in einer schlechten Ernährung, sondern in der frühzeitigen Heranziehung der

Jungen, insbesondere aus der Landwirtschaft zu übermäßig schweren Arbeiten. Die körperliche und rassische Auslese ließ von vornherein einen nicht unerheblichen Prozentsatz (40 %) für die Werbung ausscheiden.
Geistige Haltung ist schlecht. Unverkennbare Einflüsse durch das Elternhaus, Kirche usw. machen sich bemerkbar. Grundsatz: wenn ich gezogen werde, kann ich es nicht ändern, freiwillig gehe ich nicht. Angst vor den Eltern und dem Pfarrer. Aber auch Angst vor einem Einsatz. Es kam vor, daß die Gemusterten weinten und sich andererseits freuten, wenn sie nicht kv geschrieben werden konnten.

2. Aufnahmebereitschaft für die Werbung der Waffen-SS
    Gerüchte über die hohen Verluste der Waffen-SS, ihren Einsatz an Brennpunkten, scharfer Drill in der Ausbildung, schlechte Aufstiegsmöglichkeiten und Pflicht zum Austritt aus der Kirche, waren ausschlaggebende Beweggründe, nicht als Freiwilliger zur Waffen-SS zu gehen. Die Ursache für diese Gerüchte sind in der Gegenpropaganda durch die Geistlichkeit, aber auch durch Erzählungen von SS-Angehörigen selbst zu suchen. Ergebnis der Prahlsucht!

3. Unterstützung der Werbung
    Fast alle Berichter, auch alte HJ-Angehörige, stellen ein restloses Versagen der HJ fest. Es fehlt bei den Jungen am Idealismus und am Verständnis für die Größe unserer Zeit und des Einsatzes. Gut war die Unterstützung durch den RAD.
    Anerkennenswert die Einsatzbereitschaft der Kommissionen.

4. Erfordernis:
    1. Vergrößerung der Werbung.
    2. Verschärfung des Verbotes an die SS-Angehörigen, über angeblich hohe Verluste und schwerste Einsätze zu prahlen.
    3. Mitteilung des Ergebnisses und der Feststellungen anläßlich der Werbung an die Reichsjugendführung.
    4. Propaganda- und Bildmaterial an die RAD-Lager.
    5. Wiederholte Einsätze von Rednern, insbesondere dekorierte Frontführer mindestens EK I.
    6. Sorgfältige Überwachung der auf Grund der jetzigen Werbung Gezogenen, damit sie entsprechend ihren Leistungen gefördert werden.

Akten der Parteikanzlei der NSDAP. Rekonstruktion eines verlorengegangenen Bestandes, hrsg. vom Institut für Zeitgeschichte, München/Wien 1982, MF 116, Bl. 107 01243 ff.

243. Aus dem Erlaß des Reichsinnenministeriums und der Reichsjugendführung über die Zusammenarbeit von NSDAP, Staat und Gemeinden bei Jugendangelegenheiten, 26.5.1943

1) Es hat sich das Bedürfnis herausgestellt, die Jugendarbeit der NSDAP in der Gaustufe in ein engeres Verhältnis zur staatlichen und kommunalen Jugendarbeit zu bringen. Die beiderseitigen Aufgaben sollen hierdurch in zweckmäßiger Weise aufeinander abgestimmt werden.
Hierfür sind im Rahmen der Partei die Gauleiter zuständig und verantwortlich. In ihrem Auftrag und nach ihren allgemeinen Weisungen sind die sich aus dem Erlaß ergebenden Aufgaben von den Führern der Gebiete im Einzelnen durchzuführen.
Im Bereich des Staates und der Gemeindeverbände obliegt die Abstimmung ... den Reichsstatthaltern (Oberpräsidenten).

2) Mit Zustimmung des Leiters der Partei-Kanzlei bestimmen wir daher:

A. Nachgeordnete staatliche Dienststellen des JFdDtR.
1. Durch VO. vom 11. November 1939 (RGBl. I S. 2178) sind die Reichsstatthalter (Landesregierungen, Regierungspräsidenten) zu nachgeordneten Dienststellen des Jugendführers des Deutschen Reiches bestimmt worden. Sie führen die dem Jugendführer des Deutschen Reiches obliegenden Aufgaben für ihren Bereich durch. Dies soll, unbeschadet des unmittelbaren Dienstweges zum JFdDtR. in laufender enger Verbindung mit den Führern der Gebiete erfolgen. Zu diesem Zweck haben sie die Führer der Gebiete über alle wichtigen im Rahmen ihrer Zuständigkeit anfallenden Jugendfragen laufend zu unterrichten und ihnen auf Anforderung die zur Durchführung der Jugendarbeit notwendigen Auskünfte zu geben. Die Führer der Gebiete ihrerseits haben die nachgeordneten Dienststellen über alles für diese Wissenswerte aus der Arbeit der Hitler-Jugend auf dem laufenden zu halten und auf dauernde enge Fühlung zu achten.
Entstehen bei der Durchführung dieser Zusammenarbeit Meinungsverschiedenheiten, so ist mir, dem JFdDtR., zu berichten. Ich werde die Übereinstimmung gegebenenfalls im Einvernehmen mit dem Leiter der Partei-Kanzlei herstellen.
2. Im Interesse einer möglichst wirksamen Gestaltung dieser Zusammenarbeit ist der Sachbearbeiter für Jugendfragen in den nachgeordneten staatlichen Dienststellen des JFdDtR. innerhalb seiner Behörde bei allen anfallenden grundsätzlichen Jugendfragen aller Arbeitsgebiete zu beteiligen und über sonstige für die Jugendarbeit wichtige Fragen auf dem laufenden zu halten.
...
C. Um darüber hinaus eine Zusammenarbeit aller mit Jugendfragen befaßten Behörden und Dienststellen des Staates mit der Hitler-Jugend sicherzustellen und um die gegenseitige Unterrichtung besonders wirksam zu gestalten, sollen die Sachbearbeiter für Jugendfragen der Behörden und Dienststellen in der Mittelstufe zum Zwecke der Aussprache über alle wichtigen Jugendfragen berührenden Angelegenheiten tunlichst monatlich einmal auf Einladung des Reichsstatthalters (Oberpräsidenten) zusammentreten.
D. Besetzung der nachgeordneten staatlichen Dienststellen und der Landesjugendämter.
1. Um die durch diesen Erlaß erstrebte Zusammenarbeit zu erleichtern, ist es erwünscht, daß die Sachbearbeiter für Jugendfragen in den nachgeordneten Dienststellen des Jugendführers des Deutschen Reichs und die Leiter der Landesjugendämter oder deren Vertreter zugleich ehrenamtlich als Hitler-Jugend-Führer tätig sind. Selbstverständlich ist, daß sie die erforderlichen fachlichen Voraussetzungen für diese Stellen erfüllen müssen und daß sie in der üblichen Weise als Beamte in die betreffende Behörde eingegliedert werden.
...

Amtliches Nachrichtenblatt des Jugendführers des Deutschen Reiches, Nr. 7, 3.6.1943, S. 71 ff.

244. Referenten-Vorlage an den Leiter der Parteikanzlei Martin Bormann über den verstärkten Einsatz der Luftwaffenhelfer, 24.6.1943

Vorlage an Reichsleiter Bormann.

Betrifft: Einsatz der Luftwaffenhelfer

Auf Grund meiner Besuche in den Nordwest- und Westgauen und auf Grund von Besprechungen mit dem Generalstab der Luftwaffe berichte ich zur Frage »Einsatz der Luftwaffenhelfer« bei der Flak-Artillerie:

Mehrere Gaue, z.B. Westfalen-Nord, Düsseldorf und Hessen-Nassau, sind der Ansicht, daß die zunehmende Menschenknappheit einerseits, die Verstärkung der aktiven Luftabwehr andererseits es notwendig macht, die Luftwaffenhelfer intensiver als bisher heranzuziehen. Diese Gaue glauben, daß man in der Zukunft nicht mehr mit der bisherigen Regelung auskommen kann, nach der die Luftwaffenhelfer nur dann außerhalb der Deckung, also z.B. in der Batterie-Stellung verwendet werden dürfen, wenn sie sich freiwillig zu Einsatz außerhalb der vollen Deckung melden und wenn der Vormund seine Einwilligung gibt.

Die Luftwaffe hat mit den Luftwaffenhelfern durchweg gute Erfahrungen gemacht. Die Jungen haben sich insbesondere am Kommandogerät, am Ortungsgerät, Meßgerät und an den übrigen Geräten bewährt, die eine besondere geistige Wendigkeit und körperliche Fixigkeit erfordern. Die Luftwaffe würde es begrüßen, wenn die Möglichkeit geschaffen würde, **alle** Luftwaffenhelfer je nach Eignung in der Batterie-Stellung zu verwenden. Selbstverständlich soll die Verwendung dem Stand der körperlichen Entwicklung angepaßt bleiben.

In Übereinstimmung mit den o.a. Gauen bin ich der Ansicht, daß eine Heranziehung aller Luftwaffenhelfer zum Dienst in der nach oben nicht geschützten Stellung auf die Dauer unvermeidlich sein wird. Ich bin aber auch aus Gründen der Gerechtigkeit der Auffassung, daß man die weichlichen Jungen bzw. die Söhne besonders vorsichtiger Eltern ebenso gut der Gefahr aussetzen sollte, wie die Freiwilligen. Zur Zeit hat der weichliche Junge die Möglichkeit, in der Deckung, also unter Dach zu bleiben, während sein freiwilliger Klassenkamerad sein Leben einsetzt. Abgesehen von dem erzieherischen Nachteil dieser Lösung ergibt sich der weitere schwerwiegende Nachteil, daß die tüchtigen, also die für die Zukunft wertvolleren Jungen, größere Verluste haben als die weniger einsatzfreudigen Jungen.

Ich bitte um Ihre Entscheidung, ob mit der Reichsjugendführung und mit dem Oberbefehlshaber der Luftwaffe verhandelt werden kann in der Richtung:

Die 16 - 18jährigen Luftwaffenhelfer können in Zukunft ohne besondere Meldung und ohne besonderes Einverständnis des Vaters bzw. Vormunds zum Einsatz am Kommandogerät, Ortungsgerät usw. sowie zu geeigneten Diensten in der Feuerstellung herangezogen werden.

München, 24.6.1943   Siebel

Zentrales Staatsarchiv Potsdam, Film Nr. 14587.

245. Aus der Rede von Reichsorganisationsleiter Robert Ley zum Reichsappell der werktätigen deutschen Jugend, 26.7.1943

Deutsche Jugend, Jungen und Mädel!
Wir durchleben die größte, aber auch härteste Zeit, die Deutschland je durchgemacht hat. Der Jude hat uns einen Weltkampf in einem bisher einmaligen Ausmaß und in einer früher nicht gekannten Härte aufgezwungen. Wenn wir auch alles getan haben, um diesen Krieg zu vermeiden, so stehen wir heute doch zu diesem Kampf; denn er soll Deutschlands Zukunft und Freiheit sichern. Wir bekennen, daß dieser Krieg von uns nicht eher beendet wird, bis das Judentum vernichtet und Deutschlands Freiheit endgültig errungen ist. Auch die Jugend spürt die Härte dieser Auseinandersetzung. Aber sie durchlebt damit zugleich eine Zeit, um die sie spätere Generationen beneiden werden. Ihr seid die junge Gefolgschaft des Führers, ihr kennt die deutschen Helden unserer Tage, von denen noch kommende Jahrhunderte melden werden. Ihr erlebt eine Zeit der Gemeinschaft, der Leistung, der Tapferkeit! Ihr habt euch in dieser Zeit bewährt. In den luftgefährdeten Gebieten hat die Jugend in den Stunden der Terrorangriffe Heldentaten vollbracht. Jungen und Mädel haben dort leuchtende Beispiele von Tapferkeit und Einsatzbereitschaft (gegeben) ... (Ob in) Fabriken und Werkstätten, ob in all den anderen Hilfsdiensten der Jugend - überall helft ihr nach besten Kräften mit.
Was wir heute tun, geschieht für euch. Die schaffende Jugend beweist dafür auch weiterhin Tugenden, die ihr ganzes Leben bestimmen werden:

Seid treu in allem, treu eurer Fahne, eurer Idee, seid Fanatiker des Glaubens, seid treu dem Führer, dessen Namen ihr tragt.

Ich appelliere an euch: Erfüllt stets eure Pflicht. Seid fleißig und gewissenhaft in der Arbeit. Bildet euch weiter. Lernt, nutzt eure Zeit. Der beste Arbeiter ist immer der beste Soldat.

Seid gehorsam, haltet Zucht, Disziplin und Ordnung in freiwilliger Selbstverantwortung. Seid gehorsam euren Eltern, vor allen Dingen der Mutter gegenüber... Tut ihr alles zuliebe. Seid tapfer und zäh, hart wie Stahl, wie es der Führer von euch verlangt. Stählt euren Körper und schult euren Geist.

Völkischer Beobachter, 27.7.1943

246. Telegramm Adolf Hitlers an den Reichsjugendführer zum Tag der Wehrertüchtigung der HJ, 4.9.1943

Mit dem Tag der Wehrertüchtigung am 4. und 5. September legt die Hitler-Jugend in allen Gebieten des Reiches vor dem deutschen Volk Zeugnis ab über ihr Können in der vormilitärischen Ausbildung als Vorbereitung zum Waffendienst in der Wehrmacht. Während diese in beispiellosem Heldenkampf ihr Äußerstes für die Zukunft Großdeutschlands einsetzt, stählt in der Heimat die Jugend Körper und Geist. Künftig wird jeder heranwachsende Jahrgang in den Wehrertüchtigungslagern durch frontbewährte Soldaten, die selbst zum großen Teil HJ-Führer waren, erzogen. Soldatisches Denken und Handeln auf nationalsozialistischer Grundlage sind das Ziel dieser Erziehung.

Die bisher durch die Hitler-Jugend ausgerichteten Jungen bewähren sich bereits in den Reihen der Wehrmacht. Hierfür spreche ich der Reichsjugendführung meinen Dank aus.

Wie die Leistungswettkämpfe der Marine-Hitler-Jugend bzw. Flieger-Hitler-Jugend in Stralsund und Quedlinburg dem Gedenken der tapferen Männer zur See und in der Luft galten, so sei in allen deutschen Gauen der Tag der Wehrertüchtigung insbesondere dem stillen Heldentum der selbstlos in den Divisionen des Heeres und der Waffen-SS kämpfenden Frontsoldaten geweiht.

Die Front erwartet, daß die Hitler-Jugend im schwersten Schicksalskampf auch fernerhin ihre höchste Aufgabe darin sieht, der kämpfenden Truppe den besten soldatischen Nachwuchs zuzuführen. Nationalsozialistisches Wollen und Handeln sollen immer stärker in der Haltung und im Auftreten der Jugend zum Ausdruck kommen. Dann wächst jenes harte Geschlecht heran, das am Ende alle die unserem Volke vom Schicksal vorbestimmten Aufgaben erfolgreich lösen wird.

Adolf Hitler.

Zitiert nach: Domarus, Max: Hitler. Reden und Proklamationen 1932 - 1945. Kommentiert von einem deutschen Zeitgenossen, 2 Bände, Würzburg 1962, S. 2032.

247. Aufruf Adolf Hitlers zum Reichsberufswettkampf der Hitlerjugend, 30.10.1943

Schaffende deutsche Jugend!

Unser Vorbild ist das Heldentum des deutschen Soldaten und unsere Pflicht, diesem Heldentum im Kriegseinsatz der Heimat würdig zu sein. Zum Kriegseinsatz gehört die Leistung im Beruf. Schon im Frieden war der berufliche Wettstreit für die schaffende deutsche Jugend der Aufbruch ihres Leistungswillens.

Heute rufe ich euch erneut zum Reichsberufswettkampf auf. Erhärtet durch eure Tat am Arbeitsplatz das Treuebekenntnis zu unseren Soldaten. Den Kampf an der Front führen die Tapfersten, der Kampf im Beruf soll uns die Tüchtigsten sichtbar machen und sie durch Ausbildung und Begabtenförderung zur Führung bringen. Euer Einsatz im Reichsberufswettkampf sei ein Beweis für euren unerschütterlichen Glauben an den Sieg.

gez.: Adolf Hitler

Völkischer Beobachter, 31.10.1943.

248. Befehl des Stabsführers der Reichsjugendführung Helmut Möckel zum Gemeinschaftsempfang der Rede von Reichspropagandaminister Joseph Goebbels anläßlich der Eröffnung der HJ-Jugendfilmstunden, 28.11.1943

Der Stabsführer   Fernschreiben
an alle Gebietsführungen

Am Sonntag, dem 28.11.43 wird die Spielzeit 1943/44 der Jugendfilmstunden im Ufa-Palast am Zoo in Berlin eröffnet. Es sprechen: Reichsminister Dr. Goebbels und der Reichsjugendführer.

In allen Lichtspieltheatern sind an diesem Tage zur gleichen Zeit Jugendfilmstunden mit der Übertragung der Rede durchzuführen. Dieser Tag ist für die Jugendfilmstunden dienstfrei zu halten.

Die im Winterdienstplan angeordneten Führerdienstbesprechungen der Banne sind auf das nächste Wochenende zu verlegen.

Durchführungsbestimmungen erläßt das Presse- und Propagandaamt.[1]

gez. Möckel

1) Es folgt eine Liste mit 103 für die HJ zugelassenen Filmen

Zentrales Staatsarchiv Potsdam, Film Nr. 10894.

249. Aus einem Brief an den Reichsjustizminister über die Verfolgung von Gruppen der Edelweißpiraten in Köln, Ende 1943

...
Der Rechtsreferent des Gebietes Köln-Aachen der Hitler-Jugend, Gefolgschaftsführer Pastor, hat über das Unwesen der Kölner »Edelweißpiraten« und ihre Bekämpfung Bericht erstattet. Ich füge einen Auszug dieses Berichtes, der m.E. ein umfassendes Bild über die Lage gibt, mit der Bitte um Kenntnisnahme bei. Wir mir Gefolgschaftsführer Pastor, der gleichzeitig Jugendrichter in Köln ist, im übrigen vertraulich mitteilte, zählen s.E. die »Edelweißpiraten« in Köln nach Tausenden.
Da die Bekämpfung derartiger Cliquenbildungen als vordringlich anzusehen ist und auch im Einzelfall wirksam zu erfolgen hat, glaube ich, daß im wesentlichen - je nach der Schwere des Falles - folgende Maßnahmen zur Anwendung kommen müssen:
1. Bei Jugendlichen, die lediglich als Mitläufer zu bezeichnen sind, muß eine Heranziehung und stärkere Betreuung durch die Hitler-Jugend erstrebt werden.

2. Bei Jugendlichen, die sich nicht ohne Schwierigkeiten von sich aus wieder in die Hitler-Jugend und überhaupt in die Jugendgemeinschaft einordnen, ist eine Einweisung in ein besonderes Wehrertüchtigungslager der Hitler-Jugend angebracht. Die Einweisung müßte durch die Hitler-Jugend erfolgen, wie es schon im Jugendlager »Burg Stahlbeck« des Gebietes Moselland der Fall ist. Die Erziehung in diesen Lagern müßte ebenfalls der Hitler-Jugend obliegen, jedoch wäre es zweckmäßig, wenn sie hierbei durch Wehrmacht und Polizei unterstützt werden würde.

3. In hartnäckigen Fällen, für die die Erziehung in einem Wehrertüchtigungslager nicht ausreichen wird, ist an eine Einweisung in ein Arbeitserziehungslager im Wege der vorläufigen Fürsorgeerziehung zu denken. Diese Arbeitserziehungslager würden damit in Zukunft zwei Gruppen von Jugendlichen aufnehmen: hartnäckige Arbeitsbummelanten und hartnäckige Cliquenangehörige.

4. Bei Rädelsführern und besonders hartnäckigen Teilnehmern muß zu längeren Jugendgefängnisstrafen gegriffen werden ...

Zitiert nach: Goeb, Alexander: Er war sechzehn, als man ihn hängte. Das kurze Leben des Widerstandskämpfers Bartholomäus Schink, Reinbek 1981, S. 46 f.

250. Schreiben des Leiters der Parteikanzlei der NSDAP Martin Bormann an die Reichs- und Gauleiter über den Stand und die Entwicklung der Jugendkriminalität 1942/43, 29.8.1944

Nationalsozialistische Deutsche Arbeiterpartei
Partei-Kanzlei

Der Leiter der Partei-Kanzlei   Führerhauptquartier, den 29.8.1944
Bekanntgabe 204/44 g.   Geheim

Betrifft: Die Jugendkriminalität im Großdeutschen Reich im Jahre 1942 und im 1. Halbjahr 1943 (Kriminalstatistik des Statistischen Reichsamtes).

Der Reichsminister der Justiz übersandte mir eine im Statistischen Reichsamt entstandene Zusammenstellung über die Jugendkriminalität im Großdeutschen Reich im Jahre 1942 und im 1. Halbjahr 1943. Die Statistik umfaßt gebietsmäßig das Großdeutsche Reich mit Ausnahme der Alpen- und Donau-Reichsgaue, in denen das Reichsstrafrecht als ausschließliche Grundlage der Reichskriminalstatistik noch nicht in seiner Gesamtheit eingeführt ist. In persönlicher Hinsicht erfaßt die Statistik sämtliche von deutschen zivilen Gerichten (außer dem Volksgerichtshof) rechtskräftig abgeurteilten Jugendlichen deutscher Volkszugehörigkeit, daneben auch die jugendlichen Angehörigen des Protektorats, Ausländer, Polen und Juden. Die Wehrmachtsgerichtsbarkeit ist nicht berücksichtigt.

Im Einvernehmen mit dem Reichsminister der Justiz teile ich nachstehend die wesentlichen Ergebnisse der Statistik mit. Ich bitte Sie jedoch, diese Mitteilungen im Hinblick auf den zum Teil recht ernsten Charakter der Statistik als nur zu Ihrer persönlichen Unterrichtung bestimmt zu betrachten.

I. 1942.

Die Zahl der rechtskräftig verurteilten deutschen Volkszugehörigen und Ausländer im jugendlichen Alter - ohne Protektoratsangehörige, Polen und Juden - betrug im Jahre 1942 52423 gegenüber 24562 im Jahre 1937. Sie hat sich also, obwohl die Berechnungsgrundlagen bei Berücksichtigung der zahlreichen Einziehungen im Endergebnis ähnlich geblieben sind, in dem fünfjährigen Zeitraum von 1937 bis 1942 mehr als verdoppelt. Auch der Anteil der Jugendkriminalität an der Gesamtkriminalität ist gestiegen. Er betrug 1942 15,3 v.H. gegen 1941 nur 11,2 v.H. und 1937 nur 6 v.H.

Von den verurteilten Jugendlichen waren 1942 21,5 v.H. weiblich gegenüber 15,5 v.H. im Jahre 1937.

Dem Alter nach gehörten zu der Gruppe 16 - 18-Jähriger nur 62,1 v.H. gegenüber 1937 66 v.H. Dieser anteilsmäßige Rückgang der 16 - 18-Jährigen, also normalerweise der kriminell aktivsten Altersklassen, mag sich zum Teil daraus erklären, daß sie großenteils beim Reichsarbeitsdienst und bei der Wehrmacht, z.B. als Luftwaffenhelfer, stehen, zum anderen Teil ist aber, wie die Statistik ausführt, sicherlich auch der in den letzten Jahren zu beobachtende allgemeine Eintritt einer früheren Reife der Jugendlichen ein wichtiger Faktor.

Von den Straftaten der Jugendlichen waren rund 50 v.H. Diebstähle. Nächst dem Diebstahl hatte dann den größten Anteil der Arbeitsvertragsbruch mit 9 v.H.

Auf Grund der Polenstrafrechtsverordnung wurden 5169 jugendliche Polen und Juden abgeurteilt, ferner 44 sonstige Rassejuden und 482 Protektoratsangehörige.

II. Erstes Halbjahr 1943.

Die Jugendkriminalität stieg auch im ersten Halbjahr 1943 an, ohne daß dies etwa durch eine erhöhte Straffälligkeit der Ausländer bedingt war.

Die Zahl der Verurteilten erhöhte sich gegenüber dem zweiten Halbjahr 1942 weiter um fast 4 v.H., der Anteil der Jugendlichen an der Gesamtkriminalität von 15,3 v.H. im Jahre 1942 auf jetzt 17,6 v.H.

Von den begangenen Straftaten waren genau wie im Jahre 1942 etwa 50 v.H. Diebstähle. Der Anteil der Arbeitsvertragsbrüche stieg von 9 v.H. im Jahre 1942 auf jetzt 17 v.H.

Von den Verbrechen und Vergehen gegen das Reichsstrafgesetzbuch nahmen im ersten Halbjahr 1943 gegenüber dem zweiten Halbjahr 1942 die Sittlichkeitsdelikte um 30 v.H., die Abtreibungen um 32 v.H. ab. Man wird diese absinkende Tendenz nicht schon daraus erklären können, daß ein großer Teil der männlichen Jugendlichen bei der Wehrmacht steht und daher von dieser Statistik nicht erfaßt wird, denn im Vergleichsjahr 1942 war die Zahl der bei der Wehrmacht stehenden Jugendlichen nicht wesentlich geringer.

Alle übrigen zahlenmäßig ins Gewicht fallenden Verbrechen und Vergehen gegen das Reichsstrafgesetzbuch wiesen eine mehr oder weniger umfangreiche Zunahme auf, die leichte Körperverletzung um 43,4 v.H., die fahrlässige Brandstiftung um 38,6 v.H., die Hehlerei um 21,1 v.H., die Urkundenfälschung um 19 v.H. und der Betrug um 18,1 v.H.

Die Verstöße gegen die Kriegswirtschaftsordnung stiegen auf fast das Doppelte. Der verbotene Umgang mit Kriegsgefangenen zeigte eine leichte Abnahme.

Die Zahl der abgeurteilten jugendlichen Protektoratsangehörigen stieg um etwa 15 v.H. Für Polen und Juden liegen die Ergebnisse noch nicht vor.

gez. M. B o r m a n n .

Verteiler:
Reichsleiter,
Gauleiter,
Verbändeführer.

Bundesarchiv Koblenz, NS 6/351, Bl. 115 f.

251. Bestimmung des Oberkommandos der Wehrmacht zur Aufhebung der Schutzbestimmung für einzige und letzte Söhne, 17.1.1944

Betrifft: Aufhebung der Schutzbestimmungen für einzige und letzte Söhne

1. Auf Anfragen einzelner Stellv. Generalkommandos entschied der Chef des Oberkomman-

dos der Wehrmacht, es müsse bei der grundsätzlichen Aufhebung der Schutzbestimmungen für einzige und letzte Söhne bleiben. Eine Verwendung solcher Soldaten im Heimatkriegsgebiet entfällt daher, wenn sie feldverwendungsfähig sind. Ihre Verwendung an weniger gefährdeter Stelle bleibt in besonderen Härtefällen den zuständigen Kommandeuren an der Front überlassen.

2. Besondere Härtefälle sind den Stellv. Generalkommandos vorzulegen. Diese entscheiden, ob die betreffenden Soldaten den Feldtruppenteilen zur Verwendung an weniger gefährdeter Stelle des Feldheeres vorgeschlagen werden sollen. Diese Soldaten erhalten dann einen entsprechenden Vermerk im Wehrpaß.

Die Gauleitungen werden gebeten, dort bekanntwerdende besondere Härtefälle im Benehmen mit den zuständigen Stellv. Generalkommandos zu behandeln.

3. Bestehen geblieben sind die Schutzbestimmungen für
   a) Soldaten, die Väter von fünf oder mehr lebenden, ehelichen oder an Kindes Statt angenommenen unversorgten Kindern sind.
   b) Familien mit fünf oder mehr im Wehrdienst stehenden Söhnen.
      Bei Familien mit fünf Söhnen, von denen vier bereits im Wehrdienst stehen, kann auf Antrag der letzte bis auf weiteres zurückgestellt oder einer der anderen entlassen werden, wenn die Verhältnisse es erfordern. Dabei kommen neben ehelichen auch Stiefsöhne, an Kindes Statt angenommene und uneheliche Söhne in Betracht, soweit sie zum Hausstand der betreffenden Familie gehören.
   c) Soldaten, die Väter von acht oder mehr lebenden, ehelichen bzw. an Kindes Statt angenommenen Kindern sind und diesen gesetzlichen Unterhalt gewähren.
      Sie können aus dem aktiven Wehrdienst entlassen werden.

Partei-Kanzlei. Vertrauliche Informationen, 17.1.1944, Folge 1, Beitrag 5.

252. Aus dem Erlaß des Reichsführers SS und Chefs der Deutschen Polizei Heinrich Himmler über die Zusammenarbeit von Polizei und HJ bei der Bekämpfung von Jugendgefährdung und Jugendkriminalität, 30.1.1944

An alle Pol.-Behörden
Nach dem Ges. über die Hitler-Jugend v. 1.12.1936 (RGBl. I S. 993) obliegt der Hitler-Jugend die geistige, körperliche und sittliche Erziehung der gesamten deutschen Jugend außerhalb von Elternhaus und Schule. Der Schutz der Jugend durch Bekämpfung der Jugendgefährdung und Jugendkriminalität gehört zu den bedeutungsvollsten Aufgaben der Pol. Zur Gewährleistung der erforderlichen engen Zusammenarbeit zwischen Pol. und Hitler-Jugend ordne ich, im Einvernehmen mit dem JFdDtR., folgendes an:

I. Allgemeines
1. Zusammenarbeitende Stellen
1) Jede polizeiliche Dienststelle arbeitet mit der ihr gleichgeordneten Dienststelle der Hitler-Jugend in allen grundsätzlichen Fragen der Bekämpfung der Jugendgefährdung und, nach Maßgabe der folgenden Bestimmungen, auch bei Einzelmaßnahmen zusammen.
2) Dem Reichsjugendführer der NSDAP. (RJF.) und JFdDtR. entsprechen der RFSSuChdDt-Pol., der Chef der Sicherheitspol. und des SD. und der Chef der Ordnungspol.
3) Den Gebietsführern entsprechen die Höheren SS- und Pol.-Führer, die Befehlshaber, Inspekteure und Kommandeure der Sicherheitspol. und des SD sowie der Ordnungspol., die Staatspol.- und Kriminalpol.-(Leit-)Stellen, die SD.-Leit-Abschnitte, ferner die Reg.-Präs.

in Preußen und die höheren Verwaltungsbehörden der außerpreuß. Länder und der Reichsgaue.

4) Den Bannführern entsprechen die Dienststellen der Sicherheitspol. und des SD. in den Orten, die Sitz eines Bannes sind, und die Kreispol.-Behörden.

...

2. Zuständigkeit innerhalb der Hitler-Jugend

Innerhalb der Hitler-Jugend sind nach den Anordnungen des JFdDtR. für die Zusammenarbeit mit der Pol. und dem SD. die Überwachungsdienststellen der Hitler-Jugend zuständig (Reichsjugendführung: Personalamt-Überwachung; Gebiet: Personalabteilung-Überwachung; Bann: Bannsachbearbeiter für Überwachung; Standort: Führer der Hitler-Jugend-Streife).

II. Zusammenarbeit bei der Erfassung gefährdeter Jugendlicher und allgemeiner Gefährdungsquellen

1. Wesen und Aufgaben der Überwachungsdienststellen der Hitler-Jugend

Die Überwachungsdienststellen der Hitler-Jugend und die von ihnen eingesetzten Hitler-Jugend-Streifen sind das Organ des JFdDtR. und des RJF. zur Überwachung des öffentlichen Auftretens und zur Bekämpfung aller Gefährdungserscheinungen der deutschen Jugend. Ihnen sind Überwachungs- und Befehlsbefugnisse über sämtliche Jugendliche vom 10. bis zum 18. Lebensjahre sowie über sämtliche Angehörige der Hitler-Jugend (Hitler-Jugend, Deutsches Jungvolk, Mädelbund, Jungmädelbund, BDM.-Werk »Glaube und Schönheit«) übertragen. Polizeiliche Befugnisse stehen ihnen nicht zu. Deshalb sind sie vom JFdDtR. und RJF. angewiesen, ihre Streifen nach Möglichkeit gemeinsam mit der Polizei durchzuführen, insbesondere dann, wenn zu erwarten ist, daß polizeiliche Maßnahmen notwendig werden. Dies gilt besonders für Kontrollen innerhalb von Lokalen und Lichtspieltheatern.

2. Zusammenarbeit und Erfahrungsaustausch

Die Tätigkeit der Überwachungsdienststellen der Hitler-Jugend ist eine wertvolle Ergänzung der polizeilichen Arbeit. Sie ist von der Pol. nach Kräften zu unterstützen; ein möglichst planvolles Zusammenwirken ist anzustreben. Die Pol. hat mit den Überwachungsdienststellen laufend ihre Erfahrungen über Gefährdungserscheinungen und Gefährdungsquellen der Jugend auszutauschen und sie über alle grundsätzlichen Anordnungen und Maßnahmen auf dem Gebiet der Jugendgefährdung zu unterrichten.

3. Streifen

Die Pol. zieht zu den von ihr zur Erfassung gefährdeter Jugendlicher veranstalteten Streifen in geeigneten Fällen Angehörige der Überwachungsdienststellen (Hitler-Jugend-Streifen) heran. Die Anforderung ist an die Banne oder Gebiete der Hitler-Jugend zu richten. Gemeinsame Streifen stehen unter Führung und Verantwortung der Pol.

...

III. Zusammenarbeit im Ermittlungsverfahren

1. Disziplinargewalt der Hitler-Jugend

Alle Angehörigen der Hitler-Jugend unterliegen der Dienststrafordnung der Hitler-Jugend, nach der jedes Verhalten zu ahnden ist, »das gegen Zucht und Ordnung in der Hitler-Jugend verstößt oder die Ehre der Gemeinschaft der Hitler-Jugend, ihr öffentliches Ansehen oder die Kameradschaft in der Hitler-Jugend verletzt oder gefährdet«.

2. Verhältnis des Disziplinarverfahrens der Hitler-Jugend zu dem polizeilichen Ermittlungs- bzw. Strafverfahren

1) Das Disziplinarverfahren der Hitler-Jugend wird unabhängig von einem etwa wegen des

gleichen Verhaltens eingeleiteten polizeilichen Ermittlungs- bzw. Strafverfahren durchgeführt. Es ist jedoch ein gegenseitiger Austausch des Materials sowie eine Abstimmung der beiderseitigen Maßnahmen erwünscht, damit eine einheitliche Beurteilung des Vorgangs und eine übereinstimmende erzieliche Beeinflussung des Jugendlichen gewährleistet wird. Außerdem sollen Doppelarbeit und die bei Jugendlichen besonders schädlichen Doppelvernehmungen vermieden werden.

2) In Fällen, in denen die Verhängung von Jugenddienstarrest im Disziplinarverfahren der Hitler-Jugend zulässig ist, zugleich aber durch polizeiliche Strafverfügung Jugendarrest oder Haft verhängt werden kann, unterrichten einander zur Vermeidung einer doppelten Freiheitsentziehung das Gebiet der Hitler-Jugend und die für den Erlaß der polizeilichen Strafverfügung zuständige Pol.-Behörde ...

3. Heranziehung der Hitler-Jugend
Die Pol. soll bei ihren Ermittlungen die Hitler-Jugend zur Unterstützung heranziehen, wenn deren sachverständige Kenntnis von Wert sein kann, wie insbesondere bei strafbaren Handlungen, die in Heimen, Schulen, Lagern oder sonstigen Einrichtungen oder im Dienste der Hitler-Jugend begangen wurden, bei Zusammenschlüssen Jugendlicher zu Cliquen u.ä.

4. Auskünfte durch die Hitler-Jugend
Auskünfte über die Persönlichkeit, das dienstliche Verhalten und die Lebensverhältnisse eines Jugendlichen können in geeigneten Fällen bei den Bannen eingeholt werden.

5. Ermittlungen über Dienstverhältnisse in der Hitler-Jugend
Bei den polizeilichen Ermittlungen sind nach Möglichkeit die für die Maßnahmen der Hitler-Jugend notwendigen Feststellungen zu treffen, insbesondere über die Zugehörigkeit zur Hitler-Jugend (Einheit und Führer, Dienstrang und Dienststellung).

6. Straftaten, begangen von Hitler-Jugend-Führern (innen) oder im Dienstbetrieb der Hitler-Jugend
1) Bei der Behandlung von strafbaren Handlungen, die von Führern (innen) oder im Dienstbetrieb der Hitler-Jugend, auch in Heimen, Lagern und ähnlichen Einrichtungen der Hitler-Jugend, begangen wurden, ist ein besonders taktvolles Vorgehen erforderlich. Das Ansehen der Hitler-Jugend muß gewahrt werden.
...
4) Das Reichssicherheitshauptamt (Amt IV, Geheimes Staatspol.-Amt, bzw. Amt V, Reichskriminalpol.-Amt) ist zu benachrichtigen, das sich seinerseits mit der Reichsjugendführung in Verbindung setzt.
...

IV. Mitteilungen an die Hitler-Jugend
...
3. Mitteilung bei Verbrechen und Vergehen
1)... Die Mitteilung muß außer den Personalien und den Angaben über die Zugehörigkeit zur Hitler-Jugend eine kurze, aber erschöpfende Darstellung des Tatbestandes enthalten, so daß die Hitler-Jugend ihre Maßnahmen ohne weitere Ermittlungen unverzüglich treffen kann. Bei Sittlichkeitsdelikten sind auch die verführten Jugendlichen zu melden.
2) Die Mitteilung ist unverzüglich nach Abschluß der polizeilichen Ermittlungen zugleich mit der Abgabe des Vorgangs an die Staatsanwaltschaft bzw. mit der Einstellung bei der Pol. wegen Strafunmündigkeit des Täters zu erstatten.
...

4. Mitteilung bei Gefährdungen
Eine Meldung (auf Formblatt RKP. Nr. 82) erfolgt auch bei Vorliegen einer schweren körperlichen, geistigen oder sittlichen Gefährdung eines Jugendlichen, ohne daß eine strafbare Handlung gegeben zu sein braucht.
...

7. Akteneinsicht und Übersendung von Akten
Dem JFdDtR. und dessen nachgeordneten Dienststellen wird der Inhalt der polizeilichen Ermittlungsakten auf Wunsch durch Aktenübersendung, Gewähr von Akteneinsicht oder durch Aktenauskunft bekanntgegeben, wenn nicht besondere polizeiliche Belange dem entgegenstehen (z.B. bei Geheimen Reichssachen).
...

V. Zusammenarbeit im Fahndungswesen
...

2. Polizeiliche Unterstützung von Fahndungen der Hitler-Jugend
Das polizeiliche Fahndungswesen steht den Dienststellen der Hitler-Jugend in dringenden Fällen für Fahndungsersuchen sonstiger Art zur Verfügung (z.B. bei wichtigen Aufenthalts- und Persönlichkeitsermittlungen, Fahndung nach wichtigen Zeugen im Hitler-Jugend-Gerichtsverfahren, Beobachtungen von Personen, Fahndung nach Gegenständen und Papieren bei Verlust).

3. Mitwirkung der Hitler-Jugend bei polizeilichen Fahndungen
1) Die Überwachungsdienststellen der Hitler-Jugend stehen der Pol. für Fahndungsmaßnahmen, bei denen eine Mitwirkung der Hitler-Jugend geboten erscheint, mit ihren Fahndungsmitteln zur Verfügung (z.B. Veröffentlichung in Befehlsblättern der Hitler-Jugend, Einsatz der Streifendienstgruppen, Leiter von Jugendherbergen usw.) Diese Mitwirkung soll insbesondere bei vermißten Jugendlichen und Hitler-Jugend-Angehörigen sowie Schwindlern, die in Hitler-Jugend-Uniform oder als angebliche Hitler-Jugend-Führer auftreten, erfolgen.
2) Die Mitwirkung der Hitler-Jugend bei der Kriegsfahndung und verstärkten Personenüberwachung sowie bei den Sonderfahndungen der Pol. richtet sich nach den hierfür ergangen Bestimmungen.
...

VII. Zusammenarbeit bei polizeilichen Sondermaßnahmen gegen Jugendliche
1) Die Beteiligung der Hitler-Jugend bei der Einweisung in ein Jugendschutzlager richtet sich nach dem RdErl. »Die Einweisung von Minderjährigen in die polizeilichen Jugendschutzlager«.
2) Bei der staatspolizeilichen vorläufigen Festnahme und der staatspolizeilichen Verhängung von Schutzhaft gegen einen Jugendlichen ist der Hitler-Jugend Gelegenheit zur Stellungnahme zu geben. Ein Aufschub der Sache darf dadurch nicht eintreten. Die Mitteilung erfolgt bei der bis zu drei Wochen dauernden vorläufigen Festnahme an das Gebiet der Hitler-Jugend; bei der Schutzhaft wird sie von dem RSHA. an die Reichsjugendführung in Berlin (Personalamt-Überwachung) erstattet.
3) Bei der Anordnung von Pol.-Haft gegen Angehörige der Hitler-Jugend ist das zuständige Gebiet unter Angabe der Gründe in Kenntnis zu setzen ...

I.V.: Dr. Kaltenbrunner.

Ministerialblatt des Reichs- und Preußischen Ministeriums des Innern, Nr. 6, 1944.

253. Aus der Vorläufigen Einsatzordnung für SS-Helferinnen, 2.2.1944

Der Reichsführer-SS   Berlin SW 68, den 2. Februar 1944
Reichsminister des Innern
Der Chef des Fernmeldewesens

Vorläufige Einsatzordnung für SS-Helferinnen

1. SS-Helferinnen stehen im nationalen Ehrendienst. Sie kommen erst nach vorausgegange-
   ner Ausbildung und Schulung auf der Reichsschule-SS in Oberehnheim i. Els. zum Einsatz
   auf Dienststellen des Reichsführers-SS.
2. Anforderungen von SS-Helferinnen sind auf dem Dienstwege an Reichsführer-SS - Chef
   Fernmeldewesen - Berlin SW 68, Wilhelmstr. 100, zu richten unter Angabe der erforderlichen Anzahl, der Ausbildung (Fernsprecherin, Fernschreiberin, Funkerin), der Größe
   und der Art der zu besetzenden Nachrichteneinrichtung, des Zeitpunktes, bis zu welchem
   die Zuweisung der SS-Helferinnen erwünscht, der vorhandenen bezugsfertigen Unterkunft gemäß RF-SS-Befehl vom 30.11.42 (Richtlinien für die Betreuung der im Bereich der
   SS und Polizei eingesetzten deutschen Frauen, insbesondere in den Gebieten außerhalb
   der Reichsgrenze) und etwaiger besonderer Bestimmungen für die Inmarschsetzung bzw.
   den Reiseweg.
3. Die Zuweisung von SS-Helferinnen - soweit verfügbar - erfolgt im Allgemeinen in der Reihenfolge der eingegangenen Anforderungen jeweils nach Beendigung der Ausbildungslehrgänge auf Grund von Einsatzbefehlen des Chefs des Fernmeldewesens an die Reichsschule-SS. SS-Dienststellen, bei welchen durch Zuweisung von SS-Helferinnen SS-Männer
   für die Front frei werden, werden bevorzugt berücksichtigt.

...

10. Die Arbeitszeit der SS-Helferinnen beträgt im allgemeinen je Woche 56 Stunden - die Pau-
    sen nicht eingerechnet -; hiervon sind bis zu 14 Stunden für Fortbildung, WE- und Körper-
    schulung vorgesehen. Bei dringenden dienstlichen Bedürfnissen sind die SS-Helferinnen
    ohne Anspruch auf besondere Vergütung verpflichtet, auch über den vorbezeichneten
    Rahmen hinaus Dienst zu leisten.

...

20. Die Unterkunft wird außerhalb des Großdeutschen Reiches unentgeltlich zur Verfügung
    gestellt, während beim Einsatz im Reichsgebiet als Gegenwert für amtliche Unterkunft
    monatlich RM 6.- von der Lohnstelle der SS-Helferinnen einbehalten werden. Amtliche
    Unterkunft im Reichsgebiet ist, soweit keine SS-Helferinnenheime vorhanden, nach Mög-
    lichkeit in den Jugendwohnheimen des BDM. von den Einsatzstellen zu beschaffen...

...

28. Die Fortbildung der SS-Helferinnen ist auch während des Einsatzes bei den Einsatzstellen
    und in den SS-Helferinnenheimen neben der technischen bzw. fachlichen Ausbildung wei-
    ter durchzuführen. In Sonderheit ist so lange, bis geeignete SS-H.-Führerinnen zur Verfü-
    gung stehen, Führerunterricht durch den Dienststellenleiter der Einsatzstelle festzusetzen
    über:
    Pflichten und Aufgaben der SS-Helferin, Geheimhaltung, Spionage, Sabotage, Feindpro-
    paganda, Vorgesetztenverhältnis, Gliederungen und Organisationen, Dienstordnung der
    SS-Helferin, Disziplinar- und Beschwerdeordnung der SS, SS- und Polizeigerichtsbarkeit,
    Kriegs- und Militärgesetze, Meldungen und Gesuche, Urlaubsordnung und Verhalten
    während des Urlaubs - besonders bei Erkrankungen -, Gas- und Luftschutz, Einsatzzulage
    sowie truppenärztliche Betreuung.

...

Zentrales Staatsarchiv Potsdam, Film Nr. 14715.

254. Gemeinsamer Aufruf des Reichsministers für Rüstung und Kriegsproduktion Albert Speer und des Reichsjugendführers zum Auftakt des Technischen Wettbewerbs der Hitlerjugend, 7.3.1944

Unser ganzes Volk arbeitet und kämpft unermüdlich, um Deutschland als das Herzstück der Festung Europa und als Heimat ihrer Kultur vor dem Ansturm aus West und Ost zu verteidigen und den Sieg zu erringen. Dieser entscheidende Kampf verlangt heute und in aller Zukunft die unbedingte technische Überlegenheit unserer Bewaffnung und unserer Produktion.

Es ist daher Deine Pflicht, Dich nicht nur auf Deine soldatische Bewährung vorzubereiten, sondern mit der gleichen Leidenschaft auch Deine geistigen und schöpferischen Fähigkeiten auszubilden.

Im »Technischen Wettbewerb der Hitler-Jugend 1944« bist Du aufgerufen, Dein Wissen und Können auf allen technischen und wissenschaftlichen Gebieten zu beweisen und Dich im edlen Wettstreit mit Deinen Kameraden zu messen.

Auf Deinen Einsatz kommt es entscheidend an!

Lerne und arbeite mit der Leidenschaft und Begeisterung, die Deine kämpfenden Väter und Brüder von Dir erwarten!

Technik hilft siegen!

Völkischer Beobachter, 8.3.1944.

255. Ermahnung des Reichsjugendführers an die HJ-Gebietsführung Schwaben zur Erfüllung ihres Kontingents bei der Großwerbeaktion für die Waffen-SS, 14.4.1944

Der Reichsjugendführer der NSDAP.   Berlin, am 14.IV. 1944

Vertraulich !

An den
Führer des Gebietes Schwaben (36)
Hauptbannführer S t i n g l w a g n e r
Augsburg

Betr.: Großwerbeaktion für die Waffen-SS.

Nach Mitteilung der SS-Hauptämter beträgt die Anzahl der Freiwilligen, die sich im Rahmen der Großwerbeaktion für die Waffen-SS gemeldet haben, mit Stand vom 6. April 1944 542 Hitler-Jungen. Von der Reichsjugendführung ist Dir aber ein Kontingent von 600 SS-tauglichen Freiwilligen aufgegeben. Da erfahrungsgemäß nur ein Bruchteil der sich freiwillig meldenden Hitler-Jungen SS-tauglich ist, besteht somit keinerlei Aussicht, daß von Deinem Gebiet die erforderliche Sollzahl an Freiwilligen auch nur annähernd erreicht wird.

Die von mir dem Reichsführer-SS zugesagte Gesamtzahl von SS-tauglichen Freiwilligen muß aber unter allen Umständen gestellt werden. Daß dies auch unter den derzeitigen schwierigen Verhältnissen möglich ist, beweist mir die Tatsache, daß in anderen Gebieten sich teilweise 2 bis 3 mal soviel Freiwillige gemeldet haben als von der Reichsjugendführung gefordert sind.

Du hast deshalb sofort alle Dir geeignet erscheinenden Maßnahmen zu ergreifen, daß das Dir gestellte Kontingent an SS-tauglichen Freiwilligen erfüllt wird. Falls der Jahrgang 1927 nicht mehr ausreicht, kann der Jahrgang 1928 in die Freiwilligenaktion einbezogen werden.

Um die Erfüllung des Kontingents auch für Dein Gebiet sicherzustellen, verlängere ich die Werbeaktion für Dein Gebiet bis zum 15. Mai. Ein Zwischenbericht über den Stand der Nachwerbung, der mit der SS-Ergänzungsstelle mit Stichtag 30. April abzustimmen ist, ist mir bis zum 1. Mai 1944 einzureichen.

Heil Hitler!

gez. A x m a n n

Zentrales Staatsarchiv Potsdam, Film Nr. 14652.

256. Aus dem Erlaß des Reichsführers SS und Chefs der Deutschen Polizei Heinrich Himmler über die Einweisung von Jugendlichen in die Konzentrationslager für Jugendliche, 25.4.1944

An alle Pol.-Behörden

A. Die Jugendschutzlager
I. Aufgabe
1) Aufgabe der Jugendschutzlager der Sicherheitspol. (Moringen/Solling für männliche und Uckermark, Post Fürstenberg/Meckl., für weibliche Minderjährige) ist, ihre Insassen nach kriminalbiologischen Gesichtspunkten zu sichten, die noch Gemeinschaftsfähigen so zu fördern, daß sie ihren Platz in der Volksgemeinschaft ausfüllen können und die Unerziehbaren bis zu ihrer endgültigen anderweitigen Unterbringung (in Heil- und Pflegeanstalten, Konzentrationslagern usw.) unter Ausnutzung ihrer Arbeitskraft zu verwahren.
2) Erziehungsmittel sind straffe Lagerzucht, angespannte Arbeit, weltanschauliche Schulung, Sport, Unterricht, planmäßige Freizeitgestaltung.
3) Die kriminalbiologische Erforschung der Persönlichkeit der Lagerzöglinge und ihrer Sippen erfolgt durch das kriminalbiologische Institut der Sicherheitspol.

II. Personenkreis
Für die Einweisung in die polizeilichen Jugendschutzlager kommen über 16 Jahre alte Minderjährige in Frage, bei denen die Betreuung durch die öffentliche Jugendhilfe, insbesondere Schutzaufsicht und Fürsorgeerziehung, nicht zum Ziele geführt hat oder von vornherein aussichtslos erscheint und deren kriminelle und asoziale Neigungen mit polizeilichen Mitteln bekämpft werden müssen. Bei weiblichen Minderjährigen kommen insbesondere die sexuell schwer gefährdeten für die Unterbringung in Betracht. Minderjährige, die wegen erheblichen Schwachsinns außerstande sind, einfachste Forderungen einer Lagerordnung zu begreifen, oder die aus sonstigen Gründen nicht lagerhaftfähig sind, scheiden für die Unterbringung aus. Die Altersgrenze kann in begründeten Ausnahmefällen unterschritten werden.
...

Ministerialblatt des Reichs- und Preußischen Ministeriums des Innern, Nr. 19, 12.5.1944.

257. Befehl und Richtlinien zur Zusammenarbeit der 362. Infanterie-Division mit dem HJ-Bann Lindau bei der vormilitärischen Ausbildung der HJ, 3.5.1944

362. Inf. Division   Div.Gef.Std., den 3.5.1944
Abt. II a Az.: 34
Nr. 1634/44

Betr.: Zusammenarbeit mit der HJ.

1) In Verbindung mit Reichsjugendführer ist vom O.K.H. eine enge Zusammenarbeit mit der HJ befohlen.
    Ziel.: Einen innigen Konnex zwischen der HJ und dem Feldtruppenteil herzustellen.
        Dabei wird angestrebt, daß die von Feldtruppenteilen betreuten HJ-Banne den Nachersatz liefern. Als Nebenzweck wird verfolgt, das Augenmerk der HJ mehr als bisher auf die Infanterie zu lenken.
        Hierzu ist folgende Zuweisung von HJ-Bannen befohlen worden: Pi. Btl. 362 mit Masse auf Bann Lindau, da dort Sturmbootausbildung getrieben wird.
2) Zu jedem Bann sind je 1 Stoßtrupp ab 15.5.44 auf jeweils 4 Wochen zu entsenden.
    Stärke des Stoßtrupps: 1 Offz., 4 gewandte Feldw. oder Uffz. und 4 für Ausbildung geeignete Mannschaften.
        Pi. Btl. 362: 1 Uffz. 1 Mann zum Bann 475 Lindau.
3) Aufgaben des Stoßtrupps:
    Unterstützung des Bannführers u. d. Gefolgschaftsführer in ihrer Arbeit unsere Jungen im Wehrgedanken zu erziehen; dem HJ-Führer an der Gestaltung an Heimabenden u. in der Durchführung der vormilitärischen Ausbildung behilflich zu sein; die ihnen damit anvertraute Jugend dieser Banne zur 362. I.D. hinzulenken.
    Daraus ergibt sich, daß die abzustellenden Offz., Uffz. u. Mannschaften frische, begeisterungsfähige und jugendverbundene Männer sind. - Es sind zweckmäßig für diesen ersten Stoßtrupp Soldaten auszuwählen, die ehemals in der HJ-Führung tätig waren.
    Es ist den Rgt. u. selbst. Btl. überlassen, die HJ in jeder nur zweckmäßigen Weise an sich heranzuziehen. Als Anregung sei folgender Hinweis gegeben:
    Den Stoßtrupps sind jeweils kleine Geschenke für die Hitler-Jungens mitzugeben, z.B.:
    für die jungen Jahrgänge aus Beutebeständen Gasmasken, Stahlhelme, Pistolen;
    für die älteren Jahrgänge Maschinengewehre zum Basteln, Gewehre und Munition für die Schießausbildung;
    für alle: Bilder und Zeichnungen aus unserem Einsatzraum für Ausschmückung der HJ-Heime.
4) Die Stoßtrupps melden sich am 13.5.44 bei der Div.Abt. II a zur Unterweisung durch II a und N.S.F.O. Dauer: 1 Tag, Abmarsch am 15.4.44; Platzmarken sind von der Truppe zu stellen.
6) Die Offz. führen die Dienstaufsicht über die Angehörigen ihrer Stoßtrupps und besitzen für die Dauer des Kommandos die Disziplinarstrafgewalt eines Kp.-Chefs.
    Allen Offz., Uffz. u. Mannsch. wird eine straffe soldatische Haltung, Mäßigung im Alkoholgenuß und im Verkehr mit Frauen und Mädchen zur Pflicht gemacht. Sie sind Vertreter der 362. I.D. und haben sich dementsprechend zu verhalten.
8) Die Stoßtrupps rechnen auf die Führerreserve der Div. an.

I.V.
gez. Schmidt
Oberst.

Zentrales Staatsarchiv Potsdam, Film Nr. 10900.

258. Aktennotiz über eine Besprechung zum Kriegseinsatz der Mädchen der 7. Klassen der Höheren Schulen, 3.6.1944

Berlin, den 3. Juni 1944

Betrifft: Kriegseinsatz der Mädel der 8. Klasse der Höheren Schulen.

1.) Vermerk:

In der Besprechung vom 31. Mai 1944, an der die im beiliegenden Anwesenheitsverzeichnis aufgeführten Ressortvertreter teilgenommen haben, wurde die zur Erörterung stehende Frage eines geschlossenen Kriegseinsatzes der Mädels der 8. Klasse der Höheren Schulen - richtiger gesagt der jetzt der 7. Klasse angehörenden Mädels, die im Spätsommer 1944 in die 8. Klasse versetzt werden sollen - eingehend behandelt.

Der Vertreter des OKW. begründete den Anspruch der Wehrmacht auf die Überlassung der Mädels als Wehrmachtshelferinnen. Er wies auf den großen Personalbedarf der Wehrmacht hin, der, soweit er nicht durch zivile Kräfte gedeckt werden könnte, zahlreiche Soldaten ihrer eigentlichen Aufgabe entziehe. Die Wehrmacht hat für das 1. Vierteljahr 1944 130 000 Kräfte gefordert, aber nur 3 000 erhalten. Man müsse heute schon dazu übergehen, ganze Einheiten bei der Luftwaffe nur aus Frauen zu bilden (z.B. Scheinwerferbatterien) sowie ausländische Arbeitskräfte sogar bei den höchsten Wehrmachtsdienststellen zu beschäftigen. Über den Eingriff in die geistige Substanz des deutschen Volkes, der in der Herausnahme der Mädels aus der Schulausbildung liege, sei sich das OKW. klar, müsse diese Bedenken jedoch gegenüber der Vordringlichkeit der beabsichtigten Verwendung zurückstellen.

Die Vertreter der Reichsjugendführung hielten die Unterbrechung der Schulausbildung der Mädels zum Zwecke eines anderweitigen Kriegseinsatzes ebenfalls für notwendig, sprachen sich jedoch für einen Einsatz in erzieherischen Berufen, denen die Mädels näherständen, aus (als NSV-Erntekindergärtnerinnen, BDM-Kriegsführerinnen, KLV-Mädelführerinnen, Schulhelferinnen). Zahlreiche Gauleiter hätten bereits erklärt, daß sie die Mädels von sich aus einsetzen würden, wenn keine Regelung von zentraler Stelle aus erfolge. Für Teilbereiche sei der Einsatz bereits erfolgt (Pommern, Kurhessen). Besonders der Einsatz in den Erntekindergärten, für die 5 000 bis 6 000 Mädels benötigt würden, sei dringlich und müsse, wenn das soweit bestehende Programm erfüllt werden sollte, in der allernächsten Zeit geregelt werden.

Der Vertreter des Reichserziehungsministeriums, Min.Dir. Dr. Holfelder, legte in eindringlichen Ausführungen die schweren Bedenken dar, die gegen eine Herausnahme der Mädels aus der Schulausbildung beständen. Schon früher sei einmal ein halbjähriger Einsatz der Mädels in der Rüstungsindustrie gefordert worden, der in unzutreffender Weise damit begründet worden sei, daß im Hinblick auf den Fraueneinsatz und auf die totale Heranziehung der nicht mit einer höheren Bildung ausgestatteten Bevölkerungsteile für die Kriegswirtschaft der Einsatz der Schülerinnen dem Prinzip der Gerechtigkeit entspreche. Man habe aber dann eingesehen, daß diese Gesichtspunkte nicht zuträfen. Es gehe darum, eine weitere Reduzierung des deutschen Bildungsniveaus, die schon heute besorgniserregende Formen angenommen haben, zu verhindern. Mit Rücksicht auf den weitgehenden Ausfall der männlichen Jugend sei die Nachwuchslage auf dem Gebiete der geistigen Berufe katastrophal. So betrage z.B. das Durchschnittsalter der Lehrer an den Höheren Schulen 61 Jahre. In manchen Disziplinen gebe es im gesamten Reich nur 4 Nachwuchskräfte. Es sei nicht zu erkennen, wie das Großdeutsche Reich bei dieser Sachlage seinen geistigen Führungsanspruch im Europa der Nachkriegszeit durchsetzen wolle, besonders wenn man berücksichtige, daß kleinste Staaten auf dem Gebiet der Geisteswissenschaften ungeheuer viel täten. Es gehe nicht an, immer wieder, wenn Arbeitskräfte gebraucht würden, die Schulen als den Ort des geringsten Widerstandes anzusehen und schwerwiegende Eingriffe in ihre Substanz vorzunehmen.

Nach den dem Reichserziehungsministerium vorliegenden Berichten könne der bisherige Einsatz der Schülerinnen der 6. und 7. Klasse durchaus nicht als sinnvoll bezeichnet werden. Man müsse vor allen Dingen in qualitativer Hinsicht Personal-Ökonomie treiben. Hiermit stehe der geforderte Einsatz der Mädchen nicht im Einklang. Im übrigen sei noch darauf hinzuweisen, daß der Einsatz der insgesamt 12 000 Mädchen bei dem ungeheuren Bedarf auf allen Gebieten nur ein Tropfen auf einen heißen Stein darstellen würde.

Das Reichserziehungsministerium sei deshalb der Auffassung, daß von dem geplanten Einsatz Abstand genommen werden müsse. Wenn von höchster Stelle ein Einsatz angeordnet werde, dann komme ein solcher nur für erzieherische Berufe in Betracht.

Der Vertreter des GBA. bemerkte, daß der GBA. auf den Einsatz der Mädels in der Rüstungsindustrie verzichtet habe. Er schließe sich voll und ganz dem Standpunkt des Reichserziehungsministeriums an und würde diese Auffassung gegenüber Forderungen von jeder Seite aufrechterhalten. Im übrigen würde der Einsatz der Mädels doch nur ein zeitlicher sein können, so daß mit ihm eine wesentliche Erleichterung der Bedarfslage nicht erzielt werden könnte. Der Vertreter der Partei-Kanzlei betonte, daß die Partei-Kanzlei einen Einsatz nur um des Einsatzes willen keinesfalls gutheißen würde. Bei der Gegensätzlichkeit der hervorgetretenen Auffassungen werde eine reichseinheitliche Entscheidung von höchster Stelle getroffen werden müssen. Wenn auf diese Weise die Frage entschieden sei, ob überhaupt ein Einsatz erfolgen solle, so müsse geklärt werden, welcher Bedarf am dringlichsten sei und wo der rationellste Einsatz erfolgen könnte.

Es wurden sodann verschiedene Möglichkeiten erörtert, wie die geltendgemachten Bedarfsanforderungen ohne Rückgriff auf die Mädels der 8. Klasse befriedigt werden könnten. Dabei stellte Min.Dir. Dr. Holfelder die Frage, ob man nicht auf die vielen noch unbeschäftigten Frauen zurückgreifen könne. Ich selbst habe die Frage einer Erhöhung der Altersgrenze für die Meldepflicht für Frauen von 45 auf 50 Jahre berührt. Weiterhin wurde aus dem Teilnehmerkreis darauf hingewiesen, daß der Reichsarbeitsdienst in seinen Reihen zahlreiche für die erwähnten Aufgaben sehr geeignete Abiturientinnen habe, die er bisher für den Einsatz in der Rüstungsindustrie zur Verfügung gestellt habe ...

Zentrales Staatsarchiv Potsdam, Film Nr. 19850.

259. Zusammenarbeit von Reichsinnenministerium, Reichsjugendführung und Reichsführung SS bei der Aufstellung von »HJ-Selbstschutzeinheiten zur Bandenbekämpfung«, 9.8.1944

Fernschreibstelle   Geheim!
RVST. Berlin Nr. 555
--- Geheim ---

An den Reichsführer SS
Feldkommandostelle

Reichsführer.
Stabsführer Möckel bittet in folgender Angelegenheit um ihre Entscheidung: Reichsverteidigungskommissar Bürckel, Westmark, Reichsverteidigungskommissar Meyer, Westfalen-Nord, Reichsverteidigungskommissar Rainer, Kärnten und Reichsverteidigungskommissar Uiberreither, Steiermark, stehen im Begriff, Selbstschutzeinheiten aus Jugendlichen vom 16. Lebensjahr ab zur Bekämpfung von Terrorakten und zur Bandenbekämpfung aufzustellen. Ich bin mit Stabsführer Möckel der Meinung, daß diese Maßnahme im gesamten Reichsgebiet auf eine einheitliche Grundlage gestellt werden sollte. Es würde uns zweckmäßig erscheinen, derartige Selbstschutzeinheiten von Jugendlichen vom 16. Lebensjahr ab auf Grund freiwilliger Meldung und darauf erfolgender Notdienstverpflichtung zum Zwecke der Jugendausbildung aufzustellen. Diese Selbstschutzeinheiten müssen den Höheren SS- u. Pol.Fhr. unterstehen und taktisch von ihnen eingesetzt werden. Stabsführer Möckel schätzt, daß auf diese Weise etwa 40.000 Mann im Reichsgebiet aufgestellt werden könnten. Die Ausbildungsdauer würde etwa 3/4 Jahre betragen. Stabsführer Möckel glaubt damit ihrem Wunsche, 100.000 Mann Jugendliche vom 16. Lebensjahr ab als eiserne Reserve für alle Fälle in der Heimat zur Verfügung zu haben, auf diesem Wege in etwa entsprechen zu können, ohne daß die Maßnahme von anderer Seite (Speer, Sauckel) beanstandet werden kann. Ich halte es für zweckmäßig, daß diese Frage mit Reichsleiter Bormann besprochen wird.

Heil Hitler
Ihr Stuckart.

Zentrales Staatsarchiv Potsdam, Reichsführer SS/Persönlicher Stab, Nr. 314.

260. Richtlinien des Oberkommandos der Wehrmacht zur Erfassung der Kriegsfreiwilligen des Jahrganges 1928, 25.8.1944

Oberkommando der Wehrmacht   Berlin, den 25. August 1944
Wehrersatzamt / Abt. E. Ia
Nr. 8310 / 44

Betr.: Kriegsfreiwilligenmeldeschein der Hitler-Jugend

I.

1.) Der Reichsjugendführer hat die Hitler-Jugend als die Bewegung der jungen Kriegsfreiwilligen bezeichnet. Durch einen besonderen Aufruf forderte er die Angehörigen des Geb.-Jahrgangs 1928 zur Meldung als Kriegsfreiwillige auf.

2.) Die Meldung als Kriegsfreiwilliger der Hitler-Jugend erfolgt bei den Standort- und Gefolgschaftsführern auf einem besonderen Kriegsfreiwilligenmeldeschein der Hitler-Jugend. Ein Muster dieses Scheines ist in der Anlage beigefügt.

3.) Die Kriegsfreiwilligenmeldescheine werden monatlich von den Bannführern den zuständigen Wehrbezirkskommandos übergeben.

II.

Dazu wird folgendes befohlen:

1.) Die Ausstellung von Annahmescheinen entfällt.

2.) Die Kriegsfreiwilligenmeldescheine sind alphabetisch geordnet aufzubewahren und nach der Erfassung den Wehrstammkarten beizufügen.

3.) Bei der Ersatzverteilung sind die geäußerten Wünsche und die besondere Ausbildung (siehe Rückseite des Kriegsfreiwilligenmeldescheines) nach Möglichkeit zu berücksichtigen.

4.) Die Meldung als Kriegsfreiwilliger erfolgt ab Geb.-Jahrgang 1929 nur noch mit dem Kriegsfreiwilligenmeldeschein der Hitler-Jugend. Der Aufruf des Geb.-Jahrganges 1929 zur Kriegsfreiwilligenmeldung ist von der Reichsjugendführung für Anfang des Jahres 1945 vorgesehen.

I.A.
Unterschrift

Zentrales Staatsarchiv Potsdam, REM, Nr. 3219, Bl. 105.

261. Bericht über eine Rede des Chefs des Generalstabes Generaloberst Heinz Guderian an die zur Wehrmacht einberufenen Hitlerjungen, 2.9.1944

Guderian: Freiwillige vor!

Den Jahrestag des deutschen Freiheitskampfes beging die Hitlerjugend mit einem demonstrativen Bekenntnis zur Kriegsfreiwilligkeit. Frontbewährte und kriegsversehrte Persönlichkeiten sprachen zu den Kriegsfreiwilligen des zur Wehrmacht anstehenden Jahrgangs. An die gesamte deutsche Jugend richtete an diesem Tag der Chef des Generalstabes des Heeres, Generaloberst Guderian, einen soldatischen Appell. Hunderte von Jungen hatten sich an der ostpreußischen

Grenze um den bewährten Truppenführer und treuen Mitarbeiter des Führers geschart, ihr Oberkörper braun gebrannt und in ihren jungen Fäusten die Spaten, hinter ihnen die Wälle und Gräben, die sie zum Schutze ihrer Heimat gebaut haben. Reichsjugendführer Axmann begrüßte Generaloberst Guderian, dem Front und Jugend Verehrung und größtes Vertrauen entgegenbringt.

Generaloberst Guderian richtete seinen Appell in ernster Stunde an die deutsche Jugend. Eine gewaltige feindliche Überzahl, so sagte er, habe in mehrjähriger Anstrengung unsere Fronten zurückzudrängen vermocht. Unsere Soldaten seien hart entschlossen, den Feind am Betreten deutschen Bodens zu verhindern. Diese Aufgabe sei zu lösen, wenn das ganze deutsche Volk zusammenstehe. In herzlichen Worten dankte der Generaloberst den Jungen für ihre vorbildliche Leistung im Schanzeinsatz.

»Denkt bei jedem Spatenstich daran«, so sagte er, »daß er getan wird für unsere Soldaten, denen ihr einen starken Rückhalt gebt, für unsere Arbeiter, die in der Rüstungsproduktion stehen, für die Bauern und Bäuerinnen, die uns das tägliche Brot liefern müssen; für eure Müttern und Schwestern, nach denen die Hand grausamer Feinde greifen will.«

Der Generaloberst würdigte sodann die hohe Kampfmoral, die aus dem freiwilligen Dienen erwachse. Die Hitlerjugend habe sich in den vergangenen Kriegsjahren in ständig zunehmender Zahl freiwillig zum Dienst an der Waffe gemeldet und im Kampf an allen Fronten bewährt. Was freiwillige Truppen zu leisten vermögen, zeigte der Generalstabschef des Heeres am Beispiel der SS-Panzer-Division »Hitlerjugend«, die ein Vorbild an Manneszucht, Mut, Einsatzbereitschaft, an gläubiger und froher Kameradschaft abgegeben habe. »Diese Division«, so sagte er, »hat die höchste Anerkennung des Führers gefunden. Ihre Freiwilligen aus der Hitlerjugend haben sich überboten im Anstürmen gegen die feindlichen Panzer. Sie haben sich die Faustpatronen gegenseitig aus der Hand gerissen, um als erste den schweren Kampfauftrag zu erfüllen. Weder durch Bombenteppiche noch durch schwere Schiffsartillerie sind sie zu erschüttern gewesen.«

Generaloberst Guderian berichtete vom Einsatz der Freiwilligen in Divisionen des Heeres, die ihre ganze Kraft einsetzten, um den Ansturm im Osten zu bannen. »Ihr glaubt nicht«, sagte er, »wie solche Beispiele echten Soldatentums den Führer erfreuen, wie seine Augen leuchten und seine Stimme warm wird, wenn er von seinen Jungen spricht; wie stolz er darauf ist, daß seine Jugend in diesem Geiste erzogen, sich so hervorragend vor dem Feind schlägt.« Als sein Mitarbeiter schilderte der Generaloberst die Überfülle von Verantwortung, Arbeit und Sorgen, die auf dem Führer lasten. So wie er dennoch aber immer wieder Kraft und Siegeszuversicht ausstrahle, müsse ihm die deutsche Jugend durch ihre Haltung und Treue immer von neuem Kraft für sein Werk schenken.

An die Kriegsfreiwilligen gerichtet, sprach der Generaloberst über die Wahl der Waffengattungen und setzte voraus, daß der Dienst in allen gleich ehrenvoll sei. Den größten Bedarf an Freiwilligen aber habe die Infanterie, die die meisten Regimenter umfasse, sehr schwere Kampfaufträge habe und ganze Männer, vor allem Männer mit Führereigenschaften, benötige. Die neuzeitliche Infanterie besitze eine reiche Ausstattung moderner Waffen und Kampfmittel und biete auch dem technisch interessierten Jungen vielfache Anregungen.

Generaloberst Guderian schloß seinen Appell mit den Worten: »Haltet Kameradschaft untereinander und bewahrt euch den Schwung der Jugend und den Glauben an den Führer. Es geht in diesem Krieg um euer Deutschland, eure Zukunft und euer Glück. Ihr müßt darum kämpfen, wie fast jede deutsche Generation darum kämpfen mußte. Nur aus dem tapfer geführten Kampf für Adolf Hitlers großes Werk erwächst der Sieg. Deutschland ist auferstanden, an euch ist es nun, das Werk zu vollenden. Den Ruf 'Freiwillige vor' wird die deutsche Jugend mit einem freudigen 'Hier' beantworten.«

Völkischer Beobachter, 3.9.1944.

262. Der Reichsjugendführer über den Kriegseinsatz der deutschen Jugend, 3.9.1944

Nazis bis auf die Knochen
von
Reichsjugendführer Artur Axmann

Am Beginn des 6. Kriegsjahres steht die Jugend Adolf Hitlers bereit, für die Freiheit ihres Lebens und ihre Zukunft mit Hingabe und Entschlossenheit bis zum Siege zu kämpfen. Es liegt heute ein Vergleich zwischen dem Einsatz der Jugend im ersten Weltkriege und dem Einsatz der Jugend in der kämpferischen Auseinandersetzung unserer Gegenwart nahe. Einige Tatsachen mögen diesen Vergleich veranschaulichen. Schon in den ersten Weltkriegsjahren war eine Zunahme der Kinderkrankheiten an Umfang und Schwere sowie eine wesentliche Schwächung der Jugend durch mangelnde Ernährung festzustellen. Der Zustand der allgemeinen Entkräftung und Unterernährung der Jugend nach dem unglückseligen Jahr 1918 ist allgemein bekannt. Demgegenüber sagen namhafte Ärzte auf dem Gebiet der jugendmedizinischen Forschung für die Gegenwart aus, daß auf keinem Gebiet des Volkslebens so geringe Veränderungen wie in der Gesundheit der Jugend sichtbar sind. Aus dem Musterungsbericht des 5. Kriegsjahres für die gesamte Breite des Jahrganges 1927 geht hervor, daß der Gesundheitszustand dieses Jahrganges als gut zu bezeichnen ist. Es wird darin betont, daß die Ernährung keine schädigenden oder entwicklungshemmenden Einflüsse auf den zur Wehrmacht anstehenden Jahrgang ausgeübt hat.
Wir verdanken diese Tatsache der großzügigen Rücksichtnahme der Staatsführung auf das Wachstum der Kinder und Jugendlichen durch die entsprechende zusätzliche Bemessung der Lebensmittel und die Schaffung von verschiedenen Verpflegungsgruppen, die z.B. den Notwendigkeiten der Wehrertüchtigung, der landwirtschaftlichen oder gewerblichen Arbeit oder der Erholungspflege Rechnung tragen. Die Ursache für diese erfreuliche Tatsache liegt ebenso in der Auswirkung einer planmäßigen Gesundheitsführung und -erziehung, in der ärztlichen Betreuung der im Kriegseinsatz der Heimat stehenden Jugend, in der im Hinblick auf die schaffende Jugend vorbeugenden Wirkung des Jugendschutzgesetzes, in den Maßnahmen der Jugenderholungspflege der Nationalsozialistischen Volkswohlfahrt und der Hitlerjugend und in jener vom Führer befohlenen sozialistischen Einrichtung der Kinderlandverschickung, deren hervorstechendes Merkmal die Hebung des Gesundheitszustandes und die Gewichtszunahme der Jugend ist.
Im ersten Weltkrieg wurde die berufliche Grundausbildung der schaffenden Jugend wesentlich eingeschränkt. Die Lehrverhältnisse gingen immer weiter zurück und wurden insbesondere seit dem Jahre 1917 mit der Einführung der Hilfsdienstpflicht nichtig gemacht. Die Schutzmaßnahmen für die damals werktätigen Kinder und Jugendlichen wurden auf breiter Grundlage durchbrochen, so daß selbst der Reichskanzler in einem Rundschreiben aus dem Jahre 1917 feststellen mußte, daß die Klagen über den unzureichenden Schutz der Jugendlichen nicht unbegründet seien. Die Berufsausbildung der deutschen Jugend hat in diesem Kriege eine große Erweiterung und Vertiefung durch die Schaffung von Lehrwerkstätten und Lehrecken erfahren. Dabei ist es ein großer Vorzug der Aubildung in der Lehrwerkstatt, daß ihre Erfordernisse mit dem produktiven Einsatz der Lehrlinge für die Rüstung und Kriegsproduktion in Übereinstimmung gebracht werden. Heute gibt es eine Lenkung der schaffenden Jugend nach staatspolitischen Notwendigkeiten, nach der vorhandenen Anlage und Eignung. Während im Ersten Weltkrieg die Jugend politisch zum Streik berechtigt war, zeichnen sich heute unsere Kameraden und Kameradinnen in den Betrieben durch ihre Arbeitsdisziplin und -freudigkeit aus. Die freiwillige Teilnahme der schaffenden Jugend am Reichsberufswettkampf ist ein Ausdruck für diese ihre Haltung und Gesinnung. Die Errichtung unserer Jugendwohnheime für die umquartierte und überörtlich zum Arbeitseinsatz kommende Jugend, Hunderttausende von Jugendbetriebsappellen und dörfliche Kundgebungen zum Kriegseinsatz lassen

erkennen, welche hohe Bedeutung die nationalsozialistische Bewegung der Führung und Betreuung der in der Rüstungsindustrie und in der Landwirtschaft stehenden Jugend zumißt. Die vormilitärische Ausbildung wurde im Ersten Weltkrieg durch einen Erlaß vom 16. August 1914 über die Bildung von Jugendkompanien verkündet. Während im ersten Sturm der Begeisterung die Meldungen zu den Jugendkompanien sehr zahlreich waren, so ist in der späteren Folgezeit ein ständiger Rückgang und schließlich die völlige Einstellung der Jugendkompanien festzustellen. Heute wird der gesamte älteste Jahrgang der Hitlerjugend in ihrem allgemeinen Dienst und in den Wehrertüchtigungslagern vormilitärisch auf der Grundlage der weltanschaulichen Erziehung mit wachsendem Erfolg ausgebildet. Gerade die Wehrertüchtigung der Jugend ist zu einem beglückenden Gemeinschaftswerk der nationalsozialistischen Bewegung und der Wehrmacht geworden. Der Hilfsdienst der Jugend im Weltkrieg wurde von einzelnen Gruppen getragen und war so zersplittert. Heute steht die deutsche Volksjugend nicht nur in den Ferien und im Urlaub, sondern in der täglichen Freizeit im Kriegseinsatz der Heimat. Das durch den Ministerrat für die Reichsverteidigung verordnete Kriegseinsatzwerk der deutschen Jugend hat die Voraussetzung für die einheitliche Lenkung und Konzentration dieses Kriegseinsatzes geschaffen. Er ist heute unseren Volksgenossen bekannt. Denken wir nur an die Feuerwehrscharen und Räumkommandos der Hitlerjugend in den Luftnotgebieten, an die Luftwaffen- und Marinehelfer, an die Erntehelfer oder den Schanzdienst der deutschen Jugend.

Die Haltung der Jugend in den beiden Kriegen findet in den Meldungen der Kriegsfreiwilligen ihren Ausdruck. Am 1. August 1914 zog die soldatische Jugend mit großer Begeisterung ins Feld. Die Meldungen der Kriegsfreiwilligen gingen in den folgenden Jahren aber in steigendem Maße zurück. Im September 1939 ist die nationalsozialistische soldatische Jugend mit harter und ernster Entschlossenheit zum Kampf angetreten. Mit jedem Jahr dieses Krieges sind die Meldungen der Kriegsfreiwilligen gestiegen. Der Jahrgang 1928 wird sich in seiner weit überwiegenden Mehrheit kriegsfreiwillig zu den Fahnen melden. Die echte Kriegsfreiwilligkeit unserer jungen Kameraden wird sich in ihrer hohen Kampfmoral auf dem Schlachtfeld bewähren. Der Feind hat den Geist und die gewissenhafte Ausbildung unserer jungen Kriegsfreiwilligen zu verspüren bekommen. Er kann nicht umhin, festzustellen, daß sie »Nazis bis auf die Knochen« sind, die mit »fanatischer Todesverachtung kämpfen« und »lieber mit dem Gewehr oder Maschinengewehr in der Hand sterben, als sich gefangen nehmen zu lassen«. Sie geben zu, daß die »jungen Nationalsozialisten gefährliche Gegner sind, die selbst in aussichtsloser Position den Kampf nicht aufgeben, die auch in der Gefangenschaft felsenfest vom Endsieg des Dritten Reiches überzeugt sind«. Aber nicht das Zeugnis des Feindes, sondern die Freude des Führers über den Kampfgeist seiner Jugend ist deren Ehre. Dieser Kampfgeist hat in der 12. SS-Panzer-Division »Hitlerjugend« seinen vorbildlichen Ausdruck gefunden. Ihre Moral und ihr Geist war und ist unter den Bombenteppichen, den Einwirkungen der Schiffs- und Feldartillerie oder den feindlichen Panzerangriffen niemals zu brechen. Das gilt auch für die kämpfende Jugend in allen deutschen Divisionen.

Der Reichsarbeitsdienst und die Hitlerjugend stellen uns die Soldaten der nationalsozialistischen Weltanschauung, die nicht allein dem äußeren, sondern dem inneren Befehl, der Überzeugung und der Stimme des Gewissens gehorchen. Für die Kriegsführung sind die Ernährung, die Rüstung und der Transport von entscheidender Bedeutung. Mehr und mehr tritt nun bei der fortschreitenden Dauer des Krieges die Erziehung des Führers an seiner Jugend als überragender Faktor in Erscheinung. Diese Erziehung hat sich vor allem auch in der Zeit einer teilweisen technischen Unterlegenheit in der Kampfmoral unserer Soldaten auf das höchste bewährt. Um wieviel mehr wird diese Erziehung im Zusammenwirken mit unserem technischen Fortschritt, der Schaffung neuartiger Waffen und der Steigerung der Rüstungsproduktion die Ereignisse der kommenden Zeit bestimmen.

Niemals war der Glaube der Jugend an den Sieg stärker als in dieser Zeit der größten Belastung an allen Fronten und in der Heimat. Die nach den großen Opfern und Schmerzen einer zweitausendjährigen Vergangenheit vollzogene Volkwerdung der Deutschen unter Adolf Hitler gibt der Jugend entgegen der Untergangsstimmung des Abendlandes jenes Lebensgefühl, daß unsere Geschichte nicht am Ende, sondern an ihrem großen Anfang steht. Ehrfürchtiger und gläubiger denn je folgt die Jugend in Treue dem Führer, dessen Sendung für das Reich das Schicksal durch die Ereignisse der jüngsten Vergangenheit dem deutschen Volke offenbart hat. Mit diesem Lebensgefühl und dem unerschütterlichen Glauben an den Führer marschiert die deutsche Jugend in das 6. Kriegsjahr hinein. Für sie gilt das Wort: »Es hängt von euch ab, ob ihr das Ende sein wollt und die Letzten eines nichtachtungswürdigen und bei der Nachwelt verachteten Geschlechts, oder ob ihr der Anfang sein wollt einer neuen über alle eure Vorstellungen herrlichen Zeit.«

Völkischer Beobachter, 3.9.1944.

263. Befehl der Reichsjugendführung zum totalen Kriegseinsatz der Hitlerjugend, 5.9.1944

Der Reichsjugendführer   Berlin, am 5. September 1944

Maßnahmen des totalen Kriegseinsatzes in der Hitler-Jugend.

Im Zuge der Maßnahmen des totalen Kriegseinsatzes wird befohlen:

I. Stillegung bzw. Einschränkung von Arbeitsgebieten.
   Im Zuge der Maßnahmen des totalen Krieges ordne ich zur Freistellung von Kräften für die Front und die Rüstungsproduktion folgendes an:

1. Alle Zeitschriften der Hitler-Jugend werden eingestellt.
2. Alle Fachschulen auch die Schulen der KLV, werden eingestellt. Die einzelnen Sachgebiete sind von den Führer- bzw. Führerinnenschulen der Gebiete zu behandeln. Unter die Schließung der Fachschulen fallen die Haushaltungsschulen und ländlichen Haushaltungsschulen des BDM, die Werkschulen, die Musikschulen und Sportschulen.
3. In der Akademie für Jugendführung in Braunschweig werden die Lehrgänge für Hitler-Jugend-Führer und BDM-Führerinnen zusammengelegt.
4. Kriegswichtige Lehrgänge für volksdeutsche und germanische Jugendliche werden gemeinsam mit den reichsdeutschen Teilnehmern durchgeführt.
5. Jedes Gebiet darf höchstens drei Führerschulen und drei Führerinnenschulen unterhalten.
6. Ausleselager werden nicht mehr durchgeführt.
7. Der Reichsberufswettkampf und der musische Wettbewerb finden nicht mehr statt.
8. Die Sportauswertung und die Verleihunge der Leistungsabzeichen wird nicht mehr bearbeitet.
9. Die Bearbeitung von Auslandsreisen für Jugendliche entfällt.
10. Die Beförderungen werden nicht mehr bearbeitet.
11. Karteien der Hitler-Jugend werden eingestellt, soweit die Reichsjugendführung nicht Ausnahmen im Hinblick auf ihre Kriegswichtigkeit zuläßt.

Es bleiben bestehen:
   Eine amtliche Zeitschrift, die kurzfristigen Kriegssportwarte- (-warterinnen)-Lehrgänge, die Feldscher- und Gesundheitsdienstschulen, sechs Versehrtenschulen, die der Zahl der Obergebiete entsprechen, die Schule des Sozialen Amtes für die schaffende Jugend, je eine Schule für Jugendwohnheimführer und -führerinnen im Hinblick auf die Führung der werktätigen Jugend in der Rüstungsindustrie, Ausleselager für Versehrte und den Führernachwuchs und Ernennungen zu neuen Dienststellungen.

II. Personaleinschränkungen.

1. Für die einzelnen Ämter der Reichsjugendführung sowie für die Dienststellen der Gebiete werden Höchstbeschäftigtenzahlen festgelegt. Sie werden den Dienststellen durch Sondermitteilung bekanntgegeben. In diese Höchstbeschäftigtenzahlen sind alle Kommandierungen, auch die der Wehrmacht, der SS und Polizei sowie der Dienststellen der Hitler-Jugend einzurechnen. Die Beschäftigung hauptberuflicher Arbeitskräfte über die befohlenen Höchstbeschäftigungszahlen hinaus ist verboten. Im Rahmen der Höchstbeschäftigtenzahlen steht es dem Dienststellenleiter frei, weibliche oder männliche Kräfte zu beschäftigen.
2. Alle Halbtagskräfte sind entweder ganztägig einzusetzen oder zu entlassen.
3. Die Dienstzeit ist zu verlängern und den jeweiligen Arbeitsbedürfnissen anzugleichen.
4. In den Gebieten werden 20 v.H. der hauptberuflich Beschäftigten abgegeben, davon 10 v.H. an die Wehrmacht und Rüstungsindustrie, 10 v.H. an die Banne und nachgeordneten Einheiten, insbesondere zur Führung der Standorte. Wo kasernierte Einheiten bestehen (KLV-Lager, WE-Lager), haben deren Führer den Standort mitzuführen. Einschränkungen in den Bannen bestimmen die Führer der Gebiete. (Für den BDM nach Rücksprache mit den Mädelführerinnen der Gebiete). Aus den WE-Lagern werden 1000 Ausbilder dem Heer wieder zur Verfügung gestellt.
5. Die durch die Einsparungsaktion freiwerdenden Uk-Planstellen der Reichsjugendführung oder der Gebiete sind auf die Banne soweit zu übergeben, daß nach Möglichkeit jedem Bann eine Uk-Planstelle zur Verfügung steht. Die Uk-Planstellen für die Gebiete werden auf je 3 Stellen beschränkt.
6. Die freiwerdenden Kräfte sind der Wehrmacht bzw. der Rüstungsindustrie unmittelbar zuzuführen. Dabei sind die in Besoldungsplanstellen eingewiesenen Kräfte unter Fortfall ihrer Dienstbezüge für ihren Einsatz zu beurlauben, die übrigen Arbeitskräfte aus ihrem hauptamtlichen Dienstverhältnis zu entlassen und für die Rüstungsindustrie dienszuverpflichten.
7. Die Überstellung der für die Rüstungsindustrie freiwerdenden Kräfte durch Auflösung der Schulen erfolgt an das Gau- bzw. Landesarbeitsamt. Die Schließung der Schulen wird mit dem Tage der Einweisung in den neuen Arbeitsplatz vorgenommen. Der Arbeitseinsatz erfolgt nach Möglichkeit geschlossen mit Gemeinschaftsunterbringung in Jugendwohnheimen.
8. Die durch die Einschränkungsmaßnahmen freiwerdenden Liegenschaften und Gebäude sind sofort für kriegswichtige Aufgaben der Hitler-Jugend sicherzustellen.

Die angeordneten Maßnahmen sind sofort durchzuführen. Über den Vollzug der Einschränkungen und die Abgabe der Kräfte ist mir bis zum 15. September 1944 eingehend zu berichten.

gez. Axmann.

Zentrales Staatsarchiv Potsdam, REM, Nr. 3219, Bl. 145 f.

264. Gestellungsbefehl des Landrats des Kreises Ronnenberg zum Jugendappell, 20.9.1944

Gestellungsaufruf.
Jugendappell 1944.

Aufgrund des Gesetzes über die Hitler-Jugend vom 1.12.1936 in Verbindung mit § 1 der 2. Durchführungsverordnung vom 25.3.1939 werden hiermit folgende Jugendliche zum Jugendappell 1944 der Hitler-Jugend aufgerufen:

1. Alle Jugenddienstpflichtigen deutscher Staatsangehörigkeit männlichen oder weiblichen Geschlechts der Geburtsjahrgänge 1927 - 1933 einschließlich und die in der Zeit vom 1.1. - 30.6. 1934 geborenen Jugendlichen, soweit sie sich nicht zur Zeit des Appells bei der Wehrmacht oder dem RAD befinden.
2. Alle anderen Jugendlichen männlichen oder weiblichen Geschlechts, die zur Zeit die 4. Grundschulklasse der Volksschulen besuchen und noch nicht in der Hitler-Jugend erfaßt sind. Die Erziehungsberechtigten sind für die Teilnahme dieser Jugendlichen am Appell verantwortlich.
3. Alle weiblichen Angehörigen deutscher Staatsangehörigkeit der Geburtsjahrgänge 1924 - 1926 einschließlich, die dem BDM-Werk angehören, soweit sie sich nicht zur Zeit des Jugendappells im RAD bzw. KHD befinden.

Anträge auf Zurückstellung oder Befreiung von der Jugenddienstpflicht nach §§ 4-6 der Jugenddienstverordnung sind auf den Meldestellen schriftlich abzugeben.
Juden und solche Mischlinge, die nach § 5 der Ersten Verordnung zum Reichsbürgergesetz vom 14. November 1935 als Juden gelten, haben am Appell nicht teilzunehmen.
Jugenddienstpflichtige, die an dem Jugendappell nicht teilnehmen und Erziehungsberechtigte, die der Anmeldepflicht nicht nachkommen, werden nach den geltenden Bestimmungen zur Verantwortung gezogen. Ferner werden zur Teilnahme an dem Jugendappell aufgefordert:
1. Alle volksdeutschen Jugendlichen männlichen und weiblichen Geschlechts der Geburtsjahrgänge 1927 - 1933 einschließlich und die in der Zeit vom 1.1. - 30.6.1934 Geborenen.
2. Alle germanischen Jugendlichen männlichen und weiblichen Geschlechts der Geburtsjahrgänge 1927 - 1933 einschließlich und die in der Zeit vom 1.1. - 30.6.1934 Geborenen.
Den Zeitpunkt des Jugendappells gibt die zuständige Dienststelle der Hitler-Jugend örtlich bekannt.
Zum Appell sind mitzubringen:
1. Ausweise über die bisherige Zugehörigkeit zur Hitler-Jugend (Dienstkarte)
2. Ein Lichtbild (Halbprofil linkes Ohr ohne Kopfbedeckung) Größe 5,2 x 3,7:
    a) von allen Jugendlichen, die bisher noch keine Dienstkarte der Hitler-Jugend besitzen,
    b) von allen Angehörigen des 4. Dienstjahres (DJ u. JMB)
    c) von allen Neuaufzunehmenden.
Name und Wohnung sind auf der Rückseite des Lichtbildes zu vermerken. Das Bild soll nicht älter als 3 Monate sein.

Ronnenberg, den 20. September 1944.

Der Landrat

Zitiert nach: Hellfeld, Matthias von / Klönne, Arno: Die betrogene Generation. Jugend in Deutschland unter dem Faschismus. Quellen und Dokumente, Köln 1985, S. 238 f.

265. Antworttelegramm Adolf Hitlers auf die Meldung des Reichsjugendführers, 70% der Angehörigen des Jahrgangs 1928 hätten sich als Kriegsfreiwillige gemeldet, 8.10.1944

Meine Hitler-Jugend!
Mit Stolz und Freude habe ich eure Meldungen als Kriegsfreiwillige des Jahrganges 1928 entgegengenommen. In der Stunde der Bedrohung des Reiches durch unsere haßerfüllten Feinde habt ihr ein leuchtendes Beispiel kämpferischer Gesinnung und fanatischer Einsatz- und Opferbereitschaft gegeben.
Die Jugend unserer nationalsozialistischen Bewegung hat an der Front und in der Heimat er-

füllt, was die Nation von ihr erwartet. Vorbildlich haben eure Kriegsfreiwilligen in den Divisionen »Hitlerjugend«, »Großdeutschland«, in den Volksgrenadierdivisionen und als Einzelkämpfer in allen Wehrmachtteilen ihre Treue, ihre Härte und ihren unerschütterlichen Siegeswillen durch die Tat bewiesen. Die Erkenntnis von der Notwendigkeit unseres Kampfes erfüllt heute das ganze deutsche Volk, vor allem aber seine Jugend. Wir kennen die erbarmungslosen Vernichtungspläne unserer Feinde. Deshalb werden wir immer fanatischer diesen Krieg für ein Reich führen, in dem ihr einmal in Ehren arbeiten und leben werdet. Ihr aber als junge nationalsozialistische Kämpfer müßt unser ganzes Volk an Standfestigkeit, zäher Beharrlichkeit und unbeugsamer Härte noch übertreffen.

Der Lohn des Opfers unseres jungen heldenmütigen Geschlechts wird im Sieg zur stolzen und freien Zukunft unseres Volkes und nationalsozialistischen Reiches führen.

gez.: Adolf Hitler.

Völkischer Beobachter, 11.10.1944.

266. Anweisungen des Reichssicherheitshauptamtes zur Überwachung und Bekämpfung oppositioneller Jugendgruppen, 25.10.1944

Der Reichsführer-SS   Berlin, den 25. Oktober 1944.
und Chef der Deutschen Polizei
S V A3 Nr. 2530/44

Streng vertraulich!

An die Sicherheitspolizeit und den SD - Verteiler E.
An die Ämter III und IV des Reichssicherheitshauptamtes.
An die Befehlshaber der Ordnungspolizei.

Nachrichtlich:
An die Partei-Kanzlei.
An den Jugendführer des Deutschen Reichs.
An den Herrn Reichsminister der Justiz.
An den Herrn Reichsminister für Wissenschaft, Erziehung und Volksbildung.
An das Oberkommando der Wehrmacht.
An die Abteilung II im Reichsministerium des Innern.
An die Gau(Landes)Jugendämter.
An die Höheren SS- und Polizeiführer.

Betrifft: Bekämpfung jugendlicher Cliquen.

In allen Teilen des Reiches, insbesondere in größeren Städten, haben sich seit einigen Jahren - und in letzter Zeit in verstärktem Maße - Zusammenschlüsse Jugendlicher (Cliquen) gebildet. Diese zeigen zum Teil kriminell-asoziale oder politisch-oppositionelle Bestrebungen und bedürfen deshalb, vor allem im Hinblick auf die kriegsbedingte Abwesenheit vieler Väter, Hitler-Jugend-Führer und Erzieher, einer verstärkten Überwachung.
Allen Zusammenschlüssen Jugendlicher ist daher in Zukunft besondere Aufmerksamkeit zu schenken und gegen sie nach Maßgabe der folgenden Bestimmungen - soweit erforderlich im Einvernehmen mit den Dienststellen der Hitler-Jugend, der öffentlichen und parteiamtlichen Jugendhilfe (Jugendamt und NSV-Jugendhilfe) und der Justiz - vorzugehen.
Bei der Durchführung nachstehender Anordnungen ist stets zu beachten, daß derartige Erscheinungen in der Jugend nicht nur mit polizeilichen Zwangsmitteln und gerichtlichen Stra-

fen bekämpft werden können, sondern daß durch vorbeugende erzieherische Maßnahmen vor allem eine Besserung der Grundhaltung der Jugendlichen angestrebt werden muß.

I.
Art und Auftreten der Cliquen

1. Cliquen sind Zusammenschlüsse Jugendlicher außerhalb der Hitler-Jugend, die nach bestimmten mit der nationalsozialistischen Weltanschauung nicht zu vereinbarenden Grundsätzen ein Sonderleben führen. Gemeinsam ist ihnen die Ablehnung oder Interessenlosigkeit gegenüber den Pflichten innerhalb der Volksgemeinschaft oder der Hitler-Jugend, insbesondere der mangelnde Wille, sich den Erfordernissen des Krieges anzupassen.

2. Die Cliquen treten unter denn verschiedensten Bezeichnungen auf (Clique, Mob, Blase, Meute, Platte, Schlurf, Edelweißpiraten usw.). Eine feste Organisation ist im allgemeinen nicht vorhanden, der äußere Zusammenschluß ist oft nur lose und ungeregelt. Gelegentlich werden besondere Erkennungszeichen getragen (z.B. Edelweißabzeichen, Totenkopfringe, farbige Nadeln usw.). Mitgliederbeiträge werden meist nicht erhoben, in Einzelfällen dagegen Ausweise ausgestellt. Die Cliquen haben mehr oder weniger feste Treffpunkte und Wirkungsbereiche; sie gehen oft gemeinsam auf Fahrt. Zwischen den einzelnen Cliquen bestehen gelegentlich Querverbindungen, die sowohl freundschaftlicher als auch feindlicher Art sein können.
Den Cliquen gehören vorwiegend junge Burschen, mitunter aber auch Mädchen an.

3. Zur Cliquenbildung kommt es u.a. durch die gemeinsame Zugehörigkeit zu einem Betrieb, einer Schule oder einer Organisation oder durch das Wohnen im gleichen Bezirk. Zunächst können derartige Zusammenschlüsse ganz harmlos sein (Straßengemeinschaften, Eckensteher usw.), später jedoch, je nach den sich durchsetzenden Überzeugungen und Zielen, eine bedrohliche Entwicklung nehmen. Das ist nicht selten auf das Wirken eines einzelnen asozial oder kriminell ausgerichteten Burschen zurückzuführen, der sich die anderen Jugendlichen gefügig zu machen versteht und ihre harmlose Abenteuerlust unversehens in gefährliche Bahnen lenkt.
Im allgemeinen können innerhalb der einzelnen Cliquen drei verschiedene Grundhaltungen festgestellt werden, wobei jedoch beachtet werden muß, daß die wenigsten Cliquen nur eine dieser Grundhaltungen in ausgeprägter Form zeigen. Vielmehr führt die Betätigung auf einem Gebiet meist auch zu einer Betätigung auf dem anderen. Es sind zu unterscheiden:

a) Cliquen mit kriminell-asozialer Einstellung. Diese äußert sich in der Begehung von leichten bis zu schwersten Straftaten (Unfug, Raufhändel, Übertretungen von Polizeiverordnungen, gemeinsamen Diebstählen, Sittlichkeitsdelikten - insbesondere auf gleichgeschlechtlicher Grundlage - usw.). Sie bewirkt bei den Cliquenangehörigen eine mehr oder weniger weitgehende, allgemeine charakterliche und sittliche Verwahrlosung.

b) Cliquen mit politisch-oppositioneller Einstellung, jedoch nicht immer mit fest umrissenem gegnerischen Programm. Sie zeigt sich in allgemein staatsfeindlicher Haltung, Ablehnung der Hitler-Jugend und sonstiger Gemeinschaftspflichten, Gleichgültigkeit gegenüber dem Kriegsgeschehen und betätigt sich in Störungen der Jugenddienstpflicht, Überfällen auf Hitler-Jugend-Angehörige, Abhören ausländischer Sender und Verbreitung von Gerüchten, Pflege der verbotenen bündischen oder anderen Gruppen, ihrer Tradition und ihres Liedgutes usw. Derart eingestellte Jugendliche versuchen häufig, zur eigenen Tarnung oder um die Möglichkeit zersetzenden Einwirkens zu gewinnen, in Parteiorganisationen einzudringen.

c) Cliquen mit liberalistisch-individualistischer Einstellung, Vorliebe für englische Ideale, Sprache, Haltung und Kleidung (englisch-lässig), Pflege von Jazz- und Hottmusik, Swingtanz usw. Die Angehörigen dieser Cliquen stammen größtenteils aus dem »gehobenen Mittelstand« und wollen lediglich ihrem eigenen Vergnügen, sexuellen und sonstigen Ausschweifungen leben. Dadurch kommen sie sehr bald in scharfen Gegensatz zur nationalsozialistischen Weltanschauung. Anforderungen von Hitler-Jugend, Arbeits- und Wehrdienst widerstreben sie und nähern sich insofern der unter b) charakterisierten Grundhaltung.

4. Die Angehörigen der Cliquen können nach dem Grad ihrer Beteiligung unterschieden werden in Anführer, aktive Teilnehmer und Mitläufer.

Anführer der Cliquen (Rädelsführer) sind - ohne daß immer eine feste Führergewalt besteht - eine oder mehrere Personen, oft auch Erwachsene oder Ausländer, die durch besondere Intelligenz, Initiative oder Roheit hervortreten. Sie sind teils in krimineller Hinsicht vorbelastet, teils entstammen sie den früher bündischen oder anderen politisch-oppositionellen Kreisen. Der Hitler-Jugend gehören sie nur selten an. Sind sie aber in der Hitler-Jugend, so versehen sie ihren Dienst dort nicht oder nur unlustig oder sind bereits wegen irgendwelcher Verfehlungen oder Interesselosigkeit aus der Hitler-Jugend ausgeschieden worden. Es sind jedoch auch Fälle bekannt, in denen der Hitler-Jugend-Dienst tadellos abgeleistet wurde, um nach außen hin keinen Verdacht zu erregen.

Auch die aktiven Teilnehmer und Mitläufer von Cliquen sind zum Teil kriminell vorbelastet oder entstammen ungeordneten Familienverhältnissen und asozialen Sippen. Andere kommen aber auch aus ordentlichen Familien und sind im Grunde selbst noch ordentlich. Sie sind in vielen Fällen durch ein Mitverschulden der Eltern (Vernachlässigung der Aufsichts- und Erziehungspflichten) oder durch fehlgeleitete Abenteuerlust, romantische Vorstellungen oder andere pubertätsbedingte Gründe zur Teilnahme bewogen worden.

Die Angehörigen einer Clique zeigen häufig einen übereinstimmenden Stil in Kleidung, Haartracht und Benehmen und führen oft Spitznamen, die sie ihrer Vorstellungswelt oder dem von ihnen bejahten Gedankengut nehmen.

Infolge des Krieges sind viele Jugendliche sich weitgehend selbst überlassen. Die Cliquen üben daher eine starke Anziehungskraft auf sie aus, und zwar auch auf an sich noch ordentliche junge Menschen.

II.
Maßnahmen der Überwachung und Bekämpfung

1. Bei den Cliquenbildungen Jugendlicher handelt es sich um Erscheinungsformen der Jugendgefährdung und Jugendkriminalität; ihre Überwachung und Bekämpfung auf polizeilichem Gebiet obliegt daher hauptverantwortlich zentral dem Reichskriminalpolizeiamt und örtlich in erster Linie der Kriminalpolizei. Soweit es sich jedoch um Cliquen mit ausgesprochen oder vorwiegend politischen oder staatsfeindlichen Bestrebungen handelt, ist die Geheime Staatspolizei zuständig.

2. Überwachung und Bekämpfung der Cliquen sind kriegswichtig. Alle Zusammenschlüsse Jugendlicher sind aufmerksam zu beobachten. Dazu ist ein regelmäßiger Erfahrungsaustausch mit allen anderen in der Jugendarbeit stehenden Dienststellen von Partei und Staat notwendig, wozu die Gauarbeitsgemeinschaften für Jugendbetreuung und ihre Arbeitskreise die beste Gelegenheit bieten. Durch enge Zusammenarbeit mit allen in Frage kommenden Stellen ist dafür zu sorgen, daß Maßnahmen verschiedener Stellen in erziehlich wirksamer Weise aufeinander abgestimmt werden. Bezüglich der Zusammenarbeit mit der Hitler-Jugend wird auf den RdErl. »Zusammenarbeit zwischen Polizei und Hitler-Jugend bei der Bekämpfung der Jugendgefährdung und Jugendkriminalität« vom 30.1.1944 (MBliV. S. 119) verwiesen.

3. Wird eine Cliquenbildung festgestellt oder vermutet, so sind die erforderlichen polizeilichen Maßnahmen in engster Fühlungnahme mit der örtlich zuständigen Dienststelle des Sicherheitsdienstes des Reichsführer-SS (SD) sorgfältig vorzubereiten. Ihre Durchführung ist nur dann erfolgversprechend, wenn vorher ein Gesamtüberblick über die Clique und ihre

Tätigkeit vorliegt. Ein zu frühzeitiges Eingreifen führt häufig dazu, daß nur ein kleiner Teil erfaßt wird, während die übrigen Beteiligten unter besonderen Vorsichtsmaßnahmen ihr Treiben fortsetzen. Nach Abschluß der Vorarbeiten ist sofort energisch durchzugreifen. Jede Nachlässigkeit oder Verzögerung bestärkt die Cliquen in ihrer Tätigkeit und beeinträchtigt das Vertrauen der Bevölkerung in die Staatsführung. Oft kann die Cliquenbildung schon dadurch im Keim erstickt werden, daß gegen von auswärts zugezogene einzelne Jugendliche, die an ihrem neuen Wohnort das dort bisher unbekannte Cliquenwesen einführen wollen, unverzüglich vorgegangen wird. Auf solche zugezogenen Einzelgänger, die in ihrem ganzen Auftreten den Verdacht der Cliquenzugehörigkeit erwecken können, ist daher besonderes Augenmerk zu richten. Vor der Durchführung von Großaktionen (Razzien und dgl.) gegen die Cliquenangehörigen ist tunlich der örtlich zuständige Gauleiter zu unterrichten.

4. Bei der Bekämpfung der Cliquen sind nicht einzelne strafbare Handlungen aufzuklären, sondern vor allem Feststellungen über die Cliquenbildung selbst zu treffen. Dazu gehören alle Feststellungen über Art und Auftreten der Cliquen gemäß Abschnitt I, insbesondere über Personalien der Anführer, aktiven Teilnehmer und Mitläufer; Organisation, Erkennungszeichen, Ausweise, Kleidung usw.; Verbindung zu anderen Cliquen (auch überörtliche); Treffpunkte und Wirkungsbereich; Leitgedanken, Ziele und Betätigungen, auch soweit diese nicht krimineller Natur sind.

5. Alle Maßnahmen gegen den einzelnen Jugendlichen werden bestimmt durch das Ziel seiner Einordnung oder Rückgewinnung in die Volksgemeinschaft. Deshalb soll jeder Fall möglichst frühzeitig erfaßt und bei seiner Bearbeitung scharf durchgegriffen werden, wobei aber jedes Aufbauschen der Vorgänge zu vermeiden ist. Es ist ohne Ansehen der Person vorzugehen, jedoch niemals schematisch. Harte Maßnahmen sind da anzuwenden, wo leichtere wirkungslos geblieben sind oder ungenügend erscheinen. Daher ist bei den Ermittlungen auch sorgfältig die innere Einstellung der Cliquenangehörigen zu erforschen.

Gegen Anführer und aktive Teilnehmer muß u.U. mit aller Schärfe eingeschritten werden, insbesondere gegen Erwachsene und Ausländer sowie in Fällen, in denen zum Zwecke der Abschreckung ein warnendes Beispiel gegeben werden muß. Ihre sofortige Entfernung aus der Öffentlichkeit wird in der Regel erforderlich sein. Bei jugendlichen Mitläufern werden jedoch erzieherische Maßnahmen den erstrebten Erfolg am besten gewährleisten, besonders dann, wenn es sich um im Grunde noch ordentliche Jugendliche handelt, deren pubertät-bedingte Aktivität durch geeignete Beeinflussung auf ein besonderes Betätigungsfeld hingelenkt werden kann. Die Bereitwilligkeit dazu ist u.U. durch den erziehlich wirkenden Schock einer kurzfristigen Freiheitsentziehung zu wecken oder zu verstärken.

6. Bei der Bearbeitung von Cliquenvorgängen ist stets anzustreben, daß vor allem der Kern des rechts- und ordnungswidrigen Verhaltens, eben die Cliquenbildung selbst, bei der Auswahl der Maßnahmen Berücksichtigung erfährt. Im einzelnen kommen in Betracht:

a) Gerichtliche Maßnahmen, sofern die polizeilichen Ermittlungen die Begehung strafbarer Handlungen erwiesen haben. Bei Abgabe des Vorgangs an die Staatsanwaltschaft ist im Schlußbericht auf die Cliquenzugehörigkeit des Beschuldigten einzugehen, die Rolle, die er dabei gespielt hat, darzustellen und u.U. die gemeinsame Aburteilung aller Angehörigen einer Clique anzuregen.

Das deutsche Strafrecht enthält keine Bestimmung, die die Cliquenbildung Jugendlicher an sich unter Strafe stellte. Jedoch können folgende Rechtsnormen - gegebenenfalls unter Heranziehung des § 2 RStGB - eine Strafbarkeit begründen:

RStGB:

§ 82 Abs. I und II Verabredung hochverräterischer Unternehmen.

§ 83 Abs. I und III Aufforderung zum Hochverrat und Bildung von organisatorischen Zusammenschlüssen zur Vorbereitung des Hochverrats.

§ 115 in Verbindung
mit §§ 113 u. 114 Öffentliche Zusammenrottungen in Verbindung mit Nötigung oder Widerstand gegen Beamte.

§ 116 Auflauf.

§ 125 Landfriedensbruch.

§ 127 Bildung bewaffneter Banden.

§ 128 Geheimbündelei.

§ 129 Teilnahme an staatsfeindlichen Verbindungen.

§ 227 Raufhandel.

§ 243 Abs. I Z. 6 Bandendiebstahl.

§ 250 Abs. I Z. 2 Schwerer bandenmäßig begangener Raub.

Neben den §§ 82, 83 RStGB. kommen in den Alpen- und Donau-Reichsgauen noch folgende Bestimmungen des ÖStGB. in Betracht:

§§ 68 ff. Aufstand.

§ 81 Gewaltsame Handanlegung oder gefährliche Drohung gegen obrigkeitliche Personen.

§ 83 Landfriedensbruch und Hausfriedensbruch.

§§ 143, 157, 411 Tötung oder Verletzung bei Schlägerei, Raufhandel.

§ 171 I e Bandendiebstahl.

§§ 190, 192 Raub durch mehrere Raubgenossen.

§ 212 Boshafte Nichthinderung eines Verbrechens.

§§ 214, 307 Vorschubleistung.

§§ 279 ff. Auflauf.

§§ 285 ff. Geheimbündelei.

§ 300 Aufwiegelung.

§ 302 Aufreizung zu Feindseligkeiten.

§ 305 Gutheißung ungesetzlicher oder unsittlicher Handlungen.

Außerdem sind anwendbar:

Gesetz gegen Neubildung von Parteien vom 14.7.1933 (RGBl. S. 479);

Verordnung des Reichspräsidenten zum Schutz von Volk und Staat vom 28.2.1933 (RGBl. I S. 83) § 4, in Verbindung mit den dazu ergangenen Anordnungen, insbesondere dem Runderlaß des Reichsführers-SS und Chefs der Deutschen Polizei vom 20.6.1939 über das Verbot der bündischen Jugend (MBliV, S. 1529) und den in den Ländern ergangenen PolVOen gegen die konfessionellen Jugendverbände (in Preußen PolVO. vom 23. Juli 1935 - GS. S. 105-).

Zeigen die Cliquen eine arbeitsdienst- und wehrdienstfeindliche Einstellung, so kommen noch folgende Strafvorschriften in Betracht:

§ 5 Abs. I Nr. 1 der Kriegssonderstrafrechts VO. vom 17.8.1938 (RGBl. I S. 1455) - Öffentliche Aufforderung zur Verweigerung des Wehrdienstes -;

§ 3 der VO. zur Ergänzung der Strafvorschriften zum Schutz der Wehrkraft des Deutschen Volkes vom 25.11.1939 (RGBl. I S. 2319) - Teilnahme an einer wehrfeindlichen Verbindung -; § 1 der VO. zum Schutze des Reichsarbeitsdienstes vom 12.3.1940 (RGBl. S. 185) - Öffentliche Aufforderung zur Verweigerung der Arbeitsdienstpflicht -.

b) Polizeiliche Maßnahmen. Sie werden angewandt, wenn es sich bei den betroffenen Jugendlichen lediglich um Übertretungen oder Gefährdetenerscheinungen handelt und eine Abgabe des Vorganges an die Staatsanwaltschaft nicht erforderlich ist. In derartigen Fällen ist stets durch eingehende Rücksprache und ruhige Vorhaltung zu versuchen, den Jugendlichen zur Einsicht in das Irrige und Gefährliche seines Verhaltens zu bringen.

aa) Begangene Übertretungen werden nach den allgemein geltenden Bestimmungen geahndet. Als Rechtsgrundlage kommen in Betracht: Polizeiverordnung zum Schutze der Jugend vom 10.6.1943 (RGBl. I S. 349);

Polizeiverordnung über Tanzlustbarkeiten im Kriege vom 17.1.1942 (RGBl. I S. 30); Jugenddienstverordnung vom 25.3.1939 (RGBl. I S. 710 § 12 Abs. 1.).

Für das Verfahren gilt der RdErl. »Übertretungen Jugendlicher« vom 30.3.1944 (MBliV. S. 369). Dem Jugendlichen können auch andere als Arbeitsauflagen gemacht werden (z.B. die Auflage, daß er sich mit ordentlichem Haarschnitt, in ordentlicher Kleidung oder zu einer bestimmten Zeit, einmal oder in regelmäßigen Abständen, auf der Dienststelle vorstellt,) mit deren freiwilliger Erfüllung er beweisen kann, daß es ihm mit der geforderten Umkehr ernst ist.

Falls erforderlich, ist auf Einziehung der von den Cliquen benutzten Geräte (z.B. englische Schallplatten, Abzeichen usw.) zu erkennen.

bb) Hat der Jugendliche keine Polizeistrafe verwirkt und ergeben die Feststellungen, daß bei ihm eine Gefährdung vorliegt, so genügt in leichten Fällen u.U. eine unter Beteiligung der Eltern ausgesprochene Ermahnung. Falls zweckmäßig, kann in derartigen Fällen auch die Schule oder die Hitler-Jugend oder beide zur Unterstützung der elterlichen Bemühungen auf den Jugendlichen aufmerksam gemacht oder, falls die elterliche Erziehung unzulänglich erscheint, die Erziehungsberatung des Jugendamtes bzw. der NSV-Jugendhilfe eingeschaltet werden; diese kann in geeigneten Fällen die Anordnung der Schutzhaft durch die Vormundschaftsgerichte beantragen.

Bei schwerer Gefährdung ist in der Meldung an das Jugendamt bzw. die NSV-Jugendhilfe die Übernahme der Betreuung (z.B. im Wege der Erziehungsfürsorge) oder die Herbeiführung vormundschaftsgerichtlicher Maßnahmen anzuregen. Der Vormundschaftsrichter kann in solchen Fällen neben der normalen (vorläufigen oder endgültigen) Fürsorgeerziehung, die der Verhütung oder Beseitigung einer allgemeinen Verwahrlosung dienen soll, besonders auch die Einweisung in ein Erziehungslager anordnen, wie sie auch bei den jugendlichen Arbeitsbummlern angewandt wird. Die Jugendlichen werden auf dem Wege der »vorläufigen Fürsorgeerziehung« in besondere Heime oder Lager eingewiesen und dort etwa drei Monate lang einer straffen Erziehung unterworfen. Hat diese Maßnahme Erfolg, so behält es bei ihr sein Bewenden. Erweist sich aber während dieser Erziehung, daß eine länger planmäßige erzieherische Beeinflussung des Jugendlichen notwendig ist, so wird die endgültige Fürsorgeerziehung herbeigeführt. Um diese Maßnahmen wirkungsvoll durchführen zu können, ist vor ihrer Einleitung das Einvernehmen mit der Fürsorgeerziehungsbehörde über die Anzahl der unterzubringenden Jugendlichen herzustellen; nur so besteht die Gewähr, daß diese nicht an Raum- oder Personalmangel scheitern.

In Fällen schwerster Gefährdung oder Verwahrlosung kann die Einweisung des Jugendlichen in ein Jugendschutzlager nach den geltenden Bestimmungen beantragt werden.

7. Gegen Personen, die die Bildung von Cliquen dadurch unterstützt haben, daß sie Aufsichts- und Erziehungspflichten vernachlässigten, soll ebenfalls mit geeigneten Maßnahmen vorgegangen werden. Ihr Verantwortungsbewußtsein muß durch entsprechende Rücksprache gestärkt werden. Sofern eine Belehrung oder Verwarnung nicht genügt, ist eine polizeiliche oder gerichtliche Bestrafung herbeizuführen. Handhaben dafür bieten:

§§ 139 b, 170 d RStGB. (in den Alpen- und Donau-Reichsgauen § 139 b RStGB, § 4 der VO. zum Schutz von Ehe, Familie und Mutterschaft vom 9.3.1943, RGBl. I S. 410), Polizeiverordnung zum Schutze der Jugend vom 10.6.1943 (RGBl. I S. 349), § 12, Jugenddienstverordnung vom 25.3.1939 (RGBl. I S. 710), § 12 Abs. 2.

Außerdem u.U. das Gaststättengesetz vom 28.4.1930 (RGBl. I S. 146), das Lichtspielgesetz vom 16.2.1934 (RGBl. I S. 95) sowie arbeits- und disziplinarrechtliche Bestimmungen.

8. Der vorbeugenden Cliquenbekämpfung dient am besten ein regelmäßig durchgeführter Streifendienst der Polizei. Dabei ist grundsätzlich zu beachten, daß die laufende Durchführung von kleinen Streifen wirksamer ist, als in großen Abständen wiederholte Streifengroß-

aktionen. Zur Verstärkung der Polizei sind weitgehend Hitler-Jugend-Führer, Politische Leiter und geeignete Angehörige der Gliederungen der NSDAP und des Jugendamtes sowie der NSV hinzuzuziehen. In besonderen Fällen werden ältere und erfahrene Hitler-Jugend-Führer zweckmäßig in Zivil auftreten, wozu ihnen nähere Anweisungen von der Reichsjugendführung erteilt werden. Die Streifen werden immer von dem rangältesten Angehörigen der Sicherheitspolizei geführt. Mit den örtlichen Standortkommandanten der Wehrmacht ist die regelmäßige Teilnahme von Angehörigen des Wehrmachtstreifendienstes zu vereinbaren, um auch jugendliche Mädchen, die sich in Begleitung von Wehrmachtsangehörigen befinden, erfassen zu können. Zur Sicherstellung von Überführungsmaterial empfiehlt es sich, den Tascheninhalt der Jugendlichen sofort bei der Ergreifung - nicht erst auf der Sammelstelle - in dazu bereitgehaltenen Tüten in Verwahrung zu nehmen. Erzieherisch besonders wirksam ist, wenn die Eltern der aufgegriffenen Jugendlichen sofort - zweckmäßig durch uniformierte Kuriere der Hitler-Jugend - benachrichtigt werden und die Entlassung der - nicht in Haft zu nehmenden - Jugendlichen erst dann erfolgt, wenn sie von den Eltern abgeholt werden.
Zusatz für die Befehlshaber der Ordnungspolizei:
Es wird ersucht, die staatlichen und gemeindlichen Polizeiverwaltungen, soweit es erforderlich erscheint, von dem RdErl. zu unterrichten.
Überdrucke können beim Reichskriminalpolizeiamt, Berlin C 2, Werderscher Markt, angefordert werden.
In Vertretung:

gez.Dr.Kaltenbrunner

Zentrales Staatsarchiv Potsdam, Film Nr. 22934.

267. Anweisung des Plauener NSDAP-Kreisleiters Hitzler zur Ausbildung des Jahrganges 1928 in Bannausbildungslagern, 27.10.1944

Nationalsozialistische Deutsche Arbeiterpartei
Kreisleitung Plauen
Der Kreisleiter   Plauen, den 27. Oktober 1944

An alle Betriebsführer !

Betr.: Volkssturm-Bannausbildungslager

Ab sofort wird der gesamte Jahrgang 1928 der Hitler-Jugend in Bannausbildungslagern waffenmäßig ausgebildet.
Das erfordert, daß Jungen des Jahrgangs 1928 jeden Monat 6 Tage in diesen Lagern erfaßt und von Wehrmachtausbildern unterwiesen werden.
Die Einberufung zu diesen Lagern erfolgt durch die Hitler-Jugend. Reklamationen und Zurückstellungen sind in diesem Falle ausgeschlossen.
Bereithaltungsbefehle für diese Bannausbildungslager fallen weg. Nachwievor werden aber die Jungen des Jahrgangs 1928, soweit sie noch nicht in Wehrertüchtigungslagern der Hitler-Jugend waren, zu diesen Lagern erfaßt, die ab sofort 4 Wochen dauern. Zu diesen Bannausbildungslagern werden alle Jungen erfaßt, auch wenn sie zunächst nicht voll tauglich sind.
Das Gleiche tritt in Kürze auch für den Jahrgang 1929 ein.

Heil Hitler !
Hitzler

Stadtarchiv Plauen, Sondersammlung, Nr. 118, Bl. 71.

268. Drohbrief eines HJ-Bannführers an die Eltern zur Erzwingung der Jugenddienstpflicht ihres Sohnes, 8.11.1944

Der K-Führer des Bannes   8.11.1944

Herrn
Löfflath, sen.
Memmingen
Wilhelm-Ehrlichstr.

Ihr Sohn verweigert seit längerer Zeit grundsätzlich die Erfüllung der Jugenddienstpflicht. Alle bisher getroffenen Maßnahmen blieben unbeachtet. Ich mache Sie als den Erziehungsberechtigten darauf aufmerksam, daß der Dienst in der Hitlerjugend gesetzlich geregelt ist und nach diesen gesetzlichen Bestimmungen erzwungen werden kann.
Darüber hinaus gilt die vormilitärische Ausbildung innerhalb der Hitlerjugend als Dienst im Volkssturm. Auch dieser Dienst kann nach den Militärgesetzen erzwungen werden. Ich mache Sie darauf aufmerksam, daß bei weiterer Dienstversäumnis und Pflichtverletzungen Maßnahmen nicht nur gegen den Jugendlichen, sondern auch gegen Sie als den Erziehungsberechtigten eingeleitet werden müssen.

Heil Hitler !
(Stumpf)
Gefolgschaftsführer

Zentrales Staatsarchiv Potsdam, Film Nr. 14616.

269. Erlaß des Reichserziehungsministeriums zur erweiterten Einbeziehung der HJ in den Deutschen Volkssturm, 20.12.1944

Auf Grund des Führererlasses vom 25. September 1944 über die Bildung des Deutschen Volkssturms und des Befehls des Reichsführers SS und Befehlshabers des Ersatzheeres vom 1. Oktober 1944 führt die Hitler-Jugend die erweiterte Wehrhaftmachung der deutschen Jugend im Rahmen des Deutschen Volkssturmes durch.
Die Wehrhaftmachung erfolgt

a) durch die Ausbildung der Jugendlichen im Alter von 16 Jahren in sechswöchigen Wehrertüchtigungslagern (erstmalig Jahrgang 1928),
b) durch die Ausbildung der Jugendlichen im Alter von 15 Jahren in vierwöchigen Wehrertüchtigungslagern,
c) durch monatliche (zweimonatliche) Überholung des Ausbildungsstandes in viertägigen Bannausbildungslagern,
d) durch Erfassung und Ausbildung von Unterführerbewerbern im Rahmen einer dreimonatigen Ausbildungszeit. Umfang und Stärke dieser Ausbildungslehrgänge wird nach dem jeweiligen Bedarf festgelegt,
e) durch besondere acht- bis zwölfwöchige WE-Lager der Hitler-Jugend für die zeitlich untauglich Gemusterten des Jahrganges der sechzehnjährigen Jugendlichen.

Die Teilnahme an der Ausbildung in den WE-Lagern ist gleichzeitig Pflichtdienst im Sinne des § 1 der Jugenddienstverordnung in Verbindung mit dem Erlaß des Jugendführers des Deutschen Reiches vom 4. Dezember 1940, betreffend allgemeine Grundsätze über den Pflichtdienst in der Hitler-Jugend.
Jugendlichen des Jahrgangs 1928, die im Rahmen der erweiterten Wehrhaftmachung der

deutschen Jugend zur Ausbildung in den bezeichneten Lagern herangezogen werden, ist der erforderliche Urlaub von der Schule zu erteilen. Über die Heranziehung der Jugendlichen des Jahrgangs 1929 zu WE-Lagern ergeht besonderer Erlaß . . .

Im Auftrage: H o l f e l d e r

Zentrales Staatsarchiv Potsdam, DAF/AWI,/Ztg., Nr. 434, Bl. 7.

270. Fragen und Antworten des weltanschaulichen Wettkampfteils des Reichsberufswettkampfes, 1944

Fragen:

Leistungsklasse 1: Jahrgang 1928 und jünger.
1. Wer war Herbert Norkus?
2. Wie lange kämpfte Adolf Hitler um die Macht?
3. Was weißt Du von Günther Prien?
4. Was weißt Du vom Reichsmarschall?
5. Wer darf sich im nationalsozialistischen Staat Bauer nennen?
6. Welche Opfer an Blut und Leben brachte die Hitler-Jugend im Kampf um Deutschland?
7. Warum kämpfen wir um die Freiheit unseres Volkes?
8. Was weißt Du vom Reichsminister Dr. Goebbels und seinen Aufgaben?
9. Was bedeutet nationalsozialistische Volksgemeinschaft?
10. Warum gehen Völker an Kindermangel zugrunde?

Leistungsklasse 2: Jahrgang 1927-26.
1. Wann und wo verkündete Adolf Hitler das Programm der NSDAP?
2. Warum ist die höchste Ehre für uns, Gefolgsmann des Führers zu sein?
3. Was weißt Du vom Reichsführer SS Heinrich Himmler?
4. Nenne bedeutende militärische Führer dieses Krieges?
5. Wie erfülle ich am besten meine Pflicht?
6. Wann wurde Adolf Hitler aus der Festungshaft entlassen?
7. Welche Pflichten fordern die nationalsozialistischen Rassegesetze?
8. Welche Aufgaben wurden der Hitler-Jugend vom Führer übertragen?
9. Warum mußte es zum Kriege gegen die Sowjet-Union kommen?
10. Was wollte Adolf Hitler am 9. November 1923?

Leistungsklasse 3: Jahrgang 1925 und älter.
1. Wie verwirklichte Adolf Hitler seinen Entschluß, Politiker zu werden?
2. Warum müssen wir alles für unser Volk tun?
3. Was weißt Du vom Reichsleiter Baldur von Schirach und seinen Aufgaben?
4. Warum fordert der Führer die Reinerhaltung unseres Blutes?
5. Warum ist Adolf Hitler der größte Feldherr dieses Krieges?
6. Wie müssen wir unser Volk vor Rassenmischung schützen?
7. Welches waren die Folgen am 9. November 1923 für Adolf Hitler?
8. Wann erlebte die NSDAP. einen ihrer schwersten Rückschläge?
9. Warum hat die NSDAP. auch Niederlagen und Rückschläge siegreich bestanden?
10. Was bedeutet das Buch des Führers »Mein Kampf« für unser Volk?

Antworten:

Leistungsklasse 1: Jahrgang 1928 und jünger.
1. Herbert Norkus war Hitler-Junge in Berlin. Er hatte sein junges Leben dem Führer ge-

weiht. So kämpfte er im roten Berlin im festen Glauben an Adolf Hitler und an den Sieg des Nationalsozialismus. Am 24. Januar 1932 wurde er bei der Ausübung seines HJ-Dienstes von feigen Kommunisten meuchlings erstochen. Durch seinen Kampf und das Opfer seines Lebens hat er alles getan, den Sieg des Nationalsozialismus zu erringen.

2. Adolf Hitler kämpfte von 1919 bis 1933, also 14 Jahre um die Macht in Deutschland.

3. Günther Prien war der erste große erfolgreiche U-Bootkommandant dieses Krieges. Er drang in die Bucht von Scapa Flow ein und brachte durch die Versenkung und Beschädigung von schweren Schlachtschiffen den Engländern große Verluste bei.

4. Der Reichsmarschall ist Hermann Göring. Er ist Reichsluftfahrtminister, Reichsjägermeister, Beauftrager des Führers für den Vierjahresplan. Hermann Göring ist der Träger der höchsten Kriegsauszeichnung, des Großkreuzes zum Eisernen Kreuz.

5. Im nationalsozialistischen Staat darf sich der Besitzer eines Erbhofes Bauer nennen.

6. Im Kampf um Deutschland haben (einundzwanzig) Hitlerjungen ihr Leben gegeben, viele wurden verwundet.

7. Wir kämpfen für die Freiheit unseres Volkes, weil die Knechtschaft die größte Schande ist und das Ende unseres Volkes bedeutet.

8. Dr. Goebbels ist der Reichsminister für Volksaufklärung und Propaganda, er ist der Reichspropagandaleiter der NSDAP, Gauleiter von Berlin und Reichsverteidigungskommissar für Groß-Berlin.

9. Nationalsozialistische Volksgemeinschaft bedeutet die bedingungslose Einfügung meines Ich in die Gemeinschaft nach dem Grundsatz: Gemeinnutz geht vor Eigennutz.

10. Völker gehen an Kindermangel zugrunde, weil jeder Geburtenrückgang zum Volkstod führt und weil ein kinderarmes Volk den Kampf ums Dasein gegen eine geburtenreiche Nation nicht bestehen kann.

Leistungsklasse 2: Jahrgang 1927-26.

1. Am 24. Februar 1920 verkündete Adolf Hitler in der ersten großen Massenversammlung im Hofbräuhaus in München das Programm der NSDAP.

2. Es ist für uns die höchste Ehre, Gefolgsmann des Führers zu sein, weil wir dadurch an seinem Werke mitarbeiten dürfen und im Kampfe für ihn und damit für unser Volk Blut und Leben einsetzen können.

3. Der Reichsführer SS Heinrich Himmler ist als Reichsführer SS auch Chef der deutschen Polizei und des Sicherheitsdienstes. Er ist Reichskommissar für die Festigung deutschen Volkstums und Reichsinnenminister.

4. Bedeutende militärische Führer dieses Krieges sind:
Reichsmarschall Hermann Göring
Großadmiral Dönitz
Generalfeldmarschall Rommel
Generaloberst Dietl

5. Ich erfülle am besten meine Pflicht, wenn ich die Arbeit für mein Volk als erste Aufgabe meines Lebens betrachte und immer bereit bin, für Deutschland alles freudig hinzugeben.

6. Am 20. Dezember 1924 wurde Adolf Hitler aus der Festungshaft entlassen.

7. Die nationalsozialistischen Rassengesetze fordern folgende Pflichten:
Mein Blut rein zu halten,
mein Blut gesund zu erhalten,
mein Blut weiterzugeben.

8. Die Hitler-Jugend ist neben Elternhaus und Schule verantwortlich für die geistige, seelische und körperliche Erziehung der gesamten deutschen Jugend.

9. Die Sowjet-Union ist der Staat des Bolschewismus! Der Bolschewismus ist von jeher der Todfeind des Nationalsozialismus gewesen. Ziel des Bolschewismus ist die Weltrevolution. Seine Herrscherschicht, vornehmlich aus Juden bestehend, will die Vernichtung Deutschlands, weil Deutschland das Bollwerk gegen den Bolschewismus ist. Die Rote Ar-

mee hatte seit vielen Jahren für den Angriff auf uns gerüstet und stand an der Grenze zum Einmarsch bereit.

10. Adolf Hitler wollte am 9. November 1923 die rote Regierung in Berlin stürzen und die von der Regierung Kahr betriebene Loslösung Bayerns vom Reich verhindern.

Leistungsklasse 3: Jahrgang 1925 und älter.

1. Adolf Hitler verwirklichte seinen Entschluß, Politiker zu werden, durch die Gründung der Nationalsozialistischen Deutschen Arbeiterpartei.

2. Wir müssen alles für unser Volk tun, weil wir ohne unser Volk nicht geboren wären und nicht leben könnten und weil unser Leben allein im Dienst für Deutschland seine Erfüllung findet.

3. Baldur von Schirach ist der erste Jugendführer des Deutschen Reiches. Er ist Beauftragter des Führers für die Inspektion der Hitler-Jugend, Reichsleiter für die Jugenderziehung der NSDAP. und Gauleiter und Reichsstatthalter von Wien.

4. Der Führer fordert die Reinerhaltung unseres Blutes, weil die Vermischung mit fremden Rassen den Niedergang unseres Volkes und unserer Kultur bedeuten würde.

5. Adolf Hitler hat als einfacher Frontsoldat den ersten Weltkrieg erlebt. Er kennt daher wie kein anderer den Wert des deutschen Soldaten. Sein genialer Geist hat ihm auch überragende Fähigkeiten als Feldherr gegeben. Da sich in seiner Person der große Volksführer, Politiker und Feldherr vereinigt, hat er den umfassendsten Einblick in alle wirtschaftlichen, politischen und militärischen Notwendigkeiten des totalen Krieges.

6. Wir müssen unser Volk vor Rassenmischung schützen, indem wir durch Erziehung und Gesetze die Verbindung mit artfremdem Völkern verhindern.

7. Adolf Hitler wurde wegen Hochverrats zu 5 Jahren Festungshaft verurteilt, nach Landsberg/Lech gebracht und die NSDAP. verboten. Doch der Wille des Führers blieb ungebrochen.

8. Als am 9. November 1923 durch Verrat die nationalsozialistische Erhebung vor der Feldherrnhalle in München blutig zusammenbrach, erlebte die Bewegung einen ihrer schwersten Rückschläge.

9. Die NSDAP. hat auch Niederlagen und Rückschläge siegreich bestanden, weil der Führer und seine Getreuen unbeirrbar an den Sieg geglaubt und beharrlich dafür gekämpft haben.

10. Das Werk des Führers »Mein Kampf« ist das Lebensbuch der Deutschen; es enthält die Grundlagen unserer Weltanschauung.

Zentrales Staatsarchiv Potsdam, Film Nr. 10873.

271. Aus einem Bericht über die Neujahrsansprache des Reichsjugendführers an die Hitlerjugend, 1.1.1945

Fronthilfe und Kriegseinsatz - die Parole der Jugend

Artur Axmann: Die deutsche Jugend geht für Adolf Hitler durchs Feuer

Reichsjugenführer Artur Axmann wandte sich am Neujahrstage mit einer Ansprache an die deutsche Jugend. Indem er der Hitler-Jugend Aufgabe und Ziel für die Arbeit in den kommenden Monaten stellte, gab er dem deutschen Volk einen zusammenfassenden Bericht über den Einsatz der Jugend der Nationalsozialistischen Deutschen Arbeiterpartei im zurückliegenden Jahr. »Im Jahr 1944«, erklärte Reichsjugendführer Axmann, »hat mit unserem Volk auch seine Jugend eine sehr schwere und harte Belastungsprobe erfolgreich bestanden.« Symbolhaft für den Geist und die Einsatzbereitschaft der deutschen Jugend im sechsten Kriegsjahr sei schlechthin der Stellungsbau und Schanzdienst geworden, den nahezu 400 000 Jungen an den vom Feind bedrohten Grenzen aufnahmen. »Mit einer solchen Jugend«, erklärte Axmann, »müssen wir den Krieg gewinnen.« Der Reichsjugendführer dankte dabei den deutschen Eltern, die der Reichsjugendführung verständnisvoll Söhne und Töchter für den Kriegseinsatz in der Heimat anvertrauen. In steigendem Ausbau habe sich im vergangenen Jahr wiederum die vormilitärische Ausbildung befunden ... »Ein überzeugender Beweis für die Haltung der Jugend in diesem gewaltigen Freiheitskampf«, erklärte der Reichsjugendführer, »ist ihr Bekenntnis zur Kriegsfreiwilligkeit. Ich bin der festen Überzeugung, daß auch der Jahrgang 1929 in seiner Haltung und Ausbildung dem Jahrgange 1928 in keiner Weise nachstehen wird.« Die führertreue Jugend unserer Nation habe in begeisterter Bereitschaft den Angriffsbefehl in diesen Tagen im Westen empfangen und von ihr kann gesagt werden, daß sie im wahrsten Sinne des Wortes für Adolf Hitler durchs Feuer gehe. Im Jahre 1945, so fuhr der Reichsjugendführer fort, werde die Gesundheitsführung, die vormilitärische und militärische Ausbildung und die weltanschauliche Erziehung im Vordergrund der Arbeit der Hitler-Jugend stehen. Die 18 - 21jährigen Mädel werden im neuen Jahr in das Korps der Wehrmachts-Helferinnen einrücken. »Am ersten Tage des neuen Jahres sind die Herzen und Gedanken der Jugend in Treue, Liebe und Ehrfurcht bei unserem Führer Adolf Hitler. Es ist das höchste Ziel, dem Führer durch die Erfüllung ihrer Jahresparole 1945 'Fronthilfe und Kriegseinsatz der Hitler-Jugend' viel Freude zu machen.«

Niederdeutscher Beobachter, 2.1.1945.

272. Aus einem Bericht über den Kriegseinsatz der HJ in Ostpreußen, Februar 1945

Der 16jährige Hitlerjunge Bernstdorf aus Hindenburg vernichtete in der Flakstellung bei Ruda zwei Sowjetpanzer. Helmut Tmetzek, ebenfalls aus Hindenburg, Kaufmannslehrling und 15 Jahre alt, wurde als Melder in der Flak durch Granatsplitter am Kopf, Rücken und Oberschenkel verwundet. Als er im Beiwagen eines Krades zur Verbandstelle gefahren wurde, sah er einen einzelnen Sowjetpanzer auf sich zurollen. Er ließ sich in den Straßengraben fahren und schoß den T 34 aus gefährlicher Nähe mit seiner Panzerfaust ab.
Deutschland darf stolz sein auf diese seine kostbarste Wunderwaffe. Mit solcher Jugend müssen wir siegen.

Niederdeutscher Beobachter, 8.2.1945.

273. Ermahnung eines Bannführers zur Erfassung der Jugendlichen des Jahrganges 1928 für die Aufnahme in die NSDAP, Februar 1945

Betr.: Auslese und Aufnahme des Geburtsjahrganges 1928 in die NSDAP.

Folgende Hitler-Jugend-Führer und Ortsgruppen der NSDAP:
        Dahlbruch,
        Dreis-Tiefenbach,
        Müsen,
        Oberholzklau,
        Obersdorf,
        Salchendorf,
        Wahlbach
haben die Unterlagen für die Aufnahme des Geburtsjahrganges 1928 in die NSDAP eingereicht.
Alle anderen Unterlagen fehlen, trotzdem der Termin der Einreichung der 10.2.1945 war.
Wir geben als letzten Termin den **1. März 1945** an.

Wer bis zu diesem Zeitpunkt die namentliche Aufstellung nicht eingereicht hat, für den wird die Aufnahme in die NSDAP durch die betreffende Ortsgruppe nicht mehr bearbeitet.
Wir verlangen von allen Führerinnen und Führern, daß sie sich der Verantwortung, die sie tragen, bewußt sind, denn ihnen ist nachher die Schuld zuzuschieben, wenn Angehörige unserer Gemeinschaft, wenn diese von der Wehrmacht zurückkommen, nicht Mitglied der NSDAP werden können.

Zentrales Staatsarchiv Potsdam, Film Nr. 10899.

274. Aufforderung eines Fähnleinführers an die Eltern, ihre Kinder zum HJ-Dienst zu schicken, Februar 1945

A u f r u f
Nachdem der vom Reichsjugendführer angeordnete jährliche Erfassungsappell in diesem Monate durchgeführt wurde, richte ich nunmehr hiermit an die Elternschaft meines Fähnleins folgenden Aufruf:
Bei dem Erfassungsdienst, den das Fähnlein 5/107 am 17. dieses Monats durchführte, mußten die Kameraden, die schon immer regelmäßig zum Dienst erschienen, feststellen, daß das Geusen-Fähnlein nicht nur 120 oder 130, sondern weit über 200 Jungen zählte.
Alle Jungvolk-dienstpflichtigen Jahrgänge sind nun listenmäßig erfaßt worden. Es liegt jetzt an Ihnen, als Eltern und Erziehungsberechtigte, daß Sie die Fähnleinführerschaft maßgeblich unterstützen, indem Sie Ihre Jungen regelmäßig und pünktlich zu den angesetzten Diensten schicken, und die Pimpfe nicht durch triftige und minderwertige Entschuldigungen von ihren Pflichten als deutsche Jungen abhalten. Ja! Gerade bei unseren heutigen Kriegseinsätzen wie Bahnhofsdiensten und Materialsammlungen, wird jeder Junge gebraucht, an den großen Gemeinschaftsaufgaben mitzuhelfen! Nur geschlossen, einer neben dem anderen, können wir Jungen in der Heimat unsere Treue zum Führer beweisen.
Die Jahresparole der Hitler-Jugend, die uns der Reichsjugendführer gab, wollen wir in die Tat umsetzen:
K r i e g s e i n s a t z   u n d   F r o n t h i l f e !
Heil Hitler!
Der K-Führer des Fähnleins 5/107 »Geusen«
Armin Lücke
Oberjungzugführer
Wo wir stehen

steht die Treue,	Wenn wir singen, schweigt die Treue,
unser Schritt ist ihr Befehl,	sie ist größer als das Lied,
wir marschieren nach der Fahne,	sie trägt schweigend uns're Fahne,
so marschieren wir nicht fehl!	daß sie keiner wanken sieht!

Wenn wir stürmen, singt die Treue,
und ihr Singen zündet an,
u n d   w i r   g l ü h e n   w i e   d i e   F a h n e,
d a ß   i h r   j e d e r   f o l g e n   k a n n !

Archiv der Gedenkstätte Ernst Thälmann, Hamburg.

275. Bericht über dem Empfang von 20 »kampfbewährten« Hitlerjungen durch Adolf Hitler im Hof der Reichskanzlei, 19.3.1945

Der Führer empfing in seinem Hauptquartier Reichsjugendführer Artur Axmann mit einer

Abordnung von 20 Hitlerjungen, die sich bei der Verteidigung ihrer Heimat in Pommern, Niederschlesien und Oberschlesien als Einzelkämpfer mit der Panzerfaust, als MG—Schützen, als Spähtrupp und Erkunder, als Melder oder bei der Sprengung wichtiger Objekte besonders bewährt haben. Mit diesen zwanzig Hitlerjungen war vor dem Führer symbolisch die deutsche Jugend angetreten, die zur Zeit als treuester Helfer unserer Soldaten und des Volkssturms überall auf bedrohtem deutschen Boden mutig und unerschrocken im höchsten Einsatz steht. In diesen zwanzig Jungen ehrte der Führer zugleich ihre Kameraden, die in so jungen Jahren schon als Märtyrer und Blutzeugen der deutschen Jugend im Kampf für die Nation ihr Leben gelassen haben.

Der Jüngste der angetretenen Gefolgschaft war der zwölfjährige mit dem EK II ausgezeichnete Hitlerjunge Alfred Czech, der im Raum Oppeln im feindlichen Artillerie- und MG-Feuer zwölf verwundete Soldaten geborgen und einen sowjetischen Spion gestellt hatte. Manche der 15-, 16- und 17jährigen Jungen waren tagelang eingeschlossen. Sie alle halfen der Truppe und dem Volkssturm, wo immer sie konnten, vernichteten feindliche Barackenlager mit der Panzerfaust, übermittelten wichtige Meldungen von der Truppe zu vorübergehend abgeschnittenen Einheiten, brachten Beute und Gefangene ein und trugen verwundete deutsche Soldaten aus der Kampfzone.

Zwei von ihnen trugen das EK I, alle übrigen das EK II, einige das Infanteriesturmabzeichen und die meisten schon das Verwundetenabzeichen.

Der Führer begrüßte jeden einzelnen der Hitlerjungen durch Handschlag und ließ sich von ihnen ihre Erlebnisse schildern. »Ihr kennt den Kampf jetzt schon aus eigener Erfahrung«, so rief der Führer am Schluß den angetretenen Jungen zu, »und wißt, daß wir in einem Ringen um Sein oder Nichtsein des deutschen Volkes stehen. Ich bin trotz aller Schwere der Zeit fest davon überzeugt, daß wir in diesem Kampf den Sieg erringen werden vor allem auch im Hinblick auf die deutsche Jugend und besonders auf Euch, meine Jungen!« Mit einem leidenschaftlichen »Heil, mein Führer!« beantworteten die Jungen wie aus einem Munde den Gruß des Führers.

Niederdeutscher Beobachter, 19.3.1945.

276. Befehl der HJ-Gebietsführung Osthannover zur Aufstellung von Panzernahkampftrupps und Panzervernichtungsbrigaden, 23.3.1945

NSDAP./Hitler-Jugend
Gebiet Osthannover (41)   Lüneburg, den 23.3.1945.
Der K-Führer des Gebietes

G e h e i m !

An die
Führer und K-Führer der Banne
Führer der WE-Lager
Führer der Gebietsführerschulen.

Betr.: Aufstellung und Ausbildung von Panzernahkampftrupps und Panzerjagdkommandos

Durch den Deutschen Volkssturm 1. und 2. Aufgebot und durch das 3. Aufgebot - Hitler-Jugend - werden ortsfeste Panzernahkampftrupps und bewegliche Panzerjagdkommandos aufgestellt.
Die für die Aufstellung von Panzernahkampftrupps und Panzerjagdkommandos in Frage kommenden Orte sind in einer Karte 1:100 000 auf der Dienstbesprechung den Bannausbildungslagerführern eingezeichnet mitzugeben. Die Einsatzorte sind durch den Stabsoffizier für Panzernahbekämpfung im X.A.K. festgelegt.

1. Ortsfeste Panzernahkampftrupps

a) Ansatz:

Die Panzernahkampftrupps werden aus Jungen des Heimatortes aufgestellt. Diese haben Stellungen an besonders übersichtlichen oder panzergefährdeten Punkten auszubauen und im Alarmfall zu verteidigen. Verlassen des festgelegten Ortes ist verboten.

b) Gliederung des Panzernahkampftrupps:

Der Panzernahkampftrupp gliedert sich in Panzervernichtungstrupp und Panzersicherungstrupp in einer Stärke von je 1:3. Der Vernichtungstrupp wird ausgerüstet mit je Junge 2 Panzerfäusten, Spaten und Panzernahkampfmittel (Blendmittel, Nebelhandgranate, Brandmittel, Minen und Behelfsmittel, geballte Ladungen) der Sicherungstrupp mit Handfeuerwaffen (Karabiner, KK-Gewehre oder Jagdflinten, MPi, Spaten).

Panzerfäuste stellt der Kreisstabsführer des Deutschen Volkssturmes, die im Alarmfall in vorher festgelegten Orten zu empfangen sind. Handfeuerwaffen und Panzernahkampfmittel werden durch die Hitler-Jugend - dem Bannführer und Bannausbildungslagerführer - angefertigt und bereitgestellt.

c) Aufgabe des Panzernahkampftrupps:

Der Vernichtungstrupp hat die Verteidigung von ortsfesten Unterkünften und Sperren vorzunehmen, die aus vorbereiteten Stellungen, Deckungslöchern usw. durchzuführen ist. Der Sicherungstrupp hat aus ebenfalls vorbereiteten Stellungen die Sicherung für den Vernichtungstrupp zu übernehmen, besonders gegen aufgesessene Infanterie, aussteigende Besatzungen und nach Ausführung des Auftrages das Ausweichen des Vernichtungstrupps zu ermöglichen.

Vernichtungs- und Sicherungstrupp werden durch das 3. Aufgebot des Deutschen Volkssturms gestellt. Das 1. und 2. Aufgebot stellt ihre vollständigen eigenen Panzernahkampftrupps auf.

Da gemäß Führerbefehl die Jahrgänge 1930 und 1929 bei einer feindlichen Landung nicht in den Kampf eingesetzt werden dürfen, wird befohlen, daß höchstens 15-20 % der Jugendlichen des Jahrganges 1929 zur Aufstellung dieser Kommandos herangezogen werden dürfen. Sämtliche anderen Jugendlichen fallen unter den Befehl »R-Maßnahmen«.

Die eingesetzten Jungen sind zu belehren, daß sie sich nach Ausführung eines Auftrages auf die eigene Linie zurückzuschlagen haben.

Die Orte, die Panzernahkampftrupps und Panzerjagdkommandos aufzustellen haben, aber nicht die Anzahl der Jungen stellen können, nehmen diese aus Nachbarorten, die für die Aufstellung von Kommandos nicht vorgesehen sind. Panzernahkampftrupps und Panzerjagdkommandos sind nur in den auf den Skizzen befohlenen Orten aufzustellen.

Den Kreisstabsführern Deutscher Volkssturm und den KSB. sind die Führer der Panzernahkampftrupps und Panzerjagdkommandos aufzugeben, die vom 3. Aufgebot ausgebildet und eingesetzt werden. Der Einsatz unserer aufgestellten Trupps ist mit den Trupps des 1. und 2. Aufgebotes abzustimmen.

Sämtliche Jungen, die zum Einsatz gelangen, sind umfassend im Panzererkennungsdienst auszubilden. Auch die deutschen Panzertypen sind zu erklären.

3. Panzerwarndienst

Für den Panzerwarndienst stellen die Bannführer den KBS. oder Kreisstabsführen für das Warnnetz des Schutzbezirkes oder Kreises DJ-Führer des Jahrganges 1930 zur Verfügung. Der Einsatz der gestellten Melder ist mit den KBS. oder Kreisstabsführern abzustimmen. Die namhaft gemachten Melder werden im Bannausbildungslager im Melderdienst, Anlegen von Skizzen usw. ausgebildet. Bei der Melderausbildung ist besonders darauf zu achten, daß der Junge nur wahrheitsgetreue Meldungen überbringt und nicht durch Übertreibungen Unruhe in der Bevölkerung hervorruft. Jede Meldung, die ein Junge zu überbringen hat, geht an den militärischen Führer und ist nicht für die Bevölkerung bestimmt. Die Führer der Banne sind mir dafür verantwortlich, daß die Überbringung von Meldungen an den Banngrenzen in den Nachbarbann hinein sichergestellt ist.

Voraussetzung für den Erfolg der Panzernahbekämpfung ist die Erziehung der Kriegsfreiwilligen zu Angriffsgeist und entschlossenem Willen, den Panzer zu vernichten.

Heil Hitler!
gez. Eiffert
Oberbannführer

Zentrales Staatsarchiv Potsdam, Film Nr. 10900.

277. Aus einem Bericht über die Rede des Reichsjugendführers zum Tag der Verpflichtung der Hitlerjugend, 26.3.1945

Hitlerjungend - Zentrum des Widerstandes

Das Bekenntnis der Jugend am Tag der Verpflichtung

Zu einem machtvollen Bekenntnis der Hitler-Jugend zum Kampf um die Freiheit unseres Volkes gestaltete sich der »Tag der Verpflichtung der Hitler-Jugend« in allen Gauen. Auf einer Reichskundgebung gab Reichsjugendführer Axmann der in der Hitler-Jugend kämpfenden nationalsozialistischen Kriegsjugend die Parole für die Bewährung in der kommenden Zeit der Entscheidung.
Reichsjugendführer Axmann erklärte, die Verpflichtung der Hitler-Jugend stehe in diesem Jahr allein im Zeichen des Willens der Jugend, alle Kräfte einzusetzen, die Wende mit dem Fleiß ihrer arbeitsamen Hände, der Intelligenz ihrer jungen Hirne und vor allem der Tapferkeit ihrer jungen Herzen herbeizuführen. Die Jugend wisse, daß auf den Schlachtfeldern dieses Krieges ihre Zukunft unmittelbar entschieden werde. Es gehe um ihr Reich, in dem sie glücklich leben wolle und das ihnen den sozialen Aufstieg sichern werde. Darum ist die Jugend, so betonte Axmann, von dem leidenschaftlichen Willen beseelt, lieber in Ehren für ein freies Reich zu kämpfen, als in einem unfreien Zustand Fron- und Knechtdienst zu leisten.
Die Geschichte habe so oft, fuhr der Reichsjugendführer fort, bewiesen, daß denen, die Größtes erreicht hätten, auch die Zeiten höchster Belastungen nicht erspart geblieben seien. Immer habe aber die Ausdauer, die Entschlossenheit und Beharrlichkeit im letzten entschieden. Wer wolle heute mutlos werden, während Jahr um Jahr hunderttausende junger Kriegsfreiwilliger sich bereitstellten, um das Vermächtnis unserer Gefallenen zu erfüllen und die Schande, die ein blindwütiger Feind unserer Heimat, unseren Müttern und Schwestern antut, zu rächen. Die im Einsatz stehenden jungen Kriegsfreiwilligen, unterstrich Axmann, hätten dem Feind schnell die Hochachtung abgezwungen. Die folgenden werden ihnen an Bereitschaft, vor allem Härte im Kampf, nicht nachstehen. Dies beweisen bereits heute die Hitlerjungen, die sich im Osten und Westen in schnell gebildeten Kampfgruppen, vor allem als Panzerbrecher, dem Feind entgegenstellten. Der scheinbar unüberwindlichen Materialüberlegenheit begegneten sie unbeirrbar im Glauben an die eigene Kraft und Stärke der Herzen und Waffen. Aus der Hitler-Jugend ist die Bewegung der jungen Panzerbrecher entstanden. Viele von ihnen tragen mit Stolz das Eiserne Kreuz neben dem Panzervernichtungsabzeichen, das Infanteriesturmabzeichen oder das Verwundetenabzeichen. Die größte Auszeichnung aber sei es für sie gewesen, daß der Führer eine Abordnung dieser tapferen Jungen in seinem Hauptquartier empfangen habe. Den Jungen stehen die Mädel nicht nach.

So seien, erklärte Reichsjugendführer Axmann, am Tag der Verpflichtung, Geist und Haltung der älteren Kameraden und Kameradinnen Vorbild und Beispiel den jüngeren Jahrgängen. Nicht Worte helfen, sondern Taten allein. Der Sinn der diesjährigen Verpflichtung der Hitler-Jugend liegt darin, so fuhr der Reichsjugendführer fort, »die Jugend Adolf Hitlers muß das Zentrum unseres nationalen Widerstandes sein. Leidenschaftlich bekennt die Jugend: wir kapitulieren nie. Dieser Vernichtungskrieg läßt keine bürgerlichen Maßstäbe mehr zu. Es gibt kein Zurück mehr, sondern nur ein Vorwärts. Es gibt nur ein Handeln bis zur letzten Konsequenz. Es gibt nur Sieg oder Untergang. Seid grenzenlos in der Liebe zu eurem Volk und ebenso grenzenlos im Haß gegen den Feind. Eure Pflicht ist es, zu wachen, wenn andere müde werden, zu stehen, wenn andere weichen. Eure größte Ehre aber sei eure unerschütterliche Treue zu Adolf Hitler.«

Völkischer Beobachter, 27.3.1945.

278. Bericht des Beauftragten des Reichsjugendführers beim Oberbefehlshaber West über den Zustand der Panzervernichtungseinheiten der HJ, 22.4.1945

Beauftragter des Reichsjugendführers   O.U., den 22.4.1945
beim Oberbefehlshaber West.

An das
Wehrkreiskommando XIII
II a/HJ

Betr.: Aufstellung der Panzervernichtungsbrigaden
Bezug: dortiges Schreiben vom 18.4.1945

Der Reichsjugendführer hat mich als seinen Beauftragten für die Aufstellung der Panzervernichtungseinheiten der Hitler-Jugend eingesetzt. Irgendwelche Nachfragen bitte ich daher in Zukunft nicht mehr an die Gebietsführung, sondern an meine Dienststelle zu richten. Die Dienststelle befindet sich in Schloß W ö r t h a. Donau Tel. 74.
Folgende Panzervernichtungseinheiten befinden sich im Augenblick in der Aufstellung bzw. in der Ausbildung:

1) Panzervernichtungsbrigade süd. Bayr. Ostmark mit 5 Batl. Stärke 2750 Mann.
   Unterkunftsraum: Cham, Reichenbach, Roding. Die Panzervernichtungsbrigade besteht aus Angehörigen der Gebiete Bayreuth und Mainfranken.

2) Panzervernichtungsbrigade Hessen-Nassau mit 4 Batl. Stärke 1600 Mann.
   Unterkunftsraum: Waldmünchen.
   Im Einsatz befindet sich 1 Batl. im Raume südlich Eger.

3) Panzervernichtungsbrigade Westmark mit 4 Batl. Stärke 2000 Mann.
   Unterkunftraum: Dingolfing.

4) Panzervernichtungsbatl. Moselland in Stärke von 600 Mann.
   Befindet sich noch im Anmarsch aus dem Fichtelgebirge in den Raum Cham.

5) Panzervernichtungseinheiten aus den Gebieten Düsseldorf und Mittelland befinden sich noch im Anmarsch auf den Raum C h a m . Stärke noch nicht festgestellt, da mit größerem Ausfall durch Feindeinwirkung zu rechnen ist.

6) 3 Panzervernichtungs-Batl. des Gebietes Franken in Stärke von 1200 Mann befinden sich im Einsatz im Raume Nürnberg. Mit ihrem totalen Ausfall ist zu rechnen.

50 % der Bewaffnung und Ausrüstung ist bisher sichergestellt.

Einsatzbereit sind bis Anfang Mai 3000 Mann, falls bis zu diesem Zeitpunkt die Anlieferung der fehlenden Ausrüstung und Bewaffnung sichergestellt werden kann.

Der Einsatz der Panzervernichtungseinheiten wird mit dem Oberbefehlshaber West, bzw. der Heeresgruppe G abgesprochen, da die Einheiten laut Befehl des Oberbefehlshabers West I a Nr. 3747/44 Geheim 31.3.45 direkt den Armeen unterstellt sind.

Über die Aufstellung von Panzervernichtungseinheiten im Gebiet Sudetenland liegen im Augenblick keine genauen Meldungen vor.

Heil Hitler !
(Overbeck)
Hauptbannführer

Zentrales Staatsarchiv Potsdam, Film Nr. 10900.

279. Aus einem Bericht über den Kriegseinsatz der HJ in Berlin, April 1945

Die Unerschrockenheit der tapferen Berliner Hitler-Jungen und BDM-Mädel erweist sich immer wieder im Kampf gegen schwere und schwerste sowjetische Panzer. Im Kreis Prenzlauer Berg versuchten die Bolschewisten seit Tagen in zusammengefaßten Angriffen von Artillerie, Infanterie und Panzerverbänden, einen Durchbruch zu erzwingen. Soldaten des Heeres, Politische Leiter, Volkssturmmänner und Hitler-Jungen wiesen die Angriffe zurück. In der Panzernahbekämpfung zeichneten sich besonders 16- und 17jährige Hitler-Jungen aus. Der 17jährige Helmut Schepel erledigte einen schweren T 34. - Bei der Artilleriekampfgruppe des HJ-Regimentes Berlin war eine BDM-Führerin als Helferin eingesetzt. In den Kämpfen der letzten Tage lag die Batteriestellung unter schwerem Artilleriebeschuß und war ständigen Tieffliegerangriffen ausgesetzt. Ein Geschütz fiel schließlich aus. Ungeachtet des schweren Beschusses fuhr die BDM-Führerin mit einem Fuhrwerk immer wieder die notwendige Munition in die Stellung, so daß die Batterie den ihr gestellten Auftrag erfüllen konnte.

Niederdeutscher Beobachter, 27.4.1945.

280. Aufruf zu Werwolf-Aktionen an die HJ in Niedersachsen, Frühjahr 1945

Niedersächsische Hitler-Jugend!
Überall - ran an den Feind!

Der Gegner meint, er hätte schon den Sieg in der Tasche - weil seine Truppen in Ost und West auf deutschem Boden kämpfen.
Immer wieder versucht er, uns mit seinen Bombenteppichen und Tieffliegerangriffen mürbe zu machen.
Auch der feindliche Nachrichtendienst läuft auf vollen Touren, um die Siegeszuversicht und das Vertrauen des deutschen Volkes auf seine Führung zu zerstören.
Wieder werden im Feindlager Termine für unsere endgültige Vernichtung festgesetzt, und wieder muß der Gegner Tag für Tag erleben, daß er die Rechnung ohne den Wirt gemacht hat.

Das deutsche Volk kämpft und arbeitet wie nie zuvor, weil es weiß, daß es um die Entscheidung und um unser aller Leben geht. Unsere zerstörten Städte, unsere gemordeten Mütter und Geschwister machen uns noch fanatischer und entschlossener im Widerstand und im Haß gegen die Kriegsverbrecher und ihre Söldlinge!

Unseren Glauben an den Führer und an den Sieg können auch die schwärzesten Nachrichten der Feindsender nicht erschüttern.

Gegen ihre Propagandaparolen sind wir gefeit - weil wir wissen, daß unsere Stunde im Kommen ist.

Dieser Krieg ist der totale Krieg des ganzen Volkes!

Auch die Heimat ist zur Front geworden. Neben der Wehrmacht kämpfen die Männer und Jungen des Deutschen Volkssturmes. Frauen und Mädel helfen in den rückwärtigen Diensten der Wehrmacht.

Die niedersächsische Hitler-Jugend steht in diesem Ringen an vorderster Stelle!

Täglich spürt der Gegner, daß unsere Jungen ihre »Panzerfaust« zu gebrauchen wissen. Täglich lernt er die Härte der deutschen Jugend im Geben und Nehmen kennen und die Kraft ihres Glaubens, den niemand nehmen kann. Nicht nur die älteren Hitlerjungen, nein auch die Mädel und Pimpfe stehen auf ihrem Platz in der Abwehrfront! Wer keine Waffe führt, kämpft auf seine Weise! Es gilt, den Feind zu schlagen, wo man ihn auch trifft!

Jede Waffe und jedes Mittel ist dazu recht. Jeder Schaden, der dem Gegner auf deutschem Boden zugefügt wird, hilft zum Sieg! Keine große Ausbildung, keine Technik, keine Waffen sind dazu notwendig.

Nur Mut, Einsatzbereitschaft, Schnelligkeit, Umsicht und fanatischer Haß tun Not,
um die Waffen unseres Widerstandes zu handhaben!

Mit Hammer, Zange, Messer, Schraubenschlüssel und Geschick kann die feindliche Kriegsmaschine erheblich gestört werden. Sie werden sich an uns die Zähne ausbeißen, die Söldlinge der Plutokratie und des jüdischen Kapitalismus!

J e d e r Pimpf im feindbesetzten Raum hat seinen Auftrag - und der heißt:

dem Gegner schaden, wo man ihn trifft!

Auf das Wie, Was und Wo kommt es dabei an. Darum merkt Euch:
Der Verkehr ist eine lebenswichtige Schlagader. Sie zu durchschneiden, ist mitentscheidend für den Kriegsverlauf.

Wie stört man Kraftfahrzeuge?
1. Durch die Einfüllung von Zucker in den Benzintank.
Folge: Düsenverstopfung, Kolben brennen fest, Kraftfahrzeuge werden nachhaltigst betriebsunfähig.

2. Indem man beim Montieren von Reifen feine Metallspäne zwischen Decke und Schlauch bringt.
Folge: Schläuche zerreißen, Decken werden unbrauchbar, die entstehenden Reifenpannen sind nicht einmalig, sondern entstehen immer wieder, bis die vollkommene Unbrauchbarkeit der Reifen sich herausstellt.

3. Dadurch, daß man Nagelbretter auf die Straßen eingräbt.
Folge: Reifen platzen, bei größerer Geschwindigkeit gerät der Wagen ins Schleudern und überschlägt sich. Bei geschickter Eingrabung sind die Folgen nicht einmalig, sondern werden sich in den meisten Fällen bis zur Entdeckung mehrmalig wiederholen.

4. Drahtseile hinter Kurven spannt, und zwar so, daß sie sich nicht vom Hintergrund abheben. Angerosteten Draht benutzen!
Folge: Schwere Kraftfahrzeug-, insbesondere Kraftradunfälle.

5. Telefonleitungen kurzschließen durch Verbinden der Drähte miteinander, aus Tarnungs-gründen dünne Drähte zum Zusammenschließen benutzen.
Folge: Verständigung nicht mehr möglich und Störunsgstellen schwer auffindbar.

6. Verbindung der Telefonleitung mit Starkstromleitung durch Überwerfen eines mit einem Stein beschwerten Drahtes.
Folge: In allen angeschlossenen Ämtern schmoren die Apparate durch, bei Berührung der Apparate in den meisten Fällen Verletzungen und Ausfälle.

Wie stört man Bahnen?
1. Man verklemmt auf Eisenbahnstrecken die Weichen mit Steinen oder hebt das Zugseil der Weichen aus bzw. zerschneidet es.
Folge: Zugentgleisung.

2. Man legt auf freier Strecke einen Hemmschuh. (Diesen rechtzeitig sicherstellen!)
Folge: Zugentgleisung.

3. Man zerschneidet die Zugdrähte für die Signaleinrichtung der Eisenbahn.
Folge: Zusammenstöße.

4. Man läßt das Schmieröl ab aus den Schmierbüchsen der Achsenlager von Eisenbahnwaggons und preßt möglichst Sand oder aus Tarnungsgründen eine Sand-Fett-Mischung ein.
Folge: Lager laufen heiß, Waggons fangen unter Umständen an zu brennen, dies führt bei Munition- oder Kraftstoffzügen zu Explosionen und macht im allgemeinen zeitweilig, im letzteren Fall sogar nachhaltig Eisenbahnstrecken unbrauchbar.

5. Zerschlagen von Kontrolleinrichtungen aller Art.
Folge: Maschinenausfall.

Das Wichtigste ....
Nicht dabei erwischen lassen. Dumm stellen, findig sein, immer neue Schliche und Wege gehen, dann ist der Erfolg sicher.
Wo der Gegner auch einbrechen mag, überall trifft er auf unsere Front in der Heimat. Wir kämpfen unseren Kampf so lange, bis die Stunde des deutschen Soldaten wieder schlägt, bis unsere Wehrmacht endgültig den deutschen Raum von seinen Feinden säubert. Für diese Stunde kämpfen wir, unser Krieg ist unser Sieg!

Werwölfe packen zu!

Lesen und an die Kameraden weitergeben

Zitiert nach: Boberach, Heinz: Jugend unter Hitler, Düsseldorf 1982, S. 139 f.

281. Adolf Hitler verleiht dem Reichsjugendführer das Goldene Kreuz des Deutschen Ordens, 26.4.1945

Das Goldene Kreuz für Axmann

Der Führer hat dem Reichsjugendführer Artur Axmann in Anerkennung seiner einmaligen Verdienste um Einsatz und Führung der deutschen Jugend im Reich und jetzt im Kampf um Berlin das Goldene Kreuz des Deutschen Ordens und für seinen tapferen persönlichen Einsatz das Eiserne Kreuz 1. Klasse verliehen. Artur Axmann ist neben den Gauleitern Hanke in Breslau und Holz in Nürnberg der dritte lebende Deutsche, der das Goldene Kreuz des Deutschen Ordens trägt.

Mit dieser hohen Auszeichnung ehrt der Führer in sichtbarer Weise die ganze deutsche Jugend, die mit Stolz seinen Namen trägt und die sich jetzt in der Stunde des härtesten Kampfes als seine treueste Gefolgschaft erweist. Der Führer überreichte gestern abend in seinem Hauptquartier die Auszeichnung mit den Worten: »Ohne Ihre Jungen wäre der Kampf überhaupt nicht durchführbar, nicht nur hier in Berlin, sondern in ganz Deutschland.« Axmann erwiderte darauf: »Es sind Ihre Jungen, mein Führer!«

Niederdeutscher Beobachter, 27.4.1945.

Im Kriegseinsatz

Am 1. September 1941 erhielten wir die traurige Nachricht, daß unser einziger, inniggeliebter Sohn, Bruder und Enkel der

Gefreite Günther Borde

im Alter von 20 Jahren am 21. August 1941 im Osten fürs Vaterland den Heldentod starb.

Die Beerdigung fand unter militärischen Ehren am 21. 8. 41 auf dem Heldenfriedhof in Pariffchi statt.

In tiefstem Schmerz

Adolf Borde und Frau Erna
geb. Ringer

Räthe Borde

Als Großeltern:

Reinhold Ringer und Frau Elisabeth
geb. Rohde

Berlin-Tempelhof
Manteuffelstr. 29

Deutsche Soldaten!

Der Unteroffizier Wolfgang Heyne aus Köln ist an der Ostfront gefallen. Bei ihm wurden Briefe und Photos, die ihm seine Mutter aus der Heimat schickte, vorgefunden.

Hört, was seine Mutter schreibt.

15.6.41

Lieber Wolfgang!

Wir hatten wieder Alarm, nun vier Nächte hintereinander! Es ist reichlich! Letzte Nacht spielte es sich nicht direkt in unserem Viertel ab, Vater sah vom Dach aus einen Brand im Zentrum, etwa Severinstr., und einen mehr im Westen, was sonst passiert ist, wissen wir noch nicht.

Man merkt aber sehr, daß es in der Woche 100 gr. Fleisch weniger gibt.

17.6.41

Wir hatten bereits sechs Nächte hintereinander Luftangriff... bei Genske sieht es schauerlich aus, die Bewohner sind jedes Wochenende fort und fanden ihr Haus nun so wieder. Es spielt sich viel bei uns ab, leider, man ist so erledigt von diesen Nächten, wie lange geht das so weiter?

22.6.41

Lieber Wolfgang! Ich kann es nicht fassen, mit Rußland Krieg! Und du bist dabei!... Wer weiß was uns hier jetzt noch alles bevorsteht?

Wir haben bereits 10 Nächte Luftangriff gehabt, aber sie werden vielleicht nichts sein gegen das Kommende.

Wann wird Frieden sein??...

25.6.41

Wo wirst Du sein? Wo wird der Kampf für dich begonnen haben?

Wie hat man seine Kinder behütet, und nun dies Furchtbare, ich kann das nicht fassen.

Unter deutschen Soldaten verbreitetes antifaschistisches Flugblatt

In diefem Krieg gibt es keine Etappe. Dem heldifchen Einfatz unferer Soldaten an der Front fteht die mobilifierte Heimat gegenüber.

Hand in Hand erkämpfen wir, immer unferen Führer vor Augen, unferen Sieg und damit Freiheit und Ehre.

Hitlerjungen und BDM.-Mädel fetzen fich überall dort ein, wo Arbeitskräfte fehlen und wo fie fich nütlich machen können.

Jochenparole der Hitlerjugend, Folge 6 (vom 7. 4. — 15. 4. 1940). Herausgegeben von der Reichsjugendführung Amt Pr., Berlin W.

Parole der HJ in der Woche vom 7.-15.4.1940

Landdienst der Hitlerjugend

Bekanntmachung.

Die am 10. Dezember 1942 vom Volksgerichtshof wegen Vorbereitung zum Hochverrat und landesverräterischer Feindbegünstigung zum Tode verurteilten

Heinz Israel Rotholz, 21 Jahre alt,
Heinz Israel Birnbaum, 22 Jahre alt,
Lothar Israel Salinger, 23 Jahre alt,
Helmuth Israel Neumann, 21 Jahre alt,
Siegbert Israel Rotholz, 23 Jahre alt,
Hella Sara Hirsch, 21 Jahre alt,
Hanni Sara Mayer, 22 Jahre alt,
Marianna Sara Joachim, 21 Jahre alt, und
Hildegard Sara Loewy, 20 Jahre alt,

sämtlich aus Berlin, sind heute hingerichtet worden.

Berlin, den 4. März 1943.

Der Oberreichsanwalt beim Volksgerichtshof.

Bekanntmachung der Ermordung von Angehörigen der antifaschistischen Jugendgruppe um Herbert Baum

Freie Tribüne
FREIE DEUTSCHE JUGEND

No. 11 (Vol. V.)   ANTI-NAZI FORTNIGHTLY   **26. MAI 1943**

Verantwortung

Nach Stalingrad lassen nun der Sieg von Tunis und die schweren Bombardierungen Deutschlands neue Hoffnungen aufleben. Tag und Nacht sind unsere Gedanken bei den Unseren, die auf dem Kontinent kämpfen und leiden. Nach langen bitteren Jahren des Wartens wird Hoffnung nun zur Gewissheit. Die Invasion Europas kommt und mit ihr Freiheit und Leben für die, die die faschistische Barbarei überstehen werden.

Dank der heldenhaften Roten Armee! Dank der 1. und 8. englischen Armee! Dank den amerikanischen und französischen Soldaten! Sie alle haben mit ihrem Blut dafür gezahlt, dass der Tag des Sieges und der Freiheit nähergerückt ist.

Eine grosse Verantwortung liegt auf jedem Einzelnen von uns. Nichts darf versäumt werden, was die Niederlage der Achse und den Sieg der Opposition in Deutschland beschleunigen könnte.

Die meisten von uns tun ihre Pflicht, doch es gibt hier und da noch so manchen, der denkt : "Es kommt doch nicht gerade auf mich an." Wir leben aber in einer Zeit, in der Wochen, Tage, Stunden zählen. Denn an jeden Tage werden Tausende von Juden und Freiheitskämpfern gemeuchelt. Andere wieder sagen : "Kriegsarbeit wird schlechter bezahlt und die Arbeitszeit ist zu lang." Es gehört aber wenig Fantasie und nur gesunder Menschenverstand dazu, um zu erkennen, dass jede Stunde, die der Sieg schneller errungen wird, das Leben von Tausenden Unschuldigen rettet.

Vor uns liegt ein Brief an einen Flüchtling. "Wir müssen verreisen. Hoffen, Euch gesund wiederzusehen." Nur die Unterschrift "Vati und Mutti" war gestattet. Jeder von uns weiss, was das bedeutet : die Reise ins Ghetto.

"Drüben" warten sie. In den Ghettos in Sklavenarbeit, in den Konzentrationslagern dämmern sie dahin. Millionen Kinder, halb verhungert, von Krankheiten verseucht, der Jugend beraubt, ohne Freude am Dasein verkümmern und siechen dahin. Alle, alle hält sie eine einzige Hoffnung am Leben : "Sie kommen." "Sie", das sind die siegreichen Freiheitsarmeen der alliierten Völker. Das sind aber auch wir Flüchtlinge, die wir das Glück haben, mit unseren Händen und Hirnen an der Niederlage des verhassten Hitlerregimes mitarbeiten zu dürfen.

"Nach dem Kriege will ich etwas gelernt haben, um besser leben zu können," auch das können wir des öfteren aus dem Munde eines Flüchtlings hören. Was würden die in den Ghettos und Konzentrationslagern dafur geben, hier sein und mitkämpfen zu können. Die eine Stunde Mehrarbeit, die Tage und Wochen, die man eher in die Kriegsarbeit oder in die Armee ging, sie gerade können der Mutter, dem Vater, dem Bruder oder der Schwester und vielen, die da in Todesnot warten, das Leben retten. Hier liegt die Verantwortung, die jeder Einzelne in sich trägt, und von der sich nichts schmälern lässt.

Deutscher Professor hingerichtet

Nach einem Bericht der schwedischen Zeitung "Trots Allt" vom 14. Mai wurde in München Dr. Kurt Huber, Professor für Philosophie und Psychologie an der dortigen Universität, hingerichtet. In einer Rede an die Frauenschaftsführerinnen der Universität bezeichnete der Gauleiter Giesler, Professor Huber als das geistige Haupt jener Bewegung, an der die Geschwister Scholl, die erst vor wenigen Wochen hingerichtet wurden, so stark beteiligt waren.

Aus der Rede Gieslers ging klar hervor, dass die antifaschistische Bewegung unter den Studenten der Münchener Universität ein beträchtliches Ausmass hat. Nachdem bereits Mitte April etwa 20 Studenten verurteilt worden waren, musste Giesler anlässlich der Verhaftung Professor Hubers vor den Studenten erklären, dass man damit rechne, dass noch zehn oder zwanzig "andere wie er" sich an der Universität befänden.

Als Professor Huber verhaftet und vor Giesler gebracht wurde, erklärte er, dass die deutsche Jugend und die Seele des deutschen Volkes heute in schwerer Gefahr seien, und diese Gefahr käme nicht von aussen sondern von innen.

Professor Kurt Huber wurde im Jahre 1893 in Caur geboren. Er studierte Psychologie und Philosophie und spezialisierte sich auf musikalische Probleme. 1920 wurde er Privatdozent und 1926 ausserordentlicher Professor an der Universität München. Zu seinen wichtigsten Arbeiten gehören eine Schrift über die Philosophie Erich Bechers, eine musiktheoretische Arbeit über den Ausdruck musikalischer Elementar-Motive und eine Sammlung oberbayrischer Volkslieder.

Er ist das siebente Todesopfer, das die Aufdeckung eines Teiles der antifaschistischen Bewegung unter den Münchener Studenten fordert. Am Morgen nach der Hinrichtung der Geschwister Scholl stand an den Wänden der Universität zu lesen "Ihr habt dennoch gesiegt." Die von den National-sozialisten einberufene Versammlung, um das Andenken an die Geschwister Scholl zu schmähen, war nur kärglich besucht gewesen. In den darauf folgenden Tagen wurden leider einige Verbindungen, die bis zu einem Industriellen in Stuttgart reichten, entdeckt und hohe Zuchthausurteile im Schnellverfahren gefällt. Es ist noch nicht klar, ob Verhaftungen, die kürzlich in Berlin stattgefunden haben, direkt mit den Vorgängen in München in Verbindung stehen. Aus Berlin ist die Verhaftung von drei Studentenführern bekannt geworden — unter ihnen Hans Weissenfels, der hingerichtet wurde.

Die Verhaftungen und das brutale Durchgreifen der Faschisten deuten darauf hin, dass endlich auch bei den deutschen Studenten, unter denen die Nationalsozialisten schon in den Jahren vor 1933 grossen Einfluss hatten, die Erkenntnis verbreitet, dass der Faschismus zur nationalen Katastrophe Deutschlands führt, und dass nur der aktive Kampf gegen Hitler Rettung bringen kann.

Einsatz von Hitlerjungen bei den Kämpfen im April 1945 um Berlin

Deutsche Frauen und Mädel!

Der Feind bedroht die Grenzen und hat sie bereits überschritten. Jeder wehrfähige Mann muß jetzt für den Fronteinsatz freigemacht werden!

Seine Arbeit — auch in den Wehrmachtsdienststellen im Lande kann die deutsche Frau übernehmen!

Darum ergeht der Aufruf an alle deutschen Frauen und Mädel vom 18. Lebensjahre ab:

Meldet Euch freiwillig zum Eintritt in das Wehrmacht= helferinnenkorps!

Deutsche Frauen und Mädel!

Noch nie hat Euch das Vaterland umsonst gerufen!

Stellt alle kleinen Pflichten vor dieser dringenden Aufgabe zurück und beweist auch in dieser ernsten Stunde Eure Liebe zu Volk und Heimat durch Euren Einsatz!

Melde= und Beratungsstellen für den freiwilligen Eintritt in das Wehrmachtshelferinnenkorps sind die Dienststellen der NSDAP, der NS.=Frauenschaft und des BDM.

gez. Ursula Ziegler
Hauptmädelführerin

gez. Olga Klitsch
Kreisfrauenschaftsleiterin

10000.12.44 M/9482

Soldaten der Armee Wenck!

Auf Euch ruht eine riesengroße Verantwortung. Das Leben und die Freiheit von Millionen Kindern, Frauen und Männern Eures Blutes und die politische Zukunft des Reiches und der nationalsozialistischen Weltanschauung ist Eurer Tapferkeit und Eurem Kampfwillen anvertraut.

Die Euch befohlenen Ziele müssen unter allen Umständen erreicht werden, denn auch von anderer Seite her sind Operationen mit dem Ziel im Gange, im Kampf um die Reichshauptstadt den Bolschewisten die entscheidende Niederlage beizubringen und damit die Lage Deutschlands grundlegend zu ändern.

Die Berliner wissen, daß mit Euch besonders gute Divisionen heranrücken, gebildet aus den besten Jahrgängen des deutschen Volkes.

Ihr werdet sie nicht enttäuschen.

Schon hat der Feind, überrascht durch Euren Anmarsch, seine Umklammerung an einzelnen Stellen gelockert.

**Laßt jetzt nicht nach!
Überwindet alle Schwierigkeiten,
laßt Euch durch keinerlei Gerüchte beirren!**

Berlin kapituliert nie vor dem Bolschewismus!

Die Verteidiger der Reichshauptstadt haben bei der Nachricht von Eurem schnellen Anmarsch frischen Mut gefaßt und kämpfen mit Trotz und Verbissenheit in dem Glauben, bald das Donnern Eurer Geschütze zu hören.

Der Führer hat Euch gerufen. Ihr seid wie in alten Zeiten des Sieges zum Sturm angetreten. Berlin wartet auf Euch, Berlin sehnt Euch mit heißem Herzen herbei!

Schlagt die Bolschewisten, wo Ihr sie trefft! Ein ganzes Volk wird es Euch danken!

Auf dem Weg in die Gefangenschaft

DOKUMENTE
IV. Jugend im Widerstand 1939-1945

282. Flugblatt der antifaschistischen Jugendgruppe um Heinz Kapelle und Erich Ziegler in Berlin, 8.9.1939

»Ich rufe die Jugend der Welt.«

Es ist noch gar nicht so lange her, als diese sechs Worte aus dem Olympia-Stadion verklungen sind. Junge Berliner und junge Berlinerinnen, gedenkt Ihr noch des ehrlichen und sportlichen Wettkampfes mit jungen Engländern, Franzosen, Polen und vielen Anderen? Wieviel hat sich nun mit einem Mal an diesem friedlichen Streben geändert. Diese, unsere jungen, lachenden Sportsfreunde, Arbeiter, Angestellte und Lehrlinge sollen plötzlich allesamt unsere verhaßtesten Feinde sein? Wir sollen jetzt, anstatt mit Speer, Fußball, Diskus usw. diesen jungen Menschen mit den grausamsten und fürchterlichsten Mordmaschinen gegenübertreten? Alle jene, die uns gar nichts getan haben, sollen wir grundlos ermorden? Jawohl, grundlos! Es gibt nichts in der Welt, was dieses neue wahnwitzige Verbrechen irgendwie rechtfertigen könnte. Denkt daran, sie alle haben Väter, Mütter, Brüder und Schwestern, genau so wie Ihr. Sie alle verdammen ein solches neues Völkermorden bis in die tiefsten Tiefen ihres Herzens genau wie Ihr. Kaum 20 Jahre sind vergangen seit dem großen Blutbad und schon donnern die Geschütze wieder gegeneinander. Und warum das? Die Antwort darauf ist nicht schwer. Als Ihr auf dem Sportplatz standet, da war der Verrat schon längst im Gange. Die falschen »Führer« Deutschlands waren bereits am Werke, ihre »Raubpolitik« gegenüber Spanien, Österreich und der Tschechoslowakei festzulegen. Jeder Deutsche, der von der Einmischung Deutschlands in Spanien sprach, sollte schwer bestraft werden. Der »falsche Führer« erließ ein Gesetz, wonach deutsche Soldaten nicht auf fremdem Boden kämpfen sollten. Drei Jahre später, als die Vergewaltigung Spaniens gelungen war, gab der »falsche Führer« offen zu, daß er hauptbeteiligt war am spanischen Mord. Inzwischen kehrte Österreich »heim«. 8 Tage vor der gewaltsamen Besetzung der Tschechoslowakei erklärte der »Führer« vor aller Welt feierlichst: »Ich will keine Tschechen in meinem Reiche haben.« Das war also eine bewußte Lüge. Wir glauben, daß es sich an den Skodawerken jetzt genauso gut verdient, wie an Krupp, Siemens, AEG, Borsig usw. Nachdem erklärte derselbe »falsche Führer«: »Ich habe in Europa keine territorialen Forderungen mehr.« Das war wieder eine bewußte Lüge. Jetzt hat der »Führer« das deutsche Volk und die deutsche Jugend auf den Weg gebracht, der zur Katastrophe führt. Hitler will das Blut der deutschen Nation opfern wegen der Machtgier der wenigen großdeutschen Großkapitalisten. Überlegt einmal, was die deutschen Rüstungskönige am Weltkriegsblut verdient haben mögen? Am spanischen Blut? Am tschechischen Blut? Deutsche Jugend, an Deinem Blut wollen sie wieder verdienen! Das soll und darf nicht sein.
Berliner Jugend, wehre Dich und empöre Dich.
Setzt den Kriegstreibern überall schärfsten Widerstand entgegen.
Berliner Mädels! Auf Euch kommt es an. Weigert Euch Munition herzustellen.
Je schneller Ihr handelt, desto kürzer ist der Krieg.
Denkt an unsere 2 Millionen toten Väter und Brüder des Weltkrieges, das darf niemals wieder soweit kommen!
Nur der Sturz Hitlers und seiner Kriegstreiberbande bringt den Frieden.

IML/ZPA, NJ 1708.

283. Flugblatt der antifaschistischen Jugendgruppe um Hanno Günther aus Berlin, Ende 1939

Mein Führer,
jahrelanger Kampf und Opfer für Ihre Ideen berechtigen mich zu diesem Schreiben:
Sie gaben uns Arbeit und Brot, ja, aber diese Rechnung müssen wir jetzt auf dem Felde der Ehre bezahlen:

Sie versprachen Hilfe dem Mittelstand, den Kleingewerbetreibenden und Kleinbauern. Was ist aber aus dieser Hilfe geworden?

Tausende von Kleinbetrieben sind geschlossen, Kleinbauern von ihren kargen Höfen vertrieben worden. Der Mittelstand stirbt vor ihren Augen.

Einst forderten wir Nationalsozialisten:
Brechung der Zinsknechtschaft,
wir forderten Verstaatlichung aller Truste,
wir forderten Gewinnbeteiligung an Großbetrieben,
wir forderten Ausbau der Altersversorgung,
wir forderten Enteignung der Warenhäuser und deren Vermietung an Kleingewerbetreibende,
wir forderten schärfste Berücksichtigung der Kleingewerbetreibenden bei Lieferung an Staat, Länder und Gemeinden!

Wir fordern dies alles noch jetzt und fordern Sie, mein Führer, auf, zu diesem Brief Stellung zu nehmen!

Heil Hitler!
Paul Schulze
im Namen vieler anderer

IML/ZPA, NJ 5046.

284. Aufruf von Eberhard Koebel (Tusk) zum Eintritt in die Freie Deutsche Jugend in Großbritannien, 9.1.1940

TRETET DER FREIEN DEUTSCHEN JUGEND BEI!

Die Deutsche Freischar, d.j. 1.11. und die anderen Bünde sind nicht mehr, oder allenfalls Schatten ihrer selbst. Alles hat sich geändert. Auch die Aufgaben. Die bündische Jugend stand auf dem Grundsatz der Auslese. Sie wollte ein aufrichtiges Geschlecht erzeugen. Sie wollte »vorleben«, wie es einer ihrer Dichter, Walter Flex, einmal nannte.

Während diese bündische Jugend ihr wirklichkeitsfernes Leben in den Wäldern genoß, strömten jene, die von ihr hochmütig ausgeschlossen und auch nicht von der bewußt antifaschistischen Jugend erfaßt worden waren, zu den Fahnen Hitlers. Das Erwachen kam zu spät. Zu lange hatte die bündische Jugend zu den Sternen geguckt, zu lange sich dem fruchtlosen Hader in den eigenen Reihen hingegeben, als daß sie sich hätte wehren können, als die Nazis auch ihr ein blutiges Ende bereiteten.

Die Freie Deutsche Jugend ist anders als die bündische Jugend von ehedem. Sie wird von dem gemeinsamen Erlebnis des Naziterrors, der Flucht aus der Heimat und des harten Existenzkampfes in der Emigration zusammengeschweißt. Probleme, die uns vor 10 Jahren in einer sorglosen Umwelt wichtig vorkommen mochten, würden auf sie nur lächerlich wirken. Tod und Terror haben Lücken in ihre Reihen gerissen. Und doch sind die Lieder und viele Gedanken die gleichen geblieben.

Die FDJ hat eine große nationale Aufgabe. Sie muß der Emigrantenjugend die Heimat ersetzen, sie muß die Heimat in ihnen zum Leben erwecken, die Heimat, die sie nur von der faschistischen Pest verzerrt kennengelernt haben. Die FDJ muß in den jugendlichen Flüchtlingen jenes besondere Wesen der deutschen Jugendbewegung entwickeln und wachhalten - jenes Wesen, das Hitler fürchtet wie die Solidarität der Arbeiter, - jenes Wesen, das auch schon seit langem Wirkungen auf die englische Jugend hat.

Heute hat jeder Bündische erkannt: Einigsein können wir nur, und müssen wir, im konsequenten Kampf gegen den Hitlerfaschismus!

Alle anderen Ziele müssen diesem unterstellt werden. Sie verwirren nur und lenken ab. Dieser Kampf muß und kann nur von uns deutschen Nazigegnern geführt und gewonnen werden. Sogar der gegenwärtige Krieg stört ihn nur, weil er das deutsche Volk für Hitlers Verbrechen verantwortlich macht und es damit Hitler näher bringt.

EHEMALIGE BÜNDISCHE IN ENGLAND!
Helft mit all Euren Kräften der Freien Deutschen Jugend in ihrem großen Werk bis zur Rückkehr in ein von der braunen Pest gereinigtes Deutschland! Tretet bei! Schickt Geld zum Ausbau unserer Zeitschrift! Bittet englische Freunde, dasselbe zu tun!
Die großzügige britische Gastfreundschaft ermöglicht, was jetzt in kaum einem anderen europäischen Lande möglich ist, nämlich die deutsche Jugendbewegung fortzuführen mit all ihrem Idealismus, ihrer Begeisterung für die deutsche Kultur und ihrer aufgeschlossenen Achtung vor anderen Völkern.

TUSK

Freie Deutsche Jugend (London), Nr. 2, 9.1.1940.

285. Aus einem Bericht des Reichsjustizministeriums über die Leipziger Meuten, Frühjahr 1940

Prüfungsbericht!

Berichtsanlaß:
Der Oberstaatsanwalt Leipzig bearbeitet Strafverfahren gegen eine größere Anzahl von Angehörigen der Leipziger »Meuten«, soweit sie nicht wegen Hochverrat vor dem Volksgerichtshof oder dem OLG. Dresden anhängig sind ...

I. Die Meuten.
A. Äußeres Auftreten.
Seit 1937 werden in Leipzig Jugendgruppen beobachtet, die sich »Meuten« und (später) auch »B.J.« (Bündische Jugend) nennen. Die Angehörigen kleiden sich einheitlich, die Jungen mit buntkariertem Hemd (im Winter Slalombluse), kurzer Lederhose (im Winter Skihose), mit Möbelnägeln beschlagenem Lederkoppel, hellen Kniestrümpfen und festen Buntschuhen; die Mädchen mit dunklem Rock, im übrigen entsprechend den Jungen.
Die Gesamtzahl der Anhänger wird von der Staatspolizeistelle Leipzig auf etwa 1500 geschätzt. Die Anhänger sind im Durchschnitt 16 bis 21 Jahre alt.
Die einzelnen Meuten umfassen etwa 20 und mehr Angehörige. Sie haben bestimmte Treffpunkte auf öffentlichen Straßen, an denen sie regelmäßig Treffs abhalten. Nach den für diese Treffpunkte im Volksmunde gebräuchlichen Spitznamen benennen sie die Meuten. Besonders bekannt geworden sind die Meuten »Hundestart« (Alter Friedhof in Kleinzschocher), »Reeperbahn« (Schlageter-Straße), »Lille« (Lilienstraße), »Broadway« (Petersstraße). Fehlen solche Spitznamen, so werden die richtigen Straßen oder Ortsnamen gewählt: Meute »Lindenthal«, »Eisenbahnstraße« usw.
Sonntags unternehmen Jungen und Mädchen der Meuten gemeinschaftlich Fahrten.

B. Die Verbreitung.
Außer den im ganzen Leipziger Stadtgebiet verteilten, auf 1500 geschätzten Meutenangehörigen sind Meuten in Pegau (zugleich für die Umgegend) und Oschatz festgestellt worden ... Zu vermuten ist, daß insbes. in der Leipziger Gegend noch mehr Meuten bestehen.
Gelegentlich ist gerüchtweise verlautet, daß Meuten in größerem Umfange in Berlin, München und im Rheinland bestehen sollen.

C. Weltanschauliche Einstellung.

Allen Meuten gemeinsam ist die Ablehnung der HJ, deren Zucht und Disziplin ihnen zuwider ist. Sie führen ein in jeder Beziehung freies und zuchtloses Leben, in dem das Geschlechtsleben eine große Rolle spielt. Die führenden Meuten kennzeichnet eine offene Gegnerschaft zur HJ. Von diesen Meuten ist die Losung ausgegeben worden: »Haut die HJ, wo ihr sie trefft.« Die Hitlerjungen werden als »Buschneger« bezeichnet. Es haben zahlreiche Schlägereien zwischen solchen Meuten und HJ stattgefunden.

Kleinere Kreise innerhalb dieser führenden Meuten pflegen kommunistisches Gedankengut, suchen in besonderen Sitzungen den Moskauer Sender abzuhören, bereiten sich selbst auf einen staatlichen Umsturz vor und suchen weniger unterrichtete und neue Meutenangehörige in kommunistischem Sinne zu beeinflussen. Sie haben neben den in den Meuten üblichen Grußformeln »Servus«, »Satz« und dergl. den Gruß der kommunistischen Jungpioniere in russischer Sprache eingeführt: »budj gotow - wsegda gotow« (Seid bereit - immer bereit), der auch in verstümmelter Form gebraucht wird. Von ihnen wird zusätzlich zur Einheitstracht auch häufig ein rotes Halstuch getragen.

Außer diesen kommunistisch aktiv tätigen Angehörigen gibt es innerhalb jeder Meute auch weniger politisch interessierte und solche, denen der politische Charakter gleichgültig ist oder ganz entgeht ... Es gibt auch ganze Meuten, denen ein politischer, insbes. kommunistischer Charakter nicht nachgewiesen werden kann. Die rheinischen Meuten sollen mehr den Charakter des ehemaligen Zentrums haben.

D. Organisation und geschichtlicher Werdegang.

1) Die gleichartige Tracht, die gemeinschaftliche Ablehnung der HJ, die gleichartige Lebensweise und der gleichartige Gruß legen die Vermutung nahe, daß es sich um eine von einer einheitlichen Spitze aus geleitete Bewegung handelt. Die geheime Leitung konnte bisher nicht ermittelt werden. In den Meuten wird offenbar sorgfältig vermieden, irgendetwas schriftlich niederzulegen oder gar Schrifttum herauszugeben. Soweit es sich um eingeweihte Rädelsführer handelt, haben sie bisher strengstes Stillschweigen bewahrt, so daß anfangs nicht einmal die kommunistische Einstellung nachweisbar war. Der größere Teil der Meutenangehörigen wird über die geheime Leitung gar nicht unterrichtet sein. Man kann also Meutenangehörige und Meuten verschiedenen Charakters oder Grades unterscheiden.

2) Daß die Meuten untereinander in enger Verbindung stehen, ist erwiesen. Es gibt »Verbindungsmänner«. Die Petersstraße bildet einen Treffpunkt für viele Meuten. 1937 sollen auch gemeinschaftliche Fahrten nach Berlin und Hamburg geplant gewesen sein. Im März 1938 wurde ein »Bayernball« von Angehörigen vieler Meuten besucht. Die Verbindung ergibt sich auch aus der einheitlichen Bezeichnung als »Meuten« und aus der späteren Annahme des gemeinsamen Namens »B.J.«. Diesen Namen hat allerdings zuerst die HJ aufgebracht, da bei den ersten Beobachtungen der kommunistische Charakter noch nicht bekannt war und angenommen wurde, daß es sich um die Fortsetzung aufgelöster Jugendverbände handele.

Die Meuten haben jedoch den Namen übernommen und teilweise Anzeichen mit der Aufschrift »B.J.« getragen.

3) Da die geheime Leitung unbekannt ist, können auch über die geschichtliche Entstehung keine zuverlässigen Feststellungen getroffen werden. Die meisten der Rädelsführer gehörten früher marxistischen Vereinigungen an, insbes. den Roten Falken, den Sozialdemokratischen Kinderfreunden, Arbeiterturnvereinen, der KJVD usw. Es ist anzunehmen, daß es sich um eine von illegalen marxistischen Gruppen ins Leben gerufene Bewegung handelt.

4) Es ist aber auch möglich, daß Gedankengänge der verbotenen »Deutschen Jungenschaft D.J. 1.11.« übernommen worden sind. Dabei handelt es sich um eine am 1.11.29 von Köbel (»Tusk«) gegründete Jugendbewegung, die durch neuartiges Schrifttum und neuartige Lieder rasch Einfluß auch auf die ältere und nationale Jugendbewegung gewann und sich zum Ziel gesetzt hatte, die gesamte Jugendbewegung aufzusaugen. Die D.J. 1.11. war rein kommunistisch eingestellt, ohne daß ein organisatorischer Zusammenhalt mit der KPD nachzuweisen ist.

II. Rechtliche Beurteilung.

Die Unkenntnis von der gemeinsamen Leitung der Bewegung und von der geschichtlichen Entstehung sowie das oben erwähnte Bestehen verschiedener Grade der Meuten und Meutenangehörigen erschwert die rechtliche Beurteilung.

A. Hochverrat

Soweit es sich um Rädelsführer handelt, die sich in den Meuten lediglich zu dem Zwecke betätigen, kommunistisches Gedankengut zu verbreiten, die HJ von der Straße zu verdrängen, die Straße für die Meuten zu erobern und damit eine wesentliche Waffe für den geplanten Umsturz zu schmieden, ist wegen Verbrechens der Vorbereitung des Hochverrats eingeschritten worden und künftig einzuschreiten. Eine Anzahl von Rädelsführern ist mit hohen Zuchthausstrafen bis zu 8 Jahren bestraft worden. Es kann in diesen Fällen dahingestellt bleiben, ob noch andere Strafgesetze verletzt sind.

B. § 2 des Gesetzes gegen die Neubildung von Parteien v. 14.7.33.

Soweit sich die klare Feststellung treffen läßt, daß die Beteiligten das Endziel des Umsturzes nicht erkennen und sich daher zwar nicht hochverräterisch betätigen, aber das kommunistische Wesen der Meuten kennen und billigen, ist mit mehrfach ausgespochener Billigung des Herr RJM. aus diesem Strafgesetz vorgegangen worden. Die Meuten sind als Aufrechterhaltung einer kommunistischen Parteiorganisation aufgefaßt worden. Gegen die - meist jugendlichen - Täter sind Gefängnisstrafen bis zu 1 Jahre ausgeworfen worden.

Soweit sich der innere Tatbestand nachweisen läßt, wird auch künftig entsprechend verfahren werden können. Es ist jedoch zu bedenken, daß infolge des Ablaufs der Zeit bei den Jugendlichen die eigene Vorstellung vom Wesen der 1933 aufgelösten Parteien mehr und mehr abnehmen muß. Auch die Einschränkung der Aufklärung über den Kommunismus seit dem Russenvertrag kann sich in dieser Richtung auswirken. Es werden daher in Zukunft möglicherweise Schwierigkeiten hinsichtlich des Nachweises des inneren Tatbestandes auftreten.

C. Die Verordnung des Reichspräs. v. 28.2.33 zum Schutze von Volk und Staat in Verb. mit Sächs. VO.

...

Die Meuten können zwar nicht als Fortsetzung oder Aufrechterhaltung der alten Bünde, aber als Neubildung bündischer Jugend angesehen werden.

Auch der innere Tatbestand der bündischen Betätigung wird in der Regel nachzuweisen sein ...

Auch die unpolitischen Mitläufer der Meuten erkennen jedoch ohne weiteres, daß es sich bei den Meuten nicht um erlaubte Vereine mit Sonderzielen (Turnvereine, Wandervereine, Gesangvereine) handelt, sondern um eine der HJ entgegengesetzte Organisation mit jedenfalls nichtnationalsozialistischer Weltanschauung. Während andere Vereine bestimmte Einzelziele körperlicher Ertüchtigung oder geistiger Schulung verfolgen, haben die Meuten mit der früheren bündischen Jugend und der HJ gemeinsam, daß sie durch das gemeinsame Erlebnis von Fahrt, Lager und Heimabend (oder Treffs bei den Meuten) auf den Charakter der Jugendlichen Einfluß nehmen und die gesamte Lebenshaltung auch für das spätere Leben bestimmen wollen. Ihr Ziel ist ein weltanschauliches. Das wird in seinen Grundzügen auch jedem unpolitischen Mitläufer erkennbar. Auch diese Mitläufer erstreben ein von der HJ entfremdetes Gemeinschaftsleben ...

Die Ermittlungen gegen die Meuten sind noch nicht abgeschlossen. Es ist mit der Aufdeckung weiterer Meuten zu rechnen, die ihre Tätigkeit über den 20.7.1939 hinaus fortsetzen konnten. (vgl. II B). Die bisherige Bearbeitung der Meutensachen hat gelehrt, daß der Nachweis hochverräterischer Betätigung und des Verbrechens nach dem Gesetz gegen die Neubildung von Parteien nur bei einem kleinen Teile der Meutenangehörigen gelingt. Wenn man von dem Gedanken ausgeht, daß es sich um eine von einheitlicher geheimer Spitze aus geleiteten Bewegung handelt, so ist es geboten, mit allen Mitteln gegen die Meuten einzuschreiten und auch gegen die in die kommunistischen Ziele nicht eingeweihten Mitläufer eine Handhabe zu finden ...

Bundesarchiv Koblenz, R 22/955, Bl. 346 ff.

286. Flugschrift der antifaschistischen Jugendgruppe um Hanno Günther aus Berlin »Das Freie Wort«, 1. Folge, Juni 1940

Durchlesen und falls sie im Besitz einer Schreib- oder Vervielfältigungsmaschine sind, mehrmals abschreiben und **weitergeben**.

DAS FREIE WORT!

Die Deutschen marschieren siegreich durch Europa!
Polen wurde in 18 Tagen geschlagen. Dänemark wurde unterworfen. Norwegen in wenigen Wochen besetzt. Holland wurde unterworfen. Belgien in 18 Tagen geschlagen. Und endlich Frankreich in sechs Wochen vernichtet.
Die Blüte unseres Volkes wurde geopfert!
Wofür? Etwa für die Zukunft des deutschen Volkes? Oder den Frieden Europas? Nein!
Alle Aktionen Hitlers zum sogenannten »Neuaufbau Europas« tragen bereits den Keim zum neuen Krieg in sich. Man kann Völker nicht auf ewig unterdrücken. Der grauenvolle Rückschlag muß erfolgen! Niemand kann den Pendel der Weltgeschichte anhalten!
Will Hitler den Frieden?
Am 1.10.1938 wird Deutschland auf Grund des Selbstbestimmungsrechts der Völker, durch das in derartigem Maße noch nie dagewesene Entgegenkommen Frankreichs und Englands, das Sudetenland angegliedert. Am 16.3.39 wird, unter Mißachtung des selben Rechtes das tschechische Böhmen und Mähren besetzt! Will Hitler den Frieden?
Am 30.1.39 erklärt Hitler noch einmal feierlich, daß er das Recht Polens im Korridor anerkennt. Im Sommer 39 fordert er jedoch Danzig und einen Korridor durch den Korridor. Polen lehnt diesen Vorschlag, durch das Schicksal der Tschechoslowakei mißtrauisch geworden, ab. Ende August fordert Hitler Polen auf, einen mit allen Vollmachten versehenen Unterhändler zu schicken, der völlig alleine, ähnlich wie der tschechische Ministerpräsident Hacha, mit Hitler verhandeln (?) soll. Polen lehnt ab. Nun eröffnet Deutschland die Feindseligkeiten und erklärt nachträglich, was für entgegenkommende Vorschläge es machen wollte! Will Hitler den Frieden?
Nach der Zerschlagung Polens erklärt Hitler als sogenanntes Friedensangebot, daß er außer Polen auch noch einen gerechten Anteil an den Rohstoffen der Erde fordert. Was versteht Hitler unter gerecht? Er hätte sich mindestens etwas klarer ausdrücken müssen! Will Hitler den Frieden?
Die völlig friedlichen Länder Dänemark und Norwegen werden unterworfen. Nach diesen Erfahrungen stellen Belgien und Holland mehr Truppen, zum Schutz ihrer Neutralität, an die deutsche Grenze als an die Küste. Dies nimmt man zum willkommenen Anlaß, um auch diese Länder zu unterwerfen. Will Hitler den Frieden?
Durch die in dieser Größe noch nie dagewesenen Opfer und Dank des heldenmütigen deutschen Soldaten, wird Frankreich niedergerungen. Aber anstatt einen ehrenvollen Frieden zu schließen, der wahrscheinlich auch England zum Nachgeben bewegt hätte, diktiert man einen Waffenstillstand, gegen den Versailles ein Kinderspiel war! Will Hitler den Frieden?
Nein!! Hitler und seine Auftraggeber, die Herren von Kohle und Eisen, wollen den Krieg jetzt und in der Zukunft!
Selbst wenn Deutschland auch noch England und Amerika schlägt, sind die Kosten dieses Krieges bereits jetzt so hoch (abgesehen von den riesenhaften Blutopfern), daß wir nach Kriegsende genau so zahlen müssen wie unsere Gegner. Und an wen müssen wir zahlen?

An die Großindustriellen, die jeden Krieg gewinnen!
Deutsches Volk, besinne dich in zwölfter Stunde. Stürze die Naziplutokratie, solange du noch mächtig genug bist, einen dauerhaften Weltfrieden herbeizuführen.

IML/ZPA, NJ 5046.

287. Aus der Anklageschrift des Sondergerichts Magdeburg gegen den Jungkommunisten Horst Schrader, 7.8.1940

Der Oberstaatsanwalt   Magdeburg, den 7. August 1940
als Leiter der Anklagebehörde   Verf. d. Ankl.: StA. Kruse.
beim Sondergericht
SG Js 492/40

Haftsache!

An
den Herrn Vorsitzenden des Sondergerichts
in Magdeburg

Sondergerichtsanklage.
Der Arbeiter Horst Schrader, geb. am 27.12.1915 in Magdeburg, verh., wohnhaft in Magdeburg, Karl-Mohrstr. 3, in dieser Sache im Gefängnis in Magdeburg in Untersuchungshaft auf Grund des Haftbefehls des Amtsgerichts in Magdeburg vom 27. Mai 1940 (Aktenzeichen 20 Gs. 1347/40), polizeilich festgenommen am 30. Januar 1940, vorbestraft,
wird angeklagt:
im Winter 1939/40 in Magdeburg fortgesetzt handelnd, absichtlich ausländische Sender abgehört zu haben, - Verbrechen, strafbar nach § 1 der VO. über außerordentliche Rundfunkmaßnahmen.

Strafantrag ist gestellt: Bl. 13 d. A.
Beweismittel:
I. Teilgeständnis,
II. Zeugen:
    1. Feldwebel Kurt Preiser,
    2. Kaufmann Carl Riedel, Magdeburg, Karl-Mohrstr. 3.

Ermittlungsergebnis.
Der Angeschuldigte gehörte vor der Machtübernahme dem KJVD an und beteiligte sich auch später illegal für den KJVD. Er wurde deshalb durch Urteil des 5. Strafsenats des Kammergerichts in Berlin vom 28. Nov. 1936 wegen Vorbereitung eines hochverräterischen Unternehmens zu 2 Jahren 6 Monaten Zuchthaus und 3 Jahren Ehrverlust verurteilt, wobei durch die erlittene Haft 1 Jahr und 2 Monate verbüßt sind. Er verbüßte die Strafe bis zum 28.3.1939. Der Angeschuldigte besitzt ein »Sachsenwerk«-Rundfunkgerät (Super), das nach seinen Angaben 280.- RM gekostet hat. Mit diesem Gerät hat er wiederholt ausländische Sender abgehört. Er behauptet zwar, er habe nur 2 mal aus Versehen fremde Sender eingestellt, gibt aber selbst zu, beim ersten Mal noch kurze Zeit weiter zugehört zu haben, obwohl er aus den Hetznachrichten erkannt hatte, daß es sich um einen ausländischen Sender handele. Nach den Aussagen der Zeugen hat er aber längere Zeit und mindestens auch 3 mal ausländische Nachrichten abgehört, so daß von einem unabsichtlichen Abhören nicht die Rede sein kann. Bei der staatsfeindlichen Einstellung des Angeschuldigten ist auch anzunehmen, daß er die ausl. Sender absichtlich eingestellt hat.

Ich beantrage:

1. die Hauptverhandlung vor dem Sondergericht in Magdeburg anzuordnen,
2. Haftfortdauer zu beschließen.

gez. Rahmel

Bezirksparteiarchiv der SED, Magdeburg.

288. Konzeption von Carl Goerdeler zur Gestaltung der Jugendpolitik nach dem Sturz Hitlers, Anfang 1941

. . .

10. Staatsjugend

Aus der Hitlerjugend wird die Staatjugend. Die Spitzenorganisation der HJ wird sofort aufgelöst, ihr Vermögen sichergestellt. An ihrer Stelle tritt ein in Erziehungsfragen bewährter General. Er erhält Weisungen und Vollmacht nach folgenden Richtlinien:

a) Es ist anzuerkennen, daß in der Großstadt eine Jugendorganisation nützlich und wertvoll ist, die sich über den Kreis der einzelnen Klassen und der einzelnen Schule hinaus erstreckt. Auf dem Dorf und in der kleinen Stadt wachsen die Kinder der verschiedenen Schulen in so enger Gemeinschaft auf, daß sie sich im Spiel und Raufen immer wieder zusammenfinden. In der Großstadt muß dies Zusammenfinden organisiert werden. Es ist notwendig, um auch schon im jugendlichen Menschen das klassengelöste Gefühl der Volksgemeinschaft stark werden zu lassen. Nichtsdestoweniger bleibt die natürliche Grundlage der Jugendorganisation die Klasse und die Schule. In der Klasse ist der Turn- und Sportlehrer der gegebene Jugendführer. Für die Schule ist ein dazu besonders geeigneter Lehrer, der Soldat gewesen ist, mit dieser Aufgabe zu betrauen. Die Gleichaltrigen sind auch bezirklich zusammenzufassen. Zur Führung sind Offiziere berufen, die besondere pädagogische Begabung haben und für diesen Zweck besonders geschult werden. Solchen Kräften liegen auch die Gauzusammenschlüsse und der Reichszusammenschluß ob. Die Führung der Jugend erfolgt also nicht mehr durch die Jugend selbst. Dieser Satz war auch nur ein Schlagwort, um die Jugend zu gewinnen und zu verblenden. In Wahrheit empfindet sie selbst, daß sie nur von älteren Menschen geführt werden kann. Natürlich sollen jugendliche Kräfte zu Hilfsführern, etwa mit den Funktionen von Stubenältesten, herangezogen werden.

b) Um die Idee der Reichsgemeinschaft in der jungen Seele zu pflegen, bleibt eine Reichsorganisation erhalten. Diese wird von einem General mit einem Beirat aus allen Berufen geleitet. Er wird in das Reichserziehungsministerium eingegliedert.

c) Bei den Aufgaben der Jugendorganisation ist voranzustellen, daß die Autorität des Elternhauses und der Schule überhaupt nicht mehr angetastet wird. Die Jugend ist zuerst und dauernd zum Gehorsam gegen die Eltern zu erziehen, ihren Schulpflichten nie zu entziehen und zur Wahrhaftigkeit, Kameradschaft und Tüchtigkeit anzuhalten. Familie und Schule gehen der Jugendorganisation voran. Im übrigen werden Meinungsverschiedenheiten durch Takt und Rücksicht ausgeglichen. Die Aufgabe der Jugendorganisation besteht nicht mehr in irgendeiner nationalpolitischen Erziehung, sondern nur noch im Turnen, Sport, Spiel und Handarbeiten, sonst nichts mehr. Die national-politische Erziehung ist Aufgabe der Eltern, der Schule, der politischen Vereinigungen namentlich auf den Universitäten, und vor allem der Wehrmacht; hier durch besonders sorgfältig ausgebildete Offiziere und frei gewonnene Kräfte.

d) Die Beanspruchung der Jugend muß herabgesetzt werden. Dies gilt namentlich für die groß-städtische Jugend. Infolgedessen wird zum Jugenddienst höchstens nur noch an einem Tage der Woche angetreten, vielleicht auch nur alle zwei Wochen. Die Hauptsache ist, daß die übernervöse Jugend wieder zur Ruhe kommt, nicht hin und her gezerrt wird, den Glauben an die Wahrhaftigkeit wiedergewinnt, und nicht vorzeitig, namentlich militärisch, überbeansprucht wird. Um so mehr Energie und Begeisterungsfähigkeit spart sie sich für ihr späteres Leben und die Soldatenpflicht auf.

Schramm, Wilhelm Ritter von: Beck und Goerdeler. Gemeinschaftsdokumente für den Frieden 1941-1944, München 1965, S. 97 ff.

289. Aus dem Schriftwechsel zwischen der Gestapo Magdeburg und dem Reichssicherheitshauptamt über die Einweisung des Jungkommunisten Otto Janckow in ein Konzentrationslager, Februar/März 1941

II A - 69/41   Magdeburg, den 6. Februar 1941

1) Scheider Otto Janckow, geb. 24.6.15 in Magdeburg, zuletzt Magdeburg, Friedensstr. 16, wurde in der Verhandlung vor dem 5. Strafsenat des Kammergerichts vom 28.11.36 wegen Vorbereitung eines hochverräterischen Unternehmens zu 5 Jahren Zuchthaus und der Aberkennung der bürgerlichen Ehrenrechte auf die Dauer von 5 Jahren verurteilt.
Von 1932 bis zur Auflösung war Janckow Mitglied des Arbeiter-Turn- und Sport-Bundes »Eintracht Süd«. Er stammt aus einer kommunistischen Familie. Sein Vater Otto Janckow hat in nächster Zeit ebenfalls eine Zuchthausstrafe von 5 Jahren verbüßt. Für ihn ist bereits Antrag auf Inschutzhaftnahme nach Strafverbüßung gestellt worden. Während der Vater des Otto Janckow für die illegale KP tätig war, arbeitete Otto Janckow für die kommunistische Jugend. Die illegale kommunistische Jugend in Magdeburg war selbständig, gut organisiert und verfügte über einen eigenen technischen Apparat.
Otto Janckow hat mit führenden Funktionären der damaligen BL in ständiger Verbindung gestanden und nach hiesiger Ansicht nur ein Teilgeständnis abgelegt.
Da er innerlich noch nicht gefestigt erscheint und bei einer evtl. Entlassung wieder rückfällig werden würde, ist eine Inschutzhaftnahme nach Strafverbüßung mit dem Ziel der Überstellung in ein KL (Stufe II) erforderlich.
...
Geheime Staatspolizei, Staatspolizei-Leitstelle Magdeburg
Nachrichten-Übermittlung
Fernschreiben   4. 3. 41

Betr.: Schutzhaft gegen Otto Janckow, geb. 24.6.15 in Magdeburg
Vorg.: Dort. Ber. v. 14.2.41 - II D 254/41
Für den og. ordne ich hiermit Schutzhaft bis auf weiteres an.
H'Pr.-Term.: 5. 7. 41.
Schutzhaftbef. ist wie folgt auszustellen:
»... indem er nach der Strafverbüßung wegen Vorbereitung zum Hochverrat zu der Befürchtung Anlaß gibt, er werde die Freiheit zur Fortsetzung seiner staatsfeindl. Tätigkeit mißbrauchen.«
J. ist in das KL. Sachsenhausen zu überführen.
Überführungsvordruck, Schutzhaftbef. u. kurzer Ber. zur Unterrichtung des Lagerkommandanten sind dem Transport mitzugeben.

RSHA 1V C 2 - H.NR. J 5559, GEZ. GXXX

Bezirksparteiarchiv der SED, Magdeburg.

290. Flugschrift der antifaschistischen Jugendgruppe um Hanno Günther aus Berlin »Das Freie Wort«, 6. Folge, Juni 1941

DAS FREIE WORT!

Und Frieden auf Erden ...

Wollen wir deutschen Arbeiter den Frieden? Ja, wir wollen Frieden, wir wollen einen dauerhaften Frieden, einen Frieden, der nicht wieder eine Atempause zu neuen Kriegen bedeutet! Wir wollen kein neues Versailles, ganz gleich, wer es diktieren würde! Kann Hitler diesen Frieden bringen? Nein, das kann weder er, noch seine Plutokraten-Clique, noch überhaupt die raublustige Bougeoisie! Diesen Frieden müssen wir deutschen Arbeiter uns mit der Waffe in der Hand erringen und sichern! Die Opfer des Krieges sind für uns Arbeiter sinnlos, sie kommen uns nicht zugute, wohl aber unseren Plutokraten von Stahl, Eisen und Chemie. Wir sind bereit, Opfer zu bringen und sind uns im Klaren darüber, daß diese Opfer gebracht werden müssen für eine friedliche Zukunft, für eine Zukunft ohne Ausbeuter, für eine Zukunft, in der auch wir Arbeiter an den Gütern des Volkes teilhaben werden!
Wir versichern der Naziplutokratenclique, daß diese Opfer gebracht werden!
Dies sind die Gedanken des deutschen Arbeiters!

Weißt Du schon:

> daß der »Habenichts« Hitler Hauptinhaber des Eher-Verlages ist?
> daß Goebbels bei Telefunken, Göring bei BMW und den Göringwerken Hauptaktionär ist?
> daß die Hälfte des deutschen Volkseinkommens, das heißt die Hälfte deiner Arbeit, in die Steuerkassen fließt?
> daß die Räteverwaltung in Lettland unter anderen sozialen Maßnahmen, die sofortige Lohnerhöhung um 45% durchgeführt hat?

Was sollen wir tun?

> l a n g s a m e r arbeiten!
> nichts in die Nazisammelbüchsen, statt dessen politischen Gefangenen und ihren Angehörigen helfen!
> Solidarität üben und hierzu ermahnen!
> Verlängerung der Arbeitszeit abwehren! Auf einem Großbau in Teltow sollte kürzlich die Arbeitszeit um eine Stunde verlängert werden. Die Arbeiter hörten aber zur gewohnten Zeit geschlossen mit der Arbeit auf. Durch ihre Solidarität wurde die Verlängerung verhindert!
> Unsere Flugblätter verbreiten und selbst neue Flugblätter mit unseren Parolen verfassen!
> Verhindern, daß unbesonnene Kameraden dieses Flugblatt zur Polizei bringen. Sie bringen dadurch nur sich selbst und ihre Kameraden bei der Polizei in Verdacht und haben unangenehme Nachforschungen zu erwarten!

Für Freiheit, Brot und Friede   Hitlers Sieg - Ewiger Krieg!
Krieg dem Wahnsinns-Kriege!   Volkes Sieg - Beendet den Krieg!

DIE DEUTSCHE FRIEDENSFRONT!

IML/ZPA, NJ 5046.

291. Aus der Ansprache des Mitglieds des ZK des KJVD Hans Mahle auf einer antifaschistischen Jugendkundgebung in Moskau, 28.9.1941

Liebe deutschen Jungen und Mädchen! An Euch wendet sich ein junger Antifaschist aus Hamburg.

Ehrliche Söhne und Töchter des deutschen Volkes, die Ihr zutiefst um das Schicksal Deutschlands besorgt seid. Die hergelaufenen Abenteurer und Spekulanten - Hitler, Göring, Darrè, Goebbels und ähnliche - führen die Heimat zum Untergang. Die nazistischen Halsabschneider erzählen Euch, daß die deutsche Jugend geboren wurde, um im Kriege zu sterben. Hitler erklärte zynisch, daß er das Leben von Millionen Deutschen nicht scheuen würde, um sein Ziel zu erreichen.

Mehr als zwei Millionen deutscher Soldaten sind schon an der Ostfront gefallen. Nicht wenige Deutsche fanden in Polen, in Norwegen, Holland und Frankreich, auf dem Balkan und in den Wüsten Nordafrikas den Tod. Während er die wirklichen Verluste vor der deutschen Bevölkerung verheimlicht, schickt er immer wieder neue Divisionen in den ungeheuerlichen Krieg. Hitler ist der Mörder der deutschen Jugend.

Dieses blutige Ungeheuer belügt Euch auf jedem Schritt. Im Jahre 1933 versprach er der Jugend: »Gebt mir vier Jahre Zeit, und ich werde Euch eine glückliche Zukunft sichern«.

Jetzt sind schon acht Jahre vergangen, und anstatt des versprochenen Glücks leidet das deutsche Volk nur unsagbare Qualen und Not. Die einen führen Krieg, die anderen hungern und die dritten warten auf das Urteil der Gestapomänner.

Hitler zermalmte und zertrat Deine Jugend, junger Deutscher, er lehrt nur schießen, töten, brennen und Gewalt anwenden. Die Mädchen sind dazu da, um für den Krieg zu arbeiten und Kinder zu gebären.

Und all das ist verdeckt durch schöne Worte und lügenhafte Versprechungen. Hitler macht sich nicht um Dich Sorgen, sondern er handelt im Interesse der Nazibonzen, der alten und neuen Plutokraten. Der Krieg bedeutet für Dich und Deine Familie Leid und Tod. Für Hitler und seine Clique bedeutet der Krieg einen ungeheuren Profit.

Mit verbrecherischer Kaltblütigkeit schickt Hitler Dich in den Kampf. Du bist Kanonenfutter. Du bist ein Sklave zum Steuern der Flugzeuge und Panzer, zum Bedienen der Waffen und Maschinengewehre.

Hitler hat Dir versprochen, daß der Krieg an der Ostfront leicht wie ein Spaziergang und nach fünf, sechs Wochen beendet sein wird. Aber Du siehst, junger deutscher Soldat, daß der Widerstand der Roten Armee gegen die Deutschen Hitler die Karten durcheinander gebracht hat. Der Blitzkrieg scheiterte, der Krieg wird lange andauern. In dieser Zeit wird Deutschland bluten, sich erschöpfen und die unvermeidliche Niederlage erleiden.

Junger deutscher Soldat. Du hast zwei Wege vor Dir: entweder den für Hitler, für die Metzelei oder den gegen Hitler, für den Frieden. Indem Du die Verbrechen Hitlers an den anderen Völkern unterstützt, übernimmst Du gleichzeitig die Verantwortung für seine blutigen Greueltaten.

Ich, ein frei denkender Sohn des deutschen Volkes, sage Dir, Jugend Deutschlands: Du wirst von allen ehrlichen Menschen der Welt verachtet und gehaßt. Schmach und Schande bedecken Dich. Deutsche Jugend, Du hast aber die Möglichkeit, die Schande zu tilgen und mußt es tun.

Erhebe Dich gegen Hitler und seine Clique, kämpfe für ein Deutschland, das frei von Hitler und dem Faschismus ist!

Junger deutscher Soldat, schieße nicht auf die Soldaten der Roten Armee. Wende die Waffen gegen die faschistischen Offiziere, die Dich in den sicheren Tod treiben. Gehe auf die Seite der Roten Armee über, das ist der Weg, der Dich nach Hause zu Deinen Eltern, Deiner Frau und den Kindern führen wird...

In der Vernichtung Hitlers liegt die Rettung Deutschlands und seiner Jugend!

Dazu rufe ich Dich auf, ehrliche deutsche Jugend!

Zitiert nach: Dokumente und Materialien. Aus der Geschichte der deutschen Arbeiterjugendbewegung 1904-1945, hrsg. vom Institut für Marxistische Studien und Forschungen, Frankfurt/M. 1975, S. 164 ff.

292. Aus einer Flugschrift, die von der antifaschistischen Jugendgruppe um Herbert Baum verbreitet wurde, 1.11.1941

Der AUSWEG

Antifaschistische Kampfschrift

Frontausgabe

Der Ausweg

Der Soldat Walter Z. schrieb seinen Eltern in B.: »Liebe Eltern, seid nicht traurig, wenn ich falle. Freut Euch darüber, denn dann bin ich aus der Hölle der Ostfront erlöst.«
Deutsche Soldaten, dieses erschütternde Dokument erreichte uns in dem Augenblick, als wir beschlossen hatten, Euch aus den Irrungen und Verwirrungen, die der Krieg gegen Sowjet-Rußland in Euren Reihen angerichtet hat, einen Ausweg zu zeigen. Welchen Ausweg?

Ein glückliches Ende für Euch und Eure Familien, für uns alle, für das werktätige deutsche Volk. Einen Frieden mit allen Völkern der Erde, die mitschaffen wollen am Aufbau einer Weltordnung, die nicht auf Gewalt und Haß und der Entfesselung niederer Instinkte beruht, sondern ausschließlich auf kameradschaftlicher Zusammenarbeit und freier Selbstbestimmung aller freiheitsliebender Menschen.

Kameraden, wie fing es doch an? Zuerst war es Danzig und Memel.
Mehr wollte doch Hitler nicht! Auf Südtirol hatte er ganz verzichtet. Er hatte keine territorialen Ansprüche mehr. »Gebt mir 4 Jahre Zeit«, hatte er einstens gerufen. Ich will Euch einen deutschen Sozialismus bauen, die größte Leistung der Weltgeschichte vollbringen. Ihr gabt ihm diese Zeit. Doch der Lebensstandard des Volkes sank immer tiefer. Der erhoffte und versprochene deutsche Sozialismus für die werktätige Bevölkerung kam nicht. Statt dessen aber Kanonen, Flugzeuge, Tanks und Riesengewinne für die deutschen Unternehmer. Und dann kam nur noch Österreich, nur noch die Tschechoslowakei, nur noch Polen, nur noch Dänemark und Norwegen, nur noch Holland und Belgien, nur noch Frankreich, nur noch Griechenland und Jugoslawien. Jetzt kommt nur noch Rußland. Und dann? - Nur noch England, nur noch Asien, nur noch Afrika, nur noch Amerika... Eine endlose Straße des Grauens. Die Meilensteine sind die Kreuze auf den Massengräbern Eurer Kameraden.
Der deutsche Sozialismus, dieses teuflische Blendwerk, diese scheinheilige Fratze eines wahnsinnigen Blutsäufers hat uns einen Weltkrieg gebracht, an dessem Ende die größte geschichtliche Katastrophe des deutschen Volkes eintreten wird und muß. Kameraden, ihr wißt es doch! 80 Millionen Deutsche gegen die ganze Welt! Was bedeuten schon die wenigen Hilfsvölker der Balkanstaaten in dieser Rechnung? Was bedeuten die italienischen Hanswürste, der spanische Abschaum? Nichts! Jeder von Euch weiß aus eigener Erfahrung, daß abgesehen von Kapitalisten und gewinnsüchtigen, von der Gestapo ausgehaltenen Volksverrätern und wenigen Gleichgültigen die hungernde Bevölkerung der besetzten Gebiete und Protektorate ihre Befreiung vom faschistischen Joch erstrebt und vorbereitet. Was bedeuten schon Geländegewinne und eroberte, zerstörte Industriegebiete gegen die überwältigende Produktionskraft der übrigen antifaschistischen Welt.

IML/ZPA, NJ, 1642/8.

293. Flugblatt von Helmuth Hübener aus Hamburg, Januar 1942

Über die Wollsammelaktion

Anfang Januar 1942

Einen Monat ist es her, seitdem Rundfunk und Presse in Deutschland großspurig das Ergebnis der Wollsammlung bekanntgaben. Über 70 Millionen Stück, verkündete Goebbels, über 70 Millionen Stück!

Doch wo sind diese 70 Millionen Stück geblieben? Die Soldaten der Ostfront, die Soldaten im hohen Norden jedenfalls haben sie nicht bekommen. Sie schreiben nichts davon, nur, daß sie frieren, frieren und frieren und vergeblich auf warme Winterkleidung warten.

Wo aber sind sie denn geblieben, die 70 Millionen Stück - Pelze, Pullover, Handschuhe, Unterwäsche und Skier? Sollte es doch etwa stimmen, was ein neutraler Journalist - seinen Namen müssen wir aus begreiflichsten Gründen geheimhalten - in seiner Zeitung schrieb?

Sollte er recht behalten, wenn er von der zunehmenden Rohstoffknappheit in Deutschland sprach, wenn er erwähnte, daß Wollsachen in nächster Zukunft nicht mehr auf die Reichskleiderkarte, sondern nur noch in dringlichsten Fällen auf Bezugsschein abgegeben würden? Die Zeit wird es lehren, ob man nur deshalb das deutsche Volk um Woll- und Pelzsachen prellte, damit man sie ihm dann großzügigerweise später auf Bezugsscheinen wiedergeben kann. Die Zeit wird es lehren!

Der »Josef« steht im Rundfunkhaus,
Der Arme, weiß nicht ein noch aus,
»Wie bring ich's nur den Leuten bei,
Daß Hitlers Rechnung richtig sei?
Wie konnt er's auch sagen - ungeniert -
Er hätte alles mit einkalkuliert!«

Was Josef spricht, klingt nur sehr schwach;
Es ist ein Jammer, Weh und Ach:
»'s ist Winter und 's ist bitter kalt.«
(Noch kälter, wenn man draußen knallt,
Weil man beim Schießen furchtbar friert.
Hat Hitler denn das nicht mit einkalkuliert?)

»Wir stehen im Ringen um Leben und Sein.
Es währt nicht mehr lange, dann sind auch sie klein.
Sie pfeifen schon lange - wie sagt Goebbels noch -
Mit letzten Reserven auf dem letzten Loch!«
(Daß Stalin seit langem den Krieg siegreich führt,
Das hat Euer Führer wohl auch einkalkuliert?!)

»Wir stehen im Kampfe, stehen an seiner Wende
Drum gebt alle viel für die Wollsachenspende!«
So bettelte Goebbels und glaubt auch nun,
Man würde es auch seinem Wunsche nach tun.
Man würde still alles vergeben,
Und hätte dann selbst nichts zum Leben.

Ergebnis sehr flau, das kann man schlecht sagen,
So sagt man, sie spendeten Güterwagen.
Ob halbvoll, ob voll oder gar nichts war drin',
Dem Volk kommt zu fragen erst gar nicht in Sinn;
Denn Rundfunk und Fritzsche - sie sprechen geschmiert:
»Der Führer hat alles mit einkalkuliert!«

Ja, Hitler ist schuld, daß das Volk muß berappen
Von seinem Vorrat, dem ohn'hin schon knappen.
Für Hitlers Irrtum zahlt das Volk nun die Kosten,

Was hilft's, Rußland bleibt ein verlorener Posten.
Daß Stalin sein Heer jetzt zum Siege führt,
Das hatte der Führer n i c h t einkalkuliert!!

Im Jahr einundvierzig wird alles gebrochen,
So hatte der Führer dereinst keck gesprochen,
Jetzt trägt der Soldat für den Irrtum die Leiden,
Während Hitler verspricht: »Dies Jahr wird entscheiden!«
Es wird sich entscheiden, wenn alles sich »rührt«!
(Und dann hat auch Hitler sich auskalkuliert!)

Zitiert nach: Jahnke, Karl Heinz: Jugend im Widerstand 1933-1945, Frankfurt/M. 1985, S. 68 ff.

294. Zweites Flugblatt der Münchener studentischen Widerstandsgruppe »Weiße Rose«, Juni 1942

Man kann sich mit dem Nationalsozialismus geistig nicht auseinandersetzen, weil er ungeistig ist. Es ist falsch, wenn man von einer nationalsozialistischen Weltanschauung spricht, denn wenn es diese gäbe, müßte man versuchen, sie mit geistigen Mitteln zu beweisen oder zu bekämpfen - die Wirklichkeit aber bietet uns ein völlig anderes Bild: Schon in ihrem ersten Keim war diese Bewegung auf den Betrug des Mitmenschen angewiesen, schon damals war sie im Innersten verfault und konnte sich nur durch die stete Lüge retten. Schreibt doch Hitler selbst in einer frühen Auflage »seines« Buches (ein Buch, das in dem übelsten Deutsch geschrieben worden ist, das ich je gelesen habe; dennoch ist es von dem Volke der Dichter und Denker zur Bibel erhoben worden): »Man glaubt nicht, wie man ein Volk betrügen muß, um es zu regieren«. Wenn sich nun am Anfang dieses Krebsgeschwür des deutschen Volkes noch nicht allzusehr bemerkbar gemacht hatte, so nur deshalb, weil noch gute Kräfte genug am Werk waren, es zurückzuhalten. Wie es aber größer und größer wurde und schließlich mittels einer letzten gemeinen Korruption zur Macht kam, das Geschwür gleichsam aufbrach und den ganzen Körper besudelte, versteckte sich die Mehrzahl der früheren Gegner, flüchtete die deutsche Intelligenz in ein Kellerloch, um dort als Nachtschattengewächs, dem Licht und der Sonne verborgen, allmählich zu ersticken. Jetzt stehen wir vor dem Ende. Jetzt kommt es darauf an, sich gegenseitig wiederzufinden, aufzuklären von Mensch zu Mensch, immer daran zu denken und sich keine Ruhe zu geben, bis auch der Letzte von der äußersten Notwendigkeit seines Kämpfens wider dieses System überzeugt ist. Wenn so eine Welle des Aufruhrs durch das Land geht, wenn »es in der Luft liegt«, wenn viele mitmachen, dann kann in einer letzten gewaltigen Anstrengung dieses System abgeschüttelt werden. Ein Ende mit Schrecken ist immer noch besser als ein Schrecken ohne Ende.

Es ist uns nicht gegeben, ein endgültiges Urteil über den Sinn unserer Geschichte zu fällen. Aber wenn diese Katastrophe uns zum Heile dienen soll, so doch nur dadurch: durch das Leid gereinigt zu werden, aus der tiefsten Nacht heraus das Licht zu ersehen, sich aufzuraffen und endlich mitzuhelfen, das Joch abzuschütteln, das die Welt bedrückt. Nicht über die Judenfrage wollen wir in diesem Blatte schreiben, keine Verteidigungsrede verfassen - nein, nur als Beispiel wollen wir die Tatsache kurz anführen, die Tatsache, daß seit der Eroberung Polens dreihunderttausend Juden in diesem Land auf bestialischste Weise ermordet worden sind. Hier sehen wir das fürchterlichste Verbrechen an der Würde des Menschen, ein Verbrechen, dem sich kein ähnliches in der ganze Menschengeschichte an die Seite stellen kann. Auch die Juden sind doch Menschen - man mag sich zur Judenfrage stellen, wie man will -, und an Menschen wurde solches verübt. Vielleicht sagt jemand, die Juden hätten ein solches Schicksal verdient; diese Behauptung wäre eine ungeheure Anmaßung; aber angenommen, es sagte jemand dies, wie stellt er sich dann zu der Tatsache, daß die gesamte polnische adelige Jugend vernichtet worden ist (Gebe Gott, daß sie es noch nicht ist!)? Auf welche Art, fragen Sie, ist solches geschehen? Alle männlichen Sprößlinge aus adeligen Geschlechtern zwischen 15 und 20 Jahren wurden in Konzentrationslager nach Deutschland zur Zwangsarbeit, alle Mädchen gleichen Alters nach Norwegen in die Bordelle der SS verschleppt! Wozu wir Ihnen das alles erzählen, da Sie es schon selber wissen, wenn nicht diese, so andere gleich schwere Verbrechen des fürchterlichen Untermenschentums? Weil hier eine Frage berührt wird, die uns alle zutiefst angeht und allen zu denken geben muß: Warum verhält sich das deutsche Volk angesichts all dieser scheußlichsten, menschenunwürdigsten Verbrechen so apathisch? Kaum irgend jemand macht sich Gedanken darüber. Die Tatsache wird als solche hingenommen und ad acta gelegt. Und wieder schläft das deutsche Volk in seinem stumpfen, blöden Schlaf weiter und gibt diesen faschistischen Verbrechern Mut und Gelegenheit weiterzuwüten - und diese tun es.

Sollte dies ein Zeichen dafür sein, daß die Deutschen in ihren primitivsten menschlichen Gefühlen verroht sind, daß keine Saite in ihnen schrill aufschreit im Angesicht solcher Taten, daß sie in einen tödlichen Schlaf versunken sind, aus dem es kein Erwachen mehr gibt, nie, niemals? Es scheint so und ist es bestimmt, wenn der Deutsche nicht endlich aus dieser Dumpfheit auffährt, wenn er nicht protestiert, wo immer er nur kann, gegen diese Verbrecherclique, wenn er mit diesen Hunderttausenden von Opfern nicht mitleidet. Und nicht nur Mitleid muß er empfinden, nein, noch viel mehr: Mitschuld. Denn er gibt durch sein apathisches Verhalten diesen dunklen Menschen erst die Möglichkeit, so zu handeln, er leidet diese »Regierung«, die eine so unendliche Schuld auf sich geladen hat, ja, er ist doch selbst schuld daran, daß sie überhaupt entstehen konnte!! Ein jeder will sich von einer solchen Mitschuld freisprechen, ein jeder tut es und schläft dann wieder mit ruhigstem, bestem Gewissen. Aber er kann sich nicht freisprechen, ein jeder ist schuldig, schuldig, schuldig!

Doch ist es noch nicht zu spät, die abscheulichste aller Mißgeburten von Regierungen aus der Welt zu schaffen, um nicht noch mehr Schuld auf sich zu laden. Jetzt, da uns in den letzten Jahren die Augen vollkommen geöffnet worden sind, da wir wissen, mit wem wir es zu tun haben, jetzt ist es allerhöchste Zeit, diese braune Horde auszurotten. Bis zum Ausbruch des Krieges war der größte Teil des deutschen Volkes geblendet, die Nationalsozialisten zeigten sich nicht in ihrer wahren Gestalt, doch jetzt, da man sie erkannt hat, muß es die einzige und höchste Pflicht, ja heiligste Pflicht eines jeden Deutschen sein, diese Bestien zu vertilgen!

> »Der, des Verwaltung unauffällig ist, des
> Volk ist froh. Der des Verwaltung auf-
> dringlich ist, des Volk ist gebrochen.
> Elend, ach, ist es, worauf Glück sich
> aufbaut. Glück, ach, verschleiert nur Elend.
> Wo soll das hinaus? Das Ende ist nicht
> abzusehen. Das Geordnete verkehrt sich
> in Unordnung, das Gute verkehrt sich in
> Schlechtes. Das Volk gerät in Verwirrung.
> Ist es nicht so täglich seit langem?
> Daher ist der hohe Mensch rechteckig, aber
> er stößt nicht an, er ist kantig, aber
> verletzt nicht, er ist aufrecht, aber nicht
> schroff. Er ist klar, aber er will nicht
> glänzen.«
> Lao-Tse

»Wer unternimmt, das Reich zu beherrschen und es nach seiner Willkür zu gestalten; ich sehe ihn sein Ziel nicht erreichen; das ist alles.«

»Das Reich ist ein lebendiger Organismus; es kann nicht gemacht werden, wahrlich! Wer daran machen will, verdirbt es, wer sich seiner bemächtigen will, verliert es«.

Daher: »Von den Wesen gehen manche vorauf, andere folgen ihnen, manche atmen warm, manche kalt, manche sind stark, manche schwach, manche erlangen Fülle, andere unterliegen.« »Der Hohe Mensch daher läßt ab von Übertriebenheit, läßt ab von Überhebung, läßt ab von Übergriffen.«

Lao-tse

Wir bitten, diese Schrift mit möglichst vielen Durchschlägen abzuschreiben und weiterzuverteilen.

Zitiert nach: Scholl, Inge: Die Weiße Rose, Frankfurt/M. 1982, S. 101 ff.

295. Bericht der Gestapo in Düsseldorf über Aktivitäten der katholischen Pfarrjugend, 22.9.1942

Geheime Staatspolizei   Düsseldorf, den 22. Sept. 1942
Staatspolizeileitstelle Düsseldorf
- II B 1 - 202 -

An die
Außendienststellen und Grenzpolizei-
kommissariate
Herren Landräte des Bezirks mit Überdrucken für die Herren Bürgermeister und
die Polizeiverwaltungen in Neuß und Viersen.

Betrifft: Verbotswidrige Betätigung der konfessionellen Jugend.
Vorgang: Ohne.

Verschiedene Vorfälle der letzten Zeit lassen erkennen, daß sich die katholische Pfarrjugend wieder allmählich im Sinne des aufgelösten Kath. Jungmännerbundes bzw. der ebenfalls verbotenen bündischen Jugend betätigt. In vielen Fällen sind die Jugendseelsorger hierbei beteiligt. Insbesondere konnte festgestellt werden, daß die früheren bündischen Gepflogenheiten, wie z.B. die der St. Georgspfadfinder, wieder aufleben. Es werden Abzeichen, Wimpel und Speere mitgeführt und bündische Lieder gesungen.
Dieser Entwicklung ist besondere Aufmerksamkeit zu schenken.

Bevor bei Verstößen gegen die oben bezeichneten Verbote oder gegen das Verbot der außerreligiösen Betätigung Angehöriger konfessioneller Jugendgruppen (Pol.V.O.v. 23.7.35) die Ermittlungsvorgänge an die Staatsanwaltschaft abgegeben werden, bitte ich, dies zunächst nach hier zu übersenden, damit mir die Möglichkeit gegeben wird, mich einzuschalten, da hier einschlägiges Material in dieser Richtung vorliegt. Sofern von vorneherein der Verdacht bündischer Betätigung oder der illegalen Fortführung verbotener konfessioneller Jugendverbände vorliegt, bitte ich, nach hier zu berichten und vorerst von Vernehmungen Abstand zu nehmen.

In Vertretung:
gez. B r e d e r

Hauptstaatsarchiv Düsseldorf, RW 18-26 II, Bl. 63.

296. Aus dem Urteil des Volksgerichtshofes gegen Walter Klingenbeck und andere Mitglieder der katholischen Jugendbewegung aus München, 24.9.1942

Im Namen   **Geheim!**
des Deutschen Volkes

In der Strafsache gegen
1.) den Anlernschaltmechaniker Walter Hermann Klingenbeck aus München, geboren am 30. März 1924 daselbst,
2.) den Praktikanten Daniel Rudolf von Recklinghausen aus München, geboren am 22. Januar 1925 in Neuyork (Vereinigte Staaten von Amerika),
3.) den Hochfrequenztechniker Hans Haberl aus München, geboren am 5. März 1924 daselbst,
4.) den Flugmotorenschlosserlehrling Erwin Michael Eidel aus München, geboren am 6. Juli 1924 in Gaubüttelbrunn, Bezirk Ochsenfurt (Unterfranken),
sämtlich zur Zeit in dieser Sache in gerichtlicher Untersuchungshaft,
wegen Vorbereitung zum Hochverrat u.a.
hat der Volksgerichtshof, 2. Senat, auf Grund der Hauptverhandlung vom 24. September 1942, an welcher teilgenommen haben
    als Richter
    Vizepräsident des Volksgerichtshofs Engert, Vorsitzer,
    Kammergerichtsrat Diescher,
    SS-Oberführer Tscharmann,
    Generalarbeitsführer Voigt,
    SS-Oberführer Gaugerichtsvorsitzer Hartmann,
    als Vertreter des Oberreichsanwalts:
    Erster Staatsanwalt Figge,
    als Urkundsbeamter der Geschäftsstelle:
    Justizsekretär Engelhardt,
    für Recht erkannt:

I. Die Angeklagten Klingenbeck, von Recklinghausen und Haberl werden wegen landesverräterischer Feindbegünstigung, Vorbereitung zum Hochverrat und Schwarzsendens zum T o d e
verurteilt. Die bürgerlichen Ehrenrechte werden ihnen auf Lebenszeit aberkannt.
II. Der Angeklagte Eidel wird wegen Nichtanzeige eines hochverräterischen Unternehmens, Abhörens ausländischer Rundfunksender und Beihilfe zur Schwarzsendung zu acht Jahren Zuchthaus verurteilt. Sechs Monate der erlittenen Untersuchungshaft werden ihm auf diese Strafe angerechnet.
III. Die beschlagnahmten Rundfunkgeräte werden eingezogen.
IV. Die Kosten des Verfahrens werden den Angeklagten auferlegt.
Von Rechts wegen.

Gründe:
I.

Klingenbeck, Sohn eines Straßenbahnangestellten, gehörte bis 1936 der katholischen Jungschar »St. Ludwig« an und wurde nach deren Auflösung in das Jungvolk und später in die HJ überführt. Er wurde aber innerlich vom Nationalsozialismus nicht erfaßt, ärgerte sich vielmehr über die Auflösung der katholischen Jugendverbände und wurde in dieser Einstellung von seinem Vater bestärkt, mit dem er gemeinsam die Rundfunksendungen des Vatikans abhörte, in denen die Straftaten katholischer Geistlicher beschönigt und Maßnahmen der nationalsozialistischen Staatsführung abfällig beurteilt wurden.

Von Recklinghausen, dessen Großmutter väterlicherseits nach den bisherigen Ermittlungen eine Jüdin gewesen ist, gehörte eine Zeit lang dem katholischen Jungmännerverein an und wurde ebenfalls 1936 in die HJ aufgenommen. Er arbeitete nach dem Besuch des Gymnasiums praktisch, um Hochfrequenzingenieur zu werden, und wurde dadurch mit Klingenbeck bekannt, mit dem er sich anfreundete.

Haberl wurde im Elternhaus und in der Schule streng katholisch erzogen. Er bewohnte mit Eidel, der seit 1934 der HJ angehörte, als Untermieter ein gemeinschaftliches Zimmer und trat ihm dadurch näher. Beide schlossen sich 1941 dem katholischen Gesellenverein an und besuchten auch die Veranstaltungen des Vereins, auf denen gelegentlich kirchenpolitische Maßnahmen der Regierung, insbesondere die Entfernung der Kruzifixe aus den Schulen, abfällig kritisiert wurden. Sie kamen auf diese Weise zu einer dem Nationalsozialismus ablehnenden Einstellung.

Alle Angeklagten sind unbestraft.

II.

Die Hauptverhandlung hat folgenden Sachverhalt ergeben:

A. 1.) Klingenbeck setzte nach dem Kriegsausbruch trotz des ihm bekannten Verbotes unter Duldung seines Vaters das Abhören des Vatikansenders fort und stieß dabei auf die deutschsprachigen Sendungen des Londoner Senders und anderer im Dienste der Feindpropaganda stehender Sender wie des »Gustav Siegfried I« und des Moskauer Senders. Von ihnen wurde er so stark beeindruckt, daß er das Abhören bis zu seiner Festnahme regelmäßig auf dem Empfangsgerät seiner Eltern fortsetzte. So empfing er die Sendungen, die London an die deutsche Wehrmacht, an die deutschen Bauern und an die katholischen Bevölkerungskreise richtete, sowie die Übertragungen des »Gustav Siegfried I«, der Greuelmärchen sowie Angriffe gegen die Geheime Staatspolizei und führende Persönlichkeiten des Staates und der Partei brachte.

An diesen Empfängen nahmen mehrfach die Angeklagten Haberl und Recklinghausen teil. Als Eidel ihn einmal aufsuchte, schaltete Klingenbeck den Lautsprecher nicht aus, so daß auch dieser Angeklagte Gelegenheit hatte die Sendung mitanzuhören. Mit Haberl, der auf dem Empfangsgerät des Eidel in seiner Wohnung ebenfalls ausländische Sender abhörte, tauschte Klingenbeck seine Erfahrungen beim Aufsuchen der Auslandssender aus und wies ihn auch auf die Sender »Rotes Wien« und »Südtirol« hin, die ebenfalls Hetzmeldungen, offenbar vom Ausland her, brachten.

Den Inhalt dieser Sendungen teilte Klingenbeck den Mitangeklagten von Recklinghausen und Haberl sowie anderen Freunden mit ...

IML/ZPA, NJ 1740.

297. Bericht der Gestapo in Wuppertal über das Auftreten von Gruppen der Edelweißpiraten, 21.10.1942

Staatspolizeileitstelle Düsseldorf   Wuppertal, den 21.10.1942
Außenstelle Wuppertal

An die
Geheime Staatspolizei
Staatspolizeileitstelle Düsseldorf
in D ü s s e l d o r f

Betrifft: Verfahren gegen den Kanonier Paul T.
Verfg. v. 25.9.1942 - IIH 1211/42
Anlagen: 1 Akte des Feldgerichts.

Die eingehenden Ermittlungen haben keine Anhaltspunkte dafür ergeben, daß der Beschuldigte Kanonier Paul T. einer verbotenen Jugendorganisation, insbesondere den sogenannten »Edelweißpiraten« angehört oder angehört hat.

Bisher sind keine positiven Feststellungen darüber gemacht worden, daß eine solche Organisation im Bereich der hiesigen Dienststelle besteht. Bei den sogenannten Edelweißpiraten, die ihren Namen von Angehörigen der HJ erhalten haben, handelt es sich um Jugendliche beiderlei Geschlechts, welche sich vor allem in den Sommermonaten zwanglos zusammenfinden, um frei und ungebunden Wanderungen durchzuführen. Ein organisatorischer Zusammenhalt oder eine Führung dieser Gruppen wurde bisher nicht festgestellt. In wiederholten Fällen wurden Jugendliche, die sich zu Fuß oder per Rad auf einer Wanderung befanden und vereinzelt auch Musikinstrumente mit sich führten, vom Streifendienst der HJ angehalten und zur Anzeige gebracht. In allen Fällen bestritten die Beschuldigten, durch das Tragen besonderer Kleidung und das Anstecken von Edelweiß oder sonstigen Abzeichen nach außenhin die Zugehörigket zu einem Jugendverband kundzutun. Das Gegenteil dieser Einlassungen konnte in keinem Fall nachgewiesen werden. Größtenteils gehörten die Betroffenen der HJ an. Die Mitgliedschaft zu früheren Jugendverbänden war überhaupt nicht festzustellen. Die Edelweißabzeichen, welche von den Betroffenen getragen wurden, sind an allen Ausflugsorten käuflich zu erwerben. Auch werden solche als Leuchtplaketten getragen. Ein Verbot des Tragens der Edelweißabzeichen besteht nicht. Die von der HJ und anderen erwähnten Edelweißpiraten gibt es nicht. Allgemein werden Jugendliche, welche störend in der Öffentlichkeit auftreten mit dem Schlagwort »Bündische Jugend« oder »Edelweißpiraten« bezeichnet.

Die Angaben des Ortsgruppenleiters Wiel, Bl. 7 der Akte, daß vor einiger Zeit im Ruhrgebiet eine Anzahl junger Menschen erheblich bestraft worden seien, weil sie eine verbotene Jugendorganisation »Edelweißpiraten« gegründet hätte, die sich zur Aufgabe machten, die HJ zu ersetzen, ihre Arbeit zu negieren, ja selbst soweit wie möglich ganze HJ Einheiten zu terrorisieren, sind nicht zutreffend. Die Bestrafung der Jugendlichen ist wegen Sachbeschädigungen und Gartenhauseinbrüchen erfolgt. Es trifft auch nicht zu, daß der hiesigen Polizei bekannt ist, daß die erwähnte Organisation besteht, vielmehr handelt es sich um ein Gerede, welches aus den Kreisen der HJ stammt. Von einem Spaltpilz am Nationalsozialismus kann überhaupt keine Rede sein.

In welcher Weise die Beschuldigten am 25.7.42 in Wülfrath auf dem Bürgersteig vor der Drogerie Schöcken durch ungebührliche Redensarten vorübergehende Personen belästigt und den Verkehr gestört haben, konnte nicht mehr einwandfrei festgestellt werden. Insbesondere kann der Schutzpolizeibeamte, der die Anzeige vorgelegt hat, hierüber keine Angaben machen. Er hat die Anzeige auf Grund der Angaben erstattet, die ihm von dem Ortsgruppenleiter Wiel und Angehörigen der HJ gemacht wurden. Soweit sich der Sachverhalt noch feststellen ließ, nahmen die Beschuldigten durch ihre Aufstellung auf dem Bürgersteig soviel Platz ein, daß vorübergehende Passanten den Bürgersteig verlassen mußten. Als dann später die HJ-Streife und der Ortsgruppenleiter Wiel hinzukamen, versuchte man den Beschuldigten die Edelweißabzeichen abzunehmen. Hierbei kam es zu einem Wortwechsel, in dessen Verlauf die ungebührlichen Redensarten, wie z.B. »Ihr seid verrückt, macht daß Ihr fortkommt« und ähnliches gesagt wurde.

Abschließend kann gesagt werden, daß es sich durchweg um Kriegserscheinungen handelt. Die Eltern bzw. Erziehungsberechtigten haben von dem Treiben ihrer Kinder keine Kenntnis. Hinzu kommt noch, daß in den meisten Fällen der Vater zur Wehrmacht eingezogen ist und es bei den Jugendlichen an der erforderlichen Aufsicht fehlt.

Der Beschuldigte T. ist hier in strafrechtlicher, politischer und abwehrpolizeilicher Hinsicht bisher nicht in Erscheinung getreten. Seine Führung war bisher gut.

Im Auftrage:

Die Akte des Feldgerichts ist beigefügt Unterschrift

Hauptstaatsarchiv Düsseldorf, RW 58-36601, Bl. 5.

298. Aufruf von 250 HJ-Mitgliedern aus sowjetischer Kriegsgefangenschaft, 22.10.1942

Kameraden, Soldaten an der Front!
Wir traten als Mitglieder der Hitler-Jugend in die Armee ein und als Frontsoldaten durchliefen wir eine harte Prüfung. Blind geworden durch die Anfangserfolge der deutschen Armee, sahen wir nicht, daß wir auf unsere unvermeidliche Niederlage zugingen.

Der Krieg schien ein Spaziergang zu sein, in dem uns alle Kostbarkeiten und Vergnügungen des Lebens zufielen. Nun haben wir gesehen, daß der Weg, den wir bisher gingen, der falsche Weg war.
Heute wissen wir, daß wir uns haben täuschen lassen.
Wir glaubten an die ungeheuren Möglichkeiten, die Hitler uns versprach. Wir glaubten Hitler, weil die Jugend Arbeit bekam und der Sport gefördert wurde. Wir träumten von einem Leben, das von schöpferischer und konstruktiver Arbeit erfüllt war. Wir wollten frei und glücklich sein. Wir glaubten an eine deutsche »Volksgemeinschaft«, ohne den klaffenden Gegensatz von armer Gefolgschaft und reichen Führern. Aber es waren nicht Leben und Fröhlichkeit, sondern ein schrecklicher, unaufhörlicher Krieg und Massengräber, die Hitler uns brachte.

Heute ist uns klar, daß wir in die Fabriken geschickt wurden, um Waffen für Tod und Zerstörung zu schmieden. Uns wurde nur die Möglichkeit einer Berufsausbildung gegeben, um Autos, Panzer, Gewehre und Flugzeuge zu bedienen. Wir wurden nicht auf Fahrt geschickt, um uns an der Natur zu erfreuen oder unsere Heimat kennenzulernen, sondern um das Marschieren zu trainieren.

Uns wurde erlaubt Sport zu treiben, nicht um uns stark und gesund zu machen, sondern um uns auf den Marsch in den Tod vorzubereiten. Jedes freie Denken wurde in die Zwangsjacke unzähliger Vorschriften, Anweisungen und Verbote gepreßt.

Was ist von all unseren Hoffnungen geblieben? Wir glaubten mit all dem Enthusiasmus unserer Jugend an die nationale und soziale Erneuerung Deutschlands. Wir sahen nicht, daß unser nationaler Wille durch die Feinde unseres eigenen Landes, die feinen Herren, die Bankiers und Plutokraten mißbraucht wurde, um uns zu willfährigen Werkzeugen eines Raubkrieges zu machen. Der Krieg öffnete uns die Augen. Wir wissen jetzt, daß Hitler, Göring, Rosenberg und Schirach sich an die alten Kräfte des Krieges und der Reaktion verkauft haben. Sie sind nicht länger unsere Führer. Wir haben uns von ihnen losgesagt, weil sie Deutschland in einen räuberischen Krieg gestürzt haben, in dem sie letztlich untergehen werden müssen.

An der Schwelle zum vierten Kriegsjahr wird es sonnenklar, daß die deutsche Armee im Süden Rußlands feststeckt und keine Entscheidung erzwingen kann. Millionen Deutsche, die Blüte der deutschen Jugend, fand ihr Grab in russischer Erde und der Krieg ist noch immer nicht zu Ende. Alle Prophezeiungen des deutschen Oberkommandos über einen schnellen Abschluß des Ostfeldzuges haben sich als Fehlkalkulationen erwiesen. In Stalingrad, wo die größte Zerstörungsschlacht der Weltgeschichte tobt, erlitt die deutsche Armee, die deutsche Jugend, schreckliche Verluste. Die Sommeroffensive hat den Krieg nur verlängert. Die wahnsinnigen Versuche Hitlers sind sinnlos; sie kosten nur unnötige und enorme Opfer, können aber Hitlers Niederlage nicht abwenden. Mit eurem Blut, Kameraden, will Hitler sein Schicksal hinauszögern. In dieser für unser Vaterland so verhängnisvollen Stunde rufen wir euch auf, zur Besinnung zu kommen und all eure Kräfte anzuspannen, um unser Land vor dem Untergang zu retten.

Wir selbst müssen dem Krieg ein Ende bereiten. Je eher, desto besser. Verweigert Hitler und seinen Generalen den Gehorsam, laßt nicht zu, daß ihr in das Schlachthaus getrieben werdet, den hoffnungslosen Winterkrieg.

Es ist genug des Zögerns und der Unentschlossenheit, der Unsicherheit und des Wartens. Ihr, Kameraden, seid eine gewaltige Kraft; in euern Händen sind die Waffen. Wendet sie gegen Hitler, den Verderber und Zerstörer eurer Jugend, den Hauptfeind Deutschlands und der Menschheit. Nicht Deutschland, Hitler und seine Plutokratenclique müssen untergehen.

Deutsche Jugend in Deutschland, gründet freie Jugendgruppen!

Geht nicht zum Arbeitsdienst! Sabotiert die Kriegsproduktion, wo immer ihr könnt. Gehorcht nicht den Gestellungsaufrufen!

Deutsche Jugend in der Armee, werde ein kühner Organisator des Kampfes gegen den Hitler-Krieg! Gründet Soldaten-Komitees in der Luftwaffe, in den Panzertruppen, bei Infanterie und Artillerie, in der Flotte und den Nachrichtentruppen. Lauft über zur Roten Armee!

Deutsche Jugend, das Vaterland ruft dich zum heiligen Kampf für ein neues, freies Deutschland. Das Motto der Jugend muß sein: »Beendet den Krieg; nieder mit Hitler und den Ausbeutern. Für eine Volksregierung, die einen sofortigen Frieden schließt!«

Zitiert nach: Free German Youth. Freie Deutsche Jugend. Anti-Nazi Youth News. Special Edition, London, November 1942.

299. Rundfunkansprache von Thomas Mann über BBC London anläßlich der Gründung des Europäischen Jugendverbandes, 24.10.1942

Deutsche Hörer!

Der »Europäische Jugend-Kongreß«, der kürzlich von den Trägern und »Schutzherren« der abendländischen Kultur, den Nazis, in Wien zusammengetrommelt wurde, war eigentlich als eine Siegesfeier gedacht, mit der die Eroberung von Stalingrad begangen werden sollte. Das schlug fehl. Aber als Aktion gegen die Ansprache des Präsidenten Roosevelt an die Jugend der Welt war die sinnige Veranstaltung immer noch zu brauchen. Jugendliche Abordnungen aus allen besetzten und verbündeten Ländern des Kontinents wurden herbeigenötigt, damit sie die Gründung einer europäischen Jugendorganisation beschlössen, - unter Anleitung Baldur von Schirachs, eines poetasternden Fettknaben vorgeschrittenen Alters, der schon immer deutscher Jugendführer von Hitlers Gnaden war und nun also zum europäischen Jugendführer aufgerückt ist. Die Rede, die er dabei hielt, übertraf an blödsinniger Frechheit das meiste, was je aus Nazi-Mund gekommen ist. Wie das Wort »Europa« in diesem Munde sich ausnimmt; wie es klingt, wenn blutige Kaffern sich auf Praxiteles, Michelangelo, Rembrandt und Dürer berufen, diese Namen für sich in Anspruch nehmen und sich mit dem Ruhm des von ihnen zertrampelten, geplünderten, gemarterten und geschändeten Kontinents zu brüsten, das hat die Welt wieder einmal mit ekelvollem Gelächter erfahren. Der angejahrte Sonnenjüngling trumpfte auf, das es eine Lust war. »Wo sind eure Praxiteles und Rembrandt?« rief er Amerika zu. »Woher nehmt ihr die Kühnheit, im Namen eines sterilen Erdteils die Waffen zu erheben gegen die göttlichen Inspirationen des europäischen Genius?« Genau so ist es. Amerika und die United Nations kämpfen gegen Praxiteles und Rembrandt, und zwar aus Neid. Sie wollen Europas Museumsschätze stehlen, in unerlaubter Nachahmung der Nazi-Bonzen. Aber man wird es ihnen zeigen. Er, Baldur, und seine Verbündeten und unterworfenen Jungen sind die Erben des heiligen europäischen Kulturbodens, und sie werden ihn gegen General Motors und General Electric zu verteidigen wissen. Zwar gibt es auch General Göring und General I.G. Farben und General Siemens-Schuckert, aber sie sind Edelgewächse, dem kulturgeschwängerten europäischen Boden entblüht. Zwar haben wir Nazis gerade eben im Gogol-Museum und in Jasnaja Poljana alles kurz und klein geschlagen und im Tschaikowski-Museum auch; aber es wäre verfehlt, darum unser inniges Verhältnis zur Kultur zu bezweifeln. Zwar hat sich der Großteil lebendiger europäischer Kultur, Kunst und Wissenschaft vor uns aus Europa davongemacht und sich an die Gestade Englands und Amerikas geflüchtet. Aber Praxiteles und Rembrandt sind die unsern sie sind die Renommier-Patrone des von Hitler geeinigten Europa und der Nazi-Kultur. Zwar liegt ganz Europa in Krämpfen verzweifelter Abwehr gegen die Art von Einigung, die wir ihm bringen, aber das tut es nur, weil der bolschewistisch-kapitalistisch-imperialistische Feindbund es dazu aufhetzt. Der ist in erbärmlich abgelebten Begriffen von Staatssouveränität befangen; wir haben die gewaltigste soziale Revolution der Weltgeschichte gemacht, die Revolution, die darin besteht, daß alle ihre Souveränität zu opfern haben, nur Deutschland nicht. Daß der absurdeste deutsche Nationalismus und Rassen-Größenwahn den Namen »Europa« annimmt und ein monopolistisches Ausbeutungssystem errichtet, wie es so schamlos die ganze Geschichte des Imperialismus nie gesehen hat.

Deutsche Hörer, die Entdeckung Europas durch die Nazis ist nicht nur eine mißgeschaffene, sondern vor allem eine recht verspätete Entdeckung. Diese mörderischen Provinzler fangen an von Europa zu salbadern in dem Augenblick, wo diese Idee selbst schon einen deutlich provinziellen Geruch anzunehmen begonnen hat. Ich glaube, der »den Jugendführer Schirach den kranken alten Mann im Weißen Hause« nennt, Roosevelt, weiß besser als er in Zeit und Welt Bescheid, wenn er sagt: »Der alte Ausdruck 'westliche Zivilisation' paßt nicht mehr. Die Weltereignisse und die gemeinsamen Notwendigkeiten der Menschheit sind im Begriff, die Kulturen Asiens, Europas und der beiden Amerika zu vereinigen und, zum ersten Mal, eine Welt-Zivilisation zu formen.«

Zitiert nach: Mann, Thomas: Deutsche Hörer! Fünfundzwanzig Radiosendungen nach Deutschland, Leipzig 1975, S. 80 ff.

300. Aus dem Urteil des Volksgerichtshofes gegen die Mitglieder der antifaschistischen Jugendgruppe um Herbert Baum, 10.12.1942

IM NAMEN   **Geheim!**
DES DEUTSCHEN VOLKES

In der Strafsache gegen

1. den Hilfsmechaniker Heinz Paul Israel R o t h h o l z aus Berlin, geboren am 28. Mai 1921 in Berlin,
2. den Dreher Heinz Werner Israel B i r n b a u m aus Berlin, geboren am 22. September 1920 in Berlin,
3. die Arbeiterin Helena Hella Sara H i r s c h aus Berlin, geboren am 6. März 1921 in Posen,
4. die Arbeiterin Alice Sara H i r s c h aus Berlin, geboren am 28. April 1923 in Berlin,
5. die Arbeiterin Edith Sara F r a e n k e l aus Berlin, geboren am 8. Februar 1922 in Berlin,
6. die Arbeiterin Hanni Sara M e y e r geborene Lindenberger aus Berlin, geboren am 14. Februar 1921 in Berlin,
7. die Kinderpflegerin Marianne Sara J o a c h i m geborene Prager aus Berlin, geboren am 5. November 1921 in Berlin,
8. den Arbeiter Lothar Israel S a l i n g e r aus Berlin, geboren am 8. Mai 1919 in Berlin,

9. den Transportarbeiter (Damenschneider) Helmuth Israel N e u m a n n aus Berlin, geboren am 29. Juli 1921 in Berlin,
10. die Angestellte Hildegard Sara L o e w y aus Berlin, geboren am 4. August 1922 in Berlin,
11. den Kohlenarbeiter Siegbert Israel R o t h o l z aus Berlin, geboren am 14. September 1919 in Berlin,
12. die Arbeiterin Lotte Sara R o t h o l z geborene Jastrow aus Berlin, geboren am 25. September 1923 in Bentheim,
sämtlich zur Zeit in dieser Sache in gerichtlicher Untersuchungshaft,
wegen Vorbereitung zum Hochverrat u.a.
hat der Volksgerichtshof, 2. Senat, auf Grund der Hauptverhandlung vom 10. Dezember 1942, an welcher teilgenommen haben

als Richter:
Vizepräsident des Volksgerichtshofs Dr. Crohne,
Vorsitzender
Landgerichtsrat Preußner,
SS-Oberführer Tscharmann,
Generalmajor Cabanis,
Reichshauptamtsleiter Giese,
als Vertreter des Oberreichsanwalts:
Erster Staatsanwalt Wittmann,
als Urkundsbeamter der Geschäftsstelle:
Sekretär Koenitz,

für Recht erkannt:

Die Angeklagten Heinz Rothholz, Birnbaum, der sich auch bei der Begehung eines Verbrechens der Amtsanmaßung wissentlich unbefugt als Angehöriger der deutschen Polizei ausgegeben hat, Hella Hirsch, Hanni Meyer, Marianne Joachim, Salinger, Helmuth Neumann, Hildegard Loewy und Siegbert Rotholz haben im Kriege kommunistischen Hochverrat in organisatorischem Zusammenhalt und zu einem Teil auch durch Herstellung oder Verbreitung von Hetzschriften vorbereitet
und haben zugleich der feindlichen Macht Vorschub geleistet.
Sie werden deshalb zum Tode verurteilt.
Die Angeklagte Lotte Rotholz wird wegen organisierter Vorbereitung zum Hochverrat zu acht Jahren Zuchthaus verurteilt.
Wegen Nichtanzeige eines Vorhabens des Hochverrats wird die Angeklagte Alice Hirsch zu drei Jahren Zuchthaus,
die Angeklagte Edith Fraenkel zu fünf Jahren Zuchthaus verurteilt.
Den zu Freiheitsstrafen verurteilten Angeklagten werden je drei Monate der erlittenen Untersuchungshaft angerechnet.

Die Angeklagten tragen die Kosten des Verfahrens.

Von Rechts wegen.

G r ü n d e.
Am 18. Mai 1942 wurde auf der antibolschewistischen Ausstellung »Das Sowjetparadies« im Berliner Lustgarten ein Anschlag mittels einer Sprengbombe und eines Brandkörpers verübt. Die Täter, die durch Urteil des Sondergerichts Berlin vom 16. Juli 1942 - 1 Pk. Ls. 25/42g Rs. - zum Tode verurteilt und inzwischen hingerichtet worden sind, gehörten zwei illegalen miteinander in Verbindung stehenden kommunistischen Gruppen an, deren Mitglieder zum größten Teil jüngere männliche und weibliche Juden aus Berlin waren. Die eine Gruppe stand

unter der Führung eines gewissen Franke, der Leiter der anderen Gruppe, der ausschließlich Juden angehörten, war der Jude Baum; beide waren an dem Anschlag beteiligt; Franke ist in obiger Strafsache verurteilt und hingerichtet worden, Baum hat Selbstmord begangen.

Die Mitglieder der Gruppe B a u m wurden bis zum Mai 1942 an regelmäßigen Schulungsabenden, vornehmlich durch Vorlesen und Besprechen von Hetzschriften und Büchern, für den kommunistischen Umsturz vorbereitet und es wurden von ihnen auch Hetzschriften ausgearbeitet und hergestellt und deren Verbreitung mindestens in Angriff genommen. Die von Baum bei der Schulung benutzten Bücher waren u.a.:

> »Staat und Revolution« von Lenin, »Das kommunistische Manifest« von Marx, »Vom Mutterrecht zum Vaterrecht« von Bebel und »Die Entwicklung des Sozialismus von der Utopie zur Wissenschaft«

ferner wurden folgende Hetzschriften vorgelesen und besprochen:

> »Der Ausweg«, »Der Weg zum Sieg«, »An die Deutsche Ärzteschaft« und die 19 Schreibmaschinenseiten lange Schrift: »Organisiert den revolutionären Massenkampf gegen Faschismus und imperialistischen Krieg!«.

In dieser Schrift heißt es u.a.:

> »Die historische Gewißheit, daß die faschistische Kriegsmacht durch die Rote Armee vernichtend geschlagen werden wird, und zwar bald, wirft auch in Deutschland ihre wachsende Überzeugungskraft voraus. Während man in Moskau jede drohende Gefahr geradezu öffentlich plakatiert, um die Initiative des Sowjetvolkes aufs höchste zu steigern, sind der totale Terror und die Maßlosigkeit der Propaganda, womit die wachsende Erkenntnis der deutschen Massen erstickt werden soll, Anzeichen der faschistischen Befürchtungen angesichts der wirklichen Lage und Entwicklung« ....

> »So schuf Stalins Friedenspolitik doch die gewaltige Koalition SU., England, Amerika, die nur ein Hauptziel kennen: völlige Zertrümmerung des ewigen Angreifers« ...

> »Jetzt ist Hitler zwischen die Mühlsteine des Zweifrontenkrieges geraten. Der unausbleibliche Sieg der Roten Armee wird den revolutionären Charakter der Kämpfe in Europa sichtbarer machen. In der Roten Armee hat die Arbeiterklasse Europas den Garanten ihrer sozialen und nationalen Befreiung«....

> »Der Krieg ist für das deutsche Finanzkapital verloren. Es muß seine Herrschaft auch über die deutsche Arbeiterklasse verlieren und wir dürfen ihm keine Möglichkeit geben, daß es mit Hilfe von Feiglingen und Opportunisten einen innerpolitischen »Ausweg« findet. Der imperialistische Krieg setzt den Bürgerkrieg auf die Tagesordnung«...

> »Solange das Proletariat nicht selbst die herrschende Klasse ist, kann es die Errungenschaften seines politischen und gewerkschaftlichen Kampfes nicht anders verankern, als eben durch jene konsequent revolutionäre Aktivität, die zur Beseitigung des Kapitalismus führt«. .....

> »Die Armee, sinnlos von Hitler geopfert, kann sich rasch radikalisieren. Feldpostadressen werden gesammelt und mit Material beliefert, die Angehörigen sind unauffällig zu beeinflussen, mit Urlaubern und Verwundeten ist Fühlung zu nehmen. Die Genossen an der Front bilden Zellen, die die Niederlagen, Verluste, schlechte Verpflegung, mangelhafte Kleidung, Überheblichkeit der Offiziere, den SS-Terror, die Urlaubssperre zum Anlaß politischer Aufklärungsarbeit nehmen, die den Defaitismus fördernd, auf Massengehorsamsverweigerung, Übergehen zu den Sowjets und Umkehren der Gewehre hinzielt.«

Die Erörterungen der Schulungsteilnehmer gipfelten in der Forderung, die nationalsozialistische Regierung müsse durch die bolschewistische Revolution beseitigt werden und die Juden müßten sich hierbei beteiligen, da sie nur dadurch ihre Lage verbessern könnten.

Baum verschaffte den meisten Mitgliedern seiner Gruppe aus den Siemens-Werken, wo er beschäftigt war, falsche Personalausweise, die auf Namen angeblicher französischer Arbeiter der Siemenswerke lauteten. Die Ausweise wurden von den Mitverschwörern dazu benutzt, sich unter falschem Namen Zimmer zu mieten und sich unter Verstoß gegen die behördlichen Anordnungen, ohne den Judenstern zu tragen, ungehindert in Berlin und Umgebung zu bewegen.

Die Angeklagten, gegen die sich das vorliegende Verfahren richtet, gehörten zusammen mit anderen Juden, die zum Teil an dem Attentat auf die Ausstellung beteiligt waren und entweder abgeurteilt und hingerichtet oder geflüchtet sind, zu der Gruppe des Baum. Sie stehen, mit Ausnahme der Alice Hirsch und der Lotte Rotholz, die beide 19 Jahre alt sind, im Alter von 20 bis 23 Jahren. Von ihnen ist nur bei der Edith Fraenkel die jüdische Abstammung nicht völlig geklärt; während deren Mutter Jüdin ist, bestehen hinsichtlich der Rassenzugehörigkeit des Vaters angeblich Zweifel.

Die Angeklagten Heinz R o t h h o l z , B i r n b a u m , die Schwestern Hella und Alice H i r s c h sowie Edith F r a e n k e l und Hanni M e y e r bildeten zusammen mit anderen Juden eine Gruppe unter der unmittelbaren Leitung des Baum. Die übrigen Angeklagten - Marianne Joachim, Salinger, Neumann, Hildegard L o e w y und die Eheleute Siegbert und Lotte Rotholz - sowie andere Juden waren unter der Führung des Ehemannes der Marianne Joachim, der wegen Beteiligung an dem Anschlag auf die Ausstellung in der Strafsache gegen Franke u.A. verurteilt und hingerichtet worden ist, zu einer - im Laufe der Zeit aufgeteilten - Untergruppe zusammengefaßt, über die Baum die Aufsicht führte.

Der jetzt 21-jährige Angeklagte Heinz R o t h h o l z lernte im Juli 1940 auf seiner Arbeitsstelle in den Siemens-Werken den Baum und dessen ebenfalls jüdische Ehefrau kennen, freundete sich mit ihnen an und kam häufig, in der Folgezeit regelmäßig in der Woche einmal, in der Wohnung mit ihnen zusammen. Er traf dort außer inzwischen abgeurteilten oder geflüchteten anderen Juden auch die Angeklagten Birnbaum, Hella und Alice Hirsch, Edith Fraenkel und Hanni Meyer. Es waren jedesmal durchschnittlich 10 Personen anwesend, deren Zusammensetzung im Allgemeinen die gleiche war. Bei den Zusammenkünften, denen der Angeklagte bis kurz vor seiner am 22. Mai 1942 erfolgten Festnahme beiwohnte, schulte Baum die Anwesenden im kommunistischen Sinne, indem er Vorträge hielt, aus den genannten illegalen Hetzschriften und Büchern vorlas...

IML/ZPA, NJ 1642/1.

301. Anweisung der Gestapo in Köln zur Verfolgung oppositioneller Jugendgruppen, 27.1.1943

Geheime Staatspolizei
Staatspolizeistelle Köln   Köln, den 27. Januar 1943.
IV B 3 - 78/43

                              R u n d v e r f ü g u n g .

a) An die
   Herren Landräte des Regierungsbezirks Köln
   mit Überdrucken für die Herren Amtsbürgermeister
b) An die
   Geheime Staatspolizei
   Staatspolizeistelle Köln
   - Außendienststelle Bonn -
   in Bonn

...

Betrifft: Wanderungen und weltliche Betätigung von bündisch- und konfessionell beeinflußten Jugendgruppen.
Vorgang: Ohne.

Immer häufiger wird beobachtet, daß Jugendliche außerhalb der Hitlerjugend geschlossene
Wanderungen und Wanderfahrten ausführen. Teilnehmer sind meist solche Jugendliche, die
aus verschiedenen Gründen gegnerisch gegen die HJ eingestellt sind. Ich weise darauf hin, daß
geschlossene Wanderungen und Wanderfahrten von Jugendlichen außerhalb der Hitlerjugend
verboten sind. Ebenso ist es der konfessionellen Jugend verboten, Wanderungen durchzuführen oder sich sonst irgendwie weltlich zu betätigen.
Ich bitte daher wandernden, zeltenden oder sich in anderer Form zusammenfindenden Jugendlichen besondere Aufmerksamkeit zu schenken und sie ständigen Kontrollen zu unterwerfen. Alle verdächtigen Wahrnehmungen bitte ich mir mitzuteilen.

Im Auftrage:
gez.: Matschke.

Hauptstaatsarchiv Düsseldorf, RW 18 - 5, Bl. 106.

302. Das letzte Flugblatt der Münchener Studenten um Hans Scholl und Alexander Schmorell, Februar 1943

Kommilitoninnen! Kommilitonen!

Erschüttert steht unser Volk vor dem Untergang der Männer von Stalingrad. Dreihundert-
dreißigtausend deutsche Männer hat die geniale Strategie des Weltkriegsgefreiten sinn- und
verantwortungslos in Tod und Verderben gehetzt. Führer, wir danken dir!
Es gärt im deutschen Volk: Wollen wir weiter einem Dilletanten das Schicksal unserer Armeen
anvertrauen? Wollen wir den niedrigen Machtinstinkten einer Parteiclique den Rest der deutschen Jugend opfern? Nimmermehr!
Der Tag der Abrechnung ist gekommen, der Abrechnung unserer deutschen Jugend mit der
verabscheuungswürdigsten Tyrannei, die unser Volk je erduldet hat. Im Namen der ganzen
deutschen Jugend fordern wir von dem Staat Adolf Hitlers die persönliche Freiheit, das kostbarste Gut des Deutschen, zurück, um das er uns in der erbärmlichsten Weise betrogen hat.
In einem Staat rücksichtsloser Knebelung jeder freien Meinungsäußerung sind wir aufgewach-
sen. HJ, SA, SS haben uns in den fruchtbarsten Bildungsjahren unseres Lebens zu uniformie-
ren, zu revolutionieren, zu narkotisieren versucht. »Weltanschauliche Schulung« hieß die ver-
ächtliche Methode, das aufkeimende Selbstdenken und Selbstwerten in einem Nebel leerer
Phrasen zu ersticken. Eine Führerauslese, wie sie teuflischer und bornierter zugleich nicht gedacht werden kann, zieht ihre künftigen Parteibonzen auf Ordensburgen zu gottlosen, scham-
losen und gewissenlosen Ausbeutern und Mordbuben heran, zur blinden, stupiden Führerge-
folgschaft. Wir »Arbeiter des Geistes« wären gerade recht, dieser neuen Herrenschicht den
Knüppel zu machen. Frontkämpfer werden von Studentenführern und Gauleiteraspiranten
wie Schuljungen gemaßregelt, Gauleiter greifen mit geilen Späßen den Studentinnen an die Ehre. Deutsche Studentinnen haben an der Münchner Hochschule auf die Besudelung ihrer Ehre
eine würdige Antwort gegeben, deutsche Studenten haben sich für ihre Kameradinnen eingesetzt und standgehalten. Das ist ein Anfang zur Erkämpfung unserer freien Selbstbestimmung,
ohne die geistige Werte nicht geschaffen werden können. Unser Dank gilt den tapferen Kameradinnen und Kameraden, die mit leuchtendem Beispiel vorangegangen sind!

Es gibt für uns nur eine Parole: Kampf gegen die Partei! Heraus aus den Parteigliederungen, in denen man uns politisch weiter mundtot halten will! Heraus aus den Hörsälen der SS-Unter- oder Oberführer und Parteikriecher! Es geht uns um wahre Wissenschaft und echte Geistesfreiheit! Kein Drohmittel kann uns schrecken, auch nicht die Schließung unserer Hochschulen. Es gilt den Kampf jedes einzelnen von uns um unsere Zukunft, unsere Freiheit und Ehre in einem seiner sittlichen Verantwortung bewußten Staatswesen.

Freiheit und Ehre! Zehn lange Jahre haben Hitler und seine Genossen die beiden herrlichen deutschen Worte bis zum Ekel ausgequetscht, abgedroschen, verdreht, wie es nur Dilettanten vermögen, die die höchsten Werte einer Nation vor die Säue werfen. Was ihnen Freiheit und Ehre gilt, haben sie in zehn Jahren der Zerstörung aller materiellen und geistigen Freiheit, aller sittlichen Substanz im deutschen Volk genugsam gezeigt. Auch dem dümmsten Deutschen hat das furchtbare Blutbad die Augen geöffnet, das sie im Namen von Freiheit und Ehre der deutschen Nation in ganz Europa angerichtet haben und täglich neu anrichten.
Der deutsche Name bleibt für immer geschändet, wenn nicht die deutsche Jugend endlich aufsteht, rächt und sühnt zugleich, seine Peiniger zerschmettert und ein neues, geistiges Europa aufrichtet.

Studentinnen! Studenten! Auf uns sieht das deutsche Volk! Von uns erwartet es, wie 1813 die Brechung des Napoleonischen, so 1943 die Brechung des nationalsozialistischen Terrors aus der Macht des Geistes.
Beresina und Stalingrad flammen im Osten auf, die Toten von Stalingrad beschwören uns!
»Frisch auf, mein Volk, die Flammenzeichen rauchen!«
Unser Volk steht im Aufbruch gegen die Verknechtung Europas durch den Nationalsozialismus, im neuen gläubigen Durchbruch von Freiheit und Ehre!

Zitiert nach: Scholl, Inge: Die Weiße Rose, Frankfurt/M. 1982, S. 119 ff.

303. Aus dem Todesurteil des Volksgerichtshofes gegen Hans und Sophie Scholl sowie Christoph Probst, 22.2.1943

1 H 47/43

Im Namen des Deutschen Volkes

In der Strafsache gegen
1.) den Hans Fritz Scholl aus München, geboren in Ingersheim am 22. September 1918,

2.) die Sophia Magdalena Scholl aus München, geboren in Forchtenberg am 9. Mai 1921,

3.) den Christoph Hermann Probst aus Aldrans bei Innsbruck, geboren in Murnau am 6. November 1919,

zur Zeit in dieser Sache in gerichtlicher Untersuchungshaft,
wegen landesverräterischer Feindbegünstigung, Vorbereitung zum Hochverrat, Wehrkraftzersetzung
hat der Volksgerichtshof, 1. Senat, auf Grund der Hauptverhandlung vom 22. Februar 1943, an welcher teilgenommen haben als Richter:
Präsident des Volksgerichtshofs Dr. Freisler, Vorsitzer,
Landgerichtsdirektor Stier,
SS-Gruppenführer Breithaupt,

SA-Gruppenführer Bunge,
Staatssekretär und SA-Gruppenführer Köglmaier,
als Vertreter des Oberreichsanwalts:
Reichsanwalt Weyersberg,
für Recht erkannt:
Die Angeklagten haben im Kriege in Flugblättern zur Sabotage der Rüstung und zum Sturz der nationalsozialistischen Lebensform unseres Volkes aufgerufen, defaitistische Gedanken propagiert und den Führer aufs gemeinste beschimpft und dadurch den Feind des Reiches begünstigt und unsere Wehrkraft zersetzt.
Sie werden deshalb mit dem
Tode
bestraft.
Ihre Bürgerehre haben sie für immer verwirkt.
. . .

IML/ZPA, NJ 1704/3.

304. Aus den Tagebuchaufzeichnungen von Ruth Andreas-Friedrich aus Berlin, 9.3. - 27.3.1943

Mittwoch, 10. März 1943
Was geht in München vor? In München soll irgendetwas geschehen sein. Etwas Illegales, Rebellisches. Die Studenten hätten sich erhoben, erzählt man. Viele tausend Flugblätter seien verteilt worden. Anschriften stünden an den Mauern: »Nieder mit Hitler! Es lebe die Freiheit!« Wir horchen herum. Wir brennen, Genaueres zu erfahren. Geht der Sturm weiter? Hat man ihn schon erstickt? Es wird davon gesprochen, daß Freisler, der Präsident des Volksgerichtshofes, vor kurzem in »Sondermission« nach München gefahren sei. Die Wahrheit! Die Wahrheit wollen wir wissen!

Dienstag, 23. März 1943
Nun wissen wir die Wahrheit. Aus München kam ein Geheimkurier. Verbindungsmann der Gruppe M. Er brachte einen Lagebericht und zwei Flugblätter. Das letzte, was von dem Münchener Studentenaufstand übriggeblieben ist. Jetzt liegt schon alles in der Vergangenheit: Aufstand, Empörung, Verhaftung und Urteil. Am 19. Februar aber hat sich dort folgendes abgespielt: Ein neuer Gauleiter ist ernannt. Ein scharfer Nazi, Paul Giesler mit Namen. In der Aula der Universität spricht er zu den versammelten Studenten. Wettert über die mangelnde Bereitschaft der akademischen Jugend, sich fürs Vaterland einzusetzen, diffamiert das Frauenstudium. Höhnt, es sei nur zum Männerfang geschaffen, krakeelt desto lauter, je mehr er die Opposition unter seinen Hörern wachsen fühlt. Die Studentinnen verlassen den Saal. Plötzlich ein Zwischenruf: »Wir lassen unsere Kommilitoninnen nicht beleidigen!« Füßescharren, Getrampel, Geschrei. Giesler muß weichen. Von der Empore fliegen Hunderte von Flugblättern. Draußen formiert sich ein Demonstrationszug. In diesem Augenblick erscheint die Polizei. Sperrt die Türen der Aula, treibt den Zug auseinander. »Es lebe die Freiheit!« steht wie von Geisterhand geschrieben an allen Mauern.
In der Münchener Universität gibt es einen Pedell. Er hat gesehen, wie ein paar Studenten beim Anrücken der Polizei eine Aktentasche in den Lichtschacht warfen. Hilfspedell Schmied meldet die Sache der Gestapo. Wenige Stunden später sind drei Studenten verhaftet. Hans Scholl, Sophie Scholl und Christoph Probst. Frontkämpfer die Männer, beurlaubt zum Studium der Medizin. Das Mädchen, Scholls Schwester, Studentin der Naturwissenschaften.
Freisler wird telefonisch aus Berlin beordert. Schon am nächsten Tag tritt unter seinem Vorsitz in München das Volksgericht zusammen. »Würden Sie Hitler töten, wenn Sie Gelegenheit

dazu hätten?« fragt man die Angeklagten. - »Ja, sofort?« antworten sie wie aus einem Munde. Hans Scholl nimmt alle Schuld auf sich, stellt sich ritterlich vor seine Schwester. »Wir sind unfrei geworden und müssen die geistige Freiheit wiedergewinnen«, erklärt er in seiner Verteidigungsrede. Und als ihm Freisler das Urteil verkündet, entgegnet er stolz: »Sie werden in kurzer Zeit an meinem Platz stehen!« - Zwei Tage nach der Verhaftung, am 22. Februar um sechzehn Uhr dreißig, besteigen Hans Scholl, Sophie Scholl und Christoph Probst das Schafott. »Es lebe die Freiheit!« ist ihr letztes Wort.

So der Bericht. Wir lesen ihn hinter verriegelten Türen. Hinrichs, Frank, Andrik, Flamm, Heike, Wolfgang Kühn und ich. Dann faltet Hinrichs das Flugblatt auseinander ... Behutsam legt Hinrichs das Blatt auf den Tisch. »Dem Hilfspedell Schmied ist für seine staatspolitisch wertvolle Denunziationsarbeit eine Belohnung von tausend Mark und der Beamtentitel verliehen worden«, sagt er lakonisch. Frank springt auf. »Wo ist die Schreibmaschine? Wer tippt? Wer diktiert? Wenn wir dieses Flugblatt nicht weiterverbreiten, sind wir nicht wert, es gelesen zu haben.« Heike setzt sich an die Maschine. »Kommilitoninnen! Kommilitonen!« diktiert ihr Frank. Bis wir uns trennen, liegen fünfzig Exemplare fertig zur Verteilung. Morgen wird weitergeschrieben.

...

Samstag, 27. März 1943

Wir haben einen Weg gefunden, Flugblatt und Lagebericht in die Schweiz zu schmuggeln. Und einen zweiten über Schweden nach England. Den Geschwistern Scholl und Christoph Probst kann es nicht mehr schaden, wenn man ihre illegalen Taten in der Welt verbreitet. Uns aber ist es ungeheuer wichtig, daß man draußen erfährt, daß auch in Deutschland Menschen leben. Nicht nur Judenfresser, Hitlerjünger und Gestaposchergen. Viel zu wenig weiß die Welt bisher davon. Redet man vorzeitig über die Dinge, hört es die Gestapo unweigerlich zehn Minuten früher als diejenigen, für die die Nachricht bestimmt ist. Und ehe der Bericht an sein Ziel gelangt, sind die, die ihn ausgeben, schon um einen Kopf kürzer. Wir haben seit Kriegsbeginn wenig Verbindung mit dem Ausland. Jeder Kontakt muß mühsam errungen werden. Wir haben keine Organisation hinter uns. Und keine mächtige Partei, die uns den Rücken stärkt. Was wir tun, ist Einzelarbeit. Nur daß diese Einzelarbeit Tausender und aber Tausender Deutscher im Dienste der Menschlichkeit getan wird, trotz Drangsal, Verfolgung und Tyrannei, das sollte, wenn der Tag der Abrechnung kommt, von denen nicht vergessen werden, die es leichter haben als wir, gute und hilfreiche Menschen zu sein.

Andreas-Friedrich, Ruth: Der Schattenmann. Tagebuchaufzeichnungen 1938 - 1945, Berlin 1977, S. 98 ff.

305. Erklärung der 3. Landeskonferenz der Freien Deutschen Jugend in Großbritannien, 11.4.1943

I.

Wir haben uns in der Freien Deutschen Jugend vereinigt, weil wir - aus Deutschland vertrieben — Opfer des deutschen Faschismus sind, sei es aus rassischen, religiösen oder politischen Gründen.

Weil wir aus eigenem Erleben das furchtbare Regime des Faschismus kennen; weil wir es zutiefst hassen, das uns um unsere glückliche Jugend betrogen und normaler Entwicklungsmöglichkeiten beraubt hat; weil wir aktiven Anteil an seiner Vernichtung nehmen wollen.

Wir sind in der Freien Deutschen Jugend vereinigt - ohne Rücksicht auf Weltanschauung und Zukunftspläne - weil wir die Größe der historischen Aufgabe erkannt haben, den deutschen Faschismus zu vernichten; weil wir, seine Opfer, aus unserem Unglück die Lehre gezogen haben, daß diese Aufgabe ohne Ablenkung und mit vereinten Kräften angepackt werden muß.

Wir sind in der Freien Deutschen Jugend vereinigt, weil unsere Kenntnis des deutschen Faschismus uns eine besondere Rolle zuweist; weil wir noch eine Rechnung mit den Mördern unserer Eltern und Freunde zu begleichen haben.

II.

Wir treten aus ganzem Herzen für den vollständigen Sieg der Vereinten Nationen über den Faschismus ein - an der Seite der Weltjugend.
In der Produktion, in der Armee und zivilen Verteidigung, im freiwilligen Youth Service wollen wir unter den Besten sein. Um unsere ganze Kraft hergeben zu können, wollen wir uns gesund erhalten durch Sport, Fahrten, Ernteferienlager; wollen wir uns entspannen durch kameradschaftliches Klubleben; wollen wir unsere Weiterbildung fördern durch Arbeitsgemeinschaften, Kurse, Diskussionen.

Für uns ist die Sorge um die jungen Flüchtlinge die natürliche Ergänzung des Kriegseinsatzes.

Zur Durchführung dieser Aufgaben halten wir es für unbedingt erforderlich, einheitlich vorzugehen; die freundschaftliche Zusammenarbeit mit allen Flüchtlingsjugendorganisationen, Gruppen und Einzelpersonen ist unser Ziel.

III.

Wir jungen Flüchtlinge haben in unserem Gastlande die praktische Möglichkeit, internationale Jugendfreundschaft zu erleben.

Wir arbeiten und kämpfen mit der britischen Jugend. Wir wollen Land und Volk kennen lernen. Im Austausch wollen wir unsere furchtbaren Erfahrungen über die Bestialität und Gefährlichkeit unseres gemeinsamen Feindes übermitteln; zum verstärkten Kriegseinsatz anspornen, den Krieg mit aller Entschlossenheit zum baldigen, siegreichen Ende führen.
Die freiheitsliebende Jugend der Welt hat sich mitten im Krieg zusammengeschlossen im International Youth Council in Britain und im World Youth Council, in denen junge deutsche Anti-Nazis gleichberechtigt vertreten sind. Wir sind uns der Bedeutung dieser Tatsache voll bewußt, in einer Zeit, da die Jugend Europas versklavt und die jüdische Jugend ausgerottet wird von deutschen Armeen und SS-Truppen.
Die internationale Zusammenarbeit von heute bildet die Grundlage für ein friedliches und glückliches Zusammenleben der Jugend der Welt in Zukunft.

IV.

Die heldenhaften illegalen Kämpfer Deutschlands haben unsere volle Sympathie und Unterstützung.
Das Land, aus dem wir kommen, darf nicht dem Feind überlassen bleiben. Nicht nur muß der Faschismus militärisch geschlagen werden, sondern alle seine Erscheinungen - wie Rassendünkel, Antisemitismus, Unduldsamkeit, Plündern und Morden - müssen mit der Wurzel ausgerottet werden. Davon hängt viel ab - insbesondere für uns.

Wir wissen, wir gut es für die ganze Welt wäre, wenn das deutsche Volk durch eigene Aktionen zum Sieg beitragen würde. Deshalb begrüßen und unterstützen wir die Nationale Friedensbewegung in Deutschland und wollen alles versuchen, zu helfen - durch Radiopropaganda und Förderung der Einheit in der Emigration.

V.

Wir jungen Flüchtlinge nehmen Anteil am Kampf für eine friedliche und glückliche Zukunft. Wir stehen auf dem Boden der großen Prinzipien, die in der Atlantic Charter und den Verträgen der Alliierten niedergelegt sind. Die Beschlüsse der Internationalen Jugendkonferenz in

London und Washington haben unsere vollste Zustimmung. Wir treten ein für die Rechte der Jugend, das Recht auf Arbeit, das Recht auf Bildung, das Recht auf Ruhe und Erholung, das Recht auf Berufsausbildung, das Recht auf Förderung der Gesundheit, das Recht auf Organisationsfreiheit, für die Gleichberechtigung der Geschlechter. Wir wollen eine Welt, in der der Jugend alle Entwicklungsmöglichkeiten offen stehen.

Durch unseren gegenwärtigen Kampf wollen wir uns die richtige Einstellung zur Zukunft erarbeiten. Durch unseren Zusammenschluß, durch unsere Diskussionen, durch die Sorge um unsere Kameraden wird in uns das Verständnis für die zukünftige Welt wachsen. Nur wer in der Gegenwart seine Pflicht tut, hat ein Recht auf Zukunft.

Vorwärts für unsere Zukunft
Einig im Kampf
Durch Angriff zum Sieg

Freie Tribüne. Freie Deutsche Jugend (London), 12.5.1943.

306. Brief des Antifaschistischen Komitees der Sowjetjugend an die Freie Deutsche Jugend in Großbritannien, April 1943

Das Antifaschistische Komitee der Sowjetjugend sendet die herzlichsten Grüße an die Konferenz der Freien Deutschen Jugend. Eure Konferenz wird in einer Situation abgehalten, in der die Hitlerkräfte nach einer schweren Niederlage jetzt alle Kräfte für eine neue Offensive mobilisieren. Sie haben die totale Mobilisierung angeordnet und durchsuchen ganz Europa nach neuen Reserven für neues Kanonenfutter und Sklaven für die faschistische Kriegsindustrie. Die Völker in Europa haben die »Neue Ordnung« zu spüren bekommen, sie haben die Schrecken der modernen faschistischen Inquisitoren kennengelernt. Sie haben den tiefen Schmerz miterlebt, ihr Land und ihre Familien zu verlieren, getötet und gefoltert von den faschistischen Barbaren, aber sie fügen sich nicht der Versklavung! Die Erfolge der Roten Armee spornten sie zum Kampf an. In den besetzten Ländern wächst täglich die Flamme des Hasses gegen den verachteten Eindringling und Sklavenhalter.

Die Schläge gegen den Feind werden von Tag zu Tag stärker, Scharfschützen in Frankreich, Patrioten in Jugoslawien, Griechenland, Polen, Norwegen, Holland und der Tschechoslowakei zerstören feindliche Zugtransporte und Verbindungen. Sie rächen sich an den hitlerischen Okkupanten.

Das Sowjetvolk und die Sowjetjugend trägt seit 21 Monaten die Hauptlast des Krieges gegen den Hitlerfaschismus, und sie sind weiter, wie sie es durch den ganzen Krieg hindurch waren, von der Entschlossenheit erfüllt, bis zum siegreichen Ende, bis zur vollkommenen Vernichtung der Hitlerbanditen auf Sowjetboden und bis zur Beseitigung des verfluchten Regimes in Deutschland zu kämpfen.

Die Faschisten sind noch stark, sie sind immer noch fähig, ihre blutigen Verbrechen weiter zu begehen. Um weiter ihre aufgebauschte Macht zu erhalten, sürzen sie sich in jedes Abenteuer. In der heutige Situation könnten sie nicht mehr durch Reden und Diskussionen über die verschiedenen Probleme bekämpft werden.

Wir wissen, daß Ihr, wie wir, den Faschismus haßt, der Euch, Eurer Heimat und Eurer ganzen Generation die Ehre geraubt hat, und der die Vergangenheit und die Gegenwart des deutschen Volkes mit Schande bedeckt hat. Wir sind fest davon überzeugt, daß Ihr, vollkommen Eurer Pflicht Deutschland gegenüber bewußt, aktiv für das Glück Eures Landes gegen die dunklen Kräfte des Hitlerfaschismus kämpft. Wir sind auch gewiß, daß die freiheitsliebende Jugend der ganzen Welt endlich die Ketten, die sie fesseln, abwerfen wird und mit der Waffe in der Hand sich in den aktiven Kampf einreihen und ihre Pflicht ihren Völkern gegenüber erfüllen wird.

Im Namen des Antifaschistischen Komitees der Sowjetjugend wünschen wir Euch den besten Erfolg zu Eurer Konferenz.

Eugène Fyodorov (Vorsitzende)
Lydia Voinova (Sekretärin)

Freie Tribüne. Freie Deutsche Jugend (London), 28.4.1943.

307. Bericht der Gestapo über eine Gruppe der Edelweißpiraten in Rheydt, 27.5.1943

M.-Gladbach, den 27. 5. 1943.

B e r i c h t !

Die Edelweißpiraten-Bewegung kann hier als ziemlich abgeschlossen betrachtet werden. Eigentlich gibt es erst solche Piraten, nachdem in den HJ-Einheiten die Jugendlichen auf das Bestehen einer solchen Bewegung aufmerksam gemacht worden sind. Sie wurde zugleich ein Sammelbecken der Jugendlichen, die sich an eine unterordnende Disziplin in der HJ nicht gewöhnen konnten oder nach neuen Idealen strebten. Da auch in den harmlosesten Fällen staatspolizeilicherseits eingeschritten wurde, trug dieses mit dazu bei, daß diese illegale Jugendbewegung sich bald in sich auflöste. Die hier erfaßte und aufgelöste Gruppe in Rheydt trägt allerdings schon ernsthafteren Charakter, da sie vereinsmäßig aufgezogen war, was aus dem gefertigten Abzeichen (Edelweiß-Jugend gleich Edelweißpiraten), aus den von jedem Mitglied ausgeschriebenen Personalien und aus dem Versuch der Herstellung von Vordrucken für einen Eintritt in diese Gruppe ersichtlich ist. Leuwer, dessen geistige und auch sonstige Qualitäten nicht hoch einzuschätzen sind, war der Anführer und der Urheber, der unter dem Deckmantel eines Schachklubs die Sache aufzog und unter eben diesem Deckmantel die Jungen geworben hat. Daß diese E.P.-Gruppe dann bald nach anfänglichem Erstarken der inneren Auflösung verfiel, mag an der Einsicht der Beteiligten gelegen haben, da sie die Piraterei als Unfug angesehen haben und auch von Leuwer nicht überzeugt werden konnten. Der Besitz des Revolvers wird Leuwer nicht minder beeinflußt haben, sich als Anführer irgendeiner Bewegung aufzuspielen. Da die Edelweißpiraten zur Zeit gerade aktuell waren, fand er hier ein Vorbild. Ob diese Gruppe und auch Leuwer selbst mit anderen Gruppen in Verbindung stand oder ob L. im Auftrage eines Auftraggebers handelte, war nicht festzustellen und ist auch nicht anzunehmen. Nach außenhin ist erwähnte Gruppe nicht in Erscheinung getreten. Von einer Einziehung der Schreibmaschine, die zur Herstellung von Vordrucken für einen Eintritt benutzt worden war, wurde abgesehen, da der jugendliche Helmut Kesselmann ohne Wissen der Eltern, denen die Maschine gehört, diese dem Leuwer zur Verfügung gestellt hat.
Dagegen wurde der Revolver eingezogen.

Klemens
a.pl.Krim.Asst.

Hauptstaatsarchiv Düsseldorf, RW 58 - 38044, Bl. 11.

308. Flugblatt des Jungkommunisten Hans Grüning aus Dortmund, Mai 1943

Kumpel! An Ruhr u. Rhein.
Es rufen dich die Kumpel der russischen Kriegsgefangenschaft. Kumpel, wie lange willst du noch helfen, den Krieg in die Länge zu ziehen? Mit jeder Tonne Kohle die du lieferst, forderst du unzählige Menschenleben, Krüppel und Witwen. Spürst du nicht, daß die Kriegsgewinnler auf deinem Rücken sitzen und dich in den Nacken treten, um noch mehr zu liefern. Geregelte

Arbeitsstunden gibt es nicht, auch noch die Sonn- u. Feiertage fordert man von dir, den Urlaub verlegt man bis nach dem Kriege. Das Krankfeiern wird als Saboteur betrachtet, gewaltsam drängt man dich zur Arbeit. Kumpel, spürst du nicht, wie die Kriegsgewinnler dir den Mark aus den Knochen ziehen, um ihren Profit stabil zu halten, um ihre Galgenfrist auf die lange Bank zu schieben. Spürst du dieses nicht? Du bist ein moderner Sklave. Man braucht dich unbedingt, ohne Kohle läuft kein Rad. Du hast es in den Händen, wie lange du noch diesen Schicksalsweg gehen willst und wie lange noch das Kriegsrad sich drehen soll, macht Schluß damit, scheut nicht die Spitzel, bildet Komitees, diskutiert über die Sache.
Die unterdrückten Völker schreien nach Frieden.

Zitiert nach: Deutsche Widerstandskämpfer 1933 - 1945. Biographien und Briefe, Band 1, Berlin 1970.

309. Aus der Rede von Erich Weinert auf der Gründungskonferenz des Nationalkomitees »Freies Deutschland«, 12.7.1943

Meine Herren! Erlauben Sie mir, daß ich in meinem Bericht über die Entstehung unseres Nationalkomitees »Freies Deutschland« etwas weiter aushole, als es zu einer objektiven Darstellung dieses Prozesses nötig erscheint. Lassen Sie mich leidenschaftslos und sachlich über einige Dinge sprechen, die zu unserer Selbstverständigung nicht unwichtig sind und die Klärung fördern, deren wir bedürfen.
Je mehr alle sozialen Schichten unseres Volkes unter den Folgen der verhängnisvollen Politik des Hitlerregimes in Mitleidenschaft gezogen wurden, um so allgemeiner wurde auch die Erkenntnis vom wahren Wesen dieses Systems und der Notwendigkeit, es abzuschaffen.
Und diese Folgen entsprangen nicht nur dem Kriege selbst, sie wurzelten schon in den Vorbereitungen zum Kriege. Als Hitler zur Macht kam, gab es für ihn nur ein Ziel: Krieg! Die pazifistischen Beschwörungen der ersten Jahre waren Sand in die Augen der Welt. Aber nicht alle haben sich Sand in die Augen streuen lassen. Wer das Buch »Mein Kampf« aufmerksam gelesen hatte, mußte wissen, mit wem er es zu tun hatte.
Die eigentlichen Vorbereitungen zu diesem Kriege begannen nicht erst, als Hitler die Allgewalt im Staate in die Hand gespielt worden war. Unter dem Vorwand der soldatischen Erstarkung der Nation, unter dem Mißbrauch edler nationaler Gefühle bemächtigte sich Hitler der Seele breiter an ihn glaubender Schichten und v o r a l l e m d e r d e u t s c h e n J u g e n d, um sie für sein blutigstes und gefährlichstes Abenteuer zu gewinnen, für den Eroberungskrieg, für den Krieg um den sogenannten Lebensraum. Er verschaffte sich eine verführerische Legitimation mit der Verheißung, die Ketten von Versailles zu sprengen. Aber von diesen Ketten war wirklich nicht mehr viel zu spüren; und auch die letzten Reste hätten sich auf Grund einer einfachen Verständigung beseitigen lassen. Die erste Ausweitung des Krieges jedoch auf Länder, die mit dem Vertrag in Versailles in gar keiner Verbindung standen, hat den wahren Charakter dieses Krieges entlarvt als den eines gewöhnlichen Eroberungsfeldzuges. Wir wissen, daß das deutsche Volk im Jahre 1939 nicht leichten Herzens in den Krieg ging. Die Spuren des letzten Weltkrieges schreckten noch. Als jedoch die ersten Siege im Osten und Westen mit solcher Leichtigkeit gelangen, wurde die Furcht breiter Volksmassen vor einem langen Krieg wieder eingeschläfert. Und als diese Erfolge gar noch als ein Beweis für die Unbesiegbarkeit der deutschen Waffen in die Welt posaunt wurden, machten viele Deutsche sich schließlich kein Gewissen mehr daraus, ob es ein gerechter Zweck war, zu dem der Krieg noch weitergeführt wurde. Das ist ein schwerer Vorwurf, aber er muß erhoben werden. Aber die Stimme der Kämpfer gegen Hitlers Abenteuer schwieg nicht; sie drang doch schließlich unmerklich in das Gewissen vieler Deutscher ...

Zitiert nach: Zur Geschichte der deutschen antifaschistischen Widerstandsbewegung 1933 - 1945. Eine Auswahl von Materialien, Berichten und Dokumenten, Berlin 1957, S. 218.

310. Rede von Heinz Keßler auf der Gründungskonferenz des Nationalkomitees »Freies Deutschland«, 12.7.1943

Meine Herren! Meine Kameraden!

Hitler und seine Helfershelfer prägten, als sie zur Macht kamen, das schöne Wort: »Die deutsche Jugend ist das kostbarste Gut, das wir haben.« Was versprach man uns nicht alles! Aufstiegsmöglichkeiten, Bildungsfreiheit usw. usw. Und wir, die deutsche Jugend, die wir ohne Arbeit waren, glaubten und vertrauten diesem Mann. Wir glaubten, daß er uns das geben würde, worauf wir jahrelang warteten.

Aber was ist aus der Jugend geworden? Das erste war, daß Hitler sämtliche Jugendformationen, ganz gleich welcher politischen Richtung, ganz gleich welchen Glaubens, zerschlug und die gesamte deutsche Jugend in die Formationen der NSDAP einreihte. Die deutsche Jugend wurde der Fürsorge des Elternhauses entzogen. Die Lehrer in den Schulen waren der Jugend nicht mehr Herr, im Gegenteil. Wenn die deutsche Jugend in den Hitlerjugendverbänden durch die Straßen zog mit dem Lied: »Erst wenn das Judenblut vom Messer spritzt«, so waren die Eltern selbstverständlich darüber empört. Noch mehr waren damit die Lehrer nicht einverstanden. Wenn diese dann in der Schule oder die Eltern zu Hause zu den Kindern sagten, das geht doch nicht, so etwas darfst du nicht machen, und die Kinder sagten dann das ihren Führern in der Hitlerjugend, dem Bannführer usw., dann schaffte man die Lehrer und die Eltern in die Konzentrationslager.

Man peitschte in uns den Chauvinismus, den Rassen- wie den nationalen Haß hoch und die deutsche Jugend verlor jede Achtung, jede Würde vor den anderen Völkern dieser Welt. Das Resultat haben wir in den Ländern Frankreich, Polen usw. gesehen. Verschließen wir nicht die Augen davor, was unsere deutschen Soldaten in Polen, Frankreich und in anderen Ländern angerichtet haben. Das ist aber nicht die Schuld der deutschen Jugend, das ist die Schuld derjenigen, die die deutsche Jugend geführt und erzogen haben. Als man die deutsche Jugend ideologisch vorbereitete, als sie jedes Denken verlernt hatte, als der Spruch: »Führer befiehl, wir folgen«, ihr in Fleisch und Blut übergegangen war, da konnte man darangehen, die Jugend auszubeuten und auf die Schlachtbank zu führen. Die Masse der deutschen Jugend, die in den Rüstungsbetrieben arbeitet oder als Landhelfer gearbeitet hat, weiß, was das heißt. Wenn der deutsche Jugendliche nach drei Jahren Arbeit für einen Hungerlohn ausgelernt hatte und endlich einmal vorwärtskommen wollte, durfte er den Arbeitsplatz nicht wechseln. Er mußte dort bleiben, wo er gelernt hatte. Und wenn jemand versuchte, etwa durch Arbeitsverweigerung dennoch wegzukommen, dann steckte man ihn in die Erziehungsanstalt. Ich habe das dutzendemal selbst miterlebt. Kameraden, wenn einem deutschen Jungarbeiter gesagt wurde, du, der du jetzt vier Jahre hindurch mühselig das Schlosserhandwerk erlernt hat, du gehst jetzt an den Westwall und schützt dort uns und die Welt vor einem Krieg, dann mußte er gehen, und wehe, wenn er sich weigerte.

Aber die Jugend glaubte und vertraute diesem Führer dennoch, denn man sagte uns immer, dies alles sei bedingt durch diesen Krieg, ist er zu Ende, dann wird für die deutsche Jugend eine neue, bessere Zukunft anbrechen. Und so zogen wir wirklich begeistert weil wir in dem Glauben waren, für eine gute, anständige Sache zu kämpfen, mit dem Lied: »Heute gehört uns Deutschland und morgen die ganze Welt«, hinaus in den Krieg. Das Endresultat haben wir heute. Die Blüte der deutschen Jugend liegt auf den Schlachtfeldern Europas!

Aber jetzt sehen wir, daß wir, verblendet von diesem Führer, dem wir einst treue Gefolgschaft leisteten, in den Abgrund geführt wurden und daß die Zukunft, wenn das so weitergeht, sehr trostlos aussieht. Darum Schluß jetzt, weg von Hitler! Wir, die deutsche Jugend, wollen uns ein Deutschland erkämpfen, wo wir die Möglichkeit haben, uns zu bilden, die Möglichkeit haben, einen Beruf zu erlernen, der uns liegt, zu dem wir Lust haben. Wir wollen uns ein

Deutschland schaffen, in dem diejenigen unsere Führer sind, die das Banner der deutschen Nation hochgehalten haben. Wir wollen ein Deutschland, wo die Voraussetzung geschaffen ist, daß es nie wieder einen solchen Krieg gibt. Ich glaube, daß eine Jugend, die solche Ziele hat, die keine Phantastereien sind, sondern nur dem Leben, der Wirklichkeit entsprechen, daß eine solche Jugend siegen wird und siegen muß!

Museum für Deutsche Geschichte, Berlin, Rep. VII, K 7 (177) Do 71/67 II.

311. Flugblatt des Nationalkomitees »Freies Deutschland« an junge deutsche Soldaten mit der Nachricht von der Hinrichtung der Geschwister Scholl und Christoph Probst, Herbst 1943

Senkt die Fahnen über frischen Gräbern deutscher Freiheitskämpfer!

Vor kurzem erreichte uns noch eine Schreckenskunde. In München wurden Ende Februar drei jugendliche Deutsche hingerichtet - Die Geschwister Hans und Sophia Scholl und Christoph Probst. Die drei gehörten zu den edlen und mutigen Vertretern der deutschen Jugend, die nicht mehr gedankenlos in sturer Demut die schrecklichen Leiden ihres Vaterlandes miterleben wollten.
Sie waren Studenten an der Münchener Universität. Hans Scholl kam erst vor wenigen Monaten von der Ostfront auf Studienurlaub. Er war tapferer Soldat gewesen - Inhaber des Verwundetenabzeichens, des EK II und der Ostmedaille.
Geführt von Hans Scholl rollten die Münchener Studenten als erste die Fahne der Freiheit öffentlich auf. Sie verbreiteten Flugschriften und organisierten eindrucksvolle Kundgebungen

gegen Gestapo-Terror und Massenbetrug -
gegen Totalmobilisation, die totale Verelendung des deutschen Volkes bedeutet -
gegen die schlemmenden und prassenden Etappenhengste der SS, SA und der Hitlerschen Bonzokratie -
gegen Kriegshetzer und Kriegsverlängerer, die in unersättlicher Profitgier oder in sturer, fanatischer Ergebenheit für Hitler Millionen deutscher Männer verbluten lassen -
gegen das gesamte willkürliche, auf Weltherrschaft und Völkerversklavung erpichte Hitlerregiment, das die maßlosen Leiden des Totalkrieges, die massierten Luftangriffe, Ruin und Elend auf Deutschland heraufbeschworen hat -
gegen den Völkerbetrüger und wahnwitzigen Auch-Feldherr Hitler, der durch seine abenteuerliche Eroberungspolitik, Rassenhetze und blutige Terrorisierung der besetzten Gebiete den Völkerhaß gegen Deutschland provozierte, der die deutsche Familie, die deutsche Bauernschaft und den deutschen Mittelstand ruiniert und zersetzt, Deutschland mit Ausländern überschwemmen läßt, die Grundlagen der Existenz und des Werdegangs der deutschen Nation zermürbt und untergräbt.

So lauteten die Parolen der Jugendkundgebungen in München im Februar 1943.
Diese Kundgebungen wurden durch die SS gesprengt, mehrere Studenten wurden verhaftet, brutal mißhandelt und vors Kriegsgericht gestellt.
Man beschuldigte sie, sie seien »Volksschädlinge« und »Kommunisten«.
»Ich bin kein Kommunist, ich bin Deutscher«
sagte vor Gericht Hans Scholl.
Und als Deutscher, als Frontsoldat, als ein Mann, der um das Schicksal seiner Heimat und seines Volkes besorgt ist, trotzte der tapfere, junge Freiheitskämpfer todesmutig seinen Richtern.
»Ihr könnt mich hinrichten, aber es kommt der Tag und Ihr werdet die Gerichteten sein, das Volk, die deutsche Heimat wird Euch richten!«

Das Beil des Hitlerschen Henkers sauste drei Mal nieder und drei junge Köpfe rollten vom Richtblock.

Drei Helden starben, doch ihr Geist, ihre Liebe und ihr Haß, ihr Kampf für Frieden und Freiheit Deutschlands leben in Hunderttausenden und Millionen jungen deutschen Herzen weiter.

Unsterblich bleibt der Ruhm der Tapferen!

Ulm - die Vaterstadt der Geschwister Scholl, und München - ihre Kampf- und Todesstätte, werden einst in Dank und Ehrfurcht ihre Heldendenkmäler einweihen.

»Deutschland hofft auf seine Jugend!«

sprach in seiner letzten Rede Scholl.

»Wie einst in dem Freiheitskriege 1813 - 1814, muß auch jetzt die deutsche Jugend ihr Vaterland von einer schändlichen Tyrannei, von Schmach, Elend und Kriegsausbeutung retten« - ergänzte seine Schwester.

Junge Deutsche im Waffenrock!

Erhöret den Weckruf der Freiheitshelden aus dem fernen München. Durch ihn spricht zu Euch Eure unglückliche Heimat.

Die schlimmsten Feinde und Verderber Deutschlands stehen hinter Euch, ja befehligen Euch und hetzen Euch in den selbstmörderischen, verhängnisvollen Kampf!

Erkennet die Wahrheit, erkennet den wahren Feind!

Nur Ihr allein könnt Volk und Heimat vor Ruin und Elend retten.

Offiziere und Soldaten!

Laßt Euch nicht mehr durch erlogene Hetzparolen, sondern durch eigene Vernunft, Gewissen und Heimatliebe leiten.

Für ein freies und friedliches Deutschland!

Für Erhaltung und Wohlstand des deutschen Volkes, der deutschen Familie!

Kämpft gegen Hitlerkrieg und Himmlerterror!

Kämpft gegen Göring-Krupp-Kriegsprofite und Goebbels-Ley-Lügen!

Kämpft gegen Völkerhaß und Totalkrieg!

Macht Schluß mit dem Krieg! Stürzt Hitler!

Deutsche Jugend erwache!

Zitiert nach: Jahnke, Karl Heinz: Weiße Rose contra Hakenkreuz, Frankfurt/M. 1969, S. 86 ff.

312. Flugblatt des Pfarrers Josef Kayser als Mitglied des Nationalkomitees »Freies Deutschland« an seine katholischen Freunde im Ruhrgebiet, 20.11.1943

Moskau, den 20. November 1943

Meine Kumpels im Ruhrgebiet!

Meine Sauerländer Landsleute in Schmallenberg!

Meine liebe Gemeinde in Höxter an der Weser!

Das OKW hat mich totgesagt. Es ist möglich, daß irgendein Soldat gesehen haben will, wie der Divisionspfarrer der 76. I.D. Kayser gefallen ist. Vielleicht passen aber auch gewissen Leuten in Deutschland seine Gottesdienste am Sender des Nationalkomitees »Freies Deutschland« wenig.

Aber Ihr, die Ihr mich kennt, wundert Ihr Euch darüber, daß ich gegen Hitler und seine Lügen auftrete?

Ich bin national! Zweimal wurde ich im Kriege 1914/18 im Nahkampf als MG-Offizier verwundet. Zweimal traf es mich auch in diesem Krieg, als ich Verwundete aus der Feuerlinie holte. Ich habe mich in acht Frontjahren immer da aufgehalten, wo die Kugeln pfiffen.

Ich bin sozial: Dreieinhalb Jahre habe ich auf Zeche Lothringen bei Bochum, auf Graf Schwerin bei Dortmund, auf dem Alten Hellwig bei Unna, in den Schwefelkiesgruben der Gewerkschaft Sachtleben in Meggen als Kumpel gearbeitet, auf Schacht Kaiseroda in Thüringen meine Markscheidearbeit gemacht.

Aber ich bin kein Nationalsozialist!

Wißt Ihr noch, Ihr Höxteraner, Ihr Jungen vom Corveyer Land, wie die Gestapo von Bielefeld alle 14 Tage nach Höxter kam? Wie sie mich, den Bezirkspräses der Kolpingjugend stundenlang verhörten und Euch mit dem Gummiknüppel traktierten »wegen organisierter Zersetzungsarbeit gegen den Staat«? Liberius Schmüt, Josef Hulbey, mein Senior, Hannes Lüke, wißt Ihr noch?

Wißt Ihr noch, wie ich nachts den Krach hatte mit den beiden SS-Leuten? Sie pöbelten mich an, als ich spät von einer großen Veranstaltung der Männergemeinschaft St. Nikolaus allein nach Hause ging.

Wißt Ihr noch, wie mich Pollmeyer mit seinem Auto umsonst ins KZ bringen wollte, weil ich die Frau des jüdischen Armenarztes in ihrem Hause in der Corveyer Allee besuchte, als ihr Mann nach der Nacht der langen Messer im November 1938 fortgeschleppt worden war?

Das alles kann Euch nur ein Lebendiger erzählen, und Ihr versteht, daß ich jetzt wohlbehalten und gesund in russischer Gefangenschaft und lebendig wie nie zuvor mich mit allen Kräften in der großen Bewegung »Freies Deutschland«, im Nationalkomitee und im Bund Deutscher Offiziere betätige.

Deshalb versteht Ihr auch, daß ich nun meine Stimme erhebe

als Deutscher: Macht Schluß mit dem Kriege und mit Hitler!

als Soldat: Seid tapfer und kämpft für die Freiheit

gegen den inneren Feind des deutschen Volkes,
den Nationalsozialismus!

als Priester: Alles was gegen Eure Überzeugung ist, ist Sünde! Nur keine Unterlassungssünden! Es gibt heute nur eine Sünde: die Feigheit! Ihr wißt, so habe ich immer gepredigt und tue es auch heute.

Sendet dieses Flugblatt des offiziell Totgesagten an irgendeinen katholischen Priester der großen Erzdiözese Paderborn, an die katholische Pfarrergemeinde St. Nikolaus, Höxter/Weser. Grüß Euch Gott, alle Ihr Lieben in der Heimat!

Auf ein frohes Wiedersehen in einem friedlichen freien Deutschland ohne Diktator, SS und KZ!

Euer

Josef Kayser
kath. Wehrmachtspfarrer der 76. I.D.,
gefangen bei Stalingrad am 15.1.1943,
jetzt Mitglied des Nationalkomitees
»Freies Deutschland«

(Unterschrift)

IML/ZPA, NL 65-III/19.

313. Bericht des Reichsjustizministeriums über das Auftreten und die Bekämpfung »jugendlicher Cliquen und Banden«, Anfang 1944

Jugendliche Cliquen und Banden.

Die Gefährdung und Kriminalität der Jugend findet ihren besonderen Ausdruck in der Bildung jugendlicher Cliquen und Banden. Namentlich seit Kriegsbeginn, vor allem aber nach Einsatz der Terrorangriffe mehren sich die Meldungen über Vereinigungen Jugendlicher, die teils kriminelle, teils aber auch politische oder weltanschauliche Tendenzen verfolgen:
So heißt es in einem früheren Lagebericht aus dem Bezirk Naumburg, daß sich in Erfurt und Magdeburg ganze Banden Jugendlicher herumtreiben, die Diebstähle schwerster Art, auch auf Bahnhöfen und an Feldpostgütern begehen.
Celle berichtet von einer Al-Capone-Bande, die in der Dunkelheit im Stadtzentrum Passanten überfallen und verprügeln.
Stettin klagt über jugendliche Einbrecher, die die Straftaten nach amerikanischer Art ausführen wollten.
In Königsberg wurde die Bevölkerung durch Gerüchte über die Tätigkeit jugendlicher Banden erheblich beunruhigt. Tatsache war, daß Überfälle auf Angehörige des HJ-Streifendienstes, Einbruchdiebstähle und andere Straftaten vorkamen. Nach Festnahme von 50-60 Jugendlichen und der Durchführung von Strafverfahren trat Ruhe ein.

Nach einem neueren Bericht schlossen sich in Wismar Jugendliche zu einer Vereinigung »Blauer Dunst« zusammen. Sie stahlen fortgesetzt in den Jahren 1942/1944.
In Berlin beging eine größere Bande von 15-17jährigen Jugendlichen eine große Anzahl von Einbrüchen, vor allem in Bäckereien, Lebensmittel- und Zigarrengeschäften sowie in Gastwirtschaften, Trinkhallen und Verkaufsbuden. Nebenher verübten sie zahlreiche Fahrraddiebstähle.
In Frankfurt a.M. fiel eine Bande von Jugendlichen auf, die innerhalb von 4 Monaten rund 70 einfache und schwere Diebstähle ausübten.

In Mährisch-Schömberg trat eine Bande namens »Silan« zutage. Sie verübten zahlreiche Bandendiebstähle, einen Raub, einen Erpressungsversuch, Sachbeschädigung, Urkundenfälschungen und Betrügereien. Auch wurden Auslandssender abgehört.
In Alfeld bei Hildesheim bildete sich ein Schlangenklub, deren Mitglieder Angehörige der HJ belästigten und Diebstähle und andere Straftaten verübten.

In Gelsenkirchen war eine Bande von etwa 50 Jugendlichen bei Diebes- und Raubfahrten am Werke. Sie nannten sich »Edelweißpiraten«, hatten allabendlich ihre Zusammenkünfte und standen in Opposition zur HJ. Gleiche Beobachtungen wurden u.a. in Essen, Bochum und Wattenscheid gemacht. In Köln sind die Edelweißpiraten ebenfalls bekannt geworden. Sie trieben Propagandaaktion für die bündische Jugend und druckten Flugblätter.
Düsseldorf weiß von Edelweißpiraten zu berichten, die neben harmlosen Klingelpartien Straßenpassanten verprügelten. In einigen Fällen schmierten sie anderen Volksgenossen menschlichen Kot ins Gesicht. Die Überfälle auf HJ-Angehörige steigerten sich besonders.

Gleiche Verhältnisse zeigten sich z.B. in Leipzig. Dort bildete eine große Anzahl von Jugendlichen einen parteiähnlichen Zusammenschluß, um sich gegen die staatliche Jugenderziehung aufzulehnen und Angehörige der HJ zu mißhandeln.
In Wismar/Meckl. gründeten Jugendliche die Ringbande mit gleicher Zielsetzung. Sie beabsichtigten darüber hinaus Störung der Ruhe und Ordnung im Staat und waren bereit, bewaffnet gegen die Polizei vorzugehen. Im Falle der Revolution beabsichtigten sie, den HJ-Streifendienst und die HJ-Führerschaft an Bäumen aufzuhängen. Ihre Einstellung war bewußt antideutsch.

In Düsseldorf druckte die Bande »Club der goldenen Horde« Plakate mit der Aufschrift: »Nieder mit Hitler - wir wollen die Freiheit«.

In Duisburg fielen die Edelweißpiraten oder Kittelsbachpiraten auf, die in Opposition zur HJ standen.

Schließlich liegen viele Berichte von illegalen Jugendvereinigungen vor, die im wesentlichen liberal mit deutlicher Blickrichtung zur »lässig-englischen« Lebensführung eingestellt sind. Hauptvertreten sind die sog. Swing-Cliquen, die namentlich in Hamburg besonders beobachtet werden konnten, aber auch in anderen Teilen des Reiches, so z.B. in Dresden und Wien, auftreten.

2. Dieser Ausschnitt allein genügt, um zu erkennen, daß wir drei verschiedene Arten von Cliquen und Banden vor uns haben.

a) Die politisch-oppositionellen Cliquen,
b) die liberalistisch-individualistischen Cliquen,
c) die kriminell-asozialen Banden.

Die Entwicklung zeigt deutlich, daß sie zunächst in Großstädten auftraten, sich aber dann auch aufs Land (annehmbar durch Evakuierungsmaßnahmen) verlagert haben.

Um eine wirksame Bekämpfung dieses Unwesens zu gewährleisten, ist zunächst die Untersuchung darüber erforderlich, wie es zu diesen Cliquen udn Banden gekommen ist, nach welchen Eigengesetzen sie leben und ob und welche Gefahren sie für den Staat und die Jugenderziehung bilden.

Zu a): Politisch-oppositionelle Cliquen.

Diese Vereinigungen leiten zum Teil ihren Ursprung von der sog. bündischen Jugend ab. Es ist deshalb erforderlich, einen kurzen Blick auf die früheren Jugendbewegungen zurückzuwerfen. Um die Jahrhundertwende entstand eine Jugendbewegung, die aus der Sehnsucht entsprang, sich gegen die bürgerliche Verflachung des wilhelminischen Zeitalters zu wehren und der Jugend durch die Natur ein wirkliches Erleben zu vermitteln. Dieser an sich gute Gedanke wurde im Laufe der Zeit von einer jugendlichen Eigenständigkeit überwuchert, die bald die Trennung der Jugend vom Volksganzen vollzog. Es wurde eine Vielzahl von Organisationen geschaffen, die jede in ihrer eigenen Ideenwelt und als Bund über das Jugendalter hinaus wirken sollte. Während die HJ die Jungens und Mädels zu tüchtigen Volksgenossen erziehen und zur Gemeinschaft zuführen will, bezweckten jene Bünde gerade ein Sonderleben außerhalb der Volksgemeinschaft. Ihr Bund war ihr Leben, gab ihnen den alleinigen Lebensinhalt. Sie redeten der Männerfreundschaft das Wort und förderten dadurch in erschreckendem Maße die Homosexualität in den Reihen der krittklosen Jugend. Anstelle der Gemeinschaftserziehung wählten sie das Prinzip der Auslese und setzten sich die Sonderbündelei oder den Schicksalsbund zum Ziel. Der Junge selbst hatte, wodurch sich der erhebliche Zuspruch erklärte, das befriedigende Gefühl, eine eigene Weltanschauung - die genau gesehen höchst unklar war - zu besitzen. Darüber hinaus blieb das Erlebnis der bündischen Jugend in einer falschverstandenen Romantik hängen, die zum Teil in ein wildes Räuberdasein oder schließlich im Strichjungentum ausartete. Nach dem Umbruch wurden die bündischen - konfessionellen und politisch gegnerisch eingestellten Jugendverbünde aufgelöst oder eingeschmolzen. Bald kam es aber wieder zu einer größeren Anzahl wilder Cliquenbildung, die als illegale Nachfolger bündischer Gruppen gelten mußten.

Zu ihrer Bekämpfung wurde von der Reichsjugendführung eine besondere Zentralstelle »West« mit dem Sitz in Düsseldorf errichtet, die von 1937 bis 1938 bestand. Mit Ausbruch des Krieges stieg die Entwicklung erneut an. Die politisch-oppositionellen Gruppen sammelten sich zumeist um bündische oder marxistische Elemente und erfaßten im wesentlichen Jugendliche, die der HJ bisher nicht angehört hatten oder aus der HJ ausgeschieden waren. Daraus erklärt sich zum Teil die HJ-feindliche Einstellung.

Die bekannteste politisch-oppositionelle Gruppe ist die der Edelweißpiraten. Ihren Ausgangspunkt haben sie im Westen, namentlich in Köln und Düsseldorf genommen, haben sich aber bereits über weite Gebiete des Reichs erstreckt. Der Kölner Jugendrichter hat kürzlich in einem Bericht ihre Entwicklung und ihr äußeres Erscheinungsbild gekennzeichnet. Sie tragen das Edelweißabzeichen auf oder unter dem linken Rockaufschlag oder aber bunte Stecknadeln in der Farbe des Edelweißes oder in schwarz, rot und gelber Farbe. Soweit sie der HJ angehören, finden sich diese Abzeichen auch offen oder versteckt an der Uniform. Häufig sieht man auch das Totenkopfabzeichen. Die vorschriftsmäßige Kluft der Edelweißpiraten ist: Kurze Hose, weiße Umlegesocken, kariertes Hemd, weißer Pullover und Schal sowie Windjacke. Hinzu kommen besonders lange Haare. In der linken Socke wird ein Kamm, in der rechten ein Messer getragen. Soweit den Bünden Mädchen angehören, tragen diese neben weißen Umlegesocken weiße Pullover oder Kletterwesten. Namentlich in wärmeren Jahreszeiten ziehen sie zu Hunderten zu Fuß, mit dem Rad oder mit der Bahn nach außen. Sie unterscheiden Treffs und Fahrten. Meist täglich treffen sie sich in der Dunkelheit an Straßenecken, in Torwegen oder in Parks. Sie singen gemeinsame Lieder, die meist dem bündischen Gut entstammen oder sich mit russischen Sitten befassen, tauschen Fahrtenerlebnisse aus und berichten über Straftaten. Homosexualität kommt nur selten vor. Dafür üben sie mit den weiblichen Angehörigen den Geschlechtsverkehr aus. Die Jungens gehören überwiegend den Altersklassen von 14 bis 18 Jahren an. Es stoßen aber auch Halberwachsene und Erwachsene zu ihnen. Besonders die Führer, die sich meist als roh und intelligent auszeichnen, stammen aus früheren Bünden oder sind aus politischen Parteien hervorgegangen. Die Mitglieder haben vielfach einen Beruf nicht erlernt oder befinden sich in ständig wechselnden Arbeitsstellen. Häufig sind unter ihnen Arbeitsbummelanten anzutreffen. Die Organisation selbst ist in Gruppen aufgeteilt, deren Bezeichnung sich nach Straßen, Plätzen, Parks oder Bunkern richtet. Erstaunlich ist hierbei, daß zwischen den einzelnen Gruppen ein übereinstimmendes Erscheinungsbild zu erkennen ist. Der Schluß liegt nahe, daß eine Dachorganisation oder zumindest eine einheitliche Führung vorhanden ist, die die Richtlinien gibt. Gewißheit besteht hierüber jedoch nicht.

Die hier geschilderte Erscheinungsform zeigt sich in ihrer Struktur, wenn auch mitunter variiert, bei anderen Cliquen, die unter den verschiedensten Bezeichnungen auftreten, so z.B. Mob, Blase, Meute, Platte oder Schlurf. Sie lehnen sich meist an bündisches Gedankengut an, ohne es bewußt in sich aufzunehmen, und unterhalten zu anderen Cliquen mitunter Querverbindungen freundschaftlicher oder feindlicher Art.

Wie die oben angeführten Beispiele erkennen lassen, sind sie meist von einer HJ-feindlichen Einstellung getragen, hassen alles Disziplinierte und stellen sich somit gegen die Gemeinschaftsordnung. Sie sind aber nicht nur einseitig politisch-oppositionell (neuerdings steigert sich ihre Einstellung zum Teil bis ins staatsfeindliche hinein), sondern zufolge ihrer Zusammensetzung vielfach auch kriminell-asozial, so daß man zwischen beiden Bünden eine klare Trennungslinie oft nicht ziehen kann.

Zu b): Liberalistisch-individualistische Cliquen.
Sie nehmen ihren Ursprung in Norddeutschland, namentlich in Hamburg. Die auffälligste Erscheinung unter diesen gefährdeten Gruppen ist die sog. Swing-Jugend, über die aus verschiedenen Teilen des Reiches berichtet wird. Ihren Ausgangspunkt hat sie in Hamburg. Diese Cliquen gehen vom Drang zum Amüsieren aus und nehmen fortlaufend einen ans Kriminell-Asoziale grenzenden Charakter an. Bereits vor dem Kriege schlossen sich in Hamburg Jungen und Mädchen zusammen, die mehr aus sozial bessergestellten Schichten stammten, auffällig lässige Kleidung trugen und für englische Musik und englischen Tanz schwärmten. Von der Flottbecker Clique wurden um die Jahreswende 1939-1940 geschlossene Tanzfeste veranstaltet, die von 5-600 Jugendlichen besucht wurden und sich durch einen hemmungslosen Swing-Betrieb hervorhoben. Nach dem Tanzverbot wurden Hausfeste veranstaltet, in denen vor allem sexu-

elle Ausschweifungen vorkamen. Die gesamte Lebensführung dieser Mitglieder kostete erhebliches Geld, welches sie sich durch strafbare Handlungen, insbesondere durch Diebstähle zu verschaffen suchten. Die Sucht nach englischer Tanzmusik und nach eigenen Tanzkapellen führte namentlich zu Einbrüchen in Musikaliengeschäften. Die Gier nach dem ihnen vornehm erscheinenden Leben in Klubs, Barbetrieben, Kaffeehäusern und Hausbällen verdrängte jeden Willen zu einer positiven Einstellung gegenüber den Zeiterfordernissen. Die Leistungen unserer Wehrmacht ließen sie unberührt, die Gefallenen wurden zum Teil verächtlich gemacht. Eine wehrfeindliche Einstellung ist hiernach deutlich erkennbar.

Nach außen hin treten die Mitglieder in an die englische Mode angelehnten Kleidern in Erscheinung. So tragen sie vielfach geschlitzte Jacken in schottischen Mustern und führen den Regenschirm mit sich. Als Abzeichen haben sie einen farbigen Frackhemdknopf im Rockaufschlag. Der Engländer wird von ihnen als die höchste Entwicklungsstufe betrachtet. Der falsch verstandene Begriff der Freiheit führt sie in Opposition zur HJ.

Diese Cliquen haben sich, zum Teil als Folgeerscheinung der Evakuierungsmaßnahmen, auch auf andere Gebiet übertragen. So gab es z.B. in Frankfurt a.M. den Harlem-Klub, bei dem Hausbälle übelster Art an der Tagesordnung waren. Wechselnder Geschlechtsverkehr wurde auch von den jüngsten weiblichen Mitgliedern hingenommen. Alkoholische Ekzesse gaben diesen Festen, bei denen »geswingt« und »gehottet« wurde, das Gepräge.

Zu c): Kriminell-Asoziale Banden.

Diese Vereinigungen zeigen keine Besonderheiten. Sie sind ein Zeichen typischer, zum Teil kriegsbedingter Verwahrlosung. Ihre Mitglieder setzen sich fast ausnahmslos aus Abkömmlingen erbbiologisch minderwertiger, asozialer Sippen zusammen. Ihre persönliche Note zeigt meist ein gleiches Bild: unbestraft, willensschwach oder aber sehr aktiv (Rädelsführer), ungeartet, die Gemütsseite wenig entwickelt, mitunter schwachsinnig oder psychopathisch. Verführte Jugendliche aus sozial besser gestellten Schichten mit guten Gaben findet man so gut wie gar nicht unter ihnen. Bewußte weltanschauliche Ziele kennen sie nicht. Sie scharen sich kritiklos um einen Anführer, dem sie sich mitunter völlig unterwerfen.

3. Ursachen der vermehrten Cliquenbildung.

Der Zuspruch zu den kriminell-asozialen Gruppen ist, wie bereits erwähnt, im wesentlichen darauf zurückzuführen, daß der Krieg die mangelnde Beaufsichtigung und Beobachtung kriminell besonders anfälliger Jugendlicher verursacht und sie den infizierenden Umwelteinflüssen in größerem Maße ausgesetzt sind.

Der Zuspruch zu den politisch-oppositionellen und liberalistisch-individualistischen Cliquen hat darüber hinaus andere Ursachen:

a) Die nicht einsatzfreudige Jugend ist sich viel selbst überlassen. Der HJ-Dienst wird möglichst versäumt. Begünstigt durch Verdunkelungsmaßnahmen, treffen sie sich auf den Straßen oder in den Parks, haben ein Musikinstrument zur Hand und bilden bald eine Gruppe, zu deren Fortentwicklung jeder etwas beiträgt. Es zeigt sich ein als Pubertätserscheinung zu wertender Trieb zum Gemeinschaftserlebnis, der durch den HJ—Dienst nicht befriedigt wird. Hinzu kommt, daß der HJ-Dienst nicht mehr in der Vertiefung abgehalten werden kann, wie es vor dem Kriege der Fall war. Die meisten Führer sind bei der Wehrmacht. Die Einheiten werden oft nur von Jugendlichen geführt, die gleichaltrig sind und nicht immer Führerqualitäten besitzen. Der Dienst selbst bietet wenig Neues. Der in jedem Jungen schlummernde Sinn für Romantik bleibt ohne Betätigung, zumal da die HJ aus Kriegsnotwendigkeiten bislang Fahrten nicht mehr unternahm. Daher zogen ältere, erfahrene Kameraden, die eine bündische Lebenshaltung verrieten, die Jugendlichen leicht an. Zunächst kam es nur zu kleinen Treffs, dann aber zwanglos zu Fahrten, die die Jugendlichen innerlich so erfaßten, daß sie nunmehr den HJ-Dienst insgesamt verneinten.

b) Das Bestreben zur Selbständigkeit, welches bei gewissen Altersstufen in der Natur begründet liegt, kann durch das Elternhaus nicht in vernünftige Bahnen gelenkt werden, da der Vater meist im Felde steht, die Mutter aber dienstverpflichtet oder zu schwach ist, dem Treiben mit Nachdruck begegnen zu können.

c) Von nicht zu unterschätzender Bedeutung ist das Arbeitsproblem. Der Einsatz des Jugendlichen an einer seinen Neigungen nicht entsprechenden Arbeitsstelle sowie die an den Jugendlichen gestellten hohen Anforderungen zeigen bei ihm Unlust - oder Ermüdungserscheinungen, die zur Arbeitsbummelei führen. Dadurch gerät er mit Kreisen in Berührung, die ihn zum Schlechten hin beeinflussen. Der Verkehr mit ausländischen Arbeitern am Arbeitsplatz trägt dazu bei, im Jugendlichen liberalistische Wunschträume aufkommen zu lassen, deren Erfüllung er in der Verbindung mit gleichgesinnten Kameraden sucht.

d) Wie der Kölner Jugendrichter betont, wird durch einen Umstand der Gegensatz zur HJ besonders gesteigert. Solange der Schutzmann in Erscheinung tritt, wenn es gilt die Einhaltung staatlicher Maßnahmen, insbesondere der Polizei VO zum Schutze der Jugend zu überwachen, kommt es im allgemeinen nicht zu Zwischenfällen. Der HJ-Streifendienst und die Jugenddienstpflicht brachten aber einen neuen Gesichtspunkt. Denn diejenigen, die Disziplin und Ordnung forderten, und die Fahrten unterbinden wollten, waren Altersgenossen. So kam es bald zu Schlägereien zwischen Cliquenangehörigen und dem HJ-Streifendienst, zu Zerstörungen und Beschädigung der HJ—Heime und schließlich zur Verfolgung einzelner Hitlerjungen. Hierin liegt zum Teil die Wurzel zur oppositionellen Einstellung gegen die Hitlerjugend und damit gegen den Staat. Bei manchen Zusammenschlüssen sprechen allerdings auch bolschewistische Erwägungen mit, die - von einem Anführer ausgestreut - bald einen reichen Nährboden finden.

e) Soweit sexuelle Verwahrlosung in Erscheinung tritt, ist diese meist in der mangelnden Betreuung durch das Elternhaus und somit in dem freien Verkehr unter den Jugendlichen begründet.

f) Eine besondere Verschärfung der illegalen Zusammenschlüsse brachten die Terrorangriffe. In der Freizeit besteht außerhalb des Kriegseinsatzes der HJ kaum noch eine Betätigungsmöglichkeit. Kinovorstellungen, Sportveranstaltungen und Sport ruhen in schwerbeschädigten Städten. Kommen die Jugendlichen abends müde von der Arbeit, so empfängt sie eine beschädigte Wohnung oder aber eine durch fliegergeschädigte Angehörige allzu beengte Behausung. Dann sucht sich der Jugendliche Gesellschaft, die ihm Freude bringt, die ihn aufheitert und Abwechslung verschafft. Soweit sie noch den Dienst in der HJ mitmachten, so ändert sich dies auch. Die HJ-Heime sind zerstört, der Dienst ist auf die Straße oder den Übungsplatz verwiesen.

Was die asozialen und kriminellen Jugendlichen anlangt, so werden sie durch die Terrorangriffe in noch weiterem Umfang zum Verbrechen getrieben. Ist die Arbeitsstelle zerstört, so arbeiten sie eine Zeitlang nicht, leben vielfach ohne Angehörige, treiben sich in Bunkern herum und stoßen so zwangsläufig zu den ihnen artverwandten Altersgenossen. Hierdurch erwächst eine negative Auslese, die sich allmählich zum Mittelpunkt dieser Jugendgruppen macht.

4. Bekämpfung.
Das Cliquen- und Bandenunwesen veranlaßte die Reichsjugendführung und die örtlichen Führungsstellen der HJ, in größeren Aktionen in Zusammenarbeit mit Sicherheitspolizei und Ju-

stiz gegen die Bandenbildung einzuschreiten. Im Hinblick darauf, daß die Außenstellen der Polizei und Justiz mitunter über die illegalen Zusammenschlüsse und die wirksamste Bekämpfung wenig vertraut sind, wird in Kürze der Reichsführer SS und Chef der Deutschen Polizei einen Erlaß und der Reichsjustizminister eine Rundverfügung herausgeben, in denen die Ursachen der Zusammenschlüsse und die Erscheinungsformen gekennzeichnet und die wirksamsten Bekämpfungsmittel dargestellt sind (vergl. den Erlaß). Für den Justizsektor ist vor allen Dingen ein Hinweis auf die gesetzlichen Bestimmungen, die in ihrer Anwendung vielfach Schwierigkeiten bereitet haben, enthalten. In Frage kommen namentlich Verabredung hochverräterischer Unternehmen oder Aufforderung hierzu, Nötigung, Widerstand, Auflauf, Landfriedensbruch, Bildung bewaffneter Banden, Geheimbündelei, Teilnahme an staatsfeindlichen Verbindungen, Raufhandel und Bandendiebstahl. Eine Verfolgung wegen öffentlicher Zusammenrottung ist oft nicht möglich, da der Tatbestand der Öffentlichkeit nur selten gegeben ist. Dagegen kann auch das Gesetz gegen die Neubildung von Parteien vom 14.7.1933, der Runderlaß des Reichsführers SS und Chef der Deutschen Polizei vom 20.6.1939 über das Verbot der bündischen Jugend herangezogen werden.

Zur Auswahl der gerichtlichen Maßnahmen sei kurz gesagt, daß zunächst unterschieden werden muß zwischen Führern, aktiven Teilnehmern und schließlich passiven Mitläufern. In leichteren Fällen kann eine Verwarnung, mitunter auch Jugendarrest ausreichend sein. Man muß sich aber davor hüten, eine größere Gruppe Jugendlicher in einem Verfahren in Bausch und Bogen zu Jugendarrest zu verurteilen. Dies stärkt lediglich das Solidaritätsgefühl und schweißt die Jugendlichen noch fester zusammen.

Die Einweisung in ein Arbeitserziehungslager auf die Dauer bis zu 3 Monaten wird in Fällen, in denen der Jugendliche nicht kriminell in Erscheinung getreten ist, dann eine zweckmäßige Maßnahme bilden, wenn ein Verwahrlosungsbeginn vorliegt. Bei tiefer verwurzelter Verwahrlosung ohne kriminelle Neigung wird die Anordnung der FE erforderlich sein. Mit allem Nachdruck muß aber betont werden, daß die Führer der Cliquen und Banden und die hervorgehobenen aktiven Mitläufer nur durch schärfste Strafen erzogen bzw. von der Fortführung der Banden abgehalten werden. Eine unangebrachte Milde ist hier nicht am Platze. Namentlich bei kriminellen Gruppen wird die unbestimmte Verurteilung eine geeignete Maßnahme bilden. Als letztes Mittel kommt die Einweisung in ein polizeiliches Jugendschutzlager in Frage.

Es konnte oft beobachtet werden, daß die bündischen Umtriebe auch im Arbeitsdienst und in der Wehrmacht forgesetzt werden. So haben bündische Lieder in der Wehrmacht Eingang gefunden. Aufklärungsarbeit wird also auch dort nötig sein.

Bundesarchiv Koblenz, R 22/1177, Bl. 441 ff.

314. Nazi-Bericht über die Urteile gegen die Mitglieder der Nürnberger Widerstandsgruppe »Freikorps Plärrer«, 30.4.1944

Wegelagerer vor Gericht

Im Herbst 1943 machten einige minderwertige Elemente es sich zur Gewohnheit, am Plärrer in Nürnberg Passanten anzurempeln, und Schlägereien zu inszenieren. Sie vermochten es, einige Jugendliche an sich heranzuziehen und mit ihrer Hilfe jene Belästigungen der Öffentlichkeit systematisch durchzuführen. Mit Vorliebe machten sie sich an Ostarbeiter heran, um von ihnen mit Drohungen und Schlägen Zigaretten zu erpressen. Die Seele dieser Bande war der wehrunfähige Fritz Kurz, ein schwachsinniger, erblich belasteter Bursche, der sich durch seine Körperkraft und Rohheit unter seinen Komplizen besonderes Ansehen verschaffte. Eine gewichtige Rolle spielte ferner der Ukrainer Mandziuk. Als dritter Erwachsener war der wegen epileptischer Anfälle von der Wehrmacht entlassene Georg Feustner beteiligt. Unter den Ju-

468

gendlichen ragte der Halbjude Richard Besold und der schon vorbestrafte Rudolf Weeger, ein arbeitsscheuer Bursche mit kriminellen Neigungen hervor. Das unverschämte Treiben dieser Bande an einem der belebtesten Plätze unserer Stadt rief schließlich spontane Gegenmaßnahmen einiger gesund empfindender Jungen aus den Reihen der HJ hervor. Die Bande versuchte nun, durch Terror gegen HJ-Angehörige ihre Stellung zu behaupten. Aber schon der erste Versuch eines organisierten Auftretens wurde im Keim erstickt. Die Rädelsführer hatten sich nun vor dem Sondergericht Nürnberg zu verantworten.

Umtriebe solcher Art können nicht mehr als jugendliche Torheiten abgetan werden. Es handelt sich bei diesen Vorkommnissen um gefährlichste Auswüchse. Schwachsinnige, Epileptiker, Halbjuden und Kriminelle taten sich zusammen, um deutsche Jungen im fünften Kriegsjahr zu Wegelagerern zu erziehen und sie zu Krawallen zu verleiten. Es waren die gleichen Charaktere, wie sie im Jahre 1918 die Straße beherrschten. In einer Zeit, in der die deutsche Jugend freiwillig zu den Fahnen eilt, in der sie schon in der Heimat im Kampf gegen den Bombenterror ihr Leben einsetzt, darf der Minderwertige nicht mit Schonung rechnen können. Auch ein Jugendlicher, der sich aus niedrigen Instinkten heraus führend an solchen Zersetzungserscheinungen beteiligt, beweist damit, daß er sich zur Unterwelt rechnet und daß er für sein Volk bereits verloren ist. Es mußte deshalb mit entschiedener Härte durchgegriffen werden.

Kurz und Mandziuk wurden zum Tode, Feustner zu 8 Jahren Zuchthaus, Besold und Weeger als jugendliche Schwerverbrecher zu je 6 Jahren Zuchthaus verurteilt. Andere weniger beteiligte Mitläufer erhielten geringere Zuchthaus- oder Gefängnisstrafen.

Fränkischer Kurier, 30.4.1944.

315. Artikel von Karl Pomp in der Zeitung des Nationalkomitees »Freies Deutschland« über den Kriegseinsatz der deutschen Jugend, 14.5.1944

Jahrgang 1926 im Feuer

Unsere 357 I.D. bestand zu 80% aus 17jährigen Soldaten. Ich betone, bestand. Denn die Division wurde Mitte März 1944 im Raum von Tarnopol vollständig aufgerieben, ein großer Teil verwundet und tot, ein kleinerer Teil wurde gefangen.

Die Ausbildungszeit betrug durchschnittlich elf Wochen. Der Mangel an Ausbildern ermöglichte keine einwandfreie Ausbildung. Die Schützen 1 und 2 waren meist nicht in der Lage, das MG 42 richtig zu bedienen, geschweige denn Lauf- und Schloßwechsel vorzunehmen. Die restlichen Schützen der Gruppen hatten vom MG 42 überhaupt keine Ahnung. Erst ein paar Tage vor dem Verladen bekamen die Jungens Schießbecher und Schnellfeuergewehre ausgehändigt und waren demzufolge im Einsatz, der zwei Tage nach dem Ausladen erfolgte, nicht in der Lage, die empfangenen Waffen zu bedienen. So war es ebenfalls bei anderen Waffen, Granatwerfern, Pak etc. Die Jungens waren derartig überrascht, ohne den üblichen Abstellurlaub an die Ostfront geworfen zu werden, zumal das Gerücht umging, der Jahrgang 26 sei Führerreserve und komme nicht an die Ostfront, daß die Angst bei der ersten Feindberührung deutlich von den Gesichtern abzulesen war. Ein Selbstmord, zwei Selbstverstümmelungen waren allein in meiner Kompanie die Folge des unsinnigen Einsatzes.

So kam es, wie es kommen mußte. Diese 17jährigen Soldaten waren physisch und geistig nicht in der Lage, dem Ansturm der Roten Armee standzuhalten, und verbluteten auf dem Schlachtfelde als Opfer des Hitler-Imperialismus.

Ich sehe heute noch die traurigen Augen der Jungens, deren Gesichter noch unausgeprägt waren, ihrem nur allzu gewissen Schicksal entgegensehen!

17jährige, die bei Beginn des Krieges noch die Schule besuchten, die kaum aus der Schule in die vormilitärische Ausbildung der Hitlerjugend gepreßt, anschließend in den Arbeitsdienst gezwungen wurden, werden an die Front geworfen! Wer sagt und, ob Hitler nach Verschleiß der

17jährigen nicht auch die 16jährigen dem Tode ausliefert. Diesem Volksbetrüger ist jedes Mittel recht! Deshalb Eltern, Erzieher, verhindert diesen Kindermord, verweigert Hitler Eure Kinder!

Uffz. Karl Pomp
357. I.D.

Freies Deutschland, 14.5.1944.

316. Flugblatt des Mitglieds des Nationalkomitees »Freies Deutschland« Hans Goßens an deutsche Soldaten, 30.5.1944

Nationalkomitee
Freies Deutschland
Der Bevollmächtigte
an diesem Frontabschnitt.

O.U., den 30.5.1944.

An die deutschen Soldaten in diesem Frontabschnitt!

KAMERADEN! Auch ich glaubte einst an Hitler. Mit aller Begeisterung der Jugend folgten wir ihm, der Deutschland in eine bessere, glücklichere Zukunft führen sollte; ich war blind in meinem Streben, als »Jungvolkführer« in meiner westfälischen Heimatstadt Bocholt zum Aufbau der »deutschen Volksgemeinschaft« beizutragen.

Im November 1939 zog auch ich freiwillig hinaus, um »unser Vaterland zu verteidigen«; was wußten wir schon - damals - von den wahren gesellschaftlichen und staatlichen Beziehungen!

Aber das Leben hat uns die Augen für sie geöffnet. Die Tatsachen haben im Verlaufe des Krieges und die Erfahrung am eigenen Leibe haben auch mir gezeigt, daß wir diesen Krieg nicht im Interesse unseres Volkes führen, daß alles Nazigeschwätz über »unsere fürchterlichen Feinde« zweckbewußter Betrug ist.

Das eigene Erleben als Funker im I. I.R. 184 und vor allem nach meiner Gefangennahme am 28. Juli 1941 hat wie in so vielen jungen Deutschen auch in mir das politische Denken geweckt.

Ist es ein Wunder, Kameraden, daß die Erkenntnis »Dein heiligstes Glauben und Wollen ist schmählich betrogen und mißbraucht« umso größeren Haß erzeugt gegen Hitler, der diesen Krieg mit der Methode einmaliger Demagogie zielbewußt vorbereitet und vom Zaune gebrochen hat im Interesse der deutschen Plutokraten!

Wir wollen ein freies Deutschland, das in friedlichem Güteraustausch mit den anderen Ländern, insbesondere mit der UdSSSR, lebt. Das ist die Bestimmung unseres Volkes und nicht ein Ausbluten alle 25 Jahre!

Wir Deutschen brauchen den Frieden und die Herrschaft des Volkes; die vom NK aufgestellten »25 Artikel zur Beendigung des Krieges« weisen uns den Weg.

Hitler muß fallen, damit Deutschland lebe.

Hans Goßens
Mitglied des Nationalkomitees
»Freies Deutschland«

IML/ZPA, 238/1/1462.

317. Artikel des Mitglieds der Landesgruppe deutscher Gewerkschafter in Großbritannien Max Oppenheimer, über den Kriegseinsatz der deutschen Jugend, Mai 1944

Totale Mobilmachung und deutsche Jugend

6 Millionen deutsche Jugendliche unter 20 sind heute in der Kriegsindustrie beschäftigt. Diese Anzahl allein, die etwa 25 % aller Beschäftigten entspricht, macht sie zu einem bedeutsamen Faktor. Die Nazis brauchen diese Jugendlichen nicht nur als einfache Arbeitskräfte. Sie setzen sie in Schlüsselstellungen ein, wo sie Verantwortung zu tragen haben und wo sie die »Herrenmenschentheorie« in ihrer Position als Vorarbeiter und Aufseher für ausländische Arbeiter und Frauen in der Praxis anwenden. Neben dieser industriellen Führerstellung hämmert ihnen die Nazi-Propaganda immer wieder ein, daß sie auch »weltanschauliche« Aufgaben hätten, daß sie auf Grund ihrer völligen national-sozialistischen Erziehung die Verpflichtung hätten, die »moralischen Führer« zu sein, die die älteren Arbeiter immer wieder anfeuern. »Durch freudige Arbeit der Jugendlichen werden die Erwachsenen wieder aufgemuntert, und sie helfen dadurch, uns moralisch stark zu erhalten« Gauleiter Hildebrandt, Schwerin, in einer Rede am 22.12.43. Der nächste Schritt in der totalen Mobilisierung der Jugend, der am krassesten erkennen läßt, wie weit die faschistischen Machthaber zu gehen gewillt sind, war eine Verordnung, die das Heranziehen selbst von 10jährigen Kindern für bestimmte, einfache Arbeiten ermöglicht. »Heute arbeiten selbst die 10-jährigen in ihrer eigenen Weise für den Kriegseinsatz. Das ist ein klarer Ausdruck der Stärke unserer Nation,« prahlte Reichsjugendführer Axmann in Berlin am 15.1.1944.

Aber die 14-18jährigen sind mit »freudigen Arbeiten« allein noch lange keine qualifizierten Arbeiter. Die Lücken, entstanden durch die Riesenverluste an der Front und die Luftangriffe zuhause, machen sich trotz totaler Mobilisierung des Handwerkerstandes, trotz ausländischer Sklaven und trotz der Kinderarbeit bemerkbar. Die Intensivierung der Produktion mit derselben Anzahl von Arbeitskräften wird mehr und mehr zum Kernproblem der Naziwirtschaft. Deshalb ging man daran, die schon etwas in Vergessenheit geratenen Reichsberufswettkämpfe wieder auszubauen, nicht nur um sie als Ansporn und Schulung, sondern um sie auch gleichzeitig als Kontrolle zu benutzen.
Äußerst aufschlußreich sind die Argumente, die benutzt werden, um diese Wettbewerbe den Jugendlichen mundgerecht zu machen.
»Arbeitende deutsche Jugend! Unser Vorbild ist das Heldentum der deutschen Soldaten und unsere Pflicht ist es, uns diesem Heldentum bei unserer Kriegsleitung zu Hause wert zu zeigen!«...

»Vormilitärische Ausbildung und Produktionssteigerung am Arbeitsplatz sind die Eckpfeiler des Kriegseinsatzes der H.J.«. So heißt es in einer Proklamation Adolf Hitlers an die deutsche Jugend am 30.10.1943.
Ley sagte dazu folgendes am 14.1.1944: »Während das bolschewistische System die Jugend unter der Stachanowpeitsche bis zum letzten ausbeutet und der englische und amerikanische Kapitalismus die Jugend zur Sklavenarbeit erniedrigt, erzieht das nationalsozialistische Deutschland seine Jugend zu freien und stolzen Mitgliedern von Staat und Volk. Euer Wahlspruch muß sein: Unser Kriegseinsatz heißt Disziplin und höchste Pflichterfüllung am Arbeitsplatz.«
Bei dem Großteil der deutschen Jugend hatten die Nazis ohne Zweifel auch damit Erfolg. Zahlen, die auf einer H.J.-Versammlung am 15.1.1944 gegeben wurden, zeigen, daß von 6 Millionen Jugendlichen ca. 2 Millionen am Reichsberufswettkampf teilnahmen und daß ca. 800.000 außerhalb ihrer Arbeit an Luftschutz, Luftabwehr, Streifendienst usw. beteiligt waren. Auf der anderen Seite führte diese Überbeanspruchung jedoch zu Gleichgültigkeit, Wegbleiben vom Arbeitsplatz und H.J.-Dienst. Darüber schrieb die »Berliner Börsenzeitung« am 23.9.1943:

»Die Arbeitsmoral der werktätigen Jugend sinkt. Der Krieg stellt in dieser Hinsicht eine schwere Belastungsprobe dar. In vielen Betrieben wollen die Klagen über Respektlosigkeit und Verletzungen der Gehorsamspflicht nicht aufhören. Die Aufrechterhaltung und Gewährleistung der Arbeitsdisziplin ist in vielen Betrieben vorwiegend als Aufgabe der Polizei anzusehen.« Daneben läßt sich aus den deutschen Zeitungen ein rapides Ansteigen der Jugendkriminalität, wie Diebstähle und Bandenbilden erkennen.

Die Maßnahmen der Nazis gegen diese Entwicklung, die beginnt, ihnen ins eigene Fleisch zu schneiden, sind Einführung von Jugendgefängnissen und Jugendpolizei in Form des H.J.-Streifendienstes. Mit welcher Brutalität sie dabei vorgehen, ist aus folgendem Bericht der Zeitschrift »Die deutsche Justiz« ersichtlich. Er behandelt die Jugendarrestvollzugsverordnung des Reichsjustizministers vom 20. Dezember 1943. Bezüglich der Jugendlichen, die zu Dauerarrest verurteilt sind, heißt es: »Bei seiner Ankunft hat der Jugendliche alles, was er mitgebracht hat, aufzuschreiben und abzugeben. Es muß ihm klargemacht werden, daß Schmuggeln strafbar ist. Er wird rücksichtsvoll aber gründlich durchsucht, ohne ihn auszuziehen.« Über die »strengen Tage«, das ist der erste, der letzte und dazwischen jeder vierte Tag des Dauerarrests sagt die Verordnung: »Der Jugendliche erhält morgens, mittags und abends Wasser und Brot in ausreichender Menge. Wenn seine Gesundheit es notwendig macht, kann diese Nahrung durch eine warme Suppe am Mittag verbessert werden. Der Jugendliche bekommt ein hartes Lager auf einer hölzernen Pritsche mit einer hölzernen Kopfstütze und einer oder zwei Decken...
Wo Gewaltanwendung notwendig ist, um sofort ein Benehmen zu erzwingen, wie es die Vorschriften verlangen, soll diese auf unbewaffnetes Eingreifen beschränkt bleiben. Sollte das nicht genügen, so sollten Feuerwaffen auf jeden Fall nur zur Selbstverteidigung angewandt werden.«
Dazu muß man wissen, daß der Jugendarrest zu einer ganz alltäglichen Einrichtung im Leben eines jugendlichen Deutschen geworden ist und daß insbesondere der zu einer regelrechten Landplage gewordene Streifendienst der HJ dafür sorgt, daß niemand vor einem Jugendarrest sicher ist.
Was sind nun die Konsequenzen, die wir aus diesem kurzen Überblick zu ziehen haben?
Die elfjährige faschistische Erziehung ist tief in die Gemüter der Jugendlichen eingedrungen. Ihre übergroße Mehrheit glaubt immer noch, für Deutschland zu kämpfen und zu arbeiten, glaubt siegen oder untergehen zu müssen.
Das riesige Ansteigen der Jugendkriminalität aber ist ebenfalls ein Produkt der Nazierziehung. Obwohl es in gewisser Weise ein Losbrechen von den Nazis bedeutet, entwickelt es sich keineswegs in oppositioneller Richtung, sondern stellt ein Austoben in Verbrechen und Vagabundieren dar.
Gegen diesen Hintergrund des Fanatismus und der Demoralisierung sind wirkliche antihitlerische Regungen unter den Jugendlichen verschwindend klein. Aber Beispiele wie die Jungarbeiter, die Scholl's Flugschriften verbreiteten, die 20jährige Waltraud Mutterer aus Wildbad, die wegen Abhörens und Verbreitung ausländischer Radionachrichten zu 2 Jahren Zuchthaus verurteilt wurde oder die Jungarbeiterinnen, die Kriegsgefangenen zur Flucht verhalfen, leuchten auf diesem Hintergrund desto heller.
Wie an der Ostfront nur intensivste Aufklärungsarbeit, die durch die furchtbaren Schläge der Roten Armee aufgelockerten Gemüter der Kriegsgefangenen beeinflussen konnte und diese zu Unterstützern des National-Komitees machte, so müssen auch hier Wege gefunden werden, den Jugendlichen, die unter den Hammerschlägen der USAAF und der RAF zu fragen und nach einem Ausweg zu suchen beginnen, zu sagen:
Hört auf, Hitler zu folgen. Verzweifelt nicht, sondern kämpft gegen die Naziführer.
Geht nicht zur Arbeit. Helft den Zwangsarbeitern und Kriegsgefangenen! Sammelt und organisiert Euch im Kampf gegen Hitler. Beweist durch Eure Tat der Jugend der Welt, daß ihr fähig seid, Eure Zukunft in die eigenen Hände zu übernehmen!

Freie Tribüne. Freie Deutsche Jugend (London), 4-5/1944.

318. Aus dem Urteil des Volksgerichtshofes gegen den Dortmunder Jungkommunisten Hans Grüning, 9.6.1944

Im Namen
des Deutschen Volkes

In der Strafsache gegen
1) den Kraftfahrer Hans Grüning aus Dortmund, geboren am 29. Januar 1917 in Düsseldorf, staatenlos,
2) die Büroangestellte Hedwig Skowasch aus Dortmund, dort geboren am 27. Dezember 1922,
3) den Bergmann Albert Berke aus Dortmund, dort geboren am 23. Oktober 1907,
sämtlich zur Zeit in dieser Sache in gerichtlicher Untersuchungshaft wegen Vorbereitung zum Hochverrat
hat der Volksgerichtshof, 2. Senat, auf Grund der Hauptverhandlung vom 9. Juni 1944, an welcher teilgenommen haben
als Richter:
Volksgerichtsrat Dr. Löhmann, Vorsitzer,
Landgerichtsdirektor Preußner,
Polizeipräsident von Dolega Kozierowski,
Kreisschulungsleiter Brunner,
Ortsgruppenleiter Vahlberg,
als Vertreter des Oberreichsanwalts:
Landgerichtsrat Geißler,
für Recht erkannt:

I.

1) Die Angeklagte Hedwig Skowasch wird freigesprochen.
2) Der staatenlose Angeklagte Hans Grüning hat 1943, verleitet durch feindliche Rundfunkhetze, ein Flugblatt kommunistischen Inhalts hergestellt und verbreitet, in welchem zur Arbeitssabotage aufgefordert wird. Er wird daher wegen Wehrkraftzersetzung in Verbindung mit Feindbegünstigung und Vorbereitung zum Hochverrat zum T o d e verurteilt. Sein Rundfunkgerät Marke »Wega« wird eingezogen.
3) Der Angeklagte Albert Berke hat von dem landes- und hochverräterischen Vorhaben des Grüning glaubhafte Kenntnis gehabt, aber eine Anzeige unterlassen. Er wird deshalb zu 2 Jahren Gefängnis unter Anrechnung von 4 Monaten Untersuchungshaft verurteilt.
...

Zitiert nach: Hans Grüning. Ein deutscher Antifaschist kämpft und stirbt gemeinsam mit sowjetischen Patrioten, Dortmund 1981.

319. Aus dem programmatischen Dokument der illegalen operativen Leitung der KPD »Am Beginn der letzten Phase des Krieges«, Juni 1944

. . .
6. Der Jugend größere Aufmerksamkeit
Die Aufgaben der Partei gegenüber der Jugend der Arbeiterklasse werden im besonderen bestimmt durch zwei entgegengesetzte Tatsachen:
1. Die Unzufriedenheit und der Wille, sich gegen Sklaverei und Verschickung auf die Schlachtfelder zu wehren, ist in der proletarischen Jugend besonders groß. Die Radikalisierung der Jugend nimmt, wie viele Vorfälle in der »Hitlerjugend« beweisen, oftmals bereits stürmischen Charakter an.

2. Die Jugend der Arbeiterklasse ist ohne jede Schulung in den Traditionen und Erfahrungen des Klassenkampfes und der Arbeiterbewegung herangewachsen. Die Gefahr, daß bester revolutionärer Wille und Tatendrang sich nutzlos erschöpfen oder in den Ereignissen vorauseilenden Einzelhandlungen zerbrochen werden, ist darum besonders groß.

Der Jugendverband allein - heute eine noch kleine Organisation, die noch um die geeignete Form ihres politischen Wirkens ringt - ist nicht imstande, alle sich ergebenden Aufgaben zu bewältigen. Die Gesamtpartei muß helfen. In der Tat und mit ihren Erfahrungen. Tat und Hilfe der Partei zeigen sich in der Praxis, wenn

1. jeder betriebliche Kader der Partei systematisch, von der Partei organisatorisch getrennt, eine Erfassung jugendlicher Arbeiter des Betriebes auf revolutionärer Grundlage vornimmt und unter Hinzuziehung eines Genossen vom KJV diese Gruppen allmählich zu Organisationseinheiten des Jugendverbandes entwickelt werden;

2. wenn alle Parteigenossen ihre eigenen Kinder nicht mehr nur noch allgemein politisch informieren und beeinflussen, sondern sie auch zu eigener selbständiger, politischer Tätigkeit im Rahmen des KJV anregen und ihnen dafür den Weg über die Parteibeauftragten zeigen;

3. wenn alle Informationen über Ereignisse, die die Jugend im Betrieb, in der »HJ« und in der Berufsschule betreffen, schnellstens an die Parteileitungen gelangen.

4. Das wichtigste, was die Gesamtpartei tun kann, aber ist, jeder sich aus der Jugend ergebenden politischen Frage nach der Weiterentwicklung in Deutschland eine klare und eindeutige, kameradschaftliche Antwort zu geben. Jugend fragt und verlangt viele und eingehende Antworten. Die Partei kann sie heute nur durch den Mund ihrer Genossen geben. Gebt sie ihr!
...

Zitiert nach: BzG, 3/1979, S. 423.

320. Aus dem Tagebuch von Anne Frank, 9.10.1942 - 21.7.1944[1]

Freitag, 9. Oktober 1942
Liebe Kitty!
Heute habe ich nur traurige und deprimierende Nachrichten. Unsere jüdischen Freunde und Bekannten werden in Mengen weggeholt. Die Gestapo geht nicht zart mit ihnen um. Sie werden in Viehwagen geladen und nach dem Judenlager Westerbork gebracht. Westerbork muß grauenhaft sein. Für die Tausende von Menschen sind viel zu wenig Waschgelegenheiten und WCs vorhanden. Es wird erzählt, daß in den Baracken alles durcheinander schläft: Männer, Frauen, Kinder. Flüchten ist unmöglich. Die meisten Leute aus den Lagern sind gebrandmarkt durch ihre kahlgeschorenen Köpfe und viele auch durch ihr jüdisches Äußere.
Wenn es hier in Holland schon so schlimm ist, wie furchtbar wird es dort in der Ferne sein, wohin sie verschickt werden? Das englische Radio berichtet von Gaskammern, aber vielleicht ist das noch die schnellste Vernichtungsmethode. Miep erzählte von grausamen Erlebnissen und ist selbst schrecklich aufgeregt. Vor kurzem saß eine alte lahme Frau nachts bei Miep vor der Tür. Sie mußte auf das Gestapoauto warten, das die Menschen nach und nach sammelt. Die alte Frau zitterte vor Angst. Die Abwehrgeschütze dröhnten, die Strahlen der Scheinwerfer flitzten durch das Dunkel, das Donnern der englischen Flugmaschinen dröhnte von den Häusern zurück. Aber Miep wagte nicht, die alte Frau hereinzuholen. Die Deutschen strafen so etwas sehr hart.
Auch Elli ist still und traurig. Ihr Freund ist zum Arbeitsdienst nach Deutschland verschickt. Sie fürchtet, er könnte bei einem Bombardement getroffen werden ... Täglich fahren Züge voll mit jungen Leuten, die zwangsweise fort müssen. Dem einen oder anderen gelingt es noch, unterwegs fortzulaufen oder unterzutauchen, aber das sind so wenige.
Mein trauriges Lied ist noch nicht zu Ende. Hast Du schon mal etwas von Geiseln gehört? Da haben sie wieder etwas Raffiniertes erfunden. Es ist beinahe noch schrecklicher als alles andere.

Unschuldige Bürger werden wahllos verhaftet und nicht mehr freigelassen. Wird dann irgendwo »Sabotage« konstatiert, und die Täter werden nicht gefunden, dann hat man einen Grund, eine Anzahl Geiseln zu erschießen. Das wird dann in der Zeitung warnend veröffentlicht. Welch ein Volk, diese Deutschen! Und dazu gehörte ich auch einmal. Nun hat Hitler uns schon lange staatenlos erklärt. Und eine größere Feindschaft als zwischen diesen Deutschen und den Juden gibt es nicht auf der Welt!

Anne

...

Mittwoch, 13. Januar 1943
Liebe Kitty!
Heute sind wir wieder alle ganz verstört, und man kann nicht ruhig sein oder arbeiten. Draußen ist es schrecklich. Tag und Nacht werden die armen Menschen weggeschleppt und dürfen nichts mitnehmen als einen Rucksack und etwas Geld (dieser Besitz wird ihnen dann später auch noch abgenommen).
Die Familien werden auseinandergerissen, Männer, Frauen und Kinder. Es kommt vor, daß Kinder, die von der Schule nach Hause kommen, ihre Eltern nicht mehr vorfinden, oder daß Frauen, die Besorgungen gemacht haben, bei der Rückkehr vor der versiegelten Wohnung stehen, die Familie ist inzwischen weggeführt.
In christlichen Kreisen ist auch schon große Unruhe, weil die jungen Leute, die Söhne, nach Deutschland verschickt werden. Jeder ist in Sorge!
Und jede Nacht überfliegen Hunderte von Flugzeugen Holland, um über deutsche Städte Bombenregen zu streuen, stündlich fallen in Rußland und Afrika Tausende blühender Menschen! Der ganze Erdball rast, und überall ist Vernichtung. Die Situation ist bestimmt günstiger für die Alliierten, aber noch ist kein Ende abzusehen. Wir haben es gut, besser als Millionen anderer Menschen. Wir sitzen ruhig und sicher und sind imstande, Nachkriegspläne zu machen und uns auf neue Kleider und Bücher zu freuen, anstatt daran zu denken, daß kein Pfennig unnütz ausgegeben werden darf, weil man anderen Menschen wird helfen müssen und retten muß, was zu retten ist.
Viele Kinder hier laufen in einem dünnen Blüschen herum mit Holzschuhen an den bloßen Füßen, ohne Mantel, Mütze oder Handschuhe. Sie haben nichts im Magen, kauen an einer Mohrrübe, laufen weg aus der kalten Wohnung auf die nasse, windige Straße und kommen in die Schule, in eine feuchte, ungeheizte Klasse. Ja, es ist so weit in Holland gekommen, daß Kinder auf der Straße die Vorübergehenden um ein Stück Brot bitten. Stundenlang könnte ich von all dem Elend erzählen, daß der Krieg mit sich bringt, aber das macht mich nur noch trauriger. Es bleibt uns nichts anderes übrig, als ruhig und gefaßt das Ende dieser Notzeit abzuwarten. Die Juden warten und die Christen, die Völker und die ganze Welt, und ... viele warten auf den Tod!

Anne

...

Dienstag, 11. April 1944
Liebe Kitty!
... Wir sind stark daran erinnert worden, daß wir Untergetauchte sind, gefesselte Juden, gefesselt an einen Fleck, ohne Rechte, aber mit tausend Pflichten. Wir Juden dürfen unser Gefühl nicht gelten lassen, müssen mutig und stark sein, müssen unser Schicksal ohne Murren auf uns nehmen, müssen tun, was in unserer Macht liegt und auf Gott vertrauen. Einmal wird dieser schreckliche Krieg doch wohl aufhören, einmal werden wir auch wieder Menschen und nicht allein Juden sein. Wer hat uns das auferlegt? Wer hat uns Juden diese Ausnahmestellung unter den Völkern gegeben? Wer hat uns bisher so leiden lassen? Es ist Gott, der uns so gemacht hat, und es wird auch Gott sein, der uns erlöst. Wenn wir all dies Leid tragen und dann immer noch

Juden übrigbleiben, könnten sie einmal von Verdammten zu Vorbildern werden. Wer weiß, vielleicht wird es noch unser Glaube sein, durch den die Welt und alle Völker das Gute lernen, und dafür, dafür allein müssen wir auch leiden. Wir können nicht allein Niederländer, Engländer oder Vertreter welchen Landes auch sein, wir sollen dabei immer Juden bleiben, und wir wollen es auch bleiben. Bleibt mutig! Wir wollen uns unserer Aufgabe bewußt bleiben und nicht murren, es wird ein Ausweg kommen. Gott hat unser Volk noch nie im Stich gelassen! Durch alle Jahrhunderte hin sind Juden am Leben geblieben. Durch alle Jahrhunderte hin sind sie auch stark gewesen. Die Schwachen fallen, aber die Starken werden bleiben und nicht untergehen!!

In dieser Nacht dachte ich eigentlich, daß ich sterben müßte. Ich wartete auf die Polizei, war bereit wie die Soldaten auf dem Schlachtfeld. Ich wollte mich gern opfern für das Vaterland, aber nun, nachdem ich gerettet bin, ist mein erster Wunsch nach dem Krieg, Niederländerin zu werden!

Ich liebe die Niederländer, liebe unser Land, ich liebe die Sprache und möchte hier arbeiten. Und wenn ich an die Königin selbst schreiben müßte, ich würde nicht weichen, ehe ich mein Ziel erreicht hätte!

Stets unabhängiger werde ich von meinen Eltern. So jung, wie ich bin, ich habe mehr Lebensmut, reineres und sichereres Rechtsgefühl als Mutter. Ich weiß, was ich will, habe ein Ziel, eine Meinung, habe einen Glauben und eine Liebe. Laßt mich so sein, wie ich bin, dann bin ich zufrieden. Ich weiß, daß ich eine Frau bin, eine Frau mit innerer Kraft und viel Mut.

Wenn Gott mich am Leben läßt, werde ich mehr erreichen, als Mutter je erreichte. Ich werde nicht unbedeutend bleiben. Ich werde in der Welt und für die Menschen arbeiten! Und nun weiß ich, daß vor allem Mut und Frohsinn das wichtigste sind!

Anne

...
Freitag, 21. Juli 1944
Liebe Kitty!
Nun habe ich Hoffnung, nun endlich geht es gut! Ja, wirklich, es geht gut! Tolle Berichte! Es wurde ein Attentat auf Hitler verübt, aber nicht einmal von jüdischen Kommunisten, oder englischen Kapitalisten, sondern von einem edelgermanischen deutschen General, der Graf ist und überdies noch jung! Die »göttliche Vorsehung« hat dem Führer das Leben gerettet, und er ist leider, leider mit einigen Schrammen und ein paar Brandwunden davongekommen. Ein paar Offiziere und Generale aus seiner Umgebung sind tot oder verwundet. Der Haupttäter wurde erschossen. Es ist wohl der beste Beweis, daß viele Offiziere und Generale den Krieg bis obenhin satt haben und Hitler gern in die tiefsten Tiefen versenken möchten. Ihr Streben ist, nach Hitlers Tod eine Militärdiktatur zu errichten, dann Friede mit den Alliierten zu schließen, aufs neue zu rüsten, um nach 20 Jahren einen neuen Krieg zu beginnen. Vielleicht hat die Vorsehung ausdrücklich noch ein wenig gezaudert, ihn aus dem Weg zu räumen, denn es ist für die Alliierten viel bequemer und vorteilhafter, wenn die unbefleckten Germanen sich gegenseitig totschlagen; desto weniger Arbeit bleibt für die Russen und Engländer, und um so schneller können sie mit dem Aufbau ihrer eigenen Städte beginnen...

Das Tagebuch der Anne Frank. 14. Juni 1942 bis 1. August 1944, Berlin 1980, S. 44 ff.

1) Anne Frank, ein jüdisches Mädchen, wurde am 12. Juni 1929 in Frankfurt/M. geboren und emigrierte 1933 mit ihren Eltern nach Holland. Seit dem 8. Juli 1942 verbarg sie sich mit ihren Angehörigen im Speicher eines Hinterhauses in Amsterdam vor den faschistischen Besatzungstruppen, um der Deportation zu entgehen. Dort entstand ihr Tagebuch (Kitty). Am 4. August 1944 entdeckte die Gestapo das Versteck und brachte sie und andere Untergetauchte in deutsche und niederländische Konzentrationslager. Freunde fanden und bewahrten das Tagebuch. Anne starb, 16jährig, im März 1945 im KZ Bergen-Belsen.

321. Flugblatt des ehemaligen HJ-Hauptscharführers Gunther Großmann aus Cottbus, 12.10.1944

Deutscher Arbeiter, wache auf aus Deinem Traum!
Laß Dir Deine letzte Lebenskraft nicht aussaugen, laß Dich niemals zugrunde knechten und laß Deine Söhne an den Fronten nicht elendig und nutzlos verbluten, sondern kämpfe für die Sicherung Deiner Zukunft, indem Du mit aller Macht gegen den brutalen Hitlerismus Front machst und Dich einsetzt für den Neubau Deines Volksstaates: Darum: Parole Generalstreik!
Es lebe die Republik, es lebe die Freiheit des deutschen Arbeiters!

Nationalkomitee Freies Deutschland

IML/ZPA, NJ 1069.

322. Aus dem Urteil des Volksgerichtshofes gegen Hans Leipelt und andere Münchener Studenten, 13.10.1944

Im Namen des Deutschen Volkes

In der Strafsache gegen
1.) den Studenten der Chemie Hans Konrad Leipelt aus München, geboren am 18. Juli 1921 in Wien,
2.) die Studentin der Chemie Marie-Luise Hedwig Justine Jahn aus München, geboren am 28. Mai 1918 in Sandlack, Kreis Bartenstein,
3.) den Studenten der Chemie Wolfgang Erlenbach aus München, geboren am 26. Februar 1909 in Dessau,
4.) den Angestellten Dr. phil. Franz Treppesch aus München, geboren am 14. Februar 1905 in Petschau, Verwaltungsbezirk Tepel (Sudetenland),
5.) die Ehefrau Hedwig Amalie Elisabeth Schulz geb. Freiin von Perfall, geboren am 16. September 1917 in Detmold,
6.) den Studenten der Chemie Valentin Freise aus München, geboren am 20. Januar 1918 in Wilhelmshaven,
7.) die Studentin der Chemie Liselotte Dreyfeldt aus München, geboren am 24. Dezember 1921 in Berlin,
von 1 - 6 zur Zeit in dieser Sache in Haft,
wegen Vorbereitung zum Hochverrat und Landesverrat hat der Volksgerichtshof, 2. Senat, auf Grund der Hauptverhandlung vom 13. Oktober 1944, an welcher teilgenommen haben als Richter:
Volksgerichtsrat Diescher, Vorsitzer,
Oberlandesgerichtsrat Dr. Großpietsch,
Generalleutnant Cabanis,
SA-Brigadeführer Zöberlein,
SA-Brigadeführer Zapf,
als Vertreter des Oberreichsanwalts:
Landgerichtsrat Dr. Bach,
für Recht erkannt:
I.
Der Angeklagte Leipelt hat in den Jahren 1941 bis 1943 in München und Hamburg ständig ausländische Rundfunksendungen abgehört und unter den Studenten der Hochschule eine staatsfeindliche bolschewistische Propaganda entfaltet. Er wird deshalb wegen Wehrkraftzersetzung und Feindbegünstigung zum Tode und dauerndem Ehrverlust verurteilt.

II.

Die Angeklagte Jahn hat als die Vertraute Leipelts diesen in seinem hoch- und landesverräterischen Vorhaben bestärkt und unterstützt. Sie wird daher wegen Beihilfe zu den Verbrechen des Leipelt zu zwölf Jahren Zuchthaus unter Anrechnung von elf Monaten Untersuchungshaft und zu zehn Jahren Ehrverlust verurteilt.

III.

Die Angeklagten Erlenbach und Freise werden wegen Abhörens ausländischer Rundfunksender verurteilt, und zwar:
Erlenbach zu zwei Jahren Gefängnis unter Anrechnung von einem Jahr Untersuchungshaft,
Freise zu einem Jahr Gefängnis unter Anrechung von elf Monaten Untersuchungshaft.

IV.

Die Angeklagte Schulz hat ausländische Rundfunksendungen abgehört und verbreitet sowie von den hoch- und landesverräterischen Vorhaben des Leipelt trotz glaubhafter Kenntnis keine Anzeige erstattet. Sie wird deshalb zu zwei Jahren Zuchthaus unter Anrechnung von einem Jahr Untersuchungshaft und zwei Jahren Ehrverlust verurteilt.

...

II.

Der Sachverhalt

Der Angeklagte Leipelt kam während seines Studiums in Hamburg im Sommersemester 1941 mit dem Studenten Heinz Kucharski zusammen und freundete sich mit ihm an. Beide stellten in politischen Unterhaltungen ihre gemeinsame Gegnerschaft zum Nationalsozialismus fest und schlossen sich daraufhin enger zusammen. Durch Vermittlung des Kucharski kam Leipelt mit der Buchhandlung Felix Jud & Co. in Hamburg in Verbindung und erwarb durch sie zahlreiche pazifistische und kommunistische Schriften, die er in der Folgezeit mit Kucharski und anderen Gesinnungsgenossen besprach. Er lud auch Kucharski sowie den ihm befreundeten Studenten Karl Schneider, der ebenfalls kommunistisch eingestellt war, mehrfach zu sich ein, erörterte mit ihnen politische Themen im kommunistischen Sinne und führte auch einmal vor ihnen eine von ihm selbst verfaßte Rundfunksendung mit ausgesprochen staatsfeindlicher Tendenz auf. In den Unterhaltungen vertrat er regelmäßig die Auffassung, daß Deutschland schuld am Kriege sei und deshalb die zerstörten Städte in Rußland wiederaufbauen müsse, daß der Nationalsozialismus beseitigt werden müsse, daß er und seine Freunde dabei mitzuwirken verpflichtet seien. In dieser Zeit hörte er auch ferner mehrfach ausländische Rundfunksender ab, u.a. London und den Hetzsender Gustav Siegfried I. ... Mit seinen Bekannten erörterte Leipelt ständig politische Fragen und trat dabei so stark für den Kommunismus ein, daß er von ihnen scherzhaft als »Kommissar« bezeichnet wurde. Vor allem im Verkehr mit der Angeklagten Jahn und den Eheleuten Schulz vertrat er die Meinung, daß Deutschland den Krieg verlieren müsse, daß dann der Bolschewismus bei uns zur Herrschaft gelangen werde, und versprach, alles, was an das nationalsozialistische Regime erinnern könne, zu vernichten und an der Beseitigung führender Nationalsozialisten selbst mitzuwirken...
Im Anfang des Jahres 1943 wurde in München und anderen Städten ein Flugblatt mit der Überschrift »Studenten und Studentinnen« verbreitet, in dem zur Sabotage der Rüstung und zum Sturz der nationalsozialistischen Staatsführung aufgefordert wurde. Als Hauptverteiler wurden die Münchener Studenten Hans und Sophia Scholl sowie Probst und als Verfasser des Blattes Professor Huber ermittelt und alsbald vom Volksgerichtshof wegen Feindbegünstigung und Wehrkraftzersetzung zum Tode verurteilt. Leipelt beschaffte sich im Januar oder Februar 1943 eine Abschrift dieses Blattes und ... schrieb es mit mehreren Durchschlägen auf der Schreibmaschine ab ... erzählte er, daß die Geschwister Scholl wegen der ersten Flugblattverteilung zum Tode verurteilt worden waren, und feierte sie als Märtyrer, für die er Bewunderung und Sympathie empfinde und die ihn nur zu gleichem Tun anspornten. In dieser Zeit er-

örterte Leipelt ferner mit Kucharski die Möglichkeit, die Münchener Vorgänge der Öffentlichkeit in einer Schrift zu unterbreiten und sie sogar an den englischen Rundfunk weiterzuleiten
...

Im Mai oder Juni 1943 kam Leipelt wieder nach Hamburg. Er traf sich erneut mit Kucharski, dessen Freundin Rothe und seinem ehemaligen Nachhilfeschüler Himpkamp. In diesem Kreise besprach er die Möglichkeit, durch Terror- und Sabotageakte die Hamburger Bevölkerung in Aufregung zu versetzen und so der Öffentlichkeit zu zeigen, daß entgegen der Behauptung der Regierung Ruhe und Ordnung nicht bestünde ... Später kam er mit ihnen überein, die Lombardbrücken in Hamburg zu sprengen, um den wichtigen Nordsüdverkehr der Eisenbahn durch Hamburg zu unterbrechen. Er selbst versprach, in München den erforderlichen Sprengstoff zu beschaffen ... Schließlich spendete Leipelt auf Anregung des Angeklagten Erlenbach im September 1943 für die Hinterbliebenen des zuvor erwähnten zum Tode verurteilten Professor Huber 52 RM und regte auch in seinem Bekanntenkreise eine Beteiligung an dieser Sammlung an.

...

Zitiert nach: Wir schweigen nicht! Eine Dokumentation über den antifaschistischen Kampf Münchener Studenten 1942/43, hrsg. von Klaus Drobisch, Berlin 1977, S. 188 ff.

323. Bericht über den Tod des Frontvertrauensmannes der NKFD Willi Ruschel, 17.10.1944

An
das Nationalkomitee »Freies Deutschland«
z. Hd. des Präsidenten, Herrn Erich Weinert
M o s k a u

M e l d u n g
Am 10. Oktober 1944 fiel auf dem Wege zu einer OGU-Sendung Uffz. Willi Ruschel, Vertrauensmann des NKFD in einer Division der Roten Armee. Ein Splitter eines Nebelwerfer-Volltreffers traf ihn in die Schläfe.
Willi Ruschel wurde 1924 in Eppelborn/Saar geboren. Seine Heimatanschrift lautet: Eppelborn/Saar, Kaiserstraße 65.
Bis zu seiner Einberufung war er Maschinenbaustudent. Als Angehöriger der 3. Kp.Pi.Btl. 112 ging er am 6.1.44 zur Roten Armee über. Vom 26.3.-12.5.44 war er auf der Antifaschule in Shitomir.
Willi Ruschel war ein begeisterter Kämpfer der Bewegung »Freies Deutschland«.

Armeestab, den 17. 10. 44

(Unterschrift)
Mitglied des NKFD

IML/ZPA, V 238/1/7.

324. Aus dem Urteil des Oberlandesgerichts in Kassel gegen Werner Herrmann und Wilhelm Merkel, 14.12.1944

Im Namen des Deutschen Volkes!

Strafsache gegen
1. den Waldarbeiterlehrling Anton Peter Werner Herrmann aus Frankfurt/Main-Schwanheim, Manderscheiderstraße 56, geboren am 17. Dezember 1927 in Frankfurt/Main-

Schwanheim, Reichsdeutscher, katholisch, in Haft vom 27. August 1943 bis 21. Dezember 1943 und ab 29. Oktober 1944, zur Zeit im Gerichtsgefängnis in Marburg/Lahn,

2. den Musikschüler Ludwig Wilhelm Merkel aus Frankfurt/Main-Schwanheim, Manderscheiderstraße 24, geboren am 22. August 1927 in Frankfurt/Main-Schwanheim, Reichsdeutscher, katholisch, in Haft vom 29. August 1943 bis 21. Dezember 1943 und ab 19. Oktober 1944, zur Zeit im Gerichtsgefängnis in Marburg/Lahn,

wegen

Wehrkraftzersetzung, Feindbegünstigung und verbotenem Umgangs mit Kriegsgefangenen. Der Strafsenat des Oberlandesgerichts in Kassel, z.Zt. in Marburg/Lahn, hat in der Sitzung am 14. Dezember 1944, an der teilgenommen haben:

Kammergerichtsrat Dr. Keßler als Vorsitzer,
Oberamtsrichter Dr. Keul,
Amtsgerichtsrat Massengeil,
als beisitzende Richter,
Staatsanwalt Dr. Vornhaumen
als Beamter der Staatsanwaltschaft,
Gerichtsreferendar Peters
als Urkundsbeamter der Geschäftsstelle,

für Recht erkannt:

Der Angeklagte Herrmann machte im Jahre 1943 gegenüber Kameraden wiederholt abträgliche Äußerungen über die Kriegslage und die Führung des Reiches. Darüber hinaus ließ er sich bei der Arbeit mit französischen Kriegsgefangenen in übler Weise in ein Gespräch über einen für Deutschland ungünstigen Kriegsausgang ein.

Der Angeklagte Merkel hat im Gespräch mit Herrmann seinerseits diesem teilweise zugestimmt und mehrere gehässige politische Witze erzählt.

Herrmann ist deshalb der Wehrkraftzersetzung, zugleich des verbotenen Umgangs mit Kriegsgefangenen, Merkel des Vergehens gegen das Heimtückegesetz schuldig.

Es werden verurteilt:

Herrmann zu Jugendgefängnis von unbestimmter Dauer. Das Mindestmaß wird auf 1 -ein- Jahr festgesetzt, die Höchstdauer beträgt 4 -vier- Jahre.

Merkel zu 5 -fünf- Monaten Jugendgefängnis. Die Strafe des Angeklagten Merkel ist durch die erlittene Polizei-, Schutz- und Untersuchungshaft verbüßt.

...

Die Taten der Angeklagten:

Zusammen mit den anderen Waldarbeiterlehrlingen Hubert Gröninger, Kuno Handwerker und Reinhold Schiebel besuchte der Angeklagte Herrmann die Berufsschule in Frankfurt/Main. Während einer Pause unterhielt Herrmann sich - es war etwa im Juni 1943 - mit Kuno Handwerker über die Kriegslage. Dabei sagte er:

»Ich glaube nicht daran, daß Deutschland den Krieg gewinnt und die Bolschewisten besiegt. Die Russen werden uns auch nicht besiegen, denn es wird einen Frieden geben, so war noch keiner dagewesen. Seitdem der Amerikaner überhaupt in den Krieg eingetreten ist, ist der Kampf für uns aussichtslos geworden.«

...

»Der Führer und Hermann Göring sind nicht mehr wert, als aufgehängt zu werden.«

...

Im August 1943 traf Herrmann mit dem Angeklagten Merkel zwei- bis dreimal auf der Straße zusammen. Beide kannten sich von der Schule her und kamen ins Gespräch. Herrmann führte dabei stets das große Wort und erklärte dem Merkel:

«Hitler gehört aufgehängt oder muß eine Kugel durch den Kopf bekommen. Wenn ich einmal nach Berlin komme, dann sprenge ich die Reichskanzlei in die Luft. Hitler gehört an den Kandelaber. Jeder, der vorbeigeht, muß ihn anspucken...«

...

Schließlich kamen Herrmann und Merkel dazu, sich gegenseitig politische »Witze« zu erzählen. Dabei erzählte Merkel folgende:

»Hitler, Göring und Goebbels sind mit dem Flugzeug über Köln geflogen. Goebbels wollte Fettkarten, Göring wollte Fleischkarten und Hitler wollte Kleiderkarten abwerfen. Da sie sich nicht einig wurden, worüber sich die Bevölkerung am meisten freuen würde, fragten sie den Piloten. Derselbe sagte: 'Die Bevölkerung wird sich am meisten freuen, wenn ich euch alle drei abwerfe'...

»Weiß Ferdl kam mit drei Schweinen auf die Bühne und sagte: Dies ist die Familie Mann. Das kleinste Schwein ist Fräulein Mann, das mittlere Schwein ist Frau Mann und das gößte Schwein ist Hermann. Weiß Ferdl wurde hierauf verhaftet und für 3 Wochen eingesperrt. Als er wieder auf freiem Fuß war, kam er wieder mit den drei Schweinen auf die Bühne und sagte: Das kleine Schwein ist Fräulein Mann, das mittlere Schwein ist Frau Mann und wegen dem größten Schwein habe ich 3 Wochen gesessen ...«

...

Daß ein Gespräch, wie es Herrmann mit den Gefangenen geführt hat, nicht etwa durch die gemeinsame Arbeit bedingt ist, wußte Herrmann ganz genau. Im übrigen mußte von ihm als Hitlerjungen ganz besonders erwartet werden, daß er Privatgespräche mit Kriegsgefangenen unterließ, da sie eines Deutschen unwürdig sind. Er hat bewußt und gewollt gegen dieses Verbot gehandelt, dazu noch in einer politisch besonders unzulässigen und würdelosen Weise, die es rechtfertigen, hier einen schweren Fall anzunehmen.
Sämtliche Äußerungen des Angeklagten Herrmann werden von seinem einheitlichen Vorsatz umfaßt. Er hat deshalb in Fortsetzungszusammenhang und Tateinheit gehandelt.
Der Angeklagte Merkel hat vorsätzlich und fortgesetzt gehässige »Witze« über den Führer, den Reichsmarschall und Reichsminister Dr. Goebbels dem Herrmann erzählt. Diese Witze waren geeignet, das Vertrauen des Volkes zur Führung zu untergraben ...

Dokumentationsarchiv des deutschen Widerstandes, Frankfurt/M., AN 2601.

325. Flugblatt des Vizepräsidenten des Bundes Deutscher Offiziere Luitpold Steidle an die 17- und 18-Jährigen in der 357., 359. und 361. Infanterie-Division, 1944

Nationalkomitee
Freies Deutschland   Bund Deutscher Offiziere

Oberst Steidle wendet sich an die 17- und 18-Jährigen in der 357., 359. und 361. I.D.

Meine jungen Kameraden!
Eigentlich möchte ich Euch allesamt mit »liebe Jungens« anreden, nachdem ich selbst zu Hause vier Buben habe - zwei davon in Eurem Alter. Als ich vor kurzem mit vielen Hundert Eurer Kameraden aus der 359. I.D. in einem Gefangenenlager zusammetraf und mich mit ihnen über ihre vergangenen und zukünftigen Sorgen unterhielt, da wurde mir das Herz schwer:
»Warum schickt Hitler Euch, die Ihr gerade von der Schulbank oder aus der Lehre kommt, in diesem Alter überhaupt an die Front? Was sollt Ihr 17- und 18-Jährigen eigentlich inmitten all dieser fürchterlichen, alles verzehrenden Groß-Schlachten?«
Mein väterliches Herz stand fast still im Mitgefühl für diese Jugend, die in Angst und Sorge mich bestürmte, wie sie nun eigentlich wieder nach Hause kommen würde. Vielen standen die hellen Tränen in den Augen, wenn ich sie nach Eltern und Geschwistern fragte.
Ich weiß, Jungens, wir müssen Euch helfen! - Und wir werden es tun!

Wißt Ihr, daß Hitler einmal das entsetzliche Wort gesagt hat, er wäre für sein Kriegsziel bereit,

»das abermalige Blutopfer einer ganzen deutschen Jugend zu verantworten«, »er würde nicht einen Augenblick zögern - zwei, auch drei Millionen toter Deutsche in vollem Bewußtsein der Schwere des Opfers als Blutopfer auf sein Gewissen zu nehmen«.

Heute hat Hitler schon so viele Millionen geopfert, daß er Euch - unsere ganze Hoffnung, unseren Stolz - aus Schule und Elternhaus herausreißen mußte, um auch Euch für diesen aussichtslosen Krieg zu opfern. Und was hat er damit erreicht?

Ihr könnt mir als dem lebenserfahrenen Mann, dem weltkriegserfahrenen Offizier, der auf Kriegsschulen manchen Jungen zum Offizier erzogen hat, voll und ganz glauben. Erreicht hat Hitler wirklich nichts - gar nichts. Was wir einmal unter schweren Opfern in gutem Glauben eroberten, ging unter noch viel härteren Opfern alles wieder verloren. Heute stehen wir da, wo der Krieg begann. Nur mit einem gewaltigen Unterschied: Front und Heimat verbluten. Hitler hat Deutschland zu einem Trümmerhaufen gemacht. Bleibt er weiter an der Führung, so wird uns auch dieses zertrümmerte Deutschland verlorengehen.

Seht, Jungens, um dies zu verhindern, kämpfen wir gegen Hitler. Ihr dürft nicht mehr weiter für diesen sinnlosen Krieg geopfert werden.

Unser Kampf - der Kampf des Nationalkomitees »FREIES DEUTSCHLAND« - geht um unsere Heimat, um unsere Zukunft, und damit um Euch! Hier stehen Tausende von Offizieren und Hunderttausende von Soldaten, geführt von Stalingrader Generalen. Es sind alles Männer, die sich bedingungslos für diesen Freiheitskampf einsetzen.

Auch Ihr seid trotz Eurer Jugend, ebenso wie wir, verantwortlich für die Erhaltung der deutschen Nation! Damit seid Ihr verpflichtet, alles zum Kampf gegen Hitler beizutragen, was in Euren Kräften steht! Geht voll Vertrauen mit diesen meinen Zeilen zu Euren älteren Kameraden und Offizieren und sprecht Euch aus. Ihr werdet sehen, daß dort Männer sind, die unseren Befreiungskampf als richtig erkannt haben.

Der Bevollmächtigte
des Nationalkomitees »FREIES DEUTSCHLAND«
am hiesigen Frontabschnitt
Steidle

Steidle, Oberst und Regt.Kdr.,
Gren.Rgt. 767, 376. I.D., Vizepräsident
des Bundes Deutscher Offiziere

IML/ZPA, V 238/1/5.

326. Aus den Materialien des Volksgerichtshofes: Konzeptionen des Mitglieds des Kreises um Carl Goerdeler, Hermann Kaiser, zur Gestaltung der Jugenderziehung und des Schulwesens, 1944[1]

Kaiser, der Berater Goerdelers und Verbindungsmann zu Olbricht, war im Zivilberuf Gymnasiallehrer und brachte den Fragen der Jugenderziehung und des Schulaufbaus besonderes Interesse entgegen. Bei ihm wurde eine Denkschrift sichergestellt, die den Titel trägt: »Gedanken über Reformen des Erziehungs- und Bildungswesens.«, und in der sich Kaiser über die Grundsätze der Jugenderziehung, wie sie seiner Auffassung nach gestaltet werden müßten, ausläßt.

Grundsatz:
»Die ganze Erziehungsarbeit an der deutschen Jugend muß wieder auf die natürlichen Lebensgrundlagen gestellt und nach den Grundgesetzen wahrhaft deutscher und christlicher Kultur ausgerichtet werden.«

Jugend muß durch Erwachsene geführt werden.

Der Grundsatz »Jugend muß von Jugend geführt werden« sei ein »biologischer Unsinn«. »Das von der Natur selbst gegebene Verhältnis der Generationen zueinander muß wieder als solches die Auswahl und Funktion der Erziehungsmächte bestimmen ... Die Jugend soll und will in die Welt der Erwachsenen eingeführt werden und hineinwachsen. Lebenserfahrung, reife Einsicht, Stetigkeit und Behutsamkeit sind die Voraussetzungen dafür, die alle der Jugendliche als Führer von seinesgleichen nicht mitbringt.«

Elternhaus.

Die erste und unentbehrlichste Erziehungsmacht ist daher das Elternhaus, dem man die Kinder nicht zu früh und nicht zuviel entziehen dürfe. Es habe keinen Zweck, den Gegensatz der Generationen zu versteifen, indem aus dem »unvergorenen« Selbständigkeits- und Geltungsdrang der »Heranwachsenden« ein Prinzip gemacht werde. Man proklamiere damit ein »Recht« der Unreifen auf Selbstbestimmung. Durch die politisch mächtige Organisation einer notwendig ehrgeizigen und herrschsüchtigen Jugendführung werde die Jugend nicht nur von Unerfahrenen überfordert, sondern sie gerate auch in Konflikte, die sich zu ihrem Nachteil auswirken müßten.

Schule.

»Niemand kann zweien Herren dienen, am wenigsten der ungefestigte Mensch. Deshalb hat grundsätzlich bestimmend neben das Elternhaus nur die mit ihm auf gleicher Generationsbasis stehende, vom Staat eingerichtete, mit sorgfältig ausgebildeten Lehrkräften besetzte Schule zu treten.« Hier werde das Kind und der Jugendliche in die Grundanschauungen deutsch-christlicher Kultur und in einen festen Pflichtenkreis eingeführt. Neben der Schule braucht nicht mehr eine Organisation zu stehen, die Schule und Elternhaus meist wenig freundlich gegenübertreten und die freie Selbstentwicklung des Jugendlichen vom 10. Lebensjahr an beschränkt.

Vormilitärische Schulung.

Heeres- und Unterrichtsverwaltung müssen zusammenarbeiten, um dem Wehrgedanken und der vormilitärischen Schulung den erforderlichen Raum in der deutschen Schule zu sichern, denn

> »die Erziehung zur Härte gegen sich selbst, zum tapferen Einsatz von Leib und Leben
> für unser von allen Seiten ständig bedrohtes Volk und Reich«

wird auch in der Denkschrift Kaisers für notwendig gehalten.

Jugendorganisation.

Die reifere männliche Jugend habe von sich aus den Drang, sich außerhalb von Elternhaus und Schule zusammenzuschließen. Jugendvereinigungen sollen deshalb zugelassen werden, jedoch »muß der Grundsatz der Freiwilligkeit und der verantwortlichen Leitung durch jugendfreundliche, erfahrene Erwachsene gefordert werden.« Diese Jugendvereinigungen dürften aber nicht zu einer »ungesund aufgeschwemmten Jugendorganisation« werden, denn

> den ältesten Jahrgängen der Schuljugend, in denen die eigenen geistigen Interessen sich regen, wurde zu ihrer Pflege nötige Freizeit in unbilligem Maße dadurch verkürzt, daß man gerade die Tüchtigsten für Führer- und Verwaltungsarbeit in Anspruch nahm; so wurden sie überfordert, nach außen gedrängt und vom Wesentlichen ihrer inneren Entwicklung - auch der durch freie gemeinsame Pflege geistiger und künstlerischer Interessen - abgehalten, ein beträchtlicher Teil aber fand in solchem Organisationsbetrieb ein bequemes Ausweichgeleise, auf dem man sich unter dem Schein einer nützlichen, von oben gern gesehenen Tätigkeit der glanzlosen und unbequemen Lernarbeit entziehen konnte.

Dreifaches deutsches Erziehungsziel.

Die Gründung der Jugendbildung auf die ethisch-religiösen Forderungen einer deutsch-christlichen Welt- und Lebensanschauung.

Die Darstellung dieser Kernfrage und ihres inneren Gehalts ist allerdings in der Denkschrift außerordentlich dürftig.

»Was damit gemeint ist, braucht hier nicht ausführlich dargetan zu werden. Die in den Zehn Geboten niedergelegten Urgesetze, vor allem das 'Du sollst nicht lügen', 'Du sollst kein falsch Zeugnis reden', stimmen, schlicht und richtig verstanden, so klar überein mit dem, was wir als im besten Sinne deutsch empfangen und an den Gestalten unserer edelsten Deutsche verehren, daß daraus ohne weiteres die tragenden Grundlagen auch unserer Jugendbildung sich ergeben. Nehmen wir dazu noch die christliche Grundforderung, wie sie am schönsten in I. Kor. 13 ausgesprochen und - um nur den einen zu nennen - von Goethe nach deutscher Art zur Weltfrömmigkeit fortgebildet ist, so braucht es weiter keiner Begründung für unser dreifaches deutsches Erziehungsziel: unbedingte Wahrhaftigkeit, unbestechliche Gerechtigkeit, lautere Menschlichkeit.«

Der christliche Bürger Kaiser ist, wie die Denkschrift zeigt, ohne weiteres geneigt, den Propagandathesen unserer Feinde Glauben zu schenken. Er sieht nicht, daß es sich bei diesem Kriege um einen Machtkampf handelt, der sich gegen ein starkes Deutschland, gleichviel in welcher Staatsform und mit welchem weltanschaulichen Gehalt es auftritt, richtet, sondern sieht in einer angeblichen »Volksvergottung« die Ursache des Krieges.

»Es ist in den letzten acht Jahren bis zum Überdruß der Jugend von den 'nordischen' Tugenden des Mutes, der 'heroischen' Haltung und dem 'Triumph des Willens' geredet, die körperliche und die sogenannte 'Charakterbildung' in einem schiefen Gegensatz zur geistigen überbetont worden. Wohin das führt, wenn die gesunden Instinkte einer völkischen Selbstbehauptung losgelöst von der Bindung an jene Urgesetze zum höchsten Gut erhoben, wenn das 'ewige Volk' als letztes Ziel vergottet wird, erleben wir jetzt mit Schaudern: der Haß einer ganzen Welt gründet sich letzten Endes darauf, daß in diesen ethischen und religiösen Bindungen brutal verneinenden Tendenzen eine Gefahr für das Zusammenleben aller Völker der Erde erblickt wird.«

...

Bundesarchiv Koblenz, NS 6, Nr. 12, Bl. 29 ff.

1) Hermann Kaiser, Studienrat und Hauptmann d. R., war während der Ereignisse des 20. Juli 1944 Verbindungsoffizier zum Wehrkreis XII (Wiesbaden). Nach Gelingen des Attentats auf Hitler sollte er in der neu zu bildenden Regierung Staatssekretär im Kulturministerium werden.

327. Vorschläge der KPD für die Gestaltung der Jugendarbeit nach der Befreiung vom Faschismus, 1944

1. Sofortige Aufhebung aller Zwangsgesetze über die Hitler-Jugend und ihre Unterorganisationen, Auflösung der Hitler-Jugend und aller Untergliederungen.

2. Verbot der chauvinistischen Verhetzung der Jugend, des faschistischen Rassenwahnsinns und der Irrlehre vom deutschen Herrenmenschen. Erziehung der Jugend im Geiste wahrer deutscher fortschrittlicher Traditionen, für ein brüderliches Zusammenleben der Völker.

3. Freiheit der Jugend, sich in politischen und gesellschaftlichen Verbänden zusammenzuschließen, die auf dem Boden der Demokratie stehen.

4. Aktives Wahlrecht der Jugend von 18 Jahren, passives Wahlrecht von 21 Jahren ab.

5. Das Recht auf freies Spiel, freien Sport und freies Wandern. Staatliche Hilfe für Jugendsport und Jugendwandern. Ausbau des Jugendherbergswesens.

6. Schnellste Beseitigung der Berufslosigkeit durch sofortige umfassende Berufsschulung und Umschulung.

7. Freie Berufswahl nach Fähigkeiten und Wünschen. Gründliche Lehrlingsausbildung ...

8. Tarifliche Regelung der Lehrlingsbezahlung im Einverständnis mit den Gewerkschaften. Nach Beendigung der Lehrzeit Lohn nach dem Grundsatz »Gleicher Lohn für gleiche Arbeit«.

9. Gründliche Ausbildung auch für Jungbauern und Landarbeiterlehrlinge ...

10. Für Fortkommen und Studium entscheidet die Leistung ...

11. Gleichberechtigung der weiblichen Jugend auf allen Gebieten des wirtschaftlichen, kulturellen und politischen Lebens.

Zentralarchiv der FDJ, A 8751.

328. Bericht über den Tod des Frontvertrauensmannes des NKFD Hans Jahn, 23.1.1945

An das   Armeestab, den 23.1.45
Nationalkomitee »Freies Deutschland«
z. Hd. des Präsidenten, Herrn Erich Weinert
Moskau

Meldung: Am 20. Dez. 1944 fiel durch deutsches Granatwerferfeuer bei einer Sendung mit OGU der Vertrauensmann des NKFD in einer Div. Hans Jahn.
Uffz. Hans Jahn wurde am 5.7.1920 geboren. Vor dem Kriege arbeitete er als Konstruktionszeichner in Berlin. Er wohnte in Berlin-Charlottenburg, Schloßstr. 20. Im Kriege gehörte er zum Stab des Pz.Rgt. 9 der 25.Pz.-Div. Bei einem Bombenangriff auf Berlin wurden seine Frau und sein Kind getötet.
Bevor Jahn für das NKFD arbeitete, kämpfte er bei den Partisanen. Im Auftrage des NKFD hat er sieben Mal die Frontlinie überschritten. Seit dem 11. 12. 44 arbeitete er als Vertrauensmann des NKFD in einer Div. der Roten Armee.
Hans Jahn war ein ehrlicher und sehr entwicklungsfähiger Kämpfer für unsere Bewegung. Klug und mutig setzte er stets alles an die Erfüllung seiner Aufgaben. Mit ihm haben wir unseren besten Frontvertrauensmann verloren.

Für alle Mitarbeiter der
hiesigen Frontstelle des NKFD
(Unterschrift)
Mitglied des NKFD

IML/ZPA, V 238/1/7.

329. Aus der Anklageschrift des Oberreichsanwaltes beim Volksgerichtshof gegen Albert Suhr und andere Hamburger Hitlergegner, 23.2.1945

Der Oberreichsanwalt   Berlin, den 23. Februar 1945
beim Volksgerichtshof   Haft!
                                                   HV-Sache!

Anklageschrift.
1. Den Studenten Albert Suhr aus Hamburg, geboren am 2. Dezember 1920 in Hamburg, ledig,

am 13. September 1943 vorläufig festgenommen, zur Zeit in dem Landgerichtsgefängnis in Stendal, zugelassener Verteidiger:
Rechtsanwalt Dr. Curt Korn in Hamburg 36, Neuer Wall 9,

2. die Buchhandlungsgehilfin Hannelore Willbrandt aus Rickling bei Kiel, geboren am 21. September 1923 in Hamburg, ledig,
am 18. Dezember 1943 vorläufig festgenommen, zur Zeit in dem Frauenzuchthaus in Cottbus, bisher ohne Verteidiger,

3. die Ärztin Ursula de Boor aus Wintermoor, Kreis Soltau, Hannover, geboren am 3. März 1915 in Kirchhaim bei Marburg/Lahn,
am 20. Dezember 1943 vorläufig festgenommen und zur Zeit im Frauenzuchthaus in Cottbus, bisher ohne Verteidiger,

4. den Glaser Wilhelm Stoldt aus Hamburg, geboren am 14. Februar 1886 in Hamburg, verheiratet,
am 4. Dezember 1943 vorläufig festgenommen, zur Zeit in dem Landgerichtsgefängnis in Stendal, bisher nicht zugelassener Verteidiger: Dr. F.H. Meyer, Hamburg 1, Große Allee 28/29,

5. den Buchhändler Felix Jud aus Hamburg, geboren am 7. März 1899 in Wilhelmsthal/Glatz, verheiratet,
am 18. Dezember 1943 vorläufig festgenommen, zur Zeit in der Untersuchungshaftanstalt Hamburg Stadt, zugelassene Verteidiger: Rechtsanwälte Dr. Oswald Schwarz und Dr. Walter Hennings, Hamburg 36, Kaiser Wilhelmstraße Nr. 47, sämtlich nach eigener Angabe bisher nicht bestraft, auf Grund des Haftbefehls des Amtsgerichts in Hamburg vom 28. Oktober 1944 - 155 Gs 1426.44 - seit diesem Tage in Untersuchungshaft,

klage ich der Vorbereitung zum Hochverrat, Feindbegünstigung und Wehrkraftzersetzung, die Angeschuldigten Suhr, Willbrandt, de Boor und Jud auch des Rundfunkverbrechens an. Die Angeschuldigten haben während des gegenwärtigen Krieges, vor allem 1942 und 1943 in Hamburg untereinander oder im Kreise anderer staatsfeindlich eingestellter Personen einen kommunistischen oder demokratisch-liberalistischen Staat propagiert.
Die Angeschuldigte Willbrandt hat diesem Kreis weitere Teilnehmer zugeführt, der Angeschuldigte Suhr auch für den pazifistischen Gedanken, insbesondere bei Wehrmachtsangehörigen, geworben, den gegenwärtigen Krieg als für Deutschland verloren bezeichnet und gemeinsam mit Hannelore Willbrandt ein Flugblatt hochverräterischen Inhalts vervielfältigt und verbreitet. Der Angeschuldigte Jud hat Gesinnungsfreunden kommunistische oder andere verbotene Bücher verkauft.
Suhr, Willbrandt, Jud und de Boor haben ferner ausländische Sender abgehört und deren Nachrichten verbreitet.
...

II.
Der Sachverhalt.

Der Angeschuldigte Suhr.
Der Angeschuldigte Suhr wurde bereits als Kind durch ein Gespräch mit einem Kriegsinvaliden und das Lesen pazifistischer Bücher veranlaßt, sich zum Pazifismus und Internationalismus zu bekennen. Demgemäß stand er dem nationalsozialistischen Staat von vornherein ablehnend gegenüber. Am Dienst der HJ nahm er nur widerwillig und auf Drängen seiner Eltern teil. Der SA trat er lediglich bei, weil er glaubte, sonst nicht das Reifezeugnis zu erhalten. Seine Ablehnung des nationalsozialistischen Staates ging schließlich so weit, daß er 1934 einem Klassenkameraden gegenüber den Wunsch äußerte, an der Beseitigung des Führers mitzuwirken. Er sah im Nationalsozialismus ein Unrecht und meinte, sich mit diesem nicht abfinden zu dürfen. Um sich nicht mitschuldig zu machen, glaubte er, sich den Forderungen des Staates möglichst entziehen zu müssen. In diesem Sinn sprach er auch mit anderen, insbesonder suchte er

sie von der Richtigkeit seiner pazifistischen Einstellung zu überzeugen oder in Gesprächen mit Gleichgesinnten Einzelfragen des Pazifismus zu klären. Dabei ging er davon aus, daß Deutschland im gegenwärtigen Krieg unterliegen würde und auch gar nicht siegen dürfe, weil die Macht des Nationalsozialismus auf Ungerechtigkeit und Gewalt aufgebaut sei. Insbesondere äußerte sich Suhr in dem bezeichneten Sinn in dem Kreis, der sich um den Studenten Heinz Kucharski (verfolgt in 9 J 283/44) gebildet hatte. Dabei rühmte er sich wiederholt, daß sein Bruder an der Ostfront übergelaufen sei ...

In der Folgezeit kam es dann zwischen den genannten Personen zu weiteren Zusammenkünften, in denen Fragen der Weltanschauung, Politik und Kunst erörtert wurden und Suhr wiederholt den Wunsch aussprach, eine feste Arbeitsgemeinschaft zu bilden. Die erste dieser Zusammenkünfte fand wiederum bei der Angeschuldigten Willbrandt statt. Außer dieser, Suhr und Kucharski nahmen daran die Studentin Margaretha Rothe (verfolgt in 9 J 283/44), Willi Renner und auf Veranlassung des Suhr auch Jürgen Bierich teil. Suhr verlas auf diesem Abend den im pazifistischen Sinn gehaltenen Aufsatz von Hans Siemessen »Potsdam oder Döberitz«, während Kucharski aus dem Feindflugblatt »Die andere Seite« ein Pamphlet auf den ermordeten Reichsprotektor Heydrich »Nachruf auf einen Henker« verfaßt von Thomas Mann vorlas. Auch wurden an diesem oder einem der folgenden Abende Gedichte aus der Zeit der Revolution von 1848 verlesen, die den Teilnehmern an der Zusammenkunft wie für die Gegenwart geschrieben zu sein schienen.

Etwa um dieselbe Zeit traf sich der Angeschuldigte Suhr im Anschluß an eine Vorlesung mit denselben Personen sowie Reinhold Meyer und Martin Meyer in dessen Wohnung. Dabei wurde erneut über die hochverräterische Tätigkeit der Geschwister Scholl gesprochen, wobei Suhr in Übereinstimmung mit Kucharski und Margaretha Rothe die Ansicht vertrat, daß der Idealismus von Menschen, die sich nicht nach ihrem Nutzen oder Erfolg richteten, besonders ergreifend sei. Im übrigen vertrat Suhr bei dieser Zusammenkunft erneut seinen pazifistischen Standpunkt. Dabei versuchte er insbesondere mit dem Soldaten Beinhoff zu erörtern, ob eine pazifistische Haltung wie die seine an der Front »lebensfähig« sei und die äußere Front etwa mehr leiden müsse, wenn die innere durch pazifistische Einwirkung geschwächt würde ...

In der Folgezeit besuchte Suhr den Kucharski etwa sechs- bis siebenmal in seiner Wohnung. Dabei verlas Kucharski das von den Geschwistern Scholl verbreitete »Flugblatt der Weißen Rose III«, den gegen den Faschismus gerichteten Aufruf einer spanischen Revolutionärin, einen Aufsatz der Sigrid Undset aus dem Flugblatt »Die andere Seite«, sowie drei weitere Feindflugblätter, die einen Vergleich der Luftflotten, eine Rede Churchills und einen Vergleich des gegenwärtigen Kriegsgeschehens mit dem des ersten Weltkriegs enthielten. Auch hörten Suhr und Kucharski mindestens zweimal gemeinsam den englischen Rundfunk. Ebenso oft, etwa im März und Mai 1943, hörte Suhr auch in seiner eigenen Wohnung Feindsender ab. Das »Flugblatt der Weißen Rose III« lieh sich Suhr von Kucharski aus und ließ dieses sowie ein Gedicht von Kästner, »Ihr und die Dummheit zieht in Viererreihen«, von der Angeschuldigten Willbrandt mit vier bis fünf Durchschlägen abschreiben ...

Durch seine Tätigkeit als Famulus im Eppendorfer Krankenhaus lernte Suhr die Angeschuldigte de Boor kennen. Er erörterte mit ihr die hochverräterische Tätigkeit der Geschwister Scholl sowie Feindnachrichten und sprach sich in scharfer Form für den Pazifismus und gegen die NSDAP, den Krieg, die Wehrmacht und die militärische Zucht aus. Er glaubte, in der Angeschuldigten de Boor eine Gesinnungsgenossin gefunden zu haben, und entschloß sich, sie in den Kreis um Kucharski einzuführen. Er machte sie deshalb mit diesem bekannt. Beide unterhielten sich dann über die Frauenemanzipation und die Stellung der Frau in der Sowjet-Union. Suhr wünschte auch auf die Patienten des Eppendorfer Krankenhauses politischen Einfluß zu gewinnen, wobei er davon ausging, daß man jeden Menschen zum Pazifismus erziehen könne.

...

Privatarchiv Albert Suhr, Leege.

330. Aus dem Tagebuch von Konrad Wolf, 24.4.1945[1]

24. April Oranienburg (KZ Sachsenhausen)
Wenn man Maidanek, das Warschauer Getto und Auschwitz unmittelbar nach der Befreiung
erlebt hat, ist man nicht mehr so leicht zu erschüttern. Und trotzdem hat mich Sachsenhausen
ganz persönlich so tief getroffen wie noch nie. Wolodja bekam einen regelrechten Anfall mit
Wutausbrüchen und Weinkrämpfen. Und das, obwohl Sachsenhausen kein eigentliches »To-
deslager«, sondern ein »Durchgangslager« war, das heißt bestimmte Häftlinge wurden von hier
aus auf die verschiedenen anderen Lager verteilt. Es gab also keine Massenvernichtungen wie
in Auschwitz, Maidanek, Bergen-Belsen und anderen Lagern. Die meisten Häftlinge konnten
auch noch zu Fuß vor der Befreiung durch die SS in nördlicher Richtung »evakuiert« werden.
Wir trafen also nur noch todkranke und ermordete Häftlinge an. Das Lager gab sich den
Schein, kurz vor Toresschluß »anständig« gewesen zu sein. Was versetzte uns dennoch in solche ohnmächtige Wut?
Unter den Toten fanden wir einige unserer Besten! Es waren deutsche Antifaschisten, fast ausschließlich noch sehr junge Menschen, die kurz vor Beginn unserer letzten Offensive einen
Sonderauftrag durchzuführen hatten. Sie sollten im Hinterland des Gegners, hauptsächlich in
großen Städten Verbindung mit Widerstandsgruppen aufnehmen und versuchen, größere
Aufstände gegen die Nazis zu organisieren. Wir hofften eigenlich voller Sehnsucht auf solche
Aktionen. Wir hofften, den einen oder anderen unserer Freunde im Zuge des Vormarsches
wiederzufinden. Und jetzt sahen wir sie - tot, ermordet kurz vor dem Ende der Nazibestie!
Ich ging mit Wolodja durch das Lager, als ob wir die Mörder noch ausfindig machen könnten!
Wir gingen durch das verträumte Oranienburg, dann an einem See entlang - oh, wie uns dieser
trügerische Friede, dieser hinterlistige Frühling reizte. Wir sprachen über einen, den wir am
besten kannten, es tauchten die Erinnerungen auf und er wurde lebendig: als er zu uns kam und
wir voller Mißtrauen waren; als er von einer alten Ukrainerin geschlagen wurde als »Fritz«, als
einer der Mörder ihrer Kinder, als er durch die Frontlinie ging und sehr lange nicht wiederkam
und wir ihn feierten nach seiner Rückkehr mit drei Landsleuten, als er bei den Partisanen war
usw. Ich weiß es nicht genau, warum wir gerade um diese Toten so trauerten, wir hatten doch
schon einige unserer besten Freunde verloren, haben viel grausamere Hinterlassenschaften der
Nazis gesehen ...
Ich weiß es nicht. Vielleicht war Wolodja noch nie so direkt mit seiner »Haßliebe« den Deutschen gegenüber konfrontiert - sie war jetzt personifiziert durch die anonymen Mörder und
die Leichen der, wie Wolodja immer sagte, »besten Deutschen«.
Vielleicht war mir etwas genommen worden, dessen ich mir noch gar nicht recht bewußt werden konnte,- die Personifizierung einer leisen, zaghaften Hoffnung auf ein besseres Morgen
meiner Heimat, meiner Landsleute. Vielleicht, nein gewiß war es diese verfluchte Ohnmacht,
die uns jetzt immer häufiger befällt, je näher der Tag rückt, von dem an es keine Toten dieses
mörderischen Krieges mehr geben wird. Eine Ohnmacht gegenüber der barbarischen Unsin-
nigkeit des Todes, wo das sichere und notwendige Leben schon greifbar nahe ist ...

Zitiert nach: Der Film »Ich war neunzehn«. Intention und Wirkung, Arbeitshefte (Schriftenreihe des Präsidiums der Deutschen Akademie
der Künste zu Berlin), 1/1968.

1) Konrad Wolf, Sohn des Schriftsteller Friedrich Wolf, kam als 8jähriger Junge 1934 mit seiner Familie in die Sowjetunion. Im Alter von
17 Jahren wurde er 1942 Angehöriger der Roten Armee, in deren 47. Armee er, zuletzt als Leutnant, an den Kämpfen vom Kaukasus bis
nach Berlin teilnahm. Nach der Befreiung Deutschlands vom Faschismus war Konrad Wolf Filmregisseur und von 1965 bis zu seinem Tode
1982 Präsident der Akademie der Künste der DDR.

Literaturverzeichnis: (Auswahl)

Abendroth, Wolfgang: Die Aktualität der Arbeiterbewegung. Beiträge zu ihrer Theorie und Geschichte, hrsg. von Joachim Perels, Frankfurt/M. 1985.

Ahrens, Franz: Bruno Tesch - Das Sterben eines Hamburger Arbeiterjungen, Hamburg 1947.

Ahrens, Franz: Helmuth Hübener - Freiheitskämpfer der Jugend, Hamburg 1948.

Aicher, Otl: Innenseiten des Krieges, Frankfurt 1985.

Aley, Peter: Jugendliteratur im Dritten Reich. Dokumente und Kommentare, Gütersloh 1967.

Altmann, Peter/Brüdigam, Heinz/Mausbach-Bromberger, Barbara/Oppenheimer, Max: Der deutsche antifaschistische Widerstand 1933 - 1945, Frankfurt/M. 1975.

Angress, Werner T.: Generation zwischen Furcht und Hoffnung. Jüdische Jugend im Dritten Reich, Hamburg 1985.

Arntz, Hans-Dieter: Ordensburg Vogelsang 1934 - 1945. Erziehung zur politischen Führung im Dritten Reich, Euskirchen 1986.

Becker, Howard: Vom Barette schwankt die Feder, Wiesbaden 1949.

Bembenek, Lothar/Schumacher, Fritz: Nicht alle sind tot, die begraben sind. Widerstand und Verfolgung in Wiesbaden 1933 - 1945, Frankfurt/M. 1980.

Bergschicker, Heinz: Deutsche Chronik 1933 - 1945. Ein Zeitbild der faschistischen Diktatur, Berlin 1981.

Bernett, Hajo: Die »totale Mobilmachung« der deutschen Jugend. Pläne zur vormilitärischen Ertüchtigung von 1933 - 1936, Schorndorf 1982.

Bibliographie zur Geschichte der deutschen Arbeiterjugendbewegung von den Anfängen bis 1945, zsgst. von einem Kollektiv unter Leitung von Bodo Brücher und Karl Heinz Jahnke, Bielefeld 1989, Rostock 1989.

Billstein, Aurel: Der eine fällt, die anderen rücken nach ... Dokumente des Widerstandes und der Verfolgung in Krefeld 1933 - 1945, Frankfurt/M. 1973.

Blievernich, Heinz: Wann wir schreiten Seit' an Seit'. Geschichte und Leistung der Arbeiterjugendbewegung, Berlin/W. 1982.

Boberach, Heinz: Jugend unter Hitler, Düsseldorf 1982.

Boberach, Heinz (Hg.): Meldungen aus dem Reich 1938 - 1945. Die geheimen Lageberichte des Sicherheitsdienstes der SS, 17 Bde., Herrsching 1984.

Boesten, Egon: Jugendwiderstand im Faschismus, Köln 1983.

Bohn, Willi: Stuttgart - Geheim!, Frankfurt/M. 1969.

Bohn, Willi: »Hochverräter!«, Frankfurt/M. 1984.

Bosch, Manfred/Nieß, Wolfgang (Hg.): Der Widerstand im deutschen Südwesten 1933 - 1945, Stuttgart/Berlin/W./Köln/Mainz 1984.

Brandenburg, Hans-Christian: Die Geschichte der HJ. Wege und Irrwege einer Generation, Köln 1968.

Breitenborn, Konrad: Zum Einfluß der faschistischen Ideologie auf die organisierte katholische Jugend in den letzten Jahren der Weimarer Republik, in: Jenaer Beiträge zur Parteigeschichte, 43/1978.

Breyvogel, Wilfried (Hg.): Autonomie und Widerstand. Zur Theorie und Geschichte des Jugendprotestes, Essen 1983.

Briefe des Soldaten Helmut N. 1939-1945, Berlin 1988

Brigada Internacional ist unser Ehrenname ... Erlebnisse ehemaliger deutscher Spanienkämpfer, ausgewählt und eingeleitet von Hanns Maaßen, 2 Bde., Berlin 1974.

Broszat, Martin: Landdienst der Hitlerjugend im Osten, in: Gutachten des Instituts für Zeitgeschichte, Band II, Stuttgart 1966.

Buddrus, Michael: Zu einigen Aspekten der Vorbereitung der deutschen Jugend auf den zweiten Weltkrieg durch die faschistische Jugendorganisation Hitlerjugend von 1933 bis 1939, in: WZ der WPU Rostock, G-Reihe, 2/1986.

Buddrus, Michael: Die Geschichte der Hitlerjugend im Spiegel der BRD-Historiographie - Bemerkungen zu Forschungsstand und Darstellungen, in: Wissenschaftliche Mitteilungen der Historiker-Gesellschaft, III/1985.

Buddrus, Michael: Zur Geschichte der Hitlerjugend (1922-1939), Phil. Diss. Rostock 1989.

Burckhardt, Hans/Erxleben, Günter/Nettball, Kurt: Die mit dem blauen Schein. Über den antifaschistischen Widerstand in den 999er Formationen der faschistischen Wehrmacht (1942 bis 1945), Berlin 1982.

Cartarius, Ulrich: Opposition gegen Hitler. Deutscher Widerstand 1933 - 1945, Berlin/W. 1984.

Croon, Helmuth: Jugendbewegung und Arbeitsdienst, in: Jahrbuch des Archivs der deutschen Jugendbewegung, 5/1973.

Czeloth, Hans u.a.: Jugendbewegtes Reservat oder nationalsozialistische Kaderschule? Das Landjahr in der Diskussion, in: Jahrbuch des Archivs der deutschen Jugendbewegung, 14/1982-83.

Dabel, Gerhard: KLV. Die erweiterte Kinder-Land-Verschickung. KLV-Lager 1940 - 1945. Dokumentation über den »größten soziologischen Versuch aller Zeiten«, Freiburg 1981.

Deutschland-Berichte der Sopade/Deutschland-Berichte der Sozialdemokratischen Partei Deutschlands (Sopade) 1934 - 1940, Nachdruck in 7 Bänden, Salzhausen/Frankfurt/M. 1982.

Für ein besseres Deutschland. Protokoll der Greifswalder Konferenz vom 28. und 29. Mai 1965 über den Anteil junger deutscher Antifaschisten an der Befreiung Deutschlands vom Faschismus, Berlin 1966.

Drobisch, Klaus: Wir schweigen nicht. Eine Dokumentation über den antifaschistischen Kampf Münchener Studenten 1942/43, Berlin 1977.

Drobisch, Klaus/Fischer, Gerhard (Hg.): Widerstand aus Glauben. Christen in der Auseinandersetzung mit dem Hitlerfaschismus, Berlin 1985.

Ebeling, Hans: The German Youth Movement. Its past and future, London 1945.

Ebeling, Hans/Hespers, Dieter (Hg.): Kameradschaft - Schriften junger Deutscher, (Nachdruck), Mönchengladbach 1983.

Ebeling, Hans/Hespers, Dieter (Hg.): Jugend contra Nationalsozialismus. »Rundbriefe« und »Sonderinformationen deutscher Jugend«, Frechen 1968.

Eberts, Erich: Arbeiterjugend 1904 - 1945. Sozialistische Erziehungsgemeinschaft - Politische Organisation, Frankfurt/M. 1980.

Eilers, Rolf (Hg.): Löscht den Geist nicht aus. Der Bund Neudeutschland im Dritten Reich - Erlebnisberichte, Mainz 1985.

Elling, Hanna: Frauen im deutschen Widerstand 1933 - 1945, Frankfurt/M. 1978.

Eppe, Heinrich: Die Kraft der Solidarität. 80 Jahre Sozialistische Jugendinternationale, Bonn 1987.

Eppe, Heinrich/Uellenberg van Dawen, Wolfgang: Kleine Chronik der deutschen und internationalen sozialistischen Kinder- und Jugendorganisationen 1900 - 1940, Bonn 1982.

Eschwege, Helmut (Hg.): Kennzeichen J. Bilder, Dokumente, Berichte zur Geschichte der Verbrechen des Hitlerfaschismus an den deutschen Juden 1933 - 1945, Berlin 1981.

Falkenberg, Rudolf: Über den Kampf des Nationalkomitee »Freies Deutschland« um die deutsche Jugend, in: Zeitschrift für Militärgeschichte, 6/1975.

Faust, Anselm: Der nationalsozialistische deutsche Studentenbund. Studenten und Nationalsozialismus in der Weimarer Republik, 2 Bde., Düsseldorf 1973.

Finkelgruen, Peter: Freunde von gestern - und Feinde von heute. Was mich ein jüdischer Edelweißpirat lehrte, in: Fremd im eigenen Land. Juden in der Bundesrepublik, hrsg. von Hendryk M. Broder und Michael R. Lang, Frankfurt/M. 1980.

Flessau, Kurt-Ingo: Schule der Diktatur. Lehrpläne und Schulbücher des Nationalsozialismus, München 1977.

Fraschka, Günter: Das letzte Aufgebot, Rastatt 1960.

Die Front war überall, Berlin 1958.

Gamm, Hans-Jochen: Führung und Verführung. Pädagogik des Nationalsozialismus, München 1964.

Die Junge Garde. Arbeiterjugendbewegung in Frankfurt/Main 1904 - 1945, Gießen 1980.

Geißler, Reiner: Junge Deutsche und Hitler. Eine empirische Studie zur historisch-politischen Sozialisation, Stuttgart 1981.

Geschichte der deutschen Arbeiterjugendbewegung 1904 - 1945, von einem Autorenkollektiv unter Leitung von Karl Heinz Jahnke, Berlin 1973.

Aus der Geschichte der deutschen Arbeiterjugendbewegung 1904 - 1945, Dokumente und Analysen, Frankfurt/M. 1975.

Geschichte der Freien Deutschen Jugend, von einem Autorenkollektiv unter Leitung von Karl Heinz Jahnke, Berlin 1982.

Illustrierte Geschichte. Deutsche Arbeiterjugendbewegung 1904 - 1945, von einem Autorenkollektiv unter Leitung von Karl Heinz Jahnke, Berlin 1987.

Giesecke, Hermann: Vom Wandervogel bis zur Hitlerjugend. Jugendarbeit zwischen Politik und Pädagogik, München 1981.

Glaser, Hermann/Silenius, Axel (Hg.): Jugend im Dritten Reich, Frankfurt/M. 1975.

Goeb, Alexander: Er war sechzehn, als man ihn hängte. Das kurze Leben des Widerstandskämpfers Bartholomäus Schink, Reinbek 1981.

Götz von Olenhusen, Irmtraud: Jugendreich, Gottesreich, Drittes Reich. Junge Generation, Religion und Politik 1928 - 1933, Köln 1987.

Gollwitzer, Helmut/Kuhn, Käthe/Schneider, Reinhold: Du hast mich heimgesucht bei Nacht. Abschiedsbriefe und Aufzeichnungen des Widerstandes 1933 - 1945, München 1955.

Goto, Klaus: Die Wochenzeitung »Junge Front«/»Michael«. Eine Studie zum katholischen Selbstverständnis und zum Verhalten der jungen Kirche gegenüber dem Nationalsozialismus, Mainz 1970.

Graf, Willi: Briefe und Aufzeichnungen, hrsg. v. Anneliese Knoop-Graf und Inge Jens, Frankfurt/M. 1988

Graml, Hermann: Katholische Jugendorganisationen und Hitlerjugend, in: Gutachten des Instituts für Zeitgeschichte, Band II, Stuttgart 1966.

Granzow, Klaus: Tagebuch eines Hitlerjungen 1943 - 1945, Bremen 1965.

Gruchmann, Lothar: Jugendopposition und Justiz im Dritten Reich. Die Probleme bei der Verfolgung der »Leipziger Meuten« durch die Gerichte, in: Benz, W. (Hg.): Miscellanea. Festschrift für Helmut Krausnick, Stuttgart 1980.

Grün, Max von der: Wie war das eigentlich? Kindheit und Jugend im Dritten Reich, Darmstadt/Neuwied 1979.

Hanser, Richard: Deutschland zuliebe. Leben und Sterben der Geschwister Scholl, München 1980.

Heer, Friedrich: Werthers Weg in den underground. Die Geschichte der Jugendbewegung, München 1973.

Heer, Dieter/Hippe, Wolfgang: Hitlerjugend - Staatsjugend. Geschichte und Infrastruktur faschistischer Jugendpolitik, in: paed. extra, 2/1978.

Heer, Dieter/Hippe, Wolfgang: Navajos und Edelweißpiraten. Zum Jugendwiderstand im Dritten Reich, in: paed extra 2/1978.

Heer, Dieter/Hippe, Wolfgang: Navajos und Edelweißpiraten. Berichte vom Jugendwiderstand im Dritten Reich, Frankfurt/M. 1980.

Heinemann, Manfred (Hg.): Erziehung und Schulung im Dritten Reich. Teil I: Kindergarten, Schule, Jugend, Berufserziehung, Stuttgart 1980.

Heins, Helmut u.a.: Bruno Tesch und Gefährten - Erinnerungen an den »Altonaer Blutsonntag«, Hamburg 1983.

Helden des Widerstandskampfes gegen Faschismus und Krieg, Berlin 1952.

Hellfeld, Matthias von: Edelweißpiraten in Köln. Die Jugendrebellion gegen das Dritte Reich. Das Beispiel Köln-Ehrenfeld, Köln 1981.

Hellfeld, Matthias von: Bündische Jugend und Hitlerjugend. Zur Geschichte von Anpassung und Widerstand 1930 - 1939, Köln 1987.

Hellfeld, Matthias von/Klönne, Arno: Die betrogene Generation. Jugend in Deutschland unter dem Faschismus. Quellen und Dokumente, Köln 1985.

Helmers, Gerrit/Kenkmann, Alfons: »Wenn die Messer blitzen und die Nazis flitzen«. Der Widerstand von Arbeiterjugendcliquen und -banden in der Weimarer Republik und im »Dritten Reich«, Lippstadt 1984.

Helwig, Werner: Die Blaue Blume des Wandervogels. Aufstieg, Glanz und Sinn einer Jugendbewegung, Gütersloh 1960.

Helwig, Werner: Tusk. Gesammelte Schriften und Dichtungen, Heidenheim 1962.

Henke, Josef: Jugend im NS-Staat. Quellen in den Schriftgutbeständen des Deutschen Bundesarchivs, in: Ausstellung zur Filmreihe »Jugend im NS-Staat«. Katalog, Koblenz 1978.

Hering, Jochen u.a.: Schüleralltag im Nationalsozialismus, Dortmund 1984.

Hermlin, Stephan: Die erste Reihe, Berlin 1959.

Hermann, Ulrich: »Die Formung des Volksgenossen«. Der »Erziehungsstaat« des Dritten Reiches, Weinheim/Basel 1985.

So kannten wir Dich, *Lilo Herrmann* - Eine deutsche Frau und Mutter, Berlin 1954.

Heil Hitler, Herr Lehrer. Volksschule 1933 - 1945, hrsg. von der Arbeitsgruppe Pädagogisches Museum, Hamburg 1983.

Heyer, Georg Walter: Die Fahne ist mehr als der Tod. Lieder der Nazizeit, München 1981.

Hochmuth, Ursel/Meyer, Gertrud: Streiflichter aus dem Hamburger Widerstand 1933 - 1945, Frankfurt/M. 1969.

Hochmuth, Ursel/Lorent, Hans-Peter de (Hg.): Hamburg: Schule unterm Hakenkreuz, Hamburg 1985.

Albert Hößler. Leben und Kampf eines deutschen Jungkommunisten, bearbeitet von Gerda Werner und Paul Hoffmann, Berlin 1961.

Hoffmann, Heinz: Mannheim - Madrid - Moskau. Erlebnisse aus drei Jahrzehnten, Berlin 1981.

Honecker, Erich: Aus meinem Leben, Berlin 1980.

Horn, Daniel: Youth Resistance in the Third Reich. A Social Portrait, in: Journal of Social History, 7/1973.

Huber, Karl-Heinz: Jugend unterm Hakenkreuz, Berlin/W./Frankfurt/M. 1982.

Huber, Kurt: Stationen seines Lebens in Dokumenten und Bildern, hrsg. vom Kurt Huber-Gymnasium, Gräfelfing o.J.

Hübner, Irene: Unser Widerstand. Deutsche Frauen und Männer berichten über ihren Kampf gegen die Nazis, Frankfurt/M. 1982.

Jahnke, Karl Heinz: Über den Widerstandskampf Berliner Studenten gegen Faschismus und imperialistischen Krieg, in: Forschen und Wirken. Festschrift zur 150-Jahr-Feier der Humboldt-Universität zu Berlin, Bd. 1, Berlin 1960.

Jahnke, Karl Heinz: Die antifaschistische Arbeit der Berliner Parteiorganisation der KPD unter der Jugend im Jahre 1939, in: ZfG, 6/1963.

Jahnke, Karl Heinz: Zum Anteil junger deutscher Antifaschisten am Kampf der Internationalen Brigaden in Spanien, in: WZ der EMAU Greifswald, G-Reihe, 1/1967.

Jahnke, Karl Heinz: Antifaschistischer Widerstandskampf an der Münchener Universität. Die Studentengruppe Scholl/Schmorell, in: ZfG, 7/1968.

Jahnke, Karl Heinz: Weiße Rose contra Hakenkreuz, Frankfurt/M. 1969.

Jahnke, Karl Heinz: Entscheidungen. Jugend im Widerstand 1933 - 1945, Frankfurt/M. 1970.

Jahnke, Karl Heinz: Gegen den Mißbrauch der olympischen Idee 1936. Sportler im antifaschistischen Widerstand, Frankfurt/M. 1972.

Jahnke, Karl Heinz: Der Kampf gegen den Mißbrauch der Olympischen Spiele 1936, in: ZfG, 8/1972.

Jahnke, Karl Heinz: Jungkommunisten im Widerstandskampf gegen den Hitlerfaschismus, Berlin 1977.

Jahnke, Karl Heinz: Die Berner Funktionärkonferenz des KJVD, in: BzG, 5/1978.

Jahnke, Karl Heinz: Zu den Ergebnissen des VI. Weltkongresses der Kommunistischen Jugendinternationale, in: Beiträge zur Geschichte der FDJ, H. 1, Rostock 1978.

Jahnke, Karl Heinz: KJVD und SAJ im Kampf gegen die Faschisierung der Saarbevölkerung, in: Der Kampf um die Zukunft des Saargebietes 1934/35, Berlin 1984.

Jahnke, Karl Heinz: Jugend im Widerstand 1933 - 1945, Frankfurt/M. 1985.

Jahnke, Karl Heinz: In einer Front. Junge Deutsche an der Seite der Sowjetunion im Großen Vaterländischen Krieg, Berlin 1986.

Jahnke, Karl Heinz: Zum Stand der Erforschung und Darstellung des Anteils der deutschen Jugend am antifaschistischen Widerstand 1933 bis 1945 in der DDR und in der BRD, in: Beiträge zur Geschichte der FDJ, H. 8, Rostock 1986.

Jahnke, Karl Heinz: Aus dem illegalen Kampf des KJVD gegen das Hitlerregime im Herbst 1935 in Berlin, in: BzG, 4/1987.

Jahrbuch des Archivs der deutschen Jugendbewegung, Band 1 - 16, Witzenhausen 1969 - 1987.

Jens, Inge (Hg.): Hans Scholl. Sophie Scholl. Briefe und Aufzeichnungen, Frankfurt/M. 1984.

Jovy, Ernst-Michael: Deutsche Jugendbewegung und Nationalsozialismus - Zusammenhänge und Gegensätze. Versuch einer Klärung, Münster 1984.

Kämpfende Jugend. Aufzeichnungen junger Menschen, die im Kampf gegen die faschistische Barbarei ihr Leben ließen, Potsdam 1950.

Katholische Jugend in der NS-Zeit unter besonderer Berücksichtigung des Katholischen Jungmännerverbandes. Daten und Dokumente, zusammengestellt von Heinrich Roth, Düsseldorf 1959.

Jugend contra Nationalsozialismus, Krefeld 1980.

Jugendfilm im Nationalsozialismus. Dokumentation und Kommentar, bearb. von Hartmut Reese, Münster 1984.

Jugend gegen Faschismus und Krieg, Duisburg 1982.

Jugend auf dem Weg zum Hakenkreuz. Dokumentation, hrsg. vom Bezirksamt Wilmersdorf, Berlin/W. 1984.

Jugend im nationalsozialistischen Frankfurt. Ausstellungsdokumentation, Zeitzeugenerinnerungen, Publikum, hrsg. vom Historischen Museum Frankfurt am Main, Frankfurt/M. 1987.

Jugend im NS-Staat. Katalog einer Ausstellung, hrsg. vom Bundesarchiv Koblenz, Koblenz 1982.

Ausstellung zur Filmreihe »Jugend im NS-Staat«. Katalog, hrsg. vom Bundesarchiv Koblenz/Kulturamt der Stadt Koblenz, Koblenz 1978.

Jugendverbände und Nationalsozialismus. Dokumente zur ideologischen und politischen Auseinandersetzung, in: Schriftenreihe des Bundesjugendrings, H. 5, Bonn 1983.

Jürgensen, Johannes: Die bittere Lektion. Evangelische Jugend 1933, Stuttgart 1984.

Kanz, Heinrich (Hg.): Der Nationalsozialismus als pädagogisches Problem. Deutsche Erziehungsgeschichte 1933 - 1945, Frankfurt/M. 1984.

Karalus, Paul: Bartholomäus Schink und die Edelweißpiraten, in: Es gab nicht nur den 20. Juli, Köln 1979.

Kater, Michael H.: Bürgerliche Jugendbewegung und Hitlerjugend in Deutschland von 1926 bis 1939, in: Archiv für Sozialgeschichte, XVII/1977.

Kindt, Werner (Hg.): Grundschriften der deutschen Jugendbewegung, Düsseldorf/Köln 1963.

Klaus, Martin: Mädchen in der Hitlerjugend. Die Erziehung zur »deutschen Frau«, Köln 1980.

Klaus, Martin: Mädchen im Dritten Reich. Der Bund Deutscher Mädel (BDM), Köln 1983.

Klaus, Martin: Mädchenerziehung zur Zeit der faschistischen Herrschaft in Deutschland. Der Bund Deutscher Mädel, 2 Bde., Frankfurt/M. 1983.

Kleinröder, Evi: Verfolgung und Widerstand der katholischen Jugendvereine. Eine Fallstudie über Eichstätt, in: Bayern in der NS-Zeit, hrsg. von Martin Broszat u.a., Band I, München/Wien 1979.

Klönne, Arno: Hitlerjugend. Die Jugend und ihre Organisation im Dritten Reich, Hannover 1955.

Klönne, Arno: Gegen den Strom. Bericht über den Jugendwiderstand im Dritten Reich, Hannover/Frankfurt/M. 1957.

Klönne, Arno: Die HJ-Erziehung neutralisierte große Teile der Jugend, in: paed. extra, 6/1979.

Klönne, Arno: Jugendbewegung und Faschismus. Zusammenhänge und Konflikte, in: Jahrbuch des Archivs der deutschen Jugendbewegung, 12/1980.

Klönne, Arno: Zur »bündischen Opposition« im Dritten Reich. Hinweise auf Quellen und Materialien, in: Jahrbuch des Archivs der deutschen Jugendbewegung, 12/1980.

Klönne, Arno: Jugend im Dritten Reich. Jugendbewegung, Hitlerjugend, Jugendopposition, in: Journal für Geschichte, 5/1980.

Klönne, Arno: Jugendbewegung und Faschismus/Was war die Hitlerjugend?/Jugendopposition gegen HJ und NS-Staat, in: Beck, Johannes u.a. (Hrsg.): Terror und Hoffnung in Deutschland 1933 - 1945, Reinbek 1980.

Klönne, Arno: Edelweißpiraten. Widerstand von unten, in: paed. extra, 7-8/1980.

Klönne, Arno (Hg.): Jugendkriminalität und Jugendopposition im NS-Staat. Ein sozialgeschichtliches Dokument, Münster 1981.

Klönne, Arno: Jugendprotest und Jugendopposition. Von der HJ-Erziehung zum Cliquenwesen der Kriegszeit, in: Bayern in der NS-Zeit, hrsg. von Martin Broszat u.a., Band IV, München/Wien 1981.

Klönne, Arno: Jugend im Dritten Reich. Die Hitler-Jugend und ihre Gegner. Dokumente und Analysen, Düsseldorf 1982.

Klönne, Arno: Jugendwiderstand, Jugendopposition und Jugendprotest im Dritten Reich. Ein Plädoyer für eine neue Geschichtsaufarbeitung, in: Jahrbuch des Archivs der deutschen Jugendbewegung, 14/1982-83.

Klönne, Arno: Hitlerjugend und Jugendopposition im Dritten Reich, in: Aus Politik und Zeitgeschichte. Beilage zur Wochenzeitung »Das Parlament«, 4-5/1983.

Klönne, Arno: Jugendliche Opposition gegen Hitler-Jugend und NS-Staat, in: Der deutsche Widerstand 1933 - 1945, hrsg. von Klaus Jürgen Müller, Paderborn 1986.

Klose, Werner: Generation im Gleichschritt. Die Hitlerjugend. Ein Dokumentarbericht, Oldenburg/Hamburg/München 1982.

Knoop-Graf, Anneliese: »Im Namen der deutschen Jugend ... Willi Graf und die 'Weiße Rose'«, in: Jahrbuch des Archivs der deutschen Jugendbewegung, 14/1982-83.

Koch, Hannsjoachim W.: Die Geschichte der Hitlerjugend. Ursprünge und Entwicklung 1922 - 1945, Percha 1975.

Kortmann, Emil: Artur Becker - Das Lebensbild eines Helden der Arbeiterjugendbewegung, Berlin 1956.

Kraushaar, Luise: Berliner Kommunisten im Kampf gegen den Faschismus 1936 - 1942, Berlin 1981.

Krolle, Stefan: »Bündische Umtriebe«. Die Geschichte des Nerother Wandervogels vor und unter dem NS-Staat. Ein Jugendbund zwischen Konformität und Widerstand, Münster 1985.

Krüger, Ernst/Glondajewski, Gertrud: Zur Gründung der Freien Deutschen Jugend in der CSR im Jahre 1938, in: BzG, 2/1959.

Kuczynski, Jürgen: Geschichte des Alltags des deutschen Volkes. Studien 5. 1918 - 1945, Berlin 1982.

Kühnrich, Heinz: Die KPD im Kampf gegen die faschistische Diktatur 1933 - 1945, Berlin 1983.

Das Lagerliederbuch. Lieder gesungen, gesammelt und geschrieben im Konzentrationslager Sachsenhausen, Dortmund 1980.

Lang, Jochen von: Der Hitler-Junge. Baldur von Schirach: Der Mann, der Deutschlands Jugend erzog, Hamburg 1988.

Langer, Hermann: Zum Anteil des Kriegsverbrechers Baldur von Schirach an der psychologischen Kriegsführung des faschistischen deutschen Imperialismus, in: WZ der EMAU Greifswald, G-Reihe, 3-4/1969.

Langer, Hermann: Über die Bestrebungen zur geistigen Militarisierung der deutschen Jugend während des Faschismus, in: Zeitschrift für Militärgeschichte, 2/1975.

Langer, Hermann: Zur faschistischen Manipulierung der deutschen Jugend während des zweiten Weltkriegs, in: Jahrbuch für Geschichte, 26/1982.

Langer, Hermann: »Wollt ihr den totalen Tanz?« Streiflichter zur imperialistischen Manipulierung der Jugend, Berlin 1986.

Langer, Hermann: Schulfrei für den Tod. Jugend unter Pickelhaube und Stahlhelm, Berlin 1988.

Laquer, Walter Z.: Die deutsche Jugendbewegung. Eine historische Studie, Köln 1978.

Leber, Annedore: Das Gewissen steht auf. 64 Lebensbilder aus dem deutschen Widerstand von 1933 bis 1945, Frankfurt/M. 1960.

Leber, Annedore: Das Gewissen entscheidet. Bereiche des deutschen Widerstandes von 1933 bis 1945 in Lebensbildern, Frankfurt/M. 1960.

Lehmann, Klaus: Widerstand im Dritten Reich, Berlin 1948.

Lersner, Dieter von: Die evangelischen Jugendverbände Württembergs und die Hitlerjugend 1933/34, Göttingen 1958.

Lessing, Helmut/Liebelt, Manfred: Wilde Cliquen. Szenen einer anderen Jugendbewegung, Bensheim 1981.

Lingelbach, Karl Christoph: Erziehung und Erziehungstheorien im nationalsozialistischen Deutschland. Ursprünge und Wandlungen der 1933 - 1945 in Deutschland vorherrschenden erziehungstheoretischen Strömungen, ihre politischen Funktionen und ihr Verhältnis zur außerschulischen Erziehungspraxis des »Dritten Reiches«, Weinheim 1970.

Linne, Gerhard: Jugend in Deutschland. Vom Sturm und Drang zur APO, Gütersloh 1970.

Litten, Irmgard: Eine Mutter kämpft gegen Hitler. Rudolstadt 1984.

Loock, H. D.: Nationalpolitische Erziehungsanstalten, in: Gutachten des Institus für Zeitgeschichte, Band II, Stuttgart 1966.

Lorenz, Einhart: Willy Brandt in Norwegen, Die Jahre des Exils 1933-1940, Kiel 1989.

Mammach, Klaus: Widerstand 1933 - 1939. Geschichte der deutschen antifaschistischen Widerstandsbewegung im Inland und in der Emigration, Berlin 1984.

Mammach, Klaus: Widerstand 1939 - 1945. Geschichte der deutschen antifaschistischen Widerstandsbewegung im Inland und in der Emigration, Berlin 1987.

Mammach, Klaus: Der Volkssturm. Bestandteil des totalen Kriegseinsatzes der deutschen Bevölkerung 1944/45, Berlin 1981.

Mann, Erika: Zehn Millionen Kinder. Die Erziehung der Jugend im Dritten Reich (Nachdruck), München 1986.

Maschmann, Melitta: Fazit. Kein Rechtfertigungsversuch, Stuttgart 1963.

Mausbach-Bromberger, Barbara: Arbeiterwiderstand in Frankfurt/Main gegen den Faschismus 1933 - 1945, Frankfurt/M. 1976.

Meixner-Wülker: Emmi: Zwiespalt. Jugend zwischen NS-Erziehung und -Verfolgung, Hamburg 1988.

Erkämpft das Menschenrecht. Lebensbilder und letzte Briefe antifaschistischer Widerstandskämpfer, Berlin 1958.

Mogge, Winfried: »Der gespannte Bogen«. Jugendbewegung und Nationalsozialismus. Eine Zwischenbilanz, in: Jahrbuch des Archivs der deutschen Jugendbewegung, 13/1981.

Müller, Hans: Jugendopposition, No future mit Krieg und Hitler, in: paed. extra, 10/1982.

Muth, Heinrich: Jugendopposition im Dritten Reich, in: VfZ, 3/1983.

Naake, Erhard: Die Heranbildung des Führernachwuchses im faschistischen Deutschland, in: ZfG, 2/1973.

Nicolaisen, Hans-Dietrich: Die Flakhelfer. Luftwaffenhelfer und Marinehelfer im zweiten Weltkrieg, Frankfurt/M./Wien 1981.

Nicolaisen, Hans-Dietrich: Der Einsatz der Luftwaffen- und Marinehelfer im 2. Weltkrieg. Darstellung und Dokumentation, Büsum 1981.

Niehus, Edith: Das Landjahr. Eine Jugenderziehungseinrichtung in der Zeit des Nationalsozialismus, Nörten-Hardenberg 1984.

Niemals vergessen. Aus dem antifaschistischen Widerstandskampf der Studenten Europas, herausgegeben von Karl Heinz Jahnke, Berlin 1959.

Obermann, Karl: Exil Paris. Im Kampf gegen Kultur- und Bildungsabbau im faschistischen Deutschland (1933 - 1939), Berlin 1984.

Oertel, Ferdinand: Jugend im Feuerofen. Aus der Chronik des Kampfes der katholischen Jugend, Recklinghausen 1960.

Oppenheim, Max: Der Fall Vorbote. Zeugnisse des Mannheimer Widerstandes, Frankfurt/M. 1970.

Orlow, Dieter: Die Adolf-Hitler-Schulen, in: VfZ, 3/1965.

Ouzoulias, Albert: Die Bataillone der Jugend, Berlin 1976.

Pädagogen und Pädagogik im Nationalsozialismus - Ein unerledigtes Problem der Erziehungswissenschaft, hrsg. von Wolfgang Keim, Frankfurt/M. 1988.

Paetel, Karl Otto: Die deutsche Jugendbewegung als politisches Phänomen, in: Politische Studien, 7/1957.

Paetel, Karl Otto: Jugend in der Entscheidung. 1913 - 1933 - 1945, Bad Godesberg 1963.

Pätzold, Kurt/Weißbecker, Manfred: Hakenkreuz und Totenkopf. Die Partei des Verbrechens, Berlin 1981.

Partei und Jugend. Dokumente marxistisch-leninistischer Jugendpolitik, Berlin 1986.

Pasaremos. Deutsche Antifaschisten im nationalrevolutionären Krieg des spanischen Volkes, Berlin 1966.

Paul, Wolfgang: Das Feldlager. Jugend zwischen Langemarck und Stalingrad. Tatsachenbericht, Esslingen 1978.

Pech, Karlheinz: An der Seite der Resistance. Zum Kampf der Bewegung »Freies Deutschland« für den Westen in Frankreich (1943 bis 1945), Berlin 1975.

Pechel, Rudolf: Deutscher Widerstand, Zürich-Erlenbach 1947.

Petrick, Fritz: Zur Zerschlagung der proletarischen und bürgerlichen deutschen Jugendbewegung durch den Faschismus, in: WZ der EMAU Greifswald, G-Reihe, 2-3/1965.

Petrick, Fritz: Eine Untersuchung zur Beseitigung der Arbeitslosigkeit unter der deutschen Jugend in den Jahren 1933 -

1935, in: Jahrbuch für Wirtschaftsgeschichte, T. I, Berlin 1967.

Petrick, Fritz: »Jugenddienst« und »Jugendschutz« im faschistischen Deutschland, in: Jahrbuch für Wirtschaftsgeschichte, T. II, Berlin 1969.

Petrick, Fritz: Zur sozialen Lage der Arbeiterjugend in Deutschland 1933 - 1939, Berlin 1974.

Petry, Christian: Studenten aufs Schafott. Die Weiße Rose und ihr Scheitern, München 1968.

Peukert, Detlev: Ruhrarbeiter gegen den Faschismus. Dokumentation über den Widerstand im Ruhrgebiet 1933 - 1945, Frankfurt/M. 1976.

Peukert, Detlev: Arbeiterjugend gegen HJ und Gestapo, Köln 1980.

Peukert, Detlev: Die Edelweißpiraten. Protestbewegung jugendlicher Arbeiter im Dritten Reich. Eine Dokumentation, Köln 1980.

Peukert, Detlev: Die KPD im Widerstand. Verfolgung und Untergrundarbeit an Rhein und Ruhr 1933 bis 1945, Wuppertal 1980.

Peukert, Detlev: Protest und Widerstand von Jugendlichen im Dritten Reich, in: Widerstand und Verweigerung in Deutschland 1933 - 1945, hrsg. von Richard Löwenthal und Patrick von zur Mühlen, Berlin/W./Bonn 1982.

Peukert, Detlev/Winter, Michael: Edelweißpiraten in Duisburg. Eine Fallstudie zum subkulturellen Verhalten von Arbeiterjugendlichen, Duisburg 1982.

»... besonders jetzt tu Deine Pflicht!«, Berlin/Potsdam 1948.

Pikarski, Margot: Sie bleiben unvergessen, Berlin 1968.

Pikarski, Margot: Jugend im Berliner Widerstand, Herbert Baum und Kampfgefährten, Berlin 1978.

Platner, Geert — Schüler der Gerhart-Hauptmann-Schule in Kassel (Hrsg.): Schule im Dritten Reich, Erziehung zum Tod, Eine Dokumentation, Köln 1988.

Pohl, Rainer: »Swingend wollen wir marschieren«. »Sanierung« der proletarischen Jugend - Eine Dokumentation, in: Heilen und Vernichten im Mustergau Hamburg, hrsg. von Angelika Ebbinghaus, Hamburg 1984.

Priepke, Manfred: Die evangelische Jugend im Dritten Reich 1933 - 1936, Hannover/Fankfurt/M. 1960.

Prittie, Terence: Deutsche gegen Hitler, Tübingen 1965.

Reese, Dagmar: Bund Deutscher Mädel - Zur Geschichte der weiblichen Jugend im Dritten Reich, in: Mutterkreuz und Arbeitsbuch, hrsg. von der Frauengruppe Faschismusforschung, Frankfurt/M. 1981.

Reineke, Augustinus: Jugend zwischen Kreuz und Hakenkreuz. Erinnerungen und Erlebnisse, Ereignisse und Dokumente, Paderborn 1987.

Riedel, Heinrich: Kampf um die Jugend. Evangelische Jugendarbeit 1933 - 1945, München 1976.

Rohrbach, Rainer: Erziehung zum Kriege. Jugend im Dritten Reich, Göttingen 1983.

Roon, Ger van: Wirkungen der Jugendbewegung im deutschen Widerstand, in: Jahrbuch des Archivs der deutschen Jugendbewegung, 6/1974.

Roon, Ger van: Widerstand im Dritten Reich. Ein Überblick, München 1987.

Rosiejka, Gert: Die Rote Kapelle. »Landesverrat« als antifaschistischer Widerstand, Hamburg 1986.

Rossaint, Joseph C./Zimmermann, Michael: Widerstand gegen den Nazismus in Oberhausen, Frankfurt/M. 1983.

Rossmann, Gerhard: Der Kampf um die Einheit aller Hitlergegner, Berlin 1963.

Rose, Arno: Werwolf 1944 - 1945, Stuttgart 1980.

Rovan, Joseph: Der Aufbau der Hitlerjugend, in: Wie war es möglich? Die Wirklichkeit des Nationalsozialismus. 9 Studien, hrsg. von Alfred Grosser, Frankfurt/M. 1980.

Sachsenhausen. Dokumente, Aussagen, Forschungsergebnisse und Erlebnisberichte über das ehemalige Konzentrationslager Sachsenhausen, Berlin 1982.

Salm, Fritz: Im Schatten des Henkers. Widerstand in Mannheim gegen Faschismus und Krieg, Frankfurt/M. 1979.

Sbosny, Inge/Schabrod, Karl: Widerstand in Solingen, Frankfurt/M. 1975.

Schabrod, Karl: Widerstand an Rhein und Ruhr 1933 - 1945, Düsseldorf 1969.

Schabrod, Karl: Widerstand gegen Flick und Florian. Düsseldorfer Antifaschisten über ihren Widerstand 1933 - 1945, Frankfurt/M. 1978.

Schaetz, Ludwig: Schüler - Soldaten. Geschichte der Luftwaffenhelfer im Zweiten Weltkrieg, Darmstadt 1974.

Schellenberger, Barbara: Katholische Jugend und Drittes Reich, Bonn 1974.

Schilde, Kurt: Jugendorganisationen und Jugendopposition in Berlin-Kreuzberg 1933 - 1945. Eine Dokumentation, Berlin/W. 1983.

Schirach, Baldur von: Ich glaubte an Hitler, Hamburg 1967.

Schirmer, Hermann: Das andere Nürnberg. Antifaschistischer Widerstand in der Stadt der Reichsparteitage, Frankfurt/M. 1974.

Schlotterbeck, Friedrich: Je dunkler die Nacht, desto heller die Sterne. Erinnerungen eines deutschen Arbeiters 1933 - 1945, Berlin 1948.

Schmidt, Ernst: Lichter in der Finsternis. Widerstand und Verfolgung in Essen 1933 - 1945, Frankfurt/M. 1980.

Schneider, Ulrich: Marburg 1933 - 1945. Arbeiterbewegung und Bekennende Kirche gegen den Faschismus, Frankfurt/M. 1980.

Schock und Schöpfung. Jugendästhetik im 20. Jahrhundert, hrsg. vom Deutschen Werkbund e. V. und vom Württembergischen Kunstverein Stuttgart, Darmstadt/Neuwied 1986.

Schörken, Rolf: Luftwaffenhelfer und Drittes Reich. Die Entstehung eines politischen Bewußtseins, Stuttgart 1984.

Scholl, Inge: Die Weiße Rose, Frankfurt/M. 1982.

Scholtz, Harald: Erziehung und Unterricht unterm Hakenkreuz, Göttingen 1985.

Schultz, Jürgen: Die Akademie für Jugendführung der Hitlerjugend in Braunschweig, Braunschweig 1978.

Schumann, Wilhelm: Ihr seid den dunklen Weg für uns gegangen ... Skizzen aus dem Widerstand in Hannoversch-Münden 1933 - 1939, Frankfurt/M. 1973.

Seidler, Franz W.: Blitzmädchen. Die Geschichte der Helferinnen der deutschen Wehrmacht im Zweiten Weltkrieg, Koblenz 1979.

Siegel, Rudolf: Blutzeuge der Wahrheit. Ein Gedenkheft für den im KZ Dachau verstorbenen Jugendseelsorger des Bistums Meissen, Dr. Bernhard Welsch, Berlin 1948.

Siemsen, Hans: Die Geschichte des Hitlerjungen Adolf Goers, London 1940, Neudruck Berlin/W. 1981.

Sonderdokumentation. Das III. Reich. Hitler-Jugend, hrsg. vom Verlag für geschichtliche Dokumentation, Hamburg o.J.

Stachura, Peter D.: The National Socialist Machtergreifung and the Germand Youth Movement. Coordination and Reorganisation 1933 - 1934, in: Journal of European Studies, 5/1975.

Stachura, Peter D.: Nazi Youth in the Weimar Republic, Santa Barbara/Oxford 1975.

Stachura, Peter D.: Deutsche Jugendbewegung und Nationalsozialismus. Interpretationen und Perspektiven, in: Jahrbuch des Archivs der deutschen Jugendbewegung, 12/1980.

Stachura, Peter D.: The German Youth Movement 1900 - 1945. An Interpretative and Documentary History, London 1981.

Steinbach, Lothar: Ein Volk, ein Reich, ein Glaube? Ehemalige Nationalsozialisten und Zeitzeugen berichten über ihr Leben im Dritten Reich, Berlin/W./Bonn 1983.

Stephens, Frederik John: Hitler-Youth. History, Organisations, Uniforms and Insignia, London 1973.

Sternheim-Peters, Eva: Die Zeit der großen Täuschungen. Mädchenleben im Faschismus, Bielefeld 1987.

Theilen, Fritz: Edelweißpiraten, hrsg. und mit einer Dokumentation versehen von Matthias von Hellfeld, Frankfurt/M. 1984.

Tjaden, Kay: Rebellion der Jungen. Die Geschichte von tusk und von dj 1.11, Frankfurt/M. 1958.

Tomin, Walentin/Grabowski, Stefan: Die Helden der Berliner Illegalität, Berlin 1967.

Tomin, Walentin/Sinelnikow, Alexander: Hinter der Front, Berlin 1975.

Tomin, Walentin: Aufbruch bei Nacht. Kinderschicksale, Berlin 1980.

Totenbuch Neuengamme, Wiesbaden o.J.

Totenliste Hamburger Widerstandskämpfer und Verfolgter 1933 - 1945, Hamburg 1968.

Tramsen, Eckard: Bibliographie zur geschichtlichen Entwicklung der Arbeiterjugendbewegung bis 1945 insbesondere in Deutschland, Frankfurt/M. 1979.

Typisch deutsch: Die Jugendbewegung. Beiträge zu einer Phänomengeschichte, hrsg. von Joachim H. Knoll und Julius H. Schoeps, Opladen 1988.

Ueberhorst, Horst: Elite für die Diktatur. Die nationalpolitischen Erziehungsanstalten 1933 - 1945. Ein Dokumentarbericht, Königstein 1980.

Uellenberg, Wolfgang: 75 Jahre Arbeiterjugendbewegung in Deutschland. 1904 - 1979, Bonn 1980.

Uellenberg, Wolfgang: Die Auseinandersetzungen sozialdemokratischer Jugendorganisationen mit dem Nationalsozialismus, Bonn 1981.

Verhoeven, Michael/Krebs, Michael: Die weiße Rose, Frankfurt/M. 1982.

Viebahn, Wilfried/Kuchta, Walter: Widerstand gegen die Nazidiktatur in Köln, in: Das andere Köln. Demokratische Traditionen, hrsg. von Reinhold Billstein, Köln 1979.

Vielhaber, Klaus/Hanisch, Hubert/Knoop-Graf, Anneliese: Gewalt und Gewissen. Willi Graf und »Die weiße Rose«, Freiburg i. Br. 1964.

Vinke, Hermann: Das kurze Leben der Sophie Scholl, Ravensburg 1980.

Walter. Leben und Lebensbedingungen eines Frankfurter Jungen im III. Reich, hrsg. vom Historischen Museum Frankfurt am Main, Frankfurt/M. 1983.

Weisenborn, Günther: Der lautlose Aufstand. Bericht über die Widerstandsbewegung des deutschen Volkes 1933 - 1945, Hamburg 1962.

Für eine Welt ohne Krieg und Faschismus. Protokoll der internationalen Konferenz »Das Vermächtnis des antifaschistischen Widerstandskampfes der Studenten Europas im Kampf gegen den deutschen Militarismus« vom 23. und 24. Oktober 1959 in Greifswald, Berlin 1959.

Wenn wir gemeinsam kämpfen, sind wir unüberwindlich. Protokoll der wissenschaftlichen Konferenz »Erfüllt das Vermächtnis der Helden des antifaschistischen Widerstandskampfes - Kämpft für die Überwindung des westdeutschen Imperialismus und Militarismus«, veranstaltet vom Historischen Institut der Ernst-Moritz-Arndt-Universität Greifswald am 24. und 25. Januar 1962, Berlin 1962.

Widerstand. Ein Problem zwischen Theorie und Geschichte, hrsg. von Peter Steinbach, Köln 1987.

Deutsche Widerstandskämpfer 1933 - 1945. Biographien und Briefe, 2 Bde., Berlin 1970.

Der antifaschistische Widerstandskampf der KPD im Spiegel des Flugblattes 1933 - 1945, Berlin 1978.

Wolff, Jörg: Hitlerjugend und Jugendgerichtsbarkeit 1933 - 1945, in: VfZ, 4/1985.

Wolff, Willy: An der Seite der Roten Armee. Zum Wirken des Nationalkomitees »Freies Deutschland« an der sowjetisch-deutschen Front 1943 bis 1945, Berlin 1982.

Wortmann, Michael: Baldur von Schirach. Hitlers Jugendführer, Köln 1982.

Wo Seine Zeugen sterben, ist Sein Reich. Briefe der enthaupteten Lübecker Geistlichen, zusammengestellt von Josef Schäfer, Hamburg 1946.

Zimmering, Max: Widerstandsgruppe »Vereinigte Kletter-Abteilung«. Ein Bericht von der Grenzarbeit der Dresdener Arbeiterbergsteiger in der Sächsischen Schweiz und dem östlichen Erzgebirge, Berlin 1948.

Zorn, Gerda: Stadt im Widerstand (Hannover), Frankfurt/M. 1965.
Zorn, Gerda: Widerstand in Hannover, Frankfurt/M. 1977.

Karl-Heinz Jahnke/
Horst Pitschmann/
Matthias Redieck

**Illustrierte Geschichte
der deutschen
Arbeiterjugendbewegung
1904-1945**

293 S., Ln. mit Schutzum-
schlag, DM 29,80
ISBN 3-88142-419-9

Karl-Heinz Jahnke

**Jugend im Widerstand
1933-1945**

Biographische Skizzen
über 61 junge
Gegner des Faschismus
2. Auflage
248 S., Kt., DM 19,80
ISBN 3-87682-043-X

PAHL-RUGENSTEIN